本书的出版得到
国家重点文物保护专项补助经费资助

云冈石窟窟前遗址考古发掘报告 一

云 冈 研 究 院
山西省考古研究院 编著
大 同 市 博 物 馆

文物出版社

图书在版编目(CIP)数据

云冈石窟窟前遗址考古发掘报告 / 云冈研究院，山西省考古研究院，大同市博物馆编著. -- 北京 : 文物出版社，2023.12

ISBN 978-7-5010-8202-5

Ⅰ. ①云… Ⅱ. ①云… ②山… ③大… Ⅲ. ①云冈石窟－文化遗址－发掘报告 Ⅳ. ①K879.22

中国国家版本馆CIP数据核字(2023)第179739号

云冈石窟窟前遗址考古发掘报告

编　　著：云 冈 研 究 院
　　　　　山西省考古研究院
　　　　　大 同 市 博 物 馆
主　　编：张　焯
副 主 编：王雁卿　刘建军

封面设计：秦　彧
责任编辑：秦　彧
责任印制：张道奇

出版发行：文物出版社
社　　址：北京市东城区东直门内北小街 2 号楼
邮　　编：100007
网　　址：http://www.wenwu.com
经　　销：新华书店
印　　刷：北京荣宝艺品印刷有限公司
开　　本：889mm × 1194mm　1/16
印　　张：97.75　　插页：15
版　　次：2023 年 12 月第 1 版
印　　次：2023 年 12 月第 1 次印刷
书　　号：ISBN 978-7-5010-8202-5
定　　价：1680.00 元（全四册）

Report on the Archaeological Excavation of the Pre-Cave Site of Yungang Grottoes (Ⅰ)

Yungang Academy
Shanxi Provincial Institute of Archaeology
Datong Municipal Museum

Cultural Relics Press

序

《云冈石窟窟前遗址考古发掘报告》终于要出版了，望着厚厚一摞书稿，我的心中五味杂陈，如释重负。

2002年初，我来云冈石窟文物研究所担任副职，历史学的素养告诉我：云冈的最大问题是历史不清。于是选择了先外后内、由表及里的研究方法，将零星并有限的石窟文字记载，嵌入中华佛教发展史和大同地方史的时空坐标中，确定其内涵与外延。然后，用大历史锁定小历史，勾勒出北朝佛教的兴起、石窟佛寺的营造和后代佛教形势的变化。历时四年，《云冈石窟编年史》问世，武州山石窟寺的历史脉络变得清晰而有条理，不再扑朔迷离。2006年10月，继任云冈石窟研究院院长，我即前往北京拜访中国石窟考古学泰斗宿白先生。宿先生当头棒喝："你当了云冈的院长，你再不搞云冈研究，那你也是历史的罪人！"一时间，令我头晕脑胀，如坐针毡，落荒而逃。事后思忖，云冈石窟固然伟大，却似一本无字的天书；云冈学的希望，在于基础研究；先生的鞭策，无非是恨铁不成钢。

2008～2010年，云冈石窟大景区建设三年。当研究院工作回归正常之后，我立刻想到了不能再拖的考古发掘报告。回顾一百年来的云冈研究，考古调查与发掘虽然断断续续，但始终是提升云冈学的动力。1939～1940年，日本东方文化研究所调查队对昙曜五窟（第16～20窟）、第8窟和五华洞（第9～13窟）窟前，以及云冈山顶部分台地、龙王庙沟寺院遗址，进行了小规模发掘。1972年和1987年，云冈石窟文物保管所对五华洞和龙王庙沟石窟的窟前遗址，再次进行了发掘。1992～1993年，山西省考古研究所、大同市博物馆和云冈石窟文物研究所组成联合考古队，对整个石窟区域的窟前地面，以及第3窟窟内、山顶东部塔基遗址进行了清理发掘。2008～2012年，联合考古队二度重组，在云冈石窟山顶西部和中部进行了大规模的考古发掘，发现了古老的武州塞遗址，清理出两座北魏至辽金的佛教寺院遗址。上述七十多年间的五次考古发掘，基本揭示出尘封千年的云冈历史面貌。因此，全面总结、系统研判考古成果，讲清云冈石窟背后的历史，意义重大。于是，我们动员、组织了研究院的新老力量，一方面配合山顶考古发掘资料整理，另一方面对拖延多年的窟前考古报告正式着手编写。

其间，2013年研究院与青岛出版集团签约，历时七年，编撰出版了20卷本《云冈石窟全集》。

该书采用逐窟图版呈现与“释论”陈述的方式，探讨了云冈石窟的规划设计、建设布局、窟龛形制、佛学思想、造像艺术、雕刻法则、音乐服装、装饰图案等一系列问题，成为继20世纪50年代日本国16卷本《云冈石窟》之后，更加全面、系统和完整的云冈学专著。随后，又与江苏美术出版社签约，进行13卷本《云冈石窟艺术分类全集》的创作。该书逐项列举各类佛教建筑、人物、故事和动植物图像，探讨其艺术源流与装饰特征，进一步丰富和深化了云冈研究。目前，书稿已交付出版社。

2021年，原山西省考古所所长张庆捷先生主编的3卷本《云冈石窟山顶佛教寺院遗址发掘报告》，由文物出版社出版，基本确定了云冈山顶西端为古老的武州塞遗址，澄清了北魏山顶寺院与山下佛窟的关系及其演变问题。山顶寺院的建置与使用时段，被锁定在北魏至辽金时期，有助于对比、理解云冈窟前建筑以及最终形成前院后窟的中国式石窟寺的发展过程。至此，《云冈石窟窟前遗址考古发掘报告》成为云冈基础研究的最后“堡垒”。

这里称其为“堡垒”，并非夸张，只是强调其难度非常。一是由于历次发掘程度不同，认识有所差异，出土文物隔绝三地（部分在日本和上海博物馆）；二是1992～1993年发掘，系配合“八五规划”降低窟前地面工程进行，范围广，规模大，但时间明显仓促；三是这次考古发掘的领队与骨干人员随后四散，报告搁浅，一晃便是三十年。四是出土物证不充分，且与已有权威性学术观点有冲突，令报告者举棋不定。因此，激活这盘僵死的“残局”，完成责无旁贷的历史重任，研究院上下一度充满了惆怅和无奈。几经周折，“挂帅出征”的任务，落在了当年发掘中的“学徒”刘建军和王雁卿肩上。

记得2007年夏，我与刘建军同志曾经试图拼对第20窟前出土的西立佛残块，没有成功；于是只能进行了部分石刻遗物的拍照和绘图工作。2011年年底，申请组织批准，将王雁卿同志由市博物馆调入云冈研究院。2014年，窟前报告整理正式“誓师”。随后，是漫长的入库文物清点、集中、归类、拼对、拓印、摄影、修复、绘制线描图、文字记录和年代鉴定等大量流程性工作。首战告捷的是，员小中同志将每每重达数百公斤的西立佛残块，奇迹般拼接出大佛胸身，从而激励了大家的必胜信心。报告初稿，2022年后逐渐形成。文字陈述约60万字，图版展示约3600幅，线描图约2200张，拓片约560幅，蔚为大观。遂与文物出版社磋商出版事宜。期间，刘建军退而不休，精耕细作；王雁卿领队坚守，全盘总揽。终于将这部凝结着三代人心血的4卷本《云冈石窟窟前遗址考古发掘报告》书稿，送上了我的办公桌。

该报告的最大特点是巨细无遗，呈现出感人的责任意识和使命担当。相对于历史上的人去政息，相对于目前国内考古界普遍存在的发掘报告无声消失，可能属于一个特例。感恩宿白先生的师道尊严，感谢建军、雁卿二先生的毕生努力，感怀云冈新老员工的倾情奉献！是大家的齐心协力，挽救了云冈历史的唯一回望与描述机会，再一次表现出云冈人永不言弃、永不言败的团队精神。

《云冈石窟窟前遗址考古发掘报告》，当然还存在着一些不足与问题。一是语言繁复，质胜于文。二是针对历史上的窟檐建筑遗迹，结论比较宽泛，有待将来进一步证实。三是辽金三百年，石窟寺曾二次复兴，但在出土器物年代分辨上不够准确。因此，作为一名老云冈，我想撇开考古报告，谈几点自己的读史感悟：

一是“金碑”文意商榷。

曹衍《大金西京武州山重修大石窟寺碑》（以下简称“金碑”）曰：“西京大石窟寺者，后魏之所建也。凡有十名：一通（示）[乐]，二灵岩，三鲸崇，四镇国，五护国，六天宫，七崇（教）[福]，八童子，九华严，十兜率。……本朝天会二年，大军平西京，故元帅、晋国王到寺随喜赞叹，晓谕军兵，不令侵扰；并戒纲首，长切守护。……九年，元帅府以河流近寺，恐致侵啮，委烟火司差夫三千人，改拨河道。……护国二龛不加力而自开，……”

以上文字，给人的感觉是：寺即窟，窟即寺，无有分别。而我们今天在云冈山顶发掘出的三处塔寺遗址，至少说明北魏直到辽代，这种佛窟在下、僧寺在上的石窟寺原始形态持续了七百多年，而且呈现的是两度盛衰的波状曲线。但是，对于山顶寺院，金代曹衍没有提及，似乎也无此概念。

“金碑”提到“僧法轸《寺记》云：十寺，魏孝文帝之所建也。护国东壁，有拓国王骑从。”同时指出：“法轸云十寺皆孝文所建，非也。”这就表明，在曹衍之前，武州山石窟寺有过一部《寺记》，大概属于极度佞佛的辽代后期著作。尽管曹衍否定了辽僧法轸的记载失误，但其“金碑”所述的唐、辽之事，采自《寺记》无疑。至于，曹衍所谓“亡辽季世，盗贼群起，寺遭焚劫，灵岩栋宇，扫地无遗”的说词，我们当然明白其“为当权者讳”的难言之隐，因为烧毁云冈十寺者，并非群盗，而是急于颠覆契丹统治的女真军兵。

二是云冈十寺再论。

“十寺”之风，始兴于唐。唐朝后期，上都长安、东都洛阳左右两街俱有“十寺”之名；白居易《修香山寺记》云：“龙门十寺，观游之盛，香山首焉。”其中，“后魏所建龙门八寺”（清《河南府志》卷15《古迹志》）。唐宋时期，五台山亦有十寺。北宋《广清凉传》云“古十寺：大孚灵鹫寺、王子寺、灵峰寺、飦仙寺、天盆寺、清凉寺、石窟寺、佛光寺、宕昌寺、楼观寺。”宋太宗太平兴国五年（980年）“正月，敕内侍张廷训往代州五台山，造金铜文殊万菩萨像，奉安于真容院。诏重修五台十寺，以沙门芳润为十寺僧正。十寺者：真容、华严、寿宁、兴国、竹林、金阁、法华、秘密、灵境、大贤。”（南宋《佛祖统纪》卷43）。景德四年（1007年），西夏李明德“请修供五台山十寺，乃遣阁门祗候袁瑀为致祭使，护送所供物至山。”（《宋史》卷485《外国传一》）。由此可知，五台山十寺，先后不同，名称大异。

而与北宋隔雁门恒山的辽朝西京境内，亦有两处“十寺”。一为河北蔚县的金河寺。《辽史》

卷13《圣宗纪四》：统和十年（992年）“九月癸卯，幸五台山金河寺饭僧。”清《蔚州志》卷4云：“五台山，在城东一百里内，其山五峰突起，俗称小五台，又曰东五台，以别与晋之清凉山。”清《辽史拾遗》卷15引《山西通志》云：“金河十寺，在蔚州东（南）[北]八十里五台山下，河中碎石如金，故名金河寺，俱辽统和间所建。” 二为武州山大石窟寺。“金碑”曰：“唐贞观十五年，守臣重建。辽重熙十八年，母后再修。天庆十年，赐大字额。”鉴于唐代大同沦为北边军镇，人口稀少；十寺之设，没有可能。而辽代十寺的形成，恐在重熙十三年（1044年）“改云州为西京”之后。换句话说，辽朝的这两处十寺兴修与设立，大概率是受北宋的中原时尚影响。因此，大石窟寺从重熙十八年（1049年）起工，到天庆十年（1120年）赐额，跨逾七十余年。期间，清宁六年（1060年），又委刘转运监修；咸雍五年（1069年），禁山樵牧，又差军巡守；寿昌五年（1099年），委转运使提点。十寺修建，可谓旷日持久；其实际存在，也仅仅是辽末短暂的时间。

金代的云冈历史，修寺高潮便是“金碑”所述皇统年间“重修灵岩大阁九楹”及其附属建筑。此番重建，单凭寺僧、众善之力，没有国家力量参与。随后不久，来自蒙古高原的威胁逐渐加大，女真军队开始在山前山顶夯筑石佛寺二堡，云冈石窟成为军事管辖区。从此，走向了蒙元明清的整体衰落时期。

三是开窟与建寺的关系。

有窟必有寺，有寺必有僧，三者互为因果，属于一套必然的组合。北魏武州山石窟寺，建置历史失载。但是，洛阳龙门的唐代奉先寺建立经过，清晰记录在《河洛上都龙门山之阳大卢舍那像龛记》中：“大唐高宗天皇大帝之所建也。佛身通光座高八十五尺，二菩萨七十尺，迦叶、阿难、金刚神王，各高五十尺。粤以咸亨三年壬申之岁四月一日，皇后武氏助脂粉钱二万贯，奉敕检校僧西京实际寺善道禅师、法海寺主惠暕法师，大使、司农寺卿韦机，副使、东面监、上柱国樊元则，支料匠李君瓒、成仁威、姚师积等。至上元二年乙亥十二月卅日毕工。调露元年己卯八月十五日，奉敕于大像南，置大奉先寺，简召高僧，行解兼备者二七人，阙即续补。”按：这是龙门石窟中最大的创建工程，咸亨三年（672年）至上元二年（675年），石窟开凿历时四年；到调露元年（679年）建寺选僧，先后八年。同样是皇家工程，可以佐证云冈山顶北魏寺院是随着石窟开凿而逐步形成。

不过，窟、寺的建置顺序，并非一定，或许同时进行。例如《续高僧传》卷16《魏嵩岳少林寺天竺僧佛陀》：“佛陀禅师，此云觉者，本天竺人。学务静摄，志在观方。结友六人，相随业道，五僧证果，惟佛陀无获，遂勤苦励节，如救身衣，进退惟谷，莫知投厝。时得道友曰：‘修道借机，时来便克。非可斯须，徒为虚死。卿于震旦，特是别缘，度二弟子，深有大益也。’因从之游历诸国，遂至魏北台之恒安焉。时值孝文，敬隆诚至，别设禅林，凿石为龛，结徒定念。国家资供，倍加余部，而征应潜著，皆异之非常人也。恒安城内康家，资财百万，崇重佛法，为佛陀造别院，常居室内，自静遵业。……后随帝南迁，定都伊洛，复设静院，敕以处之。而性爱幽栖，林谷是托，屡往嵩岳，高谢人世。有敕，就少室山，为之造寺，今之少林是也。”按：佛陀在平城“别设禅林，凿石为龛，结徒定念”之地，可能不在云冈，而是崖壁上方独有一室的青磁窑石窟。

四是石窟与窟檐的建筑关系。

对于云冈石窟前发掘出的北魏窟檐（殿阁）建筑遗址，目前仍有学者持怀疑态度。实际上，无论石窟开凿的外观如何辉煌，风雨侵蚀是难免的，加盖殿阁是必需的。不仅在于保护，也在于佛寺功能。文献记载的明证，见《高僧传》卷13《梁剡石城山释僧护》记：“释僧护，本会稽剡人也。少出家，便克意常苦节，戒行严净。后居石城山隐岳寺。寺北有青壁，直上数十余丈，当中央有如佛焰光之形。……于是擎炉发誓，愿博山镌造十丈石佛，以敬拟弥勒千尺之容，使凡厥有缘，同睹三会。以齐建武中，招结道俗，初就雕剪。疏凿移年，仅成面朴。顷之，护遘疾而亡。……至梁天监六年，有始丰令、吴郡陆咸罢邑还国，……启建安王，王即以上闻，敕遣僧祐律师专任像事。……像以天监十二年春就功，至十五年春竟。坐躯高五丈，立形十丈，龛前架三层台，又造门阁殿堂，并立众基业，以充供养。”按：该绍兴新昌大佛，兴工于齐建武年间（494～498年），完成于梁武帝天监十五年（516年）；随后，加盖楼台殿阁。当此之时，云冈、龙门俱在营建，虽南北悬绝，但规程无异。

同时说明，非国家兴建的石窟寺，一般是先有寺、僧，后开窟龛。

张　焯

2023年11月18日

目　录

（第一册）

（第二册）

附 录

（第三册）

（第四册）

插图目录

插表目录

第一章　概述

第一节　地理位置与自然环境

云冈石窟位于大同市城西 16 公里处的武州（周）山南麓，武州川北岸。东西绵延数十里，属波状低山丘陵区，山势平缓，海拔高度为 1133 ～ 1178 米，最大相对高差 45 米。石窟群依山开凿，坐北朝南，窟前武州川水由西向东缓缓而过。郦道元在《水经注》中记述："武周川水又东南流，水侧有石祇洹舍并诸窟室，比丘尼所居也。其水又东转，迳灵岩南，凿石开山，因崖结构，真容巨壮，世法所稀。山堂水殿，烟寺相望，林渊锦镜，缀目新眺"[1]。武州川水，今称十里河，属季节性河流，流量甚少。河谷与石窟山顶垂直高差 30 米上下。云冈石窟窟底（高程在 1136 米以上）高于河水位 10 米以上。地理位置为东经 113° 7' 20'' 、北纬 40° 6' 35'' 。

云冈石窟地处温带大陆性季风气候区，四季鲜明而干旱少雨，年平均气温 7 ～ 10℃，1 月最冷，月均 -11.4℃。7 月最热，月均 23.1℃。2022 年度平均降雨量 439.9 毫米，5 ～ 9 月平均蒸发量 768.8 毫米。无霜期仅为 120 天左右。由于季节和温差变化较大，致使岩石胀缩频繁，石雕易风化。降水量相对集中，洞窟内渗漏、潮湿，加速了石雕风化。周边农业主要种植产量较低的莜麦、马铃薯、谷子、黍子、荞麦、胡麻、豆类、萝卜等高寒农作物。

云冈石窟四周被煤矿包围，煤炭的大量开采，使地下水位日趋下降，河、泉干枯，污染严重，生态环境受到严重破坏。20 世纪 90 年代，特别是 2008 ～ 2010 年的云冈大景区建设，云冈周边村镇搬迁、国省道云冈段改线、周边污染企业的治理、云冈峪绿化、十里河蓄水等大型工程，从根本上解决了石窟区的煤尘、粉尘污染问题，彻底改善了云冈石窟的环境条件。

云冈石窟开凿于侏罗系大同统和云冈统上部岩层的一个砂岩透镜体上，岩性为中粗粒长石砂岩，夹有泥岩、砂质泥岩。岩层厚约 40 米，东西两段逐渐减薄。上部石英含量多，东段长石含量多，因此这层砂岩上部比较坚硬；下部比较疏松，中西段比较坚硬，东段比较疏松。云冈石窟东西绵延约 1000 米。现存大小编号洞窟 254 个，其中主要洞窟 45 个，附属洞 209 个，各类佛教人物造像 59000 余尊（身）。第 1 窟到第 20 窟的主要洞几乎处于同一水平线上，气势宏大，结构多样。整个石窟群被南北向自然冲沟（东谷、西谷）分为东部、中部和西部三个区域，东部为第 1 ～ 4 窟，中部为第 5 ～ 13-4 窟，西部为第 14 ～ 45 窟（第 21 ～ 45 窟为西部窟群）。

[1]　（北魏）郦道元著，（民国）杨守敬、熊会贞疏，段熙仲点校，陈桥驿复校：《水经注疏》卷十三《漯水》，江苏古籍出版社，1989年，第1144页。

第二节　历史沿革

关于云冈石窟的开凿，《魏书・释老志》记："和平初，师贤卒。昙曜代之，更名沙门统。初，昙曜以复佛法之明年，自中山被命赴京，值帝出，见于路，御马前衔曜衣，时以为马识善人。帝後奉以师礼。昙曜白帝，于京城西武州塞，凿山石壁，开窟五所，镌建佛像各一。高者七十尺，次六十尺，雕饰奇伟，冠于一世"[1]。云冈石窟所在之"武州塞"，位于云冈石窟山顶西崖之北，赵武灵王以来一直是由蒙古高原进入汉地的交通要塞。拓跋鲜卑建立的北魏王朝于公元 398 年迁都平城，自明元帝始，先后七次到武州山祈祷，武州山成为北魏政权的"神山"。随着石窟寺的开凿，又成为佛教圣地，被称为"武州山石窟寺"。

昙曜五窟的开凿，掀起了武州山石窟寺建设的热潮。从文成帝开始，经献文帝、冯太后，到孝文帝迁都，皇家经营约四十年，完成了所有大窟大像的开凿。期间，王公大臣、各地官吏、善男信女纷纷以个人、家族、邑社等形式参与石窟建造，或建一窟，或造一壁，或捐一龛，或施一躯，遂成就了武州山石窟寺的蔚然大观。孝文帝迁都洛阳后，平城依然为北都，云冈的皇家工程基本结束，但民间盛行的开窟造像之风犹烈。尽管大窟减少，但中小窟龛却自东迄西遍布崖面，终于正光年间[2]。

唐代云冈，《大金西京武州山重修大石窟寺碑》载"唐贞观十五年（641 年）守臣重建"，又据《古清凉传》卷记载：咸亨三年（672 年），俨禅师，每在恒安修理孝文石窟故像。宿白先生认为：从云冈石窟造像形式、风格上考察，两事所修治的可能为第 3 窟的造像[3]。

辽代的云冈工程浩大，碑文记辽兴宗重熙十八年（1049 年）、道宗清宁六年（1060 年）、咸雍五年（1069 年）、寿昌五年（1099 年）和天祚帝天庆十年（1120 年）屡次重修。修建了所谓"云冈十寺"，即"一通示（乐）、二灵岩、三鲸崇、四镇国、五护国、六天宫、七崇教（福）、八童子、九华严、十兜率"。结合近一个世纪以来云冈石窟的考古发掘和洞窟调查，此十寺既有山顶北魏塔院的重修，也有山下石窟的维修。辽保大二年（1122 年），金兵攻打西京，"盗贼群起，寺遭焚劫，灵岩栋宇，扫地无遗"[4]。

金天会九年（1131 年）"元帅府以河流近寺，恐致侵啮，委烟火司差夫三千人改拨河道，此则皇朝外护之大略也"。皇统初（1143 ～ 1146 年），由慧公法师住持，"既驻锡，即为化缘，富者乐施其财，贫者愿输其力，于是重修灵岩大阁九楹，门楼四所，香厨、客次之纲常住寺位，凡三十楹，轮奂一新；又创石垣五百余步，屋之以瓦二百余楹，皇统三年（1143 年）二月起工，六年（1146 年）七月落成，约费钱二千万。自是山门气象，翕然复完矣"[5]。

明代大同沦为九边重镇之一，石窟寺逐渐毁坏。为防御鞑靼，又于云冈增筑军堡，扼守塞口，云冈堡始有其名。云冈山前旧有石佛寺堡，明嘉靖三十七年（1558 年）后重修，改名云冈堡，云冈

[1]（北齐）魏收：《魏书》卷一百一十四《释老志》，中华书局，1974年，第3037页。

[2] 张焯：《东方佛教的第一圣地》，《云冈》，凤凰出版传媒集团、江苏美术出版社，2011年，第23页。

[3] 宿白：《"大金西京武州山重修大石窟寺碑"校注——新发现的大同云岗石窟寺历史材料的初步整理》，宿白：《中国石窟寺研究》，文物出版社，1996年，第55、69页。

[4] 宿白：《"大金西京武州山重修大石窟寺碑"校注——新发现的大同云岗石窟寺历史材料的初步整理》，宿白：《中国石窟寺研究》，文物出版社，1996年，第55、71页。

[5] 宿白：《"大金西京武州山重修大石窟寺碑"校注——新发现的大同云岗石窟寺历史材料的初步整理》，宿白：《中国石窟寺研究》，文物出版社，1996年，第55页。

石窟也因此得名。万历二年（1574年），另在山上筑堡，云冈遂分上堡、下堡，形成犄角之势。万历十四年，两堡间的夹墙竣工，将上堡、下堡连属一体，构成了封闭式的防守体系[1]。窟前从第13-4窟以西至第31窟范围内均划入军堡范围。

清代顺治年间起，云冈石佛寺修建，以第5、6窟为中心，其他窟区则成了百姓居住的村庄。其中，顺治八年（1651）总督佟养量等在第5、6窟前修建四层五间木结构楼阁，之后以此为中心增建了配殿、过殿、山门等，形成了较为规整的寺院格局。康熙三十七年（1698年）、乾隆三十四年（1769年）、咸丰十一年（1861年）、同治十二年（1873年）、光绪二年（1876年）都有重修，即对石佛古寺内的洞窟窟檐的修建和洞窟佛像的重新泥塑与彩绘，但佛寺没有大的变动。

清中期后的云冈石佛古寺渐渐淡出人们的视野，直到1902年，日人伊东忠太偶然发现云冈石窟，才重新引起世人瞩目。1931年，由大同县地方事务协进会发起，成立云岗石佛寺保管委员会[2]。1938～1944年，日本京都大学东方文化研究所（现人文科学研究所）水野清一、长广敏雄率调查班在云冈石窟进行调查、发掘、测绘、照相、拓本等工作，后来合著出版了16卷《云冈石窟——公元五世纪中国北部佛教石窟寺院的考古学调查报告》。他们的发掘显示，云冈石窟窟顶分布着北魏时代的僧坊，而辽金时代的大部分遗迹则在石窟前，两个时代的布局景观有所不同[3]。

中华人民共和国成立后，1955年云冈石窟成立专门管理机构古迹文物保养所，老一代文物保护工作者翻修木结构窟檐，整修窟前道路，改建山门月台。补墁了山门院、第5窟前、第6窟前的地面砖，平整了五华洞即第9～13窟前地面，垒砌了护壁石墙。在第9、10、12、13窟窟内铺墁了砖地。20世纪60年代，在云冈石窟保护区内展开大规模植树造林活动，改变了石窟区的环境面貌，同时也破坏了窟前的考古地层。从1974～1976年，开展“三年保护工程”，挽救了一大批濒临崩塌的洞窟及雕刻，基本上解决了主要洞窟的稳定性问题。

从1992年起，开展了“八五”维修工程。1998年后，109国道云冈段改线，云冈窟前广场拆建，2001年，云冈石窟成功列入《世界遗产名录》。2008云冈石窟周边环境治理工程启动，2010年完成，云冈石窟大景区面貌焕然一新。

第三节　历年调查、考古发掘及研究简史

云冈石窟从1902年日本学者伊东忠太著文介绍，重新为世人瞩目。1907年，法国汉学家爱德华·沙畹调查云冈石窟，后在其《北中国考古图录》卷二中最早发表一批云冈照片。1919年陈垣先生考察云冈石窟，后发表《记大同武州山石窟寺》，开国人研究云冈之先声。此后，国内外学者研究云冈石窟的论著、图录陆续出版问世。

考古调查与发掘从20世纪30年代渐次开展，揭示了大量云冈石窟开窟与营造的历史信息，也反映了千百年来石窟人居生活的历史状态。

[1]　张焯：《云冈筑堡与古寺衰微》，《敦煌研究》2007年第6期，第9页。

[2]　厉寿田：《云岗石窟寺源流考》手抄本。

[3]　〔日〕岡村秀典编：《雲岡石窟·遺物篇》，朋友書店，2006年，第169頁。

一　历年调查

1933年，梁思成、林徽因、刘敦桢等在第5窟前西侧，发现多件辽代的石柱础[1]。

1950年，裴文中率领雁北文物勘查团到山西北部，对古代遗址、墓地、石窟寺和古建筑进行调查，之后出版了《雁北文物勘查报告》一书，在"云冈岗顶的北魏建筑遗址"中，勘察团"捡到了'传祚无穷'字样完整的北魏瓦当。瓦当面直径一五・七公分……第三窟上方，又有北魏遗址，捡得'传祚无穷'的瓦当残部和平瓦，筒瓦，及波纹边缘滴水瓦的残片各一。由第三窟之山顶遗址，第三窟正面岩壁上横排之（？）凿孔，及第三窟的规模，可以推知北魏时必有宏伟的木构建筑。传说为通乐寺遗址，昙曜所居，也许是有理由的"[2]。

1953年，云冈古迹保养所清理自第16窟以西窟外地面，也曾发现辽代砖瓦，在第20窟东侧已毁的石壁上发现残存的砖砌短垣一段，短垣用砖和第20窟顶所覆的辽代沟纹砖相同[3]。

1954年云冈古迹保养所清理窟前地面时，曾在昙曜五窟前辽代敷地方砖之上，发现辽金以后所敷的长方砖地面[4]。

1962年，清理第1、第2窟前面平台，发现两窟共用一片用沟纹方砖铺砌的地面。

1975年清理第3窟上层平台时，发现一排梁槽和沟纹砖等建筑遗物[5]。

20世纪70～90年代，云冈石窟文物研究所调查了云冈龙王沟西侧的晚期石窟、大同北郊的鹿野苑石窟、西郊的鲁班窑石窟等。中国社科院宗教研究所的丁明夷先生指导调查了西郊的焦山石窟、吴官屯石窟等，并合著有《焦山・吴官屯石窟调查记》[6]。

二　考古发掘

云冈石窟的考古发掘共有五次。

（一）1938～1944年

日本学者水野清一、长广敏雄等在调查石窟的期间，曾于1938年和1940年，对云冈窟前与窟

[1]　梁思成、刘敦桢、林徽因：《云冈石窟中所表现的北魏建筑》，《中国营造学社汇刊》第四卷第三、四期，1934年，第214页。

[2]　王逊：《云冈一带勘察记》，《雁北文物勘查团报告》，中央人民政府文化部文物局出版，1951年，第13～21页。

[3]　宿白：《"大金西京武州山重修大石窟寺碑"校注——新发现的大同云岗石窟寺历史材料的初步整理》，宿白：《中国石窟寺研究》，文物出版社，1996年，第70页。

[4]　宿白：《"大金西京武州山重修大石窟寺碑"校注——新发现的大同云岗石窟寺历史材料的初步整理》，宿白：《中国石窟寺研究》，文物出版社，1996年，第73页。

[5]　宿白：《〈大金西京武州山重修大石窟寺碑〉的发现与研究——与日本长广敏雄教授讨论有关云冈石窟的某些问题》，宿白：《中国石窟寺研究》，文物出版社，1996年，第96页。

[6]　曹臣明：《云冈石窟的考古调查、考古发掘及其意义》，云冈石窟研究院编《2005年云冈国际学术研讨会论文集・研究卷》，文物出版社，2006年，第153～156页。

顶进行了考古发掘[1]。虽然当时的发掘是有限的，但还是揭示了许多重要的历史信息。

1.1938 年，在第 8 窟前开南北向 1 号探沟，在第 9 窟前开南北向 2 号探沟。因窟门周围发现的砖铺地面，遂在窟门处开东西向 1 号探沟。在距第 9 窟门南发现一处砖砌台阶，又沿着台阶边缘开东西向 2 号探沟，与东西向 1 号探沟平行。后来在第 10 窟第 1 根门柱前开南北向 4 号探沟，与南北向 2 号探沟平行，南端与东西向 2 号探沟相接。

2.1938 年，对龙王庙沟北进行了小规模试掘，同时发掘沟西侧南端，发现地层中含辽代瓦和铁器，出土联珠兽面纹瓦当和羽纹板瓦滴水。铁器可能是挂于檐上的铁铃及一把铁钥匙、几片铁甲鳞片等物[2]。推测沟北端曾有过一定规模的建筑。

3.1940 年，在第 9 窟与第 10 窟门以南 12 米处发现石砌台基，遂由两窟之中开南北向 3 号探沟。同时，由第 12 窟门中心正对方向开南北向第 5 号探沟。

4.1940 年，在第 3 窟顶部挖了一条东西向的探沟，发现一处石筑基础和狮头长条石块。狮子西边是一处用石板铺成的基础，再向西发现一层很薄的向两边延续的白灰面，表面有红颜色，显然是一部分墙皮。还发现很多北魏时期瓦片、波状纹檐头瓦、“传祚无穷”瓦当、“丫”形瓦钉，可能是一处北魏寺庙遗址。

5.1940 年 9 ～ 11 月，在第 16 ～ 20 窟前的地面上展开。在石窟南约 17 米远先挖了一条宽约 4 米的东西向主探沟。之后在主探沟向南在第 19 窟、第 20 窟前各开 4 米宽的探沟。向北，在第 19 窟前开挖长 17 米、宽 2 米的探沟，发现一处可能是辽代的砖铺地面。同时，清理了第 20 窟前地面。

6.1940 年 10 月 30 日始，在西部山顶的南部发掘，确定北魏时期这里曾经矗立着一座寺庙。

（二）1972 ～ 1973 年

云冈石窟文物保管所和中国文物保护科学技术研究所，对第 9、10 窟前庭和前室上方平台进行了清理；同时在第 12 窟前壁列柱上方，发现北魏石窟开凿时就存在的石雕庑殿式屋顶。但这次清理工作不完整，也缺乏地层关系和对应的实物资料[3]。

（三）1987 年 6 ～ 12 月

云冈石窟文物保管所对龙王沟西侧石窟前地面进行考古发掘，清理面积约 300 平方米。清理出一处厅堂遗址，内有地灶、火炕等僧房遗迹和蓄水池遗迹。发掘者认为属于辽代[4]。

---

[1]　〔日〕水野清一、长广敏雄著，王银田译：《云冈发掘记》（一）；〔日〕水野清一、长广敏雄著，曹臣明译：《云冈发掘记》（二），山西省考古学会、山西省考古研究所编：《山西省考古学会论文集》，山西人民出版社，1994年4月第1版，第193-206页。〔日〕水野清一：《雲岡石窟調查記》，刊京都《東方學報》第九册、第十三册第一分、第十三册第四分、第十四册第四分、第十五册第二分册。

[2]　〔日〕水野清一：《雲岡石窟調查記》，《東方學報》第九册。

[3]　云冈石窟文物保管所：《云冈石窟建筑遗迹的新发现》，《文物》1976年第4期。姜怀英、员海瑞、解廷凡：《云冈石窟新发现的几处建筑遗迹》，云冈石窟文物保管所编：《中国石窟·云冈石窟》（一），文物出版社，1991年，第198～201页。

[4]　赵曙光：《龙王庙西侧古代遗址清理简报》，云冈石窟文物保管所编：《中国石窟·云冈石窟》（二），文物出版社，1994年，第219～230页。

（四）20 世纪 90 年代初

云冈“八五”保护维修中，为解决窟前积土导致的雨水倒流进窟的问题，实施了降低窟前地面工程。1991 年云冈石窟文物研究所调查窟前地面状况时在第 11 ～第 13-4 窟前、第 14 ～ 20 窟前，与外立壁的梁孔相对应地，分别开 4 条和 12 条探沟，采集了一些北魏和辽金及明清民国时期的建筑材料、生活生产用具等。在降低第 20 窟前地面时，发现了大量石雕造像残件、北魏瓦件等。于是，1992、1993 年由山西省考古研究所、大同市博物馆、云冈石窟文物研究所组成云冈联合考古队，先后二次对云冈石窟第 9 ～ 20 窟、第 1 ～ 4 窟前地面以及第 3 窟内进行了全面的清理与发掘，共揭露遗址面积 4000 余平方米。这次发掘荣获“1993 年度全国十大考古新发现”[1]。

（五）21 世纪初期

为配合窟顶防渗水工程，2008 年由山西省考古研究所联合大同市考古研究所和云冈石窟研究院，对云冈石窟山顶西部进行首次发掘，发掘面积 2000 余平方米，发现东周、北魏、辽金和明清的遗址和灰坑，出土了一批石器、骨器、陶器和瓷器碎片以及建筑材料等。2010 年在该区南部进行第二次发掘，发掘面积 3600 平方米，出土的佛教寺院遗址是北魏僧侣的生活区或译经和藏经场所[2]。

2011 年对云冈石窟第 5 窟和第 6 窟山顶进行发掘，发掘面积近 5000 平方米，遗迹主要有塔基、铸造井台、化铁炉、水井、台基和灰坑。塔基内部方形夯土，属于北魏遗迹；外部八角是辽金补建，是一处北魏至辽金时期的佛教寺院遗址[3]，荣获“2011 年度全国十大考古新发现”。

三 研究历程

关于窟前建筑的研究推断，宿白先生推测辽代在第 1、2 窟、第 3 窟、第 5、6 窟、第 7、8 窟、第 9、10 窟、第 11、12、13 窟、第 14、15、16、17 窟、第 18 窟、第 19 窟、第 20 窟窟前都兴建了巨大的木建筑，且都是后接窟室的。可能和《大金西京武州山重修大石窟寺碑》所述“十名”的辽西京大石窟寺有密切关系，或是十寺中的主要组成部分，有的部分更系上承北魏当时窟前建筑的旧基[4]。

日本学者冈村秀典，据第 3 窟外立壁梁孔内残存的两处木炭样品测定，认为北魏时期利用这些梁孔架构了东西 50 米的覆瓦屋顶的木结构建筑，施工时期应与上层窟室开凿时代相同[5]。刘建军认

[1] 云冈石窟文物研究所、山西省考古研究所、大同市博物馆:《云冈石第3窟遗址发掘简报》，《文物》2004年第6期。报讯《云冈窟前遗址发掘获重大成果》，《中国文物报》1994年1月16日。

[2] 云冈研究院、山西省考古研究院、大同市考古研究所：《云冈石窟山顶佛教寺院遗址考古发掘报告》，文物出版社，2021年，第207页。

[3] 云冈研究院、山西省考古研究院、大同市考古研究所：《云冈石窟山顶佛教寺院遗址考古发掘报告》，文物出版社，2021年，第525、528页。

[4] 宿白：《“大金西京武州山重修大石窟寺碑”校注——新发现的大同云岗石窟寺历史材料的初步整理》，宿白：《〈大金西京武州山重修大石窟寺碑〉的发现与研究——与日本长广敏雄教授讨论有关云冈石窟的某些问题》，均载宿白：《中国石窟寺研究》，文物出版社，1996年，第57、58、70、96～98页。

[5] 京都大学人文科学研究所、中国社会科学院考古研究所：《云冈石窟》第十七卷，科学出版社，2018年，第44、103页。

为，第 3 窟前室窟顶的二层平台北侧，10 个东西向方形柱坑，与南侧残存 6 个东西向的长方形梁槽相对应，与窟外前庭地面的两排夯土柱基的位置也相对。由此推测，这是一处金代修建的面阔九间的窟前木结构建筑遗迹[1]。

第 5、6 窟清代阁楼建筑后的外立壁上部分布有长方形梁孔，彭明浩认为可能是北魏窟檐建筑遗迹[2]。

第 7、8 窟前室呈没有窟顶的露天结构，壁面上排列着大量梁孔和椽孔，日本学者的《云冈石窟》推测自营造当初开始，前室内部似乎就已搭建了木结构建筑。宿白先生推测“第 7、8 窟两窟的上方崖面，存有清晰的木构建筑物两坡顶的沟槽与承托两坡顶端和左右檐下的 3 组梁孔。这些迹象可以表明，第 7、8 窟的前面曾建有 1 座山面向前的木建筑物”[3]。而冈村秀典认为前室壁面的倒凸字形孔是营造当初木结构，可能是观像的木地板，壁面的部分椽孔破坏了北魏时期的千佛龛及造像，木结构建筑应该是辽金时期的[4]。

关于第 9、10 双窟，日本学者水野清一、长广敏雄认为，北魏开凿了二窟外立壁的平台并建造了单坡瓦顶。在比平台高约 6 米之处水平削凿出挑檐，应该是曾用来构架正脊。窟前铺砖地面为辽代遗存[5]。姜怀英等根据《金碑》的记载，以及立壁与地面遗留的二组不同时期建筑梁孔与柱坑，推测面阔七间的建筑为“唐贞观十五年（641 年）守臣重建”，面阔五间的建筑为辽代重修[6]。

冈村秀典认为，第 9、10 窟前庭部分铺砖以及面阔五间建筑应该是金代遗存[7]。彭明浩认为，七间窟檐建筑的柱穴位于辽金铺砖之下，打破基岩地面铺地纹样，外立壁上的梁孔打破了庑殿顶雕刻。该组建筑应为北魏孝文帝迁洛后修建[8]。

冈村秀典认为，第 20 窟北壁的二排梁孔，可能是前壁崩坏后金代修的建筑，与铺地砖同时期。稻本泰生指出昙曜五窟区域外立壁千佛龛避开第 17 窟明窗东侧太和十三年（489）龛，也避开梁孔，所以窟前建筑是作为与帝王千佛造像同一体系的事业，是太和十三年（489 年）以后修建的[9]。

彭明浩认为，云冈石窟大范围的窟檐建筑工程修建年代为迁洛之后[10]。

关于山顶寺院，李崇峰认为，云冈山顶西部的佛教寺院遗址是在罽宾寺院制度的基础上，把塔

[1] 刘建军：《新中国云冈石窟的考古发现》，《中国文化遗产》2007年第5期。

[2] 彭明浩：《云冈石窟的营造工程》，文物出版社，2017年。

[3] 〔日〕水野清一、長廣敏雄：《雲岡石窟:西曆五世紀における中國北部佛教窟院の考古學的調查報告》，京都大學人文科學研究所雲岡刊行會，1952年，第五卷第5頁。宿白：《〈大金西京武州山重修大石窟寺碑〉的发现与研究——与日本长广敏雄教授讨论有关云冈石窟的某些问题》，宿白：《中国石窟寺研究》，文物出版社，1996年，第97页。

[4] 京都大学人文科学研究所、中国社会科学院考古研究所：《云冈石窟》，科学出版社，2018年，第十八卷，第87、88页。

[5] 〔日〕水野清一、長廣敏雄：《雲岡石窟:西曆五世紀における中國北部佛教窟院の考古學的調查報告》，京都大學人文科學研究所雲岡刊行會，1951年，第六卷第55、56頁。京都大学人文科学研究所、中国社会科学院考古研究所编著：《云冈石窟》，科学出版社，2018年，第十八卷，第125页。

[6] 姜怀英、员海瑞、解廷凡：《云冈石窟新发现的几处建筑遗迹》，参见云冈石窟文物保管所编：《中国石窟・云冈石窟》一，文物出版社，1991年，第198～201页。

[7] 〔日〕岡村秀典編：《雲岡石窟・遺物篇》，朋友書店，2006年，第8～16頁。京都大学人文科学研究所、中国社会科学院考古研究所编著：《云冈石窟》，科学出版社，2018年，第十八卷第114页，第十九卷第39页。

[8] 彭明浩：《云冈石窟的营造工程》，文物出版社，2017年，第285页。

[9] 京都大学人文科学研究所、中国社会科学院考古研究所：《云冈石窟》第二十卷，科学出版社，2018年，第145、77页。

[10] 彭明浩：《云冈石窟的营造工程》，文物出版社，2017年。

院和僧院合二为一，甚或直接采纳类似毕钵罗早期寺址之布局，是天竺僧伽蓝中国化的最初尝试[1]。

冈村秀典认为，北魏时代的僧坊分布在山顶，而辽金时代的大部分遗迹则在石窟之前[2]。

关于第20窟窟体与建筑的坍塌问题，日本学者进行考古发掘时，发现此处最下层的包含物只有北魏的瓦，其上层的包含物只有石窟的残石并不见瓦，所以北魏建筑物的崩坏与窟体崩落之间有一段时间。此外，辽代的铺砖地面又在这些遗物之上，据此推测第20窟窟体的坍塌时间应该为北魏以后，辽代以前[3]。王银田认为平城明堂遗址辟雍水道砌石在构造上多处采用不规则十字缝相错垒砌以及“磕绊”的砌石技法，与第20窟前下方的石条包砌墙的石料大小尺寸相同，砌石作法相同，具有较强的抗震能力。所以，石墙年代也应在孝文帝太和年间。且推断现石墙应该就是南壁的位置所在，因此南壁坍塌早于砌筑石墙，坍塌大约持续了数百年之久，其原因是第20窟南壁的窟门和明窗开得太大，南壁厚度预留不够[4]。

杭侃指出，第20窟西壁存在两个开凿于云冈第二期的释迦多宝二佛并坐龛，其打破了西壁原立佛的头光，故第20窟的西壁在第一期西壁胁侍佛完成不久后就开始坍塌了[5]。

关于石窟的开凿工程与石刻的雕造工序，文献中缺少全面的记载。长广敏雄《石窟工程过程的想象》考证了昙曜五窟的工程。日本隧道工程专家吉村恒等《昙曜五窟营造工程探讨》一文中，从建筑工程的角度探讨了云冈昙曜五窟的主要工程数量、工程时间和作业人数，提出了与长广敏雄和宿白不同的洞窟分期，其中第16窟大佛为孝文帝服制改革之后作品[6]。

第四节　本报告发掘情况及报告体例

1992年、1993年云冈联合考古队先后对第9～20窟、第1～4窟前地面，以及第3窟内进行了清理与发掘（图一）。发掘工作分二个阶段：

1992年4月6日～9月19日，对第9～20窟前进行发掘。以第20窟西南角为基点，逐步向东展开（编号为1992T000），第13-4～14窟间的冲沟地段未发掘。9月16日～10月27日，为探寻第20窟前河堤的东向延伸情况，在昙曜五窟前开探沟发掘。发掘领队为山西省考古研究所原所长王克林研究员。大同市博物馆原馆长解廷琦、原副馆长王银田负责工地日常工作，参加发掘人员有云冈石窟文物研究所刘建军、李雪芹，大同市博物馆曹臣明、张丽、张利华、石红、李树云、王雁卿，保卫人员有员小云、赵庭佑，照相由赵戌完成。

从1993年7月4日～10月15日，对第1～4窟前及第3窟内进行发掘，以第1窟东南角为基点，逐步向西展开(编号为1993T000)。曹臣明、刘建军负责工地日常工作，参加发掘人员有云冈石窟文

[1] 李崇峰：《佛教考古：从印度到中国》，上海古籍出版社，2014年，第288页。

[2] 〔日〕岡村秀典編：《雲岡石窟・遺物篇》，朋友書店，2006年，第168、169頁。冈村秀典、向井佑介著：《云冈石窟寺的考古学研究》，秦小丽译，高田树雄主编：《日本东方学》第一辑，中华书局，2007年，第23～37页。

[3] 〔日〕水野清一、長廣敏雄：《雲岡石窟:西暦五世紀における中國北部佛教窟院の考古學的調查報告》，京都大學人文科學研究所雲岡刊行會，1954年，第十四卷第42頁。

[4] 王银田：《北魏平城明堂再研究》，《北朝研究》第六辑，北京燕山出版社，2006年。

[5] 杭侃：《云冈20窟西壁坍塌的时间与昙曜五窟最初的布局设计》，《文物》1994年第10期，第56～61页。

[6] 〔日〕長廣敏雄：《石窟工程過程的想像》，《雲岡石窟・中國文化史跡》，世界文化社出版，1976年。〔日〕吉村恒等《曇曜五窟營造工事の検討》，《國華》第1155號，1992年2月，第7～23页。

物研究所李雪芹，大同市博物馆石红、李树云、王雁卿，照相由张海雁完成。发掘之后，对第3窟前室进行了清理；2000年9月，又对第3窟后室进行了全面清理。2004年，发表简报《云冈石窟第3窟遗址发掘简报》（《文物》2004年第6期）。

在云冈石窟窟前遗址发掘期间，著名考古学家苏秉琦、宿白、徐苹芳、俞伟超、张忠培、马世长等以及国家文物局张柏副局长等有关专家学者亲临现场，实地进行指导；对许多重要现象，作了认真的研究和精辟的分析，提出了指导性意见，并对发掘工作给予了充分肯定。

本报告整理，编写过程旷日持久，直至2014年云冈石窟研究院重新组织力量，经十年终于成稿。

遗迹图部分，参考了山西省地质工程勘察院测图（1992年、1993年）。

遗迹摄影：赵歧（1992年）、张海雁（1993年）。遗物摄影：张旭云、员小中、张海雁、员新华。

文物保护和修复：康文有、孙波、董凯、张俊才、张辉、赵磊磊；负片扫描：张洁；拓本：董凯、白雪、刘铨义；瓷器整理：曹俊。

遗迹清绘图：总遗迹图合成：丰帆；第1、2窟：郭靖、赵晓丹；第3窟：赵晓丹、郭靖；龙王庙沟西侧窟前遗址重绘：何柳；第7、8窟：何柳；第9、10窟：赵晓丹、郭靖；第11～13-4窟：何柳；第14～20窟：何柳、丰帆。

器物绘图：兰静、王娜、丰帆、靳浩琛、王建平、曹臣明、张利华；第九章石雕绘图：刘欢。

报告的具体编写人员：第一章第一～四节：张焯；第一章第五节：王雁卿；第二章：刘建军、赵婻；第三章：刘建军、郭静娜、吴娇、赵婻；第四章：执笔赵曙光，王雁卿、马静重新整理；第五章：刘建军；第六章：王雁卿、马静、吴洁；第七章：刘建军、文莉莉；第八章第一～七节：王雁卿、吴娇、张海蛟；第八章第八～一〇节：张海蛟、吴娇；第九章：王雁卿、吴洁、马静，本章石雕部分：员小中、安瑾煜、侯瑞；第一〇章：马静。

参加整理人员：李雪芹、谷敏、周世茂、张轩鑫、王若芝、姚乐清、李岩、张嘉、张润平、陈洪萍、黄园园、梁国兴、王超、张玉铭、宣林、刘洪斌、曹彦、王秀玲、吕栋林、王晨、高嘉珩，山西大学硕士生曹俊、冀瑞宝，北京大学博士生张雯、郭凤妍、任静，廊坊师范学院学生杨雨泽。

西立佛石雕拼接：员小中、赵斌、麻亮、牛重利、张俊才。

报告整理过程中，邀请著名考古学家丁明夷、中国社会科学院考古研究所李裕群研究员、暨南大学王银田教授、大同市博物馆曹臣明研究员为报告审稿，中国社会科学院考古研究所刘芳研究员指导绘图，山西省博物院孟耀虎研究员、大同市博物馆林皓对瓷器进行断代，北京大学崔剑锋老师、赵静芳老师等对出土的器物做科学的检测分析。最后审改张焯。

关于本报告编写体例：

云冈石窟依照自然地形划分为东部窟群、中部窟群和西部窟群三大区域。石窟编号从东向西排序。本报告即以此次序，按照洞窟分布设章编号。已有区域考古报告一并纳入。

云冈山顶佛教寺院遗址与窟前建筑有密切关系，本报告所涉出土的建筑材料和生活生产用具等器物的型式基本以山顶佛教寺院遗址为标准。

从20世纪50年代至今，因保护维修等工程不时从不同的区域采集的遗物，本报告全部收集，力求系统全面地反映各个时代人们在窟前的活动。采集品主要有：1991年窟前地面探沟采集（编号：1991窟前采）；1992、1993年窟前地面清理的采集品（编号：1992窟前采、1993窟前采）；2013年“五华洞”保护性窟檐工程基础挖掘范围，较1992年发掘区域向南，在其施工范围内采集到不同时代遗物（编号：2013窟前采）。正对第12窟中心再现1940年日本人发掘的“南北向第5条探沟”的一部分，探沟中出土大量石雕残件、建筑材料、陶器、瓷器等（编号：2013探沟采），其中有的石雕还有墨书“十七洞”“十八洞”“二十洞”等。有的石雕明显具有早期风格，为昙曜五窟窟前的出土物，归入第九章。此外，所有采集品中有明确地点的、不同时间零星采集品，归于各区域所设的各个时代的遗物章节中，与发掘器物同时分类型，计件数（编号：窟前采）。没有明确地点的集中归于不明地点采集品章。

发掘清理的遗迹以中文拼音字母之首标号：地面柱穴为“X”，柱洞为“D”，方形柱洞为“FD”，井为“J”，灰坑为“H”，壁面梁孔为“L”，采石区为“CSQ”，石坯坑为“SPK”，采石坑为“CSK”。

第五节　云冈石窟窟前遗址典型器物介绍

云冈窟前考古遗址出土遗物主要属于北魏、辽金、明清时期，其中北魏、辽金时期典型遗物的型式分类基本参考云冈山顶佛教寺院遗址（简称山顶遗址）同型式器物的分类型标准。器物多数与山顶遗址出土器物型式相近，当然也出现了同类器物的新型式。

一　北魏时期遗物

北魏遗迹主要分布于第3窟前与窟内以及第9、10窟、第14～20窟前。第5、6窟和第11～13-4窟前也出土了北魏遗物，主要有建筑材料、石雕造像、生活生产用具。

（一）建筑材料

建筑材料以陶质居多，另外还有石质、泥质、铁质。

陶质建筑材料

主要有板瓦、檐头板瓦、筒瓦、檐头筒瓦（含瓦当）、莲花建筑饰件等，因胎质、制作工艺的不同，分四大类。

（1）甲类

胎质夹砂且粗糙，胎土烧结成小泥团。布纹细密，烧成紧致。陶色以灰色为主，也有红色的。该类瓦件大量出土于第14～20窟前遗址，第11～13-4窟前遗址也见。

1）板瓦

瓦体较厚重。凹面有的全部抹平，有的则留有部分细密的布纹，有的内部可见木条模具的痕迹。凹面常于近宽端7～13厘米处有一条凹槽，可能是模具捆绑绳索处。凸面多留存拍打坯体时的绳纹。宽端端头凸面用手指捺压成波状纹，相应的凹面也可见相配合的指肚印痕。两侧面全切并修整，并将凹凸两面侧棱的棱角削去。烧制温度较高，宽度略有不一。

山顶遗址灰陶板瓦依凹面是否压光，分A、B两型。窟前遗址甲类板瓦见凹面压光的A型，为Aa型。

Aa型　宽端凹凸两面均用手指捺压成波状纹。大量出土于第14～20窟前遗址，第11～13-4窟前遗址也见，标本1992T506④A：3、1992T525③A：1等。

2）筒瓦

胎质同板瓦。凹面布纹经纬细密，凸面多抹平，有竖向刮削修整痕迹，有的可见明显的压磨痕迹，有的还施陶衣。瓦身与瓦舌相接处瓦身向内收缩，肩部微呈凹槽状。相对一端瓦身两侧削薄抹平略外撇，尾端头平齐。侧面多半切，分割后破面未加修整。筒瓦有灰色瓦、红色瓦。

山顶遗址灰陶筒瓦依凸面是否压光，分 A、B 两型。窟前遗址甲类筒瓦见压光的 A 型。

A 型 凸面有纵向压光痕。灰色筒瓦见于第 11 ～ 13-4 窟前、第 14 ～ 20 窟前遗址，标本 1992T525 ③ A：3、1992T504 ④ A：1、标本 1992 窟前采：1127 等。

红色瓦出土于第 14 ～ 20 窟前遗址，标本 1992T413 ④ A：4 等。

3）檐头筒瓦

只见忍冬兽面纹瓦当，均残。从 6 件残瓦当结合看，当心雕兽面，兽面长角上扬弯曲，角根有三突起。两角间即当面中上部为七叶忍冬花盛开。宽眉外角上卷，上有椭圆形小耳，耳廓突出。梯形眼眶，大圆眼，眼球凸起。三角鼻头，鼻孔圆张，鼻梁施横纹。阔嘴露七齿，两侧为尖獠牙，半圆舌尖外舔。边轮高宽，两周凸弦纹带内雕波状忍冬纹，波状藤蔓上下出一叶和二叶相间。瓦当复原直径约 19.5 厘米，与同区域出土的甲类筒瓦直径相当。此型瓦当均出土于第 14 ～ 20 窟前遗址，标本 1992T501 ④ A：8 等。

4）莲花建筑饰件

模制。圆形，正面呈覆盆状，顶部中央稍微凸起呈圆形，内穿方孔至底部，外围雕一周复瓣双层莲花，背面平。

山顶遗址莲花建筑饰件依莲瓣数量及莲瓣特征分 A、B 两型，A 型又依底部是否斜削分两亚型。

Ab 型 莲瓣高凸，底部斜削呈倒角状。见第 14 ～ 20 窟前遗址，标本 1992T502 ④ A：13 等。

B 型 莲瓣扁平。见第 11 ～ 13-4 窟前、第 14 ～ 20 窟前遗址，标本 1992T305 ①：2、1992T525 ①：2 等。

（2）乙类

胎质较致密，灰色胎土中夹杂粗砂粒及大量的细小白砂粒，凹面布纹略粗。

1）板瓦

凹面基本不修整，保持原布纹状态，两侧面切痕较窄，破面未修整。凹面近宽窄两端均削薄抹平。

山顶遗址分凹面压光和未压光 A、B 两型，又依宽端手指压痕的不同各分两亚型。窟前遗址不见 Bb 型。

Aa 型 压光，宽端凹凸两面均有手指压痕。见于第 3 窟前和窟内、第 11 ～ 13-4 窟前遗址，标本 1993T401 ⑤ A：25、1993T404 ⑤：1、2013 窟前采：236 等。

Ab 型 压光，仅凸面有手指压痕。见于第 3 窟前、第 5、6 窟前、第 14 ～ 20 窟前遗址，标本 1993T301 ③ A：19、2007T1 ③：13、1992T503 ④ A：3 等。

Ba 型 未压光，宽端凹凸两面均有深浅不同的手指压痕。见于第 14 ～ 20 窟前遗址，标本 1992T111 ③ D：7 等。

2）筒瓦

瓦身薄，瓦舌较长，肩部较平直，瓦舌端面呈方形。尾端凹面削薄抹平。凸面刮削修整，有的残留绳纹。侧面切痕较浅，分割后破面未修整。

山顶遗址依凸面有无压光分 A、B 两型，窟前遗址均见。

A 型　压光，凸面有明显压磨痕迹，见于第 3 窟前、第 11 ～ 13-4 窟前、第 14 ～ 20 窟前遗址，标本 1993T402 ③：11、2013 窟前采：5、1992T111 ③ D：10 等。

B 型　凸面未压光，或有陶衣。见于第 3 窟前、第 5、6 窟前、第 11 ～ 13-4 窟前遗址，标本 1993T307 ③ C：2、2007T1 ③：10、2013 窟前采：5 等。

3）檐头筒瓦

瓦当当面图案有莲花纹瓦当、“传祚无穷”瓦当、兽面纹瓦当。

山顶遗址莲花纹瓦当根据莲瓣不同分 A、B、C 三型。窟前遗址见 B 型。

B 型　当心大乳丁，绕一周凸棱圈线，外围为复瓣单层莲花纹，相邻莲瓣的轮廓相接，瓣肉则完全独立，瓣尖不明显，瓣根较短。边轮窄低。见于第 14 ～ 20 窟前遗址，标本 1992T101 ③ D：2。

山顶遗址“传祚无穷”瓦当根据瓦当边轮特征分 A、B 两型，窟前遗址见 A 型，又因边轮及文字笔画的不同新出现 C 型，不见 B 型。

A 型　边轮略高于当面且窄。当面以“井”字形界格划分当面，“井”字中央饰大乳丁，在“井”字上下左右四字平均摆布，字为隶书阳文。四角扇形区各饰一个小乳丁。当面与边轮间、大小乳丁之间均饰有一周凸棱圆圈。见于第 3 窟前、第 5、6 窟前、第 11 ～ 13-4 窟前遗址，标本 1993T210 ④ B：1、1993T218 ④ A：1、2007T1 ③：1、2013 窟前采：238。

C 型　边轮高窄。“傳”字下部“寸”字点为一横线，“無”字右上部“丿”为点状。见于第 11 ～ 13-4 窟前遗址，标本 1992T427 ④：1。

4）莲花建筑饰件

窟前遗址乙类莲花建筑饰件出土莲瓣高凸的 A 型，又依底部是否斜削分 Aa、Ab 型。

Aa 型　莲瓣高凸，底部未斜削。见于第 11 ～ 13-4 窟前、第 14 ～ 20 窟前遗址，标本 2013 窟前采：239、1992T506 ③ A：1 等。

Ab 型　莲瓣高凸，底部斜削呈倒角状。见于第 14 ～ 20 窟前遗址，标本 1992T111 ③ G：1 等。

（3）丙类

胎质细腻，几乎不含砂粒，胎体略有孔隙，烧制紧致。灰陶居多，少量呈黄红色。山顶遗址板瓦、筒瓦依凹面是否压光分 A、B 两型，丙类均为 A 型。

1）板瓦

多数表皮呈黑色，个别为浅灰色，其胎色也随之有深浅的不同。凹面磨光，有纵向磨光痕迹，凸面抹平修整，侧面也磨光。A 型凹面压光，质地细腻。依宽端变化的不同分 Aa、Ab 两亚型。

Aa 型　宽端凹凸两面均有手指压痕。见于第 3 窟前遗址，标本 1993T307 ④ B：16。

Ab 型　仅凸面有手指压痕，有手指捺压或用工具剔出波状纹。有的瓦头顶端中间划一条线分界，上部多修成圆角，下部用刀类物剔出一条波状纹。见于第 3 窟前、第 14 ～ 20 窟前遗址，标本 1993T217 ⑤ A：1、1992T401 ⑤：17 等。

2）筒瓦

胎质同板瓦。凸面磨光，可辨纵向或横向磨光痕迹，以前者居多。有的筒瓦凸面涂刷陶衣。凹面布纹较细密，侧面有半切的，也有磨光的。见于第 3 窟前和窟内遗址、第 11 ～ 13-4 窟前、第 14 ～ 20 窟前遗址，标本 1993T307 ④ B：17、1993G1 ⑤ A：60、1992T529 ①：4、1992T401 ④ A：18、1992T111 ③ D：13 等。

3）檐头筒瓦

出土“万岁富贵”瓦当。山顶遗址“万岁富贵”瓦当据边轮特征分两型，又据读法不同分两亚型。窟前遗址见 Aa 型。

Aa 型 边轮低窄，“富”“贵”从左至右读。见于第 3 窟前和窟内遗址，标本 1993T402 ⑤ A：5、1993T306 ④ B：1。

（4）丁类

绿釉板瓦。凹、凸两面抚平修整，及瓦端头均施绿釉。瓦端头凸面用手指捺压成波状纹。仅见于第 14 ～ 20 窟前遗址，标本 1992T111 ③ D：2。

（二）生活生产用具

有陶器、铁器、石器等，仅陶器分型式。

陶器

窟前遗址出土的北魏陶器，器形主要有盆、罐、碗、钵、陶构件、陶纺轮。

（1）陶盆

泥质灰陶，多数为盆体的腹部和底部。山顶遗址据口沿与腹部的不同分 A、B 两型，B 型根据唇部不同分为 Ba、Bb、Bc 三亚型。窟前遗址见 A、Ba、Bb 型。

A 型 口微敛，折沿，沿面圆鼓，沿外缘剔压一周凹槽，外端起凸棱。口沿与内壁相接处转折明显，有明显的凸棱。弧壁。见于第 14 ～ 20 窟前遗址，标本 1992T01 ③ B：26 等。

B 型 口部内敛，折沿，沿面上斜且较宽，沿面近沿外缘处划一周凹槽，使外缘高于口沿部，并且沿外缘即唇部往往加厚。口沿与器内壁相接处转折明显，有的器形呈明显的凸棱。上腹外鼓，下腹斜收，器内外壁多有纹饰。

Ba 型 方圆唇。见于第 3 窟前和窟内遗址、第 11 ～ 13-4 窟前遗址，标本 1993G1 ⑤ A：53、2013 窟前采：276 等。

Bb 型 斜方唇。见于第 3 窟前和窟内遗址，标本 1993T401 ⑤ A：1 等。

（2）陶罐

灰陶，多数为罐体腹部与底部。陶质有夹砂、泥质两大类。山顶遗址据颈部长短分 A、B 两型，A 型矮颈，B 型长颈，根据口部不同分两亚型。窟前遗址见 A、Ba 型。

A 型 矮颈。见于第 3 窟前和窟内遗址、第 11 ～ 13-4 窟前、第 14 ～ 20 窟前遗址，标本 1993G1 ⑤ A：48、2013 窟前采：279、1992T502 ④ A：16 等。

Ba 型 长颈，平沿敞口。见于第 1、2 窟前遗址、第 3 窟内遗址、第 11 ～ 13-4 窟前遗址，标本 1993T101 ②：17、1993G1 ⑤ A：49、1992T528 ② A：6 等。

（3）灰陶小碗

均为泥质灰陶。大小、器形各不相同，手捏成型，不甚规整，慢轮修整。据口沿不同分 A、B 两型，A 型因肩腹部不同分两亚型，B 型因底部不同分三亚型。多见于第 14 ～ 20 窟前遗址。

Aa 型 敞口，圆唇，腹壁斜直，平底。标本 1992T501 ④ A：1 等。

Ab 型 口微敞，肩腹处略折，下腹斜，器壁较厚，平底。此型还见于第 3 窟内，标本 1993T402 ⑤ A：4、1992T502 ④ A：1 等。

Ba 型 敛口，方圆唇，弧壁，平底。标本 1992T404 ④ A：7 等。

Bb 型 敛口，弧壁，垂腹，大平底。标本 1992T501 ④ A：4 等。

Bc 型 敛口近直，弧壁，实足饼底。标本 1992T502 ④ A：5 等。

（4）陶钵

泥质灰陶。敛口，圜底，器壁较薄。器内外壁施横向暗弦纹并打磨光滑，造型较为精巧。出土于第 3 窟内东前室、第 11 ～ 13-4 窟前、第 14 ～ 20 窟前遗址，标本 1993T401 ③：11、2013 窟前采：280、1992T501 ④ A：3。

二 隋唐时期遗物

第 3 窟前发现唐代遗迹，其他区域仅出土少量的唐代遗物。第 1、2 窟前出土隋五铢、开元通宝各 1 枚。第 3 窟前遗址出土陶器、瓷器、五铢、开元通宝。龙王庙沟西侧窟前遗址出土 1 件黄釉器残片。第 11 ～ 13-4 窟前遗址出土 1 件陶器、2 件瓷器。第 14 ～ 20 窟前遗址出土 1 枚隋五铢。

1. 陶器

（1）灰陶盏

泥质灰陶。大小、器形各不相同，轮制，内外壁均有横向的旋坯痕。依据口沿及底部形制不同，可分为两型。均见于第 3 窟前遗址。

A 型 敞口或直口微敛，圆唇或方圆唇，斜弧壁，内底弧状，浅实足饼底。标本 1993T307 ④ B：14 等。

B 型 敞口，腹壁较直，平底内凹。标本 1993T301 ④ B：12 等。

（2）灰陶钵

出土于第 3 窟前遗址，标本 1993T307 ④ B：19、1993T307 ④ B：20。

2. 瓷器

白釉瓷有白釉碗。黄釉器有碗、执壶、罐。

（1）白釉碗

有饼形实足和玉璧形足。见于第 3 窟前和窟内、第 11 ～ 13-4 窟前遗址，标本 1993T401 北 H：3、1993T215 ③ B：3、1992T525 ④ A：6、1992T525 ①：3。

（2）黄釉碗

第 3 窟前遗址出土，标本 1993T306 ④ B：3 等。

（3）黄釉执壶

第 3 窟前遗址出土，标本 1993T211 ①：4。

（4）黄釉罐

第 3 窟前遗址出土，标本 1993T215 ③ A：24。

（5）复色釉碗

第 3 窟前遗址出土，标本 1993T213 ①：1、1993T215 ③ A：12 等。

三 辽金时期遗物

辽金时期文化遗存主要分布于第 3 窟前与窟内、龙王庙沟西侧、第 5、6 窟前、第 9、10 窟前、第 11 ~ 13-4 窟前、第 14 ~ 20 窟前遗址，出土器物有建筑材料、生活生产用具。

（一）建筑材料

窟前遗址发掘出土的辽金时期建筑材料，主要有砖、板瓦、檐头板瓦、筒瓦、檐头筒瓦（含瓦当）、平口条、脊兽、建筑残件、砖斗等。

陶质建筑材料

（1）砖

1）长条砖

均为陶质，青灰色。依制砖模具的不同，分五型。沟纹砖砖面下有 5 道、6 道或 7 道不等沟纹。

A 型 压印于缠着细绳的棒子上而成沟纹，沟纹较规整，长度达到砖的边缘。见于第 11 ~ 13-4 窟前、第 14 ~ 20 窟前遗址，标本 1992T603 ③ B：1、1992T519 ①：9 等。

B 型 压印于细棍状物而成沟纹，沟纹印于砖的中心部位。见于第 3 窟内、第 9、10 窟前、第 11 ~ 13-4 窟前遗址，标本 1993T401 北② B：55、1992T612 ②：3、1992T603 ③ B：2 等。

C 型 细绳状沟纹位于砖的中心部位，四周较宽。见于第 5、6 窟、第 11 ~ 13-4 窟前遗址，标本 2007T1 ①：8、1992T526 ③ B：6 等。

D 型 素面，有的砖面可辨细绳纹。见于第 11 ~ 13-4 窟前、第 14 ~ 20 窟前遗址，标本 1992T603 ③：14、1992T102 ③ B：2 等。

E 型 粗绳纹。见第 3 窟内遗址，标本 1993T401 北③：1 等。

2）方砖

陶质，青灰色，有 12 道或 13 道沟纹。沟纹面多有白灰痕迹。因沟纹的不同分两型。

A 型 细绳状沟纹较细，条纹较规整。见于第 5、6 窟前、第 9、10 窟前、第 11 ~ 13-4 窟前、第 14 ~ 20 窟前遗址，标本 2007T1 ②：1、1992T612 ②：1、1992T603 ③ B：16、1992T519 ①：10 等。

B 型 沟纹较细，沟纹间又斜向伸出细短斜线。见于第 9、10 窟前、第 11 ~ 13-4 窟前遗址，标本 1992T614 ②：1、1992T603 ③ B：17 等。

（2）板瓦

均为灰陶，有的被火烧成红色。胎质夹粗砂，有的夹杂较大的石英颗粒或料礓石，有的可见烧结块，可见大小不一的孔隙。凹面布纹较粗，宽端端头直切或斜切，近窄端处修整，多削薄抹圆。瓦身凹面两侧或一侧多见一凹槽坑，有的宽窄两端均可见到，该凹槽可能是为了切割取直。侧面切痕宽窄不一，同一件瓦两侧的切痕宽窄也不相同，但切痕宽度不超瓦身的 1/3，破面未修整。有的瓦身凸面可见先纵向刮削修胎再横向抹平的痕迹。

窟前遗址据板瓦宽端端头直切或斜切，分 A、B 两型。

A 型 宽端头直切。均为残块，无完整者。端头齐直，瓦身较薄。见第 3 窟内、第 14 ~ 20 窟前遗址，标本 1993G3 北①：14、1992T111 ② A：22 等。

B 型　宽端头斜切。瓦身整体较厚。依凹面近宽端处有无修整分两亚型。

Ba 型　凹面近宽端处无抹修。见第 3 窟前和窟内、龙王庙沟西侧遗址，标本 1993T401 北②B：1、1993T104 北③ A：2、1987DYLF1 ③：5 等。

Bb 型　凹面近宽端处削薄抹平。见第 3 窟内、第 14 ～ 20 窟前遗址，标本 1993G1 ②：9、1993T401 北② B：4、1992T110 ② A：15 等。

（3）檐头板瓦

均为灰陶。胎质同板瓦，胎体致密坚硬或有孔隙。瓦身厚薄不一。凹面布纹粗疏，凸面简单修整。端面与瓦身凸面夹角呈钝角，且相接的凹凸两面均横向抹平。端面用工具划出 4 ～ 6 道泥条，再有选择地进行戳切，最下方的泥条以缠细绳的棒状物斜向上按压，整体呈水波状，有时挤压到上一泥条。窄端抹圆，两侧面切痕较小，破面未修整。

山顶遗址辽金檐头板瓦依端面泥条数量不同分三型。

A 型　端面划出 5 道泥条。根据泥条装饰不同分四亚型。窟前遗址不见山顶遗址的 Ac、Ad 型。

Aa 型　端面划出 5 道泥条，第 2 道泥条戳切。见于第 3 窟前和窟内、第 14 ～ 20 窟前遗址，标本 1993T210 ②：6、1993T401 北② A：60、1992T105 ② B：24 等。

Ab 型　端面划出 5 道泥条，第 2 道和第 4 道泥条戳切。见于第 3 窟前和窟内、第 11 ～ 13-4 窟前、第 14 ～ 20 窟前遗址，标本 1993G2 ①：1、1993T209 ② A：10、1993T401 北② A：57、1992T525 ③ A：6、1992T101 ①：5 等。

B 型　端面划出 4 道泥条。根据泥条装饰不同分两亚型。

Ba 型　端面划出 4 道泥条，第 2 道泥条戳切，戳切工具为扁条形，为斜向略倾斜戳切。第 3 道泥条因第 4 道泥条大幅度挤压略呈波浪状。见于第 3 窟内、第 9、10 窟前、龙王庙沟西侧、第 14 ～ 20 窟前遗址，标本 1993T404 ② A：1、1987DYL 蓄水池③：37、1987DYLF1 ③：21、1992T110 ② A：8、2013 窟前采：1 等。

Bb 型　端面划出 4 道泥条，第 2、3 道泥条戳切，中间不夹泥条。戳切的工具为有三个尖圆头并列的扁条工具，端面整体呈麦穗状。最下方的泥条以缠细绳的棒状物多横向按压，形成波纹。见于第 3 窟前和窟内、龙王庙沟西侧遗址、第 11 ～ 13-4 窟前遗址，标本 1993T401 北② A：20、1993T211 ①：2、1993G3 北①：8、1987DYLG1 ③：4、1992T533 ② A：1 等。

C 型　端面划出 6 道泥条。根据泥条装饰不同分三亚型，窟前遗址不见山顶遗址的 Ca 型，新出现 Cc、Cd 型。

Cb 型　端面划出 6 道泥条，第 2 道、第 4 道泥条被戳切，中间夹 1 道泥条。见于第 3 窟前、第 11 ～ 13-4 窟前遗址，标本 1993T307 ①：1、1993T216 ③ A：18、1992T525 ③ A：7 等。

Cc 型　端面划出 6 道泥条，第 3 道泥条戳切。见于第 3 窟前遗址，标本 1993T210 ②：7 等。

Cd 型　端面划出 6 道泥条，第 2 道、第 5 道泥条被戳切，中间夹 2 道泥条。仅见第 3 窟前遗址，标本 1993T210 ②：43 等。

（4）筒瓦

分琉璃和灰陶两类。

1）灰陶筒瓦

胎质同板瓦，瓦舌平面呈梯形，短小呈斜坡状，瓦身凸面与瓦舌相接处平直或内凹。凹面布纹经纬较粗。山顶遗址根据侧面加工方式不同分 A、B 两型。

A 型　侧面有窄切痕，破面未修整。见第 11 ～ 13-4 窟、第 14 ～ 20 窟前遗址，标本 1992T603 ③ B：19、1992T111 ② A：26 等。

B 型　瓦身两侧内棱砍削或切割后瓦削，砍斫痕迹明显。见于第 3 窟前和窟内、龙王庙沟西侧、第 5、6 窟前、第 11 ～ 13-4 窟前、第 14 ～ 20 窟前遗址，标本 1993T210 ②：12、1993T401 北② A：11、1987DYLT181 ④：9、2007T1 ①：19、1992T526 ①：5、1992T111 ② A：25 等。

2）琉璃釉筒瓦

多见于第 3 窟前和窟内遗址，绿釉标本 1993T404 ② B：2、1993G3 北①：11，黄釉标本 1993T401 ③：5、酱黄釉标本 1993G3 北①：10、黑釉标本 1993T103 ② A：2，三彩釉标本 1993T401 北② A：6 等。第 14 ～ 20 窟前遗址也见，黄釉标本 1992T524 ①：17，绿釉标本 1992T422 ② A：2。可能当时的建筑屋顶有琉璃剪边装饰。

（5）檐头筒瓦

檐头筒瓦由瓦当和筒瓦粘接而成，粘接之前，要对筒瓦两侧边进行砍斫切削处理。窟前遗址发掘出土的檐头筒瓦多为残件，完整者仅 1 件，瓦当数量较多。

1）瓦当

均为灰陶，当面图案有龙纹瓦当、兽面纹瓦当、联珠莲花纹瓦当、侧视莲花纹瓦当。瓦当边轮宽平且比当面要低，当心凸起。与筒瓦相接呈直角状，相接处抹平，多数瓦当背面还留有刻划的放射状竖线纹。烧成紧致，磨损严重。

兽面纹瓦当

兽面形式多样，多数周围绕以联珠圈，个别绕以凸棱圈。山顶遗址根据兽面不同形态分五型。窟前遗址见 A、Bc、Bd、E 型，新出现 F 型。A 型嘴闭合，獠牙外凸。B 型张嘴露牙，獠牙外凸。E 型张嘴有须，瓦当较小。F 型阔口方齿。

A 型　兽面额头纹相对内卷和斜直向上，眉上扬，小圆眼，圆鼻突出，小耳于两眉外侧，嘴角有髭，下颌胡须呈八字状。边轮宽平，兽面外绕以大联珠纹圈，联珠压平，纹样模糊。见于第 1、2 窟前、第 3 窟内和窟前、龙王庙沟西侧、第 14 ～ 20 窟前遗址，标本 1993T204 ②：3、1993T211 ①：1、1993T401 北② A：2、1987DYLT181 ③：20、1992T110 ② A：7、1992T201 ② A：1 等。

Bc 型　双目圆睁，眉毛上扬，眉两侧各有一小耳，三角鼻残。口微张开且呈长条形，獠牙外撇，嘴角两侧有髭。兽面外围饰一周小联珠纹，部分被压平且模糊不清。边轮低宽至边缘逐渐削薄。见于第 3 窟内遗址，标本 1993T401 北② A：5 等。

Bd 型　当面中央为隆起的小兽面，之外依次围绕着与波状纹相配的凹形联珠纹圈、一周细凸棱圈、联珠纹圈以及一周宽圈线。兽面两耳朝天，额头有“人”字纹，卷眉上扬，小圆眼，三角弧鼻，阔口露齿，嘴角上挑，面部两侧有一撮撮卷毛。边轮窄平，比当面稍低。瓦当里面仔细抚平调整，与筒瓦部接合的角度几乎呈直角。筒瓦凸面仔细修整。侧面削平出倒角。胎土细密，含少量砂粒，烧成坚致。见于第 3 窟前和窟内遗址、龙王庙沟西侧遗址，标本 1993T401 北③：14、1993G1 ②：6、1993T210 ②：44、1987DYLF1 ③：3 等。

E 型　瓦当较小，当面兽面凸起。眼睛圆睁，粗眉高额，眉毛上翘，双耳竖直，蒜头形鼻。嘴部模糊，张嘴露牙，口角有髭，颌下有胡须外卷，须发浓重，兽面外缘刻划一周凸棱。窟前遗址仅见于龙王庙沟西侧窟前遗址，标本 1987DYL 蓄水池③：32、1987DYLF1 ③：9 等。

F 型　短粗眉，大眼，阔口方齿。联珠圈紧围兽面，呈不完整的圆圈。仅见于龙王庙沟西侧窟前遗址，标本 1987DYLF1 ③：30。

联珠莲花纹瓦当

浅灰陶夹细砂。当面当心饰凸起圆乳丁与一周联珠纹共同形成花蕊。其外饰复瓣双层莲瓣，莲瓣外有两周凸棱，内窄外宽的凸棱之间有一周联珠纹。莲瓣刻钩状叶茎，瓣根宽裕。边轮低平。属于山顶遗址莲花纹瓦当的 A 型，窟前遗址因胎质的不同、范式的不同可分为两亚型。

Aa 型　当心圆乳外饰 14 颗小联珠圈，当面由 6 个复瓣双层交错组成一团莲，莲瓣外绕二周细凸棱圈及 37 颗大联珠圈和凸棱圈各一周。边轮低平。出土于第 3 窟前、第 11 ～ 13-4 窟前、第 14 ～ 20 窟前遗址，标本 1993T107 ①：2、1992T525 ③ A：13、1992T101 ①：6 等。

Ab 型　当心绕 10 颗小联珠圈，当面由 7 个复瓣双层交错组成一团莲，莲瓣外绕细凸棱圈、大联珠圈和凸棱圈各一周。边轮低宽且向下倾斜，至瓦当边缘逐渐变薄。胎夹大砂粒、料礓石。仅出土于第 3 窟前和窟内遗址，标本 1993T210 ②：3、1993G3 ① B：3 等。

侧视莲花纹瓦当

浅灰陶夹细砂。当心为一朵盛开的带茎莲花侧面，莲叶七片，呈对称展开，外绕联珠纹圈，边轮宽低。窟前遗址仅出土于 1987 年龙王庙沟西侧遗址，标本 1987DYLF1 ③：33 等。

龙纹瓦当

有两种图案。第 3 窟内遗址，标本 1993T401 北② A：3，仅存半个龙头和 1 个前爪及龙尾。圆眼外凸，张口吐舌，上吻前凸上翻。三趾前爪伸于头前面，龙尾盘绕于龙头之上，龙身满刻鳞片。1987 年龙王庙沟西侧遗址，标本 1987DYLF1 ④：12、1987DYLT166 ③：4，浅灰陶。边轮很窄，且较当面低。当心龙纹高雕，龙头居中，龙身从颈下绕过头后蟠曲于龙头之上，龙身饰鳞。龙头呈侧面扁长状，小圆眼，长吻相闭前伸。四条龙腿呈放射状四向伸出，可辨四爪。与筒瓦相接略呈钝角状，相接处抹平。瓦身侧面切削修整抹圆。当面及筒瓦凸面残留浅红色。

（二）生活生产用具

窟前遗址出土的辽金时期生产生活用具主要为陶器和瓷器。

1. 陶器

泥质灰陶、泥质红陶。器形有盆、碗、盏、盘、罐、壶、香炉、圈及不明器形。以盆的数量最多，类型也不同。陶盆多数仅存口沿及底部。山顶遗址陶盆据口沿的不同，分卷沿、平折沿、敛口等三种类型。

（1）卷沿陶盆

多为斜弧腹，个别弧腹，平底。口沿面部、器外壁及器内壁多饰数周横向暗纹，有的磨光，器底存切割线痕。山顶遗址根据口部与口沿内侧转折有无凸棱、腹部形制的差异分 A、B、C 三型。

A 型　直口或敛口，口沿中部鼓起，外侧下卷，口部与口沿内侧转折有圆棱，外沿与器壁有大小不同的间隙。根据唇部和腹壁不同分三个亚型，窟前遗址不见 Ab 型。

Aa 型　直口或敛口，圆唇，外沿与器壁有间隙。见于第 1、2 窟前、第 3 窟前和窟内、龙王庙沟西侧、第 14～20 窟前遗址，标本 1993T102 ②：2、1993T215 ③ A：1、1993T404 ② B：5、1987DYL 蓄水池③：13、1987DYLT171 ③：7、1992T108 ② A：24 等。

Ac 型 敞口，口沿下卷，斜方唇，沿下与外壁略呈三角状。见于第 3 窟前和窟内、龙王庙沟西侧、第 11 ～ 13-4 窟前、第 14 ～ 20 窟前遗址，标本 1993T301 ③ A：5、1993T401 北② A：66、1987DYL 蓄水池③：10、1987DYLT167 ③：6、1992T111 ② A：29 等。

B 型 敞口或直口，口沿中部微鼓，外部略下翻，口沿内侧与器内壁圆滑转折无棱，外沿与器壁有大小不同的间隙。根据口沿和腹壁不同分四亚型，新出现 Bd 型。

Ba 型 大敞口，方唇或斜方唇，斜腹，平底。见于第 11 ～ 13-4 窟前、第 14 ～ 20 窟前遗址，标本 1992T525 ② A：10、1992T522 ①：4、1992T513 ② A：17 等。

Bb 型 敞口，方唇。内壁上腹有一周凹槽。折上腹，折痕明显。见于第 3 窟内、第 14 ～ 20 窟前遗址，标本 1993T401 北② A：64、1992T111 ③ D：26 等。

Bc 型 直口微敛，大卷沿，沿面圆鼓，外沿下卷，上腹微鼓，弧腹，大平底。见于第 3 窟内、第 11 ～ 13-4 窟前、第 14 ～ 20 窟前遗址，标本 1993T401 北② A：70、1992T603 ② A：9、1992T111 ③ G：28 等。

Bd 型 数量最大。还有泥质红陶。敞口，口沿外壁加厚，沿面加宽并外卷，沿下及沿外壁加厚处各剔压两条间隙，形成一条凸棱，沿下间隙较宽。器内壁及口沿处多施横向暗弦纹。器壁较薄。见于第 3 窟前和窟内、第 11 ～ 13-4 窟前、第 14 ～ 20 窟前遗址，标本 1993T214 ③ B：2（红陶）、1993T107 ①：12、1992T610 ①：3、1992T522 ①：6 等。

C 型 沿面窄，沿圆鼓下卷，沿下与外壁相接处划出小间隙。口沿内侧与内壁转折无棱。敛口，肩部随口沿内敛。仅见于第 3 窟前和窟内遗址，标本 1993T301 ③ A：20、1993T401 ② B：7 等。

（2）平折沿陶盆

折沿，口沿转折明显，沿面宽平，沿外侧唇部上折。敞口或直口，个别敛口，斜腹，外壁腹中部内凹，平底，少数为弧腹凹底。器内壁多滚印纹饰带，有方格纹带、栉齿纹带、菱格纹带、“米”字与栉齿纹相间的纹带等。根据器内口沿下方凸棱不同，沿面外缘凹槽不同分 A、B、C 三型。

A 型 内壁口沿下方有凸棱，口沿面较宽平。沿内侧或下方又剔压一周凹槽，呈双棱状。见于龙王庙沟西侧、第 11 ～ 13-4 窟前遗址，标本 1987DYL 蓄水池③：8、1992T525 ③ D：4 等。

B 型 内壁口沿下方有凸棱，口沿面中央剔压一周凹槽，外侧微高，形成浅二层台。见于第 3 窟内、龙王庙沟西侧、第 11 ～ 13-4 窟前遗址，标本 1993T402 ③：19、1987DYL 蓄水池③：12、1992T528 ③ D：3 等。

C 型 内壁口沿下方有一周或二周凸棱，口沿面外端剔压一周凹槽，外端略上折。见于第 3 窟前和窟内、龙王庙沟西侧、第 11 ～ 13-4 窟前、第 14 ～ 20 窟前遗址，标本 1993T301 ③ A：21、1993T401 ③：7、1987DYL 蓄水池③：2、1992T528 ③ D：2、1992T105 ② A：28 等。

（3）敛口陶盆

敛口，圆唇或方唇，斜弧腹，上腹鼓，下腹弧收，平底。山顶遗址根据唇部形制差异分 A、B、C 三型，窟前遗址不见 C 型。

A 型 外壁口沿下压印一周凹槽，肩部随口沿内敛，内唇尖圆。见于第 1、2 窟前遗址、第 3 窟前遗址，标本 1993 采：1、1993T104 北③ A：9、1993T210 ②：14 等。

B 型 内唇部呈尖棱状。见于第 11 ～ 13-4 窟前遗址，标本 1992T528 ③ D：4。

（4）陶盏

山顶根据底部不同分为实足底和平底 A、B 两型。窟前遗址仅见 A 型。

A 型 敞口，圆唇，弧腹或斜腹，实足底。见第 3 窟前和窟内，标本 1993T401 ③：30、1993T303 ③ B：1。

2. 瓷器

瓷器按釉色可分为白釉、白釉褐彩、黑釉、茶叶末釉、钧釉、复色釉、酱釉、孔雀蓝釉等。白釉瓷器形有碗、盘、盏、罐。白釉褐彩瓷器形有碗、罐。黑釉瓷器形有碗、盆、罐、瓶、缸。茶叶末釉瓷器形有碗、罐、缸、瓶、盆。酱釉瓷有罐、瓶。复色釉瓷有缸。

（1）白釉碗

山顶遗址白釉碗依口部形制差异分 A、B、C 三型。

A 型 敞口。根据唇部的变化又分两亚型。

Aa 型 敞口，尖圆唇，上化妆土，内施满釉，外不及底。见于第 3 窟前和窟内、龙王庙沟西侧遗址、第 11 ～ 13–4 窟前、第 14 ～ 20 窟前遗址，标本 1993T401 北② A：45、1993T215 ③ A：27、1993T210 ②：27、1993G3 南①：8、1987DYL 蓄水池③：1、1987DYLT171 ③：22、1992T529 ①：6、1992T105 ② A：2 等。

Ab 型 敞口，唇部加厚。见于第 3 窟前和窟内、龙王庙沟西侧、第 11 ～ 13–4 窟前、第 14 ～ 20 窟前遗址，标本 1993T214 ③ B：16、1993T306 ①：1、1993G3 北② A：56、1987DYLT172 ③：1、1992T105 ② A：1、1992T532 ①：8、1992T105 ② A：1 等。

B 型 撇口。见于第 1、2 窟前、第 3 窟前和窟内、龙王庙沟西侧、第 11 ～ 13–4 窟前遗址，标本 1993T101 ②：10、1993T210 ①：5、1993G3 北 ②：3、1987DYLG1 ③：19、1987DYLT171 ③：1、1992T525 ② A：3 等。

除口沿外，还出土大量底部残片，多是上化妆土，施透明釉，个别内外施白釉。采用垫珠间隔，多件仰烧法的装烧工艺。窟前遗址依足墙不同分 A、B、C 三型。

A 型 足墙内高外低。见于第 3 窟前和窟内、龙王庙沟西侧、第 11 ～ 13–4 窟前、第 14 ～ 20 窟前遗址，标本 1993T210 ②：36、1993T401 北② A：44、1987DYLG1 ③：17、1987DYLT172 ③：2、1992T525 ①：4、1992T105 ② A：9 等。

B 型 足墙内外齐平。见于第 3 窟前和窟内、龙王庙沟西侧、第 11 ～ 13–4 窟前、第 14 ～ 20 窟前遗址，标本 1993T210 ②：21、1993G3 北 ②：5、1987DYLT172 ③：3、1992T603 ② A：6、1992T111 ② A：8 等。

C 型 足墙内低外高。见于第 3 窟前和窟内、龙王庙沟西侧遗址，标本 1993T211 ②：4、1993T401 北② A：33、1987DYLT172 ③：4 等。

（2）白釉盏

山顶遗址白釉盏依口部形制差异分 A、B、C 三型。窟前遗址仅见 A 型。

A 型 敞口，圆唇，弧腹。见于第 3 窟内、龙王庙沟西侧遗址，标本 1993T401 北②：42、1987DYLT171 ③：15 等。

（3）白釉盘

山顶遗址根据口沿与腹部形制不同分 A、B、C 三型。

A 型 敞口，圆唇，弧腹，圈足，足墙内高外低。见于第 3 窟前和窟内、龙王庙沟西侧、第 11 ～ 13-4 窟前、第 14 ～ 20 窟前遗址，标本 1993T401 北②B：14、1987DYLT181③：19、1992T525②A：4、1992T105②A：4 等。

B 型　敞口，宽平沿，圆唇，弧腹。见于第 14 ～ 20 窟前遗址，标本 1992T105②A：4。

C 型　敛口，内折沿，斜腹。见于第 3 窟前遗址，标本 1993T210②：30 等。

四　明清时期遗物

明清时期建筑材料有板瓦、筒瓦、檐头筒瓦、檐头板瓦、脊饰，其中除板瓦为灰陶外，其他材料还有琉璃质的。有蓝釉、蓝绿釉、黄釉，胎质为红胎、白砂胎。檐头筒瓦当面图案有花卉纹、兽面纹。明清时期的生活用具以瓷器为主，辅以陶器。

1. 陶器

器形主要为罐、盆、钵、器座、香炉、陶轮、红陶陀及陶塑。其中出土的陶罐一部分用于祈福镇宅仪式中，器座、香炉、陶塑及红陶陀多为祈福用具或玩具。

2. 瓷器

明清瓷器依釉色可分为白釉、白釉褐彩、黑釉、复色釉、茶叶末釉、青花、素三彩、素烧。白釉器有碗、瓶、盒、器盖，白釉褐彩器有碗、罐，黑釉器有碗、盏、盘、盆、壶、罐、瓶，茶叶末釉器有碗、罐、瓶，复色釉有碗，素烧器为罐。

（1）白釉碗

窟前遗址依口部不同分 A、B 两型，A 型敞口，B 型撇口，其中 A 型又可根据唇部变化分为两亚型。

Aa 型　敞口。见于第 1、2 窟前、第 3 窟前、第 5、6 窟前、第 11 ～ 13-4 窟前、第 14 ～ 20 窟前遗址，标本 1993T205①：2、1993T107①：7、2007T2①：2、1992T604②：4、1992T529①：8、1992T111②A：14、1992 窟前采：1191 等。

Ab 型　敞口，唇部加厚。见于第 1、2 窟前、第 3 窟前、龙王庙沟西侧、第 9、10 窟前、第 11 ～ 13-4 窟前、第 14 ～ 20 窟前遗址，标本 1993T101②：9、1993T108①：6、1987DYL②C：26、2013 窟前采：3、1992T525②A：8、1992T520①：2 等。

B 型　撇口。见于第 3 窟前、第 11 ～ 13-4 窟前、第 14 ～ 20 窟前遗址，标本 1993T301①：3、1992T525②A：9、1992T111②A：5 等。

底足残片　窟前遗址依底部圈足不同分 A、B、C 三型。

A 型　足墙外低内高，足沿平切。见于第 3 窟前、龙王庙沟西侧、第 9、10 窟前、第 11 ～ 13-4 窟前、第 14 ～ 20 窟前遗址，标本 1993T108①：8、1987DYL②C：27、2013 窟前采：4、1992T603②A：8、1992T110②A：6 等。

B 型　足墙内外齐平，足沿平切。见于第 3 窟前、第 11 ～ 13-4 窟前、第 14 ～ 20 窟前遗址，标本 1993T108①：7、1992T529①：9、1992T110①：38 等。

C 型　足墙内低外高，足沿平切。见于第 3 窟前、第 14 ～ 20 窟前遗址，标本 1993T107①：10、1992T521①：7 等。

（2）白釉褐彩碗

窟前遗址依口部不同分 A、B 型，A 型敞口，B 型撇口，A 型因唇部不同分两亚型。

Aa型　敞口。见于第1、2窟前、第3窟前、龙王庙沟西侧、第11～13-4窟前、第14～20窟前遗址，标本1993T203②：7、1993T305①：2、1987DYL②C：30、1992T529①：2、1992T513①：1等。

Ab型　敞口，唇口加厚。见于第5、6窟前、第14～20窟前遗址，标本2007T1①：2、1992T515①：1等。

B型　撇口，尖唇或尖圆唇。见于第3窟前、龙王庙沟西侧、第11～13-4窟前、第14～20窟前遗址，标本1993T106①：5、1987DYL②C：29、1992T525②B：1、1992T104②A：3等。

底足残片　窟前遗址依圈足不同分A、B、C三型。

A型　足墙外低内高。见于第3窟内、龙王庙沟西侧、第11～13-4窟前、第14～20窟前遗址，标本1993T401①：4、1987DYL②C：31、1992T525②A：12、1992T110①：15等。

B型　足墙竖直，内外齐平。见于第3窟前、第11～13-4窟前、第14～20窟前遗址，标本1993T108①：4、1992T603②B：1、1992T109②A：2等。

C型　足墙外高内低。见于第11～13-4窟前遗址，标本1992T525②A：13。

（3）青花瓷

青花器窑口分山西窑口和江西景德镇窑。山西窑口产品，器形见有碗和盘，胎色以灰褐色常见，少有黄白胎，胎体稍坚，釉色多数灰白，青花发色灰蓝，上化妆土，时代下限或至民国。景德镇窑产品，器形均为碗、盘，皆细白胎，胎体坚致，胎质细腻，除足沿外，内外施釉，釉色泛青，釉面光洁，时代上从晚明至清早期雍正时期。

第二章　第1、2窟窟前遗址

第一节　遗址概况

第1、2窟位于云冈东部窟区的最东端，为一组塔庙式类型的双窟。两窟共用同一个前庭，在第1窟前东侧和第2窟前西侧，各凿有一座单层方形石塔，紧依立壁而雕凿。两座方塔的外侧距离约27.4米（彩版一，1～3）。东塔往东7.6米处的崖壁上，有清代“左云交界”题刻；西塔向西约160米处，为第3窟前东壁崖面。第2窟与第3窟之间道路，基本呈东西方向。此原有古道，荒废年久，20世纪60年代依山重新修建，1985年在其基础上进行加固，道路南侧用砂岩石块垒砌成护坡墙。值得注意的是，第1、2窟民国时期前立壁坍塌，1963、1985年的两次保护性工程维修时，清理堆积在窟内、外地面的积土，扰乱了该区域内的部分地层。其中，尤以1963年工程影响为大[1]，1985年影响则次之[2]。

第1、2窟前遗址区发掘从1993年7月4日开始，到7月20日结束。以发掘区东南角为基点，以第1窟的洞窟纵轴线北偏东15°布5米×5米探方10个（1993T101、T102、T201～T208）。同时，在1993T204～T208五个探方的南面进行扩方，在1993T201～T203三个探方的北面进行扩方，发掘总面积约260平方米（图二；彩版二，1、2）。共出土北魏、隋唐、辽金、明清时期遗物53件。

第二节　地层堆积

地层比较简单，发掘区内靠近洞窟前立壁地层堆积较薄，往南堆积层逐渐加厚。北侧1993T201现代扰土层之下就是基岩，甚至个别地方基岩直接裸露；南侧1993T101地层堆积略厚，现以地层叠压关系较为典型的1993T101、T201西壁剖面叙述如下：

---

[1] 杨玉柱：《大同云冈石窟第一、二窟实验保护工程简报》，《文物》1965年第5期，第43～45页。云冈石窟的该项实验工程自1960年7月由当时国家文物局的古代建筑修整所和文物博物馆研究所联合进行勘查、测绘，经过多次研究与讨论于1962年4～6月确定修整方案和完成技术设计，1963年7月～1964年6月进行施工。工程项目的主要内容为云冈第一、二窟坍塌前立壁加固维修和前庭南缘垒砌护坡及疏导第2窟泉水，同时施工前对洞窟内、外地面堆积的积土进行清理。首先，将窟内加深引水沟并做好防渗措施，将泉水导出；其次，清理多余杂土，窟内地面用片石铺墁，窟外地面以三合土夯筑；第三，前庭外缘多做草坪及挡土墙等。详情参见云冈石窟资料室收藏的1962年6月，古代建筑修整所《山西大同云冈石窟第一、二窟实验工程设计说明书》，第4、5、12页。

[2] 这次工程项目的主要内容为云冈第二窟窟内北壁泉水疏导，前庭水渠修整等，详情参见云冈石窟资料室收藏1984年12月15日《云冈石窟保护修缮方案》防水工程项目，丙、窟前排水部分，第48、49页。

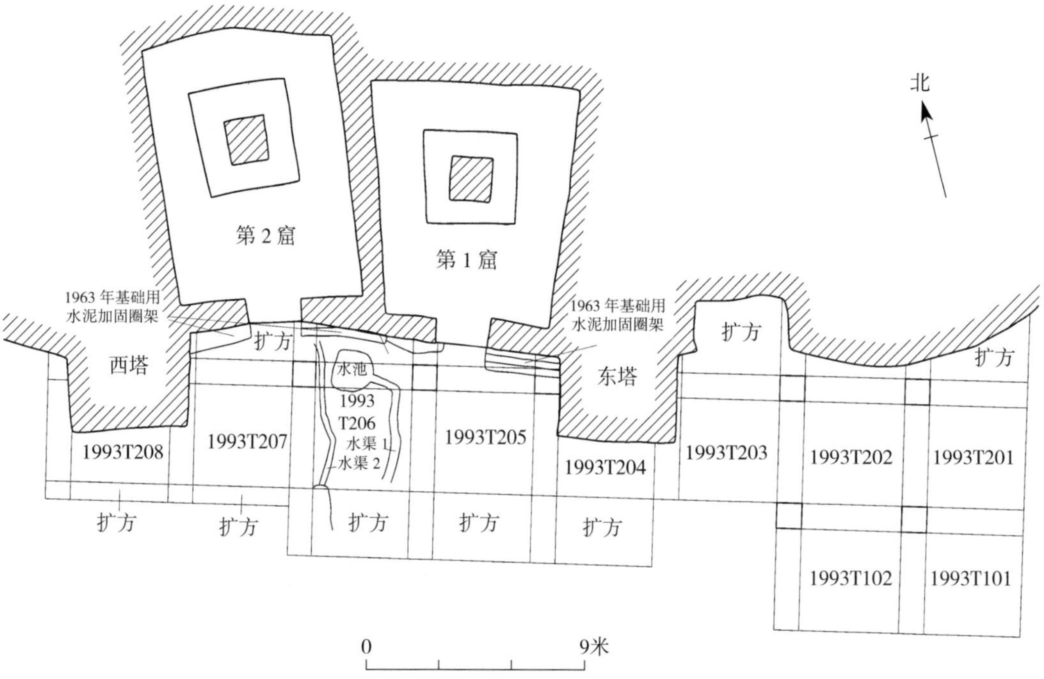

图二　第1、2窟前探方与遗迹平面图

1993T101、1993T201 西壁剖面

第①层：现代扰土层，厚0.1～0.2米。土质疏松，灰黄色，出土石块、现代砖瓦等，此层为现代扰土层。

第②层：杂土夹碎石块层，厚0.1～1米。以碎石块为主，夹少量杂土。内含辽金至明清时期陶器、瓷器、琉璃残片，还有水管、铁凿子、钱币等。此层为明清时期文化层。

第③层：黄土层，厚约0.2～0.4米。土质疏松，土色较纯，呈黄色，出土有辽金印纹陶片、黑釉瓷片等。此层为辽金时期文化层（图三）。

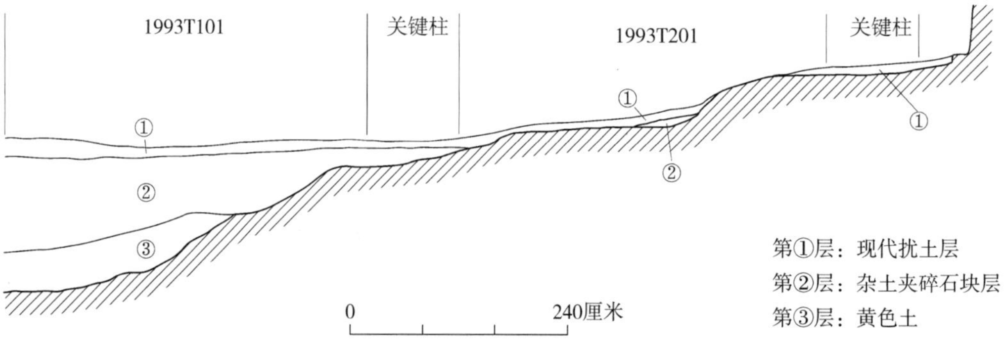

图三　1993T101、T201 西壁剖面图

第三节　北魏时期文化遗存

生活生产用具

仅出土陶器残片 2 件，碗、罐各 1 件。

1. 陶罐

1 件。

标本 1993T101 ②：17，残。泥质灰陶，仅存口沿及少许颈部。长颈，平沿敞口。口沿上卷，沿面平整，圆唇，近似直颈，颈部外壁有两条较明显的凸棱。口径 29 厘米（图四，1）。

2. 陶碗

1 件。

标本 1993T206 ①：3，残。泥质灰陶，仅存部分腹部与底部，深腹，实足饼底，底部有旋坯痕，腹部有竖向暗纹。底径 7 厘米（图四，2）。

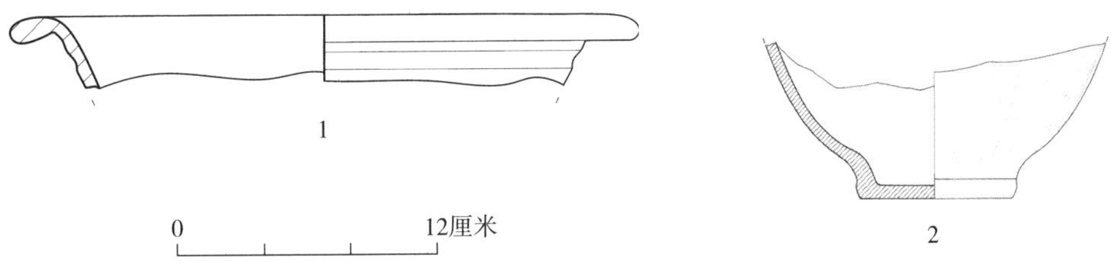

图四　第 1、2 窟前地层出土北魏时期陶器

1. 陶罐 1993T101 ②：17　2. 陶碗 1993T206 ①：3

第四节　隋唐时期文化遗存

生活生产用具

出土铜钱 2 枚。

隋五铢　1 枚。

标本 1993T205 ③：1，残，圆形方穿，正、背面有圆郭。正面铸“五铢”两字，篆书。“五”字交叉的两笔较直，曲度较小。直径 2.1、穿宽 0.7、郭宽 0.2、肉厚 0.1 厘米，重 1 克（图五，1；

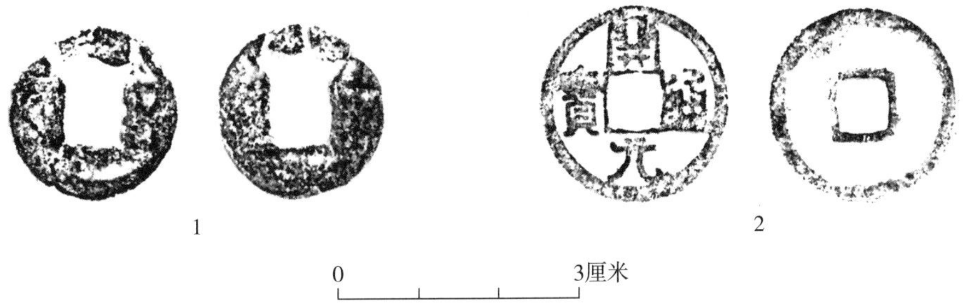

图五　第 1、2 窟前地层出土隋唐时期铜钱

1. 隋五铢 1993T205 ③：1　2. 开元通宝 1993T204 ②：1

彩版三，1）。

开元通宝　1 枚

标本 1993T204 ②: 1，圆形，方穿，正、背面有圆郭。正面铸“开元通宝”四字，隶书，对读。直径 2.4、穿宽 0.7、郭宽 0.2、肉厚 0.1 厘米，重 3.4 克（图五，2；彩版三，2）。

第五节　辽金时期文化遗存

有建筑材料、生活生产用具两类。建筑构件有瓦当和筒、板瓦残片，生活用具为陶器、瓷器残片和钱币等。共出土遗物 37 件。

（一）建筑材料

兽面瓦当

1 件。A 型。

标本 1993T204 ②: 3，残。泥质灰陶，模制。边轮宽且薄，当面装饰兽面。边轮与兽面纹之间饰小乳丁组成的联珠纹一周，残存小乳丁 12 枚。兽面的眉毛呈倒八字形，双眼圆睁，鼻作菱形之状，上唇须成绺卷曲，下唇须呈短线状。瓦当背面有放射状阴刻线。直径约 16、边轮宽 2.2、当厚 1 厘米（图六，1；彩版三，3）。

（二）生活生产用具

36 件。其中陶器 17 件、瓷器残片 8 件、铜钱 11 枚。

1. 陶器

17 件。灰陶，器形有盆、罐等，均为口沿、底部残片。

陶盆　6 件。根据口沿变化的不同分卷沿、敛口二类。

（1）卷沿陶盆

2 件。山顶遗址 Aa 型。

标本 1993T102 ②: 2，灰陶。仅存口沿及少许腹部，圆唇，腹壁斜直。口径 27、壁厚 0.4 厘米（图六，2）。

标本 1993T101 ③: 1，灰陶。仅存部分口沿及腹部，沿面下倾，与器内壁相接近似直角，方唇下缘与器外壁间形成较大的三角状间隙，腹壁较弧，内壁有三排栉齿纹，外壁有旋坯痕。口径 42、壁厚 0.9 厘米（图六，3；彩版三，4）。

（2）敛口陶盆

1 件。山顶遗址 A 型。

标本 1993 采: 1，灰陶。仅存口沿及少许腹部，敛口，卷圆唇，腹壁斜弧。口径 36、壁厚 0.5 厘米（图六，4）。

陶盆底、壁残片 3 件。灰陶。

标本 1993T101 ②: 16，平底，腹壁斜直，内底与内壁有横向暗弦纹，排列规整。底径 28 厘米（图六，5）。

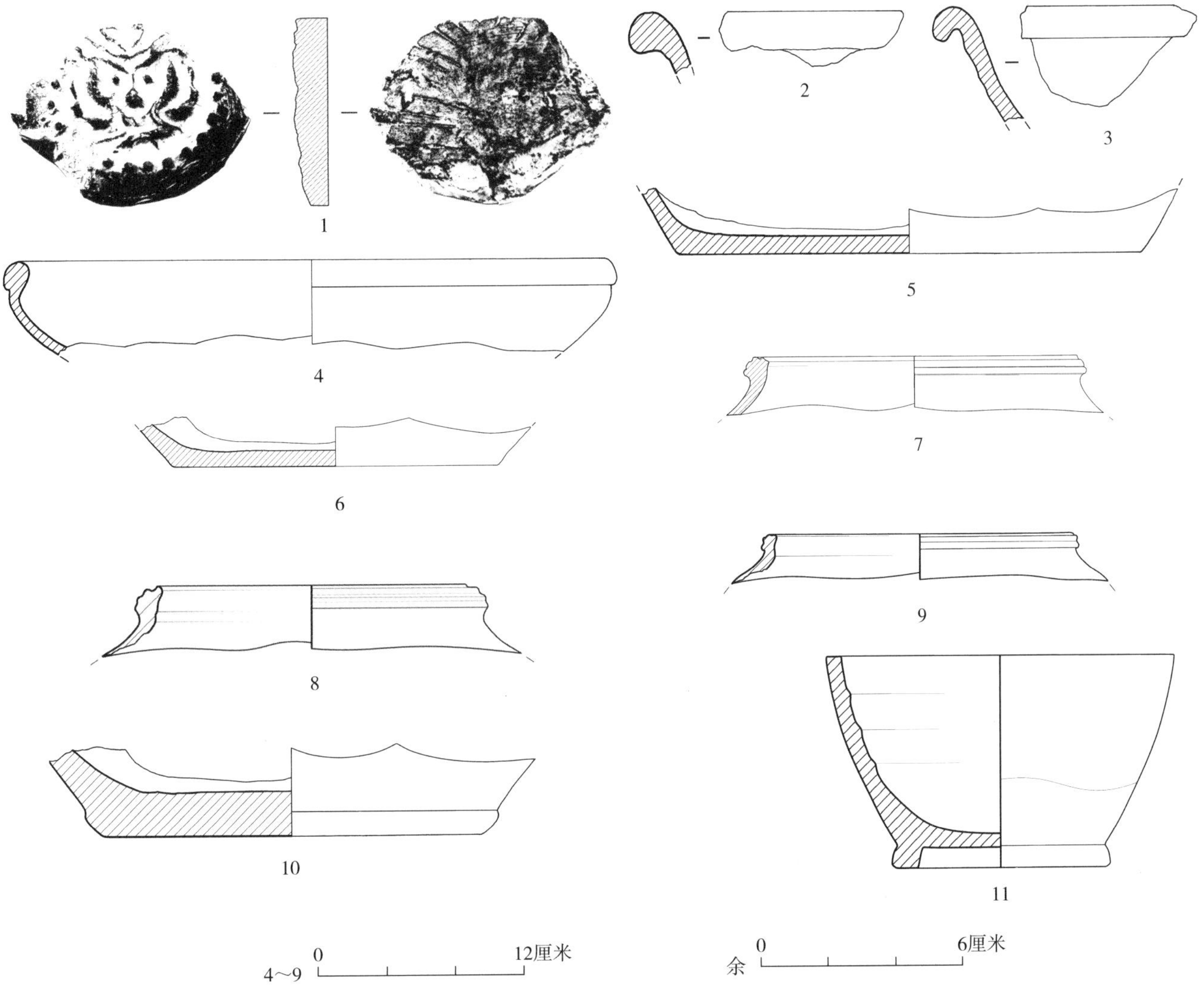

图六　第1、2窟前地层出土辽金建筑材料及生活用具

1.A型兽面瓦当1993T204②：3　2、3.Aa型卷沿陶盆1993T102②：2、1993T101③：1　4.A型敛口陶盆1993采：1　5、6.陶盆底1993T101②：16、1993T203②：1　7～9.陶罐1993T101②：15、1993T204②：4、1993T206①：1　10.陶罐底1993T101②：18　11.黑釉碗1993T205①：3

标本1993T203②：1，平底，腹壁斜直，内底与内壁有横向暗弦纹，纹路较细，排列规整。底径19厘米（图六，6）。

标本1993T204③：2，仅存盆壁残片，内壁印一周方格及竖条纹。厚0.6厘米。

（3）陶罐

11件，口沿6件、底部5件。灰陶。

标本1993T101②：15，仅存部分口沿、颈及肩部，口沿与器内壁相接处转折明显。灰陶，直口，唇外缘有4道凸棱。口径20、壁厚0.8厘米（图六，7）。

标本1993T204②：4，仅存部分口沿、颈及肩部，口沿与器内壁相接处转折明显。灰陶，直口，唇外缘有4道凸棱。口径18、壁厚0.4厘米（图六，8；彩版三，5）。

标本1993T206①：1，仅存部分口沿、颈及肩部，口沿与器内壁相接处转折明显。灰陶，直口，唇外缘有 4 道凸棱。口径 18、壁厚 0.6 厘米（图六，9）。

标本 1993T101 ②: 18，仅存罐底。平底，底部较厚，残存少许下腹部。底径 11、壁厚 0.9 厘米（图六，10）。

2. 瓷器

8 件，有白釉、白釉褐彩、黑釉、茶叶末釉、三彩。

（1）白釉碗

2 件。口沿、腹部残片各 1 件。

白釉碗口沿片　B 型。1 件。撇口。

标本 1993T101 ②: 10，残存口沿，弧腹。撇口，尖唇。胎色纯白，胎质坚薄，有极细小气孔。釉色纯白，内外施釉，有开片，施釉均匀，釉面光洁。口径 8、壁厚 0.2 厘米（彩版三，6）。

白釉碗腹部残片　1 件。

标本 1993T203 ②: 4，弧腹，底内折。胎色浅灰，胎质较坚，夹细小气孔及黑砂。釉色黄白，内施满釉，外不及底，有釉泡。壁厚 0.5 厘米（彩版三，7）。

（2）茶叶末釉瓶

1 件。

标本 1993T102 ②: 3，肩腹残片，丰肩，深腹。胎色土黄，胎质稍坚，有许多小气孔。内外施釉，釉色偏绿，施釉均匀，釉面较光洁。外壁划花草纹，内壁有旋坯痕。壁厚 0.8 厘米（彩版四，1）。

（3）茶叶末釉罐

1 件。

标本 1993T204 ②: 5，腹部残片，弧腹，内壁有旋坯痕。胎色土黄，胎质稍坚，夹细小气孔及黑砂。内外施釉，外釉黄绿，内施酱黑色，釉色较均匀，釉面较光洁。壁厚 0.6 厘米。

（4）三彩瓶

1 件。

标本 1993T203 ②: 6，残存腹部，深弧腹。胎色砖红，胎质稍疏，夹白砂及细小气孔。外壁施黄绿彩釉，剥釉现象严重，并有细碎开片，内壁无釉。器表有贴塑。壁厚 0.9 厘米（彩版四，2）。

（5）黑釉鸡腿瓶

1 件。

标本 1993T101 ③: 2，残存腹部。弧腹，内外壁均有旋坯痕。胎色土黄，胎质较坚，有极细小气孔。釉色呈棕黑色，内外施釉，外壁有“爆釉点”及支钉痕。壁厚 0.8 厘米。

（6）黑釉碗

1 件。

标本 1993T205 ①: 3，原可能为罐或瓶，但腹部以上被人为锯掉当成碗使用。方唇，弧腹，圈足，足墙外撇，内外齐平，外墙向内旋削出棱，足沿平切。黄白胎，胎质较坚。内施满釉，外施半截釉。口径 10、底径 6.4、高 6 厘米（图六，11；彩版三，8）。

（7）黑釉缸

1 件。

标本 1993T203 ②: 5，残存腹部。深腹。胎色黄白，胎质粗疏，夹气孔及白砂。酱黑色釉，内外施满釉，釉色均匀。壁厚1.5厘米。

3. 铜钱

11枚。其中1枚锈蚀严重。

祥符元宝　1枚。

标本1993T101②：5，圆形方穿，正、背面有圆郭。正面铸“祥符元宝”四字，楷书，环读。直径2.6、穿宽0.6、郭宽0.3、肉厚0.1厘米，重3.7克（图七，1；彩版四，3）。

天圣元宝　1枚。

标本1993T101②：2，圆形方穿，正、背面有圆郭。正面铸“天圣元宝”四字，楷书，环读。直径2.6、穿宽0.6、郭宽0.2、肉厚0.1厘米，重3.8克（图七，2；彩版四，4）。

皇宋通宝　1枚。

标本1993T101②：3，圆形方穿，正、背面有圆郭。正面铸“皇宋通宝”四字，篆书，对读。正面锈蚀严重，字迹比较模糊。直径2.4、穿宽0.6、郭宽0.3、肉厚0.1厘米，重3克（图七，3；

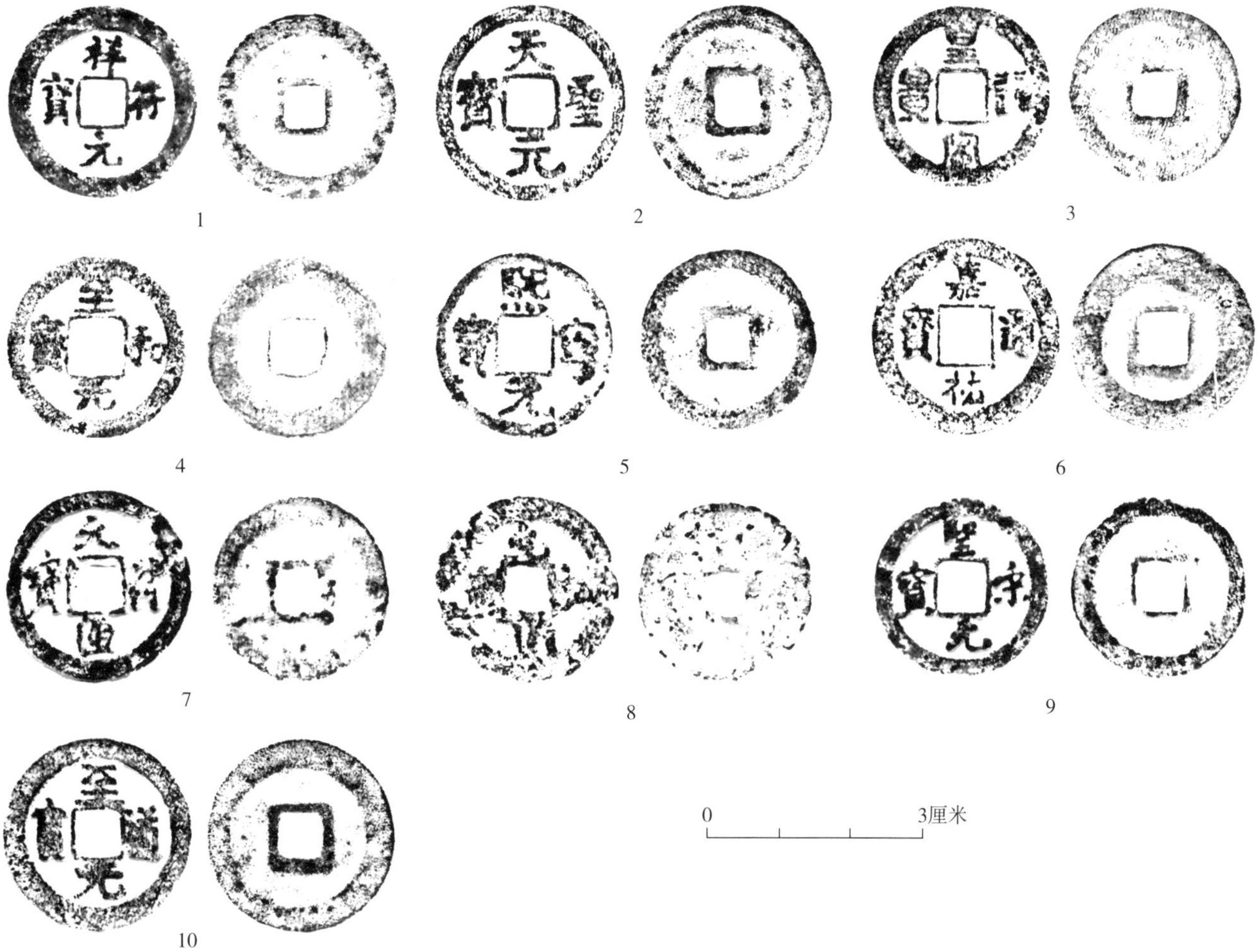

图七　第1、2窟前地层出土辽金时期铜钱

1. 祥符元宝 1993T101②：5　2. 天圣元宝 1993T101②：2　3. 皇宋通宝 1993T101②：3　4. 至和元宝 1993T205①：1　5. 熙宁元宝 1993T205②：1　6. 嘉祐通宝 1993T101②：8　7. 元符通宝 1993T101②：4　8. 元祐通宝 1993T101②：7　9. 圣宋元宝 1993T101②：6　10. 至道元宝 1993T101②：1

彩版四，5）。

至和元宝　1枚。

标本1993T205①：1，圆形方穿，正、背面有圆郭。正面铸“至和元宝”四字，楷书，环读。直径2.5、穿宽0.8、郭宽0.3、肉厚0.1厘米，重3.9克（图七，4；彩版四，6）。

熙宁元宝　1枚。

标本1993T205②：1，圆形方穿，正、背面有圆郭。正面铸“熙宁元宝”四字，楷书，环读。直径2.4、穿宽0.7、郭宽0.1、肉厚0.13厘米，重4.3克（图七，5；彩版四，7）。

嘉祐通宝　1枚。

标本1993T101②：8，圆形方穿，正、背面有圆郭。正面铸“嘉祐通宝”四字，楷书，对读。直径2.6、穿宽0.7、郭宽0.3、肉厚0.1厘米，重4.2克（图七，6；彩版四，8）。

元符通宝　1枚。

标本1993T101②：4，圆形方穿，正、背面有圆郭。正面铸“元符通宝”四字，行书，环读。正面锈蚀，字迹比较模糊。直径2.6、穿宽0.6、郭宽0.2、肉厚0.1厘米，重3.3克（图七，7；彩版四，9）。

元祐通宝　1枚。

标本1993T101②：7，圆形方穿，正、背面有圆郭。正面铸“元祐通宝”四字，行书，环读。正面锈蚀，字迹比较模糊。直径2.4、穿宽0.6、郭宽0.3、肉厚0.1厘米，重3.4克（图七，8；彩版四，10）。

圣宋元宝　1枚。

标本1993T101②：6，圆形，方穿正、背面有圆郭。正面铸“圣宋元宝”四字，行书，环读。直径2.4、穿宽0.7、郭宽0.28、肉厚0.1厘米，重4.4克（图七，9；彩版四，11）。

至道元宝　1枚。

标本1993T101②：1，圆形方穿，正、背面有圆郭。正面铸“至道元宝”四字，楷书，环读。直径2.5、穿宽0.6、郭宽0.3、肉厚0.1厘米，重4.5克（图七，10；彩版四，12）。

第六节　明清时期文化遗存

遗迹仅存两处水渠；遗物有建筑材料、生活生产用具。

一　遗迹

由于第2窟后壁的西北角处长年不间断泉水流出，又因为地面基岩系泥质灰岩，具有滞水性，致使窟内、外的北魏造像风化严重，甚至导致两窟的前立壁坍塌。这组洞窟曾经历代多次维修，20世纪60年代、80年代两次工程修缮，特别是20世纪60年代的前立壁加固工程和新修建的排水引沟，采用加深引沟及防渗措施[1]（图八），对第2窟地层的破坏尤为严重。所以这次发掘时发现的窟前地

[1]　参见1962年6月古代建筑修整所：《山西大同云冈石窟第一、二窟实验工程设计图》，云冈石窟资料室收藏。

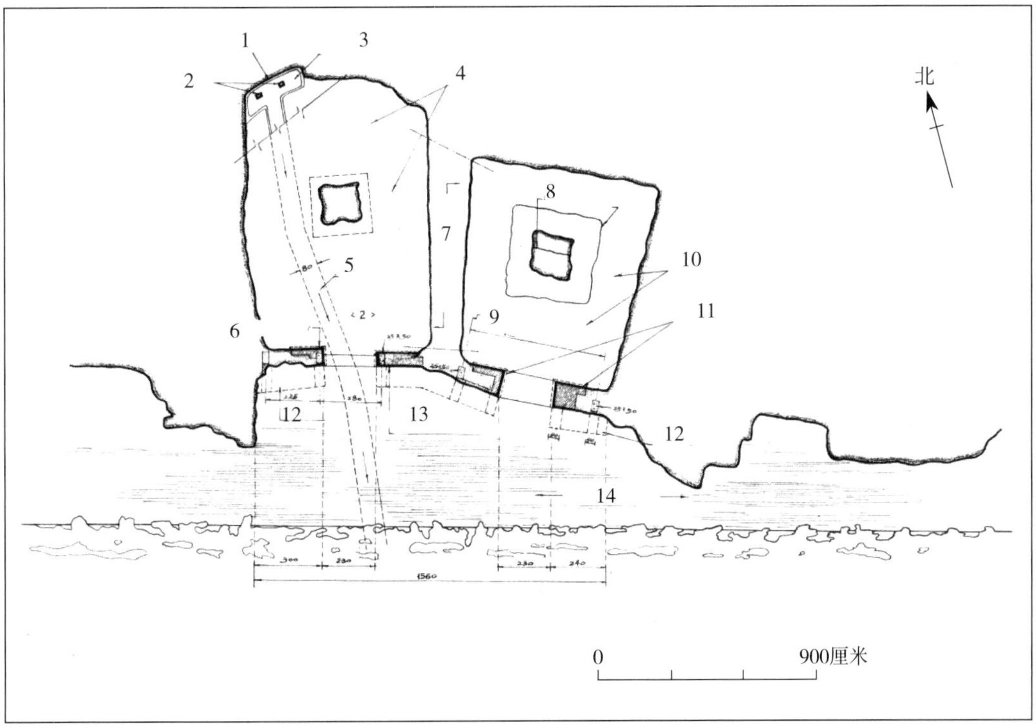

图八　1963 年第 1、2 窟实验工程设计图

1. 寒泉　2. 钢筋砼柱（25 厘米 ×25 厘米）　3. 上层泚水下降接水沟（封闭式）　4. 铺墁无缝石地砖　5. 引水暗沟　6. 钢筋砼架全部嵌入墙内　7. 矽化加固间墙基础　8. 以高分子材料加固　9. 裂隙以西 15 厘米　10. 铺墁无缝石地砖（1∶4 水泥砂浆）　11. ①新筑素砼基础（厚 30 厘米）　12. 挡墙　13. ①新筑素砼基础　14. 三合土夯筑窟前地面

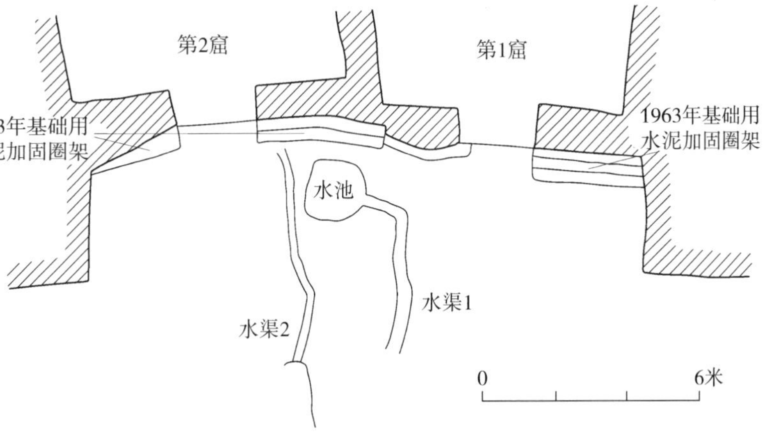

图九　第 1、2 窟前水渠遗迹平面图

面遗迹较少。

1963 年的第 1、2 窟实验工程，对窟内、外的排水沟渠进行了改造，将窟外排水沟渠移至原来明清旧有水渠的西侧，原来两处排水沟渠，由东向西分别编号为水渠 1、水渠 2（图二、九）。

水渠 1　位于第 1 窟与第 2 窟之间，距窟前外立壁约 1.3 米，直接凿在窟前基岩上，由池塘和水渠组成：北面积水的小池塘接近于圆形，但周围边缘不很规则，直径约 1.6、深 0.75 米；小池的东南部有出水口与水渠连接，向东延伸约 1.2 米，之后转向南面延伸约 3.5 米处。水渠两侧壁面亦不规整，宽约 0.25 ～ 0.36、深 0.12 ～ 0.15 米，上面用不规则的石板覆盖。

水渠 2　位于第 2 窟的窟门东侧，北端东临水渠 1 的池塘，与水渠 1 距离约 2 ～ 2.5 米。其北端被 20 世纪 60 年代加固前立壁的混凝土墙体破坏，无遗迹现象可寻，在距第 2 窟前立壁 0.7 米处的岩石面上出现水渠。水渠 2 基本为南北走向，长约 5.7 米，断面基本为梯形，底部较平，北高南低，水渠两侧壁面先将褐色岩石凿掉之后，用砖和石片垒砌，宽约 0.3 ～ 0.4、深 0.1 ～ 0.15 米，上面用石板覆盖。水渠南端的地面岩石突然下陷，形成一个宽约 0.8、深约 0.5 米的凹坑，可能是当时水渠 2 的出水口，为多年水蚀形成。

二　遗物

主要有建筑材料、生活生产用具。共出土 12 件。

（一）建筑构件

陶水管

2 件。夹砂粗陶。轮制。截面为圆形，两端各有子口与母口。

标本 1993T101 ②：13，母口稍残，器形较完整，内壁施酱釉，外表面无釉并粘有白灰。通长 54、子口径 22、母口径 26、腹内径 20、壁厚 2 厘米（图一〇，1；彩版五，1）。

标本 1993T101 ②：14，母口残缺，仅存子口的一端完整，通长 53、子口径 22、母口径 26、腹内径 19 ～ 20.3、腹外径 24、壁厚 2 厘米（图一〇，2；彩版五，2）。

（二）生活生产用具

10 件。

依据材质分为瓷器、铜钱和铁器。

1. 瓷器

分白釉、白釉褐彩、黑釉、琉璃。

（1）白釉碗

3 件。2 件口沿为 A 型，1 件为腹部。

A 型　2 件。敞口。根据唇部变化又分 Aa、Ab 二亚型。

Aa 型　1 件。唇部不外凸。

标本 1993T205 ①：2，残存口、腹。敞口，唇部不外凸。方圆唇，弧腹，外壁近底处切削，外壁粘贴口沿残片。胎色浅灰，胎质稍坚，有较多气孔。釉色灰白，内外壁均施釉，施釉不均匀，有釉泡。壁厚 0.7 厘米（图一〇，3）。

Ab 型　1 件。唇部外凸。

标本 1993T101 ②：9，残存口、腹。敞口，尖圆唇外凸，唇部加厚外凸。直壁微弧。胎色浅灰，胎质稍坚，有细小气孔及黑砂。釉色牙白，内外壁均施釉，施釉较均匀，釉面较光洁，口沿有剥釉现象。

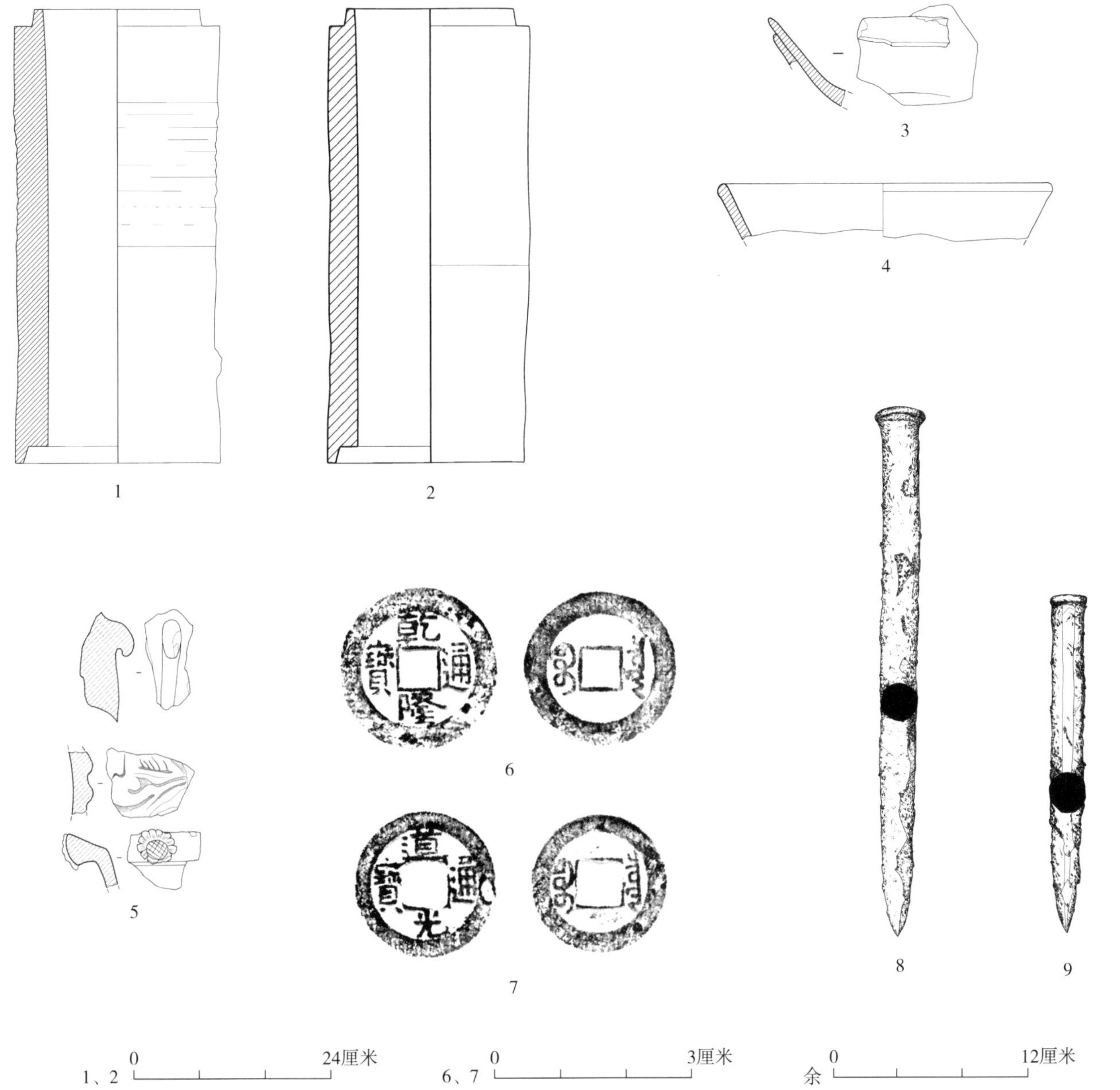

图一〇　第1、2窟前地层出土明清时期遗物

1、2. 陶水管 1993T101②：13、1993T101②：14　3.Aa型白釉碗 1993T205①：2　4.Ab型白釉碗 1993T101②：9　5. 琉璃香炉 1993T205②：3　6. 乾隆通宝 1993T102②：1　7. 道光通宝 1993T204②：2　8.A型铁凿 1993T101②：11　9.B型铁凿 1993T101②：12

口径20、壁厚0.4厘米（图一〇，4）。

白釉碗腹部残片　1件。

标本1993T205②：4，残存腹部。弧腹。胎色灰白，胎质稍坚，有许多小气孔。釉色泛黄，内施满釉，外不及底，施釉不均匀。内底有凸弦纹一周。

（2）白釉褐彩碗

1 件。A 型。

标本 1993T203 ②: 7，残存口沿，敞口，尖圆唇。弧腹。胎色灰黄，胎质较坚，包含细小黑砂。釉色牙白，内外施釉，有惊釉现象。内壁近口沿处有两圈褐色弦纹。口径 18、壁厚 0.3 厘米（彩版五，3）。

（3）琉璃香炉

1 件。香炉残片 5 片，分别出土于不同的相邻探方，可能为同一器物。

标本 1993T205 ②: 3，直口，方唇，斜出沿，微凹，深腹微弧。黄白胎，胎质略疏，有细小气孔。内外施黄、绿两色低温釉，釉面光亮，施釉均匀，器表满布细碎开片。唇部一周贴塑菊花，腹部有动物及其他纹饰。口径 26、壁厚 0.8 厘米（图一〇，5；彩版五，4）。

2. 铜钱

2 枚。

乾隆通宝　1 枚。

标本 1993T102 ②: 1，圆形，方穿，正、背面有圆郭。正面铸“乾隆通宝”四字，楷书，对读。背面穿左右铸满文“宝泉”两字。直径 2.4、穿宽 0.6、郭宽 0.35、肉厚 0.1 厘米，重 3.8 克（图一〇，6；彩版五，5）。

道光通宝　1 枚。

标本 1993T204 ②: 2，圆形，方穿，正、背面有圆郭。正面铸“道光通宝”四字，楷书，对读。背面穿左右铸满文“宝泉”两字。直径 2.2、穿宽 0.7、郭宽 0.3、肉厚 0.15 厘米，重 4.1 克（图一〇，7；彩版五，6）。

3. 铁器

铁凿

2 件。根据形制与规格的不同分二型。

A 型　1 件。凿身断面为圆形。

标本 1993T101 ②: 11，体形较大，凿的前端断面呈四棱形，顶端尖锐，后端部位折出，系长久使用所致。表面锈蚀严重。通长 31.5、身径 2.1 厘米（图一〇，8；彩版五，7）。

B 型　1 件。凿身断面为八棱形。

标本 1993T101 ②: 12，体形略小，凿的前端断面呈四棱形，顶端尖锐，后端部位较为规整。表面锈蚀严重。通长 20、身径 1.9 厘米（图一〇，9；彩版五，8）。

第七节　小结

第 1、2 窟窟前地面与北崖壁面经过 1963 年的维修工程，特别是窟前地面清理和洞窟前立壁维修加固等工程，使得地面和崖壁上的许多遗迹现象损毁，大量的信息已经丢失。因此，窟前地面的两条水渠遗址附近 1993T204 ～ 1993T208 的地层几乎全被扰乱，但第 1、2 窟外东侧 1993T101、1993T102、1993T201 ～ 1993T203 的地层得以保留，残存着辽金时期和明清时期的文化层。

关于窟前木结构窟檐的问题，1962 年清理第 1、2 窟前地面之前，宿白先生多次就这组洞窟进行过考古调查，不仅发现了辽金时期铺墁的方砖地面，而且也注意到第 1、2 两窟窟口上方的崖面上遗留有连续的横槽，其下在第 1 窟明窗右上方和第 2 窟口右上方，又各存有高低相同、大小相似的梁孔[1]。这些梁孔的相关图像资料可参考日本学者小川晴旸绘制的云冈第 1、2 窟外景立面图，共有 5 个梁孔遗迹[2]。根据以上遗迹可以推测第 1、2 窟前，曾经有过一座共同的木结构窟檐建筑，大量的辽金时期出土遗物也可以证明。

[1] 宿白：《〈大金西京武州山重修大石窟寺碑〉的发现与研究——与日本长广敏雄教授讨论有关云冈石窟的某些问题》，宿白著：《中国石窟寺研究》，文物出版社，1996年，第96页。

[2] 〔日〕小川光三编：《小川晴旸の像》，每日新闻社，2012年10月，第258页。

第三章　第3窟前及窟内遗址

第一节　遗址概况

第3窟位于云冈石窟东部窟群的西端。东距第2窟165米，西侧与第4窟毗邻，隔龙王庙沟与第5窟遥遥相望。在第2窟与第3窟之间靠近山体崖面，有一条连通两窟的道路，于20世纪80年代补修。路面宽约5.8～10米，道路南边用不规则石块垒砌成石砌护墙，内部以添土修筑。在距第3窟东约36.2米处的基岩地面上保存一段古代车辙遗迹，其位于新编号第3-1窟[1]（碧霞洞）前的东侧，两者东西距离仅8.35米。1993年考古发掘时，因为这段岩石路面的一部分长期暴露，周围地层扰乱严重，所以没有进行考古清理，其具体使用时间不详。这段车辙遗迹，北侧靠近山体的崖面、并且与山体连接，南侧则接近山体边缘。目前有两条车辙印痕，呈东西方向，南侧车辙印痕残存长度约3.75、宽约0.13、深约0.15米，损坏也比较严重；北侧车辙印痕残存长度约7.75、宽约0.14～0.18、深约0.12～0.16米，保存略好[2]。两轮之间的轮距1.15～1.2米（图一一）。

第3窟的遗址情况通过从已往的照片资料及文献记录可以得知，20世纪20年代山本明[3]、岩田秀则[4]等拍摄洞窟照片发现，洞窟前东、西两壁崖面的南面均有一道用砂岩石片垒砌的院墙，呈东西方向。东端与第3窟前的东壁崖面南端相连接，西端通过第4窟，一直延伸到第4-1附窟西面，并与该附窟前的西面南北向砂岩石片砌墙相连接。进入院落的门道紧靠院墙的南面，设置在西前室偏西的位置。门道为一条呈东西向、再转向北进入院落的通道（彩版六，1、2）。这些院墙的情况在1939年日本京都帝国大学东方文化研究所（京都大学人文科学研究所）拍摄第3窟的照片上，除东端一小段残存外，大部分遗迹破坏十分严重，已所剩无几（彩版七，1），到20世纪50～60年代窟前这些遗迹全部损坏（彩版七，2）。

1975年云冈石窟文物保管所对第3窟前室平台上积土进行清理。1980年7月7日和8月23日前室顶板发生两次坍塌，因塌落的石块较大，洞窟稳定性受到影响，其中一块为长3、宽1.1、厚0.4米，重达2吨；另一块长3.2、宽1.8、厚0.8米，重达9.2吨。为此专门对洞窟前立壁崖面和前室顶板进行加固维修，同时修筑石砌陡坡并且拓宽窟前道路（彩版八）。1985年为了适应旅游发展，便

[1] 李雪芹：《云冈石窟新编号说明》，参见云冈石窟文物保管所编：《中国石窟·云冈石窟》一，文物出版社，1991年，第209～211页。

[2] 1993年对窟前遗址考古发掘时，由于这两条车辙长期暴露在外，地层扰乱严重，所以没有进行专门考古清理与发掘。根据1993年山西省地质工程勘察院测绘分院《云冈石窟第3窟平面图》测绘记录，地面岩石上的南侧车辙长度为8.6米，北侧车辙长度为12.8米，现在报告中车辙长度为目前展示情况，详情见云冈研究院文献资料中心收藏。

[3] 参见山本赞七郎：《震旦旧迹图汇编·第一编·云冈石窟》，东京：山本明写真场，1924年，第4、5、12页。

[4] 详情参见京都大学人文科学研究所资料室收藏岩田秀则拍摄：《云冈石窟》，第48、49页。

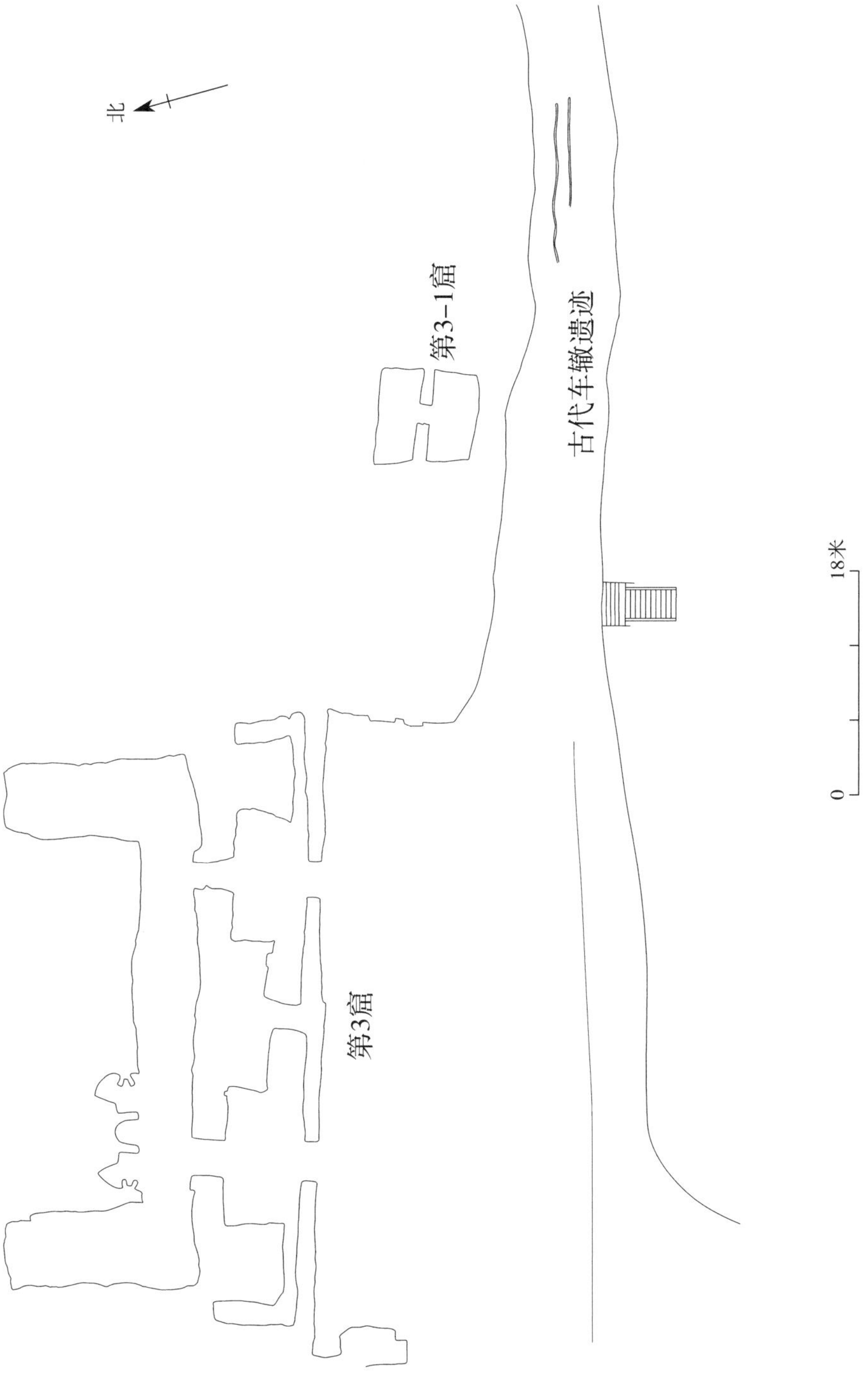

图一一　第 3 窟东侧车辙遗迹位置图

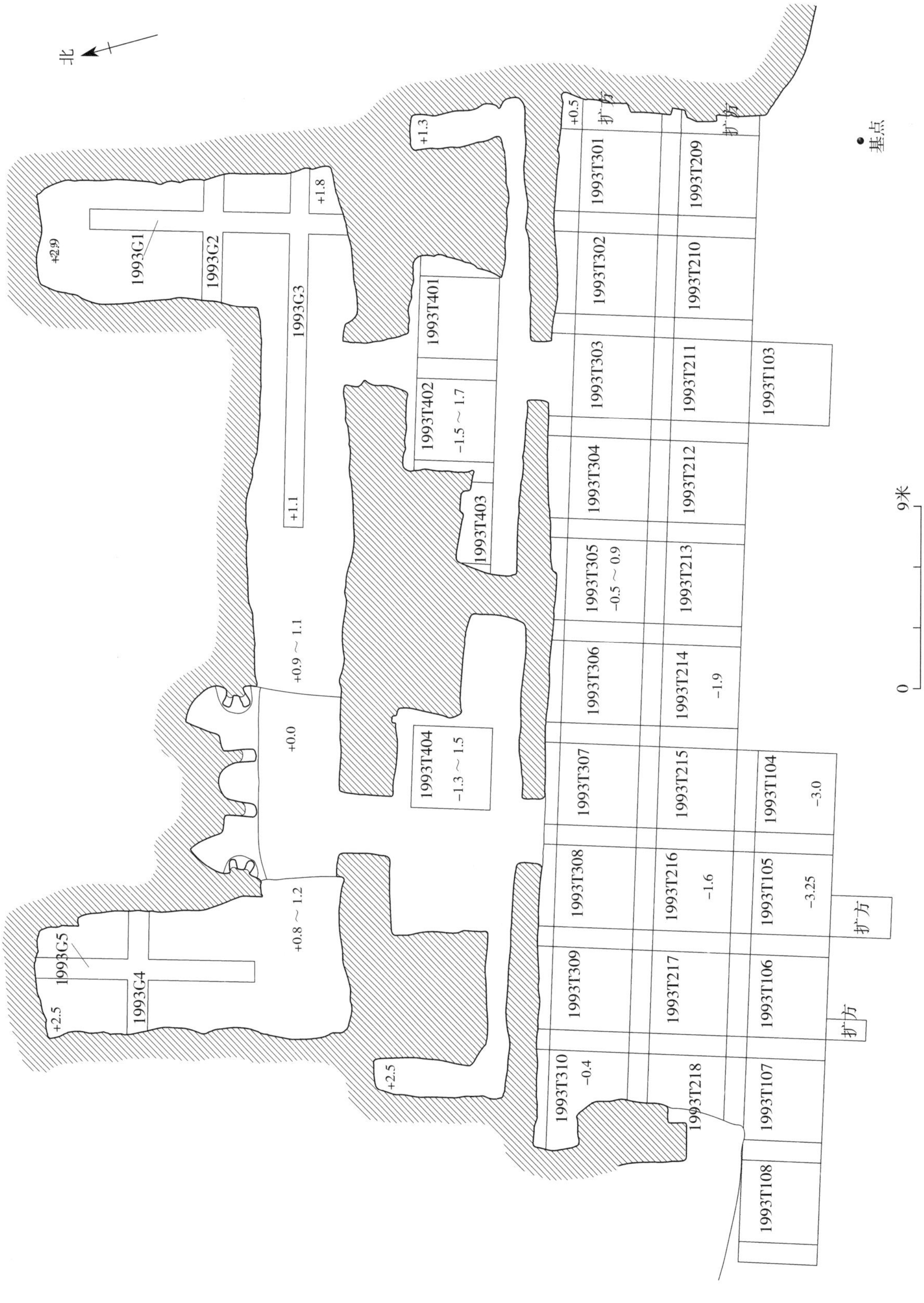
北
基点
9米
0
1993G1
+2.9
1993G2
1993G3
+1.8
+1.3
+1.1
+0.9 ~ 1.1
+0.0
+0.8 ~ 1.2
1993G5
1993G4
+2.5
+2.5
1993T401
1993T402
-1.5 ~ 1.7
1993T403
1993T404
-1.3 ~ 1.5
+0.5
扩方
1993T301
1993T302
1993T303
1993T304
1993T305
-0.5 ~ 0.9
1993T306
1993T307
1993T308
1993T309
1993T310
-0.4
扩方
1993T209
1993T210
1993T211
1993T212
1993T213
1993T214
-1.9
1993T215
1993T216
-1.6
1993T217
1993T218
1993T103
1993T104
-3.0
1993T105
-3.25
扩方
1993T106
扩方
1993T107
1993T108

图一二　1993年第3窟遗址探方（探沟）分布图（附基岩面高差数据）

于游客参观东部窟区，在第 3 窟与第 4 窟附窟的南端修筑石砌护墙，拓展窟前的空间。

第 3 窟由窟前、前室、后室构成。窟前东西宽 49.3 ～ 51.3、南北深 6.6 ～ 10.4 米，十分宽阔。北壁崖面和东、西两侧崖面有北魏时期开凿的小型窟龛（彩版九，1 ～ 3）。前室分东、西室，其平面接近凸字形。东前室东西宽 10.6 ～ 23.4、南北深 5.6 米（彩版一〇，1、2）；西前室东西宽 11.5 ～ 24.2、南北深 6 米（彩版一〇，3）。后室平面呈凹字形，东西宽 39.6 ～ 42.7、南北深 15.1 ～ 15.4 米。北壁中间部分向南凸出，似方形柱体，东西长 27.8、南北宽 5.2 米。后室的东侧北壁上 20 世纪 60 年代化学实验工程时新开凿了一个高 1.5、宽 1.5 ～ 2、深 4 米方形小洞。

1993 年 7 月 20 日～ 8 月 31 日，在第 3 窟内、外选择沿洞窟中轴线（北偏东 15°）方向布置探方和探沟。首先在窟前布 5 米 ×5 米探方两列 20 个，编号为 1993T209 ～ T218、T301 ～ T310。由于此次考古发掘配合云冈石窟“八・五”保护维修地面工程项目，工程需要当年完成，为了准确地了解遗址南部的范围，仅在东窟门前的 1993T211 和西窟门前的 1993T215 ～ T218 的南面布 1993T103 ～ T108 共 6 个探方进行考古发掘（彩版一一，1）。同时，为了了解院墙外通道的具体情况，又在 1993T105、T106 南扩方探沟各一条，分别为 2×3、1×2 平方米（彩版一一，2）。窟内在东前室布 5 米 ×5 米探方 3 个，编号为 1993T401 ～ T403；西前室布 5 米 ×5 米探方 1 个，编号为 1993T404。与此同时在后室布宽 1 米探沟 5 条。其中，东西向探沟 3 条，编号为 1993G2、G3、G4，长度分别为 6.2、17.5、5.8 米；南北向探沟 2 条，编号为 1993G1、G5，长度分别为 13.2、11 米（图一二）。2000 年 9 月将后室 1993G1 ～ G5 探沟周围全部清理。总共发掘窟前、窟内遗址面积约 900 余平方米。发掘出北魏时期开凿洞窟未完工的多处如何分割、揭取采石遗迹，这是十分重要的石窟开凿方法信息资料。同时，清理出隋唐时期寺院遗址 1 处，辽金时期窟前木结构建筑遗址 1 座，其他房址 1 座，土炕 2 座，灰坑 1 个，明清时期寺院遗址 1 处（图一三）。

第二节　地层堆积

第 3 窟是云冈大型洞窟中唯一一座开凿未完工的洞窟，1993 年发掘时窟前地面与窟内前室地面及后室唐初开凿的一铺三尊造像龛[1]的地面，基本属于在同一个平面。但是，窟内后室其他处的地表高度均超出这些地面约 1 米多。查阅以往的工程记录和照片资料，第 3 窟的窟内、窟外地面文化层从 20 世纪 50 年代至 80 年代工程维修时曾经进行过多次清理，其中以 1975 年和 1982 年两次维修工程时清理规模最大。因为当时第 3 窟遗址地面堆积与这次发掘前地表高度差距较大，这就使得晚期文化堆积层的损失严重，将较早期甚至是北魏开凿洞窟的部分文化堆积层也直接暴露出地表。地层堆积情况：第①层为近现代扰土层和明清文化层，第②层为金、元初文化层，第③层为辽代文化层，第④层为隋唐时期文化层，第⑤层为北魏文化层。这是就第 3 窟遗址整体而言，具体到每一探方或探沟，地层分布不均匀，许多第①层下就是第③层或第⑤层，第②、③层在许多探方缺失。现以 1993T307、T215、T104 东壁剖面，1993T214、T215、T216 北壁剖面，1993T401、T402 北壁剖面和 1993G1 东壁剖面为例介绍。

[1] 宿白：《恒安镇与恒安石窟》，原载云冈石窟文物保管所编：《中国石窟・云冈石窟》二，文物出版社，1994 年，第187～192页。收入宿白著《中国石窟寺研究》，文物出版社，1996年，第145～152页。

一 1993T307、T215、T104 东壁剖面

这是窟前西窟门东侧的一条剖面，呈南北向，地层堆积北薄南厚，分为五大层 10 小层。

第① A 层：灰黄色土，较疏松，距地表深 0.06 ～ 1.63 米。出土有陶片、瓷片等。近现代扰土层。

第① B 层：黄色土，较为致密，厚 0.50 ～ 0.72 米。包含有少量石块，出土陶片、瓷片等。仅在 1993T104 南发现有此层。叠压于此层下的有明清时期斜坡通道。

第②层：灰黄土层，夹少量炭粒，较致密，厚 0.00 ～ 0.20 厘米。出土陶片、瓷片及较厚瓦片等。主要分布在 1993T215 和 1993T104 北隔梁之下。叠压于此层下的有第③ A、③ B 层和寺院石砌围墙。

第③ A 层：黑土层，含有煤碴，致密，厚 0.15 ～ 0.22 米。出土陶片、瓷片与瓦片等。主要分布在 1993T215 南部，1993T307 无此层。叠压于此层下的有第⑤ B 层、寺院石砌围墙。

第③ B 层：灰土层，致密，厚 0.22 ～ 0.45 米。出土陶片、瓷片及较薄瓦片等。主要分布在 1993T215 北部，1993T307 无此层。叠压于此层下的有第③ C 层、包砌石墙 1993 台基 4。

第③ C 层：黄土层，较细，厚 0.04 ～ 0.12 米。出土陶片、瓦片等。主要分布在 1993T215、1993T307 北部。叠压于此层下的有第④ B、⑤ B 层，包砌石墙 1993 台基 1、包砌石墙 1993 台基 2。

第④ A 层：黄土、碎石屑夹石块层，较致密，厚 0.15 ～ 0.4 米。出土石雕、陶片、瓦片等。主要分布在 1993T307。叠压于此层下的有第⑤ B 层和包砌石墙的 1993 台基 2。

第④ B 层：灰土、碎石屑夹大石块层，较疏松，厚 0.43 ～ 0.58 米。出土灰陶片、釉陶片、瓦片、铜钱。主要分布在 1993T307。叠压于此层下的有第⑤ B 层、包砌石墙 1993 台基 1。其中，包砌石墙 1993 台基 2 之内，出土北魏瓦片、陶片和隋五铢，以及可辨识器形的灰陶盏、黄釉红陶碗、夹砂陶钵等，台基之外为比较平坦的使用面。

第⑤ B 层：碎石屑，较致密且纯净，厚 0.05 ～ 0.3 米，为开凿洞窟遗留下的碎石屑。仅清理出 1993T215 南面的局部，叠压于基岩之上，基岩表面为分割岩石凿痕，是北魏时期开凿洞窟时未完工遗迹，这些碎石屑层上面被隋代或初唐平整形成建造面（图一四）。

二 1993T214、T215、T216 北壁剖面

这是窟前西窟门南面的剖面，呈东西向，地层堆积较薄，分为四大层 5 小层。

第①层：灰黄色土，较疏松，近现代扰土层。距地表深 0.06 ～ 0.8 米。出土陶片、瓷片及植物根系等。叠压于此层下的有第②层、夯土柱基坑 6。

第②层：灰黄土层，夹少量炭粒，较致密，厚 0.04 ～ 0.12 厘米。出土陶片、瓷片及较厚瓦片等。主要分布在 1993T215 内和 1993T104 北隔梁之下。叠压于此层下的有夯土柱基坑 4、夯土柱基坑 5、第③ B 层和 1993 台基 2 的包石砌墙。

第③ B 层：灰土层，较致密，厚 0.25 ～ 0.45 米。出土陶片、瓷片及较薄瓦片等。主要分布在探方北部。叠压于此层下的有第③ C、⑤ B 层和 1993 台基 2、1993 台基 4 包石砌墙。

第③ C 层：黄土层，土质较细且纯净，厚 0.04 ～ 0.15 米。出土陶片、瓦片等。主要分布在探方北部。叠压于此层下的有第⑤ B 层和 1993 台基 4 包石砌墙。

第⑤ B 层：碎石屑，致密较纯净，开凿洞窟遗留下的碎石屑。厚 0.03 ～ 0.17 米。仅清理 1993T214，下面直接叠压基岩，基石表面残留分割凹槽凿痕，为北魏时期开凿洞窟时未完工遗迹，这些碎石屑的上面被隋代或初唐平整形成建造面（图一五）。

三　1993T401、T402 北壁剖面

这是窟内东前室的剖面，呈东西向，地层堆积较为简单，可分为四大层 5 小层。

第①层：灰黄色土，较疏松，距地表深 0.08 米，近现代扰土层。

第②层：灰黄色土，含碎石块，比较疏松，厚 0.10 ～ 0.18 米。出土瓷片、陶片、瓦片、动物骨骼等。叠压于此层下的有第③层。

第③层：黄色土，含煤灰，比较疏松，厚 0.05 ～ 0.42 米。出土陶片、瓷片、瓦片、动物骨骼。叠压于此层下有第⑤ A、⑤ B 层。

第⑤ A 层：灰黑土，含碎石，比较疏松，厚 0.05 ～ 0.28 米。出土陶片、瓦片、动物骨骼等，可辨器形的有北魏陶盆、陶罐、陶盏。叠压于此层下有第⑤ B 层。

第⑤ B 层：碎石屑，夹少量大石块，较纯净，北魏时期开凿洞窟遗留之物，土质结构致密，厚 0.20 ～ 1.20 米。出土石磨盘、柱础石等坯料。叠压于此层下为基岩面（图一六）。

四　1993G1 东壁剖面

这是窟内后室东侧的剖面，呈南北向，地层堆积北厚南薄，可分为三大层 4 小层。

第① A 层：浅灰色土，较疏松，距地表深 0.11 ～ 0.20 米。分布在南部，几乎无遗物，为近现代扰土层。叠压于此层下有第① B、②层等。

第① B 层：浅灰色土，含碎石，比较疏松，厚 0.05 ～ 0.14 米。仅分布在南部，出土瓷片、瓦片等。叠压于此层下有第②层。为明清文化层。

第②层：深黄色土，含草灰、炭灰，较疏松，厚 0.06 ～ 0.52 米。仅分布在北部，出土陶片、瓷片、瓦片等。叠压于此层下第⑤ A 层、F1 石墙及基岩等。

第⑤ A 层：黑灰色土，含大量碎石屑，北魏文化层。土壤结构致密，厚 0.10 ～ 0.40 米。仅分布在北部，出土陶片、瓦片、动物骨骼。可辨器形有北魏灰陶盆、灰陶罐等。叠压于此层下基岩（图一七）。

第三节 北魏时期文化遗存

在发掘的窟前、前室及后室第⑤层之下，清理出北魏开凿洞窟未完工的基岩揭取石块遗迹。从窟前、前室和后室的基岩遗迹观察，基岩面高低不等，起伏较大，高差明显，开凿岩石揭取的方式也不同，在一定程度上反映洞窟开凿工程的程序与方法（图一八）。

第3窟的窟前、前室和后室北魏时期开凿洞窟未完工的基岩揭取石块遗迹，主要通过1993年考古发掘的地层叠压关系来确定。但是，窟内的后室壁面和窟顶保留着开凿洞窟、掘取岩石的许多凿痕，前室窟顶二层平台上东、西侧方塔下面虽然也残留未完工的遗迹现象，这些遗迹的具体开凿时间，只能结合地面遗迹共同考虑与分析。这里主要就第3窟北魏时期开凿洞窟的未完工形成地表基岩高差情况和开凿石窟揭取基岩遗迹进行报告。

一 开凿洞窟未完工形成的基岩地表高差情况

第3窟是云冈石窟北魏时期开凿未完工的大型洞窟。因为经历隋唐、辽金时期续凿与修建，又受自然风化影响和人为干扰与破坏，所以遗迹情况比较复杂。特别是一部分开凿洞窟的遗迹现象，因受到后期工程维修时的扰动、破坏，所以一些基岩遗迹准确时间有待于研究。

（一）开凿洞窟基岩面上的文化遗存

后室东侧1993G1～G5地层堆积都比较简单。除后室东侧的南北向1993G1的北部和东西向1993G2的东部发现第⑤A层黑土中，其陶盆、陶罐等器物，保存着纯正的北魏文化堆积特征，其他处后室的基岩上已经被第②层金代文化层扰动。因此第⑤A层之下叠压的被分割基岩外，说明第3窟后室东侧北魏时期就已经开凿。但是，后室东侧的这部分基岩面比较低。

值得注意的是，1993G1不仅北端基岩表面已经暴露在外，而且南部基岩面也比较高。辽金时期F1建筑遗址修建在南部，墙体用石片或石块垒砌，除北面的一分叠压在第⑤A层上之外，南面的大部分墙体都直接垒砌在基岩面之上。如果比较1993G1基岩面的南北高低差，就会发现后室东侧的北魏开凿石窟基岩面采石区18（CSQ18）遗迹，要比辽金时期修建F1建筑石砌墙体基岩面低，大约0.5～1米（图一八，A-A'，B-B'）。换句话说，后室东侧的南部采石区19（CSQ19）遗迹基岩面明显地高于北部采石区18（CSQ18）遗迹基岩面0.5～1米，这样的话，显然不方便洞窟内开采基岩石料往洞窟外的清运，因此推测后室东侧的南部采石区19（CSQ19）遗迹基岩面可能为北魏时期开凿，甚至包括采石区19（CSQ19）上面的石碓1（SD1）遗迹也是北魏时期。因为北部采石区18（CSQ18）上堆积北魏第⑤A层文化层，出土了大量生活用具陶盆、陶罐等器物，推测石碓1（SD1）遗迹使用与这些北魏时期生活用物有关。

东西向1993G3位于后室南面东侧，其东段也就是1993G1南部，且相互交汇。这里是辽金时期F1建筑遗址的位置，其石砌墙体也是直接垒砌在基岩面上；中部南面偏东处就是从东前室进入后室的甬道入口，西部末端正好位于第3窟中轴线，再往西的基岩面已经裸露在外，并且接近该洞窟唐代的造像大龛。在1993G3的中、西部明清民国文化层（第①B层）之下，也叠压辽金时期第②层文化层，之下就是开凿洞窟的基岩面，地层堆积与1993G1南部相同。2000年清理后室1993G1～G5周围文化堆积时，在后室东甬道口西侧1993G3的第②层的基岩面上发现了一批唐、宋、辽、金等时期的铜钱，说明这部分洞窟开凿遗迹的基岩面至少为辽金时期，或者时间更早。后室西侧的东西向1993G4和南北向1993G5的地层堆积情况与后室南侧1993G3基本相同。

东前室基岩面上叠压着第⑤A层黑土层、第⑤B层碎石层，确定基岩为北魏时期开凿洞窟采石后留下的遗迹无疑（图一六）。西前室因为仅在东侧布1993T404，发掘后地面基岩上也被第⑤B层碎石层叠压，其西面保存辽金时期沟纹砖铺墁地面，结合地层堆积情况，推测1993T404基岩面为北魏开凿洞窟遗迹。

第3窟窟前20世纪80年代以前由于多次清理，地层破坏十分严重，因此窟前的东北角、西北角的局部基岩面已经裸露。如1993T301、T309、1993T310基岩面局部裸露。其他1993T209、T213、T217基岩面上也仅保存第⑤B层北魏文化层及近现代扰土层。1993年清理发掘时为了解窟前寺院遗址范围，在清理发掘的26个探方中，仅1993T105、T106进行扩方。需要说明的是，东、西窟门前唐代修建台基，叠压在台基之下的1993T303、T307、T308等3个探方没有清理到基岩，当时只对1993T211、T215、T216等3个探方内没有被台基叠压部分的地层进行解剖，发现基岩上均为第⑤B碎石层。除此之外，1993T209～T218和1993T301～T310的14个探方全部清理到基岩，而且基岩上全部被第⑤B碎石层叠压。另外，南面1993T103～T108等6个探方中，因属于窟前开凿山体的边缘地带，清理到基岩面均为北高南低，坡度较陡（图一四）。

从1993T302～T308和1993T209～T218等不同时期的遗迹和地层堆积叠压关系的保存情况观察，可以说明窟前基岩面为北魏开凿洞窟采石遗迹。

（二）北魏、隋唐、辽金各时期的开采岩石面高差比较

第3窟后室西侧因初唐时期雕刻一佛二菩萨三尊造像而开凿大龛，该大龛的龛底仅高出地面0.3～0.4米。此大龛前的地面比较平坦，说明进行过专门修整，东西长8.9～9.2、南北宽3.7～4.2米。20世纪80～90年代云冈石窟为了东部石窟区开放，曾对该窟的局部地面进行过清理，故使得大龛前地面的基岩裸露，推测这个地面形成时间与大龛造像同一时期[1]，可能专门为参拜佛像所为。为了方便叙述第3窟未完工地表基岩高差，进一步了解开凿洞窟的具体情况，下面我们将以第3窟后室西侧大龛前地面为±0标高，并依据1993年考古发掘实测参考资料[2]，绘制出一幅第3窟考古发掘后的窟前、前室和后室岩石地表起伏变化标高情况（图一二附基岩面高差数据），以便全面地了解基岩地表高低变化和采石情况，来统筹考虑研究云冈石窟大型洞窟开凿方法。

1. 窟前采石基岩面情况

平面接近长方形，北壁长51.3、东壁长10.4、西壁长6.6米。东、西壁的南端微微向内收缩，两壁之间距离49.3米。窟前基岩面高度基本情况为：最高地方集中在北壁靠近东、西两壁的东北角和西北角，北壁中间的壁脚下也比较高。窟前最高点为东北角1993T301，在探方内高出南部、

[1] 杭侃：《云冈石窟第3窟开凿遗迹所反映的问题》，《石窟寺研究》，文物出版社，2011年第2辑，第146～151页。认为“第3窟后室西侧的造像，龛底就低于室内的其他地面数十厘米，在开凿这铺大像的时候，对三尊像腿部的岩体进行了下凿，使现在三尊像前的地面，与西侧前室地面基本上同高，也修治了西侧的参观通道，使得西侧相对较平整”。参见第149页。

[2] 参见山西省地质工程勘察院测绘分院1993年测绘《云冈石窟第3窟平面图》，云冈研究院文献资料中心收藏。

西部约 0.46 ～ 1.3 米。次高点为窟前东窟门与西窟门之间靠近北壁的 1993T305 和窟前西北角的 1993T310，两处基岩面的高度基本相同，仅低于 1993T301 的最高点 0.8 米。其中，1993T305 西北角的基岩面高于南部和东北部 0.6 ～ 1.1 米；1993T310 东北角的基岩面高于东南部 0.7 米。其他 1993T302、T304 最低的基岩面与 1993T209 ～ T218 最低的基岩面高差几乎相同。其中，清理后的 1993T209、T210、T212 ～ T214、T217、T218 等 7 个探方基岩面全部为北高南低，南北之间高差较小，仅约 0.4 米左右。东西之间的探方内高差变化也不显著。总之，基岩面除靠近北壁的中间和东、西两壁处较高外，窟前基岩面总的趋势为北高南低。最高点的 1993T301 东北角高出 1993T211 最低点 1.93 米，与其他基岩面高差也达到 1.14 米。如与后室西侧大龛前地面 ±0 标高比较，最高点 1993T301 东北角基岩面高出唐代地面 1.3 米（图一二附基岩面高差数据）。

2. 前室采石基岩面情况

前室分为东前室和西前室，形制相同，大致对称，平面略呈“凸”字形，前室的北壁各凿一条甬道通向后室。

东前室全部清理到基岩面，为北魏时期开凿洞窟遗迹。北壁长 10.62 米，东侧的北面方形岩体为前室顶部上层佛塔之下预留石块，东南为一条紧依前壁开凿的曲尺形隧道，南面向东一直凿到接近窟前东壁位置，然后再转向北面一直凿到前室北壁。曲尺形隧道的南侧长 6.93、宽 0.92 ～ 1.38 米，东侧长 5.9、宽 1.6 ～ 1.78 米。西侧的北面方形岩体为前室顶部上层中央弥勒窟之下预留石块，南面向西一直凿到西前室隔墙，东西长 5.05、南北宽 2.42 ～ 3.12 米。东前室南壁总长 23.4、南北进深 6.14 米（图一九）。

清理后发现：除窟门内和进入后室甬道以及东侧曲尺形通道外，其他基岩面的高度大致相同，几乎在一个平面上，都低于后室西侧大龛前地面（标高 ±0）约 1.5 ～ 1.7 米。但是，从东侧窟门进入东前室的地方，在东西长约 3.1、南北宽约 3.53 米范围内，其基岩面接近阶梯状，南高北低，全部为不规则形的岩石（图一九，A-A '、C-C '）。东前室窟门口基岩面与前室内基岩面两者的高差达 1.23 米，由三层不规整的台阶组成，每层高度约 0.4 米左右，均为不规则形岩石，显然是开凿洞窟采石形成的遗迹。东前室北壁正中有一条通往后室的甬道，宽 1.83 ～ 2.8、深 3.22 米，基岩面北高南低，甬道南口（前室）与甬道北口（后室）的高差达 1.78 米，基岩则为接近不规则阶梯状，形成了逐层向上的台阶，每层台阶高约 0.3 米左右，宽约 0.25 ～ 0.55 米（图二〇）。

东侧曲尺形隧道的开凿、采石情况值得注意：东侧隧道的基岩北端最高，基岩面为北高南低，两端高差达 1.37 米（图一九 B-B '）；南侧隧道的基岩东端高，基岩面东高西低，两端高差 1.17 米（图一九 A-A '）。整个隧道最高点（东侧隧道北端）与隧道最低点（南侧隧道西端）两者之间高差达 2.54 米。这是石窟开凿程序与方法的重要遗迹资料。

西前室形制与东前室相同，仅布 1993T404，其他未发掘。北壁长 11.15、南壁长 24.2 米，南北进深 6.55 米。清理后发现，基岩面较平，其高度比东前室的基岩面超出 0.26 米，两前室的基岩面高度比较接近，也为北魏开凿洞窟的遗迹。西前室基岩面比后室西侧的唐代大龛前地面低 1.3 ～ 1.5 米（图二一）。同时，西前室与东前室结构相同，左右对称。西前室在西侧也凿一个曲尺形隧道，南面隧道长 6.8、宽 0.95 ～ 1.3 米；西面隧道长 6.73、宽 1.42 ～ 3.03 米。开凿程序与方法和东前室相同，西侧隧道的基岩北端最高，基岩面为北高南低，两端高差达 2.06 米；南侧隧道的基岩西端高，基岩面西高东低，两端高差 0.89 米。整个隧道最高点（西侧隧道北端）与隧道最低点（南侧隧道东端）

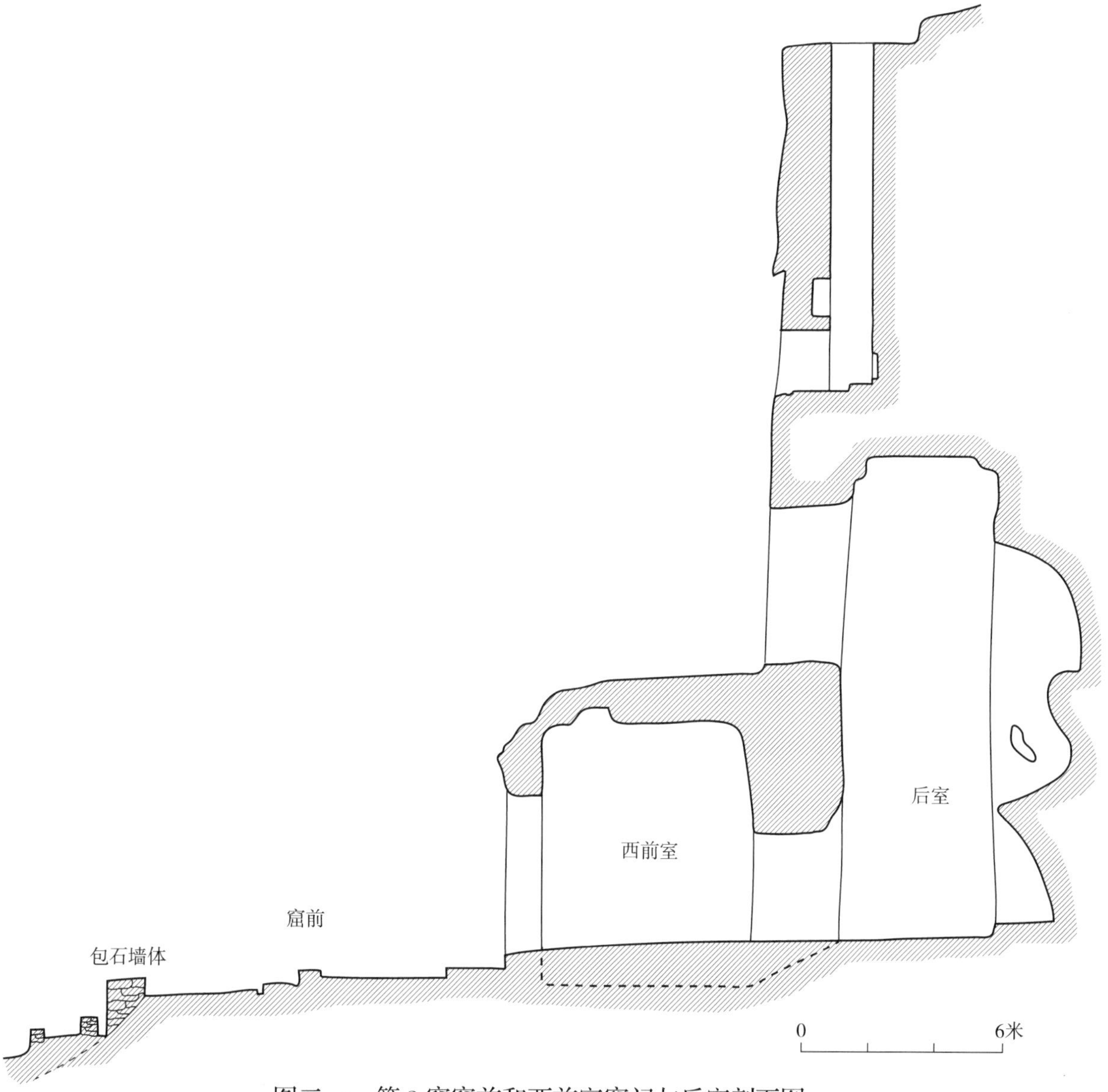

图二一　第 3 窟窟前和西前室窟门与后室剖面图

两者之间高差达 2.95 米（图一二附基岩面高差数据）。这与东前室的曲尺形隧道开凿和采石方法完全相同。

3. 后室采石基岩面情况

后室平面接近“凹”字形，南壁长 42.7、东壁长 15.1、西壁长 15.4 米。北壁中部向南凸出，东、西两侧向北凹入，南北前后相错，将北壁分成凹凸不平的三段。中央部分雕成一个巨大的岩体，东西长约 29、南北宽约 11 ～ 11.4 米。两侧东段的北壁长 4.55、西段的北壁长 5.4 米。在凸面岩体北面西侧有唐初雕凿的一组三尊造像，龛前为后室最低的平坦基岩地面，东西宽 8.8 ～ 9.45、南北深 3.75 ～ 4.25 米，地面的形成甚至包括南面的西前室与后室之间方形甬道开凿可能也与雕凿三尊像有关，以便为信众提供礼拜活动的空间场所。

后室中央方形柱体的东侧通道东西 5.6 ～ 6.55、南北 15.1 ～ 16.05 米。北部岩石最高点是东北角接近北壁的壁脚处，基岩面较平，因长期暴露，风化比较严重。中部则为较为密集分割岩石的沟槽，沟槽为东西、南北两个方向交叉将岩石分割成接近方形的石块。除接近东壁的壁脚处岩石最低为已经揭取石块的基岩面外，其他部位岩石均为已经分割而未揭取石块，揭取与未揭取石块的基岩面高差约 0.3 ～ 0.7 米，但最高基岩面同样低于北部 0.7 米。南部的沟槽较少，沟槽也为东西、南北两个方向交叉将岩石分割成方形石块，都是揭取石块后的基岩面，最高岩石面略低于中部的最高岩石面。因此，后室东侧通道的基岩面情况是最高点北部的东北角的壁脚处与最低点中部的东壁的壁脚处两者高差 1.5 米，但总体来看基岩面是北高南低，北部与南部的基岩面高差 1.24 米，这样基岩面就形成由洞窟内向甬道口的斜坡（图二二，A-A'，B-B'）。

后室中央方形柱体南面除西端唐初雕凿三尊像龛前的地面比较平坦外，其他的基岩面均高出唐初龛像前的地面约 0.9 ～ 1.1 米。这些基岩面的高差变化较小，但是高低不平，多为揭取岩石留下的采石遗迹，中央方形柱体南面中间基岩的岩石面高于窟外次高点靠近北壁（窟前东侧窟门与西侧窟

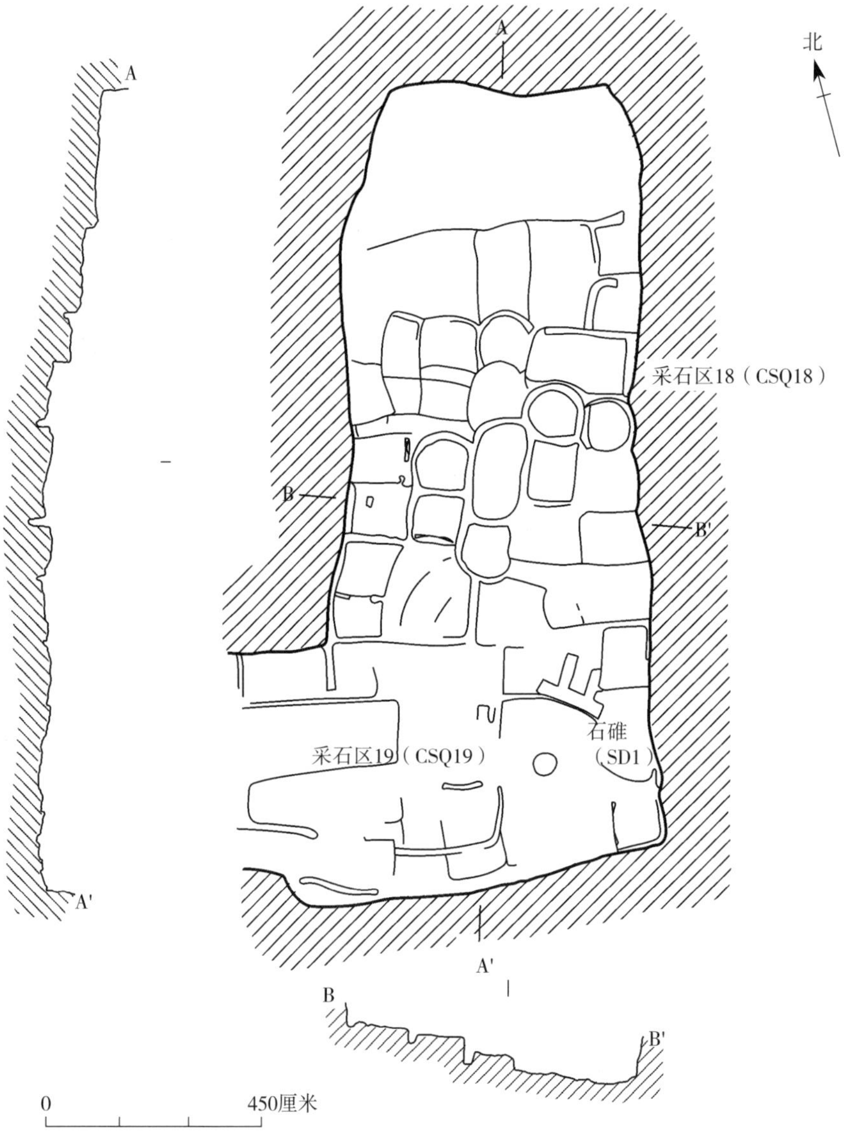

图二二　第 3 窟后室东部通道平、剖面图

门中间）1993T305 基岩的岩石面（图二三）。后室中央方形柱体的西侧通道东西 5.15 ～ 6.7、南北 15.37 ～ 15.6 米。基岩面上为分割后揭取石块的遗迹，主要有长方形、方形、圆形等。基岩面的最高点西北角的壁脚处与最低点东南角的接近南壁壁脚处高差 1.33 米，北高南低（图二四）。因此，后室最低处的基岩面也高出唐初雕凿三尊像龛前的地面约 0.8 ～ 1.2 米。

总而言之，上述的窟前、前室、后室在各自区域内，开凿洞窟采石的基岩遗迹普遍为内高外低（北面岩石高于南面岩石），这些情况一定程度上可以说明所开采的岩石由洞窟内向洞窟外运输的现象。不仅如此，窟前、窟内前室和后室三个不同区域彼此之间的基岩高度情况也基本相似，若以窟内后室西侧唐初雕凿三尊像龛前的地面 ±0 为标准：后室中央方形柱体的东、西两侧的通道北端基岩的岩石面分别高于三尊像龛前的地面 +2.90、+2.50 米；东、西前室基岩的岩石面则分别低于三尊像龛前的地面 -1.50、-1.70 米；窟前的最低基岩的岩石面也低于三尊像龛前的地面 -1.6 米。这样的话，后室基岩面的最高点与窟前（包括前室）基岩面的最低点的高差约 4 ～ 4.60 米之间（图一二），因此这些遗迹现象也可以说明了洞窟的开凿程序和方法。

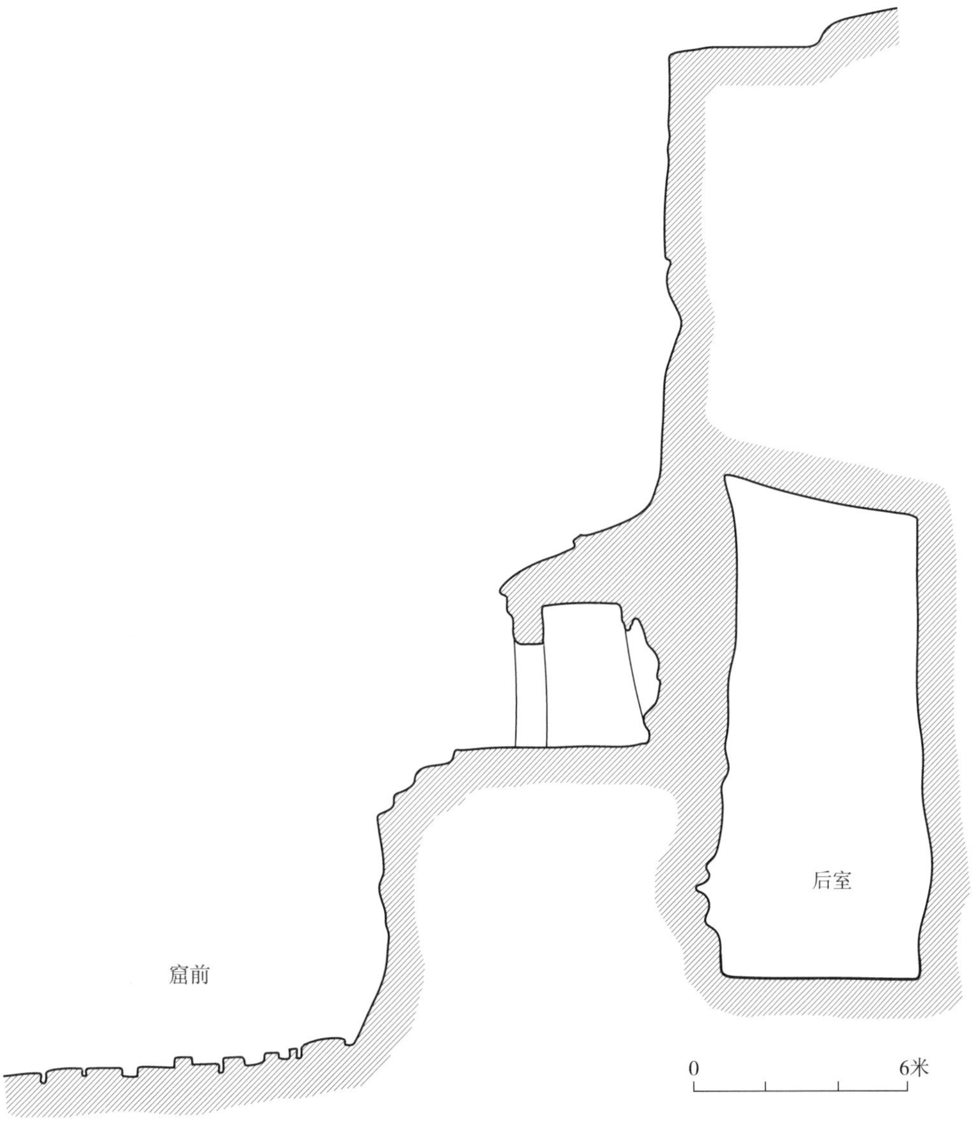

图二三　第 3 窟窟前与后室剖面图

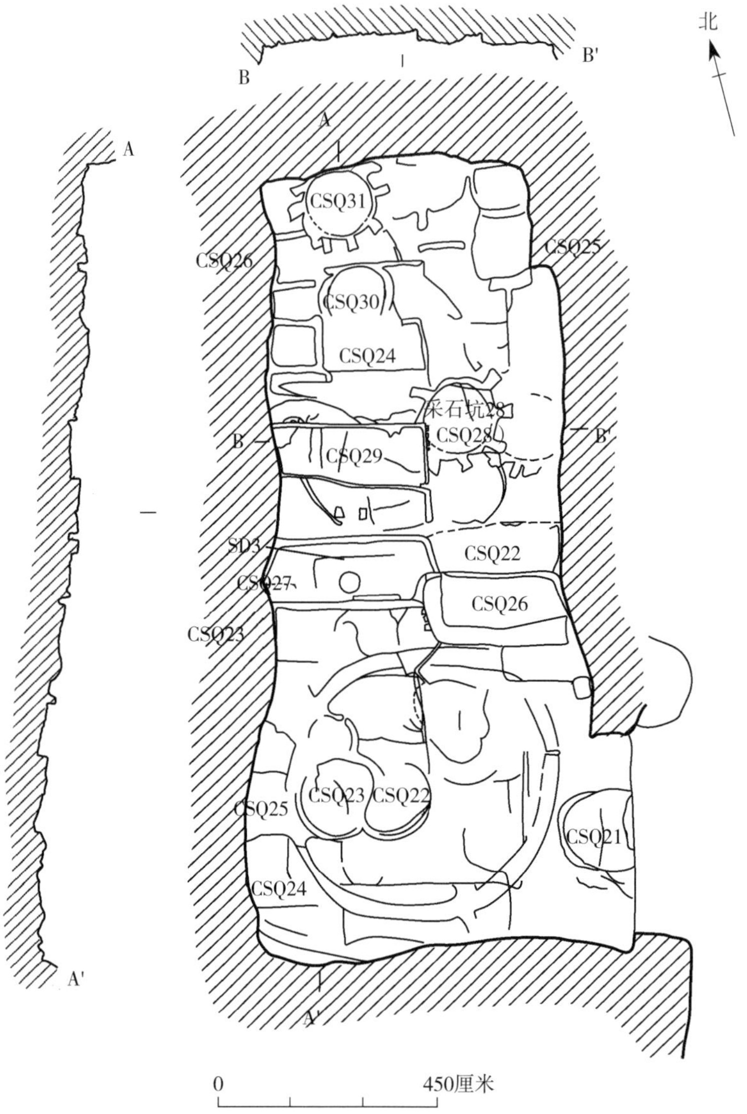

图二四　第 3 窟后室西部通道平、剖面图

二　开凿石窟揭取基岩的岩石

在第 3 窟的窟前、前室以及后室东部通道等处，北魏第⑤ B 层文化堆积层之下，全部为开凿洞窟基岩的揭取岩石遗迹。在后室西部通道、后室东部通道的南侧以及后室凸面岩体的南面（即东部通道至唐初雕凿一组龛像之间）等处，发现金代文化堆积层第②层之下的基岩面，根据探沟 1993G1、G2 的地层堆积情况，结合 1993G3 的地层堆积以及前面介绍情况的分析：大致可以推测为辽金文化堆积层第②层之下覆盖的基岩面遗迹可能也是北魏时期开凿。

北魏采石遗迹面积大、范围广、高低参差不齐，分布在窟前、前室以及后室等处。其中以大面积分割成方形石块为主，然后再逐一揭取基岩的采石区；也有一定数量长方形、圆形等不同形状的采石坑或石坯坑（图一八）。

北魏开凿洞窟基岩遗迹分成采石区、石坯坑、采石坑三种。这是开凿洞窟过程中将岩石分割与揭取出现的三个不同遗迹，也是开采石块（石料）在不同程序与方法之后遗留下的遗迹现象，三者之间有着相互的联系。同时，当开凿洞窟工程停止之后，废弃石窟作为采石场，也有根据所需生活用品的形状、大小等对石块进行分割或揭取，现存的遗迹为岩石分割并且凿以沟槽后形成——石坯坑，也有已经分割岩石后并被揭取石块就形成——采石坑。不过需要说明的是这种废弃石窟作为采石场——用以生活用品制作，是依据揭取基岩的石块形状等遗迹进行确定的。所以，洞窟开凿采石与洞窟废弃作为采石场的两种不同情况，尽管在时间上有所区别，但是遗迹却难以截然分开，所以这里将两种基岩面上的遗迹全部作为开凿石窟揭取基岩的遗迹进行分类。

开凿石窟的遗迹可分为采石区（CSQ）、石坯坑（SPK）、采石坑（CSK）三类。

采石区指在基岩面上有计划地对岩石进行东西向与南北向分割，凿掉岩石周围相互交织的沟槽，然后再以最外面某一块开始逐块揭取，从而形成了大范围、大面积地揭取基岩的遗迹，这是开凿洞窟的主要手段与方法；石坯坑指按照一定形状已经凿出或周围沟槽接近全部凿通石坯料，但石坯料还没有整个揭取、运出的遗迹；采石坑指按照一定形状已经凿出石坯料，并且揭取石块所留下的痕迹。

（一）采石区

主要分布在窟前和窟内前室、后室，皆为开凿洞窟时揭取岩石遗留下的遗迹。

采石区窟前有12个区域，窟内前室有5个区域，后室有9个区域，共26个，编号采石区1～26遗迹，简称CSQ1～CSQ26。这些揭取的岩石也有一部分被再利用。

1. 窟前采石区

12个。编号采石区1～12（CSQ1～CSQ12）遗迹。基本上为有计划地对岩石进行分割，沟槽的方向大部分多呈东西和南北两个不同方向，沟槽两者之间纵横交织、相互交叉，形成“井田”状。这样将岩石分割成大小0.35～1.77米之间的不同规格石块，形状接近矩形，此种分割方法一般用于大面积揭取石料（彩版一二，1～3）。仅在采石区6（CSQ6）内发现有2个分割成圆形、在采石区8（CSQ8）内发现有5个分割成圆形的石料，不过这种圆形分割的沟槽与矩形分割的沟槽均为同时开凿洞窟遗留下的遗迹（图一八；彩版一三，1）。

（1）采石区11（CSQ11）

位于窟前西部，属于开凿石窟的大面积采石区，叠压⑤B层之下。东西宽3.6、南北长4.7米，北高南低，其范围内分别凿有南北向沟槽4条，东西向沟槽6条，沟槽宽度为0.04～0.16米。将基岩面分割成12块矩形的石料，每块石料长度和宽度皆不相同，先把基岩面分割后形成石坯，然后再将石料揭取，这些皆为已经分割未揭取岩石，反映了开凿石窟揭取石块（料）的过程（图一八；彩版一三，2）。

（2）采石区12（CSQ12）

位于窟前的西壁附近，属于开凿石窟的大面积采石区。东西宽2.6、南北长6.05米，北高南低，其范围内分别凿有南北向沟槽3条，东西向沟槽现存4条，沟槽宽度为0.08～0.18米。先凿通南北向沟槽进行岩石分割，将基岩分割成2条宽分别约0.6～0.8、1.45～1.5米，长度为5.86米的南北向长条状岩石块。然后再分别将其东西向凿沟槽，分割成几个接近矩形的岩石块。东侧的长条状岩石已经分割并且揭取，基岩南面有2块揭取后残留的沟槽底部分割岩石遗迹，分别为长1.4、宽1.25米和长宽皆为1.4米的矩形岩石；但是北面没有东西向的岩石沟槽分割，仅存上层揭取岩石断层。

西侧的长条状岩石与东侧相反。北面保存1块长1.05、宽0.76米的矩形岩石，南面未进行东西向的岩石分割（图一八）。其他窟前采石区1～10（CSQ1～CSQ10）的分割、揭取遗迹与采石区11（CSQ11）、采石区12（CSQ12）遗迹情况基本上相同或类似。以上这些岩石分割与揭取遗迹情况基本上可以了解开凿石窟大面积揭取岩石的过程。

2. 窟内前室采石区

5个。编号采石区13～17（CSQ13～CSQ17）遗迹。其中，采石区13～16（CSQ13～CSQ16）位于东前室；采石区17（CSQ17）位于西前室。皆为有计划地对岩石进行分割和揭取，一般凿有东西与南北两个方向的沟槽，相互交叉，形成"井田"状。将基岩分割成大小0.45～1.65米之间形状接近矩形的石块。但是，东前室开凿洞窟工程停止之后，后期作为采石场，根据所需生活用品的形状、大小等对岩石面进行分割与揭取，这样就把开凿洞窟的大面积分割和揭取采石区的基岩面打破，因此在岩石面上形成了许多的圆形、矩形的采石坑遗迹，这种情况主要集中在东前室的采石区14～16（CSQ14、CSQ15、CSQ16）等周围（彩版一四，2）。同时，在东前室的东面曲尺形通道采石区13（CSQ13）转弯处和西前室的西面曲尺形通道采石区17（CSQ17）北侧等处，也发现有圆形采石坑。这些圆形采石坑1、2、13、14（CSK1、CSK2、CSK13、CSK14）分布在大面积揭取基岩面上，与采石区13、17（CSQ13、CSQ17）前、后的打破关系明确，所以可以说开凿洞窟工程停止后，后期的圆形采石坑破坏前期采石区的一些遗迹。

（1）采石区16（CSQ16）

位于东前室的西南角范围内，属于开凿石窟的大面积采石区，叠压⑤B层之下。东西长6.5、南北宽2.4～3.1米，西高东低。在西侧有大面积分割与揭取基岩的沟槽，现仅残存已经分割未被揭取的2块方形石块和少许岩石分割沟槽，均为北魏前期开凿洞窟停止后的遗迹。东侧大面积采石区均被北魏后期的圆形采石坑10～16（CSK10～CSK16）打破（图一九；彩版一四，3）。

（2）采石区13（CSQ13）

位于东前室的东侧靠近南壁的曲尺形隧道，属于开凿石窟的东佛塔下方留出方形岩体周围的大面积采石区。曲尺形隧道的东侧为长4.5、宽1.32～1.75米的采石区，北高南低。采石过程与揭取的方法与南侧相同，仅通长沟槽的方向为南北向，所以形成了一条南北向长条状的岩石块，再凿4条东西向的沟槽将长条岩石分割成为矩形块状岩石，最后从南面的一端向北面依次揭取，也形成了北高南低的岩石面。南侧为长9、宽0.9～1.35米的采石区，东高西低。在基岩面上先沿着前室南壁的壁面和方形岩体南面的壁面各凿一条东西向通长沟槽，使岩石与其壁面之间进行分割，形成一条东西向长条状的岩石块；然后再凿7条南北向的沟槽将长条岩石分割成为矩形块状岩石，最后从西面的一端向东面依次揭取；现存的东高西低基岩面也正进一步说明大面积采石揭取的程序（图一九A-A'、B-B'；彩版一四，1）。其最低的岩石面与南侧东端相衔接，联系曲尺形通道的东侧与南侧的岩石分割和揭取过程，也可以认识洞窟开凿的程序与方法。

3. 窟内后室采石区

9个。编号采石区18～26遗迹（CSQ18～CSQ26），也是北魏前期开凿洞窟，有计划地对岩石进行大面积分割和揭取的遗迹。沟槽的方向、分割的形状、揭取的方式与窟前、窟内前室大致相同。值得特别关注的是采石区18遗迹（CSQ18），这个采石区的基岩面上堆积北魏文化层。其他的采石区19～26遗迹（CSQ19～CSQ26）等的基岩面上均堆积辽金时期文化层。

（1）采石区18（CSQ18）

位于窟内后室的东部通道北面，属于开凿石窟的大面积采石区。东西宽5.68～6.55、南北长7.8～8米，北高南低。从东向西分别凿有宽约0.9～1.2米的南北向沟槽6条，将基岩分割成5条南北向长条状的岩石块，形成了长度为4.8～8.3米不等的揭取和未揭取的基岩面。再凿6～8条似为东西向的沟槽将长条岩石分割成为块状岩石，约为5～7个规格不同的石块，而石块大小根据需求来确定。沟槽的走向不一，有直线或弧线，沟槽深度为0.26～0.4、宽度为0.1～0.2米，这些沟槽将地面的基岩分割成若干部分，石料形状不一，均为近似圆形、矩形、方形，甚至为不规则形状（图二二；彩版一四，4）。采石区18（CSQ18）基岩面上现存的东部、南部岩石已被揭取的遗迹，北部、西部的基岩存在着已经分割而未被揭取的遗迹，因此形成东部和南部基岩面较低，上面保留了北魏文化层的堆积。这与窟前和窟内前室发现的大面积揭基岩的情况相同，是十分重要的开凿程序与揭取方式遗迹。

（2）采石区19（CSQ19）

位于窟内后室的东部通道南面，也属于开凿石窟的大面积采石区，但石块已经揭取。东西长8.7、南北宽5.35米。这个采石区基岩面比较平坦，它比其北面采石区18（CSQ18）开凿石窟的大面积采石区的西部、北部基岩面略低0.2～0.4米左右。基岩面上发现的东西、南北向沟槽断断续续，时有时无，许多的遗迹现象被揭取岩石断面破坏，从现存的沟槽遗迹分布情况观察，这个采石区揭取岩石均为近似矩形、方形等形状，明显地说明是大面积采石遗迹。采石区19（CSQ19）东部被北魏后期石碓1（SD1）遗迹打破（图二二）。

另外，采石区20、21（CSQ20、CSQ21）位于后室南部通道的中间，开凿石窟的大面积采石区域与CSQ19情况基本相同。

采石区22～26（CSQ22～CSQ26）位于后室西部通道北面，也为北魏前期开凿石窟的大面积采石区遗迹。这几个采石区的周围同样被北魏后期方形、圆形等采石坑26～31（CSK26～CSK31）打破（图二四；彩版一四，5）。这些情况与后室东南部出现的情况比较相似。

（二）采石坑

主要分布在窟内前室、后室，为北魏前期开凿洞窟工程停止废弃之后，北魏后期再作为采石场，根据所需的形状、大小等对石块进行分割或揭取再利用。

采石坑窟内前室有18个、后室有13个，共31个，编号采石坑1～31遗迹，简称CSK1～CSK31。

1. 前室采石坑1～18（CSK1～CSK18）

窟内东前室的采石坑1～16（CSK1～CSK16）遗迹，西前室的采石坑17、18（CSK17、CSK18）遗迹，皆为北魏前期洞窟工程停止之后，北魏后期根据所需的形状、大小等进行分割或揭取所形成。主要有圆形、长方形等遗迹。其中圆形17个、长方形1个，圆形采石坑最多（图一九）。

（1）采石坑5、6（CSK5、CSK6）

位于窟内东前室的东北部，叠压⑤B层之下。采石坑5、6（CSK5、CSK6）两个彼此相邻，两者东北角则为已经分割而未揭取的石坯坑2（SPK2）遗迹（图二五；彩版一五，1）。采石坑5（CSK5）位于东侧，平面呈圆形，直径约1.08、深0.22～0.3米。东、南、北面的坑壁较直，壁上有清晰的斜向凿痕。西面则为缺口，无坑壁，并且地面有 2 个倒梯形楔窝，因此从该处揭取岩石。取石块的直径为 0.95 米，采石处的岩石面北高南低，较为平滑。坑内填充比较纯净的碎石与碎石屑。采石坑 6（CSK6）位于采石坑 5（CSK5）的西北侧，平面也呈圆形。直径约 1.05、深 0.2 ～ 0.24 米。北部的坑壁较直，上面有斜向凿痕。南部有缺口，无坑壁，西南地面有 1 个倒梯形楔窝，说明从该处揭取岩石。取石块的直径为 0.88 米，采石处为岩石断面，较平整（彩版一五，2 ～ 4）。坑内也填充碎石与碎石屑。以上两个采石坑之间关系是，先揭取采石坑 6（CSK6）内岩石，然后才能将采石坑 5（CSK5）内岩石揭取。

（2）采石坑 13、14（CSK13、CSK14）

位于窟内东前室的西部，叠压⑤ B 层之下。采石坑 13、14（CSK13、CSK14）南北两个彼此相邻，其西面打破采石区 16（CSQ16）。采石坑 13（CSK13）位于南面，平面呈圆形，直径约 1.1、深 0.37 ～ 0.4 米。西南部坑壁较直，凿痕清晰。东北部有缺口，无坑壁，地面有 2 个倒梯形楔窝，说明从该处揭取岩石，取石块的直径为 1 米，采石处的岩石面西高东低，较为平整。坑内填充纯净碎石与碎石屑。采石坑 14（CSK14）位于北面，平面呈圆形，直径约 1.15、深 0.27 ～ 0.3 米。西北部有坑壁较直，上面有清晰凿痕。东南部有缺口，无坑壁，因从该处揭取岩石，地面有 1 个倒梯形楔窝。取石块的直径为 1 米，采石处的岩石面西高东低且较为平整。坑内填充比较纯净碎石与碎石屑。从 2 个采石坑的岩石面楔窝观察先揭取采石坑 13（CSK13）内岩石，然后才能将采石坑 14（CSK14）内岩石揭取。与此同时，这两个采石坑的西面同时打破采石区 16（CSK16）（图一九；彩版一四，3）。

（3）采石坑 3（CSK3）

位于窟内东前室的东部，叠压⑤ B 层之下。采石坑 3（CSK3）的平面接近长方形，东西长 1.8 ～ 2.05、

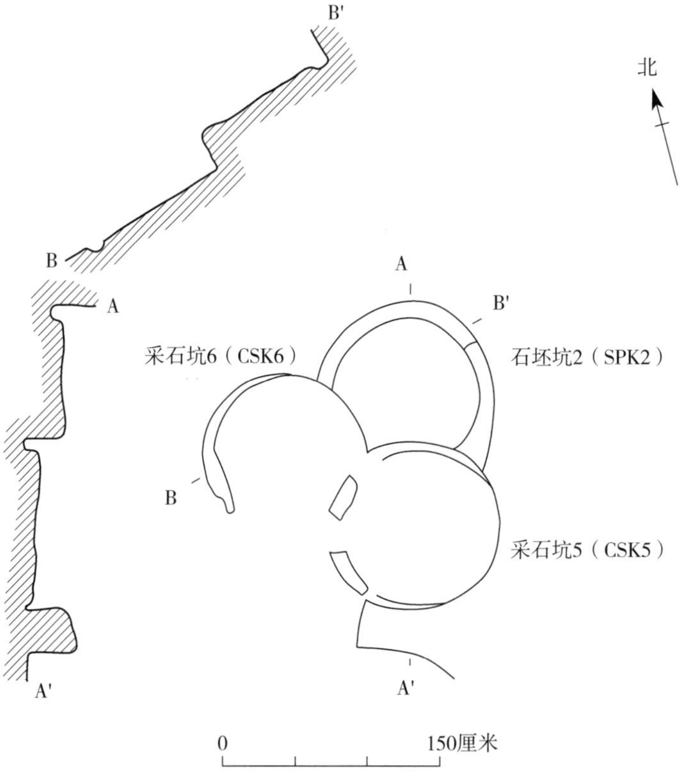

图二五　第 3 窟东前室采石坑 5（CSK5）、采石坑 6（CSK6）、石坯坑 2（SPK2）遗迹图

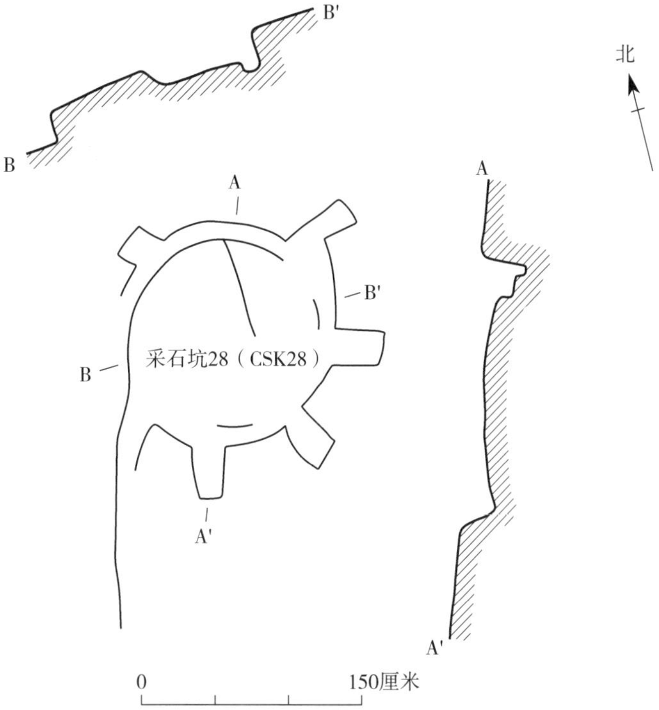

图二六　第3窟后室西部通道采石坑28（CSK28）遗迹图

南北宽0.9～0.95、深0.2～0.42米。东、南、西面坑壁较直，壁上有清晰的斜向凿痕。北面为缺口，无坑壁，地面有楔窝，以便从该处揭取岩石。取石块的东西长1.7、南北宽0.85米，采石处的岩石面较为平整（图一九；彩版一五，1、5）。坑内填充纯净的碎石与碎石屑。

2. 后室采石坑19～31（CSK19～CSK31）

窟内后室的采石坑19～31（CSK19～CSK31）遗迹，平面主要有圆形、长方形、方形等。其中，圆形7个、长方形4个、方形2个，圆形采石坑最多。

（1）采石坑28（CSK28）

位于窟内后室西部通道中间，采石坑28（CSK28）平面呈圆形，直径约1.75米。四周的坑壁较直，壁上有斜向凿痕。坑壁外侧四周凿有6个缺口，这些缺口平面接近梯形，底面外侧高内侧低，呈倾斜状，并且在接近取石块底部凿有楔窝，有斜向打入楔子的遗迹。通过周围6个缺口内打入楔子与岩石分离，最后将岩石块撬起。取石块的直径1.4米，采石处的岩石面较平整。这个圆形采石坑打破了西北的采石区24（CSK24）遗迹（图二六；彩版一五，6）。

（2）采石坑31（CSK31）

位于窟内后室西部通道西北角，采石坑31（CSK31）平面呈圆形，直径约1.5米。周围皆有坑壁较直，壁上凿痕清晰。坑壁外侧周围凿有8个缺口，形制与采石坑28（CSK28）相同。取石块的直径1.3米，采石处的岩石面坑洼不平。这个圆形采石坑在西面打破了采石区26（CSK26）遗迹（图二七；彩版一六，1）。

（三）石坯坑

仅分布在窟内前室、后室，数量较少，为北魏开凿洞窟时或工程停止废弃后采石未揭取遗留之物。

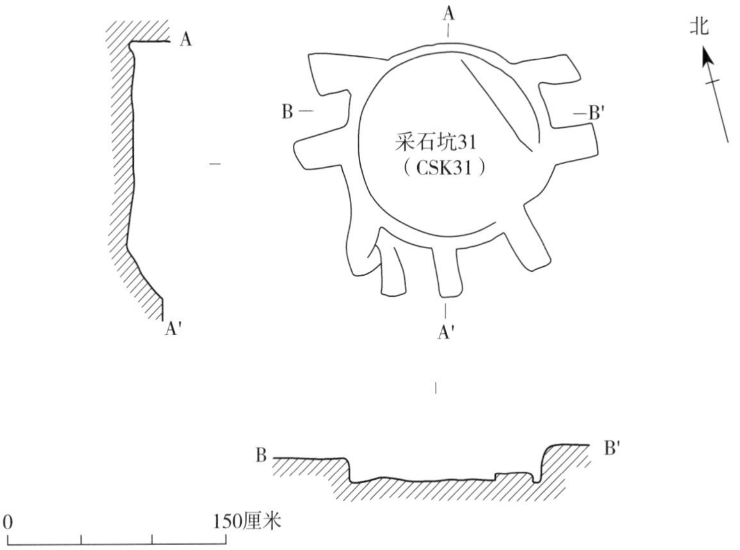

图二七　第3窟后室西部通道采石坑31（CSK31）遗迹图

窟内东前室3个，后室1个，共4个，编号石坯坑1～4遗迹，简称SPK1～SPK4。

（1）石坯坑1（SPK1）

位于窟内东前室的东南部，石坯坑1（SPK1）平面接近于梯形，东西长1.05～1.85、南北宽1.3米，沟槽深0.29～0.42米。东、南、西面有沟槽，这件石坯料仅存龟趺前半身。东西长0.7～1.5、南北宽1.2米，沟槽断面呈U字形，宽0.2、深0.35米，沟槽内填充纯净碎石与碎石屑。这个石坯料已经与基岩分离（图一九；彩版一六，2）。

（2）石坯坑2（SPK2）

位于窟内东前室的东北角，石坯坑2（SPK2）平面接近于圆形，直径0.9米。西、南面与采石坑5、6（CSK5、CSK6）相接而形成缺口，无坑壁；北面沟槽已经凿通，沟槽宽0.15、深0.15米，而东面没有分割、也未凿通沟槽。坑中为一块未开采下来的圆形石坯料，直径0.9米。沟槽内填充纯净碎石与碎石屑（图二五；彩版一六，3）。

（3）石坯坑4（SPK4）

位于窟内东前室的东部，石坯坑4（SPK4）平面呈圆形。圆形的正中有一个直径1厘米小圆凹坑，以其为中心刻一个直径为0.96～1米内圆，外侧则为近似圆形，边缘不规整，直径为1.2～1.36米，形成了两个同心圆。内圆与外圆的沟槽宽为0.1～0.18米，仅凿刻出沟槽的轮廓线，周围的分割岩石环形沟槽皆未凿通，这是一个刚刚凿刻出圆形石块的轮廓遗迹（图一九；彩版一六，4）。

三　石碓遗迹

仅在窟内后室发现，为北魏洞窟开凿工程停止后作为生活场所时修造。

石碓遗迹3处。编号石碓1～3遗迹（SD1～SD3）。

（1）石碓1（SD1）

位于窟内后室东南部，在1993G1与1993G3两条探沟相交之处，呈东北—西南方向。碓底凿刻

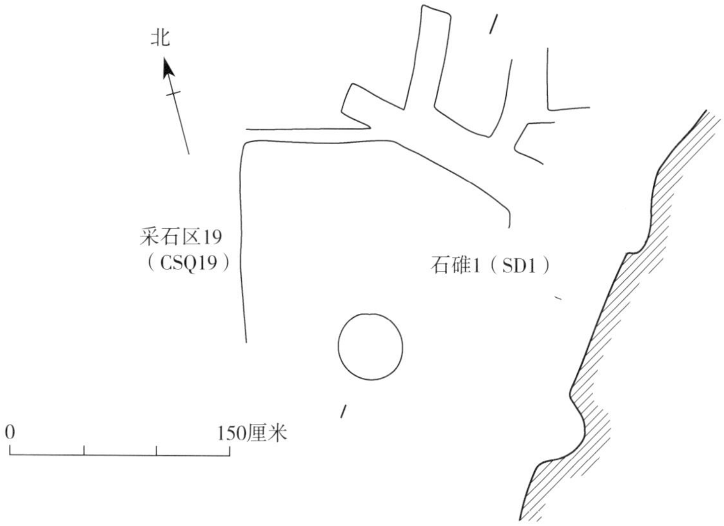

图二八　第3窟后室东部通道石碓1（SD1）平、剖面图

在采石区19（CSQ19）揭取基岩上，并将岩石上分割的沟槽残迹打破。西南一侧基岩面上凿圆形臼盘，直径0.45、深0.25米；东北一侧基岩面上凿似倒“板凳”形凹槽，可能是专门设置石碓的附架。板凳形面的凹槽长1.27、宽0.92、深0.06～0.12米，两腿凹槽长0.66、宽0.34、深0.12米，其“板凳面”正对臼盘（图二八；彩版一六，5）。

（2）石碓2（SD2）

位于窟内后室凸出柱体南部东侧，在1993G3北侧，呈东西方向。碓底凿刻在已经揭取的一块长方形基岩面上，长3.55、宽1.25米。基岩面经过修理后比较平整，东侧基岩面上凿圆形臼盘，直径为0.65、深0.3米；西侧基岩面上凿设置附架的长方形凹槽，凹槽长0.65、宽0.28、深0.16米，是脚踩长杵后端落下的地方（图二九；彩版一六，6）。

（3）石碓3（SD3）

位于窟内后室西部通道的西面，在1993G4与1993G5两条探沟的西南，呈南北方向。碓底分别

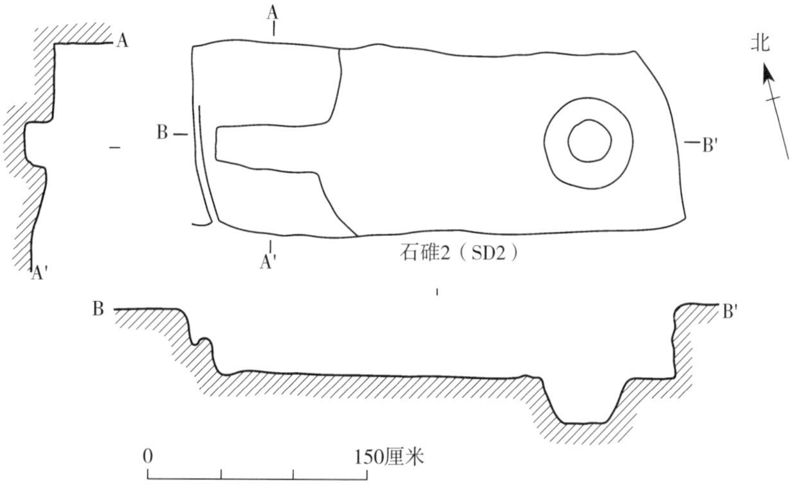

图二九　第3窟后室东南石碓2（SD2）平、剖面图

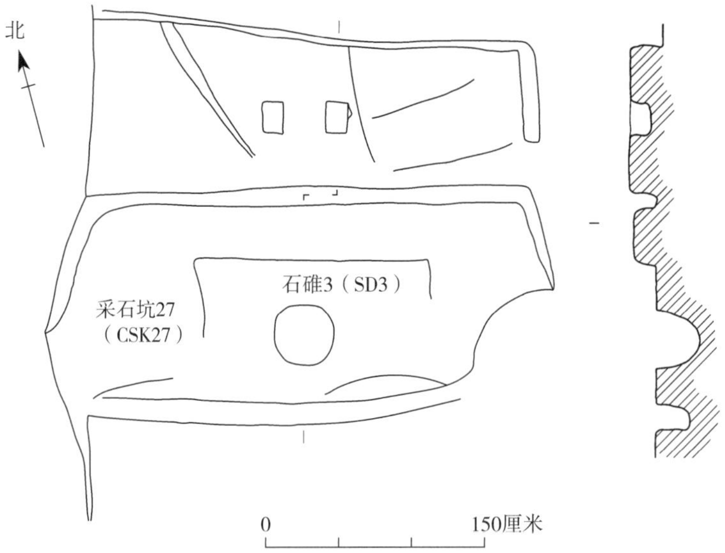

图三〇　第3窟后室西部通道石碓3（SD3）平、剖面图

凿刻在两个长方形采石坑27、29（CSK27、CSK29）被揭取的基岩上。南侧基岩面进行过修整，上凿圆形臼盘，直径为0.41、0.3米。北侧基岩面上凿设置附架的长方形凹槽，东侧凹槽长0.2、宽0.15、深0.13米，西侧凹槽长0.18、宽0.14、深0.13米（图三〇）。

四　地层出土遗物

主要有建筑材料、石雕造像、生活生产用具。

（一）陶质建筑材料

标本55件，其中有灰陶板瓦30件，灰陶筒瓦19件，瓦当6件。

1992～1993年窟前遗址考古发掘出土的北魏瓦类，因胎质、工艺的不同，分四大类。此区域仅见乙、丙两类。

1. 乙类

此类为灰陶胎，胎质夹砂，含粗砂颗粒及细小的白色石英颗粒。瓦件布纹较粗，烧制紧密。仅见板瓦、筒瓦、檐头筒瓦（瓦当）。

（1）板瓦

17件。灰陶质地，均为残片。依凹面是否压光分A、B二型。仅见A型。

A型　9件。凹面压光，灰陶质地细腻。依宽端变化的不同分Aa、Ab二亚型。

Aa型　6件。宽端凹凸两面均有手指压痕，凸面手指压痕较深。

标本1993T404⑤A：1，残。凹面有木条模具痕迹，端面处凹凸两面各残存4个指纹压痕，均较浅，一侧面的切割约1/4，破面未修正。瓦身残长11.8、残宽18.5、厚2.5厘米（图三一，1；彩版一七，1）。

标本1993T404⑤A：2，残。凹面有木条模具痕迹，端面处的凹面残存3个指纹压痕比较大且深，凸面残存7个压痕较小且浅，一侧面的切割痕约1/4，破面未修正。瓦身残长13.7、残宽15、厚2.2

厘米（图三一，2；彩版一七，2）。

标本 1993G1 ⑤ A∶56，残。凹面残存 3 个指纹压痕较浅，凸面残存 2 个指纹压痕较深，一侧面半切，破面未修正。瓦身残长 9.5、残宽 7.5、厚 1.8 厘米（图三一，3；彩版一七，3）。

标本 1993T401 ⑤ A∶25，残。凹面有木条模具痕迹，端面处的凹面残存 6 个指纹压痕较浅，凸面残存 7 个压痕较深，一侧面半切，破面未修正。瓦身残长 12.5、残宽 18.5、厚 2 厘米（图三一，4；彩版一七，4）。

Ab 型　3 件。仅宽端凸面有手指压痕。

3 件凹面均有陶衣，为板瓦窄端残片。凹面布纹表面涂刷白色陶衣，一侧面切割痕约 1/4，破面未修整，或全切，端面齐直。侧面近端头处可见圆形凹坑，内有布纹，切痕将之一分为二。

标本 1993T301 ③ A∶19，残。端面处的凸面残存 6 个指纹压痕较浅。一侧面切割约 1/4，破面未修正。瓦身残长 8.3、残宽 14、厚 2.3 厘米（图三一，5；彩版一七，5）。

标本 1993G1 ⑤ A∶1，灰胎，质地较粗。凹面布纹较细。端头凸面有 2 个按压指纹。一侧半切，破面未修整。厚 1.3 厘米（图三一，6；彩版一七，6）。

瓦身　8 件。

标本 1993T307 ③ C∶7，残。浅灰胎，质地较细。凹面压光，凸面有横向拉坯痕迹。残长 11、宽 14、厚 1.7 厘米。

标本 1993T306 ④ A∶3，残。凹面布纹修抹，凸面可见旋坯痕，有斑驳的水蚀痕迹。瓦身残长 10、残宽 16.7、厚 2 厘米。

标本 1993T218 ④ A∶3，残。胎土略微泛红，为二次火烧形成，一侧面切割痕约四分之一。瓦身残长 12、残宽 11.5、厚 2.2 厘米。

标本 1993T218 ④ A∶2，残。灰胎质地较粗夹砂。凹面有纵向较疏压光条痕，两侧有布纹，表

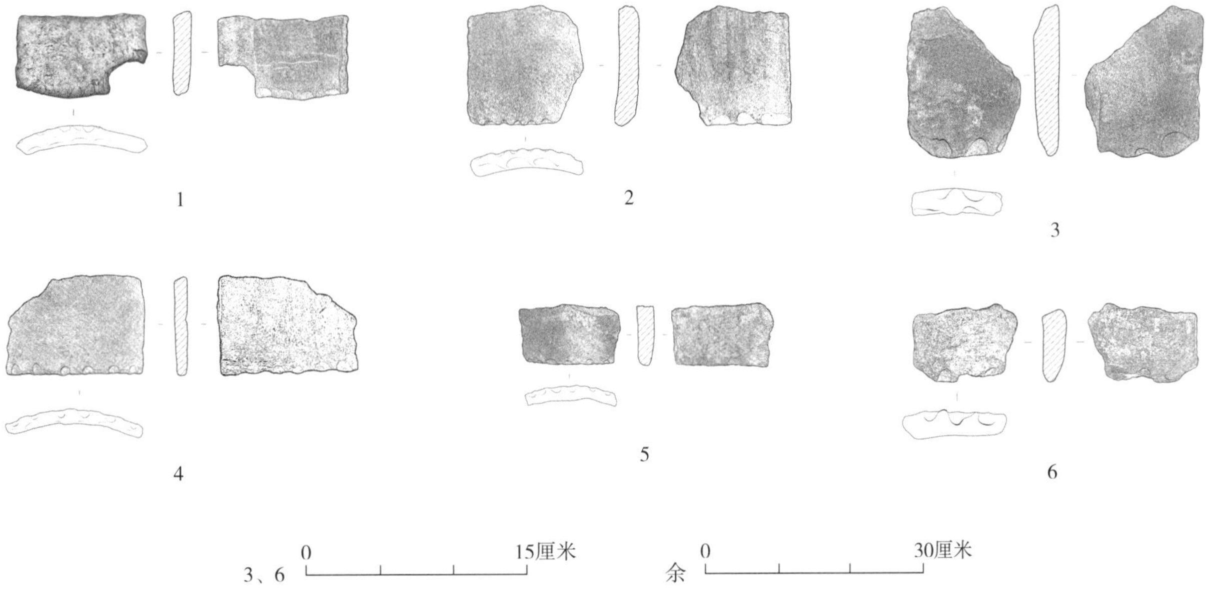

图三一　第 3 窟地层出土北魏时期乙类 A 型板瓦

1～4. 乙类Aa型1993T404⑤A∶1、1993T404⑤A∶2、1993G1⑤A∶56、1993T401⑤A∶25　5、6. 乙类Ab型1993T301③A∶19、1993G1⑤A∶1

面涂少许灰白色。凸面有竖向条纹。残长 6、宽 10.5、厚 1.8 厘米（彩版一七，7）。

标本 1993T404 ⑤ A：3，残。瓦身残长 12、残宽 13.8、厚 2.2 厘米。

标本 1993T307 ③ C：12，残。灰胎，质地较粗夹砂。凹面有纵向压光条纹，两侧存布纹。一侧面切约三分之一，破面未修整。残长 17、宽 15、厚 2.1 厘米。

标本 1993T401 ⑤ A：23，残。凹面有泥条接缝的痕迹，宽约 3 厘米，一侧面切割痕约四分之一。瓦身残长 18、残宽 15、厚 2 厘米。

标本 1993T108 ①：1，残。瓦身残长 8.8、残宽 10、厚 2.5 厘米。

（2）筒瓦

10 件。灰陶质地，均为残片，依凸面有无压光，为 A、B 型。

A 型　1 件。有压光。

标本 1993T402 ③：11，残。凸面涂黑陶衣且压光，凹面细布纹，一侧面切割痕约 1/4。瓦身残长 15.5、残宽 13、厚 2.3 厘米（彩版一七，8）。

B 型　9 件。无压光。

标本 1993T307 ③ C：2，残。凸面刷陶衣且有纵向刷痕，凹面细布纹，尾端垂直平切，一侧面切割痕近二分之一。瓦身残长 15.5、残宽 8、厚 1.3 ～ 2.2 厘米。

标本 1993T307 ③ C：3，残。凸面刷陶衣且有纵向刷痕，表面与胎色体因火烧呈灰色泛黄，一侧面切割痕约四分之三，破面未修整。瓦身残长 19、残宽 14.2、厚 2.2 厘米（彩版一八，1）。

标本 1993T307 ③ C：9，筒瓦，灰胎，质地较粗夹砂。凸面压光且涂刷黄色，凹面有布纹较细。一侧切割二分之一。残长 25.5、宽 11.5、厚 1.8 厘米（彩版一八，2）。

标本 1993T307 ③ C：11，筒瓦，灰胎，质地较粗夹砂。凸面压光且涂刷白色，凹面有布纹较细。残长 8、宽 10.5、厚 1.8 厘米。

标本 1993T218 ⑤ A：3，残。刷陶衣且有纵向刷痕，凹面细布纹，一侧面切割线较宽，几乎全切，破面窄未修整。瓦身残长 16.5、残宽 13、厚 1.8 厘米（彩版一八，3）。

标本 1993T402 ⑤ A：9，残。凸面有纵向与斜向刷痕，凹面细布纹，一侧面切割痕近二分之一。瓦身残长 26、宽 16.8、厚 2、瓦舌长 5.5 厘米（彩版一八，4）。

标本 1993T401 ⑤ A：18，凸面瓦身粘有白灰，呈灰白色，胎质粗糙，胎土中包含料礓石及白色小砂粒，侧面切割线从瓦头至瓦身由窄变宽。瓦身残长 18、宽 15.8、厚 2 ～ 2.3 厘米，瓦舌残长 4.2、肩高 1.6 厘米，侧面有切割线宽 0.8 ～ 1.3 厘米（彩版一八，5）。

标本 1993T307 ④ B：18，残。凸面有水蚀痕迹，凹面细布纹，一侧面切割痕约 1/3。瓦身残长 17.2、残宽 14.1、厚 1.6 厘米。

标本 1993T404 ④：3，残。仅存的瓦舌火烧炭熏成灰黑色，凹面细布纹。瓦舌残长 9.5、残宽 6.5、厚 1.7 厘米（彩版一八，6）。

（3）檐头筒瓦

2 件。泥质灰陶，模制，瓦当当面为“传祚无穷”。山顶遗址据瓦当边轮特征分 A、B 型，本区仅见 A 型，边轮略高于当面且较窄。

A 型　2 件。

标本 1993T218 ④ A：1，残。当面残存“□祚□穷”二字，笔画清晰，字形规整。当心的半球

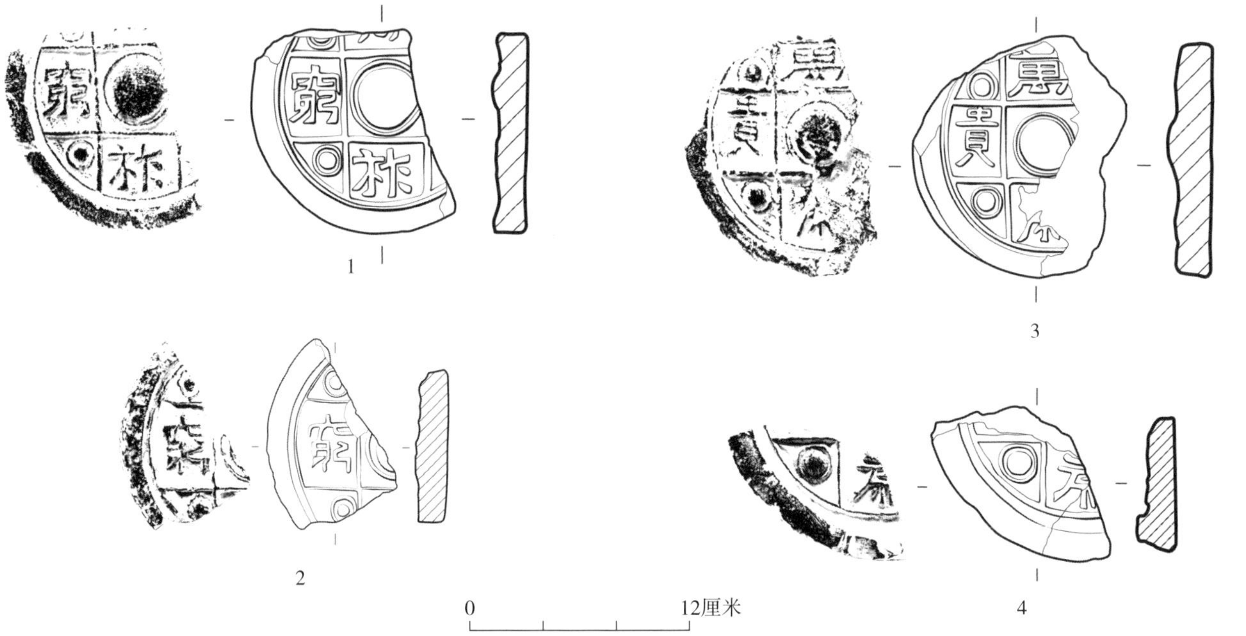

图三二　第3窟地层出土北魏时期瓦当

1、2. 乙类A型“传祚无穷”瓦当1993T218④A：1、1993T210④B：1　3、4. 丙类Aa型“万岁富贵”瓦当1993T402⑤A：5、1993T306④B：1

形大乳丁和一扇形区内的小乳丁外围装饰一圈凸棱。背面有一条横划线。瓦当复原直径14.5、厚2、边轮宽1.2、大乳丁直径2.6、小乳丁直径0.8厘米（图三二，1；彩版一八，7）。

标本1993T210④B：1，残。当面残存“□□□穷”一字，字迹模糊。瓦当背面有放射状的划线。瓦当复原直径13.5、厚1.8、边轮宽1.1厘米（图三二，2；彩版一八，8）。

2. 丙类

此类为灰陶，胎质细腻，几乎不见砂粒，略有孔隙，筒瓦布纹较细密，烧制紧致。板瓦的凹面和筒瓦的凸面磨光，呈灰黑色，布纹较为细密。有板瓦、筒瓦、檐头筒瓦（瓦当）。

（1）板瓦

A型　13件。凹面压光，灰陶质地细腻。依宽端变化的不同分Aa、Ab二亚型。

Aa型　1件。宽端凹凸两面均有手指压痕，凸面手指压痕较深。

标本1993T307④B：16，残。凹凸两面均呈灰黑色，仅存3～4个指纹，凹面指纹压痕很浅，凸面指纹压痕较深且有指纹。瓦身残长5.8、残宽11.2、厚1.3厘米（图三三，1；彩版一九，1）。

Ab型　3件。仅宽端凸面有手指压痕。

标本1993T217⑤A：1，残。凹面呈灰黑色，凸面仅存2个压痕较深的指纹，凸面残留横向旋坯痕。瓦身残长8.3、残宽9、厚2.2厘米（图三三，2；彩版一九，2）。

标本1993T307④B：1，残。凹面呈灰色，凸面存4个指纹，压痕较浅并留有指纹。侧面斜切与凹面呈锐角。瓦身残长15.7、残宽12、厚2.5厘米（图三三，3；彩版一九，3、4）。

标本1993T307①：2，残。浅灰色胎土较纯，胎质坚而细腻，气孔较小。直接在端面斜向摁压出凸棱。瓦身残长5.2、残宽7.3、厚2.5厘米（图三三，4；彩版一九，5）。

瓦身残片　9件，凹面呈灰色或灰黑色。

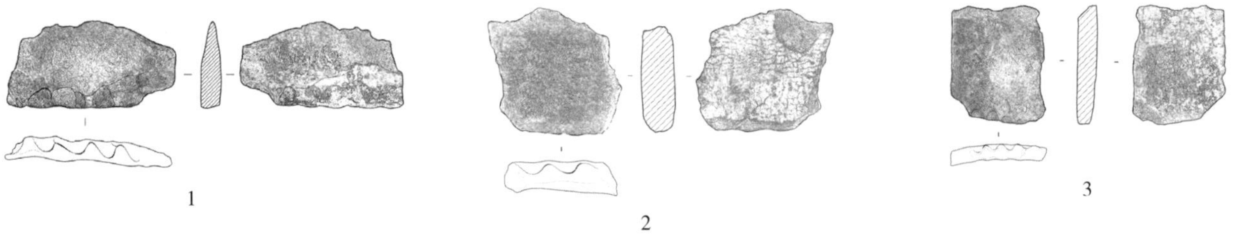

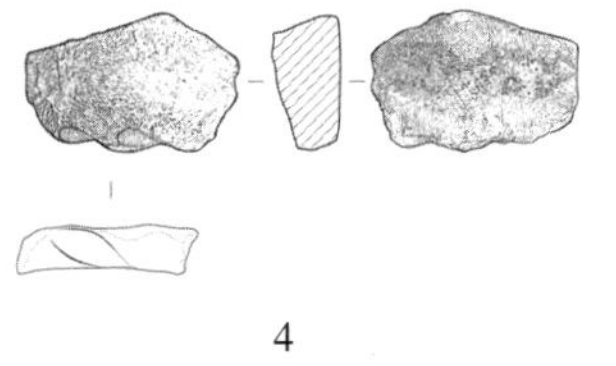

图三三　第3窟地层出土丙类A型北魏板瓦

1. 丙类Aa型1993T307④B∶16　2～4. 丙类Ab型1993T217⑤A∶1、1993T307④B∶1、1993T307①∶2

标本1993T307③C∶7，残。凹面呈灰色，凸面有两道横向旋坯的凹槽，凹槽宽1.5、深0.1厘米。瓦身残长9.3、残宽12、厚2.5厘米。

标本1993T218①∶1，残。凹面呈灰色，凸面因水蚀残留灰白色水垢，并且有一道较浅横向旋坯的凹槽，凹槽宽1.3、深0.1厘米，瓦身残长9.3、残宽11.7、厚2厘米。

标本1993T218④A∶5，残。灰胎质地较粗夹砂。凹面有纵向较疏压光条痕，两侧有布纹，表面涂灰白色。厚1.8厘米（彩版一九，6）。

标本1993T304④A∶2，残。浅灰胎，质地较细。凹面有纵向压光条痕且较密。一侧全切。厚1.7厘米（彩版一九，7）。

标本1993T305④A∶1，残。凹凸两面呈灰黑色。侧面斜切与凹凸两面接近直角。瓦身残长13、残宽13.5、厚2.2厘米（彩版一九，8）。

标本1993T404⑤A∶4，残。凹面呈灰色，凸面可见较厚的水渍。瓦身残长11.8、残宽13.8、厚2.3厘米。

（2）筒瓦

9件。泥质灰陶质地，均为残片，依凸面有压光，为A型。

A型　9件。凸面压光，黑色或灰黑色，凹面一般为较细布纹，瓦体较厚。

标本1993G1⑤A∶30，筒瓦，灰胎，质地较细。凸面有纵向压光条痕较密，凹面有布纹较粗。一侧半切。瓦身残长8、残宽5.6、厚2.1厘米（彩版二〇，1）。

标本1993T307④B∶17，残。凸面压光且为灰黑色，凹面细布纹，一侧全切且磨平。瓦身残长18.5、残宽15.8、厚2.7厘米（彩版二〇，2）。

标本1993T307④B∶15，残。凸面压光且为灰黑色，凹面布纹较粗。瓦身残长8、残宽7.5、厚3厘米（彩版二〇，3）。

标本1993T307④A∶6，筒瓦，浅灰胎，质地较细。凸面有纵向较密压光条痕，凹面布纹较细。一侧全切。表面涂黑色。残长10、残宽13.5、厚2.4厘米（彩版二〇，4）。

标本1993T402⑤A∶8，残。凸面压光且为灰黑色，瓦舌已残，凹面细布纹。瓦身残长8、残宽15.2、厚3厘米（彩版二〇，5）。

标本1993T218①∶2，残。凸面压光且为灰黑色，凹面细布纹，一侧全切且磨平。瓦身残长

15.3、残宽10.5、厚2.5厘米。

标本1993T218④A：4，残。凸面压光且为灰黑色，凹面细布纹，前端有连接瓦当痕迹，呈斜口，另一端残存半个小方孔，为檐头筒瓦，凹面细布纹。一侧全切且磨平。瓦身残长17、残宽13.5、厚2.3厘米（彩版二〇，6）。

标本1993G1①：2，残。凸面压光且为灰黑色，凹面细布纹，一侧面切割痕约1/3，尾端齐切。瓦身残长18.5、残宽14.5、厚1.3～2厘米。

标本1993G1⑤A：64，筒瓦，灰胎，质地较细。凸面压光条痕较密。瓦身残长7、残宽6、厚2.5厘米。

（3）檐头筒瓦

2件。泥质灰陶，模制，瓦当当面为“万岁富贵”。山顶遗址“万岁富贵”瓦当据瓦当边轮特征分两型，本区域仅有Aa型。边轮高于当面且窄，“富”“贵”从左至右读。

Aa型　2件。

标本1993T402⑤A：5，残。当面残存“万岁□贵”三字，笔画清晰，文字遒劲有力。当心的半球形大乳丁和两扇形区内的小乳丁外围装饰一圈凸棱。背面有一条横划线。瓦当复原直径15、厚2、边轮宽1、大乳丁直径2.6、小乳丁直径0.9厘米（图三二，3；彩版二〇，7）。

标本1993T306④B：1，残。当面仅存“□岁□□”一字，“岁”存半字和一扇形区内的小乳丁。边轮窄高。瓦当复原直径19、厚2.3、边轮宽1.5、小乳丁直径1.3厘米（图三二，4；彩版二〇，8）。

另外，2件仅存瓦当一小角，无文字。

标本1993T304④A：1，残。瓦当复原直径16、厚2.2、边轮宽1厘米。

标本1993T402③：3，残。瓦当复原直径14、厚2、边轮宽1.2厘米。

（二）石雕造像

标本10件，其中佛教尊像4件，动物4件，其他2件。

1. 尊像

4件。多为菩萨像，圆雕，砂岩质地。

（1）单体菩萨

1件。

标本1993T307④A：3，残。造像仅残存上半身，上身穿交领上衣，右臂抬起前伸且残，衣纹线用阴刻线表现，自然流畅。上衣内着内衣，呈“一”字形，上有两条横线刻划似衣领。造像浑圆厚实，下身情况不明。残高10.5、宽12.6、厚8.5厘米（图三四，1；彩版二一，1）。

（2）乘象菩萨

1件。

标本1993T307④A：2，残。菩萨像乘在象背之上，仅见下半身，上身已残；象的身躯头部雕刻完成，身躯仅雕出轮廓，四肢及鼻子残缺。残存的菩萨像腰及臀部可以看见下身着裙，裙裾宽大，衣褶清晰，垂至脚踝。左腿自然下垂，右腿屈回，置于左腿之上，右脚尖翘起。大象头部雕刻细腻，身躯仅凿出石坯体，留有凿痕。象头顶雕成圆包状，大象眉骨微微突起，眉毛弯曲且细长，杏仁眼，眼睛由上下两条细线刻划，但轮廓不明显。额头上戴一箍圈，用两条阴刻线表示，箍圈正中雕刻一个半球状饰物。箍两侧端的象耳较大，略呈扇形，耳中以数条弧线表示内部结构。大象身体雄壮而厚实，形象古拙生动。残高 22.5、长 38.5、宽 14.5 厘米（图三四，2；彩版二一，2）。

（3）骑马菩萨

1 件。

标本 1993T303 ④ B：2，残。菩萨像骑于马背之上，仅见下半身，上身已残，左臂抬起，左手放于马后颈，应为持马脖上的缰绳。双腿骑在马鞍之上，膝盖微屈。马背一面雕似梯形状马鞍，臀部用阴刻线刻短马尾，两前腿较短踏于小方台之上，其雄健有力。马身浑厚结实、粗犷。残高 40、长 39.5、宽 17.5 厘米（图三四，3；彩版二一，3）。

（4）其他

1 件。

标本 1993T218 ⑤ A：1，残。圆雕，仅存脚掌与五趾的轮廓，比较厚实，五趾齐平，脚底面趾间有浅槽。残长 13.8、宽 13.5、高 5.5 厘米（图三四，4；彩版二一，4）。

2. 动物像

4 件。有龙头、狮子、兽首。

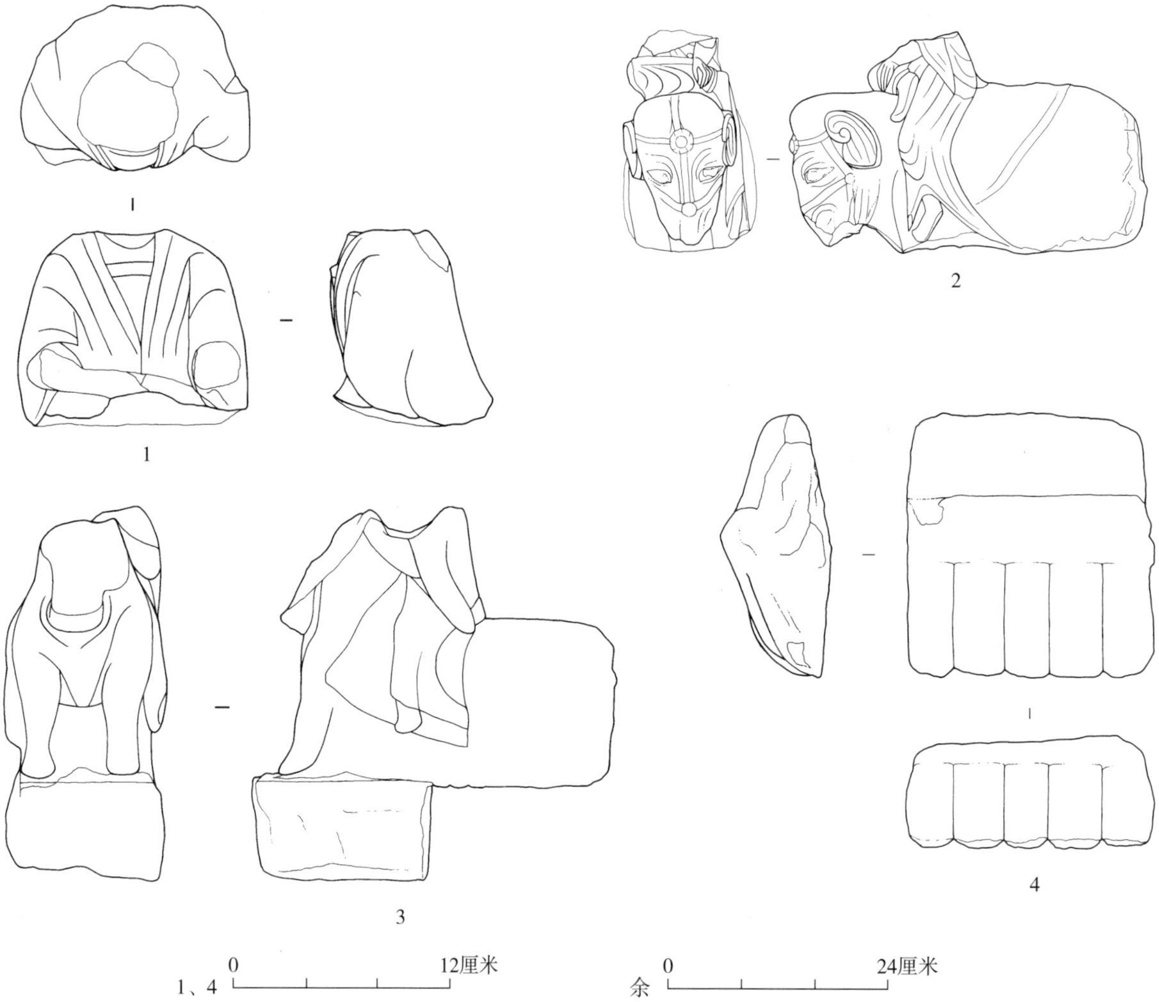

图三四　第 3 窟地层出土北魏时期石雕造像

1. 单体菩萨 1993T307 ④ A：3　2. 乘象菩萨 1993T307 ④ A：2　3. 骑马菩萨 1993T303 ④ B：2　4. 其他 1993T218 ⑤ A：1

（1）龙头

1件。

标本1993T216③B：4，残。圆雕，保存头和脖颈部分。圆眼，眼珠外有两圈线划纹，眼角细长，双耳稍小且残。嘴巴较大，上唇较厚且微翘，下唇稍薄，唇间的两排牙齿整齐且紧闭，嘴巴两侧各有上下两颗虎牙错位咬合，刻成两个圆形浅槽用以表示鼻孔，耳朵之下为线条装饰卷云纹，身部有鱼鳞式的纹样装饰。高14.5、长23、宽8厘米（图三五，1；彩版二一，5）。

（2）狮子

1件。

标本1993T216③B：5，残。狮子仅凿出石坯体，呈蹲居状，坐于圆形台座之上。狮子前腿直立略细，后腿粗壮而盘曲，躯体粗犷厚实。头转向右侧，似回首状。额部与面部已雕出轮廓，眼睛凿刻两个浅槽，嘴巴凿有一条凹线。狮子的头部、身体及台座均有多条斜向凿痕，未细精雕细琢。高30.5、长28.5、宽25.5厘米（图三五，2；彩版二一，6）。

（3）兽首

2件。

标本1993T216③B：2，残。雕刻未完成，接近方柱体。兽首双目圆睁，鼻梁与颧骨高凸，前端刻两个圆形鼻孔，阔口露齿。圆眼之下有三角形眼角，上眼睑刻四条阴刻线向后延伸至耳上卷，似卷云纹。其下刻细长的小耳，内有弧状阴刻线。张开大口的上下两侧各露一颗獠牙，上唇部有波状虬须，门牙和臼齿呈板状，仅正面上颌雕出10颗牙齿，下颌及两侧的牙齿均未雕出，说明此件雕刻未完成。高23.5、长26.5、宽21.5厘米（图三五，3；彩版二一，7）。

标本1993T303④B：1，残。仅存上额部分，风化严重。残高10、残长30.5、宽22厘米（图三五，4）。

3. 其他

2件。形状如覆盆。侧面雕刻复瓣双层莲花，莲瓣比较饱满，上层的两莲瓣之间凿成下层的三角形瓣尖。中央顶面较为高凸，上有凿痕，底部内凹，凿痕清晰。

标本1993T401⑤A：14+1993T107④A：6，残。各存一段，前者复瓣双层莲花残存3瓣。通高10.5、环形宽34、厚27、底部凹槽宽5、深5.5厘米。后者复瓣双层莲花残存1枚半。通高10.5、环形宽17、厚20、底部凹槽宽6、深4.5厘米（图三五，5；彩版二一，8）。

标本1993T107④A：7，残，仅存一段，复瓣双层莲花残存2个半枚。通高11、环形宽24.5、厚21.5、底部凹槽宽7.5、深6厘米（图三五，6）。

（三）生活生产用具

165件。有陶器、石器、动物骨骼。

1. 陶器

157件。多为泥质灰陶，少量为夹砂灰陶。器形主要有盆、罐、盏、钵。

（1）陶盆

118件。泥质灰陶，泥条盘筑。依据器物口沿仅存山顶B型，其中腹部残片92件，底、腹部残片2件。

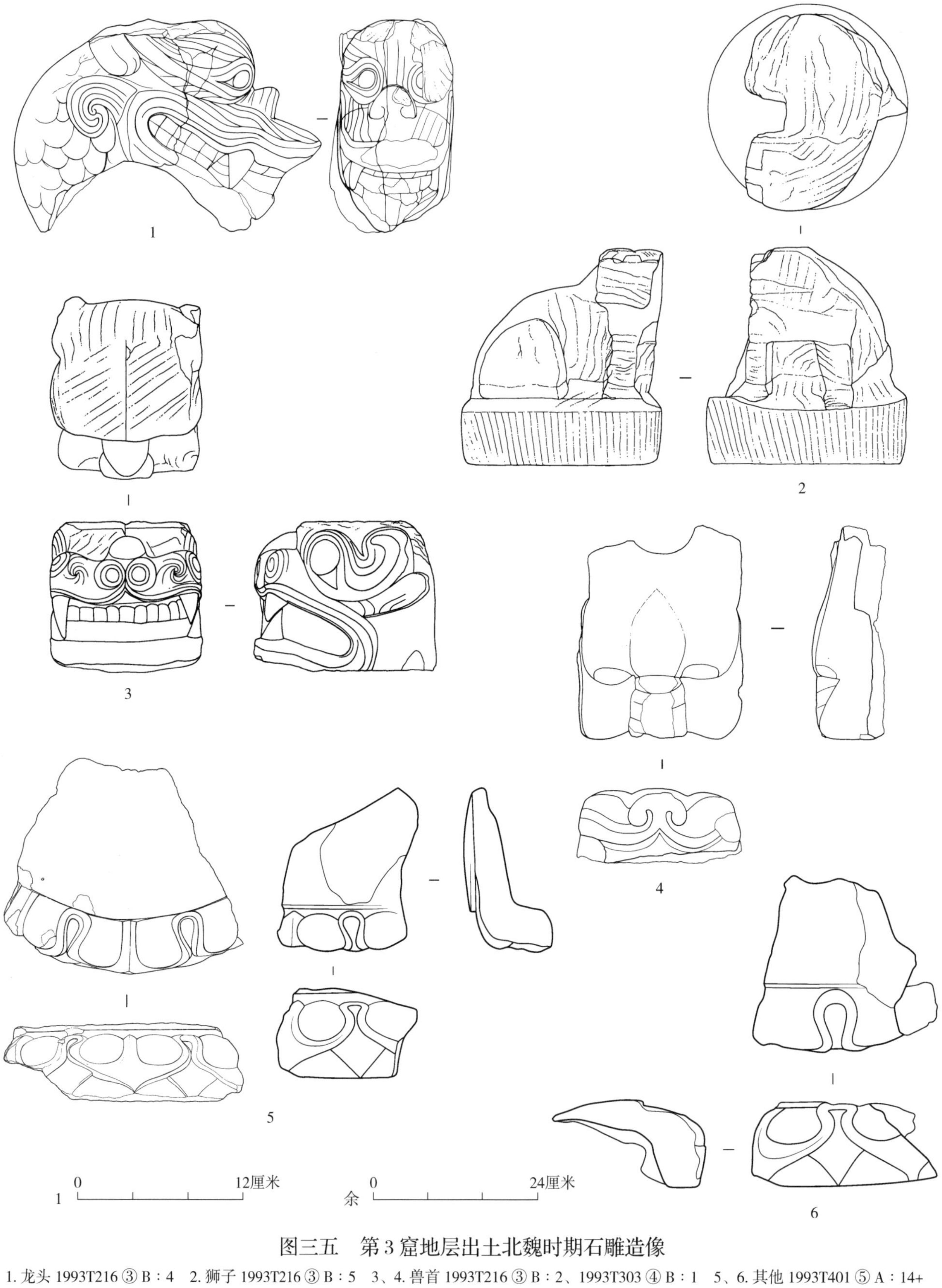

图三五　第3窟地层出土北魏时期石雕造像

1. 龙头 1993T216 ③ B：4　2. 狮子 1993T216 ③ B：5　3、4. 兽首 1993T216 ③ B：2、1993T303 ④ B：1　5、6. 其他 1993T401 ⑤ A：14+1993T107 ④ A：6、1993T107 ④ A：7

B型　21件。口沿内敛，折沿，沿面上斜且较宽，沿面近沿外缘处划一周凹槽，使外缘略高于口沿，多数口沿与内壁相接处转折明显，且有明显呈凸棱，与外壁相接处呈钝角。上腹外鼓、下腹斜收，平底。依据唇部不同分为Ba、Bb两亚型。

Ba型　9件。方圆唇。

标本1993G1⑤A：53，底残。弧壁，口沿和器壁残存八个锔钉孔，口沿面上有横向磨光。口沿与内壁相接处转折明显，且有凸棱。内壁口沿下饰一周水波纹带，之下腹部饰五周凹弦纹，外壁为素面。口径48.3、底径18.3、高25.5厘米（图三六，1；彩版二二，1、2）。

标本1993G1⑤A：52，底残。弧壁，外沿唇部加厚。口沿与内壁相接处转折明显，且有凸棱。内壁上腹饰两周凸弦纹中间夹一周水波划纹带，之下饰三行一组方格印纹带七周。外壁上腹饰两周弦纹带中间夹三周起伏较大的曲线纹带。口径56、底径20.6、高31厘米（图三六，2；彩版二二，3、4）。

标本1993T401⑤A：6，仅存口沿及腹部。口沿与内壁相接处较圆转，无凸棱。内、外壁皆为素面。口径58、壁厚0.9、残高14.4厘米（图三六，3；彩版二四，1）。

标本1993G1⑤A：6，弧壁，平底。器壁残存十三个锔钉孔，口沿与内壁相接处转折明显，且有凸棱。内壁饰五周篦点状戳刺纹带。外壁为素面。口径51、底径21、高24厘米（图三七，1；彩版二三，1）。

标本1993G1⑤A：8，底残。弧壁，外沿唇部加厚，唇上折，与沿面形成明显凹槽，唇外侧也有一道凹痕。内壁装饰纹带自上而下依次为：一周水波纹带、三道一组弦纹带一周、六周方格印纹带。外壁肩部残存不规则曲线。口径54、底径21、高27.5厘米（图三七，2；彩版二三，2）。

标本1993T401⑤A：7，仅存口沿及腹部。内壁现存装饰纹带自上而下依次为：两周弦纹夹一周水波纹、三角形印纹带四周，外壁上腹饰五周弦纹带。口径74、壁厚0.8、残高27.2厘米（图三七，3；彩版二四，2）。

标本1993T401⑤A：8，仅存口沿及少许腹部。外沿唇部加厚，略上折，与沿面形成明显凹槽。口径53、壁厚0.9、残高10.4厘米（图三七，4；彩版二四，3）。

标本1993T401⑤A：26，仅存口沿。沿面微鼓，外沿圆唇部略上折。口径52、壁厚0.9、残高2.4

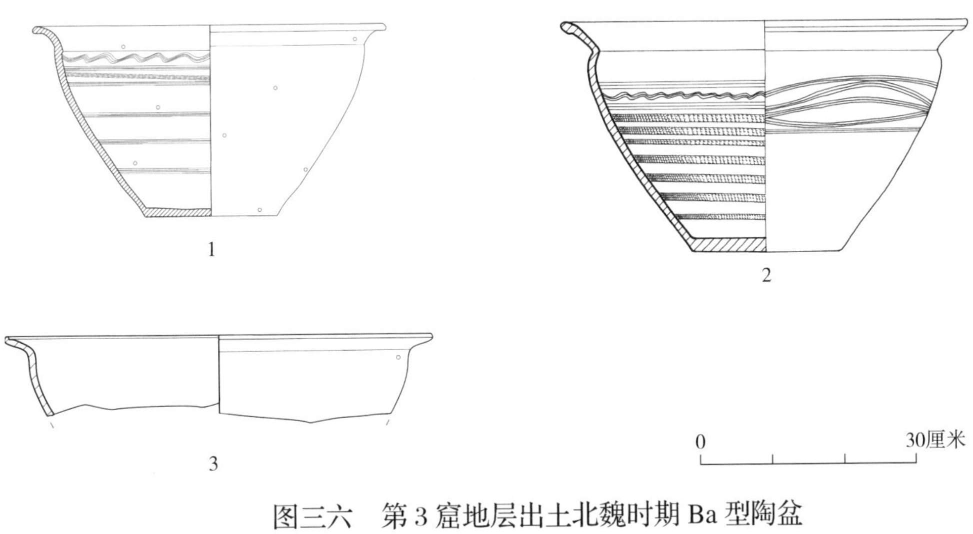

图三六　第3窟地层出土北魏时期Ba型陶盆

1～3. Ba型陶盆1993G1⑤A：53、1993G1⑤A：52、1993T401⑤A：6

厘米。

标本1993G1⑤A∶50，弧壁，平底。器壁残存七个锔钉孔，口沿与内壁相接处转折明显，且有凸棱。内壁上腹饰两周凹弦纹中间夹一周水波纹带，之下器腹饰三行一组方格印纹带九周，底部饰三行一组方格印纹带五周。外壁上腹各饰两周凹弦纹带和曲线纹带。口径46.5、底径22、高22.5厘米（图三八，1；彩版二三，3、4）。

标本1993G1⑤A∶51，弧壁，平底。器壁与底部残存三个锔钉孔，口沿与内壁相接处转折明显，且有凸棱。内壁上腹各饰一周曲线纹带与弦纹带，腹部饰三行一组方格印纹带五周，底部饰三行一组方格印纹带两周。外壁腹部饰四周凹弦纹带和三周曲线纹带。口径53.7、底径19、高27.3厘米（图三八，2；彩版二五，1、2）。

标本1993G1⑤A∶42，仅存部分口沿上腹。口沿外唇部加厚且上折，口沿面上有横向磨光。口沿与内壁相接处转折明显，且有凸棱。内壁上腹饰一周凸弦纹与一周水波纹带，外壁残存三周凹弦纹带与一周曲线纹带。口径56、壁厚0.7、残高8.8厘米（图三八，3；彩版二四，4）。

标本1993G1⑤A∶59，仅存口沿及少部分上腹。直口微敛，外沿唇部上折且加厚，口沿外缘剔一周凹槽，唇外侧压有一条凹槽。口沿与内壁相接处转折明显。口径72、壁厚1、残高5.5厘米（图三八，4）。

标本1993G1⑤A∶46，仅存口沿及少许上腹。方唇，外沿唇部加厚且上折，与沿面形成明显凹槽。口径51、壁厚0.9、残高8厘米（图三八，5；彩版二四，5）。

标本1993G1⑤A∶18，仅残口沿及少部分腹部。内壁上腹有一周竖条纹。口径44、壁厚0.8、残高7.5厘米。

标本1993G1⑤A∶10，仅残口沿及少部分腹部。口沿残存一个锔钉孔。口径43、壁厚0.6、残高5.5厘米。

标本1993G1⑤A∶15，仅残口沿及少部分腹部。内壁上腹各有一周弦纹带与水波纹带。口径

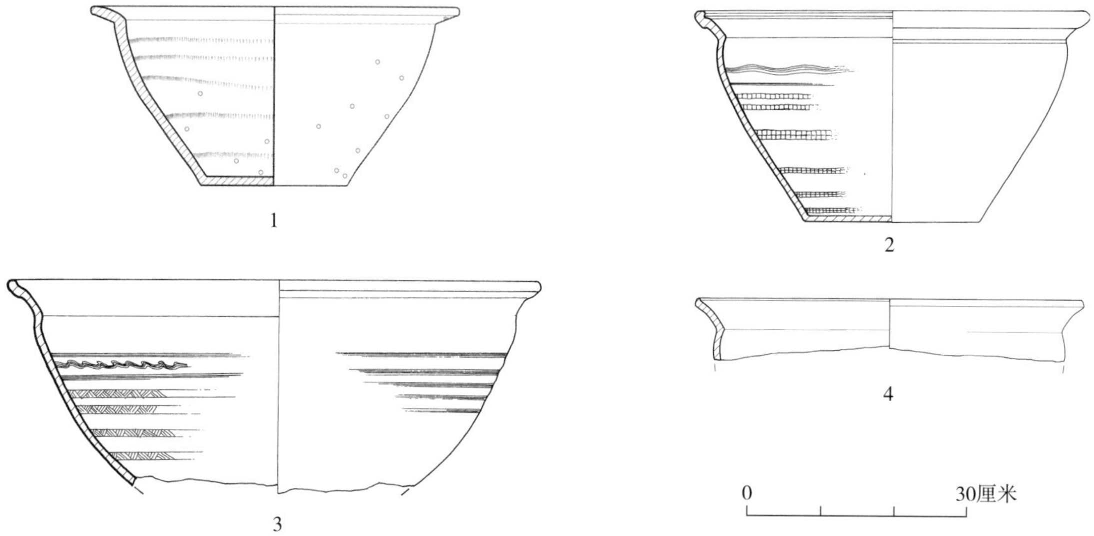

图三七　第3窟地层出土北魏时期Ba型陶盆

1～4.Ba型陶盆1993G1⑤A∶6、1993G1⑤A∶8、1993T401⑤A∶7、1993T401⑤A∶8

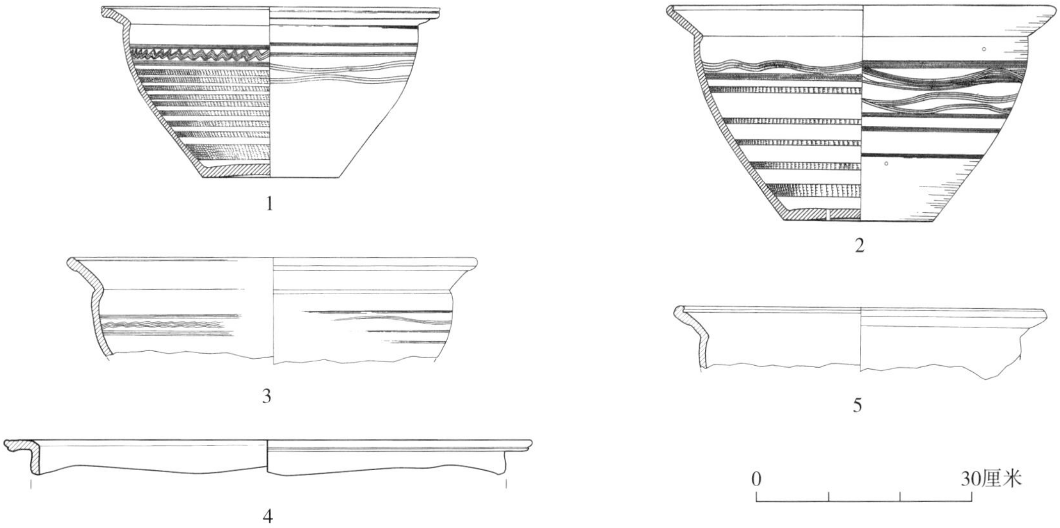

图三八　第 3 窟地层出土北魏时期 Ba 型陶盆

1～5.Ba型陶盆1993G1⑤A:50、1993G1⑤A:51、1993G1⑤A:42、1993G1⑤A:59、1993G1⑤A:46

48、壁厚 0.7、残高 10 厘米。

标本 1993G1 ⑤ A：21，仅残口沿及少部分腹部。口沿残存一个锔钉孔。口径 44、壁厚 0.7、残高 4 厘米。

Bb 型　12 件。斜方唇。

标本 1993T401 ⑤ A：1，上腹稍鼓，下腹内收，平底。口沿残存一个锔钉孔，下腹近底残存两个锔钉孔。内壁饰一周水波纹带、一周凹弦纹带和三行一组方格印纹带三周。外壁腹部饰两周凹弦纹带中间夹一周曲线纹带。口径 45、底径 17、高 16.4 厘米（图三九，1；彩版二五，3、4）。

标本 1993T401 ⑤ A：2，底残。上腹外鼓，下腹斜收。器壁上残存五个锔钉孔，口沿面上有横向磨光。内壁上腹饰两周凹弦纹中间夹一周水波划纹带，其下腹壁饰九周三角纹带。外壁上腹饰五周凹弦纹带。口径 46.5、底径 17、高 22.2 厘米（图三九，2；彩版二六，1、2）。

标本 1993G1 ⑤ A：12，已修复。上腹外鼓，下腹内收，平底。内壁腹部饰四行一组小方格纹带九周，底部饰四行一组小方格纹带五周，外壁上腹饰凹弦纹带五周。口径 57.8、底径 23、高 28.3 厘米（图三九，3；彩版二六，3、4）。

标本 1993T401 ⑤ A：10，仅存部分口沿及少许腹部。外沿唇部加厚，略上折，与沿面形成明显凹槽，口径 45、壁厚 0.5、残高 3.2 厘米（图三九，4；彩版二四，6）。

标本 1993G1 ⑤ A：25，仅存残口沿及少部分腹部。口径 44、壁厚 0.7、残高 4 厘米。

标本 1993G1 ⑤ A：28，仅残存口沿。口径 48、壁厚 1、残高 3 厘米。

陶盆残件　99 件。

口沿残片　5 件。

标本 1993G1 ⑤ A：32，仅存局部口沿、上腹。唇外侧残失。内壁饰两周弦纹带中间夹一周水波纹带（彩版二七，1）。

标本 1993G1 ⑤ A：35，仅存局部口沿、上腹。上腹有两个锔钉孔，内壁饰一周弦纹带与水波纹带，

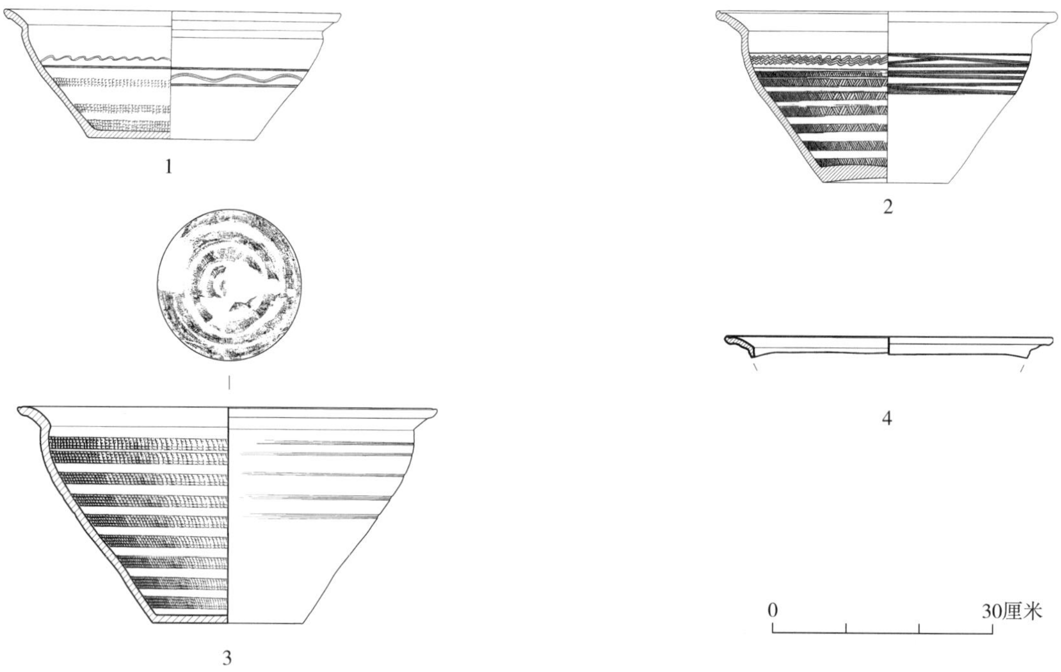

图三九　第3窟地层出土北魏时期Bb型陶盆

1～4. Bb型陶盆1993T401⑤A∶1、1993T401⑤A∶2、1993G1⑤A∶12、1993T401⑤A∶10

外壁饰两周弦纹带。壁厚0.6厘米（图四〇，1；彩版二七，2）。

标本1993G1⑤A∶37，仅局部口沿、上腹。内壁饰一周弦纹带与水波纹带。壁厚0.7厘米（图四〇，2）。

标本1993G1⑤A∶5，仅局部口沿、上腹。内壁饰纹水波纹带与弦纹带。

标本1993G1⑤A∶24，仅局部口沿、上腹。外沿唇部加厚，唇外侧残失。内、外壁饰纹带。

有纹饰陶盆残片　92件。

标本1993T210②∶17，仅存腹部。内壁饰三行一组方格印纹带六周，模糊；外壁饰三周弦纹带中间夹两周水波纹带。残长13、残高18厘米（图四一，1）。

标本1993T401⑤A∶24，仅存腹部。内壁饰三周三角纹带，外壁饰三周弦纹装饰带。残长7、残高10.3厘米（图四一，2）。

标本1993T401⑤A∶20，仅存腹部。内壁饰两周弦纹带中间夹一周水波纹带，之下饰一周三角纹带；外壁饰四周弦纹装饰带。残长8、残高7.2厘米（图四一，3）。

标本1993G1②∶60，仅存腹部。内壁的三周弦纹带之间夹两周水波纹相间带，之下仅存一周方格印纹带；外壁饰五周弦纹装饰带。残长11、残高7.5厘米（图四一，4）。

标本1993G1⑤A∶43，残存腹部。内壁的三周弦纹带之间夹两周水波纹相间带，之下仅存三行一组方格印纹带十一周；外壁上腹饰曲线纹带四周，残长29、残高28厘米（图四一，5；彩版二七，3）。

标本1993G1⑤A∶44，残存腹与底部，内壁饰三行一组方格印纹带六周（彩版二七，4）。

标本1993G1⑤A∶61，仅存腹部。内壁残存一周栉齿纹。

陶盆底部残片　2件。

标本1993T402⑤A∶1，残存部分器底及腹部。器腹内壁存方格印纹带四行一组五周，底内以

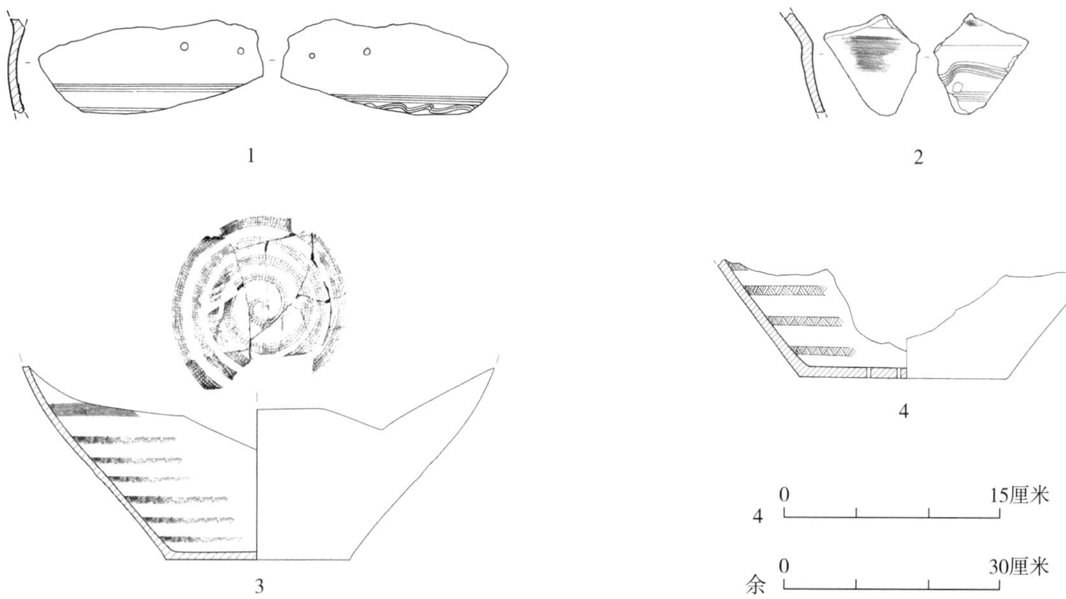

图四〇　第 3 窟地层出土北魏时期陶盆残件

1. 陶盆残片1993G1⑤A：35　2. 陶盆残片1993G1⑤A：37　3. 陶盆底部残片1993T402⑤A：1　4. 陶盆底部残片1993T401⑤A：9

同心圆开始向外旋转方格印纹带四行一组五周。底径 25、残高 27 厘米（图四〇，3；彩版二七，5）。

标本 1993T401 ⑤ A：9，仅存器底及下腹。内壁下腹饰四周三角形印纹带，底部饰三周三角形印纹带，底部残存两个锔钉孔。底径 14、残高 7.6 厘米（图四〇，4；彩版二七，6）。

（2）陶罐

37 件。多为泥质灰陶，少数为夹砂灰陶，皆为泥条盘筑。依据颈部长短分为两型。

A 型　5 件。矮颈。

标本 1993G1 ⑤ A：48，泥质灰陶，已复原。方唇，侈口，束颈，广肩，鼓腹。肩部饰一周、腹部饰两周凹弦纹带，中间夹一周水波划纹带。口径 21.3、底径 16.2、高 18.5 厘米（图四二，1；彩版二八，1）。

标本 1993G1 ⑤ A：54，泥质灰陶，已复原。方唇，似盘口微外侈，束颈，广肩，鼓腹。肩与腹部饰一组双线凹弦纹带三周。口径 19.7、底径 15.3、高 15.7 厘米（图四二，2；彩版二八，2）。

标本 1993G1 ⑤ A：9，夹砂灰陶，胎质较粗，仅余部分口沿、颈及肩部，器形较大。圆唇，直口稍外侈，矮颈，广肩。器物外部的颈肩相间处有一条凸线修整。口径 32、壁厚 1.1、残高 7.8 厘米（图四二，3；彩版二八，3）。

标本 1993T402 ⑤ A：11，泥质灰陶，胎体呈铁红色，仅余部分口沿、颈部、肩部。口沿残。口径 16、壁厚 0.7、残高 10.8 厘米（彩版二八，4）。

标本 1993G1 ⑤ A：40，夹砂灰陶，仅存口沿、颈部和肩腹部。盘口，口沿外部下缘有锯齿形压纹，肩部饰两周篦点状戳刺纹，肩外侧有似耳状手柄。器表口沿部分残留烟炱。口径 15、壁厚 0.5 厘米（彩版二八，5、6）。

B 型　10 件。长颈。多泥质灰陶，泥条盘筑，仅存 Ba 型。

Ba 型　10 件。平沿敞口。

图四一　第3窟地层出土北魏时期陶盆残片拓片

1. 陶盆残片1993T210②:17　2～4. 陶盆残片1993T401⑤A:24、20、1993G1②:60　5. 陶盆腹部残片1993G1⑤A:43

标本1993T401⑤A：3，仅存口沿、颈、肩部。胎上施有薄陶衣。侈口，宽平沿略下折，尖圆唇，斜弧颈，溜肩。肩部饰数周横向暗纹。口径18.5、壁厚0.6、残高20厘米（图四三，1；彩版二九，1）。

标本1993T402⑤A：2，残存口沿、颈、腹部。侈口，宽平沿外缘处下折，方唇，斜弧颈，鼓腹。方唇下部与颈部间似小三角形。颈下部饰两周联珠纹带中间夹忍冬纹饰带一周。肩部饰三周联珠纹带中间夹两周忍冬纹饰带。口径32、壁厚0.9、残高43.2厘米（图四三，2、10、11；彩版二九，2）。

标本1993G1⑤A：49，侈口，宽平沿下折，斜方唇，斜弧颈，鼓腹，平底。颈下部与上腹部饰两周凹弦纹带中间夹一周三角纹带，肩部饰一周凹弦纹带中间夹一周三角纹带。下腹饰竖向折线暗纹。口径12.5、底径6.5、高24厘米（图四三，3；彩版二九，3）。

标本1993G1⑤A：55，侈口，宽平沿下折，尖圆唇，斜弧颈，鼓腹，平底。颈、肩、腹部各饰两道凹弦纹带。口径12.5、底径7.5、高24厘米（图四三，4；彩版二九，4）。

标本1993G1⑤A：19，泥质灰陶，夹有少量白砂颗粒。仅余部分口沿、颈部。宽平沿下折，

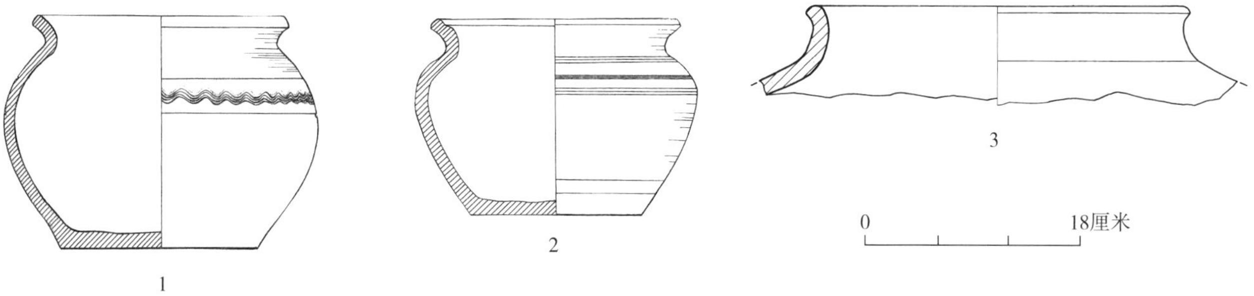

图四二　第 3 窟地层出土北魏时期 A 型陶罐

1. A型陶罐1993G1⑤A：48　2. A型陶罐1993G1⑤A：54　3. A型陶罐1993G1⑤A：9

口沿与器内壁相接处有一道凹槽，尖圆唇，斜弧颈。口径 18、壁厚 0.6、残高 9.6 厘米（图四三，5；彩版三〇，1）。

标本 1993G1 ⑤ A：20，仅余部分口沿、颈部。宽平沿，尖圆唇，斜弧颈。颈部饰竖向折线暗纹，肩下部残存一周凹旋纹。口径 18、壁厚 0.5、残高 11.5 厘米（图四三，6；彩版三〇，2）。

标本 1993G1 ②：13，泥质灰陶，仅余部分口沿及颈部。敞口，宽平沿，尖圆唇，口沿外折似直角。外壁可见旋坯痕（图四三，7；彩版三〇，3）。

标本 1993G1 ⑤ A：58，泥质灰陶，仅余部分口沿、颈部。宽平沿，斜方唇，斜弧颈。口径 18、壁厚 0.5、残高 6.7 厘米（彩版三〇，4）。

标本 1993T401 ①：7+1993T401 ⑤ A：16，泥质灰陶，仅余部分口沿、颈部、肩部。侈口，颈部内斜，圆肩。卷沿，方唇，唇外侧中间内凹，器内壁口沿与颈部相接处有一道凹槽。颈下部装饰水波划纹一周，肩部有横向暗纹数周。口径 33、壁厚 0.7、残高 18.5 厘米（图四三，8；彩版三〇，5）。

标本 1993T401 ⑤ A：22，泥质灰陶，仅余部分口沿。侈口，沿面中间下凹，内、外缘凸出，内缘较高，方圆唇，斜弧颈。口径 12、壁厚 0.6、残高 3.7 厘米（图四三，9；彩版三〇，6）。

口部残缺陶罐　2 件。

标本 1993T401 ⑤ A：17，泥质灰陶。口颈部残缺，圆肩，上腹鼓，下腹斜收，小平底。近底部有一个直径 1.6 厘米的小圆孔。腹径 62、底径 17.2、残高 60、壁厚 1 ～ 1.6 厘米（图四四，1；彩版三一，1）。

标本 1993T401 ⑤ A：27，泥质灰陶。口颈部残缺，圆肩，上腹鼓，下腹斜收，平底。肩部四周凹弦纹，腹与底部有六个锔钉孔。腹径 40、底径 18、残高 38 厘米（图四四，2；彩版三一，2）。

腹、底部残存陶罐　5 件。

标本 1993G1 ⑤ A：16，灰陶，仅存腹与底部。斜弧腹，平底。腹部存四周横向暗纹。腹径 18、底径 9、残高 12.5 厘米（图四四，3；彩版三一，3）。

标本 1993T215 ③ A：8，灰陶，仅存下腹与底部。斜直腹，小平底。下腹部存竖向折线暗纹。底径 5、残高 4、厚 0.6 厘米。

标本 1993T210 ③ A：2，灰陶，仅存下腹与底部。斜直腹，平底。底径 6.5、残高 4、厚 0.8 厘米。

标本 1993T218 ④ A：6，灰陶，仅存下腹与底部。斜直腹，小平底。底径 7、残高 4.5、厚 0.6 厘米。

标本 1993G1 ⑤ A：22，灰陶，仅存下腹与底部，下腹接近底部的位置留有一圆形小孔，直径 1.3 厘米，陶罐底径 19、残高 4.8、壁厚 0.8 厘米（彩版三一，4）。

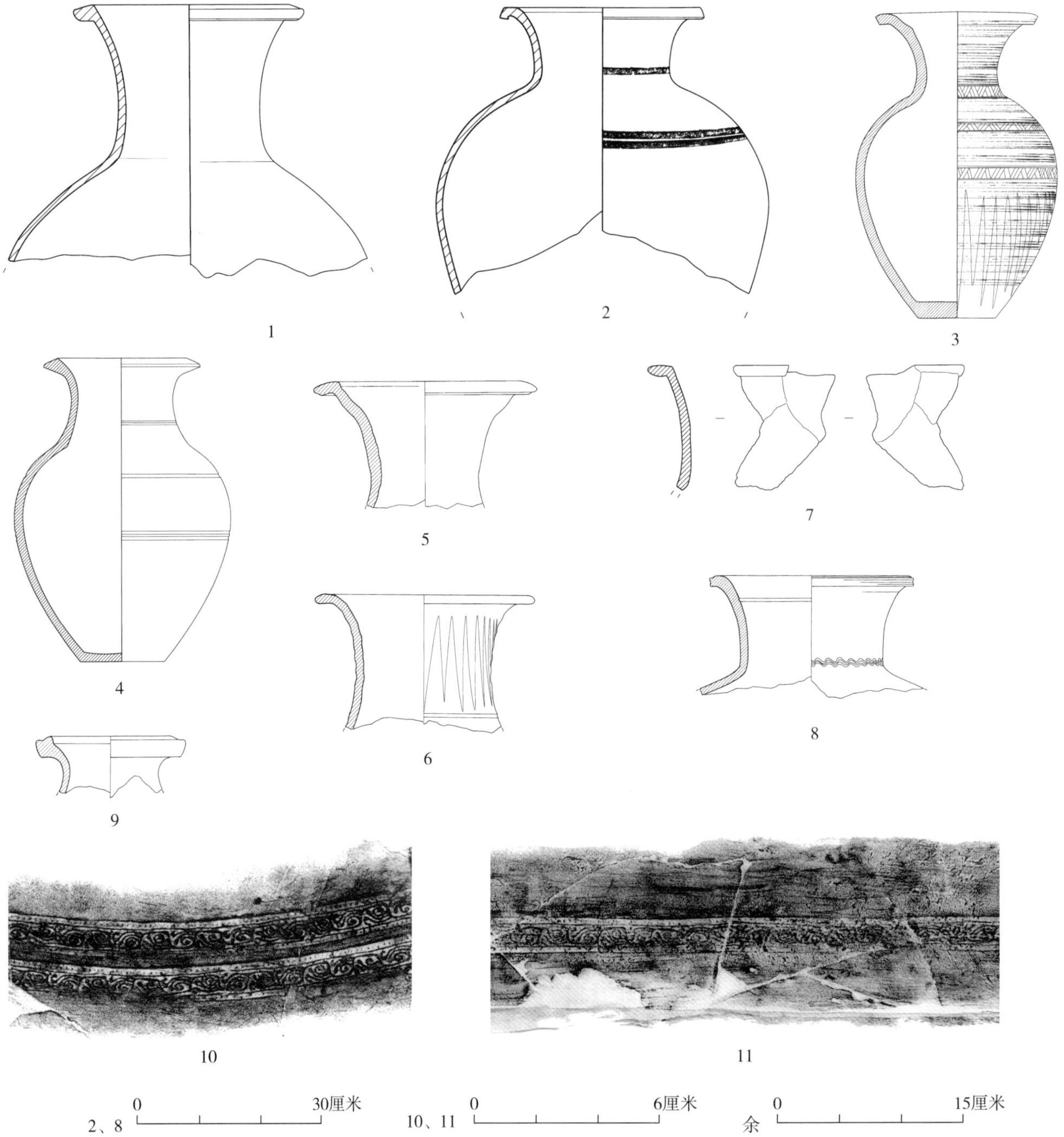

图四三　第3窟地层出土北魏时期B型陶罐

1. Ba型陶罐1993T401⑤A：3　2. Ba型陶罐1993T402⑤A：2　3. Ba型陶罐1993G1⑤A：49　4. Ba型陶罐1993G1⑤A：55　5.Ba型陶罐1993G1⑤A：19　6. Ba型陶罐1993G1⑤A：20　7. Ba型陶罐1993G1②：13　8. Ba型陶罐1993T401①：7+1993T401⑤A：16　9. Ba型陶罐1993T401⑤A：22　10. 陶罐肩部纹饰1993T402⑤A：2　11. 陶罐颈部纹饰1993T402⑤A：2

有纹饰的陶罐残片　15件。

标本1993T401⑤A：12，泥质灰陶，腹部残片，剖面呈弧状。腹部饰两组相同联珠纹与忍冬纹带。每组纹带的上下为两周联珠纹带，中间夹一周忍冬纹带，忍冬纹中间点缀圆点。残长4.5、残高5.5、厚0.7厘米（图四五，1；彩版三二，1）。

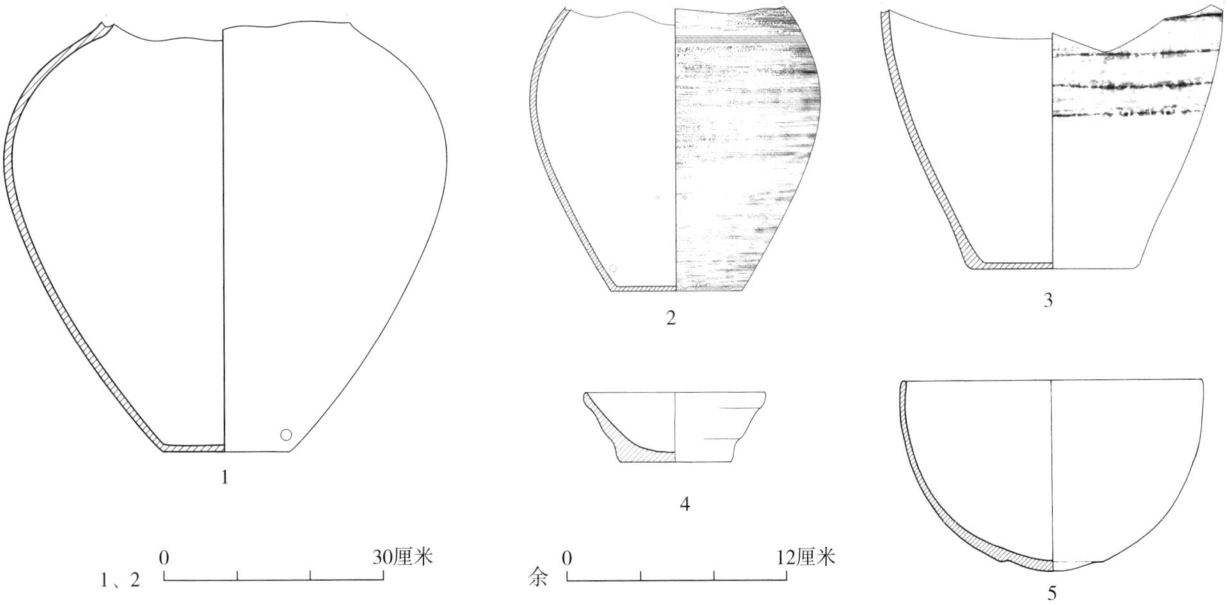

图四四　第3窟地层出土北魏时期陶器

1. 陶罐 1993T401⑤A:17　2. 陶罐 1993T401⑤A:27　3. 陶罐1993G1⑤A:16　4. 陶盏 1993T402⑤A:4　5. 陶钵1993T401③:11

标本 1993T402 ③：8，泥质灰陶，颈部残片，剖面呈弧状。颈部存一组联珠纹与忍冬纹带，上下为两周联珠纹带，中间夹一周忍冬纹带，忍冬纹中间点缀圆点。残长 7.5、残高 5.5、厚 1 厘米（图四五，2；彩版三二，2）。

标本 1993G1 ⑤ A：62，泥质灰陶，上腹部残片。腹部存一组凹弦纹与忍冬纹带，其中上下各为两周凹弦纹，中间存一周简单忍冬纹，图像模糊。残长 6、残高 3.5 厘米（图四五，3；彩版三二，3）。

标本 1993G1 ⑤ A：63，泥质灰陶，腹部残片，剖面呈弧状。上腹部存一组凹弦纹与忍冬纹带，上下各有两周凹弦纹，中间为一周忍冬纹；下腹有竖向折线暗纹。残长 9.2、残高 13 厘米（图四五，4；彩版三二，4）。

标本 1993T402 ⑤ A：6-1，泥质灰陶，肩、腹部残片，剖面呈弧状。器表施黑色陶衣，肩与腹部各存绹索纹一组，每组饰两周绹索纹。残长 22、残高 20、厚 0.6 厘米（图四五，5；彩版三二，5）。

标本 1993T402 ⑤ A：6-2，泥质灰陶，腹部残片，剖面呈弧状。残长 14、残高 12、厚 0.6 厘米（图四五，6；彩版三二，6）。

标本 1993T402 ⑤ A：3，泥质灰陶，颈、肩部残片，肩部剖面呈弧状。矮颈，广肩。器表施黑色陶衣，肩部存方格纹一组，每组饰两周方格纹。残长 20、残高 12、厚 0.7 厘米（图四五，7；彩版三二，7）。

标本 1993T402 ⑤ A：10，泥质灰陶，肩、腹部残片，剖面呈弧状。器表施黑色陶衣，肩与腹部各存一组方格纹与凹弦纹饰带。每组纹带的上下为一周凹弦纹，中间夹小方格纹。腹部的纹饰残缺。残长 15、残高 7.5、厚 0.5 ～ 0.7 厘米（图四五，8；彩版三二，8）。

标本 1993G1 ⑤ A：60，泥质灰陶，肩、腹部残片，剖面呈弧状。肩部与腹部各存一组三角纹与凹弦纹饰带。每组纹带的上下为两周凹弦纹，中间夹三角纹。残长 13、残高 8.5、厚 0.4 厘米（图四五，9；彩版三二，9）。

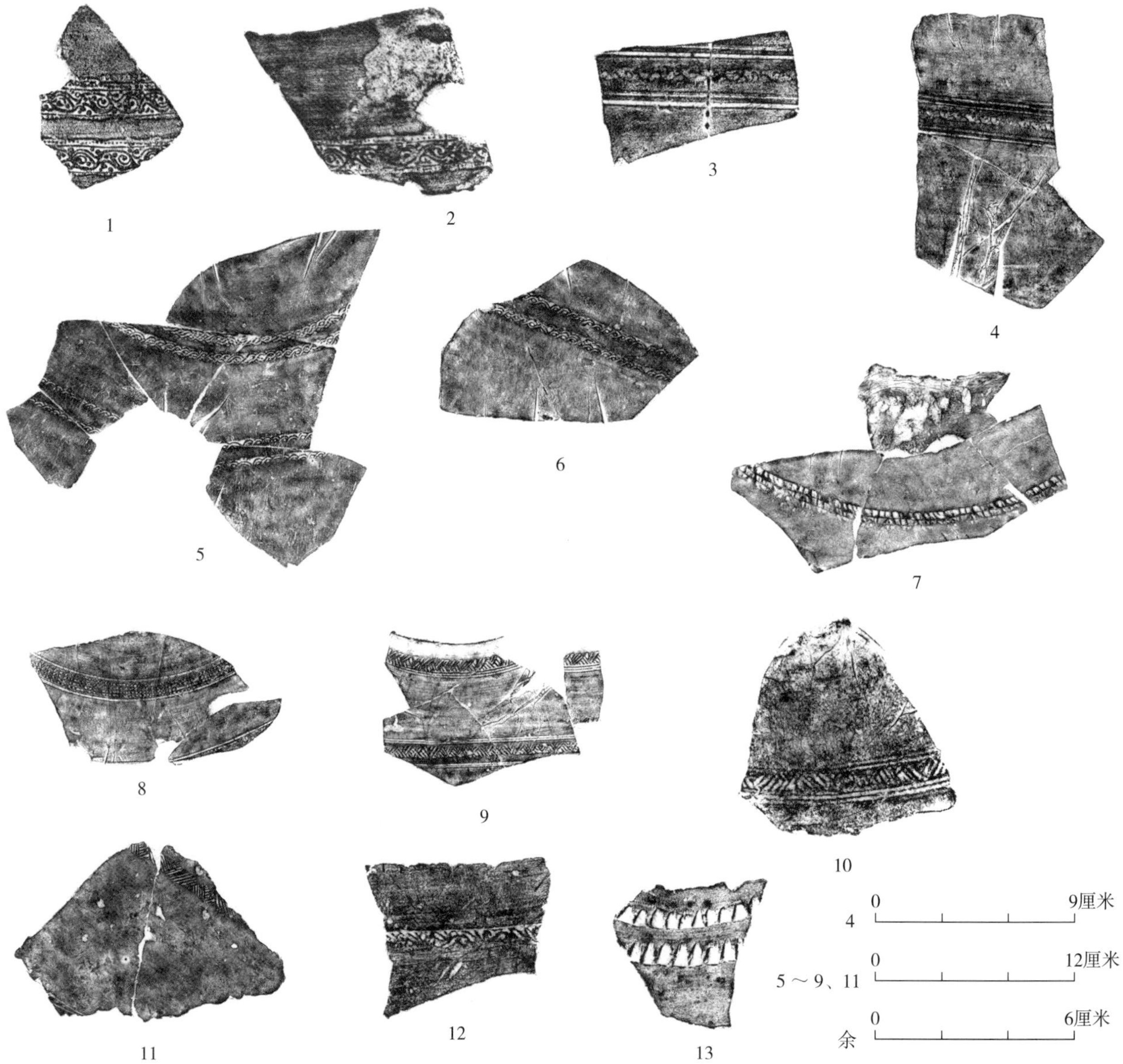

图四五　第3窟地层出土北魏陶罐残片拓片

1.1993T401⑤A：12　2.1993T402③：8　3.1993G1⑤A：62　4.1993G1⑤A：63　5.1993T402⑤A：6-1　6.1993T402⑤A：6-2　7.1993T402⑤A：3　8.1993T402⑤A：10　9.1993G1⑤A：60　10.1993T401⑤A：14　11.1993T401⑤A：5　12.1993T401⑤A：11　13.1993T402⑤A：40

标本1993T401⑤A：14，泥质灰陶，肩部残片，剖面呈弧状。腹部存一组三角纹与凹弦纹饰带。每组纹带的上下为两周凹弦纹，中间夹三角纹。残长6、残高6、厚0.8厘米（图四五，10）。

标本1993T401⑤A：5，泥质灰陶，腹部残片，剖面呈弧状。腹部存一组三角纹饰带。残长15.5、残高12、厚1厘米（图四五，11）。

标本1993T401⑤A：11，泥质灰陶，腹部残片，剖面呈弧状。腹部存一周忍冬纹，图案模糊。残长5.5、残高4.5、厚0.5厘米（图四五，12）。

标本1993T402⑤A：40，夹砂灰陶，肩部残片，剖面呈弧状。肩部存戳刺纹一组，每组饰两周戳刺纹。残长4.5、残高4.3、厚0.6厘米（图四五，13）。

（3）陶盏

1 件。

标本 1993T402 ⑤ A：4，泥质灰陶。直口微敛，尖圆唇，斜弧壁，实足饼底。器壁略薄，外腹部有一周较浅的凸棱。口径 9.9、底径 6、高 3.6 厘米（图四四，4；彩版三一，5）。

（4）陶钵

1 件。

标本 1993T401 ③：11，泥质灰陶，已修复。直口略敛、弧壁、圜底。外壁打磨光滑，底部有两周修整痕迹。口径 16.6、底径 6、高 9.6 厘米（图四四，5；彩版三一，6）。

2. 石器

8 件。有石钵、石臼、石磨盘、槽碾、石夯、手夯等。

（1）石钵

2 件。

标本 1993T401 ⑤ A：4，残。细砂岩质地。敞口，弧壁，平底。方唇，唇上面有一条较浅的凹槽。口沿下刻出一道略深凹弦纹，腹部仅存 2 个半线划的覆莲瓣的二方连续轮廓。底部残存数条线状凿痕。复原口径 19.2、底径 11、高 7.8 厘米（图四六，1；彩版三三，1）。

标本 1993T215 ③ B：5，残。细砂岩质地。敞口，弧腹，平底。方唇，从口部至底部器壁逐渐加厚，素面无纹。复原口径 19.5、底径 10、高 7.8 厘米（图四六，2；彩版三三，2）。

（2）石磨盘

2 件。

标本 1993T402 ⑤ B：30，完整坯料。砂岩质地，呈扁圆柱体状，表面十分粗糙，系加工未完成的坯料，直径 90、厚 26 厘米。

标本 1993T218 ⑤ A：2，残。粗砂岩质地，扁圆柱体，此为磨盘的上扇。上面有一周宽 3.5、外高 1.7、内高 2.3 厘米的凸棱，凸棱上面较平，两侧均向外撇，内底为圆弧形。下面为平底，有两组线槽，方向不同。复原直径 31、高 11 厘米（图四六，3；彩版三三，3）。

（3）石臼

1 件。

标本 1993T402 ③：2，残。砂岩质地，已修复。梯形方座，直口微敛，方圆唇。石臼内为弧腹，至底部逐渐内收。圆形石臼外面与梯形方座四面相交形成了四个侧面，每侧上部似凿成高浮雕单个莲瓣，下面凿平。石臼口沿外直径 13.8、底边长 14.2、高 14.5 厘米（图四六，4；彩版三三，4）。

（4）石槽碾

1 件。

标本 1993T402 ⑤ B：31，完整坯料。砂岩质地，形状似圆饼，两面中心呈圆弧鼓起，表面粗糙留有凿痕，系加工未完成的坯料，直径 98、中心厚 22、边缘厚 10 厘米。

（5）石夯

1 件。

标本 1993T310 ①：1，残。粗砂岩质地，呈方圆柱体状，上大下小。石夯顶部凿一个直径 3.5、深 6 厘米的圆形孔。石夯最大直径 11、高 17.4 厘米（图四六，5；彩版三三，5）。

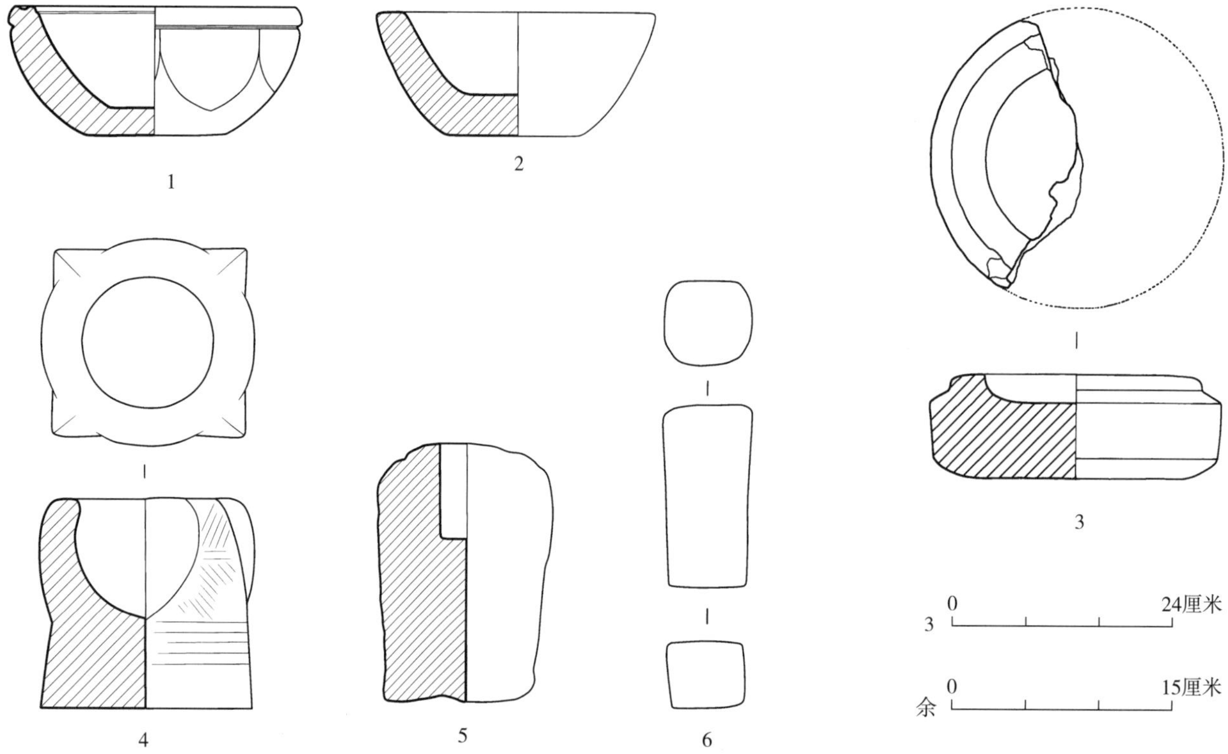

图四六　第3窟地层出土北魏时期石器

1、2. 石钵 1993T401 ⑤ A：4、1993T215 ③ B：5　3. 石磨盘 1993T218 ⑤ A：2　4. 石臼 1993T402 ③：2　5. 石夯 1993T310 ①：1　6. 手夯 1993T402 ③：7

（6）手夯

1件。

标本1993T402③：7，完整。细砂岩质地，石质紧密。器物为不规则的长方形柱体，一头大、一头小，四角抹圆。外表经过打磨，细腻光滑。最大边长6、高11.8厘米（图四六，6；彩版三三，6）。

3. 动物骨骼

21件。有马、牛、羊、狗。

主要集中出土在第3窟东前室和后室的北魏第⑤A层中，多为牛、羊、狗等动物的头骨、下颌、颈椎、肩胛骨、肋骨的局部骨骼，已经引起研究者关注。关于这些动物骨骼的详细情况，请参见赵静芳、贺涛：《云冈石窟第3窟出土动物骨骼》论文，已经收入本书附录二。

第四节　隋唐时期文化遗存

在第3窟前发现有包砌石墙与台基。因该洞窟开凿在山体凹入崖面，两侧山体岩石向南凸出，形成窟前的东、西侧壁崖面，所以南部外缘修筑包砌石墙与窟前北壁和东壁、西壁三侧的崖面构成了一座洞窟的共用空间。在包砌石墙外面的西部修有一条进入窟前的踏道，与窟前及洞窟构成了一座完整的寺院格局。隋唐时期除了在窟内补凿大龛与佛像外，又在窟前的东、西侧窟门前专门修筑了台基。主要有西侧窟门前的长方形台基，东、西侧窟门前的“凸”字形台基以及扩展台基遗迹（图四七；彩版三四）。出土遗物主要为生活生产用具。

一　包砌石墙与踏道

在窟前的南面发现包砌石墙 1 处和踏道 1 条。

（一）包砌石墙

位于 1993T103、T104 ～ T108 探方的北部及北隔梁之下，即洞窟前的南缘，与窟前东、西侧的崖壁合围共同构成一座寺院。包砌石墙呈东西向，与窟前北壁距离东端较宽、西端略窄，分别距离为 12.25、11 米。包砌石墙 1993T103 清理出约 5 米，1993T104 ～ T108 清理出约 25 米，共 30 米。因维修工程时间关系未发掘其他五个探方，推测长度约 25 米。从 1993T108 西壁端起，往东一直延长至 1993T103 东，再往东直到 1993T210 南，残存墙体长度约 48.75 米，再往东的墙体已经被破坏，墙体东端与窟前东壁之间距离仅 0.72 米。如果复原 1993 包砌石墙的东端，与窟前东壁南端连接后形成一座寺院的闭合空间。包砌石墙的墙体西部在第 4 窟前缘之处依靠基岩陡壁而垒砌，这次仅发掘了 5.7 米，西端一直延续到第 4-1 窟前南，同样采用依靠基岩陡壁垒砌，但未进行清理（图四七）。

墙体用不规则石块和片石垒砌而成，宽度均为 0.8 ～ 1、高度为 0.42 ～ 0.82 米。墙体底部在 1993T103、T104 内直接垒砌在基岩之上；在 1993T105、T106 内则垒砌在碎石屑层上，碎石屑层下

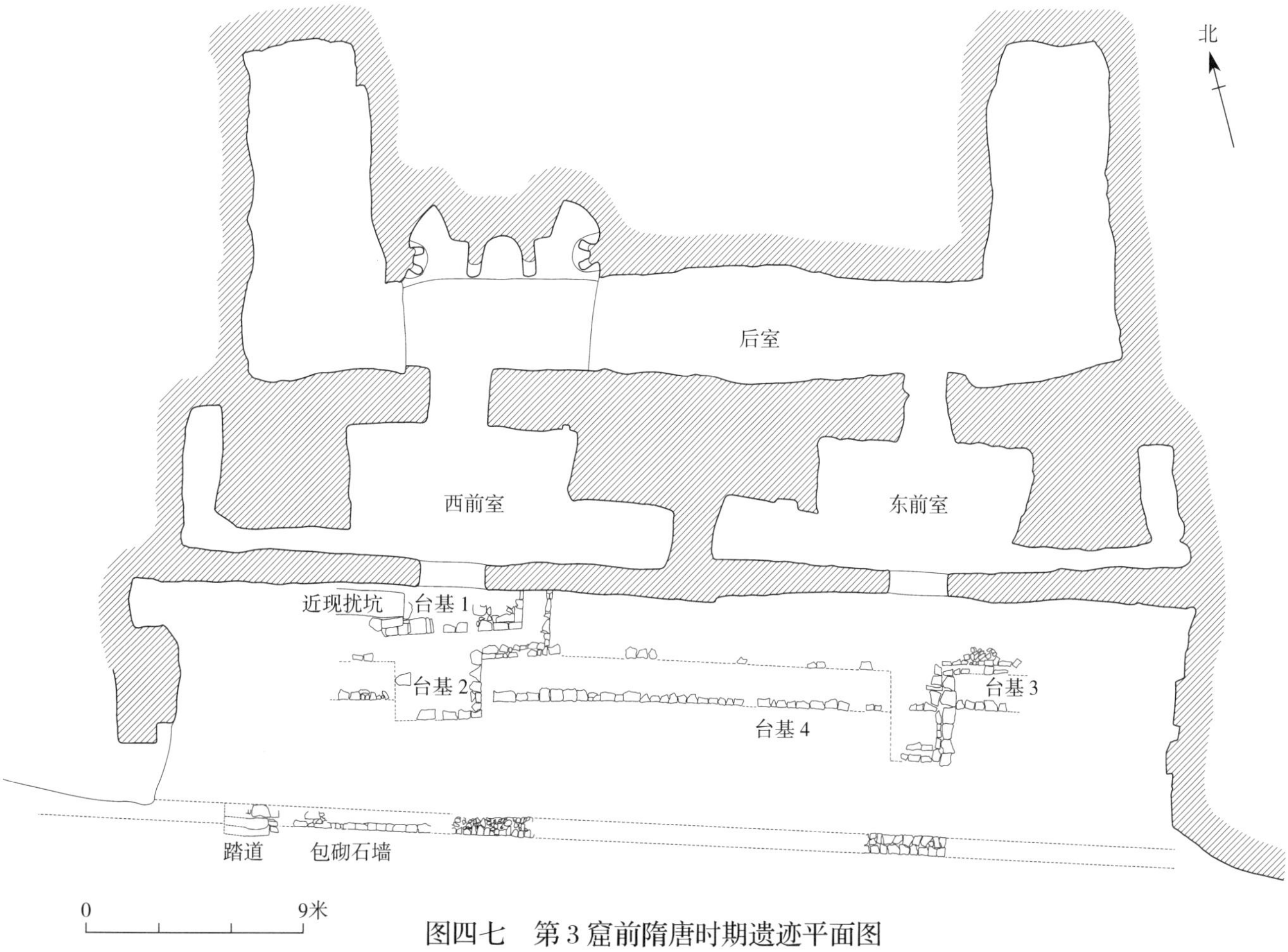

图四七　第 3 窟前隋唐时期遗迹平面图

即为基岩；在 1993T107、T108 内因为仅清理到明清晚期文化层，具体情况不明。同时，因为云冈第 3 窟的洞窟工程属于未开凿完成的洞窟，所以开凿基岩时的采石情况也有所区别，特别是工程停工后废弃造成窟前基岩高低不平，所以垒砌石墙的高低不同，差距较大。

下面就探方中清理发掘的包砌石墙与地层关系情况进行具体说明：在 1993T104 中包砌石墙位于探方北部，残存墙体顶部被叠压于近现代第① A 层扰土层之下，距地表约 0.2 米，底部直接垒砌在基岩之上。由东向西逐渐变窄，东部较宽约 1 米，西部略窄约 0.8 米，高度皆为 0.8 ～ 0.82 米。墙体的南侧堆积层为近现代第① A 扰土和层明清晚期文化层第① B 层。北侧堆积层为金代文化层第②层、辽代文化层第③ A 层和北魏开凿石窟文化层第⑤ B 层，第⑤ B 层之下为基岩。通过观察包砌石墙遗迹与两侧地层之间的关系，再结合窟前西侧窟门前台基共同来分析，初步推断包石墙体最初垒砌时间为唐代，可能与窟前东、西两侧修筑台基有关，并且后来的辽金时期仍然在使用。

在 1993T103 中包砌石墙位于中部，残存墙体顶部也被叠压于明清时期第①层文化层之下，距地表深 0.1 ～ 0.2 米，底部也垒砌在基岩之上。墙体分为上、下两层结构，上面较窄，下面较宽，两者宽度也不一致，推测两个不同时期修造。其中，上面墙体的外侧向内收缩 0.1 米，宽 0.86 ～ 0.9、残存高 0.14 ～ 0.4 米；而下面墙体的宽为 1、高 0.7 米，总高约 1.1 米。从墙体的南侧上面与下面之间衔接关系观察，显然上面、下面墙体分两次砌筑，再结合包砌石墙南北两侧的地层进行分析，可以确定上层墙体为后来辽金时期垒砌修补，而下层墙体垒砌时间与前述 1993T104 中墙体砌筑时间相同，因此推测下层包砌石墙的具体垒砌时间应与隋、唐初第 3 窟前的修筑台基和整理前庭地面有关。类似情况在 1993T105、T106 中也同样可以见到。可见，包砌石墙不仅修建方式与垒砌结构并不相同，而且修建时间也有区别。初期墙体垒砌时间为唐代，后期辽金和明清时期都进行过程度不同的修缮，甚至到明清及民国时期仍然在使用。

（二）踏道

位于 1993T106 中的西北部，包砌石墙的南面西侧。踏道呈南北向，北面与包砌石墙相连接，可惜残损十分严重。南北残长 1.46、东西残宽 1.6、残高 0.4 米。仅存的三步台阶也残缺不全，从南向北依次逐步抬升，最上一层台阶北侧的一部分也直接暴露于地表，其余台阶均叠压于第①B层之下。南侧最下层台阶用一块不规则近似长方形石块铺砌，台阶残长 0.9、宽 0.55、高 0.2 米；中间第二层台阶的外缘略似弧形，台阶残长 1.1、宽 0.55、高 0.2 米；北侧第三层台阶的呈长方形，台阶残长 1.17、宽 0.55 米，高度不明，被上面的明清民国时晚期建筑遗迹叠压（图四七；彩版三五，1）。

二　台基

窟前共有台基 4 座，分别编号为 1993 台基 1 ～台基 4。

（一）1993 台基 1

位于 1993T307、1993T308 北部与北隔梁之下，也即西前室的窟门前。叠压于第④ B 层之下，距地表深 0.18 ～ 0.35 米，修造在第⑤ B 层之上，西侧被近、现代扰坑打破。台基坐北朝南，平面接近长方形，东西残长 7.42、南北残宽 1.70 ～ 2.30、残高 0.30 ～ 0.55 米。由包砌石墙和填充物两

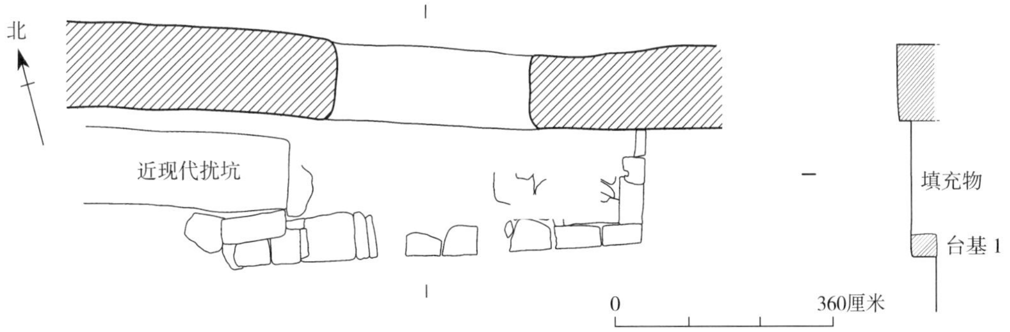

图四八　第 3 窟前隋唐时期 1993 台基 1

部分构成，北面紧接西窟门修建，东、南两面外侧保留着包砌石墙，西面则被近现代扰坑破毁。包石台基墙体保存情况为：东面长 1.7、宽 0.42、高 0.30 ～ 0.55 米，北端残存两层石块，南端上层仅存下层石块；南面西端部分墙体已毁，残长 7.4、宽 0.36 ～ 0.48、高 0.35 米，仅存下层石块；西面全部损毁。墙体的外侧比较整齐，内部填充褐色的片状石块与纯净碎石屑，未发现遗物。台基周围地面为一个比较平整的使用面，上面叠压着第④ B 层，可能与后室开龛造像有关（图四八；彩版三五，2、3，彩版三六）。

（二）1993 台基 2、1993 台基 3

1.1993 台基 2

位于 1993T306 ～ T308 和 1993T215 西北角与 1993T216 东北，也即窟前的西侧窟门前（彩版三六），距地表深 0 ～ 0.35 米。其中，在 1993T307、T308 叠压于第④ A 层之下，在 1993T215 被第②层打破，而在 1993T216 台基上面直接暴露于地表。1993 台基 2 坐北朝南，平面似倒“凸”字形。台基的北面较为宽大，东西长约 10.2、南北宽 3.1 ～ 3.7 米；南面突出的台基相对较窄，其西侧损毁严重，东西残长 3.6、南北宽约 2.75 米。台基的周围用石块包砌，外侧较整齐，台面全部损坏。包砌石墙的基础均修建在经过平整的碎石屑第⑤ B 层之上。倒“凸”字形台基的南面向外突出部分：南沿包砌石墙呈东西向，其中西端与中间部分均已经损毁，残存长度仅有 3.6 米，分成两段，发掘时仅保留着一层石块，长度分别为 1.65、1.3 米，宽 0.65 ～ 0.76、高 0.36 ～ 0.4 米。东沿包砌石墙呈南北向，保存较为完整，发掘时残存两层石块，长度约为 3.1、宽 0.48 ～ 0.63、高 0.35 ～ 0.4 米。其南端与南沿包砌石墙衔接成直角，北端与台基北面的南沿包石墙相接。西沿包砌石墙也呈南北向，损毁十分严重，仅存一小段，仅存一层石块，长 0.6、宽 0.7、高 0.35 米，北端向北一直延伸，其至南沿包砌石墙距离约 2.25 米，推测其长度与东沿包砌石墙大致相同。倒“凸”字形台基北面只有东侧包砌石墙保存较为完整，西侧损毁比较严重。东侧的南沿包砌石墙呈东西向，外侧比南面突出台基外侧向北靠 2.7 米，发掘时仅存两层石块，长 3.1、宽 0.5 ～ 0.65、高 0.5 米，部分上层的石块已经坍塌。东沿包砌石墙呈南北向，保存较为完整，发掘时仅保留着两层石块，长 3.1、宽 0.3 ～ 0.5、高 0.5 米，南端与南沿包砌石墙的东端衔接成直角，北端与窟前北壁连接。北侧西部的台基其南沿包石墙外侧较南面突出的台基外侧向北靠 2.75 米。西侧的南沿包砌石墙呈东西向，残存西端一小部分，且与西侧较高的基岩面平台连接，仅存长 1.05、宽 0.4、高 0.3 米。西沿包砌石墙则以未揭取基岩面平台代替，南北长 3.7 米（图四九；彩版三七，1）。前述这部分未揭取基岩地表高度与西侧窟门地面高度几乎

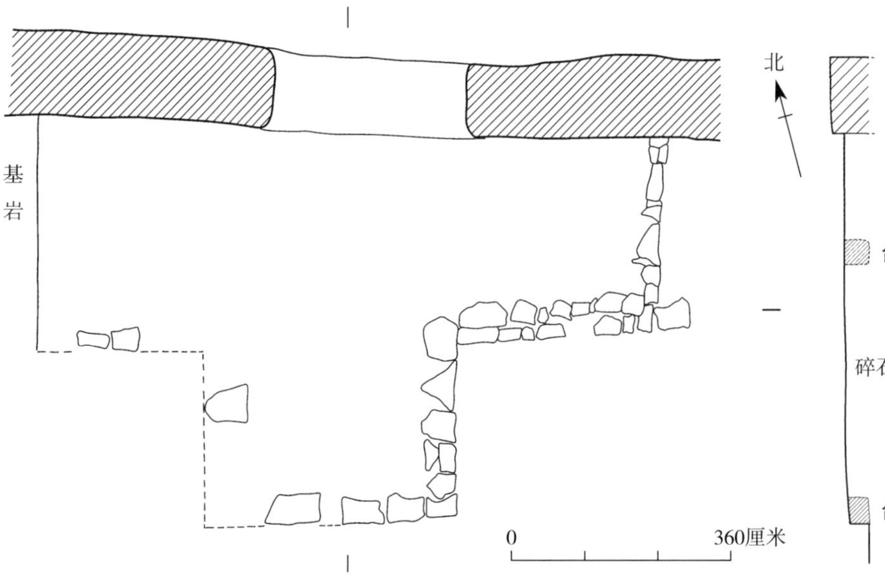

图四九　第3窟前隋唐时期1993台基2

持平，推测修建台基与西侧窟门的高度相同。另外，在1993台基2倒“凸”字形包砌石墙内堆积的石块与碎石屑层中出土有北魏时期瓦片、方格印纹陶片和隋唐时期五铢钱币及小陶盏等遗物；而包砌石墙外出土有北魏时期乘象菩萨像等（彩版三七，2）。

2.1993台基3

位于1993T302～T304、T211和1993T210西隔梁、北隔梁，也即窟前的东侧窟门前，距地表深0.08～0.18米。其中，在1993T211、T302～T304被辽代文化第③层、金代文化第②层打破，台基损坏比较严重。1993台基3坐北朝南，其结构与1993台基2相似。倒“凸”字形台基的南面突出部分，只保存东侧局部。其中南沿和西沿包砌石墙已经全部损坏，残存的东沿包砌石墙保存稍好，墙体呈南北向，长度约为4、宽约0.5～0.6、高约0.2～0.25米。在墙体之内填充的不规则石块中出土北魏时期石雕骑马菩萨像。台基的北面较为宽大，东西残长7.6、南北宽3.2米，在1993T302存东侧的南沿包砌石墙，残长2.4、宽0.2～0.42、高0.22米，仅保留着一层石块，外侧比较整齐，上层包砌石块已经塌落石墙的外侧（图五〇；彩版三七，3）。

其实，在上述1993台基2与1993台基3的两座台基修造完成之后，在1993台基2北面东侧的南沿包砌石墙与1993台基3北面西侧的南沿包砌石墙之间，同时发现1993T304～T306中也有三段包砌石墙，墙体外侧比较整齐，也可以说明这段包砌石墙的墙体曾将1993台基2与1993台基3连成一体（图四七）。

（三）1993台基4遗迹

位于1993T302～T308南部和1993T210～T216北隔梁之下，系窟前又进行的一次扩展台基工程。扩展台基的包砌石墙位于1993T210～T216探方的北隔梁之下。1993台基4的包砌石墙呈东西向，东端距窟前东壁约7.6、北壁5.45米，西端至窟前的西壁7.8、北壁5.6米处。残存的包砌石墙仅有一层石块，长32.55、宽0.4～0.5、高0.29～0.36米，外（南）侧较整齐，内缘参差不齐。这部分墙体被辽代文化第③层叠压。这次扩展的1993台基4将前述的1993台基2、台基3“凸”字形南面

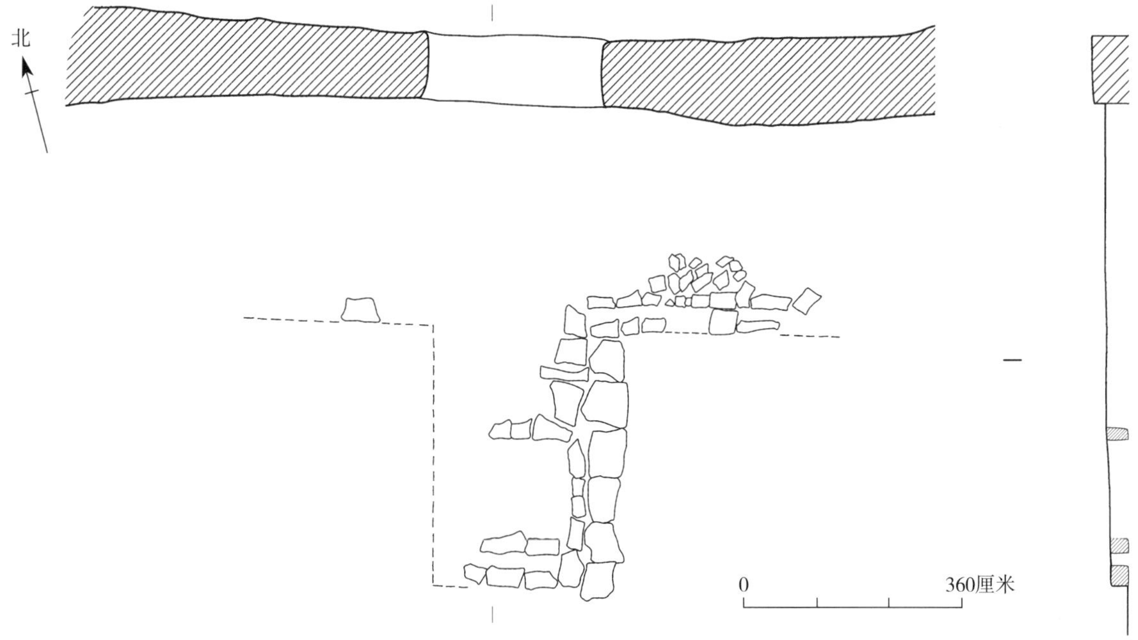

图五〇　第 3 窟前隋唐时期 1993 台基 3

突出部分两侧包砌石墙进行了连接，与此同时，在 1993 台基 4 包砌石墙外（南）侧的辽代文化第③层之下叠压的第④ A 层中，出土唐代浑源窑瓷碗残片（图四七；彩版三七，4）。

（四）出土遗物

主要有生活用具，包括陶器、釉陶器、铜钱。其中陶器 13 件，釉陶 7 件，铜钱 1 件，共 21 件。

1. 陶器

13 件。泥质灰陶。器型仅见盏、钵等。

（1）盏

11 件。泥质灰陶或泥质黑灰陶，轮制。内外壁均有横向旋坯痕。依据底部的变化不同分为 A、B 两型。

A 型　10 件。敞口或直口微敛，圆唇或方圆唇，弧壁或斜壁微弧，矮实足底或平底。

标本 1993T307 ④ B：14，泥质黑灰陶。敞口，圆唇，弧壁，矮实足底。口径 9、底径 3.3、高 3.3 厘米（图五一，1；彩版三八，1）。

标本 1993T307 ④ B：5，泥质灰陶，敞口，圆唇，斜壁微弧，实足饼底较浅。口径 9.4、底径 4.5、高 3 厘米（图五一，2；彩版三八，2）。

标本 1993T307 ④ B：13，泥质灰陶，敞口，尖圆唇，弧壁，实足饼底较浅。口径 11、底径 3.8、高 3.4 厘米（图五一，3；彩版三八，3）。

标本 1993T307 ④ B：4，泥质灰陶，直口微敛，方圆唇，弧壁，实足饼底较浅。器底有切割线痕。口径 10.2、底径 4、高 3.6 厘米（图五一，4；彩版三八，4）。

标本 1993T307 ④ B：7，泥质黑灰陶，敞口，圆唇，弧壁，内底微凸，较浅的实足饼底。制作粗糙且不规整。器底有切割线痕，不平整。口径 8.8、底径 3.2、高 2.5 厘米（图五一，5；彩版三八，5）。

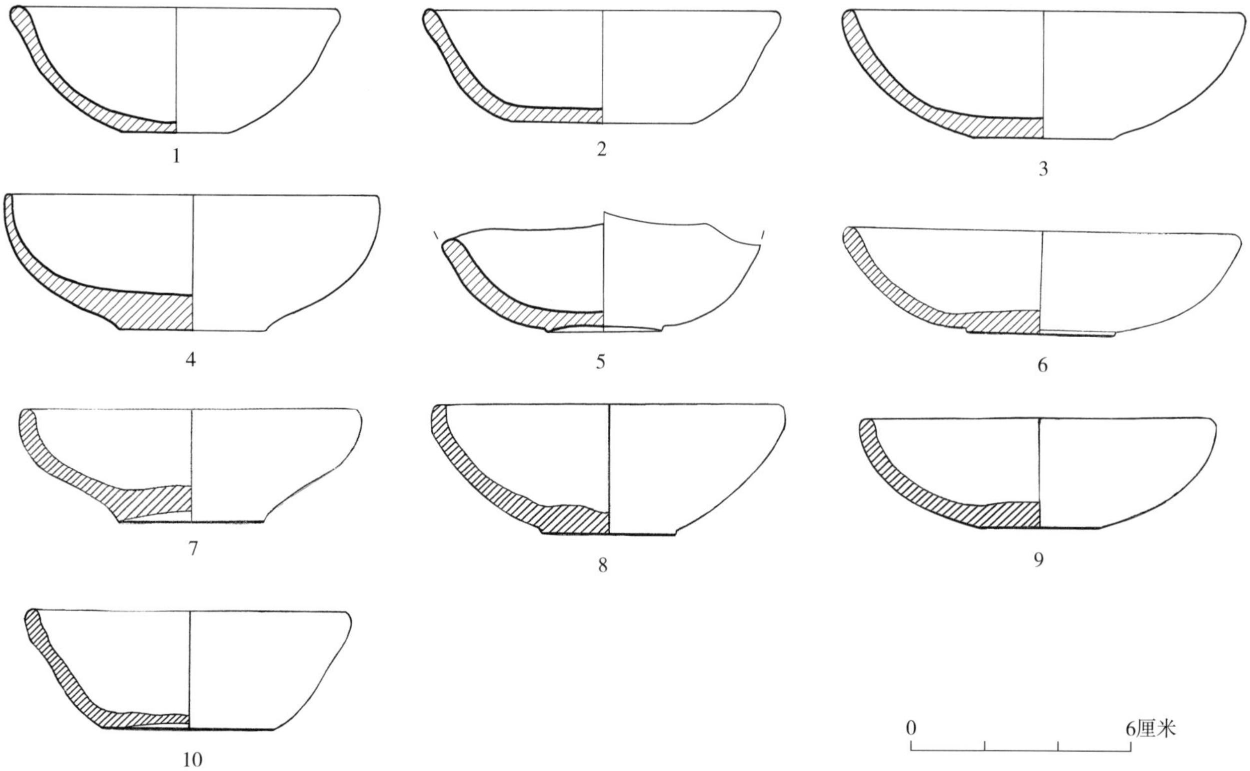

图五一　第3窟前出土隋唐时期A、B型陶盏

1～9.A型 1993T307④B：14、1993T307④B：5、1993T307④B：13、1993T307④B：4、1993T307④B：7、1993T307④B：10、1993T307④B：11、1993T307④B：9、1993T307④B：6　10.B型 1993T307④B：12

标本1993T307④B：10，泥质灰陶，敞口，圆唇，弧壁，实足饼底。口径10.8、底径4、高2.7厘米（图五一，6；彩版三八，6）。

标本1993T307④B：11，泥质灰陶，直口微敛，圆唇，上腹壁外弧，下腹壁内曲，内底微凸，外为平底。口径9.3、底径3.9、高3厘米（图五一，7；彩版三八，7）。

标本1993T307④B：9，泥质灰陶，圆唇，敞口微敛，腹壁外弧，实足饼底。口径9.8、底径3.7、高3.4厘米（图五一，8；彩版三八，8）。

标本1993T307④B：6，泥质灰陶，敞口，圆唇，腹壁外弧，实足饼底，内底凸起。口径9.7、底径3.2、高2.9厘米（图五一，9；彩版三九，1）。

标本1993T307④B：8，泥质灰陶，敞口，圆唇，腹壁外弧，实足饼底。口径9.2、底径3.5、高2.7厘米（彩版三九，2）。

B型　1件。敞口，腹壁较直，平底或平底内凹。

标本1993T307④B：12，泥质灰陶，敞口，圆唇，腹壁较直，平底内凹。口径9.3、底径4.8、高3.2厘米（图五一，10；彩版三九，5）。

（2）钵

2件。均为器物残片，型式较特别。

标本1993T307④B：19，泥质灰陶，直口内敛，三角唇，壁较薄，上腹外鼓，下腹敛收。口径

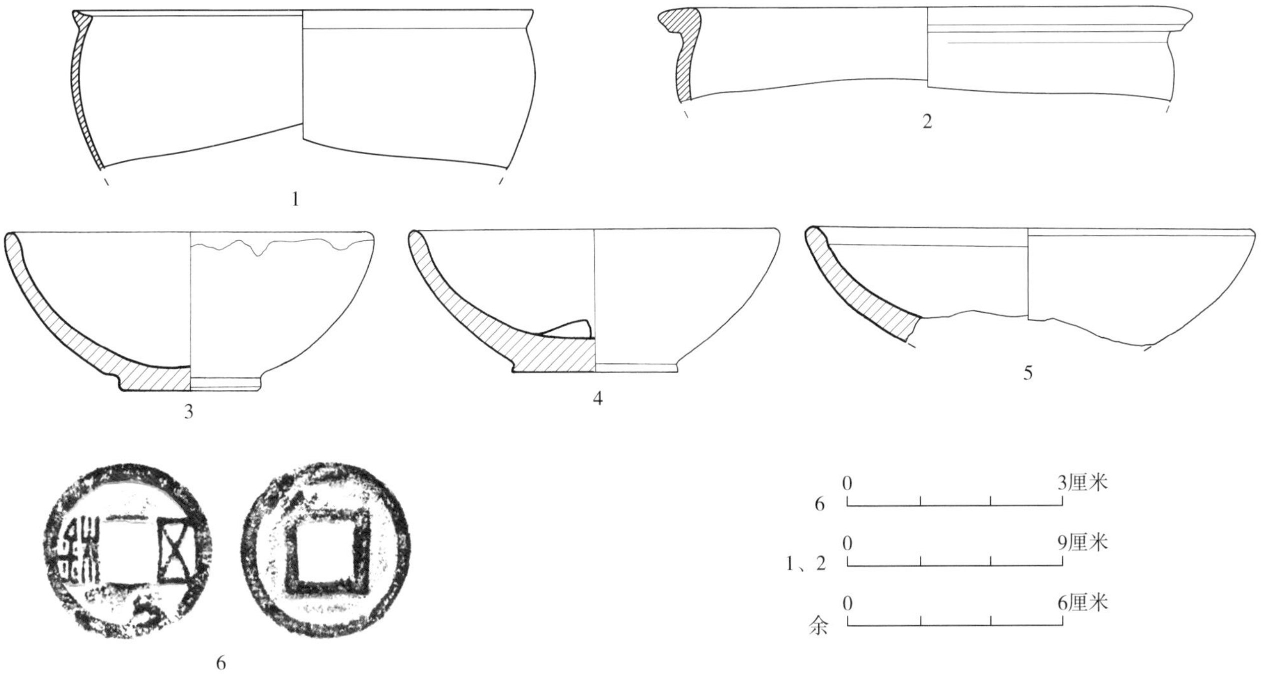

图五二　第 3 窟前出土隋唐时期遗物

1、2. 陶钵 1993T307 ④ B：19、1993T307 ④ B：20　3 ~ 5. 黄釉红陶碗 1993T306 ④ B：3、1993T306 ④ B：2、1993T303 ④ A：1　6. 隋五铢 1993T307 ④ B：2

19、厚 0.4、残高 6.5 厘米（图五二，1；彩版三九，7）。

标本 1993T307 ④ B：20，夹砂灰陶，直口内敛，唇外撇，唇沿外侧为两层唇，上腹外鼓。口径 22、厚 0.5、残高 4 厘米（图五二，2；彩版三九，8）。

2. 黄釉红陶碗

7 件。其中口部残片 5 件，可复原 2 件。圆唇，敛口，弧腹，饼形实足。砖红色胎，胎体较疏。内壁及口沿施满釉，外壁无釉，釉面满布细碎开片，有剥釉现象。

标本 1993T306 ④ B：3，上化妆土，釉色深黄，呈色不匀。口径 10、足径 3.9、高 3.9 厘米（图五二，3；彩版四〇，3）。

标本 1993T306 ④ B：2，上化妆土，釉色深黄，间杂棕色，呈色不匀。内底落有胎泥。口径 10.2、足径 4.6、高 3.7 厘米（图五二，4；彩版四〇，4）。

标本 1993T303 ④ A：1，残存口腹。釉色棕黄，无化妆土。口径 12、壁厚 0.7 厘米（图五二，5；彩版四〇，5）。

3. 铜钱

隋五铢　1 枚。

标本 1993T307 ④ B：2，圆形方穿，正、背面有圆郭。正面铸“五铢”二字，篆书。直径 2.3、穿宽 0.8、郭宽 0.2、肉厚 0.1 厘米，重 3.1 克（图五二，6；彩版四一，1、2）。

三　地层出土遗物

主要有生活用具，包括陶器、瓷器、铜钱。其中陶器 3 件，瓷器 8 件，铜钱 11 件，共 22 件。

生活生产用具

1. 陶器

3 件。泥质灰陶。器型仅见盏等。

（1）盏

3 件。分为 A、B 两型。

A 型　2 件。敞口或直口微敛，圆唇或方圆唇，弧壁或斜壁微弧，矮实足底或平底。

标本 1993T302 ①：2，泥质灰陶，敞口，圆唇，腹壁外弧，实足饼底。口径 9、底径 4.3、高 2.5 厘米（彩版三九，3）。

标本 1993T301 ③ A：17，泥质灰陶，口残，仅存腹部与实足饼底。底径 3 厘米（彩版三九，4）。

B 型　1 件。敞口，腹壁较直，平底或平底内凹。

标本 1993T107 ①：4，泥质灰陶，敞口，圆唇，腹壁斜直，外壁不甚平整，平底，底部较厚。口径 10、底径 4.6、高 4.2 厘米（图五三，1；彩版三九，6）。

2. 瓷器

8 件。依釉色分白釉、黄釉、复色釉。器形见碗、执壶、罐。

（1）白釉碗

2 件。

标本 1993T401 北 H1：3，尖圆唇，敞口，斜弧腹，玉璧形足。灰白胎，胎质坚致。上化妆土，内施满釉，外不及底，釉色牙白，有水沁痕迹。足墙竖直，足心有乳突。内底残留 1 处垫烧痕。口径 14.2、底径 6.2、高 5.3 厘米（图五三，2；彩版四〇，1）。

标本 1993T215 ③ B：3，尖圆唇，敞口，斜弧腹，玉璧形足。灰白胎，胎质坚致。上化妆土，除足沿外，内外施釉，釉色灰白，有“惊釉”现象，釉面有污渍，开片。足墙竖直，边缘斜削。口径 12.5、底径 5.8、高 3.5 厘米（图五三，3；彩版四〇，2）。

（3）黄釉执壶

1 件。

标本 1993T211 ①：4，残存腹部。胎色土黄，胎质稍坚，外壁施釉，釉色青黄，内壁无釉，釉面失光。外腹刻划席纹装饰。腹壁厚 0.5 厘米（图五三，4；彩版四〇，6）。

（4）黄釉罐

1 件。

标本 1993T215 ③ A：24，残存腹部。弧腹。灰白胎，夹细小黑砂，胎质稍坚。内外施釉，釉色青黄，釉面较光洁平整，有细碎开片。内壁可见旋坯痕。壁厚 0.5 厘米（图五三，5；彩版四〇，7）。

（5）复色釉碗

4 件。仅存口部残片 1 件，底足残片 3 件。

标本 1993T213 ①：1，口部残片。尖圆唇，敞口，弧腹。灰胎，胎质较坚，内施满釉，釉色灰白，外釉黑亮。口径 15、壁厚 0.5 厘米（图五三，6）。

底足残片　3 件。

标本 1993T215 ③ A：12，弧腹，玉璧底，足墙外撇，外高内低，挖足浅显。胎色土黄，胎质稍

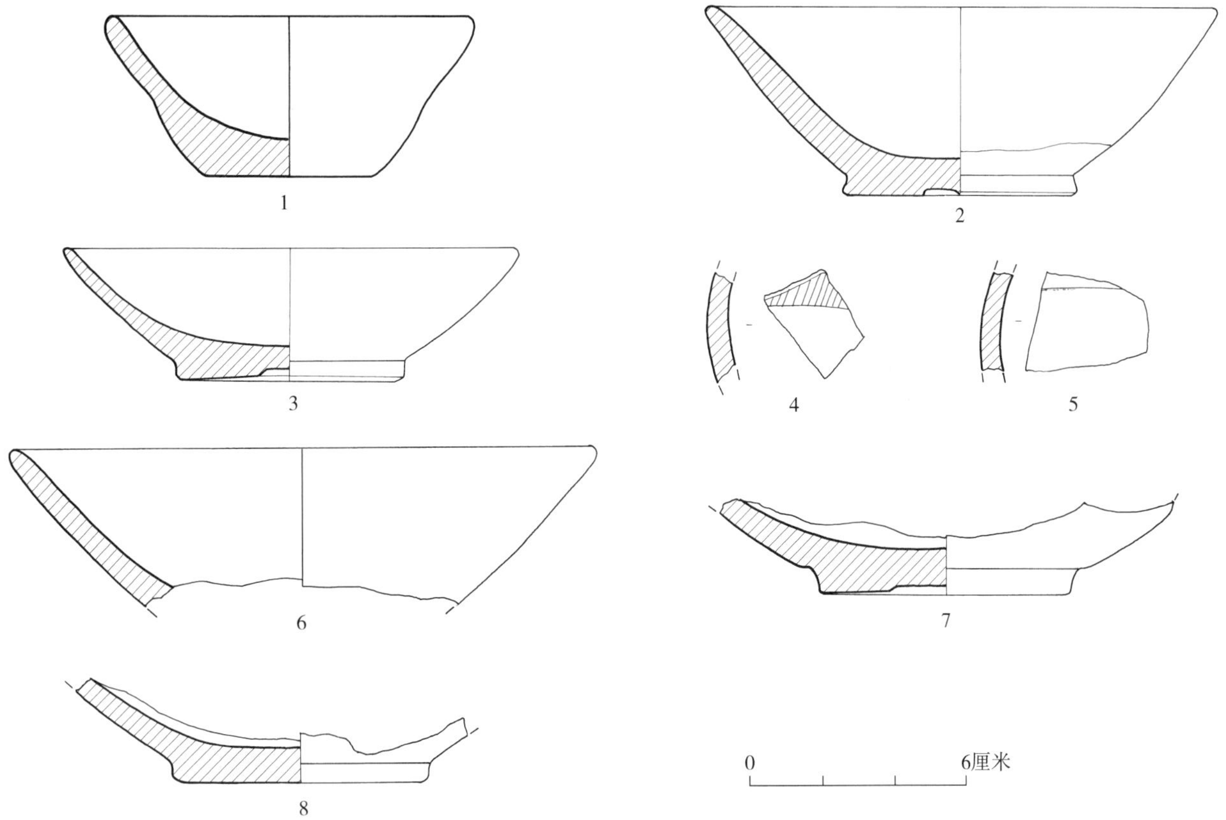

图五三 第3窟地层出土隋唐时期遗物

1.B型陶盏1993T107①:4 2、3.白釉碗1993T401北H1:3、1993T215③B:3 4.黄釉执壶1993T211①:4 5.黄釉罐1993T215③A:24 6～8.复色釉碗1993T213①:1、1993T215③A:12、1993T214③C:3

坚，胎体厚重，外施黑釉，足沿刮釉一圈，内施白釉，釉色青白，釉面较光洁。内底落有坯渣。足径7厘米（图五三，7；彩版四〇，8）。

标本1993T214③C:3，弧腹，饼足，外墙竖直。胎色土黄，胎体稍坚，有化妆土，内施牙白釉，外施茶叶末釉，黑绿夹杂，底部无釉，釉面较光洁，有细碎开片，内底残留不规则垫烧痕。足径7厘米（图五三，8）。

标本1993T301①:1，弧腹，饼足，外墙竖直，足沿二次切削。胎色土黄，胎质稍坚，胎体厚重，内施牙白釉，外施茶叶末釉，黑绿夹杂，底部无釉，釉面较光洁。足径7厘米。

3. 铜钱

11枚。

隋五铢 2枚。

标本1993T301③A:2，圆形方穿，正、背面有圆郭。正面铸“五铢”二字，篆书。直径2.3、穿宽0.8、郭宽0.2、肉厚0.1厘米，重2.6克（图五四，1；彩版四一，3、4）。

标本1993T401东纵沟③:2，圆形方穿，正、背面有圆郭。正面铸“五铢”二字，篆书。直径2.25、穿宽0.8、郭宽0.2、肉厚0.1厘米，重2.4克（图五四，2；彩版四一，5、6）。

开元通宝 9枚。

标本1993T209②A:3，圆形方穿，正、背面有圆郭。正面铸“开元通宝”四字，隶书，对读，

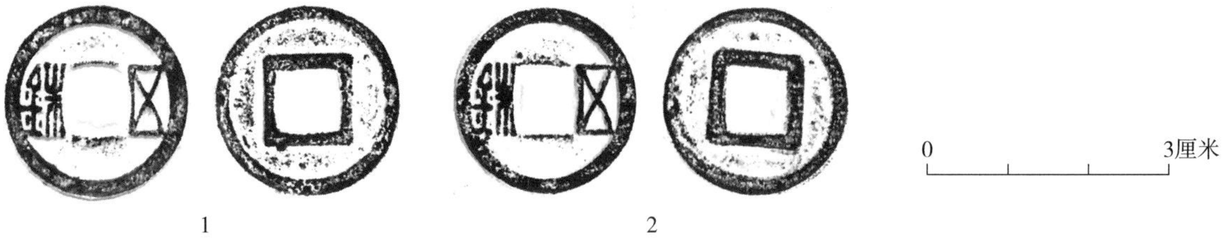

图五四　第 3 窟地层出土隋五铢铜钱

1、2、1993T301 ③ A：2、1993T401 东纵沟③：2

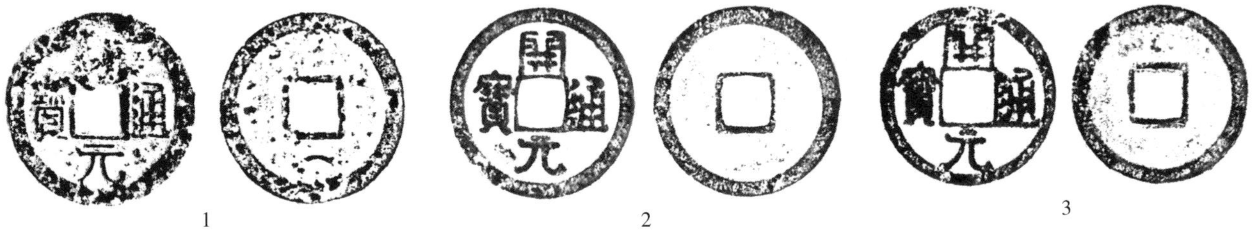

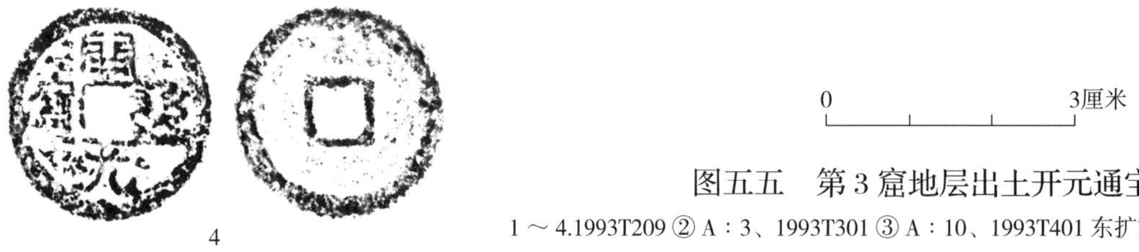

图五五　第 3 窟地层出土开元通宝铜钱

1 ～ 4.1993T209 ② A：3、1993T301 ③ A：10、1993T401 东扩方③：1、1993T401 ③：10

背面有甲痕如月牙。正反面锈蚀严重，“开”字模糊。直径 2.6、穿宽 0.7、郭宽 0.2、肉厚 0.2 厘米，重 5 克（图五五，1；彩版四一，7、8）。

标本 1993T301 ③ A：10，圆形方穿，正、背面有圆郭。正面铸“开元通宝”四字，隶书，对读。直径 2.5、穿宽 0.7、郭宽 0.2、肉厚 0.2 厘米，重 5.5 克（图五五，2；彩版四二，1、2）。

标本 1993T401 东扩方③：1，圆形，方穿，正、背面有圆郭。正面铸“开元通宝”四字，隶书，对读。直径 2.4、穿宽 0.7、郭宽 0.2、肉厚 0.1 厘米，重 3.6 克（图五五，3；彩版四二，3、4）。

标本 1993T401 ③：10，残，圆形，方穿，正、背面有圆郭。正面铸“开元通宝”四字，隶书，对读。直径 2.5、穿宽 0.6、郭宽 0.2、肉厚 0.2 厘米，重 4.7 克（图五五，4；彩版四二，5、6）。

标本 2000G3 ②：64，圆形方穿，正、背面有圆郭。正面铸“开元通宝”四字，隶书，对读。正面三字锈蚀严重字迹模糊，背面有甲痕如月牙。直径 2.4、穿宽 0.6、郭宽 0.2、肉厚 0.1 厘米，重 3.3 克（图五六，1；彩版四二，7、8）。

标本 2000G3 ②：65，圆形方穿，正、背面有圆郭。正面铸“开元通宝”四字，隶书，对读。直径 2.4、穿宽 0.7、郭宽 0.2、肉厚 0.1 厘米，重 2.6 克（图五六，2；彩版四三，1、2）。

标本 2000G3 ②：66，圆形方穿，正、背面有圆郭。正面铸“开元通宝”四字，隶书，对读。正面锈蚀严重。直径 2.4、穿宽 0.7、郭宽 0.2、肉厚 0.1 厘米，重 2.4 克（图五六，3；彩版四三，3、4）。

标本 2000G3 ②：67，圆形方穿，正、背面有圆郭。正面铸“开元通宝”四字，隶书，对读，背面有甲痕如月牙。直径 2.4、穿宽 0.7、郭宽 0.2、肉厚 0.1 厘米，重 3.5 克（图五六，4；彩版四三，5、6）。

标本 2000G3 ②：68，圆形方穿，正、背面有圆郭。正面铸“开元通宝”四字，隶书，对读，背

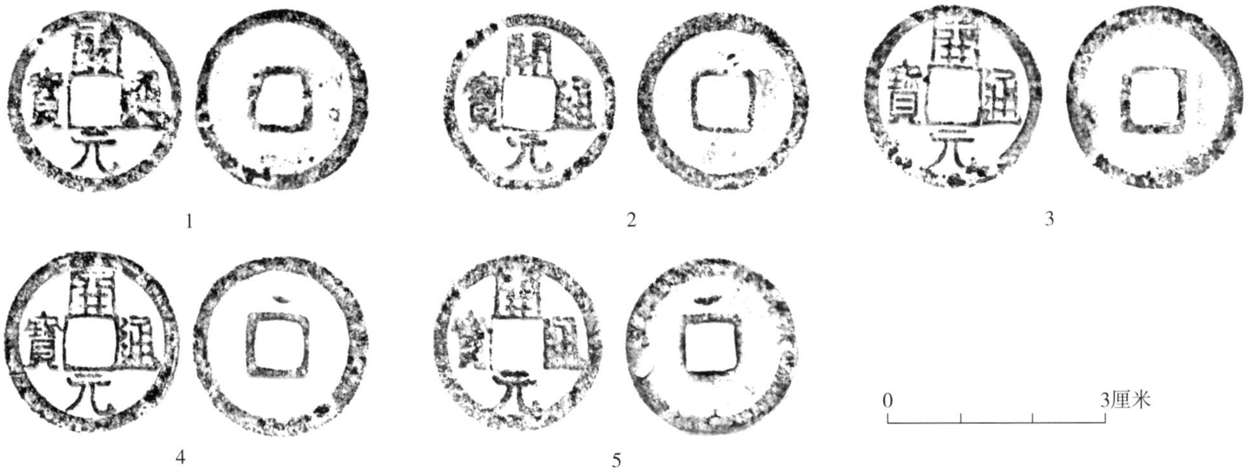

图五六　第 3 窟地层出土开元通宝铜钱
1 ～ 5. 开 2000G3 ②: 64、2000G3 ②: 65、2000G3 ②: 66、2000G3 ②: 67、2000G3 ②: 68

面有甲痕如月牙。直径 2.4、穿宽 0.7、郭宽 0.2、肉厚 0.1 厘米，重 3.4 克（图五六，5；彩版四三，7、8）。

上述窟前的包砌石墙、踏道和四座台基修建时间为隋唐时期，依据地层堆积情况再结合出土遗物分析，可以分为前后两段：前段的包砌石墙和 1993 台基 1 ～台基 3 的修建可能主要是为唐初第 3 窟后室续凿大龛雕一铺三尊造像，形成一座寺院的辅助工程；后段的 1993 台基 4 扩展推测为中晚唐时期，属于第 3 窟这座寺院中的生活空间拓展。

第五节　辽金时期文化遗存

在第 3 窟的第②层、第③层中清理出四处遗址。主要有窟前的木结构建筑窟檐遗址，东前室“L”字形石砌墙体的土炕遗址和火炕遗迹，后室东侧“曲”字形石砌墙体遗址，以及东前室进入后室之间甬道的灰坑。出土遗物有建筑构件、生活生产用具等。

一　木结构建筑窟檐

主要有窟前地面夯土柱基坑、西前室铺砖地面、前室二层平台上柱础坑与梁槽以及北壁崖面上方梁孔和椽孔等。

（一）夯土柱基坑

7 个。

位于窟前 1993T210 ～ T216 与 1993T307 中，清理出 7 个夯土柱基坑，分别编号为夯土柱基坑 1 ～夯土柱基坑 7。分成南北两排，南面 6 个集中在 1993T210 ～ T216 北侧与北隔梁之下，呈东西方向“一”字形排列，由东向西编号为夯土柱基坑 1 ～夯土柱基坑 6；北面在 1993T307 中仅存 1 个，编号为夯土柱基坑 7，与南面夯土柱基坑 5 前后对应，南北之间中心距离约 3 米。南北两排夯土柱基坑与窟

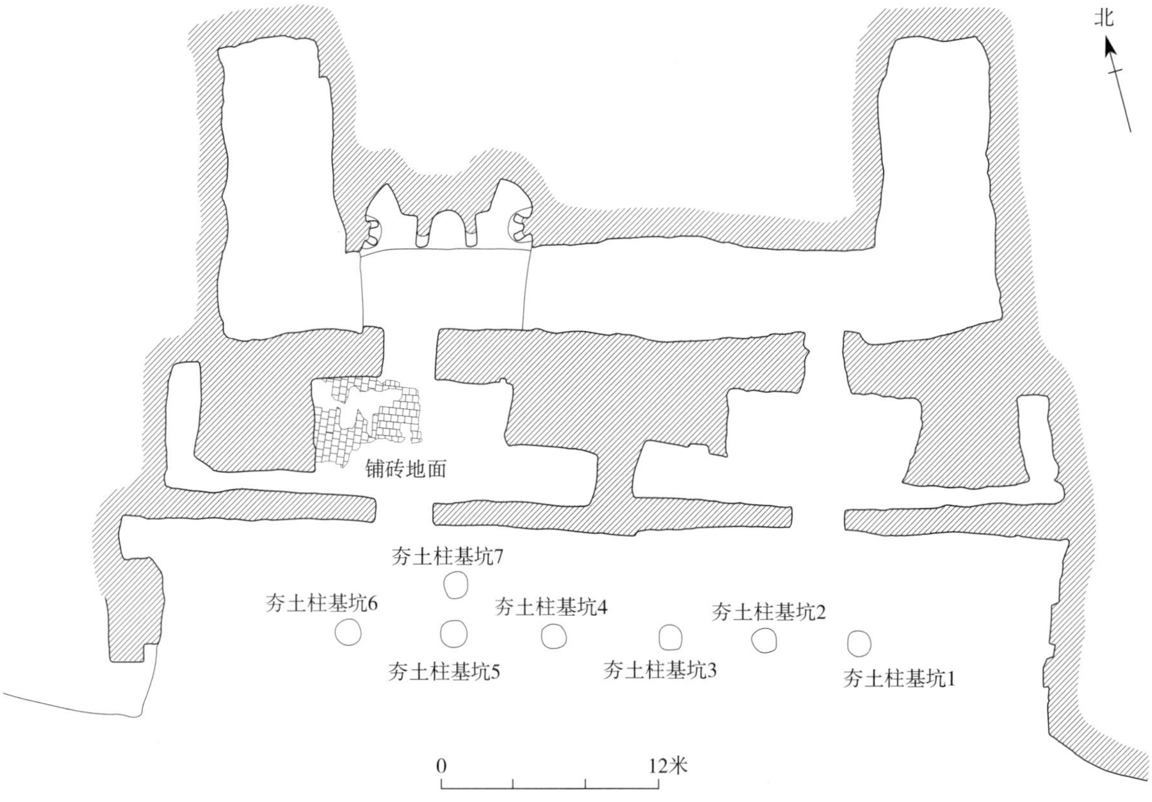

图五七 第3窟辽金时期窟前建筑夯土柱基与西前室铺砖地面遗迹图

前北壁的距离分别为6米与3米，其余的夯土柱基坑遗迹已经被破坏。其中，夯土柱基坑1、2、3、7发现于第①层扰土层之下，夯土柱基坑4、5发现于第②层之下，夯土柱基坑6直接暴露于地表。夯土柱基坑平面形状接近方圆形，大小1.5～1.8米左右。夯土仅存3～4层，土色微黄，土质较坚硬。夯层厚0.05～0.08米，每层夯土面上有圆形夯窝，夯窝直径约0.1米。南排夯土柱基坑1～6或者将前期隋唐时期扩展1993台基4打破（图一三、五七）。

（1）夯土柱基坑1

位于1993T210西隔梁、北隔梁关键柱下，叠压于第①层扰土之下，打破第③B层。平面呈方圆形，东西1.2、南北1.4、厚0.15米，仅存夯土3层，夯层厚约0.05米。

（2）夯土柱基坑2

位于1993T211西隔梁和关键柱及1992T212北隔梁下，叠压于第①层扰土之下，打破第③B层。平面呈方圆形，东西1.4、南北1.35、厚0.2米，仅存夯土4层，夯层厚约0.05米。

（3）夯土柱基坑3

位于1993T212西隔梁和关键柱及1992T213东北角、北隔梁下，叠压于第①层扰土之下，打破第③B层。平面呈方圆形，东西1.25、南北1.45、厚0.2米左右，仅存夯土4层，夯层厚0.035～0.045米。

（4）夯土柱基坑4

位于1993T214北部和北隔梁下，叠压于第②层之下，打破第③B、③C、⑤B层。平面呈方圆形，东西长1.9、南北宽1.2、厚0.3米，仅存夯土4层，从上到下厚度分别为0.1、0.07、0.07、0.05

米。土色呈灰色，内含陶片、瓦片。

（5）夯土柱基坑 5

位于 1993T215 北部和北隔梁下，叠压于第②层之下，打破第③ B、③ C 层。平面呈方圆形，东西长 1.65、南北宽 1.2、厚 0.4 米。现存夯土 4 层，从上到下第 1 层黄色土，含砂子、煤屑，土质坚硬，夯层厚 0.03 ～ 0.05 米。第 2 层土色、土质与第 1 层同，夯层厚 0.15 米。夯层表面有圆形夯窝，直径 0.07 米。第 3 层黄色土，含砂子、白灰，土质较疏松，夯层厚度 0.13 米。第 4 层黄色土，土质坚硬，夯层厚度 0.1 ～ 0.15 米。

（6）夯土柱基坑 6

位于1993T216北部和北隔梁下，局部直接暴露在地表，打破第③B层。平面呈方圆形，东西长1.8、南北宽约 1.25、厚 0.36 米。夯层厚 0.06 ～ 0.11 米。土色呈灰色，内含陶、瓷、瓦碎片等。

（7）夯土柱基坑 7

位于 1993T307 内东南部，叠压于第①层扰土之下，上面被红烧土扰坑破坏，打破第③ C、④ A、⑤ B 层和凸字形 1993 台基 2 东面的包石砌墙。平面呈方圆形，东西长 1.7、南北宽 1.5、厚 0.1 米。夯土为黄色，土质较坚硬。仅存 2 层，夯层厚 0.05 米左右，夯土表面有圆形夯窝，直径接近 0.1 米（图五八；彩版四四，1）。

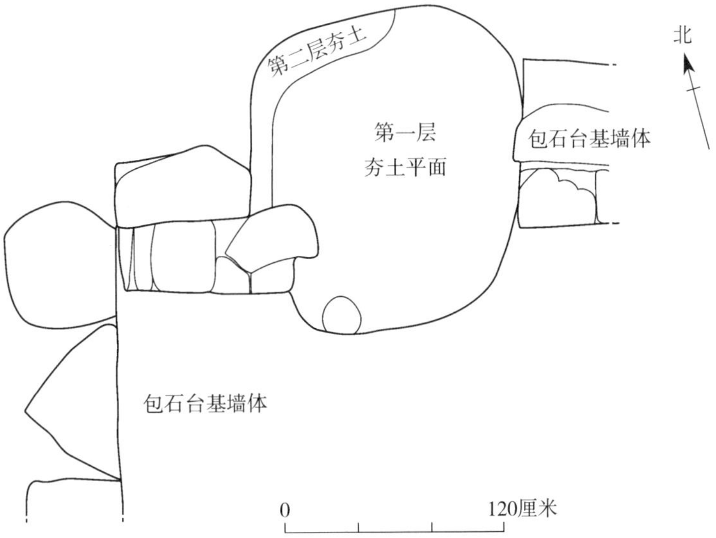

图五八　第 3 窟窟前建筑夯土柱基 7 平面图

值得注意的是，南排夯土柱基坑对应位置的东壁上残存方形柱基。如果以夯土柱基坑中心位置为准，南排夯土柱基坑 1 距东壁残存的方形柱基距离 10 米；夯土柱基坑 2 与夯土柱基坑 1 之间距离 5.1 米；夯土柱基坑 3 与夯土柱基坑 2 之间距离 5.3 米；夯土柱基坑 4 与夯土柱基坑 3 之间距离 6.2 米；夯土柱基坑 5 与夯土柱基坑 4 距离为 5.4 米；夯土柱基坑 6 与夯土柱基坑 5 距离为 5.3 米。夯土柱基坑 7 位于夯土柱基坑 5 北侧，两者之间距离 3 米。其他夯土柱基坑由于所处位置的基岩面略高地表，遗迹已经被破坏。

（二）铺砖地面

位于西前室的西北，残存铺砖地面1处，东西长约6.1、南北宽约5.05米（图五九）。其西面一直铺到西侧方形岩体，北面紧靠前室北壁，东面接近进入后室甬道的东壁，南面接近西侧方形岩体的隧道，其他经全部损毁（彩版四四，2）。这些铺地方砖全部破碎成碎块状，均为青灰色，边长38、厚约3～4厘米，表面磨损十分严重，底面有沟纹并粘有白灰。

铺砖地面的东侧正对着进入由西前室后室的窟门，系专门铺墁成甬道地面。东西残存宽约2.5、南北残存约3.15米，东、南、北三侧的铺地方砖全部残损。铺墁方式为东西向平铺9列，每列方砖残存3～7块不等，南北相邻的两列方砖左右错缝铺墁，方砖之间缝隙较细且用白灰填充。西侧的铺地方砖地面与东侧甬道地面处相连接，东西宽约3.55、南北长约4.85米。南北向平铺9列，每列方砖残存6～11块不等，东西相邻两列方砖上下错缝铺墁，方砖之间缝隙较细且用白灰填充。现存120余块方砖表面残破与磨损十分严重，最薄的厚度仅为0.03米，说明铺砖地面被长期使用（彩版四五；彩版四六，1）。

（三）前室窟顶二层平台上柱穴坑与梁槽

前室窟顶二层平台平面呈长方形，东西长49.8、南北宽7.55米。中间凿弥勒龛，东西两侧各雕方形石塔。在这个平台接近水平基岩面之上残存两列建筑遗迹，北面靠近洞窟外立壁的基岩上凿有柱穴坑，南面平台边缘的基岩上凿有一排梁槽（图六〇）。因这部分建筑遗迹20世纪60～80年代对平台上面进行过多次清理，所以，柱穴内和梁槽内均为扰土（表3-1）。

1. 柱穴坑

10个。柱穴遗迹一列，呈“一”字形东西向排列，由东向西编号辽金X1～辽金X10，其形状接近方形，大小略微不同，东西约0.6～1.1、南北约0.6～0.95、深0.05～0.018米。

（1）辽金X1

位于前室窟顶平台东北角的基岩上，距东立壁0.45米，北面紧临北侧立壁。平面接近方形，东西约0.8～0.85、南北约0.85～0.9米。柱穴内的东南角有小柱洞X1-D1，平面为圆形，直径0.18、深0.06米（彩版四六，2）。

（2）辽金X2

位于前室窟顶平台东侧的东石塔与北侧立壁之间基岩上，南与石塔边缘相接，北面距北侧立壁仅0.3米，东与辽金X1中心距离5.12米。平面接近方形，仅凿出轮廓，边长约0.65～0.7米。

（3）辽金X3

位于前室窟顶平台东明窗东部的基岩上，北面紧靠北侧立壁，西距明窗东壁仅0.5米，东与辽金X2中心距离5.05米。平面接近方形，东西约0.88～0.95、南北约0.73～0.84米。柱穴坑内仅凿出东壁和北壁，南壁与西壁风化残存轮廓。

（4）辽金X4

位于前室窟顶平台弥勒龛东侧的基岩上，北面紧靠北侧立壁，东距东明窗西壁距离约0.95米，西距弥勒龛外壁约4.1米，东与辽金X3中心距离5.3米。平面呈方形，边长约0.6～0.65米，柱穴坑内只凿出北壁和西壁，其他两侧仅存轮廓。

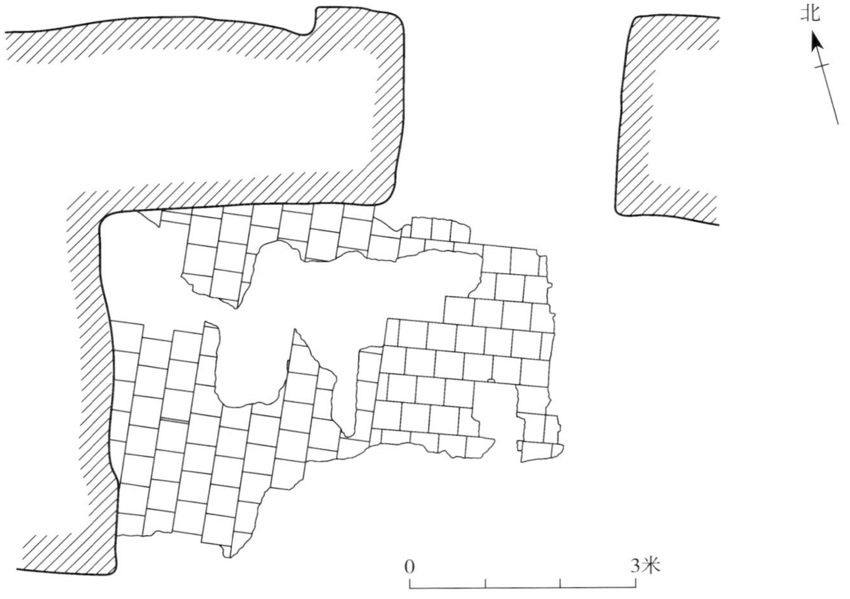

图五九　第 3 窟西前室铺砖地面平面图

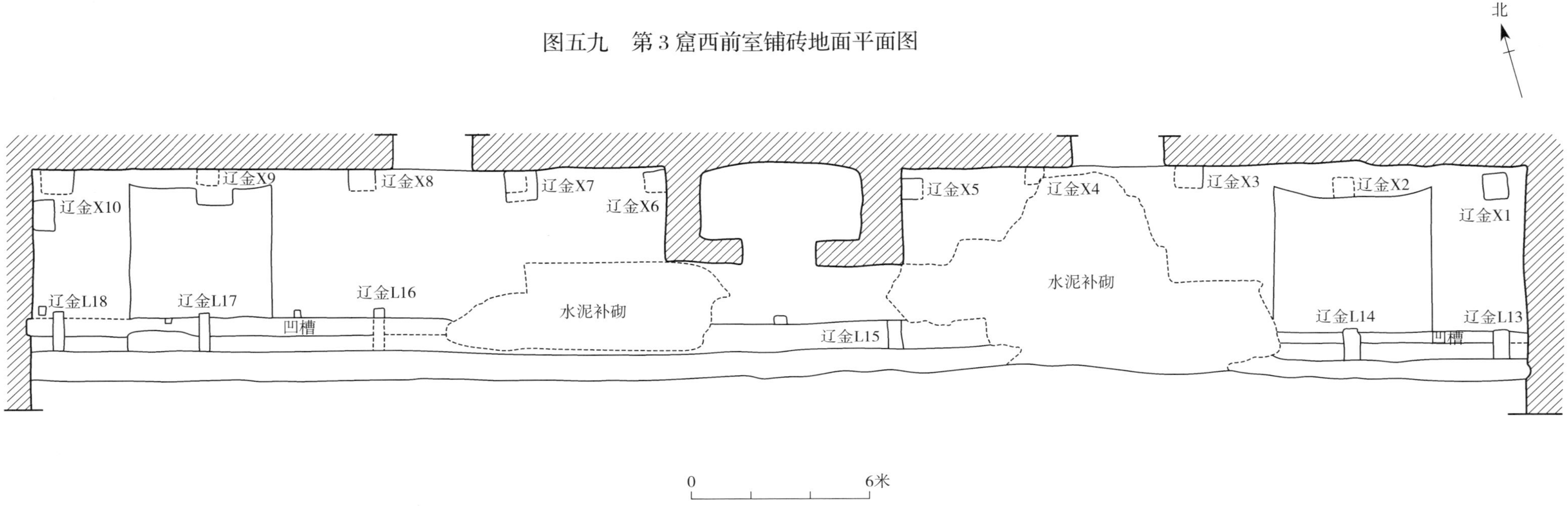

图六〇　第 3 窟前室窟顶二层平台辽金 X1 ～ X10 与辽金 L13 ～ L18 平面图

表 3-1　第 3 窟辽金时期前室窟顶平台上柱穴坑与梁槽遗迹统计表　（单位：米）

编号	柱穴					中心间距	备注
	平面形状	长	宽	深	填土		
X1	方形	0.85 ～ 0.9	0.8 ～ 0.85		扰土		
X2	方形	0.65 ～ 0.7	0.65 ～ 0.7		扰土	5.12	
X3	方形	0.73 ～ 0.84	0.88 ～ 0.95		扰土	5.05	
X4	方形	0.6 ～ 0.65	0.6 ～ 0.65		扰土	5.3	
X5	方形	0.7	0.7		扰土	4.05	
X6	方形	0.7 ～ 0.75	0.7 ～ 0.75		扰土	9.1	
X7	方形	0.7 ～ 0.75	0.7 ～ 0.75		扰土	4.05	
X8	长方形	0.8	0.9		扰土	5.3	
X9	方形	0.8 ～ 0.9	0.75		扰土	5.1	
X10	长方形	0.85	1.05 ～ 1.1		扰土	5.05	
L13	长方形	1.05 ～ 1.1	0.52		扰土	4.9	至北面辽金X1 距离
L14	长方形	1.05 ～ 1.15	0.5		扰土	5.05	至辽金 L13 距离
L15	长方形	1.1	0.31		扰土	15.85	至辽金 L14 距离
L16	长方形	0.33	0.33	0.24	扰土	16.75	至辽金 L15 距离
L17	长方形	1.35 ～ 1.4	0.32	0 ～ 0.18	扰土	5.25	至辽金 L16 距离
L18	长方形	1.35 ～ 1.4	0.4	0.13	扰土	4.95	至辽金 L17 距离

（5）辽金 X5

位于前室窟顶平台的中间弥勒龛外东壁的基岩上，北面距北侧立壁 0.3 米，东与辽金 X4 中心距离 4.05 米。平面呈方形，边长约 0.7 米，柱穴坑内仅凿出西壁、北壁，其他只有轮廓。

（6）辽金 X6

位于前室窟顶平台的中间弥勒龛外西壁的基岩上，北面距北侧立壁 0.1 米，东与辽金 X5 中心距离 9.1 米。平面呈方形，边长约 0.7 ～ 0.75 米。柱穴坑内仅存凿出东壁、北壁，其他只有轮廓。柱穴内的中央有小柱洞 X6-D1，平面为圆形，直径 0.17 ～ 0.2、深 0.17 米；东北角有小柱洞 X6-D2，平面为圆形，直径 0.18、深 0.17 米。

（7）辽金 X7

位于前室窟顶平台弥勒龛外西侧的岩石上，北面紧靠北侧立壁，东距弥勒龛外壁 4.5 米，西距西明窗的东壁约 1.05 米。东与辽金 X6 中心距离 4.05 米。平面呈方形，边长约 0.7 ～ 0.75 米。柱穴坑内只凿出东、西、北壁，南面仅有轮廓。

（8）辽金 X8

位于前室窟顶平台西明窗西壁附近的岩石上，北面紧靠北侧立壁，东距明窗西壁仅约 0.7 米，东与辽金7中心距离5.3米。平面接近方形，东西约0.9、南北约0.8米。柱穴坑内只凿出西、北壁，东壁仅存局部，南面只有轮廓。

（9）辽金X9

位于前室窟顶平台西侧的西石塔与北侧立壁之间的岩石上，北面紧靠北侧立壁，南面将石塔边缘打破，东与辽金X8中心距离5.1米。平面接近方形，东西约0.75、南北约0.8～0.9米。柱穴坑内只凿出东、南、北壁，西壁仅存轮廓。

（10）辽金X10

位于前室窟顶平台西北角的岩石上，北面紧靠北侧立壁，西面距西侧立壁0.25、东面距西石塔约2.1米。东与辽金X9中心距离5.05米。平面接近方形，东西约1.05～1.1、南北约0.85米。柱穴坑内仅凿出东壁，其他只有轮廓。

2. 梁槽

6个。梁槽一列，呈东西向“一”字形排列。因为前室部分窟顶坍塌，一些梁槽已经损毁，现存梁槽遗迹由东向西编号为辽金L13～辽金L18。梁槽形状为长方形，呈南北方向，南北长1.05～1.38、东西宽0.33～0.52、深0.13～0.24米。相邻梁槽之间有一条东西向凹槽相连接，一直延伸至东、西两立壁（图六〇）。

（1）辽金L13

位于前室窟顶平台东南角的岩石上，东面距东侧立壁0.45米，西面距东石塔东侧约1.95米。北面与辽金X1南北相对，L13与辽金X1中心距离约4.9米。平面呈长方形，南北长1.05～1.1、东西宽0.52米。

（2）辽金L14

位于前室窟顶平台东南部的岩石上，北面打破东石塔的南侧边缘。东与辽金L13中心线距5.05米。北面与辽金X2南北相对，L14与辽金X2中心距离约4.85～4.95米。平面呈长方形，南北长1.05～1.15、东西宽0.5米。

（3）辽金L15

位于前室窟顶平台的中央弥勒龛东南的岩石上，东与辽金L14中心线距离15.85米，东面的2个梁槽因东前室顶部坍塌而损坏。L15北面与辽金X5东西错位，但南面与窟前地面夯土柱基坑3南北相对。平面呈长方形，南北长1.1、东西宽0.31米。

（4）辽金L16

位于前室窟顶平台西南部弥勒龛与西石塔之间的岩石上，东面与辽金L15中心线距离16.75米，两者之间的梁槽因西前室顶部坍塌而损坏。北面与辽金X8南北相对，L16与辽金X8中心距离约4.75米，南面与前庭地面夯土柱基坑6南北相对应。平面呈长方形，可南面损毁，南北长与东西宽皆为0.33、深0.24米。

（5）辽金L17

位于前室窟顶平台西南部的岩石上，北面将西石塔打破。东面与辽金L16中心线距离5.25、西面距西侧立壁5.75米。北面与辽金X9南北相对，L17与辽金X9中心距离约4.55米。平面呈长方形，南北长1.35～1.4、东西宽0.32、深0～0.18米。

（6）辽金L18

位于前室窟顶平台西南角的岩石上，西面距西侧立壁 0.75、东距西石塔约 1.95 米。东与辽金 L17 中心线距离 4.95 米。北面与辽金 X10 南北相对，L18 与辽金 X10 中心距离约 4.6 米。平面呈长方形，南北长 1.35 ～ 1.4、东西宽 0.4、深 0.13 米。

前述辽金 L13 ～辽金 L18 的相邻梁槽之间皆有一条东西向凹槽。其中辽金 L13 ～辽金 L14 之间凹槽长 4.5、宽 0.35 米；辽金 L16 ～辽金 L17 之间凹槽长 4.9、宽 0.35 米；辽金 L17 ～辽金 L18 之间凹槽损坏严重，长 4.6、宽 0.35 米 . 最东端辽金 L13 至东侧立壁之间有凹槽，长 0.75、宽 0.4 米；最西端辽金 L18 至西侧立壁之间也有凹槽，并凿入壁面，长 0.9、宽 0.35 米（图六〇）。

以上的窟前地面两列夯土柱基坑和前室窟顶平台上一列南缘梁槽虽然有一部分遗迹损毁，但是根据目前残存的辽金 X1 ～ X10 和辽金 L13 ～ L18 的排列情况观察，与窟前地面夯土柱基坑 1 ～ 7 对应，彼此之间的关系明确，因此可以推定这是一处面阔九间的窟前木结构建筑遗迹。

（四）窟前北壁崖面梁孔和椽孔

第 3 窟前北壁崖面上方残留一排梁孔和椽孔，风化比较严重，有的梁孔已经坍塌。梁孔的正立面呈长方形，底部基本处在同一高度位置，东、西两端的梁孔基本上与前庭东、西两侧立壁的壁面相对。梁孔底部距前室顶部二层平台基岩面高约 8 ～ 8.45 米，距窟前基岩面高约 15.05 ～ 16.5 米。梁孔底部下面约 1 米处的崖面均为脆弱泥质页岩层，因洞窟稳定性较差（彩版六、七），1981 年对崖面的这层岩石和坍塌梁孔进行过维修加固复原（彩版八）。在长方形梁孔上方，有一条水平方向凹槽，凹槽内残存一排椽孔，因北面崖壁的中间坍塌和岩石风化等方面原因，造成椽孔断断续续。

1. 梁孔

12 个。

位于窟前北侧崖面上方，由东向西编号辽金 L1 ～辽金 L12（表 3-2；图六一；彩版四七，1）。2022 年 9 月 9 日借云冈石窟第 3 窟二期危岩体抢险加固工程的机会，对 12 个梁孔内部结构进行了专门调查，在辽金 L1 ～ L8 内发现仅有少量积土，而辽金 L9 ～ L12 内积土较多。从梁孔的外立面和内部结构观察，外立面呈长方形，高约 1.7 ～ 1.9、宽约 0.4 ～ 0.6 米。一般梁孔内左、右壁与顶部程度不同地残存着一些凿痕，但多数梁孔的底部风化比较严重。梁孔的内部结构则是由外向内两侧壁之间距离逐渐变宽，再往内与山顶上向下开凿的方孔相通。方孔呈竖井状，四壁较直，长、宽约 1.2 ～ 1.3 米，底部距离山顶约 10 米。方孔北壁的下端接近长方形梁孔底部凿有一个方槽，并且与外立面长方形梁孔相对应，其建筑结构比较特殊。方孔上端直通崖面上的山顶，12 个方孔的上端与底部分别处于上、下两个不同的平面之上，呈东西向排列（图六二）。因条件所限只对 L5 的外立面、内部结构与形制等一些相关遗迹情况进行详细记录，其他梁孔遗迹情况也进行调查。

（1）辽金 L1

位于窟外北面崖壁上层的东明窗上方东端[1]，梁孔的外侧壁正好与窟外的东立壁相对，距前室

[1] 第3窟梁孔在20世纪80年代进行保护维修工程时，梁孔内曾经清理出两处木炭样品，经国家文物局文物保护科学技术研究所（现中国文化遗产院）放射性碳元素年代测定，结合树木年轮断代法所获资料：WB84-39为BC90-AD76、WB84-40为AD259-AD428。虽然年轮断代法测定报告结果“3窟东方孔、3窟西方孔”详细位置不明，但是不能排除这些梁孔北魏时期在窟前修建木结构窟檐建筑的可能性。参见中国社会科学院考古研究所编《中国考古学中碳十四年代数据集1945～1991》，文物出版社，1991年，53页。

窟顶二层平台基岩面约 8 米。立面近似长方形，上宽 0.62、下宽 0.6、高 1.86 米。东、西两侧壁上部风化严重，顶部外侧已经坍塌。上方崖面有一排椽孔，残存 17 个，东端直至小方孔，向西延续到 L2 的上方崖面（彩版四七，2）。

（2）辽金 L2

位于窟外北面崖壁上层的东明窗上方东部，与窟顶二层平台上东塔的东侧塔身位置相对，距前室窟顶二层平台基岩面约 8.4 米，辽金 L2 中心与辽金 L1 中心间距为 4.7 米。立面近似长方形，上宽 0.59、下宽 0.56、高 1.75 米。东、西两侧壁与顶部及底部 1981 年维修工程进行过复原（彩版四七，2）。

（3）辽金 L3

位于窟外北面崖壁的东明窗上方偏东部，介于东明窗与东塔之间，距前室窟顶二层平台基岩面

表 3–2　第 3 窟前北立壁辽金梁孔统计表　（单位：米）

编号	位置	立面形状	尺寸	中心间距	备注
L1	东明窗上方东端	长方形	上宽 0.62 下宽 0.6 高 1.86		
L2	东明窗上方东部	长方形	上宽 0.59 下宽 0.56 高 1.75	4.7	
L3	东明窗上方偏东部	长方形	上宽 0.66 下宽 0.68 高 1.84	4.75	
L4	东明窗上方	长方形	上宽 0.66 下宽 0.7 高 1.9	4.38	
L5	东明窗上部偏西	长方形	上宽 0.38 下宽 0.53 高 1.76	4.56	
L6	弥勒洞上方稍偏东	长方形	上宽 0.49 下宽 0.56 高 1.9	4.63	
L7	弥勒洞上方稍偏西	长方形	上宽 0.55 下宽 0.55 高 1.7	4.48	
L8	西明窗上方偏东部	长方形	上宽 0.45 下宽 0.55 高 1.75	4.68	
L9	西明窗上方	长方形	上宽 0.42 下宽 0.46 高 1.72	4.48	
L10	西明窗上方偏西部	长方形	上宽 0.4 下宽 0.48 高 1.7	4.63	
L11	西明窗上方偏西	长方形	上宽 0.6 下宽 0.5 高 1.62	4.6	
L12	西明窗上方西端	长方形	上宽 0.4 下宽 0.41 高 1.68	4.5	

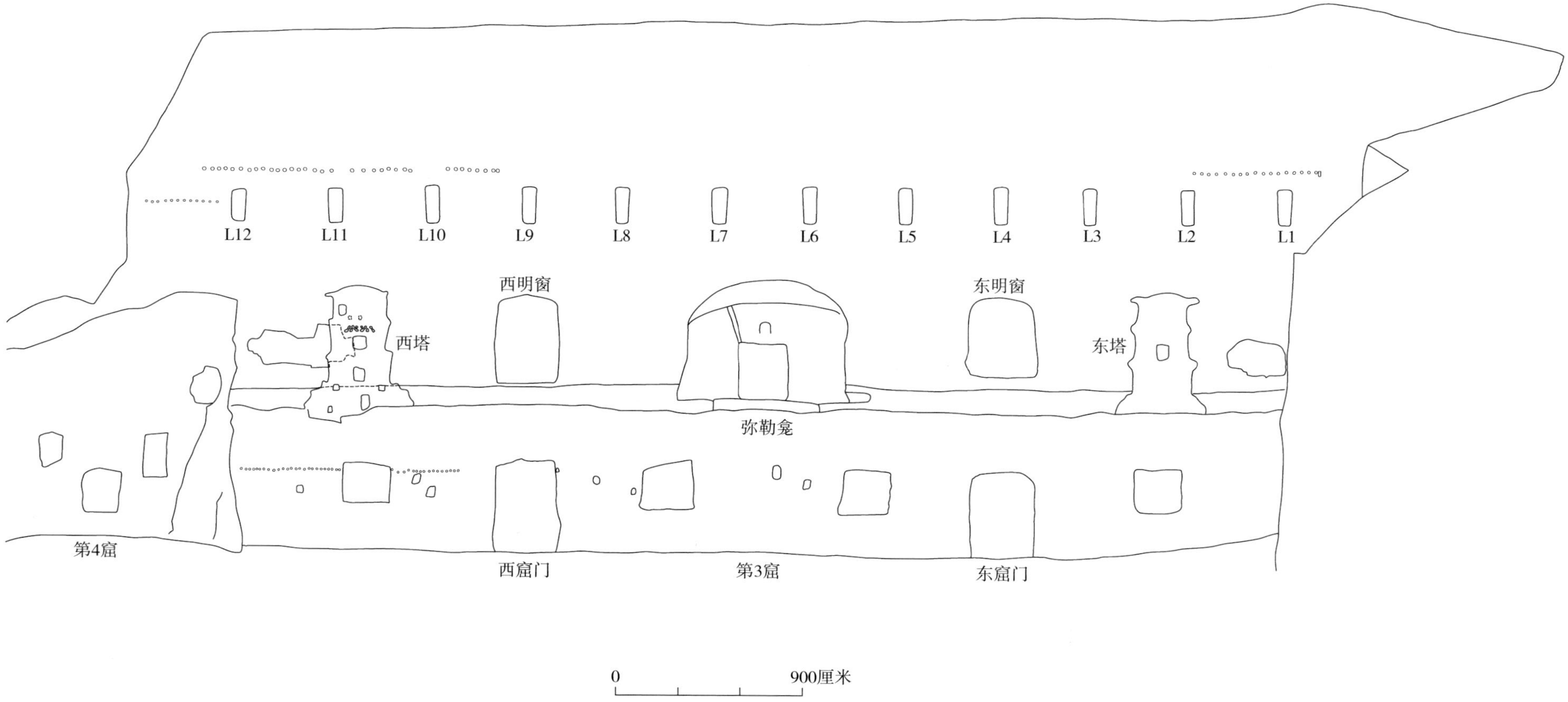

L12
L11
L10
L9
L8
L7
L6
L5
L4
L3
L2
L1
西明窗
东明窗
西塔
东塔
弥勒龛
第4窟
西窟门
第3窟
东窟门
0
900厘米

图六一　第 3 窟立面图

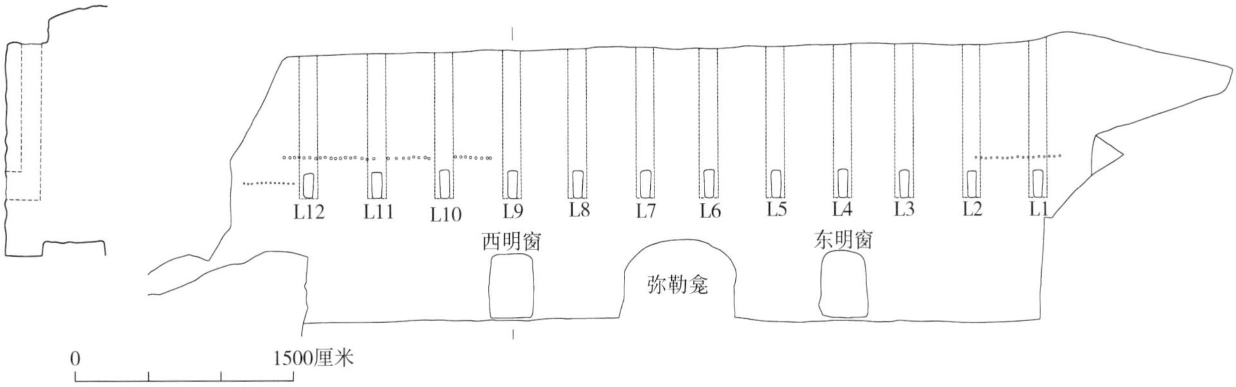

图六二　第 3 窟外立壁 L1 ～ L12 梁孔与椽孔遗迹图

约 8.2 米，辽金 L3 中心与辽金 L2 中心间距为 4.75 米。立面近似长方形，上宽 0.66、下宽 0.68、高 1.84 米。东、西两侧壁及顶部为 1981 年维修工程时复原。梁孔底部前端残留一个圆形浅窝遗迹。

（4）辽金 L4

位于窟外北面崖壁的东明窗上方，梁孔底部距离东明窗顶部为 4.55 米，距前室窟顶二层平台基岩面约 8.22 米，辽金 L4 中心与辽金 L3 中心间距为 4.38 米。立面呈长方形，上宽 0.66、下宽 0.7、高 1.9 米。左、右两侧壁和顶部及底部 1981 年维修工程进行过复原。

（5）辽金 L5

位于窟外北面崖壁的东明窗上部偏西，介于东明窗与中央弥勒洞之间，距前室顶部二层平台基岩面约 8.17 米。辽金 L5 中心与辽金 L4 中心间距为 4.56 米。立面近似长方形，上宽 0.38、下宽 0.53、高 1.76 米。梁孔东、西两侧壁与顶部的外侧风化，由梁孔口往内的两侧左、右壁间距逐渐加宽，在 1.5 米处两壁之间距离达 0.85 米；再往内与由山顶上向下开凿的方孔相通，构成一个结构完整的梁孔形式。梁孔底部凿有一条凹槽，呈南北向，南北长 2.05 ～ 2.1、东西宽 0.48 ～ 0.64 米。凹槽底部低于方孔底部 0.2 米，北端一直通到方孔中央，保存较好，南面因风化呈斜坡状。在距崖面外立壁 0.28 米凹槽底部残存有一圆形小坑，直径 0.15、深 0.02 ～ 0.05 米，此遗迹推测为防止大梁移动而固定梁架安置木榫的卯口，类似情况在辽金 L10 梁孔底部也发现木质榫头残件。后面的方孔为竖井状，四壁均为直壁，壁面有斜向凿痕。平面近似方形，南北长 1.3、东西宽 1.2、深 10 米。北壁距底部 0.14 米处凿有宽 0.5、高 0.7、深 0.18 米凹槽，并与外立面长方形梁孔相对；南壁梁孔的上方 0.4 米处凿一个宽 1.1、高 1.7、深 0.5 米凹槽，凹槽内西侧残留着未凿掉的竖条状岩石（图六三；彩版四七，4；彩版四八，1）。

（6）辽金 L6

位于窟外北面崖壁的弥勒洞上方稍偏东，距弥勒洞顶部约 3.42 米。辽金 L6 中心与辽金 L5 中心间距为 4.63 米。立面近似长方形，上宽 0.49、下宽 0.56、高 1.9 米。东、西两侧壁风化严重，顶部已经坍塌并且有一条斜向裂隙。

（7）辽金 L7

位于窟外北面壁的弥勒洞上方稍偏西，距弥勒洞顶部约 3.5 米。辽金 L7 中心与辽金 L6 中心间距为 4.48 米。立面近似长方形，上宽 0.55、下宽 0.55、高 1.7 米。东侧壁坍塌并且风化严重，西侧壁风化，顶部坍塌。

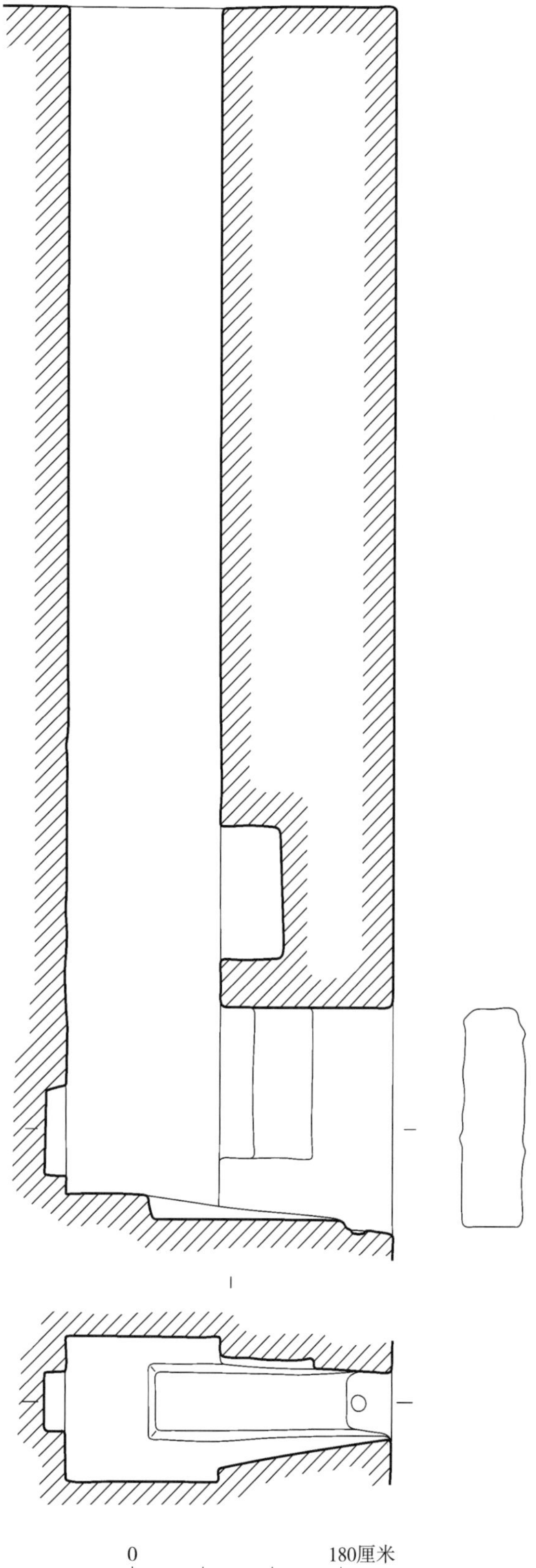

图六三　第 3 窟窟前建筑北壁 L5 梁孔平、立、剖面图

（8）辽金 L8

位于窟外北面崖壁的西明窗上方偏东部，介于西明窗与弥勒洞之间，距前室顶部二层平台基岩面约 8.03 米。辽金 L8 中心与辽金 L7 中心间距为 4.68 米。立面近似长方形，上宽 0.45、下宽 0.55、高 1.75 米。东、西侧壁的上部及顶部风化，东、西侧壁的下部与底部 1981 年维修工程加固修整。

（9）辽金 L9

位于窟外北面崖壁的西明窗上方，距西明窗上缘 4.4 米，距前室顶部二层平台基岩面约 8.24 米。辽金 L9 中心与辽金 L8 中心间距为 4.48 米。立面近似长方形，上宽 0.42、下宽 0.46、高 1.72 米。东侧壁坍塌严重，西侧壁风化，顶部坍塌。底部在距崖面外立壁 0.25 米处残存有一圆形小坑，直径 0.13、深 0.06 ～ 0.11 米，遗迹为固定木梁底部木榫的残留卯口（彩版四七，5；彩版四八，2）。

（10）辽金 L10

位于窟外北面崖壁的西明窗上方偏西部，介于西明窗与西塔中间，距前室顶部二层平台基岩面约 8 米。辽金 L10 中心与辽金 L9 中心 4.63 米。立面近似长方形，上宽 0.4、下宽 0.48、高 1.7 米。东、西侧壁的上部及顶部风化严重，底部在距崖面外立壁 0.25 米处残存有一方形小坑，东西宽 0.12、南北长 0.14、深 0.08 ～ 0.15 米。坑内残留着一个长 0.12、宽 0.08、高 0.035 米木质榫头之物[1]（彩版四八，3、4）。上方崖面残存一排风化的椽孔。

（11）辽金 L11

位于窟外北面崖壁的西明窗上方偏西，与

[1]　2022年9月9日在云冈第3窟调查外立壁崖面上的梁孔遗迹时，云冈研究院范潇博士生专门就新发现第3窟L10梁孔内残存木质物进行采集取样。在北京大学文博学院采用加速器质谱分析方法（AMS），利用Oxcal v4.4.4软件和IntCal20校正曲线对数据进行树轮校正，测得年代为辽代974AD (91.0%) –1034AD。详情参见范潇等《云冈石窟古代修复活动:碳14测年与考古调查的相互验证》（待刊）。

二层平台上西塔下层塔身西边缘线相对，距前室顶部二层平台基岩面约8.3米。辽金L11中心与辽金L10中心4.6米。立面近似长方形，上宽0.6、下宽0.5、高1.62米。东、西两侧壁坍塌严重，周围岩石有多条不同方向的裂隙（彩版四七，3）。

（12）辽金L12

位于窟外北面崖壁的西明窗上方西端，梁孔的外侧壁与窟外的西立壁相对，距前室顶部二层平台基岩面约8.45米。辽金L12中心与辽金L11中心为4.5米左右。梁孔立面近似长方形，上宽0.4、下宽0.41、高1.68米。东、西两侧壁风化严重。上方残存一排椽孔，分别向东、西两侧延伸。另外，北魏L12的西侧有一排较小椽孔（彩版四七，3）。

2. 椽孔

42个。

位于L1～L12长方形梁孔上方的水平方向凹槽内。东侧L1与L2之间的上方，保存梁孔18个。梁孔近似圆形，宽0.16～0.18、高0.22～0.25米，两个相邻椽孔间中心距离0.37～0.4米。西侧L10的上方和L12之间的上方，分别保存梁孔9个和15个。梁孔近似圆形，直径约0.25米，两个相邻椽孔间中心距离约0.4米（图六一；彩版四七，2、3）。

另外，在L12西侧中间偏上处有一排小椽孔，共12个。椽孔近似圆形，直径0.1～0.12米，两个相邻椽孔间距离0.28～0.3米（图六一；彩版四七，3）。

二　其他建筑遗址

第3窟后室东侧清理出“曲”字形石砌墙体房屋建筑遗址，编号为F1。东前室清理出“L”形石砌墙体，可能为土炕遗址编号为F2和火炕遗迹编号为F3。

1. 房屋F1

曲字形石砌墙体。位于后室的东南角处，在探沟G1南部和探沟G3东部有一道石砌墙体，这道石砌墙体平面呈“曲”字形，一端与后室南壁东窟门的东壁相互连接，一直向北延伸至距后室“凸”字形北壁的西北突出的角边留出一条约0.8～1米的过道，过道平面接近“L”形，另一端一直向后室东壁连接，这样在后室东南角形成了一个封闭空间，显然为一处建筑遗迹（图六四）。

墙体均用石片垒砌，石片之间缝隙以黄土填筑，发现于探沟G1、G3的第②层中。墙体一般宽约0.57～0.68、高0.05～0.5米。可以分成四段，西墙和北墙各有两段。东墙与南墙借助后室洞窟东、南两壁的壁面围合而成。其中，西石砌墙1直接垒砌在后室东窟门的基岩地面之上，呈南北向，南端启自后室东窟门的东壁位置，距后室东壁约8.2米。墙体长3.6、宽0.6～0.65、残高0.3～0.5米。西石砌墙1的外侧（西侧）下利用基岩地面凿成两层石阶。北石砌墙1也是直接垒砌在基岩地面之上，呈东西向，墙体西端与西石砌墙1北端连接并且形成外直角，墙体外侧与后室“凸”字形西北突出北壁距离0.8米。墙体长3.1、宽0.57、残高0.05～0.22米。西石砌墙2同样直接垒砌在基岩地面之上，呈南北向，墙体南端与北墙1东端连接且形成内直角，墙体外侧与后室“凸”字形西北突出西壁距离1米。墙体长2.6、宽0.6米。中间留宽约1米的门道。北石砌墙2直接垒砌在第⑤A层之上，墙体内外两侧与墙体顶部均被第②层覆盖，呈东西向，东端与后室东壁相连接。墙体残长3.5、宽0.52～0.57、残高0.1～0.28米。西、北两侧墙体依据洞窟结构因地制宜地进行垒砌，形成了平

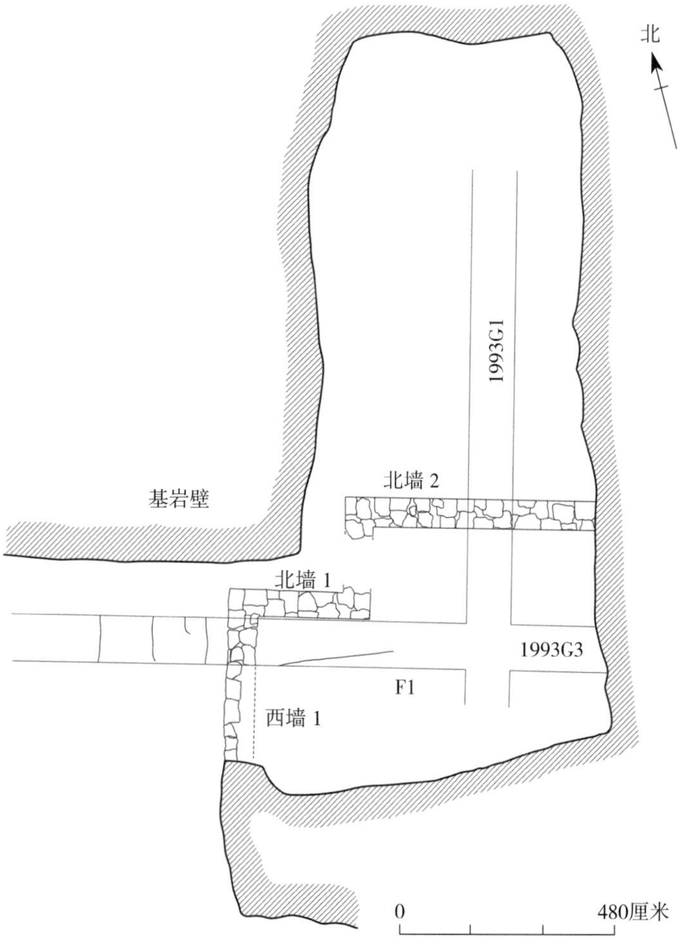

图六四　第 3 窟后室房屋 F1 曲字形石砌墙体平面图

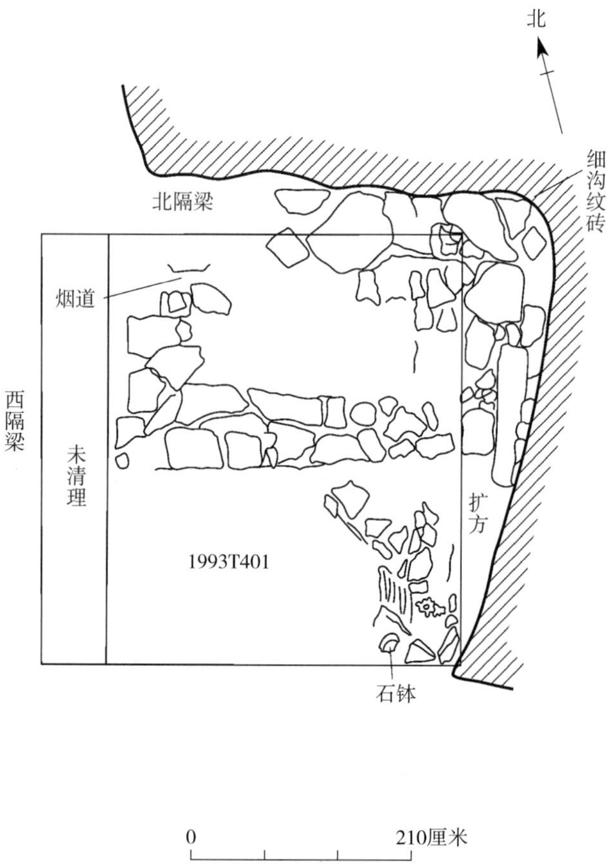

图六五　第 3 窟东前室房屋 F2 遗迹平面图

面为“曲”字形结构建筑。

2. 房屋 F2

位于东前室的东北角，分布在 1993T401 东北部和北隔梁之下以及 1993T401 东扩方处。叠压于第②层之下，损毁严重，仅存一部分石片垒砌墙体、铺石地面遗迹（图六五）。

墙体：西面与南面两侧有段段续续用石片垒砌的墙基，呈“L”字形。西面墙基为南北方向，北端接近进入后室窟门的东壁，即东前室北壁，长约 2.60 米；南面墙基为东西方向，与西墙基连接呈直角，距东前室北壁约 2.40 ～ 2.60 米，长约 3.30 米。“L”形石砌墙基的外侧比较整齐，内侧垒砌的则参差不齐。石砌墙基的西北处，残存黑色烟灰与黄色泥土，已经被扰乱，这里可能是屋内灶坑的烟道。

铺石地面：位于房屋内的东北角，分布在 1993T401 探方东北和东隔梁及北隔梁之下。叠压在第③层底部，用薄石板铺石地面，下叠压第⑤ A 层。平面近似于正方形，长、宽均为 2.70 米。东、北两侧一直铺到东壁与北壁，但是西南与第⑤ B 碎石层表面连接处则用泥抹平。

3. 房屋火炕 F3

位于东前室的南部接近窟门，分布在 1993T402 探方南部及南扩方。叠压于第②层之下，损毁比较严重，仅存火炕的灰坑与烟道（图六六、六七）。

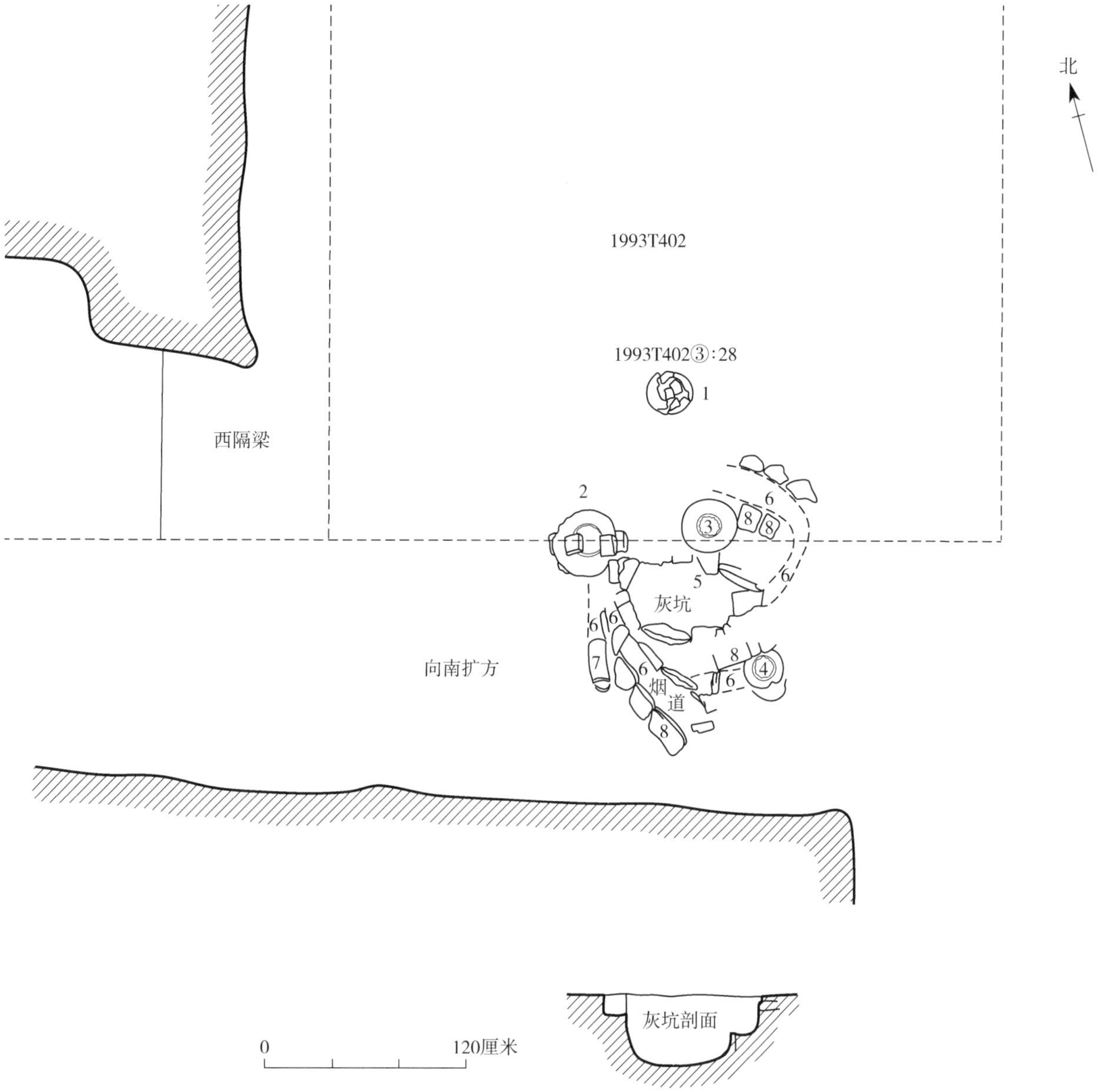

图六六　第3窟东前室房屋F3火炕遗迹平面图

1～4.灰陶罐　5.灰坑　6.烟道　7.瓦　8.细沟纹砖

火坑的中央为烧火灰坑，周围有四个陶罐。烧火灰坑接近不规则形，长约0.80、宽约0.40、深0.40米。灰坑内周壁用不规整石板竖立砌筑。在灰坑的东、西壁两侧各有一个烧火口，与烟道相互连接。其中，东壁烧火口连接一条烟道，烟道呈“C”字形，弯曲长度约1.20、宽约0.08～0.18米。西壁烧火口先连接一条烟道，进入烟道内又分成两条。外侧烟道较短且窄，残长约0.45、宽约0.08～0.10米，上面用瓦覆盖。靠近灰坑的主烟道略长且宽，残长约0.95、宽约0.08～0.22米。主烟道的内侧又有一条辅助烟道，残长约0.30、宽约0.12米的，并且与陶罐4（1993T402③：28）连通。烧火灰坑的东北角、西北也各有一个烧火口，分别与陶罐3、陶罐2（1993T402③：1）相连通。烟道一般多以石块垒砌，也有用红色或灰色细沟纹砖砌筑。陶罐1（1993T402③：27）较为完整，陶罐3已经损坏。陶罐全部倒置在第⑤B层碎石中，内填满炭灰。陶罐2、4口、颈部均残缺，底部被专门有意敲掉。

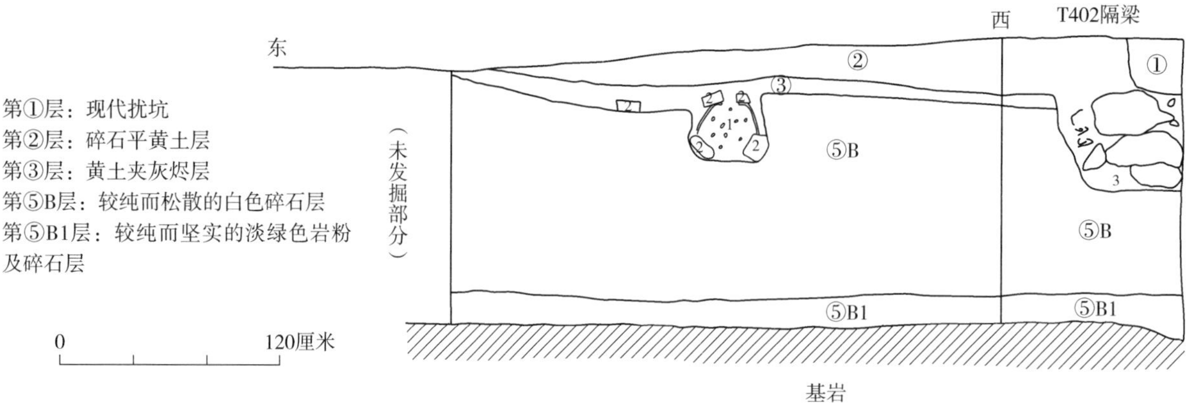

图六七 第3窟东前室房屋F3火炕遗迹剖面图

1.陶罐 2.砖块 3."崇宁重宝"铜币

三 灰坑

1993T401 北 H1

位于1993T401北面的东前室与后室的甬道之间，叠压在② A、② B 层之下。

在东前室进入后室的甬道之内，由于前室入口处有一道宽度为0.80～1.5、高约2米、厚约0.5米用石块垒砌的封洞石墙，将甬道中间部分封堵（彩版一〇，1），从而在甬道内和后室形成了较厚的堆积层。第①层为扰土层，第②层南面与东前室1993T401、1993T402第②层相连，东面和西面为前、后室之间的甬道东、西两壁，北面后室处则为未揭取基岩形成倾斜基岩面，从北向南倾斜，底部凸凹不平。这部分地层堆积分上下两层：上层第② A 层，灰黄色土层，地层堆积从北向南倾斜，距后室地表深0.5～1.05米，厚0.20～0.45米。结构疏松，出土有砖、瓦等。下层第② B 层，黑灰色土层，地层堆积从北向南倾斜，距后室地表深0.82～2.5米，厚0.37～0.96米。出土有辽、金时代瓷片、陶片及建筑构件等。在甬道内靠近西壁处的第② B 层下部有一处倒"L"字形石墙，仅距甬道东壁0.6～0.8米，这样就形成一条南北向通道。石墙由大石块垒砌而成，外侧比较规整，内侧残差不齐。石墙之内用石块、瓦片及陶瓷器残片等填充。北墙长约1.55米，东墙长约1.4米，残存高度0.3～0.5米，其南部被封洞石墙破坏（图六八）。

1993T401北H1距后室地表深2.4～3.00米，开口于第② B 层之下。平面为不规则形，南似直壁，东、西两壁就是前后室之间甬道的东、西壁面，北壁为未揭取基岩形成的台阶。底部不平，北面浅、南面深。北面直接叠压在基岩面，南面打破第③、⑤ B 层。灰坑的上面距甬道顶高度约1.80米，用厚度约0.07米，形状不规则的石板铺平，从而形成了比较平整的使用面。灰坑内为黑灰土堆积，厚0.23～0.42米。出土有唐代白釉碗（1993T401北H1∶3），辽、金时期建筑材料瓦件和陶器瓷片。所以，形成时间可能与辽金时期维修洞窟有关（图六九）。

四 地层出土遗物

主要有建筑材料、泥塑像、生活生产用具。

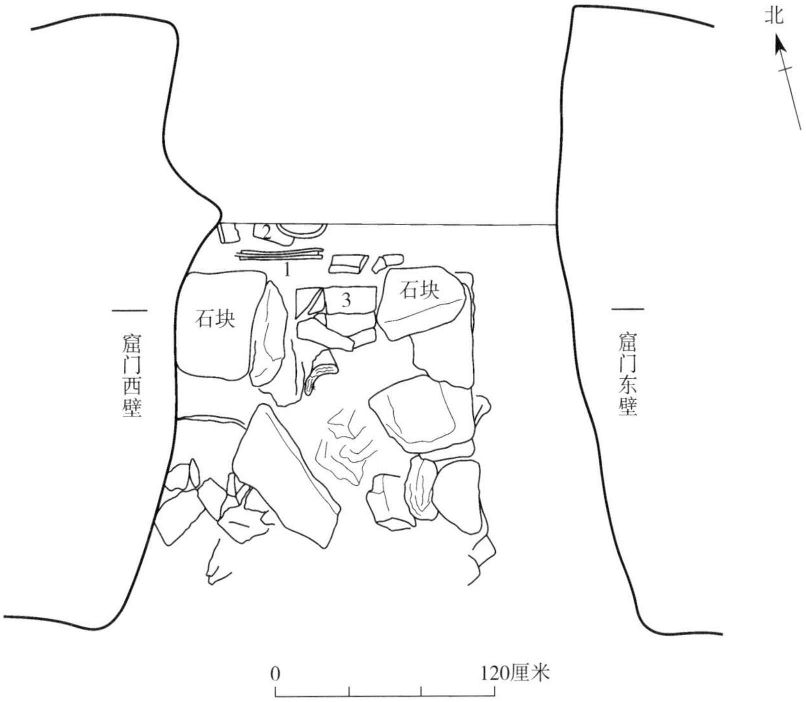

图六八　第 3 窟东前室与后室之间灰坑遗迹图

1、3.板瓦　2.黑釉瓷罐　4.檐头板瓦

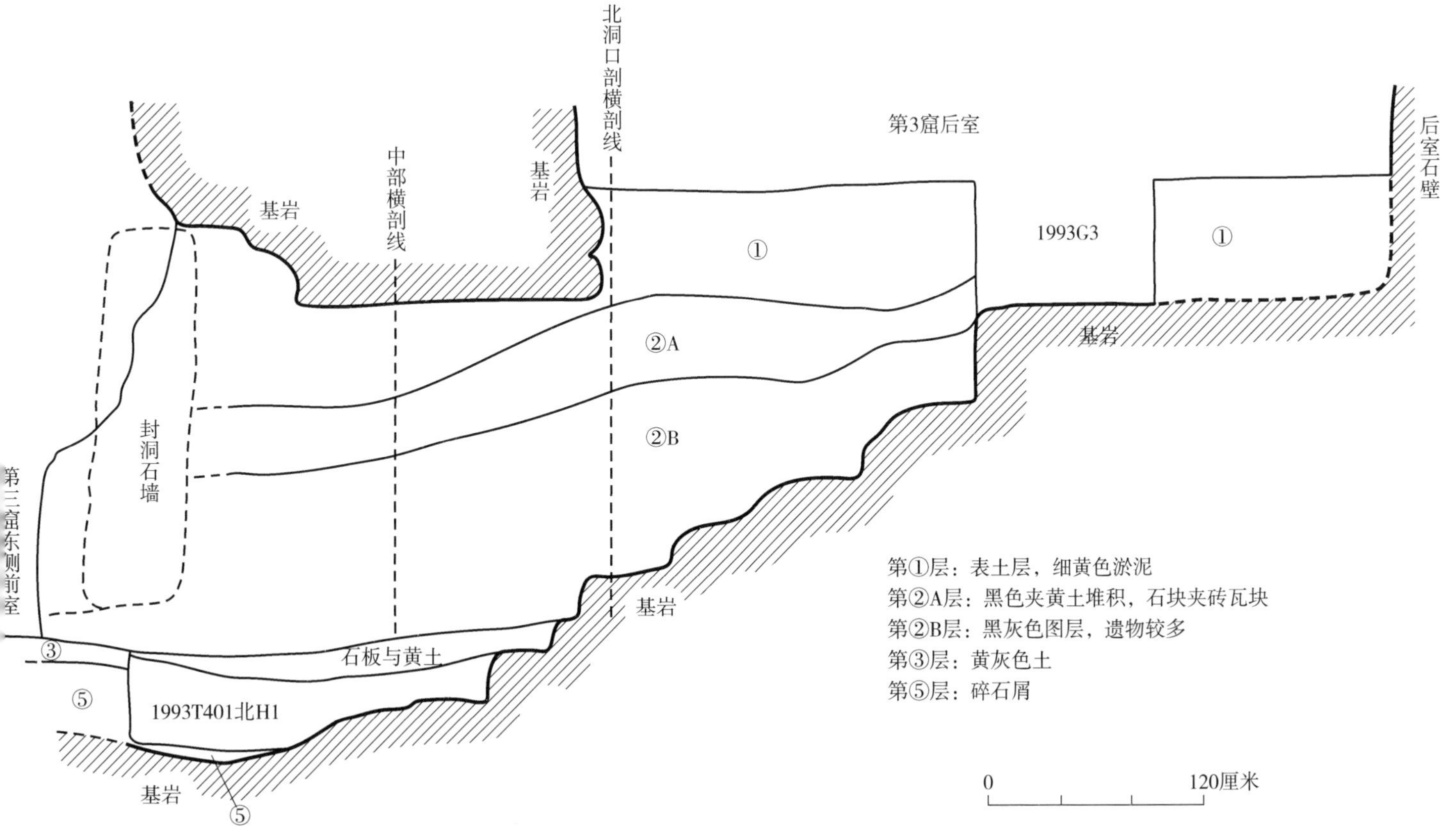

图六九　第 3 窟东前室与后室之间灰坑遗迹剖面图

（一）建筑材料

标本122件。其中有砖6件、有灰陶板瓦21件、檐头板瓦27件、筒瓦28件、瓦当28件、瓦带条5件、脊兽6件、铁件1件。

1. 条砖

（1）粗绳纹长条砖

3件。

标本1993T402③：1，残。灰陶质地，经火烧局部变红。正面磨损，底面有较多的粗绳纹印痕。长18、宽15.5、厚5.5厘米（彩版四九，1）。

标本1993T402③：9，残。灰陶质地，底面有较多的细绳纹印痕。长35、宽15.5、厚5.5厘米（彩版四九，2）。

标本1993T401北③：7，灰陶质地。底面有较多的细绳纹印痕。长35、宽15.5、厚5.5厘米（彩版四九，3）。

（2）沟纹长条砖

1件。B型。

标本1993T401北②B：55，残。略微变形，正面起甲，底面有较细的六条沟纹，沟纹内似为缠着细绳的棒状物压印而成。长33.5、宽18.3、厚5.2厘米（彩版四九，4）。

另外，2件沟纹砖残损严重，难以判断属于长条砖和方砖。

标本1993T401北②B：6，残。正面较平整，底面残存五条沟纹。底面残留大量白灰痕迹，正、侧面残留白灰少许。残长15.5、宽16.3、厚5.2厘米（彩版四九，5）。

标本1993T104③A：6，残。正面较平整，底面残存三条沟纹。残长15.5、宽16.3、厚5.2厘米（彩版四九，6）。

2. 灰陶板瓦

21件。泥质灰陶，泥条盘筑。平面呈梯形，截面为弧形。凹面布纹，凸面简单修整。两侧边凹面一侧切痕较小，破面未修整。窟前遗址依据板瓦宽端端头直切或斜切，分A、B两型。

A型　1件。端头齐直，瓦身较薄。

标本1993G3北①：14，仅存宽端局部一小块。凹面布纹较细。凸面可见横向修整痕迹。切痕占瓦身厚度的1/3左右。厚2厘米。

B型　20件。端头斜直，瓦身整体较厚，薄者很少。凹面布纹粗疏。依据凹面近宽端处有无修整分二亚型。

Ba型　9件。凹面近宽端处无抹修。

标本1993T104北③A：2，仅存宽端局部。凸面可见横向修整痕迹。切痕较窄，仅占瓦身厚度的1/5左右。厚2.4厘米。

标本1993T216②B：1，仅存宽端局部。瓦身较薄。凸面修整较光滑。切痕占瓦身厚度的1/3左右。宽端宽26、厚2～2.8厘米。

标本1993T213③：2，仅存宽端局部。瓦身较薄。凸面可见横向修抹痕迹。厚2.2厘米。

标本1993T401北②B：1，仅存宽端局部。瓦身较厚。凹面粘有白灰，近宽端处可见内模所留的凹槽。切痕占瓦身厚度的1/3左右。残长23、宽端宽24.5、厚2厘米（彩版五〇，1）。

标本1993T401北②B：3，尾部残缺。瓦身较薄。近宽端处可见内部模具所留的凹槽。切痕占瓦身厚度的1/4左右。残长33.5、宽端宽24、厚2厘米（图七〇，1；彩版五〇，2）。

标本1993T401③：13，尾部残缺。瓦身较薄。切痕占瓦身厚度1/3。残长16、宽端宽25.5、厚2.2厘米（彩版五〇，3）。

标本1993T401③：20，残。瓦身较薄。切痕一侧占瓦身厚度1/2，一侧占瓦身厚度1/4。残长28、宽端残宽22、厚2厘米（彩版五〇，4）。

标本1993T401北②B：32，尾部缺失。瓦身较厚。切痕占瓦身厚度的1/10左右。残长24.5、宽端宽24、厚2～2.4厘米（图七〇，2；彩版五〇，5）。

标本1993T401北②B：33，可复原。瓦身较薄。切痕占瓦身厚度的1/5左右。长40.5、宽22.5～25.5、厚1～2厘米（尾端斜切）（图七〇，3；彩版五〇，6）。

Bb型　11件。凹面近宽端处削薄修抹或修抹。

标本1993G1②：9，仅存宽端局部。切痕占瓦身厚度的1/4左右。端头厚2.5、瓦身厚3厘米。

标本1993T401北②B：2，可复原。切痕占瓦身厚度的1/4左右。长38、宽22.5～24.5、厚2～2.5厘米（图七〇，4；彩版五一，1）。

标本1993T401北②B：4，残。窄端缺失，宽端凹面削薄抹圆。两侧切痕较窄，仅占瓦身厚度的1/4左右。瓦身残长32、宽28.5、厚1.8～2.8厘米（彩版五一，2）。

标本1993T401北②B：28，可复原。瓦身较厚。近宽端处可见内部模具所留的凹槽。凸面可见横向修抹痕迹，粘有大片泥痕。切痕较窄，不足瓦身厚度的1/6。长45.7、宽28～32、厚2～2.5厘米（图七〇，5；彩版五一，3）。

标本1993T401北②B：29，尾部缺失。因二次火烧陶色不均，局部变为红色。凹面可见泥条接痕，泥条宽2～5厘米不等。切痕较窄，不足瓦身厚度的1/10。宽端宽28.5、厚2.5～3.8厘米。

标本1993T401北H1：1，完整。由宽端到窄端渐薄，切痕占瓦身厚度的1/3左右。凸面可见烧制时所留的星状爆裂纹。长38.5、宽28、厚2.3厘米。

标本1993T401北②B：31。瓦身较厚。切痕较浅，约占瓦身厚度的1/10左右。长47、宽端宽32.5、窄端宽28、厚2.5厘米（彩版五一，4）。

标本1993T401北②B：34，可复原。瓦身较厚。近宽端处可见一排内模痕迹，宽均2.5厘米，可能为木板或竹片，近窄端处修抹。切痕占瓦身厚度的1/5左右。长45.5、宽端宽27、窄端宽22.5、厚2～2.7厘米（图七〇，6；彩版五一，5）。

标本1993T401北②B：35，仅存宽端局部。凸面表皮风化剥落严重。近宽端处可见内模所留的凹槽。切痕较窄，仅占瓦身厚度的1/5左右。宽端宽28.5、厚2.5厘米（彩版五一，6）。

标本1993T401北②B：27，仅存宽端局部。瓦身较厚。近宽端处可见内模所留的凹槽。切痕很窄，不足瓦身厚度的1/10。残长18、残宽27、厚2～2.5厘米。

标本1993T401北②B：30，尾部缺失。因二次火烧陶色不均，局部变为红色。瓦身较厚。凹面可见泥条接痕，泥条宽3厘米。切痕占瓦身厚度的1/5左右。残长36、宽端宽29、厚2.5～3厘米。

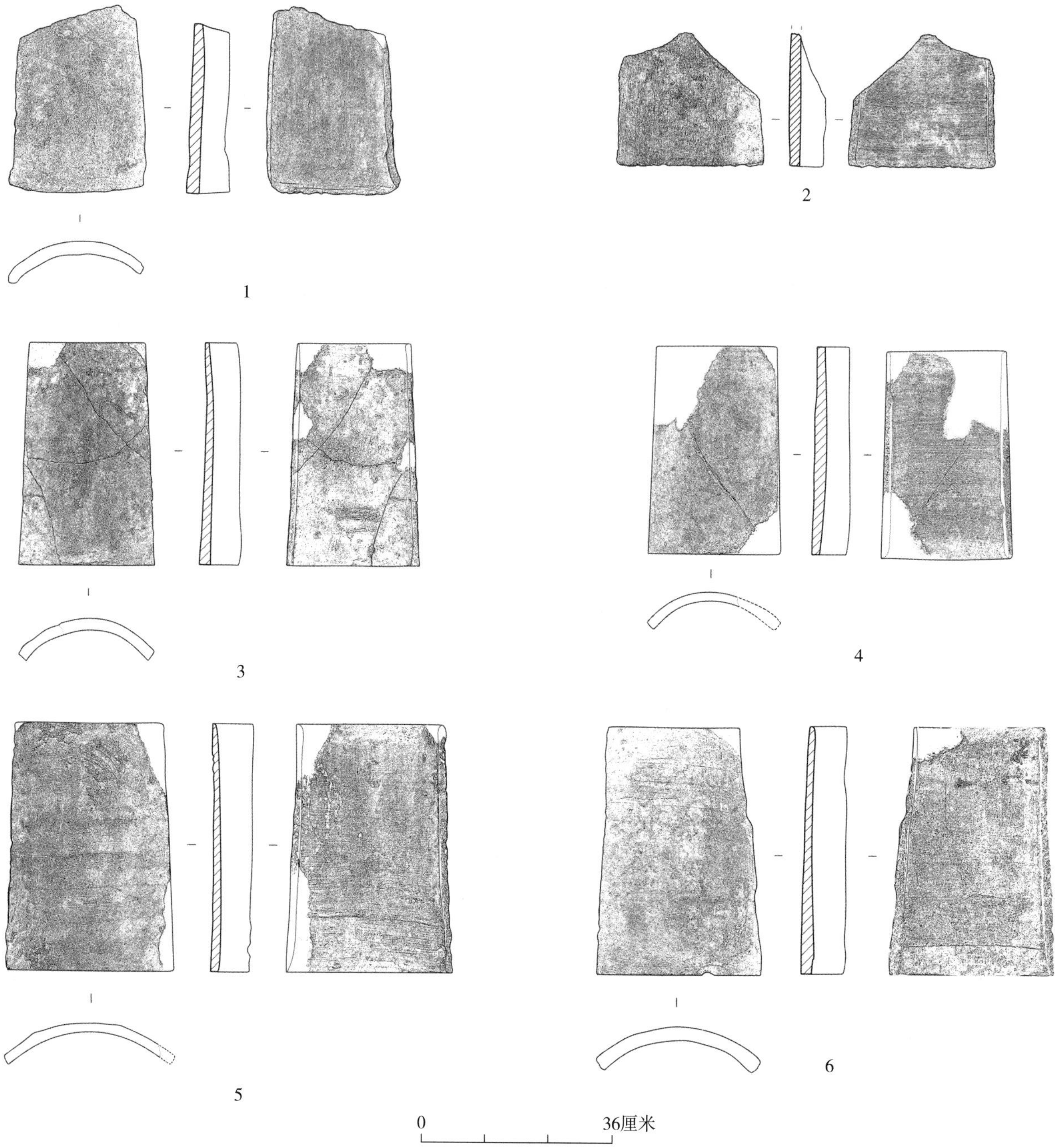

图七〇 第3窟地层出土辽金时期灰陶板瓦

1～3.Ba型 1993T401北②B：3、1993T401北②B：30、1993T401北②B：32、1993T401北②B：33 4～6.Bb型 1993T401北②B：2、1993T401北②B：28、1993T401北②B：34

3. 檐头板瓦

27件。本区根据端面装饰的变化不同，分为A、B、C型。

A型 11件。仅存山顶Aa、Ab型。端面划出5道泥条，根据泥条装饰不同分两亚型。

Aa型 5件。第2道泥条戳切，戳切工具为扁方形，为斜向戳痕，最下面的泥条用缠细绳的棒状物倾斜向上按压，因按压幅度较大，使第4道泥条受到挤压呈波浪形。

标本 1993T210 ②：6，残。瓦身较薄，最下方残存 2 个半凹坑，第 4 道泥条波浪形幅度较大。瓦身残长 8、宽 9.6、厚 2.2 厘米，端面高 4.8、厚 2.6 厘米（图七一，1；彩版五二，1）。

标本 1993T106 ① C：1，残。瓦身较薄，最下方残存 5 个凹坑，第 4 道泥条波浪形幅度较小。瓦身残长 17、宽 18.5、厚 2.3 厘米，端面高 4、厚 1.4 厘米（图七一，2；彩版五二，2）。

标本 1993T401 北② A：60，残。一侧切痕均占瓦身厚度的 1/3 左右，最下方残存 5 个凹坑，第 4 道泥条波浪形幅度较大。瓦身残长 5.5、宽 19、厚 2.6 厘米，端面高 5、厚 2.2 厘米（彩版五二，3）。

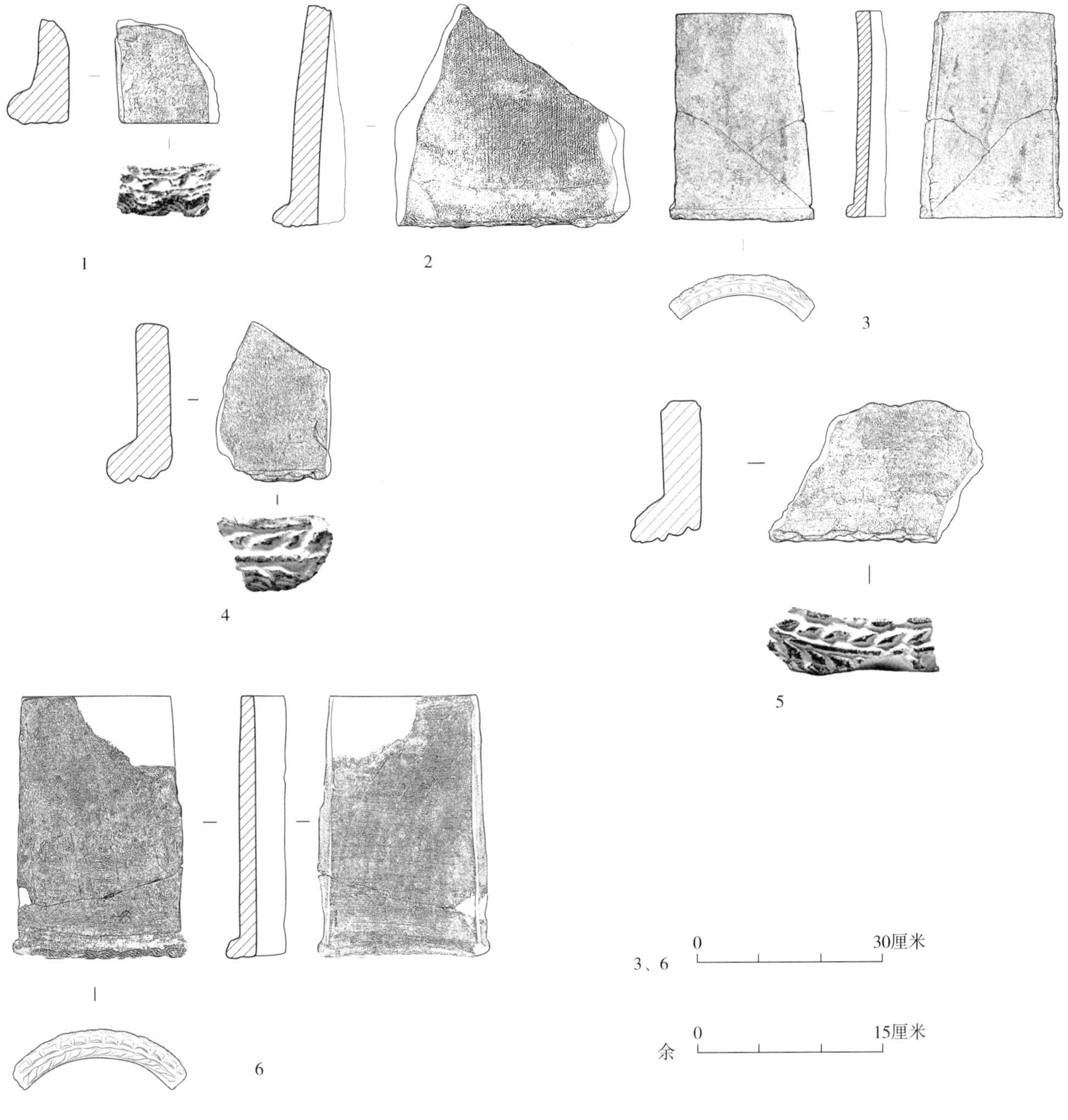

图七一　第 3 窟地层出土辽金时期檐头板瓦

1 ～ 3.Aa 型檐头板瓦 1993T210 ②：6、1993T106 ① C：1、1993T401 北② B：48　4 ～ 6. Ab 型檐头板瓦 1993T210 ②：8、1993T209 ② A：10、1993 采：6

标本1993T401北②A：62，残。瓦身略厚，最下方残存2个凹坑，第4道泥条下部被戳切，同时被最下泥条挤压。瓦身残长5、宽9、厚2.6厘米，端面高5.2、厚2.6厘米（彩版五二，4）。

标本1993T401北②B：48，完整。瓦身略薄，切痕较窄，约占瓦身厚度的1/3左右，破面未修整。长37.7、宽27.7、厚2.3厘米（图七一，3；彩版五二，5、6）。

Ab型　6件。第2、4道泥条戳切，戳切工具为扁条形，为斜向倾斜戳痕，切痕较深，两道泥条的戳痕方向相反。最下面的泥条用缠细绳的棒状物倾斜向上按压，疏密有别。

标本1993T210②：8，残。胎体致密。瓦身较厚，切痕较宽，占瓦身厚度的1/2左右，破面未修整，最下方残存2个凹坑。瓦身残长12.5、宽8.5、厚3厘米，端面高4.8、厚2.3厘米（图七一，4；彩版五三，1）。

标本1993T209②A：10，残。瓦身较厚。最下方仅残存2个凹坑。瓦身残长10.5、宽14、厚3厘米，端面高5、厚2厘米（图七一，5；彩版五三，2）。

标本1993T210②：9，残。瓦身残长2.5、残宽9.2厘米，端面高4.8、厚2.3厘米（彩版五三，3）。

标本1993G2①：1，残。瓦身残长6.2、残宽5.1、厚2.4厘米，端面高4、厚2.3厘米（彩版五三，4）。

标本1993T401北②A：57，残。瓦身较厚，局部残留烟熏痕迹。最下方残存2个半凹坑。瓦身残长7、宽11、厚3.2厘米，端面高5.2、厚1.9厘米（彩版五三，5）。

标本1993采：6，完整。瓦身较薄，切痕较窄，约占瓦身厚度的1/4左右，破面未修整，最下方残存2个凹坑。瓦身残长40.5、宽28、厚2.5厘米，端面高4.2、厚1.9厘米（图七一，6；彩版五三，6）。

B型　10件。端面划出4道泥条，根据泥条装饰不同分两亚型。

Ba型　2件。第2道泥条被尖扁条形工具戳断，为斜向倾斜戳痕，切痕较深。最下面的泥条用缠细绳的棒状物倾斜向上按压。

标本1993T401北②B：2，残。宽、窄两端均残损，两侧切痕宽窄不一。瓦身残长36.5、宽26.5、厚2.8厘米，端面高4.2、厚1.3厘米（图七二，1；彩版五四，1）。

标本1993T404②A：1，残。瓦身厚度较均匀，一侧切痕很窄，仅占瓦身厚度的1/5左右，最下方残存1个半凹坑。瓦身残长12.7、残宽9.4、厚2.5厘米，端面高4.2、厚1.5厘米（彩版五四，2）。

Bb型　8件。第2道和第3道泥条戳切，第2道泥条的戳切工具为带有三个尖圆头并列的工具，第3道泥条的戳切工具为带有两个尖圆头并列的工具，切痕倾斜且较深，两道泥条的戳痕方向相反。最下方的泥条用缠细绳的棒状物倾斜向上按压，形成比较密集凹坑。

标本1993T401北②A：18，残。瓦身略薄，一侧切痕较浅，破面未修整，最下方残存2个凹坑。瓦身残长6、残宽9、厚2.6厘米，端面高4.5、厚2.4厘米（彩版五四，3）。

标本1993T401北②A：38，残。最下方残存5个凹坑。瓦身残长9、宽17.5、厚2.5厘米，端面高5、厚2.4厘米（彩版五四，4）。

标本1993T401北②A：21，残。瓦身略薄，凹面有布纹，两面切痕占瓦身厚度的1/3左右，破面未修整，最下方残存10个凹坑。瓦身残长29.4、宽28、厚2.5厘米，端面高5、厚2.4厘米（图七二，2；彩版五四，5）。

标本1993T401北②A：20，残。瓦身较薄，凹面有布纹，两面切痕占瓦身厚度的1/3左右，破

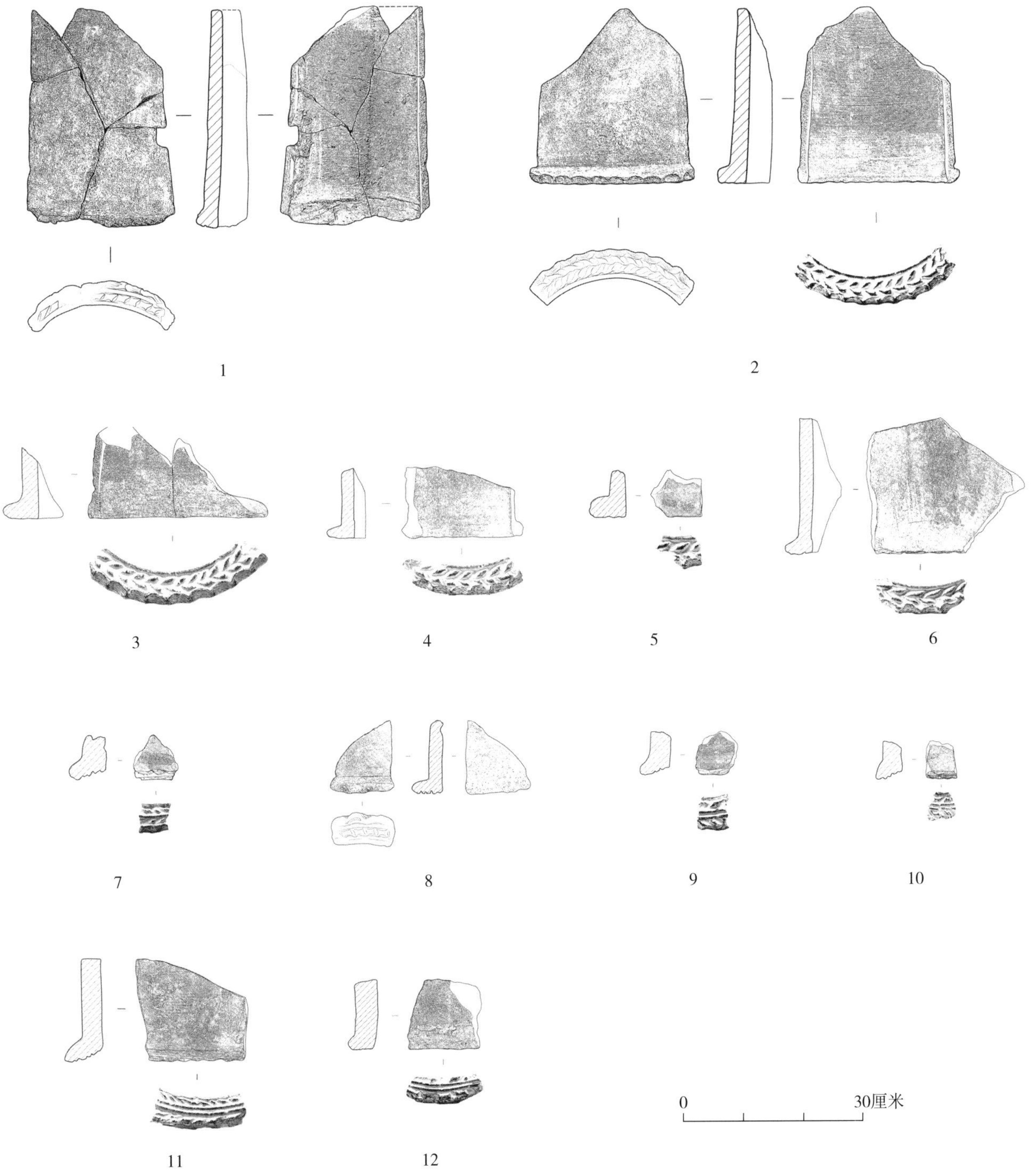

图七二　第3窟地层出土辽金时期檐头板瓦

1.Ba型檐头板瓦 1993T401北②B：2　2～6.Bb型檐头板瓦 1993T401北②A：21、1993T401北②A：20、1993T401北②A：19、1993T211①：2、1993T210②：1　7.Cb型檐头板瓦 1993T307①：1　8.Cc型檐头板瓦 1993T210②：7　9～11.Cd型檐头板瓦 1993T210②：43、1993T216③：18、1993采：7　12.1993T210①：9

面未修整，最下方残存 9 个凹坑。瓦身残长 14.5、宽 28.2、厚 2.2 厘米，端面高 5、厚 2.3 厘米（图七二，3；彩版五四，6）。

标本 1993T401 北② A：19，残。瓦身较薄，凹面有布纹且粘有白灰，一侧切痕占瓦身厚度的 1/3 左右，破面未修整，最下方残存 6 个凹坑。瓦身残长 12.2、宽 19.5、厚 2 厘米，端面高 4.8、厚 2 厘米（图七二，4；彩版五五，1）。

标本 1993T211 ①：2，残。灰陶被烧土红，瓦身略薄，一侧切痕较浅，破面未修整，最下方残存 1 个半凹坑。瓦身残长 6.3、残宽 8.5、厚 2.3 厘米，端面高 4.6、厚 2.2 厘米（图七二，5；彩版五五，2）。

标本 1993G3 北①：8，残。瓦身略薄，最下方残存 3 个半凹坑。瓦身残长 8、残宽 10、厚 2.5 厘米，端面高 5、厚 2.2 厘米（彩版五五，3）。

标本 1993T210 ②：1，残。瓦身略薄，凹面有布纹且粘有白灰，切痕很窄，仅占瓦身厚度的 1/6 左右，破面未修整，最下方残存 4 个凹坑。瓦身残长 21、宽 25.4、厚 2.6 厘米，端面高 4.6、厚 2.2 厘米（图七二，6；彩版五五，4）。

标本 1993 采：11，陶色不一，局部被烧红。一侧切痕占瓦身厚度的 1/3 左右。瓦身残长 17、宽 28.5、厚 2.3 厘米，端面高 5、厚 2.5 厘米（彩版五五，5、6）。

C 型　5 件。端面划出 6 道泥条，仅见山顶寺院遗址 Cb 型，增加檐头板瓦 Cc、Cd 两亚型。

Cb 型　1 件。第 2 道和第 4 道泥条被尖条状工具戳切，两道泥条的戳痕方向相反，也有的第 5 道泥条被尖状工具戳切。最下方的泥条用缠细绳的棒状物倾斜向上按压，将 5 道泥条挤压变形成波状。

标本 1993T307 ①：1，残。瓦身较厚，端面第 2、4 道泥条被尖状工具戳切，最下方残存 2 个凹坑。瓦身残长 4.6、残宽 5.7、厚 3.4 厘米，端面高 5.7、厚 2 厘米（图七二，7；彩版五六，1）。

Cc 型　1 件。仅第 3 道泥条被尖状工具戳切。

标本 1993T210 ②：7，残。泥质灰陶，瓦身较薄，凹面有布纹，端面第 3 道泥条被尖状工具戳切，最下方残存 2 个凹坑。并将上面泥条挤压变形。瓦身残长 11.3、残宽 10.4、厚 2 厘米，端面高 5、厚 1.8 厘米（图七二，8；彩版五六，2）。

Cd 型　3 件。第 2 道和第 5 道泥条被尖扁条形工具戳切，切痕斜直，两道泥条的戳痕方向相反，中间夹 2 道泥条。最下方残留泥条用缠细绳的棒状物倾斜向上按压。

标本 1993T210 ②：43，残。瓦身较厚，最下方残存 2 个凹坑。瓦身残长 5.5、残宽 6.3、厚 3.6 厘米，端面高 5.3、厚 2.3 厘米（图七二，9；彩版五六，3）。

标本 1993T216 ③ A：18，残，泥质红陶。瓦身较厚，端面第 2、4、5 道泥条被尖状工具戳切，最下方残存 1 个凹坑。最下方的泥条用缠细绳的棒状物倾斜向上按压，将 5 道泥条挤压变形成波状。瓦身残长 4.5、残宽 5.7、厚 3.4 厘米，端面高 5.7、厚 2 厘米（图七二，10；彩版五六，4）。

标本 1993 采：7，残。瓦身较厚，最下方残损严重。瓦体颜色端面、凹面偏红，凸面、后部断面偏灰，可能为灰陶经火烧变红。瓦身残长 15、残宽 15.2、厚 3 厘米，端面高 4.8、厚 3 厘米（图七二，11；彩版五六，5）。

标本 1993T210 ①：9，残。端头损坏严重，无法归属。一侧切痕占瓦身厚度的 1/4 左右，破面未修整。瓦身残长 10、宽 14、厚 2.2 厘米，端面高 3.5 厘米（图七二，12；彩版五六，6）。

4. 筒瓦

28件。按照材质不同分琉璃和灰（红）陶两类。

（1）琉璃筒瓦

21件。均为残片，材质为高岭土或灰陶质地两种。颜色有绿釉、黄釉、酱黄釉、三彩釉、黑釉等。

绿釉筒瓦　12件。

标本1993T401北② A：11，残。红陶质地。凸面施绿釉，釉面起片，釉下白色化妆土较薄，凹面布纹较粗。两侧面均为砍削，斫痕凹凸不平。瓦身残长13.5、瓦径15.4、厚2.2厘米（彩版五七，1）。

标本1993T104②：2，残。釉下白色化妆土较厚，瓦身残长6.5、残宽8.5、厚2厘米（彩版五七，2）。

标本1993T401北② A：10，残。红陶质地。凸面施绿釉，釉面起片，釉下白色化妆土较薄，凹面布纹较粗。一侧面砍削，斫痕凹凸不平。瓦身残长12.7、残宽12、厚2.3厘米（彩版五七，3）。

标本1993T209② A：6，残。瓦身残长5.5、残宽4.5、厚1.7厘米（彩版五七，4）。

标本1993T103② B：1，残。瓦身残长6、残宽9.5、厚1.8厘米（彩版五七，5）。

标本1993T401北② A：13，残。红陶质地。凸面施绿釉，釉面有冰裂纹，釉下白色化妆土较薄，凹面布纹有细。两侧面切割较浅约为1/3，破面未修整。瓦身残长9.5、瓦径14.3、厚2厘米（彩版五七，6）。

标本1993T404② B：2，残。高岭土质地。凸面施绿釉，釉下无化妆土，凹面布纹较细。一侧面内棱切削。瓦身残长12、残宽11.5、厚2.4厘米。

标本1993G3北①：11，残。仅存尾端，红陶质地。凸面施绿釉，釉面起片现象严重，釉下有一层较厚白色化妆土，凹面布纹较粗。瓦身残长12.3、残宽12、厚2.4厘米（彩版五七，7）。

标本1993G3北①：12，残。瓦身残长5、残宽6、厚2.7厘米。

标本1993G3北①：15，残。仅存尾端，红陶质地。凸面施较浅绿釉，釉下有一层较薄白色化妆土，凹面布纹较粗。一侧面切割大于1/2，瓦身残长9、残宽11.5、厚2.4厘米（彩版五七，8）。

标本1993T401北② A：24，残。瓦身残长8、残宽6.5、厚2.4厘米。

黄釉筒瓦　2件。

标本1993T401③：5，残。材质为灰陶质地，均为残片。凸面施绿黄釉，釉面起片现象严重，釉下有一层较厚化妆土，凹面布纹较粗。瓦身残长8、残宽6、厚2厘米（彩版五八，1）。

酱黄釉筒瓦　5件。

标本1993G3北①：10，残。红陶质地，仅存带瓦舌一端，瓦舌内凹且短小。凸面施酱黄釉，不施化妆土。凹面布纹较细，一侧面全切割后瓦削。瓦身残长11.5、残宽12.8、厚2.5厘米（彩版五八，2）。

标本1993G3北①：13，残。高岭土质地，凸面施黄釉，不施化妆土。凹面布纹较粗。残长8、残宽7、厚2.5厘米（彩版五八，3）。

标本1993G3北①：9，残。凸面施黄釉，不施化妆土。凹面布纹较粗，一侧面全切割后砍削。瓦身残长12.5、残宽8、厚2.2厘米（彩版五八，4）。

标本1993T404② B：1，残。红陶胎，厚2.2厘米。

三彩釉筒瓦　2件。

标本 1993T401 北② A：6，残。高岭土质地。凸面施三彩，釉下无化妆土，凹面布纹较细。一侧面全切割后瓦削。瓦身残长 17.5、残宽 11.3、厚 2.3 厘米（彩版五八，5）。

标本 1993 采：8，残。釉下施化妆土较薄。侧面半切，破面未修整。瓦身残长 11.5、残宽 7.5、厚 2.1 厘米。

黑釉筒瓦　4 件。

标本 1993T103 ② A：2，残。高岭土质地。凸面施黑釉，釉下无化妆土，凹面布纹较细。一侧面全切割后瓦削。瓦身残长 19、残宽 11、厚 2.4 厘米（彩版五八，6）。

标本 1993 采：9，残。凸面施黑釉，釉下施化妆土，凹面布纹较细。厚 2.3 厘米。

（2）灰陶筒瓦

7 件。

胎质同板瓦。瓦舌平面呈梯形，短小呈斜坡状，瓦身凸面与瓦舌相接处平直或内凹。凹面布纹经纬较粗。山顶遗址根据两侧内棱加工方式不同分两型，第 3 窟仅存筒瓦 B 型。

B 型　7 件。瓦身两侧内棱砍削或切割后瓦削。

标本 1993T401 北② B：36，残。泥质灰陶，筒瓦的瓦舌略内凹呈斜坡状，凹面瓦舌呈内弧状而且两端被瓦削。两侧面均切割后瓦削，再在瓦削上砍削。瓦身残长 23.2、瓦径 16.2、厚 2.7 厘米（彩版五九，1）。

标本 1993T401 北② A：40，残。泥质灰陶，筒瓦的瓦舌内凹短小且残，两侧面均为砍削，斫痕凹凸不平。瓦身残长 24.5、瓦径 18.4、厚 2.5 厘米（彩版五九，2）。

标本 1993T401 北② B：37，残。泥质红陶，筒瓦的凸面瓦舌呈斜坡状，凹面瓦舌呈内弧状。两侧面均为砍削，斫痕凹凸不平。瓦身残长 14.7、瓦径 18.5、厚 3.2 厘米（彩版五九，3）。

标本 1993T401 北② A：41，残。泥质灰陶，筒瓦的瓦舌略内凹呈斜坡状且短小，凹面瓦舌的两端被瓦削。两侧面均切割后瓦削。瓦身残长 26、瓦径 17、厚 3 厘米（彩版五九，4）。

标本 1993T209 ② A：1，残。泥质灰陶，仅存瓦舌与少部分瓦身，瓦身残长 5、残宽 12、厚 2.9 厘米（彩版五九，5）。

标本 1993T210 ②：12，残。泥质灰陶，一侧面全切割后瓦削。瓦身残长 19、厚 2.5 厘米（彩版五九，6）。

标本 1993T401 北② B：5，残。泥质灰陶，筒瓦的瓦舌内凹短小，两侧面均为砍削，斫痕凹凸不平。瓦身残长 16.5、瓦径 17、厚 3 厘米。

5. 灰陶瓦当

28 件。本章仅见龙纹瓦当、兽面纹瓦当及莲花纹瓦当。

（1）龙纹瓦当

1 件。

标本 1993T401 北② A：3，残。仅存半个龙头和 1 个前爪及龙尾。头上似有龙角，圆眼外凸，张口吐舌，长吻前凸上翻。三趾前爪伸于头前面，龙尾盘绕于龙头之上，龙身满刻鳞片。直径 15.3、厚 2.2、边轮宽 3.2 厘米（图七三，1；彩版六〇，1）。

（2）兽面瓦当

14 件。泥质灰陶。边轮低，本区域仅有 A 型、Bc 型、Bd 型。

A型　2件。

标本1993T401北②A：2，残。兽面模糊。圆鼻高突，两眼小圆，双眉向上翘，两眉外侧有小耳，额头上的毛发对称分布且卷曲。两侧颧骨高凸，嘴角有髭，下颌有胡须。兽面外围联珠纹被压平变形，瓦当直径15.7、中心厚2.8、边缘厚1.2、边轮宽2.5厘米（图七三，2；彩版六〇，2）。

标本1993T211①：1，残。仅存兽面的下颌有胡须及部分被压平变形联珠纹。瓦当复原直径16、边缘厚1.5、边轮宽1.8厘米（图七三，3；彩版六〇，3）。

Bc型　2件。

标本1993T401北②A：5，残。双目圆睁，眉毛上扬，眉两侧各有一小耳，三角鼻残。口微张开且呈长条形，獠牙外撇，嘴角两侧有髭。兽面外围饰一周小联珠纹，部分被压平且模糊不清。边轮低宽至边缘逐渐削薄。瓦当直径16、中心厚2.2、边缘厚1、边轮宽3.3厘米（图七三，4；彩版六〇，4）。

标本1993G3②：7，残。瓦当直径17、厚3.5厘米（彩版六〇，5）。

Bd型　10件。当心兽面凸起且超出边轮。兽面双目较小，眼睛圆睁。眉毛上卷，额头上有“八”字形抬头纹一道；两小尖耳朝天，鼻呈蒜头形，有鼻孔。张嘴露牙，牙齿清晰，獠牙外凸。颌下有胡须外卷呈八撇状，两侧有卷曲对称的鬓毛。兽面之外依次围绕一周波状纹和凹形联珠共同组合的装饰纹圈、一周细凸棱圈、凸起联珠纹组成联珠纹圈及一周宽圈线。边轮低宽且向下倾斜。

标本1993T401北③：14，完整。当面兽形清晰，小眼圆睁且带眼皮，眉毛上卷，双耳朝天，蒜头形鼻，张嘴露牙，獠牙外凸，颌下有外卷胡须，两侧对称卷曲鬓毛。兽面外侧依次围绕一周波状纹和14颗凹形联珠相组合的装饰纹圈、一周细凸棱圈、28颗联珠纹组成联珠纹圈及一周宽圈线。瓦当边轮低宽且略向下倾斜。瓦当直径16.6、中心厚3.3、边缘厚1.8、边轮宽2厘米（图七四，1；彩版六一，1、2）。

标本1993T401北②A：8，残，带瓦身。由筒瓦与瓦当相黏结而成。筒瓦凹面有布纹，凸面修正。筒瓦两侧面齐切并解桥。筒瓦与瓦当相结处有用手指抹平黏合痕迹。筒瓦身残长20.8、直径16.3、厚2.8厘米。当面兽形保存完整，兽面外侧局部残损，外侧一周装饰纹圈仅存部分波状纹和10颗凹形联珠纹、部分细凸棱圈、18颗联珠纹组成联珠纹圈及部分宽圈线。瓦当边轮低窄且略向下倾斜。瓦当直径16、中心厚3、边缘厚1.7、边轮宽1.8厘米（图七四，2；彩版六一，3、4）。

标本1993T210②：44，残。当面兽形保存比较完整，兽面外侧残损接近1/4，外侧一周装饰纹圈仅少部分波状纹和6颗凹形联珠纹、少部分细凸棱圈、10颗联珠纹组成联珠纹圈及少部分宽圈线。瓦当边轮低宽且略向下倾斜。瓦当直径17、中心厚3.5、边缘厚1.7、边轮宽2厘米（彩版六一，5）。

标本1993T401北②A：4，残。当面仅存近一半，兽面眉毛上卷，双耳朝天，右侧残存卷曲鬓毛。残损兽面外侧一周装饰纹圈仅存部分波状纹和7颗凹形联珠纹、部分细凸棱圈、13颗联珠纹组成联珠纹圈及部分宽圈线。瓦当边轮低窄且向下倾斜。瓦当直径17.2、中心厚3、边缘厚1.7、边轮宽2厘米（图七四，3；彩版六一，6）。

标本1993T210②：4，残。仅存兽面外侧一周装饰纹圈的少部分波状纹和8颗凹形联珠纹、少部分细凸棱圈、10颗联珠纹组成联珠纹圈及少部分宽圈线。瓦当直径17、边缘厚2、边轮宽2厘米（图七四，4；彩版六二，1）。

标本1993T215②：1，残。带少许筒瓦，当面仅存一部分波状纹和3颗凹形联珠纹，少部分细

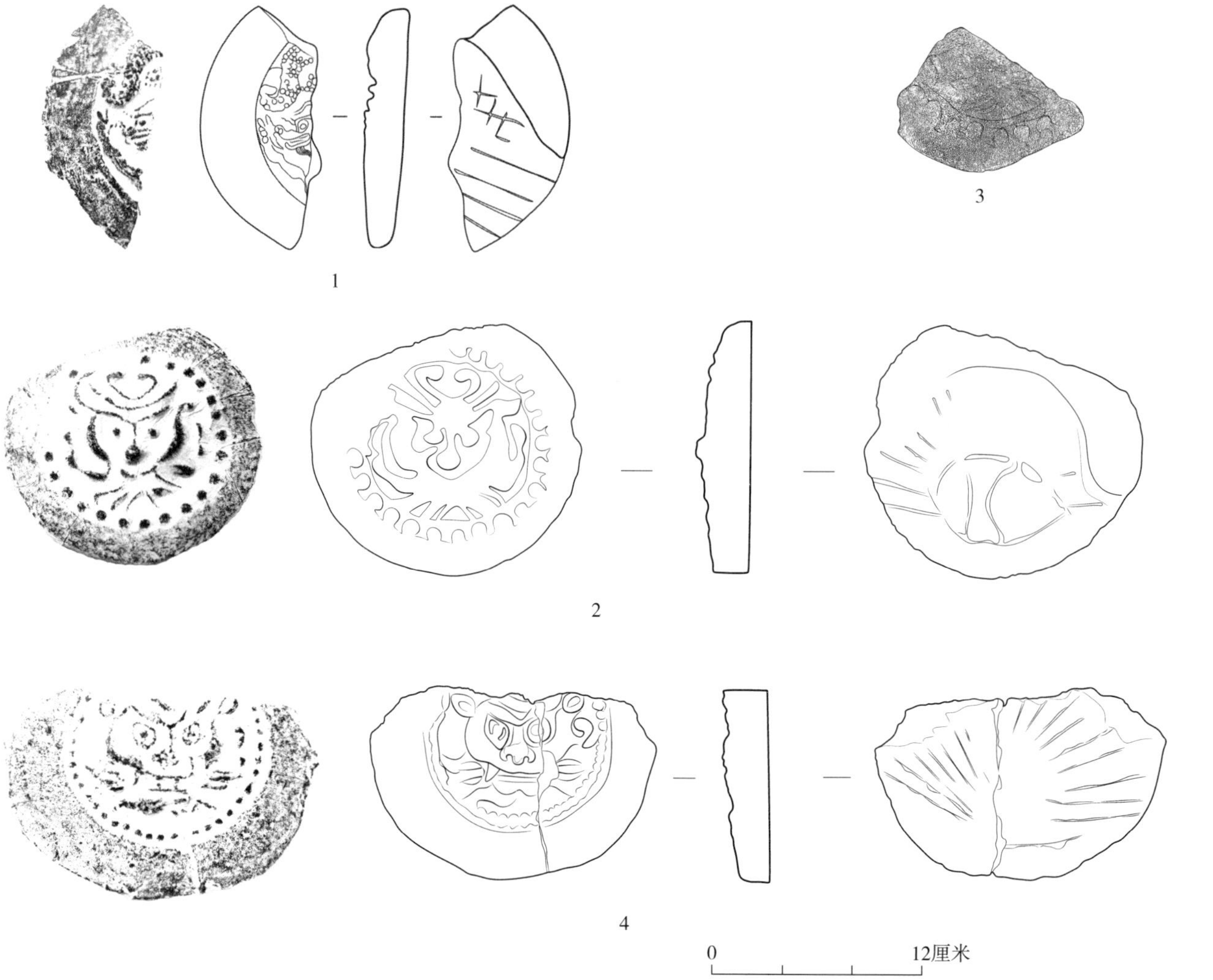

图七三　第3窟地层出土辽金时期瓦当

1. 龙纹瓦当 1993T401 北② A：3　2、3.A 型兽面瓦当 1993T401 北② A：2、1993T211 ①：1　4.Bc 型兽面瓦当 1993T401 北② A：5

凸棱圈、10 颗联珠纹组成联珠纹圈及一部分宽圈线。瓦当直径 16、厚 2 厘米（彩版六二，2）。

标本 1993G1 ②：6，残。带一部分筒瓦，厚 2.5 厘米。当面仅存一部分细凸棱圈和 5 颗联珠纹组成联珠纹圈及一部分宽圈线。瓦当直径 16、厚 2 厘米（彩版六二，3）。

标本 1993G3 北①：7，残。带一部分筒瓦，凹面有细布纹，一侧面齐切并解桥。残长 16、厚 2.5 厘米。当面仅存一部分波状纹和 3 颗凹形联珠纹，一部分细凸棱圈、8 颗联珠纹组成联珠纹圈及一部分宽圈线。筒瓦一侧面齐切并解桥。瓦当直径 16、厚 2.5 厘米（彩版六二，4）。

标本 1993 采：2，残。当面仅存一部分波状纹和 3 颗凹形联珠纹，一部分细凸棱圈和 11 颗联珠纹组成联珠纹圈及一部分宽圈线。瓦当直径 16、厚 2 厘米（彩版六二，5）。

标本 1993 采：3，残。当面兽面比较完整。兽面上侧仅存一部分波状纹和 4 颗凹形联珠纹，一部分细凸棱圈和 6 颗联珠纹组成联珠纹圈。瓦当中心厚 2.7 厘米（图七四，5；彩版六二，6）。

（3）莲花纹瓦当

13 件。泥质灰陶。本区莲花纹瓦当有 A、B 型。

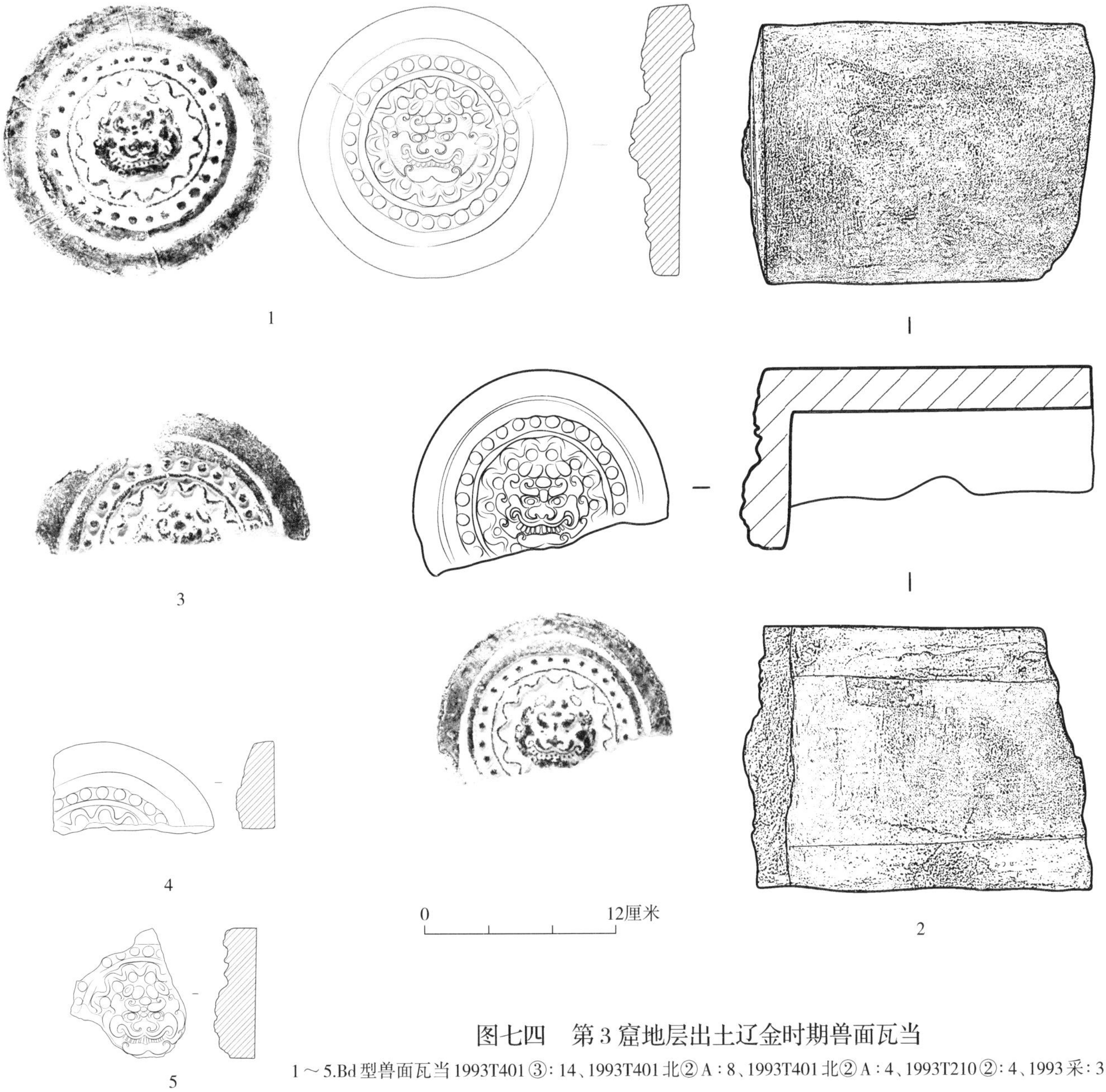

图七四　第 3 窟地层出土辽金时期兽面瓦当

1～5.Bd 型兽面瓦当 1993T401③：14、1993T401 北②A：8、1993T401 北②A：4、1993T210②：4、1993 采：3

A 型，12 件。当面当心饰凸起圆乳丁与一周联珠纹共同形成花蕊。其外饰复瓣双层莲瓣，莲瓣外有两周凸棱，内窄外宽的凸棱之间有一周联珠纹。依据莲瓣的变化和边轮的不同分为 Aa、Ab 型。

Aa 型　5 件。莲瓣饱满且圆润，边轮较宽且平。

标本 1993T107①：2，残。当面残存 2 个复瓣双层莲瓣，内窄外宽的凸棱之间残存 18 颗联珠纹。瓦当复原直径 18、边缘厚 1.5、边轮宽 2.2 厘米（图七五，1；彩版六三，1）。

标本 1993T210②：5，残。当面残存 1 个半复瓣双层莲瓣，内窄外宽的凸棱之间残存 10 颗联珠纹。瓦当复原直径 18、边缘厚 1.2、边轮宽 2.2 厘米（图七五，2；彩版六三，2）。

标本 1993T209②A：7，残。当面残存 2 半个复瓣双层莲瓣，内窄外宽的凸棱之间残存 6 颗联珠纹。厚 1.7 厘米（图七五，3；彩版六三，3）。

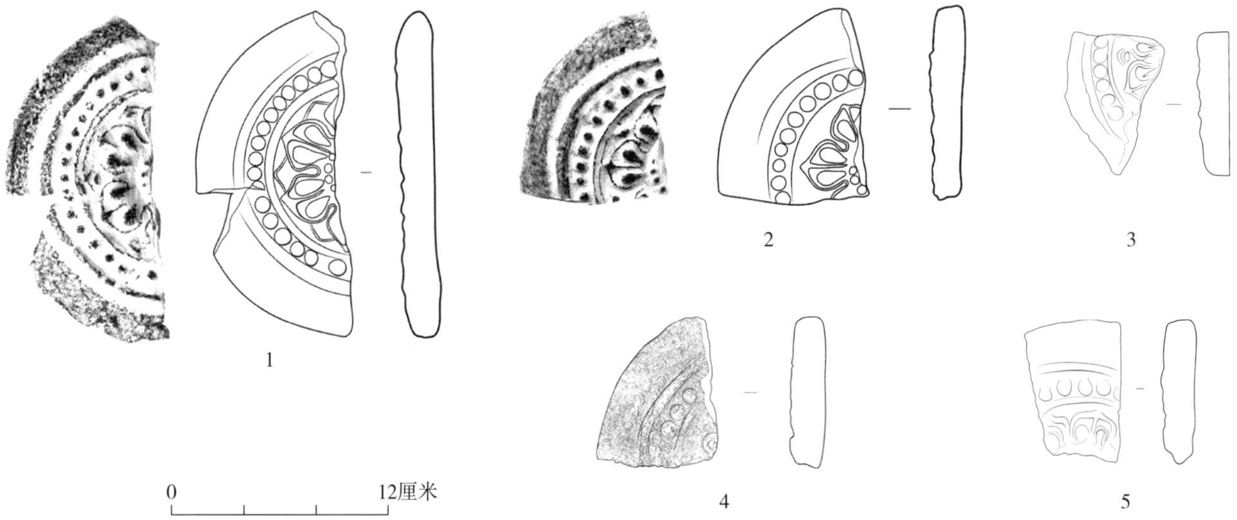

图七五　第3窟地层出土辽金时期莲花纹瓦当

1～5.Aa型莲花瓦当 1993T107①：2、1993T210②：5、1993T209②A：7、1993T216③A：11、1993T215②：2

标本1993T216③A：11，残。当面残存半个复瓣双层莲瓣，内窄外宽的凸棱之间残存5颗联珠纹。复原直径16、边缘厚1.4、边轮宽2.3厘米（图七五，4；彩版六三，4）。

标本1993T215②：2，残。当面残存1个半复瓣双层莲瓣，内窄外宽的凸棱之间残存5颗联珠纹。复原直径16、边缘厚1.4、边轮宽2～2.3厘米（图七五，5；彩版六三，5）。

Ab型　7件。莲瓣模糊、清瘦，边轮低宽且向下倾斜，至瓦当边缘逐渐变薄。

标本1993T210②：2，残。当面花蕊残存半个凸起圆乳丁与6颗联珠纹，周围3个复瓣双层莲瓣，内外凸棱之间仅残存10颗联珠纹都抹平变形，背面还残留刻划的放射状竖线纹。瓦当复原直径16、中间厚2.2、边缘厚1、边轮宽3.4厘米（图七六，1；彩版六三，6）。

标本1993T209②A：8，残。当面残存1个半复瓣双层莲瓣，内窄外宽的凸棱之间残存8颗联珠纹。复原直径19、中间厚2.2、边缘厚1、边轮宽3.5厘米（图七六，2；彩版六四，1）。

标本1993T210②：3，残。当面残存2个半复瓣双层莲瓣，内窄外宽的凸棱之间残存8颗联珠纹。中间厚2.2、边缘厚1.2、边轮宽3.5厘米（图七六，3；彩版六四，2）。

标本1993T210②：11，残。当面残存1个和2个半复瓣双层莲瓣，内窄外宽的凸棱之间残存10颗联珠纹。复原直径20、中间厚2.4、边缘厚1、边轮宽3.5～4厘米（彩版六四，3）。

标本1993G3①：3，残。当面残存半复瓣双层莲瓣，内窄外宽的凸棱之间残存7颗联珠纹。复原直径19、中间厚2.2、边缘厚1、边轮宽3.5厘米（图七六，4；彩版六四，4）。

标本1993T209②A：9，残。当面残存2个半复瓣双层莲瓣，内窄外宽的凸棱之间残存8颗联珠纹。背面与少许筒瓦相连。复原直径16、中间厚2.2、边轮宽3.5～4厘米（彩版六四，5）。

标本1993采：1，残。当面花蕊凸起圆乳丁外有10颗联珠纹，周围4个复瓣双层莲瓣，内外凸棱之间仅残存17颗联珠纹都抹平变形，背面还残留刻划的放射状竖线纹。瓦当复原直径19、中心厚2.3、边缘厚1.4、边轮宽3.4～4.3厘米（图七六，5；彩版六四，6）。

B型　1件。

标本1993T214①：1，边轮残。当面残存3个单莲瓣纹与“T”字形图案，莲瓣呈椭圆形。当心

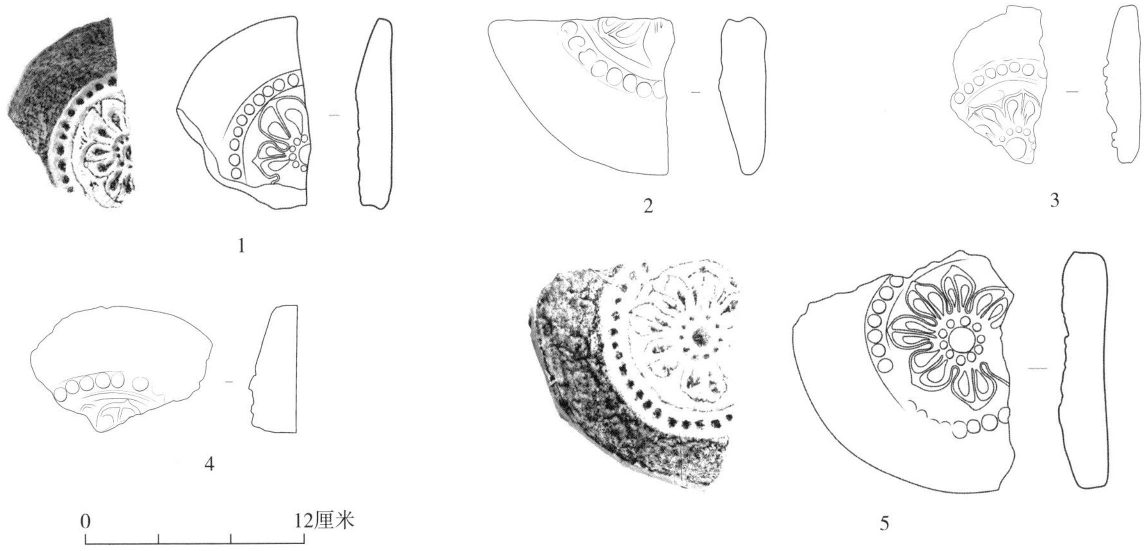

图七六　第3窟地层出土辽金时期莲花纹瓦当

1～5. Ab型莲花瓦当 1993T210②：2、1993T209②A：8、1993T210②：3、1993G3北①：3、1993采：1

残存5个凸起圆乳丁花蕊。厚2.3厘米（彩版六〇，6）。

6. 琉璃压带条

5件。

高岭土或红陶材质。由筒瓦切割而成，横剖面呈弧形，凹面窄凸面宽，凹面为布纹，凸面修整，凸面修整后上一层化妆土，一部分施釉。颜色有绿釉、黄釉等。

标本1993T401北②A：9，较完整。酱黄釉面有裂纹，化妆土较薄。一端齐切，一端砍削。两侧面全切割。凸面未施釉处靠近粘有白灰。瓦条长26、宽12、厚2.2厘米（彩版六五，1）。

标本1993T402③：12，残。黄釉面起片。一端齐切，一端砍削。两侧面全切割后解桥。瓦条残长15、宽12.6、厚2.2厘米（彩版六五，2）。

标本1993T402③：10，残。黄釉面起片，化妆土较厚。厚2.3厘米。

标本1993T401北②A：27，残。绿釉。一端齐切，一侧面半切割。瓦条残长9.8、残宽11.8、厚2.2厘米。

7. 脊兽

5件。泥质灰陶，均为残件。

标本1993T401北②A：32，残。似正吻残件。残宽14、残高12、厚4.5厘米（图七七，1；彩版六五，3）。

标本1993T401北②B：40，残。似正吻残件。残宽27、残高8、厚4.5～6.5厘米（图七七，2；彩版六五，4）。

标本1993T401北②B：39，残。似正吻的眼部。残宽22、残高10、厚14.5厘米（图七七，3；彩版六五，5）。

标本1993T214③B：10，残。似正吻残件。残宽17、残高16.5、厚2.5～3.5厘米。

标本1993T105①A：2，残。似正吻残件。残宽14.5、残高12、厚4.5～7.5厘米。

8. 套兽

1 件。

标本 1993T401 北② B：50。泥质灰陶，手工制作。前端捏塑成兽首，后端呈圆筒状且中空，用以仔角梁的榫头插入。兽首大嘴张开，上、下门齿呈宽板状，门齿的左右两侧各露出一颗獠牙。上颌长凸且微微卷起，颌上的两鼻孔朝天；下颌较短，唇外侧虬髯卷曲。两眼圆睁呈圆球状，眉毛高凸且向上翻卷，左耳竖立，右耳残。套兽整体长 26、宽 11、高 20 厘米（图七七，4；彩版六五，6）。

9. 铁泡钉

1 件。

标本 1993T402 ③：1，残。由圆形钉帽和方形铁钉构成。钉帽为半球形，中空，无沿。方形铁钉前端残。钉帽直径 5、厚 1.2、钉长 3.5、径 0.8 厘米（图七七，5）。

（二）泥塑

3 件。可能为仰莲花座残件。黄色细泥质地，经火烧过颜色变土红或青色。整体呈圆弧形，外侧塑以仰莲瓣。莲瓣为单瓣，上下三重，宽厚且为素面，比较光滑，瓣尖微微外翘。每枚莲瓣捏制成形之后，由上向下、从内向外贴于圆形莲台之上。

标本 1993T401 北② A：14，残。上层莲瓣比较完整与残缺各 1 个，中层与下层均以残缺。高 6.5、

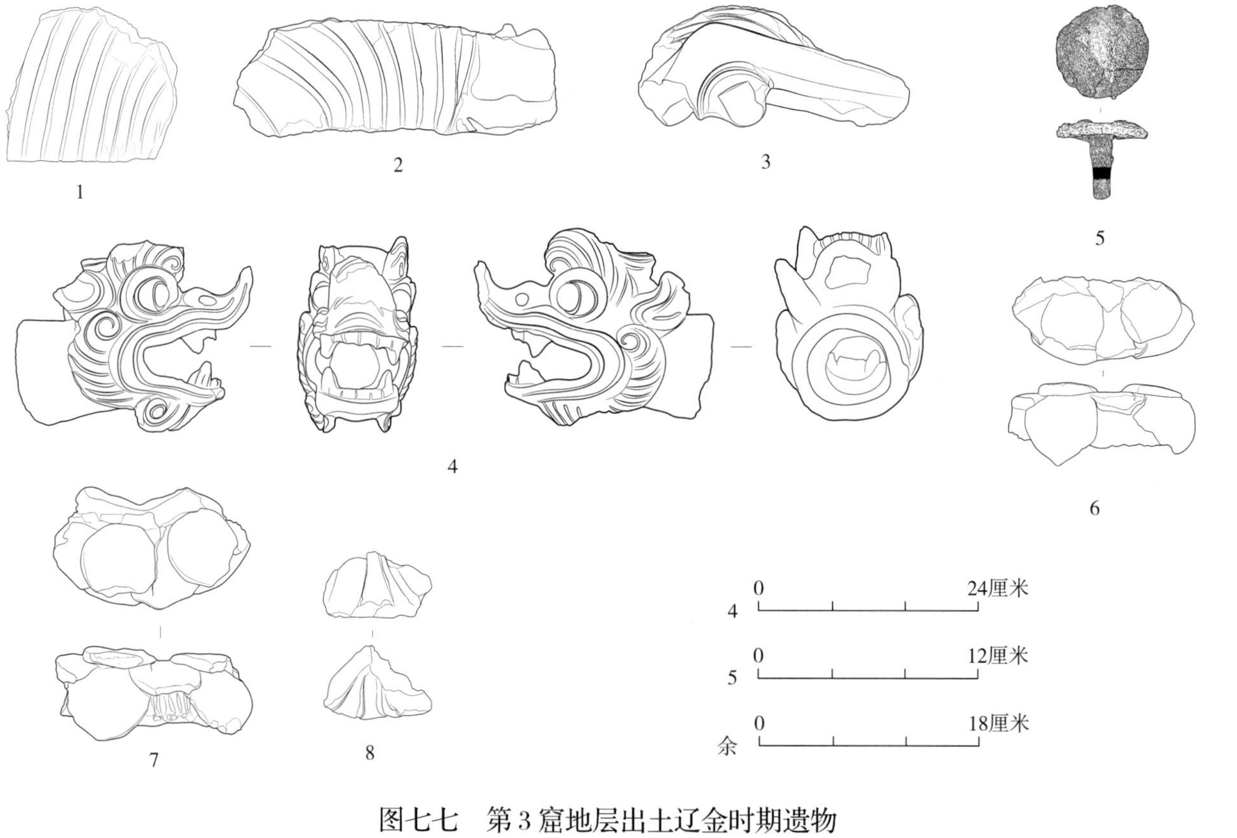

图七七　第 3 窟地层出土辽金时期遗物

1 ～ 3. 脊兽 1993T401 北② A：32、1993T401 北② B：39、1993T401 北② B：40　4. 套兽 1993T401 北② B：50　5. 铁泡钉 1993T401 北② A：14　6 ～ 8. 泥塑 1993T401 北② A：14、1993T401 北② A：15、1993T401 北② A：55

宽16.5、厚7.5厘米（图七七，6；彩版六五，7）。

标本1993T401北②A：15，残。上、中和下三层的莲瓣的瓣尖均残缺。高6、宽15.5、厚9厘米（图七七，7）。

标本1993T401北②A：55，残。高5.5、宽9、厚5.8厘米（图七七，8）。

（三）生活生产用具

标本416件。有陶器、瓷器、铜钱、铁器、动物骨骼。

1. 陶器

217件。多为泥质灰陶，少数为泥质红陶。器形主要有陶盆、碗、盏、罐、壶、纺轮、饰件等，多为生活用具。

陶盆 162件。根据口沿不同分为卷沿、平沿、敛口三类，本区域内均有发现。

（1）卷沿陶盆

54件。多为泥质灰陶，少数泥质红陶。山顶遗址根据口部与口沿内侧转折有无凸棱、腹部形制差异分A、B、C三型。

A型 34件。泥质灰陶。敞口或直口，口沿中部鼓起，外侧下卷，口沿与口沿内侧转折有圆棱，外沿与器壁有大小不同的间隙。根据唇部和腹部不同分为三个亚型。此区域仅出土Aa、Ac型。

Aa型 13件。多为残片，敞口，方圆唇或圆唇。

标本1993T215③A：1，泥质灰陶，仅存口沿与腹部。敞口，方圆唇，斜直腹。内壁有弧线、直线等纹饰。口径30、壁厚0.8、残高5.5厘米（图七八，1；彩版六六，1）。

标本1993T215③A：2，泥质灰陶，仅存口沿与少许上腹。敞口，方圆唇，斜直腹。口径29、壁厚0.7、残高3.5厘米（图七八，2）。

标本1993T215③A：10，泥质灰陶，仅存口沿与上腹。敞口，尖圆唇，沿面微鼓，斜直腹。口沿与内壁均有横向暗纹。外侧口沿的下端凹槽修整，且与外壁间有缝隙。口径35、壁厚0.8、残高6厘米（图七八，3）。

标本1993T215③A：9，泥质灰陶，仅存口沿与少许上腹。敞口，圆唇。口沿与内壁均有横向暗纹。口径38、壁厚0.6、残高2厘米。

标本1993T105北③A：3，泥质灰陶，仅存口沿与腹部。敞口，方唇，斜直腹。口径34、壁厚0.6、残高3厘米（图七八，4；彩版六六，2）。

标本1993T401③：15，泥质黑灰陶，仅存口沿与腹部。大敞口，圆唇，斜腹。口沿与内壁均有横向暗纹。口径42、壁厚1.1、残高7厘米（图七八，5）。

标本1993T105①B：1，泥质灰陶，仅存口沿与腹部。敞口，方圆唇，斜直腹，外壁有旋坯痕。口径36、壁厚0.9、残高5厘米（图七八，6）。

标本1993T108①：2，泥质灰陶，仅存口沿与少许上腹部。敞口，尖圆唇，沿面有横向暗纹。口径52、壁厚0.6、残高2厘米（图七八，7）。

标本1993T211②：2，泥质灰陶，仅存口沿与少许上腹部。敞口，尖圆唇，沿面有横向暗纹。口径57、壁厚0.6、残高2.5厘米（图七八，8）。

标本1993T211②：3，泥质灰陶，仅存口沿及腹部。斜方唇，沿面微鼓，斜腹。沿面与内壁有

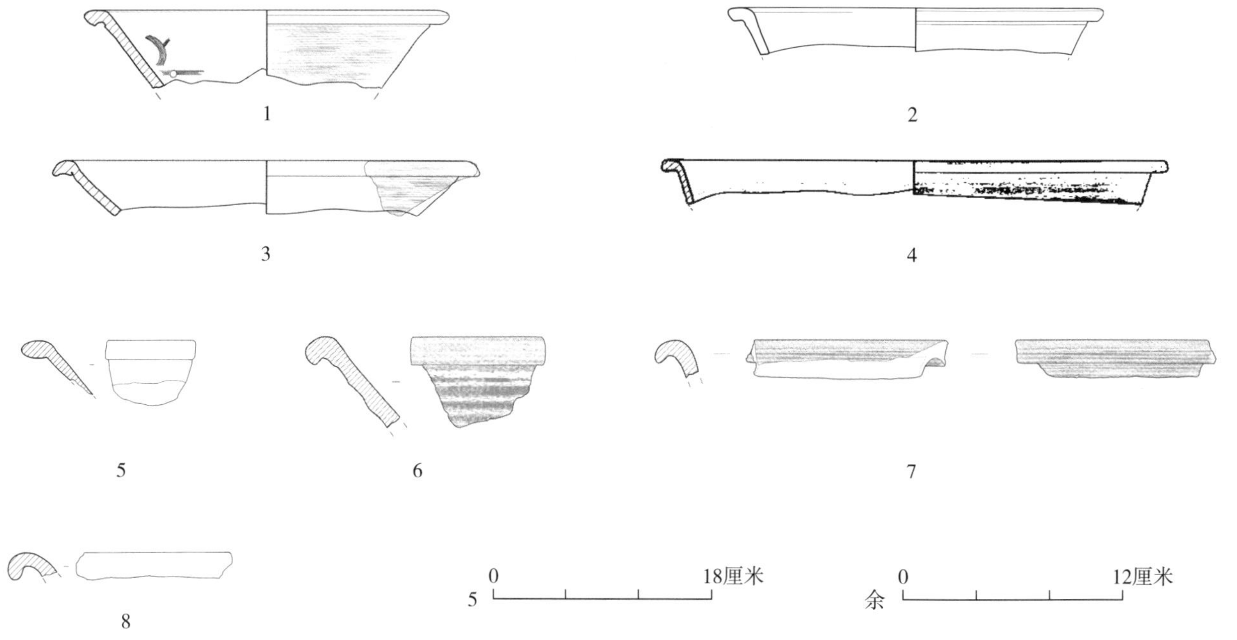

图七八　第3窟地层出土辽金时期卷沿陶盆

1～8.Aa型 1993T215③A：1、1993T215③A：2、1993T215③A：10、1993T105北③A：3、1993T401③：15、1993T105①B：1、1993T108①：2、1993T211②：2

横向暗纹。口径39、壁厚0.7、残高3.5厘米。

标本1993T404②B：5，泥质灰陶，仅存口沿与腹部。敞口，圆唇，斜直腹。沿面与内、外壁均有横向暗纹。口径43、壁厚0.6、残高4厘米（彩版六六，3）。

标本1993T404②B：4，泥质灰陶，仅存口沿与少许上腹部。敞口，方圆唇，斜直腹。口沿与外壁相接处划线修整。口径43、壁厚0.5、残高3厘米。

标本1993T404②B：3，泥质灰陶，仅存口沿与束颈部。直口微敞，尖圆唇，口沿面外部有三周凹弦纹。口径36、壁厚1、残高7厘米（彩版六六，4）。

Ac型　21件。敞口，口沿下卷，斜方唇，沿下与器外壁略呈三角状，平底。

标本1993T301③A：5，泥质灰陶。斜方唇，沿面微鼓，斜直腹略微内凹，平底。沿面与内壁有横向暗纹，底部同心圆暗纹，外壁有旋坯痕。口沿接近腹部有一个锔钉孔。口径54、底径29、高14厘米（图七九，1；彩版六六，5）。

标本1993T301③A：7，泥质灰陶，仅存口沿与腹部。斜方唇，沿面微鼓，斜直腹。沿面与内壁有横向暗纹，外壁有旋坯痕。上腹近口沿处有一个锔钉孔。口径54、壁厚1、残高8厘米（图七九，2；彩版六六，6）。

标本1993T301③A：6，泥质灰陶，仅存口沿及腹部。斜方唇，沿面微鼓，斜直腹。沿面与内壁有横向暗纹，外壁有旋坯痕。上腹近口沿处残存半个锔钉孔，外侧口沿与器壁处有两个小锔钉孔。口径54、壁厚1、残高6.5厘米（图七九，3）。

标本1993T301③A：8，泥质灰陶，仅存口沿及腹部。斜方唇，沿面微鼓，斜弧腹。内、外壁均有旋坯纹。口径28、壁厚0.5、残高4厘米（图七九，4；彩版六六，7）。

标本 1993T301 ③ A：9，泥质灰陶，仅存口沿及腹部。斜方唇，沿面微鼓，斜腹。内、外壁均有旋坯纹。口径 28、壁厚 0.5、残高 4.5 厘米（图七九，5）。

标本 1993T401 北② B：46，仅存口沿及腹部，泥质灰陶。斜方唇，沿面微鼓，斜弧腹。沿面与外壁有横向暗纹，内壁有旋坯痕。口径 36、壁厚 0.4、残高 11 厘米（彩版六七，1）。

标本 1993T401 北② B：49，仅存口沿及腹部，泥质灰陶。斜方唇，沿面微鼓，斜弧腹。沿面与外壁有横向暗纹，内壁有旋坯痕。腹部有一个锔钉孔。口径 38、壁厚 0.4、残高 8 厘米（图七九，6；彩版六七，2）。

标本 1993T401 北② A：66，泥质灰陶。斜方唇，沿面微鼓，斜弧腹，平底。沿面及外壁有横向暗纹，内壁有旋坯痕。上腹有两个锔钉孔。口径 33、底径 16.5、高 12 厘米（图七九，7；彩版六七，3）。

标本 1993T401 北② A：67，泥质灰陶。斜方唇，沿面微鼓，斜直腹，平底。内、外壁均有旋坯纹。口径 38、底径 16、高 14 厘米（图七九，8；彩版六七，4）。

标本 1993T401 北② A：68，泥质灰陶。斜方唇，沿面微鼓，斜弧腹，平底。沿面及外壁有横向暗纹，内壁有旋坯痕。上腹有一个锔钉孔，器底存切割线痕。口径 34、底径 17.5、高 12.5 厘米（图七九，9；彩版六七，5）。

标本 1993T401 北② A：69，泥质灰陶。斜方唇，沿面微鼓，斜弧腹，平底。沿面及外壁有横向暗纹，内壁有旋坯痕。上腹有一个锔钉孔。口径 35、底径 16.2、高 12 厘米（图七九，10；彩版六七，6）。

B 型　16 件。敞口，口沿外部略下翻或下卷，口沿内侧与器内壁转折处有棱或圆滑无棱，外沿与器壁有大小不同的间隙。根据山顶口沿与腹壁不同分三型，此区仅存接近山顶 Bb、Bc 两型。新增加 Bd 型。

Bb 型　3 件。敞口，斜方唇，内壁上腹部有一周凹槽，折上腹，下腹斜收，平底。

标本 1993T401 北② A：64，泥质灰陶。敞口，斜方唇，沿面较平，内壁上腹部有一周凹槽，折上腹，下腹斜收，平底。沿面与内壁有横向暗纹，外壁有旋坯痕。器底存切割线痕。口径 39、底径 16.5、残高 10.5 厘米（图八〇，1；彩版六八，1）。

标本 1993T401 北② A：59+11+14，泥质灰陶，仅存口沿与少部分上腹。斜方唇，沿面较平，斜腹。沿面及内壁有横向暗纹，外壁有旋坯痕。其中 1993T401 北②：11 上腹有一个锔钉孔。口径 54、壁厚 0.6、高 3.5 厘米。

标本 1993T401 北② A：13，泥质灰陶，仅存口沿。斜方唇，沿面较平。沿面横向暗纹。口径 58、壁厚 0.8、高 2 厘米。

Bc 型　6 件。敞口，大卷沿，沿面圆鼓，外沿下卷。弧腹，平底。

标本 1993T401 北② A：70，泥质灰陶。敞口，大卷沿，沿面窄且圆鼓，外沿下卷。弧腹，平底。沿内侧下方与器物内壁有一周凹槽。沿面与内壁有横向暗纹，外壁有旋坯痕。口径 39、底径 21.5、高 13.5 厘米（图八〇，2；彩版六八，2）。

标本 1993T401 北② B：51，泥质灰陶，仅存口沿与腹部。敞口，大卷沿，沿面窄且圆鼓，外沿下卷。沿内侧下方与器物内壁有一周凹槽。沿面与内壁有横向暗纹，外壁有旋坯痕。口径 42、壁厚 0.8、残高 7.5 厘米（图八〇，3；彩版六八，3）。

标本 1993T401 北② B：12，泥质灰陶，仅存口沿。大卷沿，沿面窄且圆鼓，外沿下卷。沿面与内壁有横向暗纹。口径 46、壁厚 0.7 厘米。

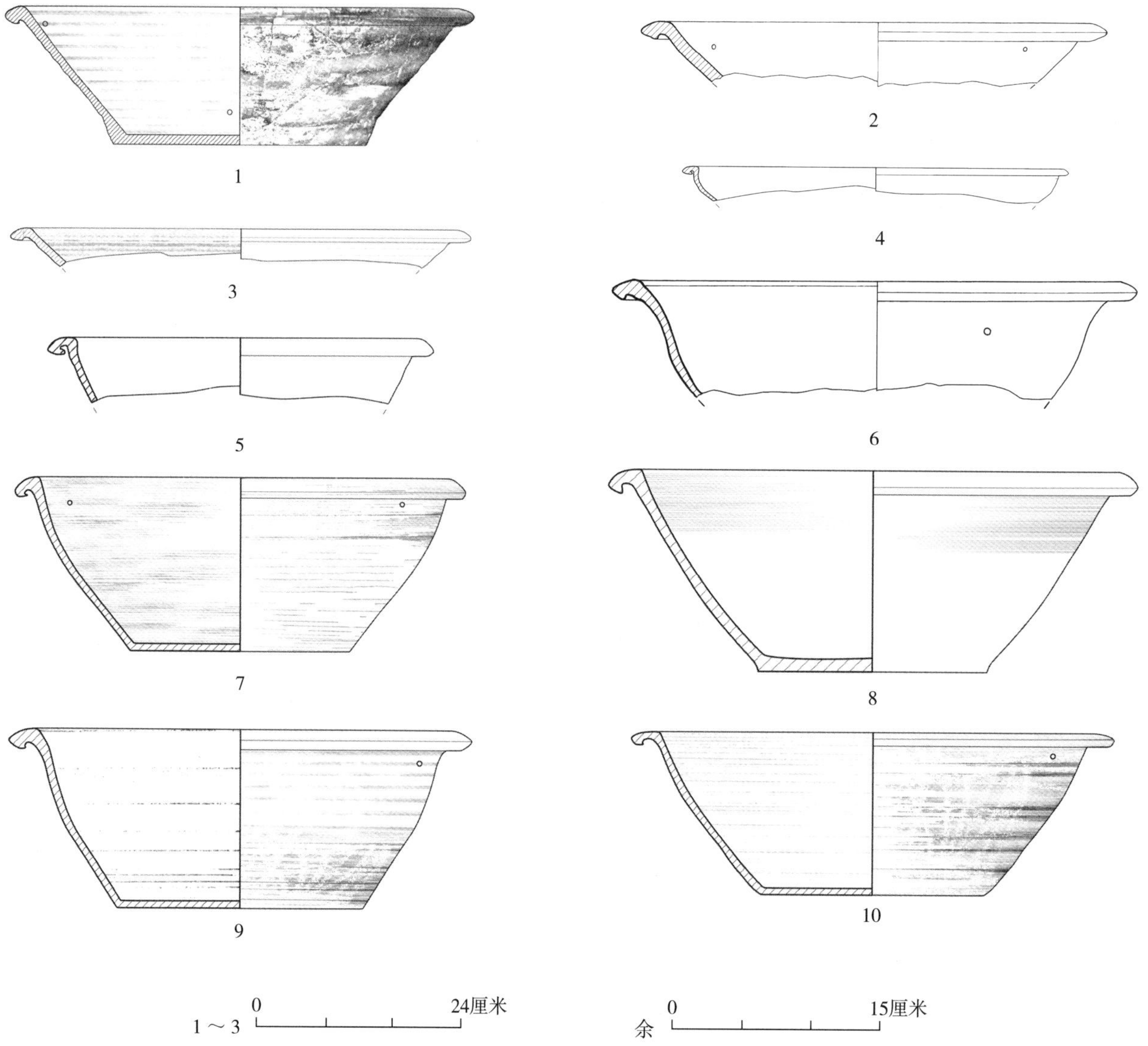

图七九　第3窟地层出土辽金时期卷沿陶盆

1～10.Ac型卷沿陶盆 1993T307③A：5、1993T301③A：7、1993T301③A：6、1993T301③A：8、1993T301③A：9、1993T401北②B：49、1993T401北②A：66、1993T401北②A：67、1993T401北②A：68、1993T401北②A：69

标本1993T401北②B：25，泥质灰陶，仅存口沿与腹部。敞口，大卷沿，沿面窄且圆鼓，外沿下卷。沿内侧下方与器物内壁有一周凹槽。沿面与内壁有横向暗纹，外壁有旋坯痕。口径42、壁厚0.7、残高4.5厘米（图八〇，4）。

标本1993G3②：1，泥质灰陶，仅存口沿与腹部。敞口，内侧下方与器物内壁有一周凹槽。沿面与内壁有横向暗纹，外壁有旋坯痕。口径56、壁厚1、残高6厘米（图八〇，5）。

标本1993T212②A：1，泥质灰陶，仅存口沿与腹部。敞口，大卷沿，沿面窄且圆鼓，外沿下卷。沿面与内壁有横向暗纹，外壁有旋坯痕。口径44、壁厚0.8、残高4.5厘米。

Bd型　5件。均为泥质红陶。敞口，口沿外壁加厚，沿面加宽并外卷，沿下及沿外壁加厚处各剔压两条间隙，形成一条凸棱，沿下间隙较宽。器内壁及口沿处多施横向暗弦纹。器壁较薄。

标本1993T214③B：2，泥质红陶。敞口，圆唇，沿面较鼓，斜直腹，平底。口沿外侧与外壁衔接处剔压形成一条凸棱。内壁有横向暗纹，外壁有旋坯痕。口径 42、底径 21、高 14 厘米（图八〇，6；彩版六八，4）。

标本 1993T107 ①：12，泥质红陶，仅存口沿与腹部。敞口，圆唇，斜直腹。口沿与内壁有横向暗纹。口径 43、壁厚 0.5、残高 4.5 厘米。

标本 1993T404 ② B：6，泥质红陶，仅存口沿与上腹。敞口，圆唇。口沿与内壁有横向暗纹。口径 45、壁厚 0.5、残高 2.5 厘米。

标本 1993G3 北②：20，泥质红陶，仅存口沿与上腹。敞口，圆唇。口沿与内壁有横向暗纹。口径 45、壁厚 0.6、残高 4 厘米。

标本 1993 采：13，泥质红陶。敞口，圆唇，斜直腹，平底。口沿外侧与外壁衔接处剔压形成一条凸棱。

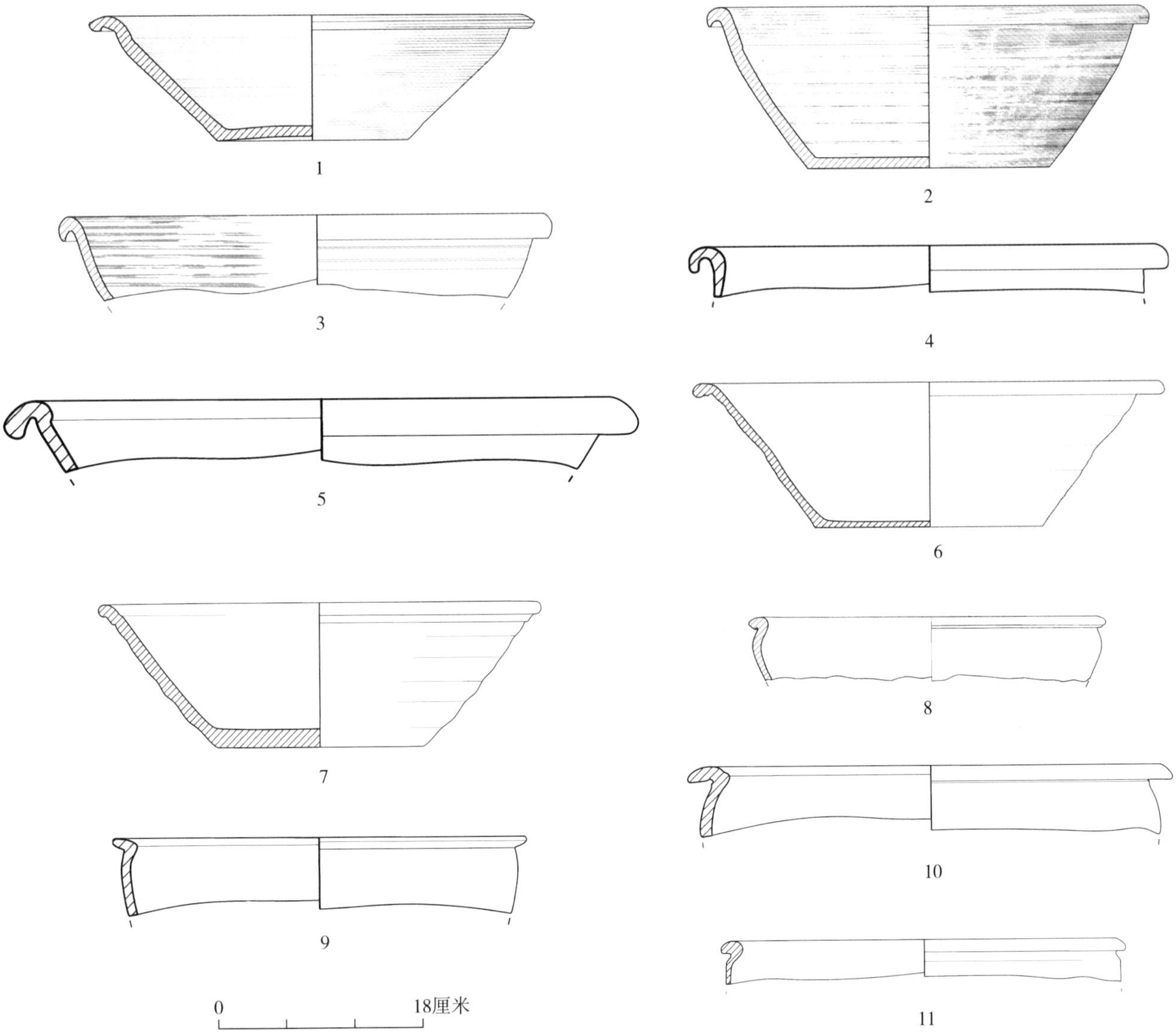

图八〇　第 3 窟地层出土辽金时期卷沿陶盆

1. Bb 型卷沿陶盆 1993T401 北② A：64　2 ～ 5.Bc 型卷沿陶盆 1993T401 北② A：70、1993T401 北② B：51 、1993T401 北② B：25、1993G3 ②：1　6、7.Bd 型卷沿红陶盆 1993T214 ③ B：2、1993 采：13　8 ～ 11. C 型卷沿陶盆 1993T301 ③ A：20、1993T214 ③ B：4、1993T401 ②：7、1993T401 ③：16

内壁有横向暗纹，外壁有旋坯痕。口径 39、底径 18、高 12.5 厘米（图八〇，7；彩版六八，5）。

C 型　5 件。沿面窄，沿圆鼓下卷，沿下与外壁相接处划出小间隙。口沿内侧与内壁转折无棱。敛口，外沿为尖圆唇，肩部随口沿内敛。

标本 1993T301 ③ A：20，残，仅存口沿与上腹。上腹较鼓。口沿面上与内壁有横向暗纹。口径 32、壁厚 0.7、残高 6.5 厘米（图八〇，8；彩版六八，6）。

标本 1993T214 ③ B：4，残，仅存口沿与上腹。上腹微鼓。口沿面外缘与内壁有横向暗纹。口径 36、壁厚 0.7、残高 4.5 厘米（图八〇，9）。

标本 1993T401 ②：7，残，仅存口沿与上腹。直口微敛，折沿，圆唇，上腹微鼓。口径 43、壁厚 0.9、残高 8.5 厘米（图八〇，10）。

标本 1993T401 ③：16，残，仅存口沿与上腹。直口微敛，圆唇，上腹微鼓。口径 36、壁厚 0.9、残高 5.5 厘米（图八〇，11）。

（2）平沿陶盆

100 件。泥质灰陶，泥条盘筑，根据器内口沿下方有无凸棱、沿面外缘有无凹槽分为三型，云冈石窟山顶寺庙遗址平沿陶盆分为 A、B、C 型，此区仅见 B、C 型两型，多为口沿、上腹残片。

B 型　5 件。仅存口沿与少部分上腹残片。敞口，方唇。内壁口沿下方有凸棱，口沿面中央剔压一周凹槽，外侧微高，形成浅二层台。

标本 1993T402 ③：19，残，仅存口沿与一部分上腹。口径 40、壁厚 0.8、残高 3 厘米（图八一，1；彩版六九，1）。

标本 1993T401 ③：27，残，仅存口沿与一部分上腹。内壁饰一周短竖线纹带。口径 32、壁厚 0.7、残高 4.5 厘米（图八一，2）。

标本 1993T401 ②：2，残，仅存口沿与一部分上腹。内壁饰一周短竖线纹带。口径 32、壁厚 0.6、残高 3 厘米（图八一，3）。

标本 1993T402 ③：20，残，仅存口沿与一部分上腹。口径 42、壁厚 0.8、残高 2 厘米（图八一，4）。

标本 1993T215 ③ A：3，残，仅存口沿与一部分上腹。敞口，方唇。内壁口沿下方凸棱明显。口径 40、壁厚 0.6、残高 2.5 厘米（图八一，5）。

C 型　43 件。多为口沿、上腹残片。内壁口沿下方有一、两周凸棱或无凸棱，口沿面外端剔压一周凹槽且略上折。

标本 1993T301 ③ A：21，敞口，圆唇，斜腹内凹，平底。口沿内侧下方剔压一周凹槽，呈双棱状。沿面存四个锔钉孔。口径 52、底径 19、高 19.5 厘米（图八二，1；彩版六九，2）。

标本 1993T401 ③：3，敞口，圆唇，斜腹，平底。口沿内侧下方剔压一周凹槽，呈双棱状。内壁有数周菱形回字纹饰，仅存一周，其余均剥蚀。外壁有较明显旋坯纹，腹部有四个锔钉孔。口径 59、底径 25、高 22.5 厘米（图八二，2；彩版六九，3）。

标本 1993T104 北③ A：10，残，仅存口沿与少许上腹。敞口微敛，外缘为方圆唇，沿面微凸，斜直腹，内壁压印数周菱格纹饰。口径 39、壁厚 0.7、残高 3.5 厘米（图八二，3）。

标本 1993T307 ③ C：6，残，仅存口沿与少许上腹。敞口，外缘为圆唇，斜直腹。口径 38、壁厚 0.7、残高 4.5 厘米（图八二，4）。

标本 1993T402 ③：18，残，仅存口沿与少许上腹。敞口，外缘为圆唇，斜弧腹。口径 43、壁厚 0.9、

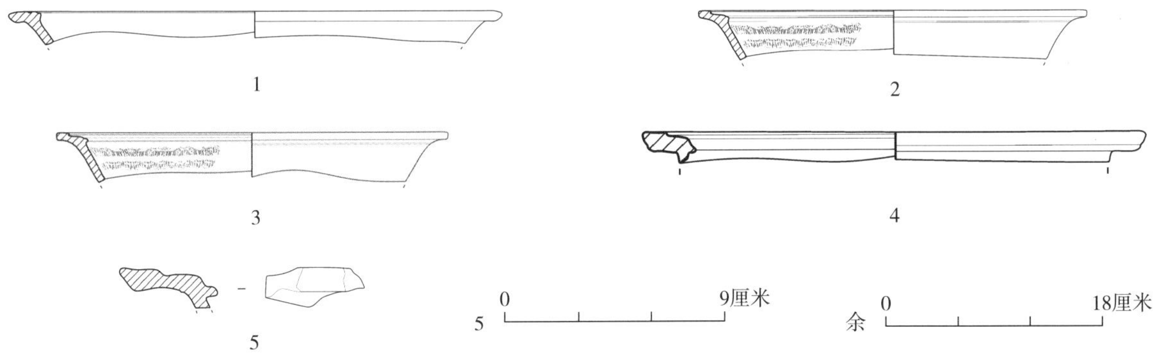

图八一　第 3 窟地层出土辽金时期 B 型平沿陶盆

1 ~ 5. B 型平沿陶盆 1993T402 ③: 19、1993T401 ③: 27、1993T401 ②: 2、1993T402 ③: 20、1993T215 ③ A : 3

残高 4 厘米（图八二，5）。

标本 1993T401 ③: 18，残，仅存口沿及少许上腹。敞口，外缘为方圆唇。外壁口沿下方有旋坯纹。口径 42、壁厚 0.6、残高 2 厘米（图八二，6）。

标本 1993T104 北③ A : 8，残，仅存口沿及少许上腹。敞口，外缘为方圆唇。口径 71、壁厚 0.8、残高 4.5 厘米。

标本 1993T214 ③ B : 6，残，仅存口沿及少许上腹。敞口，外缘为方圆唇。口径 60、壁厚 1、残高 5 厘米。

标本 1993T401 ③: 24，残，仅存口沿与少许上腹。敞口微敛，外缘为圆唇，沿面较窄且上倾，器壁接近口沿处有 1 个锔钉孔。口径 45、壁厚 0.9、残高 2.8 厘米（图八二，7）。

标本 1993T307 ③ C : 8，残，仅存口沿与少许上腹。敞口，外缘为方圆形。口径 63、壁厚 0.9、残高 4.5 厘米（图八二，8；彩版六九，4）。

标本 1993T401 ③: 29，残，仅存口沿与少许上腹。敞口，外缘为圆唇，斜弧腹。内壁压印 13 周菱形纹带，器壁上有 2 个锔钉孔。口径 58、壁厚 1、残高 15.5 厘米（图八二，9；彩版六九，5）。

标本 1993T209 ② B : 4，残，仅存口沿与少许上腹。敞口，外缘为圆唇，斜直腹。内壁压印 8 周菱格纹带。口径 47、壁厚 0.9、残高 12 厘米（图八二，10；彩版六九，6）。

标本 1993T209 ② B : 5，残，仅存口沿与少许上腹。敞口，外缘为圆唇。口径 85、壁厚 1、残高 5.5 厘米（图八二，11）。

标本 1993T216 ② B : 3，残，夹砂灰陶，仅存口沿与上腹。直口，口沿与器内壁相接处呈钝角，弧腹。口径 35、壁厚 0.5、残高 5 厘米。

标本 1993T216 ② A : 2，残，仅存口沿与少许上腹。敞口，沿面略窄，口沿外缘为唇部并上折内卷成小三角，口沿内壁下方有一道阴刻线，斜直腹。口径 43、壁厚 0.5、残高 3 厘米。

标本 1993T301 ③ A : 3，残，仅存口沿与上腹。敞口微敛，外缘为圆唇，斜直腹。口径 50、壁厚 0.9、残高 9.8 厘米（图八二，12）。

标本 1993T301 ③ A : 4，残，仅存口沿与上腹。敞口微敛，外缘为圆唇，斜直腹。口径 61、壁厚 0.9、残高 6.8 厘米（图八二，13；彩版六九，7）。

标本 1993T401 ③: 7，残，仅存口沿与上腹。敞口，沿面宽平，口沿外缘为圆唇且上折，斜直腹，平底。口沿部略薄，腹与底部比较厚重。口径 92、底径 45、高 45 厘米（图八三，1；彩版七〇，1）。

标本 1993T401 ③: 31，残，仅存口沿与上腹。敞口，沿面宽平，口沿外缘为圆唇且上折，斜直腹。口径 84、壁厚 1.3 ～ 1.7、残高 15.5 厘米（图八三，2；彩版七〇，2）。

标本 1993T301 ③ A : 1，残，仅存口沿与上腹。敞口，斜直腹，沿面较平，外缘为圆唇，内缘面有一周凹槽。口径 94、壁厚 1、残高 10.5 厘米（图八三，3；彩版七〇，3）。

标本 1993T210 ③ A : 1，残，仅存口沿与上腹。敞口，斜直腹，沿面较平，外缘为圆唇，内缘面有一周凹槽。口径 94、壁厚 1.2、残高 12.5 厘米（图八三，4）。

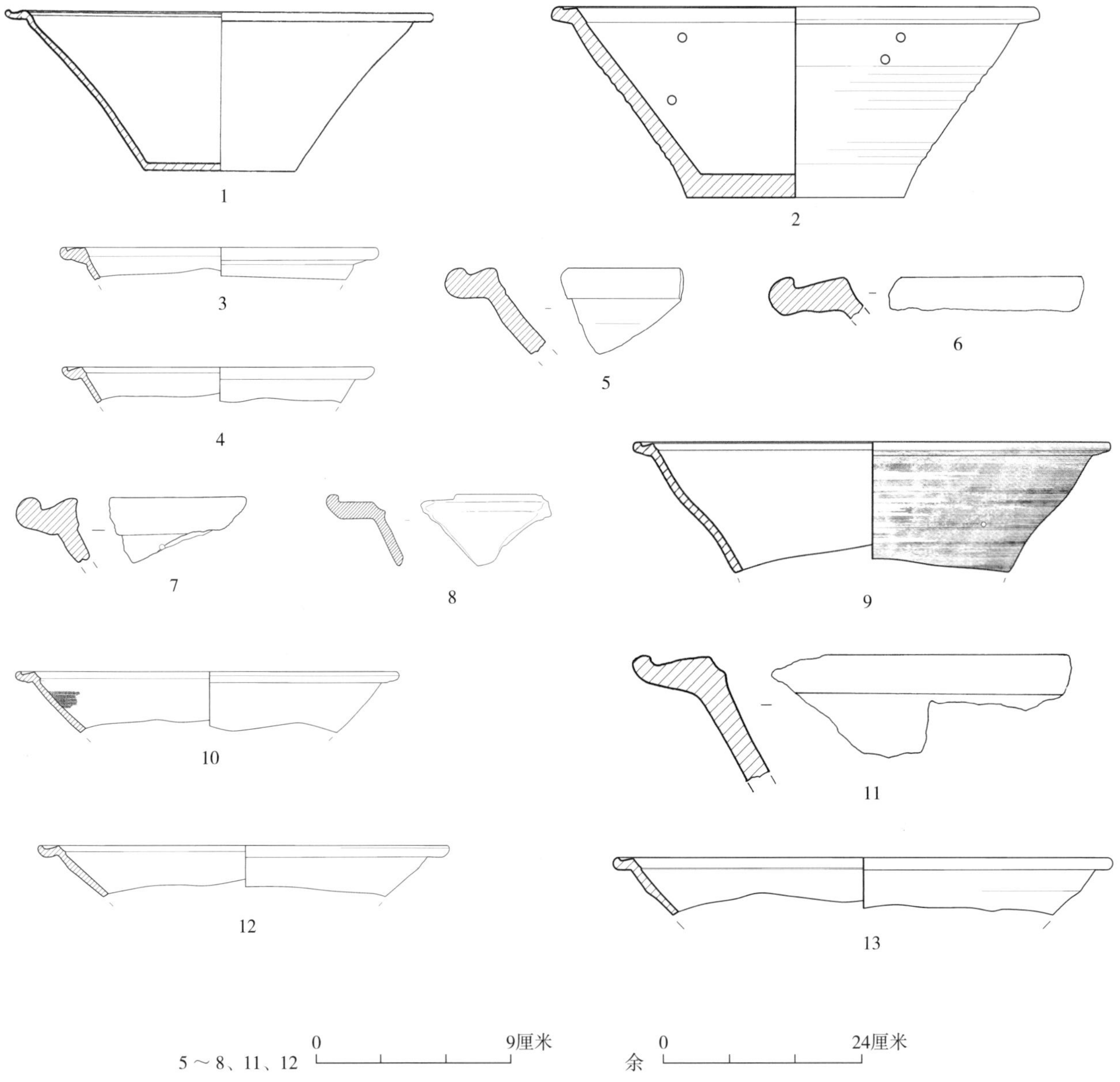

图八二 第 3 窟地层出土辽金时期 C 型平沿陶盆

1 ～ 13.C 型平沿陶盆 1993T301 ③ A : 21、1993T401 ③: 3、1993T104 北③ A : 10、1993T307 ③ C : 6、1993T402 ③: 18、1993T401 ③: 18、1993T401 ③: 24、1993T307 ③ C : 8、1993T401 ③: 29、1993T209 ② B : 4、1993T209 ② B : 5、1993T301 ③ A : 3、1993T301 ③ A : 4

标本 1993T215 ③ B：4，残，仅存口沿与上腹。敞口微敛，口沿与器壁相接处呈锐角，沿面外侧略向下倾斜，斜弧腹略鼓。口径 68、壁厚 0.9、残高 10.5 厘米（图八三，5；彩版七〇，4）。

标本 1993T307 ③ C：4，残，仅存口沿与上腹。敞口，沿面窄且略微凸，斜直腹。口径 49、壁厚 0.9、残高 14 厘米（图八三，6；彩版七〇，5）。

标本 1993T401 北② B：5，残，仅存口沿与少许上腹。口沿外缘为圆唇部且上折内卷成小三角。口径 68、壁厚 1、残高 3 厘米（图八三，7）。

标本 1993T301 ③ A：12，残，仅存口沿与少许上腹。敞口，沿面中间微鼓，斜直腹。口径 71、壁厚 1.1、残高 5.5 厘米（图八三，8）。

标本 1993T401 ③：23，残，仅存口沿与少许上腹。口径 118、残高 3.5 厘米。

标本 1993T209 ② B：3，残，仅存口沿与上腹。敞口，沿面宽平，斜直腹。口径 65、壁厚 1.3、残高 13 厘米。

标本 1993T401 ③：32，残，仅存口沿与上腹。敞口，沿面较平，口沿外缘为圆唇且上折，斜直腹。口径 78、壁厚 1.1 ～ 1.6、残高 9.5 厘米（图八三，9）。

标本 1993T401 ③：12，残，仅存口沿与上腹。敞口，沿面较平，口沿外缘为圆唇且上折，斜直腹。口径 86、壁厚 1.3、残高 6.5 厘米（图八三，10）。

标本 1993T307 ③ C：5，残，仅存口沿及少许上腹。敞口，沿面微凸，上折唇部略外侈。口径 80、壁厚 0.9、残高 3.5 厘米（彩版七〇，6）。

标本 1993T301 ③ A：13，残，仅存口沿与上腹。方圆唇，上腹壁残存半个锔钉孔。口径 30、壁厚 0.7、残高 2.7 厘米。

标本 1993T301 ③ A：18，残，仅存口沿与上腹。敞口，口沿外缘为方圆唇，口沿变形，上腹壁残存 1 个锔钉孔。口径 42、壁厚 0.7、残高 4 厘米。

另外，平沿陶盆腹、底部有印纹残片 52 件。其中，腹部印纹残片 42 件，主要有重层菱格纹 24 件、不规整菱格纹 8 件、栉齿纹 3 件、竖条纹 1 件、半圆弧纹 1 件、菱格与竖条组合纹 5 件。盆底与腹部 10 件。

盆底与下腹部残片　10 件。

标本 1993T211 ②：1，残。内壁压印一周米字形纹带，内底压印两周米字形纹带，器底存切割线痕。下腹存 1 个锔钉孔。底径 23、残高 4、壁厚 0.7 厘米（图八四，1；彩版七一，1）。

标本 1993T216 ③ A：2，残。内壁压印一周重层菱格形纹带，内底压印一周重层菱格形纹带。底径 18、残高 3.7、壁厚 1.2 厘米（图八四，2；彩版七一，2）。

标本 1993T215 ③ A：6，残。内底压印一周重层菱格形与四条竖线相间组合纹饰带，器底存切割线痕。底径 16、残高 4、壁厚 1.1 厘米（图八四，3；彩版七一，3）。

标本 1993T401 ③：4，仅存少许底部。内底压印四周重层菱格形纹带，器底存切割线痕。底厚 0.7 厘米（图八四，4；彩版七一，4）。

标本 1993T401 ②：32，残。内底压印三周米字形纹带，器底存切割线痕。底径 22、残高 1.7、壁厚 1 厘米（图八四，5；彩版七一，5）。

标本 1993T104 ③ A：5，残。内壁下腹压印四周菱格内有斜口字纹带，底部压印一周菱格内有斜口字纹带。底径 17、残高 5、壁厚 0.8 厘米（图八四，6）。

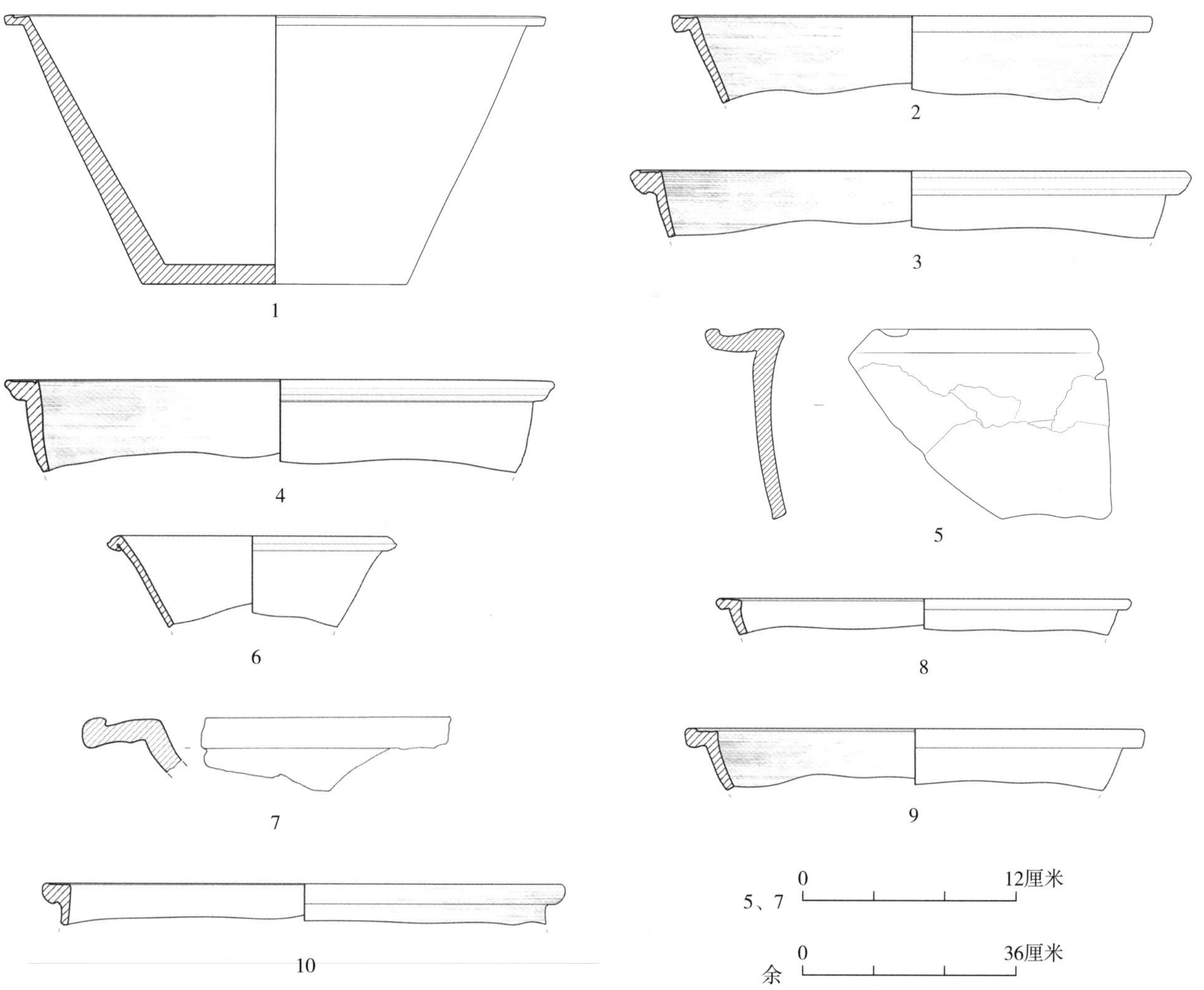

图八三　第3窟地层出土辽金时期C型平沿陶盆

1～10. C型平沿陶盆1993T401③：7、1993T401③：31、1993T301③A：1、1993T210③A：1、1993T215③B：4、1993T307③C：4、1993T401北②B：5、1993T301③A：2、1993T401③: 32、1993T401③: 12

标本1993T104②: 32，残。仅存底部。底部压印三周菱格内有正十字纹带。底径14、底厚0.8厘米。

标本1993T401③: 28，残。仅底内部压印两周重层菱格饰带。底径17、残高3、壁厚0.7厘米（图八四，7）。

标本1993T215③A：5，残。内壁下腹压印三周菱格纹带，底部压印两周重层菱格饰带。底径15、残高5、壁厚0.7厘米（图八四，8）。

标本1993T402③: 4，残。仅存底部与下腹。内壁压印一周栉齿纹饰带，器底存切割线痕。底径26、壁厚0.9厘米（彩版七一，6）。

腹部印纹残片　42件。

重层菱格纹　24件。

标本1993T214③B：1，内壁压印两周饰带。残宽6、残高4、壁厚0.8厘米（彩版七二，1）。

标本1993T301③A：11，内壁压印四周饰带。残宽5、残高6、壁厚0.8厘米。

标本1993T209①: 2，内壁压印五周饰带。残宽5、残高7、壁厚0.7厘米（图八五，1；彩版七二，2）。

标本 1993T209 ①：1，内壁压印四周饰带。残宽 4、残高 5.5、壁厚 0.7 厘米。

标本 1993T215 ③ A：6，内壁压印五周饰带。残宽 20、残高 8、壁厚 0.8 厘米（图八五，2；彩版七二，3）。

标本 1993T215 ③ A：7，上腹内壁四周饰带。残宽 5.5、残高 5.5、壁厚 0.6 厘米。

标本 1993T215 ③ A：25，内壁压印四周纹带。残宽 6、残高 3.5、壁厚 0.8 厘米（图八五，3；

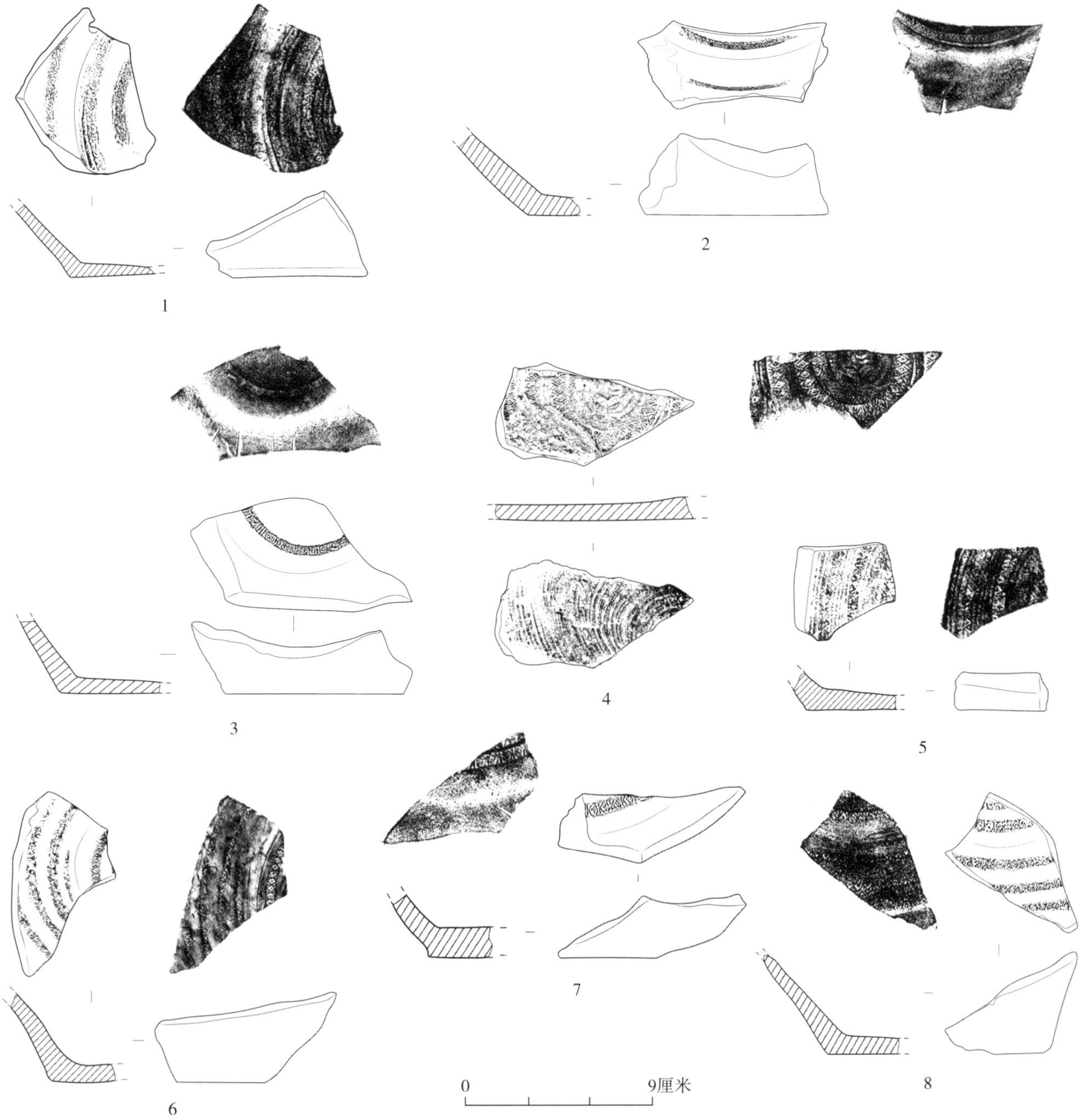

图八四　第 3 窟地层出土辽金时期陶盆底部残片

1. 1993T211 ②：1　2. 1993T216 ③ A：2　3. 1993T215 ③ A：6　4. 1993T401 ③：4　5. 1993T401 ②：32　6. 1993T104 ③ A：5　7.1993T401 ③：28　8. 1993T215 ③ A：5

彩版七二，4）。

标本 1993T216 ② A：1，内壁压印五周饰带。残宽 6、残高 7、壁厚 0.6 厘米（彩版七二，5）。

标本 1993T301 ③ A：14，内壁压印五周饰带。残宽 9、残高 5.5、壁厚 0.6 厘米。

标本 1993T217 ③ A：1，内壁压印二十周饰带。残宽 21、残高 18、壁厚 1 厘米（图八五，4；彩版七二，6）。

标本 1993T217 ③：2，内壁压印四周饰带。残宽 18、残高 7、壁厚 1.2 厘米。

标本 1993T301 ③ A：15，内壁压印五周饰带。残宽 11、残高 7、壁厚 0.8 厘米（彩版七二，7）。

标本 1993T211 ③：1，内壁压印十周饰带。残宽 12、残高 13、壁厚 0.9 厘米。

标本 1993T402 ③：6，内壁压印四周饰带。残宽 4.5、残高 6、壁厚 0.5 厘米。

标本 1993T215 ③ A：13，内壁压印六周饰带，菱格中有一个圆点纹。残宽 4、残高 7.5、壁厚 1 厘米。

标本 1993T301 ③ A：32，内壁压印四周饰带。残宽 5、残高 4.8、壁厚 0.8 厘米。

标本 1993T215 ②：11，内壁压印两周饰带，菱格中有一个圆点纹。残宽 3、残高 3.5、壁厚 0.4 厘米。

标本 1993T213 ③：1，内壁压印三周饰带，菱格中有正十字纹。残宽 6.5、残高 3、壁厚 1 厘米（图八五，5）。

标本 1993T215 ②：8，仅存腹部。内壁压印两周饰带，菱格中斜十字纹。残宽 5.5、残高 4.5、壁厚 0.6 厘米（图八五，6）。

标本 1993T214 ③ B：7，内壁压印三周米字与一条竖短线相间组合纹饰带。残宽 6.5、残高 11、壁厚 0.7 厘米（图八五，7；彩版七二，8）。

标本 1993T401 ③：9，内壁压印八周重层菱格纹饰带。残宽 4.5、残高 8.5、壁厚 0.6 厘米。

标本 1993T402 ③：21，内壁压印三周饰带。残宽 21、残高 18、壁厚 1 厘米。

不规整菱格纹　8 件。

标本 1993T215 ②：7，内壁压印八周饰带。残宽 18、残高 12.5、壁厚 0.6 厘米（图八五，8；彩版七三，1）。

标本 1993T107 ①：3，内壁压印三周饰带。残宽 20、残高 13.5、壁厚 0.7 厘米。

标本 1993T216 ③ A：13，内壁压印六周饰带。残宽 8.3、残高 10、壁厚 1 厘米。

标本 1993T215 ②：4，内壁压印七周饰带。残宽 11.5、残高 10.5、壁厚 0.5 厘米。

标本 1993T216 ③ A：14，内壁压印五周饰带。残宽 8.3、残高 5、壁厚 0.7 厘米。

标本 1993T216 ③ A：19，上腹内壁压印三周饰带。残宽 11、残高 5.5、壁厚 0.5 厘米（彩版七三，2）。

标本 1993T211 ②：5，内壁压印三周纹带。残宽 5.5、残高 5、壁厚 0.6 厘米。

标本 1993T216 ③ A：16，内壁压印三周饰带。残宽 8.5、残高 7、壁厚 0.9 厘米。

栉齿纹　4 件。

标本 1993T105 ③ A：1，内壁压印两周饰带。残宽 5.5、残高 5、壁厚 0.6 厘米（图八五，9；彩版七三，3）。

标本 1993T213 ②：1，内壁压印两周饰带。残宽 4.5、残高 5、壁厚 0.7 厘米（图八五，10；彩版七三，4）。

标本 1993G3 ①：1，内壁压印两周饰带。残宽 7.5、残高 7、壁厚 0.7 厘米。

图八五　第 3 窟地层出土辽金时期陶盆残片纹样

1 ～ 7. 菱格纹 1993T209 ①：2、1993T215 ③ A：6、1993T215 ③ A：25、1993T217 ③ A：1、1993T213 ③：1、1993T215 ②：8、1993T214 ③ B：7　8. 不规则菱格纹 1993T215 ②：7　9、10. 栉齿纹 1993T105 ③ A：1、1993T213 ②：1　11. 竖条纹 1993T104 ①：4　12. 半圆弧纹 1993T105 ①：4　13 ～ 16. 组合纹 1993T209 ② B：1、1993T209 ② B：2、1993T214 ③ B：8、1993T215：夯 2

标本 1993 采：1，内壁压印两周饰带。残宽 13.5、残高 9、壁厚 0.8 厘米。

竖条纹　1 件。

标本 1993T104 ①：4，仅存腹部。内壁压印四周一条竖短线纹饰带。残宽 4.5、残高 5.5、壁厚 0.9 厘米（图八五，11；彩版七三，5）。

半圆弧纹　1 件。

标本 1993T105 ①: 4，仅存腹部。内壁下压印三周连弧纹带。残宽 6.5、残高 5.5、壁厚 0.6 厘米（图八五，12；彩版七三，6）。

菱格与竖条组合纹　5 件。

标本 1993T209 ② B：1，内壁压印八周饰带。残宽 4、残高 8、壁厚 0.5 厘米（图八五，13；彩版七三，7）。

标本 1993T209 ② B：2，压印五周饰带。残宽 10.5、残高 6.5、壁厚 0.5 厘米（图八五，14）。

标本 1993T214 ③ B：8，内壁压印五周纹带，外壁有细密的旋坯纹。残宽 8、残高 6.5、壁厚 0.7 厘米（图八五，15；彩版七三，8）。

标本 1993T215：夯 2，内壁下面压印五周饰带。残宽 5.5、残高 4、壁厚 0.6 厘米（图八五，16）。

标本 1993T215：夯 3，内壁下面压印四周饰带。残宽 5、残高 4、壁厚 0.6 厘米。

（3）敛口陶盆

8 件。泥质灰陶，多为口沿残片。敛口，此区仅存山顶 A 型。

A 型　8 件。外为圆唇，内唇尖圆，外壁口沿下压印一周凹槽，肩部随口沿内敛。

标本 1993T104 北③ A：9，残，仅余部分口部及少许上腹。口径 33、壁厚 0.7、残高 3 厘米。

标本 1993T216 ③ A：7，残，仅存口沿与少部分上腹。口径 28、壁厚 0.5、残高 3.8 厘米（图八六，1）。

标本 1993T216 ③ A：4，残，仅存口沿与一部分上腹。口径 38、壁厚 0.5、残高 4 厘米（图八六，2）。

标本 1993T210 ②: 14，残，仅存口沿及少许上腹。口径 36、壁厚 0.7、残高 2.6 厘米（图八六，3）。

标本 1993G3 北①: 16，残，仅存口沿及少许上腹。口径 42、壁厚 0.5、残高 3 厘米（图八六，4）。

标本 1993T401 ③: 4，残，仅存口沿及少许上腹。口径 40、壁厚 0.6、残高 3 厘米（图八六，5）。

标本 1993T215 ③ A：16，残，仅存口沿与少部分上腹。口径 36、壁厚 0.7、残高 2.5 厘米。

（4）陶碗

8 件。泥质灰陶。敞口或直口，多为残片，型式各不相同。

标本 1993T209 ② A：5，敞口，圆唇，斜弧腹，实足底，内壁有磨光暗纹。口径 20、底径 9、高 7 厘米（图八七，1；彩版七四，1）。

标本 1993T216 ③ A：5，残，仅存口沿与腹部。直口，斜腹。口部外壁上、下有两周圆形凸棱，口沿面中间也有一周凹槽，形成两周阶梯状凸棱，内高外低，凸棱上有短竖线压印纹。口径 16、壁厚 0.6、残高 5.2 厘米（图八七，2；彩版七四，2）。

标本 1993T216 ③ A：3，残，仅存口沿与腹部。直口，斜腹。与标本 1993T216 ③ A：5 相似，沿面仅内缘凸棱上有短竖线压印纹。口径 16、壁厚 0.6、残高 5.5 厘米（图八七，3）。

标本 1993T401 ①: 8，残，仅存口沿与腹部。敞口，斜腹。口沿近似斜方唇，沿面内侧为平沿，口沿的外侧凸起且向下斜折，上端外侧压印一周棱形方格，下端外侧用指压出花边。口径 18、壁厚 0.7、残高 6 厘米（图八七，4）。

标本 1993T303 ③ B：3-1，残，仅存口沿与腹部。敞口微撇，圆唇。上腹部略向内折，下腹部呈弧壁，内壁有磨光暗纹。口径 15.5、壁厚 0.6、残高 6 厘米（图八七，5；彩版七四，3）。

标本 1993T303 ③ B：3-2，残，仅存下腹与底部。浅腹，实足底，内壁有磨光暗纹，可能与标

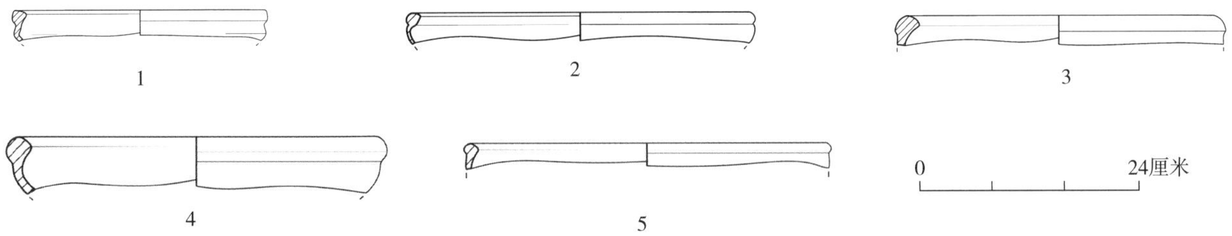

图八六　第 3 窟地层出土辽金时期敛口陶盆

1～5. A型敛口陶盆 1993T216③A:7、1993T216③A:4、1993T210②:14、1993G3北①:16、1993T401③:4

本 1993T303 ③ B：3-1 为同一件器物。残高 2.5、足径 7 厘米（图八七，6）。

标本 1993T215 ③ A：15，残。仅存下腹与底部，浅腹，实足底，器内壁有横向暗纹，纹路较细。残高 3、足径 8 厘米（图八七，7）。

（5）陶盏

2 件。泥质灰陶。山顶根据底部不同分为实足底和平底 A、B 两型。此区仅存山顶 A 型。

A 型　2 件。敞口，圆唇，弧腹或斜腹，实足底。

标本 1993T401 ③: 30，斜壁，腹较浅。口径 9.2、底径 3、高 2.8 厘米（图八八，1；彩版七四，4）。

标本 1993T303 ③ B：1，上腹略直，弧壁，器壁较厚。器底存切割线痕。口径 9.8、底径 4、高 3.3 厘米（图八八，2；彩版七四，5）。

（6）陶盏托

1 件。

标本 1993T302 ①: 1，泥质灰陶。直口，方唇，折腹，平底。内底中央套小托，尖唇，圜底。器底存切割线痕。口径 14、底径 5.8、高 4.2、小盏口径 4、深 0.6 厘米（图八八，3；彩版七四，6）。

（7）陶盘

2 件。泥质黑灰陶，圆唇或尖圆唇，磨光或素面。

标本 1993T107 ①: 3，残，仅存口与腹部。直口微敛，圆唇，浅腹，弧壁，内、外壁磨光且有横向暗纹。口径 25、壁厚 0.5、残高 5 厘米（图八八，4）。

标本 1993T303 ② A：1。素面。敞口，尖圆唇，弧壁，大平底。口径 16.5、通高 1.2、底径 15 厘米（图八八，5；彩版七四，7）。

（8）陶盒

1 件。

标本 1993 采: 14，泥质红陶。子母口，口微敛，弧腹，平底。内壁有旋坯痕，外壁有横向暗纹。口径 36、底径 26、高 18 厘米（图八八，6；彩版七四，8）。

（9）陶罐

40 件。其中完整 1 件，口部及腹部残片 26 件，底部残片 13 件。

标本 1993T214 ③ C：4，残，仅存口与肩部。敛口，圆唇，广肩，肩上部饰一道凸棱，下部略内折，器外壁磨光。口径 14、壁厚 0.6、残高 4.5 厘米（图八九，1；彩版七五，1）。

标本 1993T215 ③ A：11，残，仅存口与肩部。敛口，圆唇，广肩，肩上部饰一道凸棱，外壁磨光。口径 14、壁厚 0.6、残高 3.5 厘米（图八九，2）。

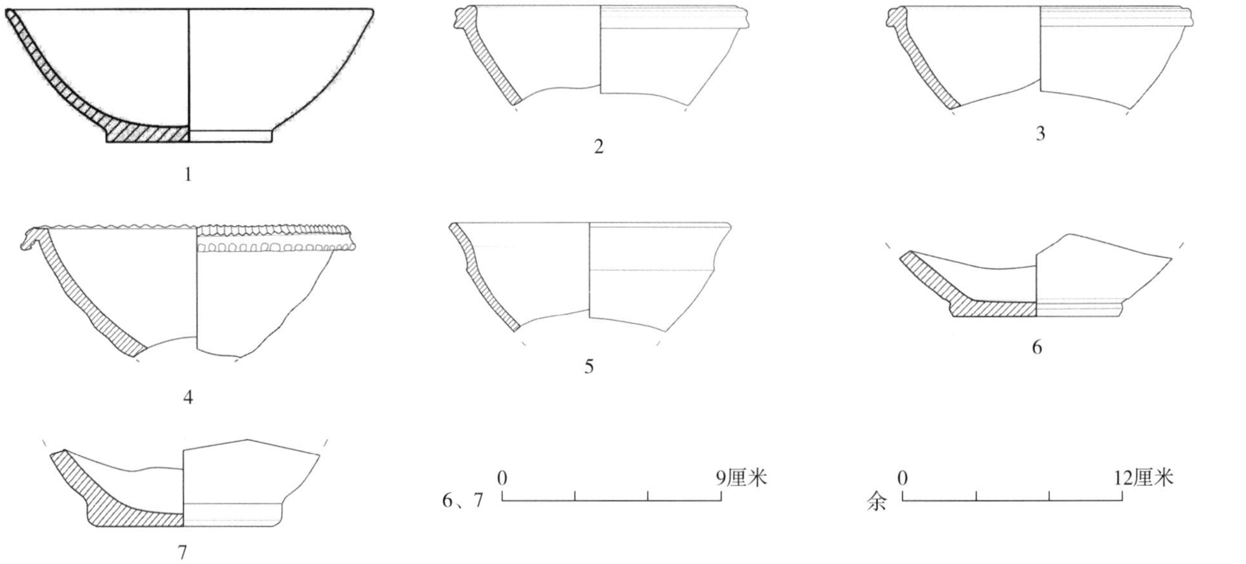

图八七 第3窟地层出土辽金时期陶碗

1～7. 陶碗1993T209②A:5、1993T216③A:5、1993T216③A:3、1993T401①:8、1993T303③B:3-1、1993T303③B:3-2、1993T215③A:15

标本 1993T216 ③ A：8，残，仅余器口及肩部。敛口，圆唇。唇外壁有一周阶梯状凸棱。口径 18、壁厚 0.3、残高 2.5 厘米（图八九，3）。

标本 1993T216 ③ A：6，残，仅存口与肩部。敛口，圆唇，广肩。唇外壁有一周阶梯状凸棱，肩上部有横向暗纹。口径 18、壁厚 0.5、残高 3.5 厘米（图八九，4；彩版七五，2）。

标本 1993T105 ① B：2，残，仅存口与肩部。敛口，圆唇，广肩。唇外壁有两周阶梯状凸，肩上部有数周横向暗纹。口径 24、壁厚 0.8、残高 3.5 厘米。

标本 1993T402 ③：15，残，仅存口与肩部。敛口，圆唇，无凸棱装饰，广肩，肩上部一周略微凸起。口径 31、壁厚 0.6、残高 3 厘米（图八九，5）。

标本 1993T401 ③：8，残，仅存口与肩部。敛口，圆唇，鼓腹。唇外壁有一周阶梯状凸棱，腹部有横向暗纹。口径 18、壁厚 0.7、残高 6 厘米。

标本 1993T402 ③：27，敛口，溜肩，肩部两侧对称有两个桥形耳，鼓腹，腹下部略微内凹，平底。口沿外壁有三周阶梯状凸棱。口径 17.6、腹径 33.5、底径 14、高 31.5 厘米（图八九，6；彩版七五，3）。

标本 1993T103 ③ A：1，残，仅存口与颈部。直口微敛，口沿外壁有三周阶梯状凸棱，束颈。口径 19、壁厚 0.6、残高 3 厘米（图八九，7）。

标本 1993T105 北③ A：2，残，仅存口与颈部。直口微敛，口沿外壁有三周阶梯状凸棱，束颈。外壁颈与肩部有一周凹槽。口径 19、壁厚 0.6、残高 3.5 厘米。

标本 1993T404 ② B：3，残，仅存口与颈部。敞口，口沿面有三周阶梯状凸棱，束颈。口径 30、壁厚 0.8、残高 7 厘米。

标本 1993T401 ③：6，残，仅存口、颈及肩部。直口，圆唇，束颈，圆肩。口沿外侧与肩上有横向磨光暗纹。口径 17、壁厚 0.7、残高 5 厘米（图九〇，1；彩版七六，1）。

标本 1993T402 ③：17，残，仅存口、颈及肩部。口微敛，圆唇，束颈，圆肩。口沿、颈与肩上

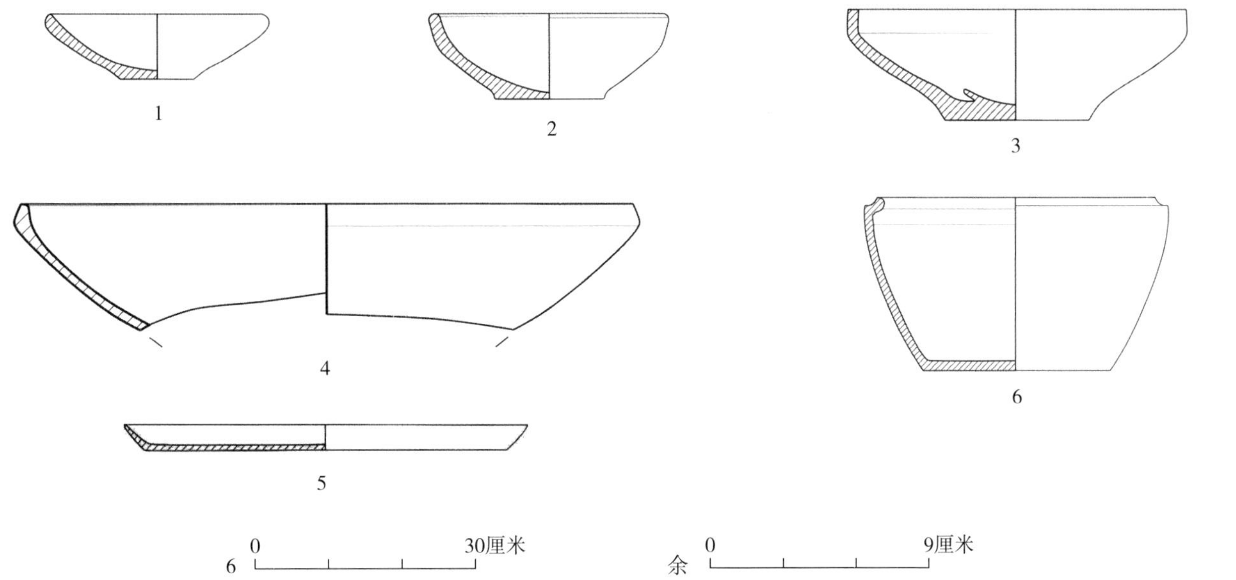

图八八　第3窟地层出土辽金时期陶器

1、2. 陶盏 1993T401③:30、1993T303③B:1　3. 陶盏托 1993T302①:1　4、5. 陶盘1993T107①:3、1993T303②A:1　6.陶盒1993采:14

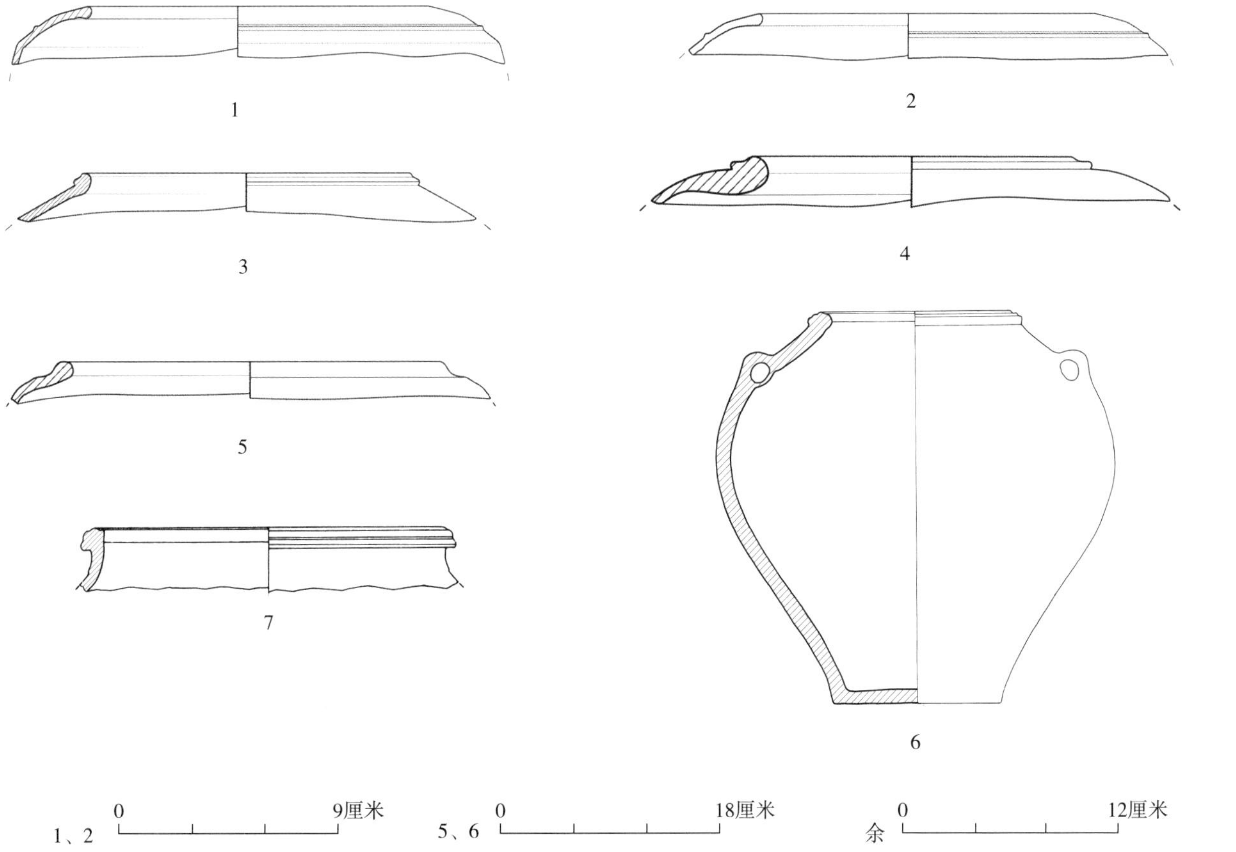

图八九　第3窟地层出土辽金时期敛口陶罐

1～7.陶罐1993T214③C:4、1993T215③A:11、1992T216③A:8、1993T216③A:6、1993T402③:15、1993T402③:27、1993T103③A:1

有横向磨光暗纹。口径 20、壁厚 1、残高 7.5 厘米（图九〇，2；彩版七六，2）。

标本 1993T215③B：1，残，仅存口、颈及肩部。直口，圆唇内卷，且与内壁形成一周凹槽，束颈，广肩。口径 29、壁厚 0.9、残高 6 厘米（图九〇，3；彩版七六，3）。

标本 1993T210②：16，残，仅存口、颈及肩部。口微敛，圆唇，束颈，圆肩。口沿与肩部外壁有横向暗纹。口径 19、壁厚 0.8、残高 5 厘米（图九〇，4；彩版七六，4）。

标本 1993T104 北③A：6，残，仅存口、颈及肩部。直口，圆唇内卷，且与内壁形成一周凹槽，束颈。外壁颈、肩部有横向暗纹。口径 28、壁厚 0.7、残高 5 厘米（图九〇，5;彩版七六，5）。

标本 1993T401 北 H1：9，残，仅存口、颈及肩部。直口，束颈，圆唇内卷，且与内壁形成一周凹槽。口沿与肩部外壁有横向暗纹。口径 20、壁厚 0.8、残高 5 厘米（图九〇，6;彩版七六，6）。

标本 1993T209②A：4，残，仅存口、颈及肩部。直口，圆唇，束颈，广肩，口沿与器内壁处有一周浅凹痕。肩部有一个桥形双耳，内壁起耳处贴泥饼加固。口径 20、壁厚 0.6、残高 5.5 厘米（图九〇，7；彩版七六，7）。

标本 1993T401③：19，残，仅存口、颈及肩部。直口，圆唇，束颈，广肩，口沿与器内壁处有一周浅凹痕。口径 24、壁厚 1、残高 8 厘米（图九〇，8）。

标本 1993T401 北 H1：6，残，仅存口、颈及少许肩部。圆唇内卷，且与内壁形成一周凹槽，束颈。口径 24、壁厚 0.8、残高 2.5 厘米（图九〇，9）。

标本 1993T215③A：4，残，仅存口、颈及肩部。直口，圆唇内卷，且与内壁形成一周凹槽，束颈，圆肩，肩部有一个锔钉孔。口径 17、壁厚 0.5、残高 6.5 厘米（图九〇，10；彩版七六，8）。

标本 1993T401 北 H1：5，残，仅存口、颈及肩部。敛口，圆唇，束颈，圆肩。口沿与肩部外壁有横向暗纹。口径 42、壁厚 0.8、残高 6 厘米。

标本 1993T401 北 H1：8，残，仅存口、颈及少许肩部。口沿与肩部外壁有横向暗纹。口径 43、壁厚 1.4、残高 5.5 厘米。

标本 1993G3②：2，残，仅存口、颈及少许肩部。敛口，圆唇，束颈。口沿与肩部外壁有横向暗纹。口径 46、壁厚 1.6、残高 5.5 厘米。

标本 1993T215③A：17，残，仅存口沿与颈部。直口，圆唇内卷，且与内壁形成一周凹槽。口径 44、残高 4.5 厘米。

标本 1993T402③：16，残，仅存口沿与颈部。口微敛，圆唇，口沿面有一周宽凹槽，口沿内缘与内壁形成一条窄间隙。口径 32、壁厚 0.9、残高 3 厘米（图九〇，11）。

标本 1993T216③A：10，残，仅存口沿与颈部。直口，圆唇内卷，与内壁形成一周凹槽。口径 26、壁厚 0.9、残高 3 厘米（图九〇，12）。

标本 1993T301③A：16，残，仅存口沿与少许腹部。敛口，尖圆唇，外壁上腹部有横向暗旋纹。口径 21、壁厚 0.6、残高 3.5 厘米。

标本 1993T307③C：10，残，仅存口沿与少许腹部。敛口，尖圆唇。口径 30、壁厚 0.8、残高 3 厘米。

残陶罐　2 件。泥质灰陶。口与底部均残缺，肩与上腹有横向暗纹。

标本 1993T402③：28，小口，溜肩，鼓腹。最大腹径 28、底径 15、残高 34 厘米（图九〇，13；彩版七五，4）。

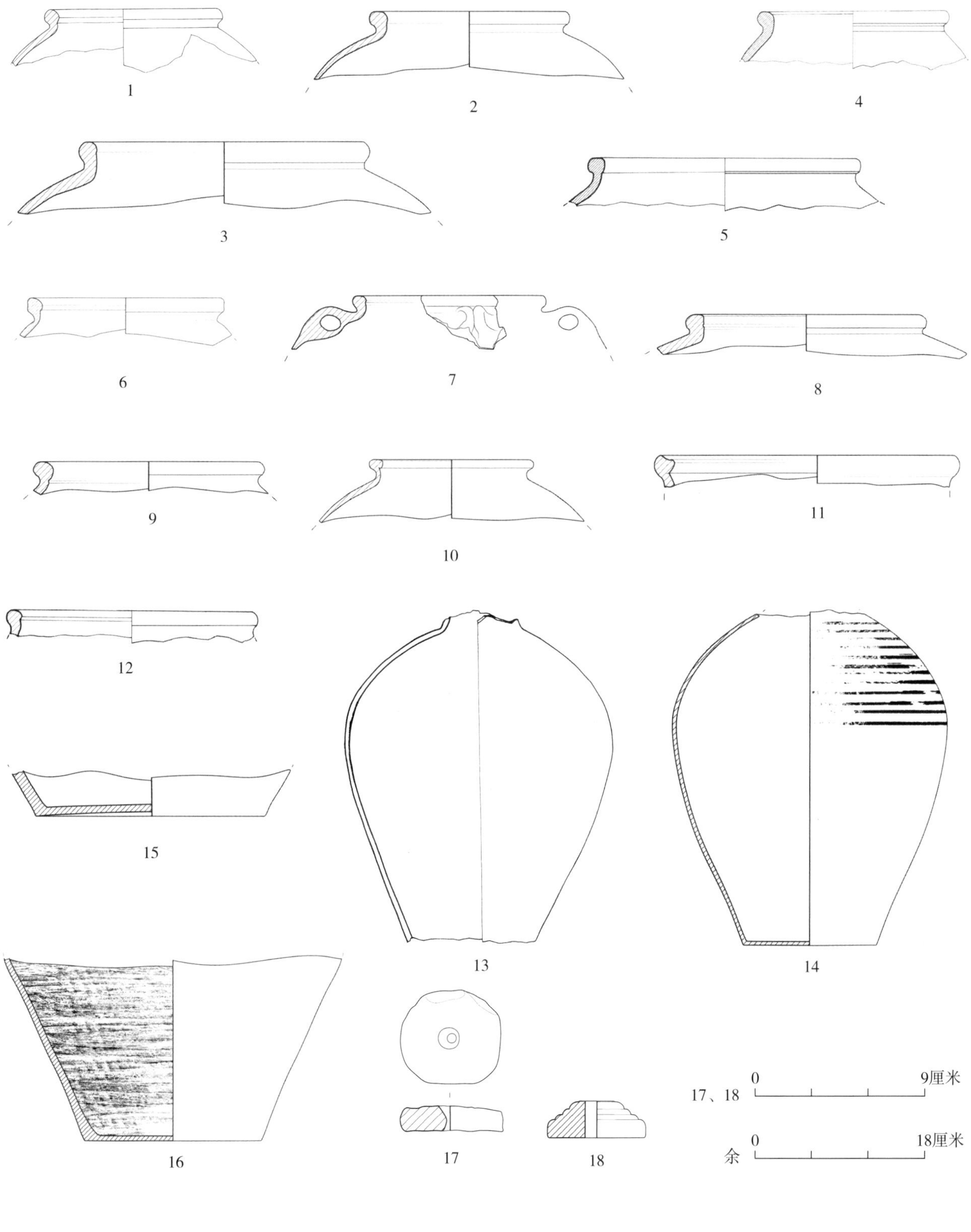

图九〇　第3窟地层出土辽金时期陶器

1～16.陶罐1993T401③:6、1993T402③:17、1993T215③B:1、1993T210②:16、1993T104北③A:6、1993T401北H1:9、A型1993T209②A:4、1993T401③:19、1993T401北H1:6、A型1993T215③A:4、1993T402③:16、1993T216③A:10、1993T402③:28、1993T402③:1、1993T401③:1、1993T401②:6　17.陶纺轮1993T401北H1:4　18.陶饰件1993T401②:10

标本 1993T402 ③: 1，小口，圆肩，鼓腹。最大腹径 29.5、底径 15.5、残高 34 厘米（图九○，14；彩版七五，5）。

腹、底部残片　9 件。

标本 1993T401 ③: 1，泥质红陶。仅存下腹与底。斜直腹，平底。底径 24、残高 8.5、壁厚 1 厘米（图九○，15）。

标本 1993T401 ②: 6，夹砂灰陶。仅存下腹与底。斜直腹，平底。底径 18、残高 8.5、壁厚 0.8 厘米（图九○，16）。

标本 1993T401 ②: 5，泥质灰陶。仅存下腹与底。斜直腹，平底。底径 15、残高 9、壁厚 1 厘米。

标本 1993T104 ③ A : 1，泥质灰陶。仅存下腹与底。斜直腹，平底。器底存切割线痕。底径 14、残高 7、壁厚 0.9 厘米。

标本 1993T104 ③ A : 2，泥质灰陶。仅存下腹与底。斜直腹，平底。底径 20、残高 6、壁厚 0.7 厘米。

标本 1993T104 ③ A : 3，泥质灰陶。仅存下腹与底。斜直腹，平底。器底存切割线痕。底径 21、残高 3、壁厚 1.3 厘米。

标本 1993T104 ③ A : 4，泥质灰陶。仅存下腹与底。斜直腹，平底。器底存切割线痕。底径 12、残高 3、壁厚 0.7 厘米。

标本 1993T402 ③: 23，泥质灰陶。仅存下腹与底。斜直腹，平底。底径 20、残高 21.5、壁厚 0.8 厘米。

标本 1993T402 ③: 24，泥质灰陶。仅存下腹与底。斜直腹，平底。底径 18、残高 13.5、壁厚 0.9 厘米。

（10）陶纺轮

1 件。

标本 1993T401 北 H1 : 4，泥质灰陶，陶片磨制。平面呈圆形，中间穿孔。直径 5、孔径 0.7 ～ 1、厚 0.9 厘米（图九○，17）。

（11）陶饰件

1 件。

标本 1993T401 ②: 10，泥质灰陶，表面局部涂土红色。平面呈圆形，中间穿孔，断面似梯形。斜面上有四周旋纹。上面直径 2.5、底径 5、孔径 1.3、高 2 厘米（图九○，18）。

2. 瓷器

标本 161 件。根据釉色分白釉、白釉褐彩、黄釉、茶叶末釉、青釉、复色釉、绿釉、三彩、孔雀蓝釉、黑釉。器形有碗、盘、盏、碟、盆、盒、瓶、炉、罐、水盂、钵、盏托、执壶、洗、盖、素烧器。

（1）白釉碗

59 件。多为器物残片，依据口部变化的不同分为 A、B 型。

A 型　25 件。敞口。根据唇部变化的不同又分为 Aa、Ab 二亚型。

Aa 型　15 件。敞口，圆唇、尖唇或尖圆唇。

标本 1993T401 北② A : 45，尖圆唇，弧腹，内底心突起圆台，圈足，挖足较浅，足墙外撇，内外齐平，外墙向内旋削出棱，内墙二次切削，足沿平切。黄白胎，胎质略疏，夹细小白色砂粒。内施满釉，外施半截釉，釉色黄白，釉面平整光洁，有化妆土。足心有楷体墨书“妙勝（胜）”二字，书写不甚规范。采用垫珠间隔，匣钵多件仰烧法的装烧工艺。足沿及内底残留 3 处黄豆形垫珠痕。器壁外可见明显旋坯痕。口径 15、底径 6.2、高 4.7 厘米（图九一，1；彩版七七，1、2）。

标本1993T215③A：27，敛口，尖圆唇，弧腹。胎色较白，胎质坚致。内外施釉，白釉微灰，釉面光洁，无化妆土。壁厚0.3厘米（图九一，2；彩版七七，3）。

标本1993T214③B：17，口微敛，尖圆唇，弧腹。白胎，胎质稍坚。内外施釉，釉色较白，釉面较光洁，满布细碎开片，无化妆土。壁厚0.3厘米（图九一，3；彩版七七，4）。

标本1993T215③A：26，敞口，尖圆唇，弧腹，胎色洁白，胎质坚致，细腻。内外施釉，白釉微灰，釉面光洁，无化妆土。壁厚0.3厘米（图九一，4；彩版七七，5）。

标本1993T210②：27，尖唇，弧腹。白胎，较坚致，有极细小气孔，瓷化程度很高。芒口，内施满釉，外不及底，釉色较白，光洁平整，无化妆土。制作规整，光素无纹。口径22、壁厚0.5厘米（彩版七七，6）。

标本1993G3南①：8，可复原。器型较大。口微敞，尖圆唇，弧腹外凸，圈足，足墙内外齐平，外墙竖直，内墙外斜，足沿平切，足心有乳突。白胎，胎体坚质，有极细小气孔。内施满釉，外不及底，釉色灰白，有烟熏痕迹，满布开片，有化妆土。采用垫珠间隔，多件仰烧的装烧工艺。足沿及内底各有9处大小不一的近椭圆形垫珠痕。口径22.5、底径7.7、高7.8厘米（图九一，5；彩版七八，1）。

标本1993G3北②：10（2片），不可修复。尖唇，弧腹，圈足，足墙较直，内外齐平，足沿平切，足心突起，光素无纹。灰白胎，胎体坚致，有极细小气孔。内施满釉，外施半截釉，白釉泛青，有棕眼及“惊釉”现象，上化妆土。采用垫珠间隔，多件仰烧的装烧工艺。足沿和内底有一周分布密集的蚕豆状垫珠痕，残留6处。底径7、壁厚0.4～0.6厘米（图九一，6；彩版七八，2）。

标本1993G3北②：8，圆唇，直壁微弧。土黄胎，胎体稍坚。内外施釉，白釉泛黄，釉面失光，较平整，有化妆土。口径17、壁厚0.4厘米（图九一，7；彩版七八，3）。

标本1993T210①：7，圆唇，弧腹。黄白胎，胎质稍坚，胎体略厚。灰白釉，内外施釉，较光洁平整，无化妆土。器外壁可见旋坯纹。口径21、壁厚0.6厘米（图九一，8；彩版七八，4）。

标本1993T212②：1，尖唇，弧腹。土黄胎，胎体稍坚。内施满釉，外不及底，外壁及口沿剥釉，较光洁平整，有化妆土。口径14、壁厚0.5厘米（图九一，9）。

标本1993G3南②：2，圆唇，弧腹。白胎，坚致，细腻。内外施釉，白釉微黄，光洁平整，釉面有磨损痕迹，无化妆土。外壁腹部划有凹弦纹一周。口径17、壁厚0.3厘米（图九一，10；彩版七八，5）。

标本1993T401北②A：54，残存口腹。圆唇，敞口，浅弧腹。灰胎，较坚致，有细小气孔。仅内壁施釉，釉色灰白，釉面较光洁，无化妆土。口径16、壁厚0.4厘米（图九一，11；彩版七八，6）。

标本1993T401北②A：51，河北定窑。尖唇，花口，弧腹。胎色较白，胎体坚薄。芒口，内外施釉，无化妆土，白釉泛灰，釉面光滑。装烧工艺应为覆烧法。口径13、壁厚0.25厘米（图九一，12）。

标本1993G3北②：18，河北定窑。残存口、腹。尖唇，弧腹。胎色较白，胎质坚薄，细腻。芒口，内外施釉，白釉泛灰，釉面光滑，无化妆土。装烧工艺应为覆烧法。口径17、壁厚0.2厘米（图九一，13；彩版七九，1）。

标本1993G3北②：17，残存口、腹。尖唇，弧腹。胎色洁白，胎体坚致，细腻，有极细小气孔。内施满釉，白釉微灰，釉面较光洁，无化妆土。腹部出筋。口径22、壁厚0.3厘米（图九一，14；彩版七九，2）。

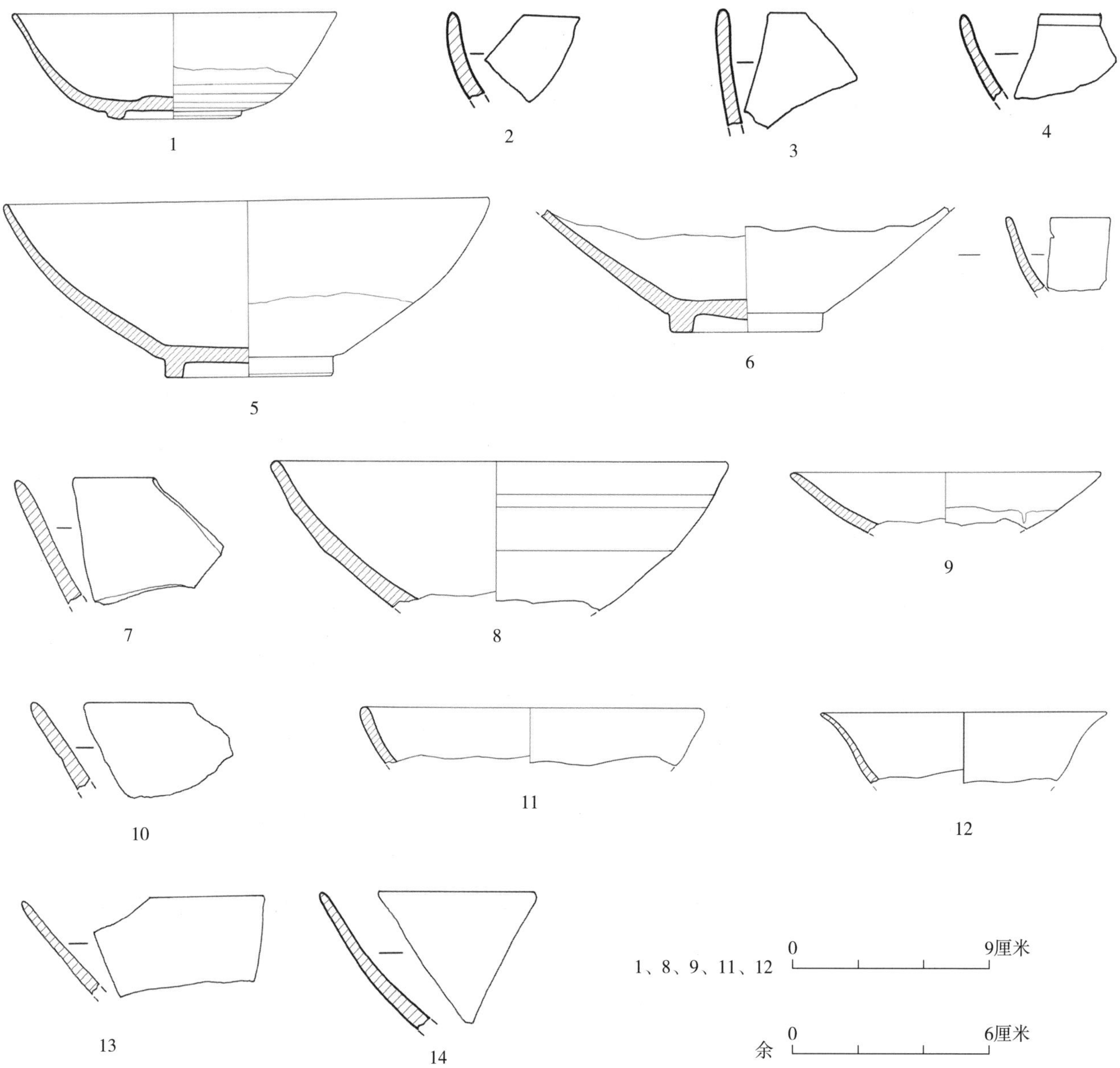

图九一　第3窟地层出土辽金时期Aa型白釉碗

1.1993T401北②A:45　2.1993T215③A:27　3.1993T214③B:17　4.1993T215③A:26　5.1993G3南①:8　6.1993G3北②:10（2片）　7.1993G3北②:8　8. 1993T210①:7　9. 1993T212②:1　10.1993G3南②:2　11.1993T401北②A:54　12.1993T401北②:51　13.1993G北②:18　14.1993G3北②:17

Ab型　10件。敞口，圆唇、尖唇或尖圆唇。唇部加厚，唇下划一周凹弦纹。皆为口、腹部残片。

标本1993T214③B：16，敞口，圆唇，弧腹。胎色洁白，胎体坚致细腻。内外施釉，釉色纯白，釉面光洁，仅内壁及口沿上施化妆土。口径24、壁厚0.3厘米（彩版七九，3）。

标本1993T402③: 29，敞口，尖圆唇，唇微外凸，弧腹。胎色土黄，胎质稍坚。内外施釉，白釉微黄，釉面光洁，无化妆土。口径20、壁厚0.3厘米（图九二，1；彩版七九，4）。

标本1993T215③B：6，敞口，尖圆唇，直腹微弧。白胎发黄，胎质略疏，有细小气孔。内外施釉，釉色黄白，有细碎开片和黑点，无化妆土。口径24、壁厚0.4厘米（图九二，2；彩版七九，5）。

标本 1993T215 ③ A：28，口微敞，圆唇外凸，直腹微弧。白胎微灰，胎体坚致，胎质细腻。内外施釉，釉色灰白，釉面光洁，无化妆土。壁厚 0.3 厘米（图九二，3；彩版七九，6）。

标本 1993T211 ①：5，敞口，圆唇外凸，器壁微弧。胎色纯白，胎体致密。釉色洁白，内外施釉，施釉均匀，釉面光洁，无化妆土。口径 18、壁厚 0.2 厘米（图九二，4；彩版八〇，1）。

标本 1993T306 ①：1，尖圆唇，直壁微弧。胎色纯白，胎体坚致。内外施釉，釉色灰白，釉面不甚光洁，无化妆土。口径 15、壁厚 0.3 厘米（图九二，5；彩版八〇，2）。

标本 1993G3 北②：4，尖圆唇，弧腹。白胎，稍厚，坚致。芒口，内外施釉，白釉泛灰，较光洁平整，无化妆土。器外壁可见旋坯纹。口径 25、壁厚 0.5 厘米（图九二，6；彩版八〇，3）。

标本 1993G3 北②：7，尖圆唇，弧腹。白胎，稍厚，坚致。芒口，内外施釉，白釉泛灰，较光洁平整，无化妆土。器外壁可见旋坯纹。口径 20、壁厚 0.3 厘米（图九二，7；彩版八〇，4）。

标本 1993T401 北② A：56，圆唇，弧腹。白胎，坚致，细腻。内外施釉，釉色纯白，光洁平整，无化妆土。外壁有若干圈旋坯时留下的螺旋纹，有磨损痕迹。近底处有锔钉孔。口径 18、壁厚 0.5 厘米（图九二，8；彩版八〇，5）。

标本 1993T401 北①：1，尖唇，弧腹。胎色洁白，胎质坚致，有极细小气孔。内外施釉，有化妆土，釉面较光洁，白釉微灰。口径 21、壁厚 0.3 厘米（图九二，9；彩版八〇，6）。

B 型　11 件。撇口，尖唇，尖圆唇或圆唇。多为残口、腹部，19 件。

标本 1993T210 ①：5，尖唇，斜弧腹。胎色纯白，胎体坚质，胎质细腻，有极细小气孔。芒口，内施满釉，外不及底，白釉泛黄，无化妆土。口径 19、壁厚 0.5、残高 4.5 厘米（图九三，1；彩版八一，1）。

标本 1993T210 ①：1，尖圆唇，弧腹。胎色纯白，胎质较坚，有细小气孔。内外施釉，白釉微灰，无化妆土。口径 20、壁厚 0.4、残高 3 厘米（图九三，2；彩版八一，2）。

标本 1993T103 ②：8，圆唇，弧腹。胎色较白，胎体坚薄。内外施釉，白釉发灰，釉层极薄，

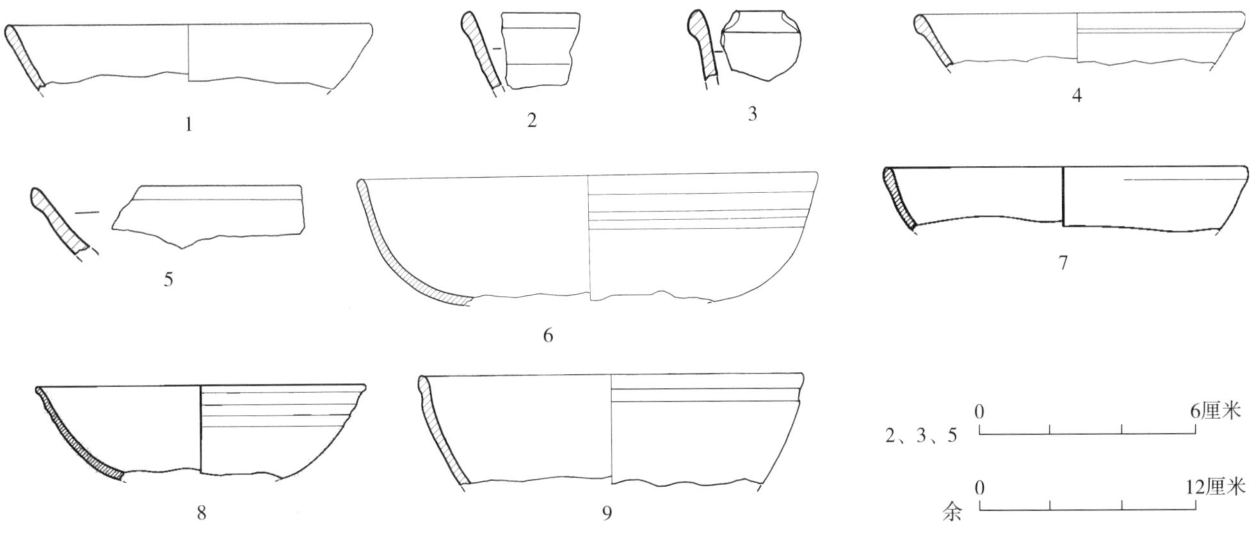

图九二　第 3 窟地层出土辽金时期 Ab 型白釉碗

1.1993T402③：29　2.1993T215③B：6　3.1993T215③A：28　4.1993T211①：5　5.1993T306①：1　6.1993G3北②：4　7.1993G3北②：7　8.1993T401北②A：56　9.1993T401北①：1

釉面平整光洁，无化妆土。口径 20、壁厚 0.3、残高 2.4 厘米（图九三，3；彩版八一，3）。

标本 1993T212 ②：2，尖唇，直壁微弧。灰胎，胎体坚致。内施满釉，外施半截釉，白釉泛青绿，施釉不匀，釉表有极细小爆釉点，有化妆土。口径 18、壁厚 0.4、残高 2.7 厘米（图九三，4；彩版八一，4）。

标本 1993G3 北②：3，河北定窑。尖唇，弧腹。胎色较白，胎质坚薄，细腻。芒口，内外施釉，白釉泛灰，釉面光滑，无化妆土。装烧工艺应为覆烧法。口径 18、壁厚 0.2、残高 1.7 厘米（图九三，5；彩版八一，5）。

标本 1993G3 北②：50，尖圆唇外凸，弧腹。胎色浅灰，稍坚，夹极细小黑砂。内外施釉，有化妆土，白釉泛灰，芒口，釉面较光洁平整，满布细碎开片。器外壁可见旋坯纹。有锔钉孔。口径 19.2、壁厚 0.4、残高 4.9 厘米（图九三，6；彩版八一，6）。

标本 1993T401 ①：2，撇口，圆唇，弧腹。胎色土黄，胎质稍坚，有气孔。内外施釉，有化妆土，釉色牙白，釉面较光洁。口径 22、壁厚 0.6、残高 3.9 厘米（图九三，7；彩版八一，7）。

标本 1993T401 北② A：39，尖唇微凸，竖腹至底内弧。胎色洁白，胎体坚致。芒口，内施满釉，外不及底，白釉泛黄，光洁平整，无化妆土。制作规整。光素无纹，外壁满布旋坯时留下的细密弦纹。口径 18、壁厚 0.4、残高 5.4 厘米（图九三，8；彩版八一，8）。

标本 1993T401 北①：3，圆唇外凸，弧腹。胎色土黄，胎质较坚，夹黑色杂质，有极细小气孔。内施满釉，外不及底，有化妆土，釉色灰白，釉面较光洁。口径 21、壁厚 0.6、残高 5.1 厘米（图九三，9）。

标本 1993T401 北② A：52，河北定窑。残存口、腹。撇口，尖唇，浅弧腹。胎色灰白，胎质坚薄，细腻。芒口，内外施釉，白釉泛灰，釉面光滑，无化妆土。外壁光素无纹，内腹刻划荷莲纹。刀法娴熟，线条流畅，纹饰清晰。装烧工艺应为覆烧法。口径 17、壁厚 0.2、残高 2.7 厘米（图九三，10）。

标本 1993T401 北② A：49，河北定窑。尖唇，弧腹。胎色较白，胎质坚薄，细腻。芒口，内外施釉，无化妆土，白釉泛灰，釉面光滑。装烧工艺为覆烧法。器外有锔钉孔。口径 14、壁厚 0.2 厘米。

底部残片　16 件。依足墙变化可分 A、B、C 三型。

A 型　4 件。足墙外低内高。

标本 1993T210 ②：36，弧腹，圈足，外墙内斜，内墙外撇，足沿平切。胎色较白，胎体稍坚，略厚，有极细小气孔。内施满釉，外不及底，釉色灰白，釉面平整光滑，无化妆土。采用垫珠间隔，匣钵多件仰烧的装烧工艺。内底及足沿残留 2 颗大而不规则椭圆形垫珠痕。足径 8、残高 7.2 厘米（图九四，1；彩版八二，1）。

标本 1993T210 ②：38，弧腹，圈足，挖足较深，外墙竖直，内墙外撇，足沿平切。胎色较白，胎体稍坚，略厚，有极细小气孔。内施满釉，外不及底，釉色灰白，有流釉现象，釉面较平整光滑，无化妆土。采用垫珠间隔，匣钵多件仰烧的装烧工艺。内底残留 4 颗大而不规则椭圆形垫珠痕。足径 8、残高 3.3 厘米（图九四，2；彩版八二，2）。

标本 1993T213 ②：7，圈足，挖足较深，足墙外撇，足沿平切。土黄胎，胎质较疏，稍厚，有极细小黑点杂质。内施满釉，外不及底，釉色较白，有化妆土。采用垫珠间隔，多件仰烧的装烧工艺。内底残留 1 处垫烧痕，有粘烧痕。足径 8、残高 2.8 厘米（图九四，3；彩版八二，3）。

标本 1993T401 北② A：44，器型较大。弧腹，圈足，足墙外撇，足沿平切。胎色黄白，胎体厚重，

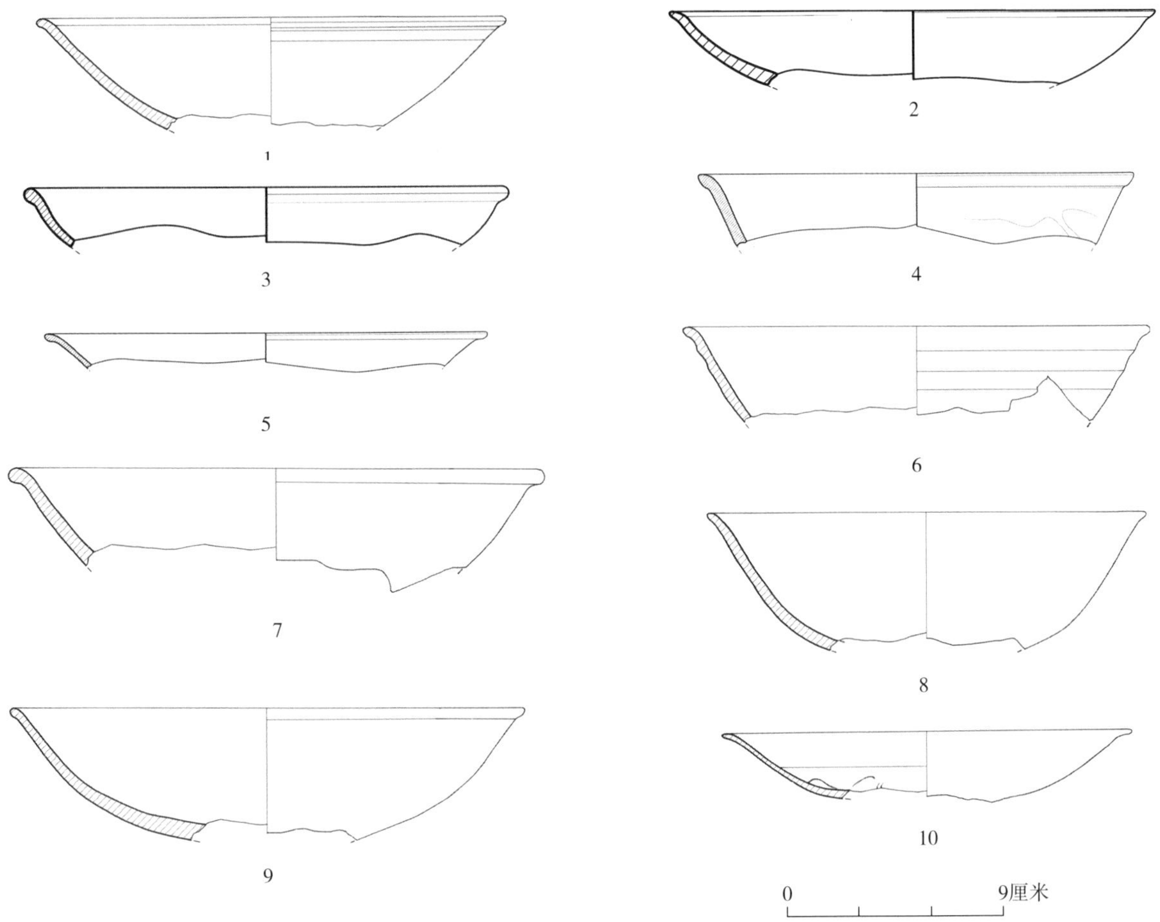

图九三　第 3 窟地层出土辽金时期 B 型白釉碗

1.1993T210①:5　2.1993T210①:1　3.1993T103②:8　4.1993T212②:2　5.1993G3北②:3　6.1993G3北②:50　7.1993T401①:2　8.1993T401北②A:39　9.1993T401北①:3　10.1993T401北②A:52

粗疏，有极细小黑色杂质。内壁满施透明釉，外壁施半截釉，釉色灰白，仅外壁施涂化妆土。采用垫珠间隔，匣钵多件仰烧的装烧工艺。内底及足沿残留 3 处不规则垫珠痕。足径 8.4、残高 8.6 厘米（图九四，4；彩版八二，4）。

B 型　7 件。足墙内外齐平。

标本 1993T210②: 21，弧腹，圈足，足墙竖直，足沿平切。土黄胎，胎质较疏，稍厚，有细小气孔。内施满釉，外不及底，釉色较白，无化妆土。采用垫珠间隔，多件仰烧的装烧工艺。内底残留 3 颗垫烧痕。足径 6.8、残高 6.9 厘米（图九五，1；彩版八二，5）。

标本 1993T103②: 7，圈足，足墙外撇，足沿平切，足心突起。胎色较白，胎体稍坚，有极细小气孔。内施满釉，外至足墙，白釉泛黄，釉下有污渍，无化妆土。采用垫珠间隔，多件仰烧的装烧工艺。内底残留 2 处豆状垫烧痕，有粘烧痕。足径 4.4、残高 1 厘米（图九五，2；彩版八二，6）。

标本 1993G3 北②: 5，河北定窑。圈足，足墙竖直，足沿窄平，切削不甚规矩。腹部至底内折，腹壁较直，内有纹饰。口部多为花口。胎色较白，胎质坚薄，细腻。内外施满釉，白釉泛灰，釉面光滑，无化妆土。内腹起筋，内底刻划花装饰水波纹和鱼纹，线条较细，纹饰清晰。足径 7、残高 3.9 厘米

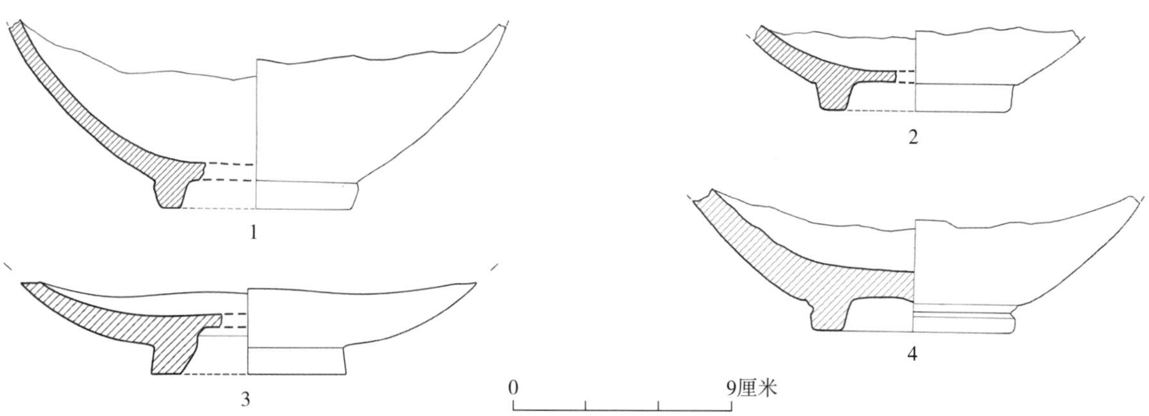

图九四　第3窟地层出土辽金时期A型白釉碗底

1.1993T210②:36　2.1993T210②:38　3.1993T213②:7　4.1993T401北②A:44

（图九五，3；彩版八二，7）。

标本1993T401北②A：28，弧腹，内底下凹，圈足，外墙竖直，内墙微外撇，足沿平切，足心有小乳突。胎色洁白，胎体致密。内施满釉，外至足墙，白釉微灰，釉面平整光滑，无化妆土。采用垫珠间隔，多件仰烧的装烧工艺。内底一周散布11颗大小不一、较规则椭圆形垫珠痕。内底近腹处刻划凹弦纹一周。外壁可见细密旋坯痕。足径6.5、残高6.6厘米（图九五，4；彩版八二，8）。

标本1993T401北②A：26，内底较平，圈足，外墙竖直，内墙微外斜，足沿平切。胎色洁白，胎质较坚致。内施满釉，外至足墙，白釉微灰，釉面磨损严重，无化妆土。内底有纹饰，磨损严重，无法辨识。采用垫珠间隔，匣钵多件仰烧的装烧工艺。内底残留2颗较规则椭圆形垫珠痕。外腹近底处残留2处锔钉孔。器表有火烧痕迹。足径8、残高5.1厘米（图九五，5；彩版八三，1）。

标本1993T401北②A：17，圈足，足墙竖直，内外齐平，足沿平切。白胎发灰，胎质较坚致。内施满釉，外至足墙，白釉微灰，釉面磨损严重，无化妆土。内腹起筋，内底刻花莲纹。采用垫珠间隔，匣钵多件仰烧的装烧工艺。内底残留椭圆形垫珠痕。外腹近底处残留铁锔钉。足径7、残高3.2厘米（图九五，6；彩版八三，2）。

标本1993T401北②A：35，斜腹微弧，圈足，外墙内斜，内墙微外斜，足沿平切。胎色洁白，胎质坚致。内施满釉，外至足墙，白釉微灰，釉表光洁，无化妆土。内腹起筋，内底有纹饰。采用垫珠间隔，匣钵多件仰烧的装烧工艺。内底残留2颗椭圆形垫珠痕。外腹近底处残留1处锔钉孔。足径8、残高4.8厘米（图九五，7；彩版八三，3）。

C型　5件。足墙外高内低。

标本1993T211②：4，河北定窑。残存底足。圈足，足墙竖直，内外齐平，足沿窄平。胎色洁白，胎质坚薄，细腻。内外施满釉，白釉微灰，釉面光滑，无化妆土。内底刻划荷莲纹，线条较细，纹饰清晰。足径6厘米（图九六，1；彩版八三，4）。

标本1993T401北②B：18，弧腹，内收至底，内底微凹，圈足，内墙外撇，外墙垂直，足沿平切，足心略外凸。白胎致密，有细小气孔。内施满釉，外不及底，白釉微灰，施釉较均匀，釉面较光洁，无化妆土。外壁有旋坯痕。采用垫珠间隔，匣钵多件仰烧的装烧工艺。内底残留有6处大小不一椭圆形垫珠痕。足径7.6、残高6.6厘米（图九六，2；彩版八三，5）。

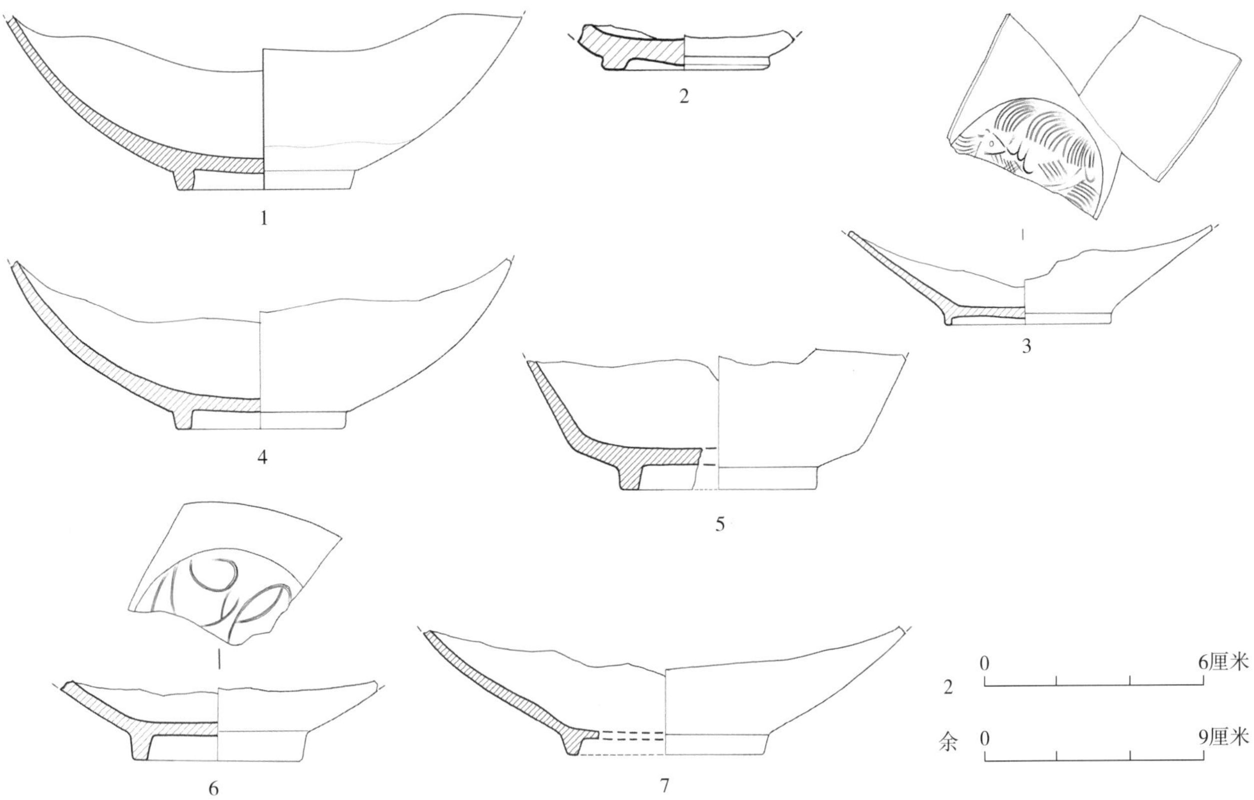

图九五　第 3 窟地层出土辽金时期 B 型白釉碗底

1.1993T210②:21　2.1993T103②:7　3.1993G3北②:5　4.1993T401北②A:28　5.1993T401北②A:26　6.1993T401北②A:17　7.1993T401北②A:35

标本 1993T401 北② A：33，弧腹，内底微凹，圈足，外墙竖直，内墙外撇，足沿平切。胎色洁白，胎质坚致细密。内施满釉，外至足墙，白釉微灰，釉面平整光滑，无化妆土。采用垫珠间隔，匣钵多件仰烧的装烧工艺。内底残留 4 颗较规则椭圆形垫珠痕。足径 7、残高 7.8 厘米（图九六，3；彩版八三，6）。

标本 1993T401 北② A：25，弧腹，内底下凹，圈足，足墙外撇，足沿平切。胎色洁白，胎体较致密，有极细小气孔。内施满釉，外至足墙，白釉微灰，釉面光洁，无化妆土。足心有墨书，残存上半部分，无法辨识。采用垫珠间隔，匣钵多件仰烧的装烧工艺。内底残留 6 颗较规则椭圆形垫珠痕。足径 7.4、残高 3.3 厘米（图九六，4；彩版八三，7）。

标本 1993T401 北② A：29，弧腹，圈足，底微凹，足墙竖直，足沿平切。胎色浅灰，胎体较致密，有极细小气孔，夹杂极细小黑砂。内施满釉，外不及底，白釉微灰，釉面光洁，有化妆土。采用垫珠间隔，匣钵多件仰烧的装烧工艺。内底残留 4 颗规则的黄豆形垫珠痕，均匀分散排列。足径 8、残高 3.3 厘米（图九六，5；彩版八三，8）。

腹部残片　7 件。

标本 1993T401 ①：9，河北定窑。弧腹。胎色洁白，胎质坚薄，有极细小气孔。内外施釉，白釉微灰，釉面光洁，无化妆土。腹部用“搔花”工艺刻划水波纹饰，线条流畅。壁厚 0.3 厘米（图九七，1；彩版八四，1）。

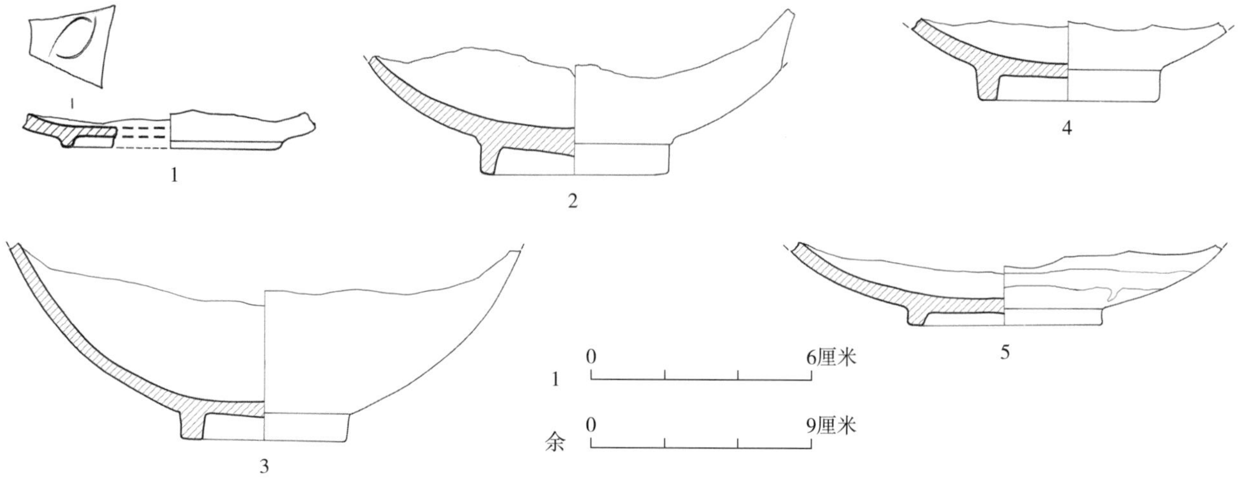

图九六　第3窟地层出土辽金时期C型白釉碗底

1.1993T211②:4　2.1993T401北②B:18　3.1993T401北②A:33　4.1993T401北②A:25　5.1993T401北②A:29

标本1993T211②: 6，河北定窑。弧腹。胎色洁白，胎质坚薄，细腻。内外施釉，白釉微灰，釉面光滑，无化妆土。内腹刻划草叶纹饰，线条较细，纹饰清晰。壁厚0.3厘米（图九七，2；彩版八四，2）。

标本1993T210②: 42，弧腹。胎色浅灰，胎体坚致。内外施满釉，釉色灰白，无化妆土。器表粗糙，粘有窑灰。内外壁刻划纹饰。壁厚0.4厘米（图九七，3；彩版八四，3）。

标本1993T401北②A：30，弧腹。胎色洁白，胎质坚致，细腻。内施满釉，外不及底白釉泛灰，釉面平滑，无化妆土。外壁可见若干旋坯痕。壁厚0.5厘米。

标本1993T401北②A：36，弧腹。白胎，稍坚，有极细小气孔，胎体略厚。内外施釉，无化妆土，器物内外满布窑灰落下形成的黑点，釉面较平滑。器外腹刻划剔刺纹。壁厚0.5厘米（图九七，4；彩版八四，4）。

标本1993T401北②A：58，弧腹。胎色灰黄，稍坚，有极细小黑色杂质。内施满釉，外不及底，釉色发黄，有化妆土，外壁有刷痕。壁厚0.4厘米（图九七，5）。

（2）白釉盘

6件。山顶遗址根据口沿与腹部形制不同分三型，此区5件可分型为A、C两型，另有1件底足。

A型　4件。敞口，圆唇，圈足内高外底。内外施釉。内存垫珠痕。

标本1993T105③A：4，残存口、腹。内折沿，尖圆唇，浅弧腹。胎色灰白，胎体坚致。内施满釉，外不及底，釉色泛灰，釉面有黑点，无化妆土。外壁有旋坯痕，光素无纹。口径19、壁厚0.3厘米（图九八，1；彩版八四，5）。

标本1993T210②: 39，残存口、腹。内折沿，尖唇，斜腹。黄白胎，胎质稍坚。内施满釉，外施半截釉，釉色发黄，釉面光洁平滑，有化妆土。折沿处凸弦纹一周。口径15、壁厚0.4、残高2.8厘米（图九八，2）。

标本1993G3北①: 6，残存口沿。内折沿，尖圆唇，斜腹。灰白胎，胎质稍坚，夹黑点，有极细小气孔。内外施釉，白釉泛黄，有化妆土。口径21、壁厚0.4厘米（图九八，3；彩版八四，6）。

标本1993T401北②B：14，残，可复原。花口，尖圆唇，浅弧腹，内底微凹，圈足，足墙竖直，

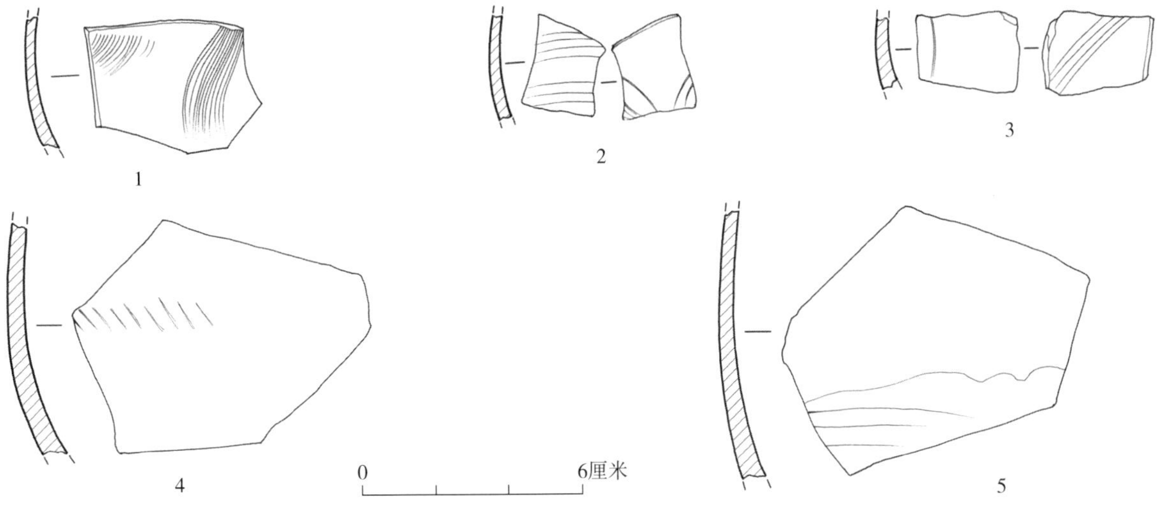

图九七　第 3 窟地层出土辽金时期白釉碗腹部残片

1～5.白釉碗腹部残片1993T401①:9、1993T211②:6、1993T210②:42、1993T401北②A:36、1993T401北②A:58

内外齐平，足沿平切。胎色洁白，胎质坚薄，细腻。内施满釉，外釉过足墙，足心无釉，白釉微灰，釉面光洁平滑，无化妆土。外壁光素，内腹出筋，对应花口，内底刻划花装饰荷莲纹，纹饰清晰，线条纤细流畅，刀法娴熟，刻划较浅，以凹弦纹一周作边饰。器形规整，制作精细。采用垫珠间隔，匣钵多件仰烧法烧造。足沿及内底残留有 2、3 处垫珠痕，遗痕规则，形似松子。口径 20、底径 7、高 3.7 厘米（图九八，4；彩版八四，7）。

C 型　1 件。敛口。

标本 1993T210 ②: 30，残存口、腹。敛口，尖唇，斜腹微弧。胎色洁白，胎质坚致，瓷化程度高。内施满釉，外不及底，白釉微灰，釉面较光洁平整，无化妆土。口径 16、壁厚 0.4、残高 3 厘米（图九八，5；彩版八四，8）。

底足　1 件。

标本 1993T401 北② A：31，残存底足。内折沿，内底较平，圈足，足墙外低内高，外墙竖直，内墙外斜，足沿平切。胎色洁白，细腻。内施满釉，釉色洁白，釉面光洁平滑，无化妆土。采用垫珠间隔，匣钵内多件仰烧的装烧工艺。内底残留 1 处较规则黄豆状垫珠痕。足径 9 厘米（图九八，6）。

（3）白釉盏

2 件。山顶遗址根据口沿形制不同分三型，此区仅存 A 型。

A 型　1 件。

标本 1993T401 北② A：42，可复原。器型较小，制作规整，精细。尖唇，浅斜腹微弧，小圈足，外墙竖直，内墙外斜，内外齐平，足沿平切，足心有乳突。胎色洁白，胎体坚薄，细腻。内施满釉，外至足墙，釉色洁白，外壁釉厚处泛黄，无化妆土。口径 9.5、底径 3、高 2.9 厘米（图九九，1；彩版八五，1）。

标本 1993T401 北② A：53，残存足部。平底，实足内凹，挖足较深，足墙二次切削。灰胎，较坚致，有细小气孔。施透明釉，内施满釉，外不及底，灰白釉，釉面较光洁，无化妆土。内底残留 1 处垫烧痕，或为三叉支钉间隔所留。底径 6、残高 1.2 厘米（图九九，2）。

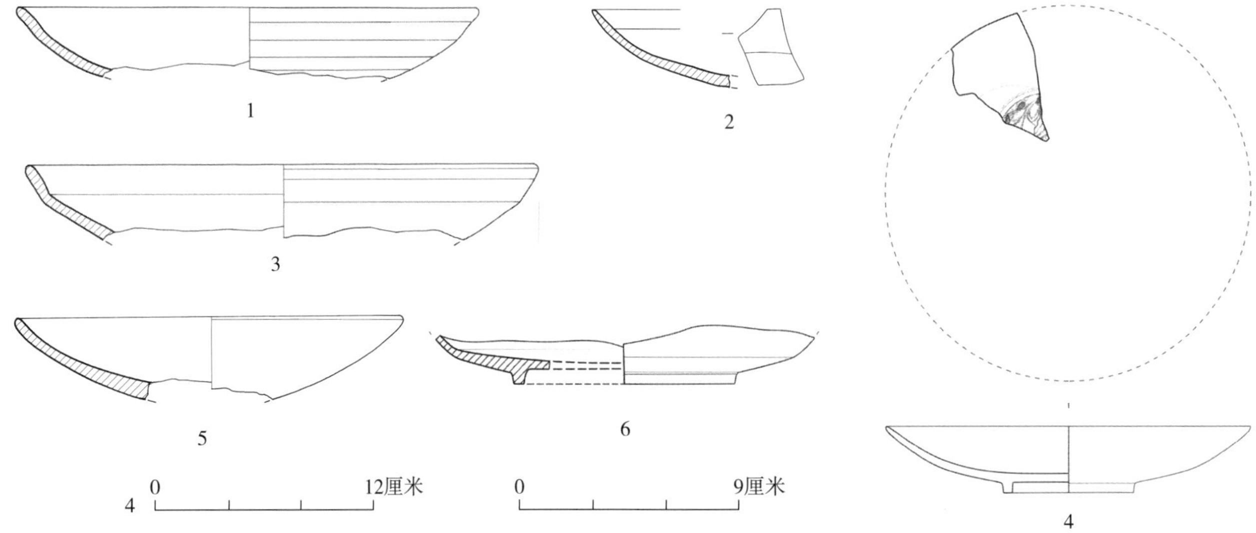

图九八 第3窟地层出土辽金时期白釉盘

1～4.A型白釉盘1993T105③A∶4、1993T210②∶39、1993G3北①∶6、1993T401北②A∶14 5.C型白釉盘1993T210②∶30 6.白釉盘底1993T401北②A∶31

（4）白釉碟

1件。

标本1993T103②∶9，河北定窑。残，可复原。敞口，尖唇，折腹，平底，微内凹。胎色洁白，胎质细腻，胎体轻薄。芒口，余施满釉，白釉微灰，外腹积釉处发黄，釉面光洁，无化妆土。内底有凹弦纹一周，应有刻花纹饰。器型小巧，制作精致。口径11.1、底径7.9、高1.4厘米（图九九，3；彩版八五，2）。

（5）白釉盆

8件。

标本1993T210②∶18，方圆唇，折沿微弧，深弧腹。胎色土黄，胎质稍疏，有细小气孔，胎体较厚。内外施釉，白釉泛黄，外壁釉面有水沁，釉面较平整光滑，满布细碎开片，有化妆土。唇部有粘烧痕。口径25、壁厚0.7、残高3厘米（图九九，4；彩版八五，3）。

标本1993T401北②B∶17，尖唇，平折沿，深腹微弧。胎色浅灰黄，胎质稍坚，胎体较厚。内外施釉，釉色牙白，釉面较光洁平滑，有化妆土。透明釉下可见施化妆土时的刷痕。口径25、壁厚0.5、残高4.8厘米（图九九，5；彩版八五，4）。

标本1993T401北②A∶37，外壁口沿下可见锔钉孔。口径24、壁厚0.5、残高5.4厘米（图九九，6；彩版八五，5）。

标本1993T401北②B∶15，方圆唇，折沿微弧，深弧腹。胎色土黄，胎质稍疏，有细小气孔，胎体较厚。内外施釉，白釉泛黄，釉面不甚平整，有流釉现象，有化妆土。口径34、壁厚0.7、残高8.4厘米（图九九，7；彩版八五，6）。

腹部残片 1件。

标本1993T210②∶29，弧腹。胎色土黄，胎质稍疏，有细小气孔，胎体较厚。内外施釉，白釉泛黄，釉面不甚平整，有化妆土。内壁似有印花，纹饰模糊不清。壁厚0.7厘米。

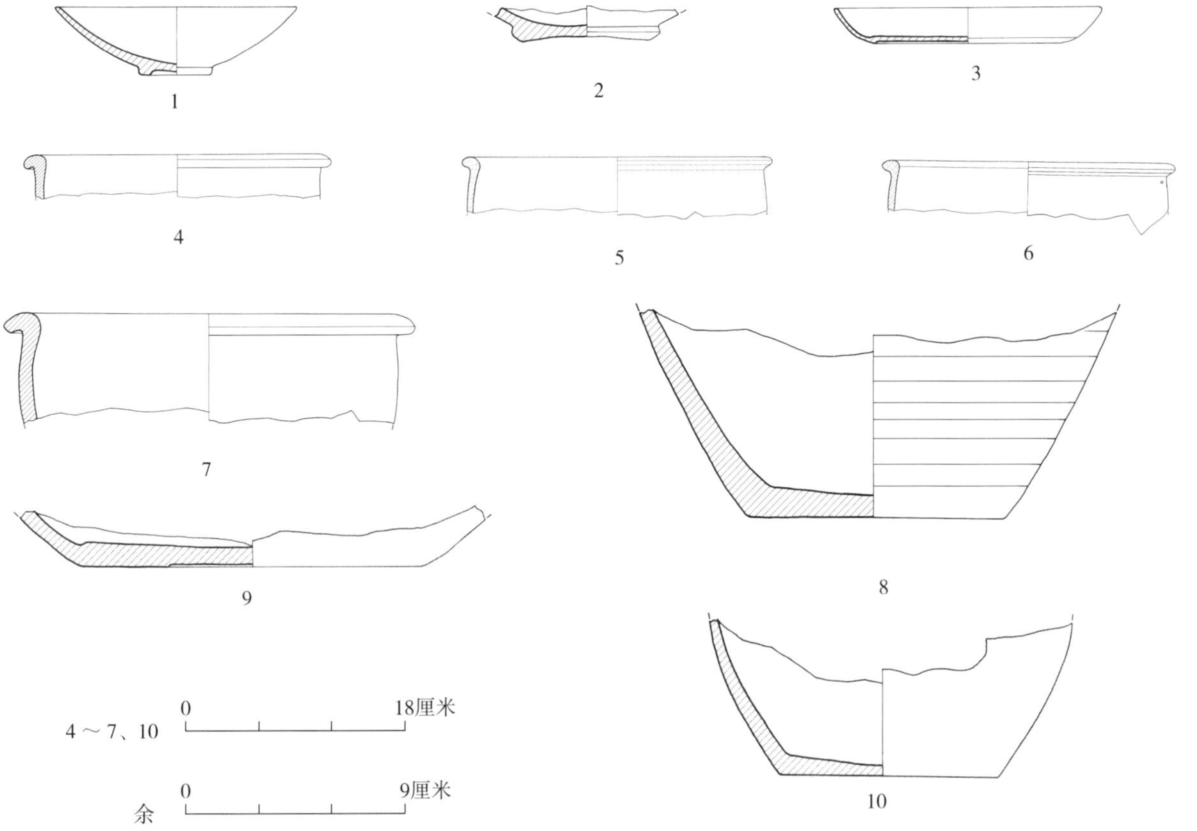

图九九　第 3 窟地层出土辽金时期白釉瓷器

1、2.白釉盏1993T401北②A：42、1993T401北②A：53　3.白釉碟1993T103②：9　4～7.白釉盆1993T210②：18、1993T401北②B：17、1993T401北②A：37、1993T401北②B：15　8～10.白釉盆底部1993T210②：31、1993T210②：32、1993T401北②A：43

底部残片　3 件。深腹微弧，平底，外底心内凹，形成宽玉璧底。

标本 1993T210 ②：31。胎色土黄，胎质疏松，夹白砂，有气孔，胎体厚重。未施透明釉，仅施化妆土，内壁满施，外不及底，有流淌痕迹。底径 11、残高 8.4 厘米（图九九，8；彩版八五，7）。

标本 1993T210 ②：32。胎色土黄，胎质稍疏，有极细小气孔，胎体稍厚。内施满釉，外至腹底，白釉微黄，有化妆土。内底残留 2 处不规则垫烧遗痕。外壁近底处残留 1 处锔钉孔痕。底径 14、残高 2.1 厘米（图九九，9）。

标本 1993T401 北② A：43，胎色较白，胎质稍疏，夹白砂，有细小气孔，胎体厚重。内施满釉，外至腹底，白釉泛黄，积釉处泛黄，满布细碎开片，有化妆土。底径 18、残高 12.6 厘米（图九九，10；彩版八五，9）。

（6）白釉盒

3 件。

标本 1993T103 ②：5，缺失底部。尖唇，腹部内折斜收至底。胎色洁白，胎质坚薄，细腻，有极细小气孔。除口沿外，内外施釉，釉色洁白，釉层极薄，釉面光洁，无化妆土。口径 11、壁厚 0.5、残高 2.7 厘米（图一〇〇，1；彩版八六，1）。

标本 1993T401 北② B：19，缺失底部。尖唇，腹部内折斜收至底。胎色洁白，胎质坚薄，细腻。

除口沿外，内外施釉，釉白微灰，釉层极薄，釉面光洁，无化妆土。口径 13、壁厚 0.3、残高 5.3 厘米（图一〇〇，2；彩版八六，2）。

标本 1993T401 北② B：20，缺失底部。尖圆唇，内折沿。胎色洁白，胎质坚薄，细腻。内外施釉，釉白微灰，釉层极薄，釉面光洁，无化妆土。外壁折沿处有凹弦纹一周。口径 13、壁厚 0.2、残高 4.2 厘米（图一〇〇，3；彩版八六，3）。

（7）白釉炉

2 件。

标本 1993T213 ①：2，残存口、腹。尖唇，短折沿斜出，竖腹。白胎发灰，胎体坚薄，胎质细腻。内外施釉，白釉泛灰，釉面光洁平亮，无化妆土。口径 18、壁厚 0.3 厘米（图一〇〇，4；彩版八六，4）。

标本 1993T215 ③ A：21，残存腹部。竖腹，至底内折。灰白胎，较坚致，有细小气孔。内施满釉，外不及底，白釉泛青，积釉处呈淡水绿色，有开片，无化妆土。近底处有凹弦纹一周。壁厚 0.7 厘米（图一〇〇，5；彩版八六，5）。

（8）白釉罐

2 件。

标本 1993T210 ②：37，山西介休洪山窑。残存腹、足。器型小巧，弧腹，圈足，足墙竖直，外高内低，足沿平切。白胎，胎质坚薄。外壁及足心施釉，内壁及足沿无釉，釉白泛灰，釉层极薄，釉面光洁，无化妆土。足沿有粘砂。足径 3.6、残高 3.2 厘米（图一〇〇，6；彩版八六，6）。

标本 1993T107 ①：19，残存腹部。弧腹，平底。胎色较白，胎质稍坚，胎体较厚。外壁施釉，釉色黄白，釉面平整，有细碎开片，内壁无釉，无化妆土。壁厚 0.8 厘米。

（9）白釉钵

1 件。

标本 1993T210 ①：4。山西介休洪山窑。残。尖唇，敛口，深弧腹，底部下凹，圈足，足墙内斜，外高内低，足沿尖圆。胎色洁白，胎体坚薄，胎质细腻。芒口，内外施釉，内底和足沿无釉，白釉泛灰，釉面光洁光亮，无化妆土。外壁通体浅刻变体莲瓣纹，近口沿处刻凹弦纹一周，纹饰工整，足心有

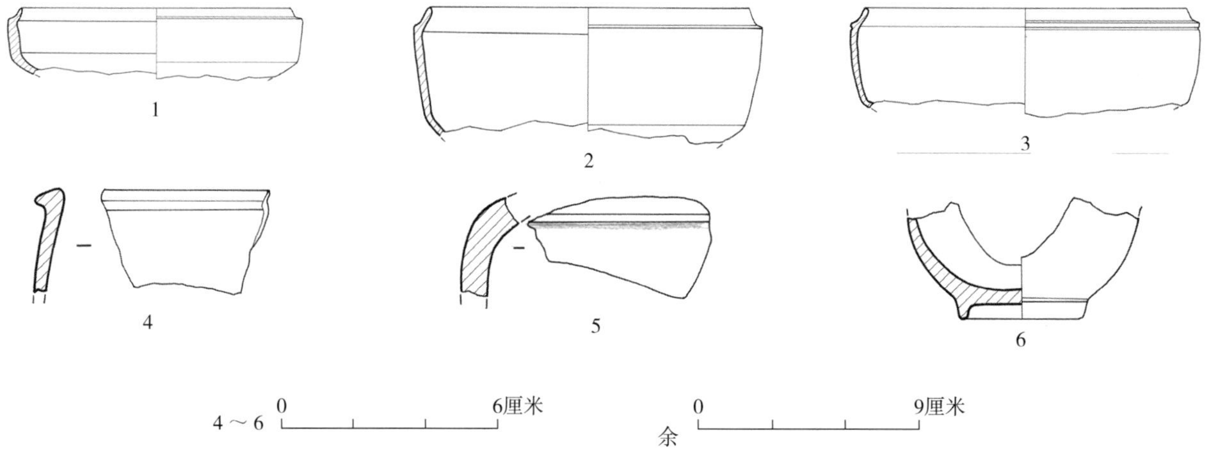

图一〇〇 第 3 窟地层出土辽金时期白釉瓷器

1～3.白釉盒1993T103②:5、1993T401北②B:19、1993T401北②B:20 4、5.白釉炉1993T213①:2、1993T215③A:21 6.白釉罐1993T210②:37

旋坯留下的凹弦纹一周，内壁光素无纹。足沿有粘砂。器型规整，制作较细致。口径10、底径4、壁厚0.2厘米（图一〇一，1；彩版八六，7）。

（10）白釉盏托

1件。

标本1993T214③B：11，残存口部。直口，尖唇，宽折沿斜出。胎色洁白，胎体坚致，细腻。内外施釉，釉色纯白，釉面光洁，无化妆土。沿径12厘米（图一〇一，2；彩版八六，8）。

（11）白釉执壶

1件。

标本1993T215③A：14，残存腹、底。深腹，平底，出沿，边缘二次切削。胎色灰白，胎体较坚，有气孔。外施透明釉不及底，内壁无釉，无化妆土。底径7、残高4.8厘米（图一〇一，3；彩版八七，1）。

（12）白釉水盂

2件。

标本1993T215③A：19，残存口部。敛口，方唇，折肩，斜弧腹内收至底。土黄胎，较坚致，有细小气孔。芒口，内施满釉，外施半截釉，釉呈牙白色，肩部及口沿处施化妆土。口径7、壁厚0.4、残高3.3厘米（图一〇一，4；彩版八七，2）。

标本1993T215③B：2，残存腹部。弧腹。胎色灰白，胎体坚致，有细小气孔。内外施釉，外壁釉呈牙白色，内壁仅施透明釉，呈青灰色，外壁施化妆土。壁厚0.6厘米（图一〇一，5；彩版八七，3）。

（13）白釉盖

5件。

标本1993T103②：13，缺钮。子口，内敛，平折沿，盖面向上隆起，呈拱形，弧度稍大。白胎微灰，胎质坚薄，细腻，有少许极细小气孔。盖面及盖内施釉，口沿内侧无釉，釉白泛灰，釉层极薄，釉面光洁，无化妆土。盖径7、残高1.5厘米（图一〇一，6；彩版八七，4）。

标本1993T103②：6，缺钮。方唇，子口，内敛，出沿很短，下斜，盖面向上隆起，呈拱形，弧度较大。胎色洁白，胎质坚薄，细腻，有少许极细小气孔。盖面及盖内施釉，口沿内侧无釉，釉白微灰，釉层极薄，釉面光洁，无化妆土。盖径7、残高1.6厘米（图一〇一，7；彩版八七，5）。

标本1993T401北②B：21，山西介休洪山窑。缺钮。尖唇，子口，内敛，平折沿，盖面向上隆起。胎色洁白，胎质坚薄，细腻，有少许极细小气孔。盖面及盖内施釉，口沿内侧无釉，釉白微灰，釉层极薄，釉面光洁，无化妆土。盖径8、残高2.4厘米（图一〇一，8；彩版八七，6）。

标本1993T401北②B：52，河北定窑。缺钮。尖圆唇，子口，内敛，平折沿，盖面向上隆起。白胎微灰，胎质坚薄，细腻，有少许极细小气孔。盖面及盖内施釉，口沿内侧无釉，釉白泛灰，釉层极薄，釉面光洁，无化妆土。盖面刻划轮状草叶纹，线条纤细流畅。盖径8、残高2.1厘米（图一〇一，9；彩版八七，7）。

标本1993T401北②B：53，特征与1993T401北②B：52相同。盖径8、残高2.1厘米（图一〇一，10；彩版八七，8）。

（14）白釉洗

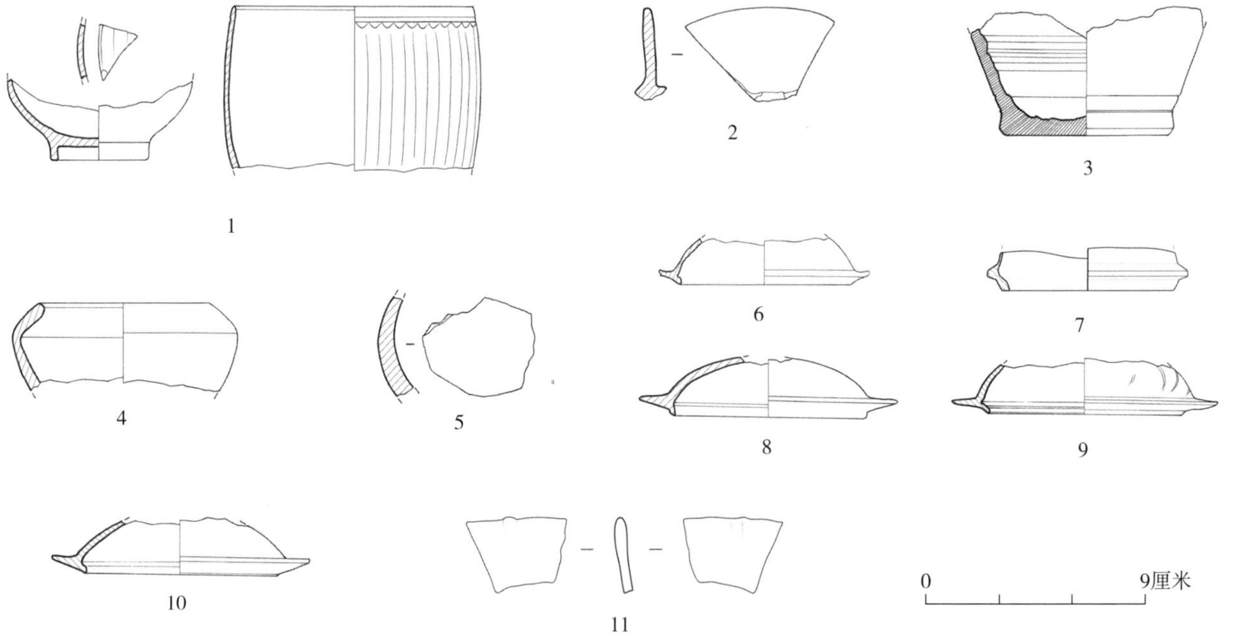

图一〇一　第3窟地层出土辽金时期白釉、白釉瓷器

1.白釉钵1993T210①:4　2.白釉盏托1993T214③B:11　3.白釉执壶1993T215③A:14　4、5.白釉水盂1993T215③A:19、1993T215③B:2　6～10.白釉盖1993T103②:13、1993T103②:6、1993T401北②B:21、1993T401北②B:52、1993T401北②B:53　11.白釉洗1993T402③:22

1 件。仅存口沿、腹部残片。

标本 1993T402 ③: 22，残存口、腹。花口，尖圆唇，浅腹。胎色浅灰，胎体稍坚，有气孔及细小黑砂。釉色黄白，内外施釉，有"釉泡"，上化妆土。素面无纹。壁厚 0.4 厘米（图一〇一，11）。

（15）白釉褐彩瓶

1 件。

标本 1993T401 北② B：8，残存腹部。筒腹。土黄胎，胎质较粗疏，有气孔。釉色牙白，外壁施釉，内壁无釉，有化妆土。外壁腹部有褐彩弦纹两周。壁厚 0.6 厘米（彩版八八，1）。

（16）白釉褐彩罐

1 件。

标本 1993T401 北② B：9，残存腹部。弧腹。黄白胎，稍坚，有细小气孔。内外施釉，釉色灰白，施釉不匀，上化妆土。釉面不光洁，有磨损，外壁腹部褐彩描绘弦纹两周。壁厚 0.8 厘米（彩版八八，2）。

（17）黄釉碗

2 件。

标本 1993T216 ③ A：12，残存足部。弧腹，圈足，足墙外撇，外高内低，足沿平切。砖红色胎，胎体略疏，有细小气孔。内壁施釉，釉色黄白，满布细碎开片，有化妆土。器表有火烧痕迹，足沿有粘烧痕。底径 7.4、残高 3 厘米（图一〇二，1；彩版八八，3）。

标本 1993T216 ② A：3，残存足部。弧腹，塌底，圈足，足墙外撇，外高内低，足沿平切。砖红色胎，胎质较疏松，有细小气孔。内底残留有釉，剥釉严重，有化妆土。底径 8、残高 2.1 厘米（图一〇二，2；彩版八八，4）。

（18）茶叶末釉碗

2件。

标本1993T214③B：12，残存口、腹。尖唇，敞口，斜弧腹。胎色浅灰，胎质略疏，有气孔。内外施釉，釉色黄绿，有失透感，无化妆土。口径21、壁厚0.9厘米（图一〇二，3；彩版八八，5）。

标本1993T210②：22，残存足、腹。敞口，弧腹，塌底，圈足，挖足较深，足墙外低内高，外墙内斜，内墙外斜，足沿斜切较圆。土黄胎，胎质略粗疏，夹黑砂，有细小气孔。内施满釉，底心一圈刮釉，外不及底，釉色酱黑。采用涩圈叠烧法。足沿有少量粘砂。足径5.2、残高3.2厘米（图一〇二，4；彩版八八，6）。

（19）茶叶末釉盘

1件。

标本1993T210②：23，残存口、腹。敞口，尖唇，浅腹。土黄胎，胎质略疏，有极细小气孔。内施满釉，外施半截釉，釉色黄绿，釉面失光，釉面较平整。壁厚0.4厘米（图一〇二，5）。

（20）茶叶末釉盏

1件。

标本1993T215③A：18，残存底部。平底，微凸，呈浅饼形。土黄胎，略粗，夹褐、白砂粒，

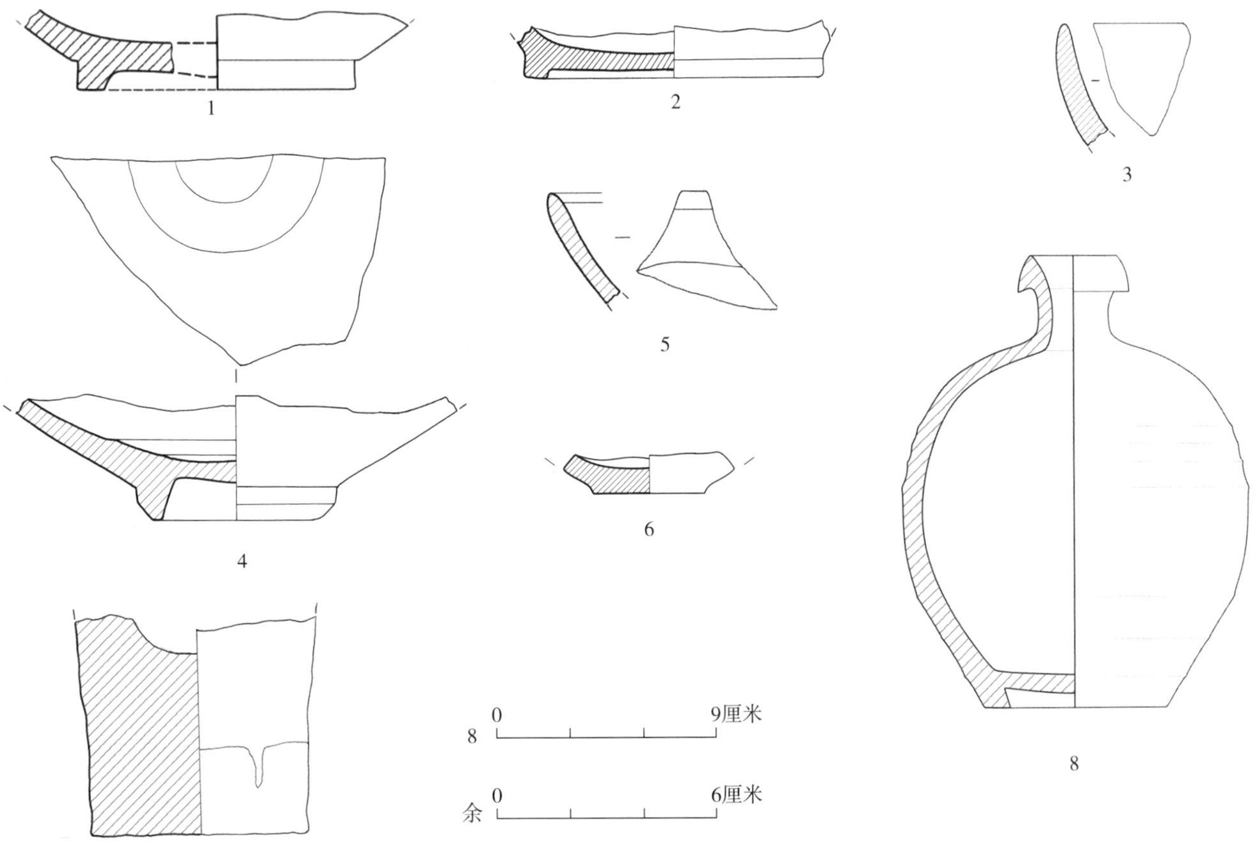

图一〇二　第3窟地层出土辽金时期瓷器

1、2.黄釉碗1993T216③:12、1993T216②A:3　3、4.茶叶末釉碗1993T214③B:12、1993T210②:22　5.茶叶末釉盘1993T210②:23　6.茶叶末釉盏1993T215③A:18　7.茶叶末釉瓶1993G3①:2　8.茶叶末釉壶1993T401北②:50

有细小气孔。内施满釉，外不及底，釉色深绿，有失透感。底径 3、残高 1 厘米（图一〇二，6；彩版八八，7）。

（21）茶叶末釉瓶

2 件。

标本 1993G3 南②：3，残存腹部。筒式腹。器型不甚规整。土黄色胎，胎质较坚，有极细小气孔。外施茶叶末釉，釉色偏黄，釉面失透感强。内壁可见旋坯痕，残留红色颜料。壁厚 0.8 厘米。

标本 1993G3 东①：2，残存底足部。筒形腹，平底。土黄胎，胎质较疏，夹黑色杂质，有细小气孔。内施满釉，外不及底，釉色黄绿，有失透感。底径 6、残高 5.6 厘米（图一〇二，7；彩版八八，8）。

（22）茶叶末釉壶

1 件。

标本 1993T401 北② A：50，完整。小口，三角唇，束颈，广肩鼓腹，圈足，体型较矮。土黄色胎，胎质较疏，有细小气孔。外壁有若干圈旋坯时留下的螺旋纹，有磨损痕迹。内外施釉，外不及底，发色深沉，釉面光洁。口径 3.7、底径 7.8、最大腹径 14.6、高 18 厘米（图一〇二，8；彩版八九，1）。

（23）茶叶末釉罐

7 件。

标本 1993T210 ②：35，残存口、腹。方圆唇，侈口，深弧腹。土黄胎，胎质略疏，有极细小气孔。芒口，内外施茶叶末釉，釉面失光，釉面较平整。外壁腹部剔花装饰牡丹纹，上下以弦纹为边饰。口径 24、壁厚 1、残高 12.5 厘米（图一〇三，1；彩版八九，2）。

标本 1993T401 ②：16，残存口、腹。方圆唇，短束颈，溜肩，肩部有系，缺失，弧腹。黄白胎，夹白、褐砂，有细小气孔，较粗疏。芒口，内外施釉，外壁釉色黄绿，内壁棕色。口径 17、腹径 25、壁厚 1 厘米（图一〇三，2；彩版八九，3）。

标本 1993T401 北② B：44，残，可复原。方唇，溜肩，蛋形腹，平底。黄白胎，较坚致，夹白砂。芒口，内外施满釉，外底无釉，釉色偏黄，局部呈棕色，釉面光洁。内壁可见旋坯痕。口沿有粘烧痕，腹部有一处“工”字形支钉留下的支烧痕，采用对口烧。口径 15.2、底径 13.6、高 30 厘米（图一〇三，3；彩版八九，4）。

标本 1993T401 北② B：5，残存口、腹。凸圆唇，敛口，弧腹。器型较大，黄白胎粗疏，夹红褐、白砂粒，有气孔，胎体厚重。内外施釉，口唇无釉，釉色较黑，釉面不甚光亮，无化妆土。口部内侧有粘烧痕。口径 25、壁厚 1、残高 9 厘米（图一〇三，4；彩版八九，5）。

标本 1993T404 ②：6，残存口、腹。口微敛，方圆唇，深弧腹。胎色较白，胎质粗疏，夹白砂，有气孔。内外施釉，发色较深，无化妆土。口径 24 厘米（图一〇三，5；彩版八九，6）。

腹部残片　1 件。

标本 1993T210 ②：24，深弧腹。土黄胎，夹白砂，有细小气孔。胎体粗疏。内外施茶叶末釉，呈色较绿，肩部刮釉一圈，釉面有“火刺”现象。壁厚 0.8 厘米。

底部残片　1 件。

标本 1993T209 ①：5，弧腹，圈足，足墙外撇，外高内低，外墙二次切削，足沿平切。土黄胎，胎质粗疏，夹黑、白砂，有细小气孔。内外施釉，外不及底，发色深沉，釉面不甚平整。足径 9、残高 5.1 厘米（图一〇三，6；彩版八九，7）。

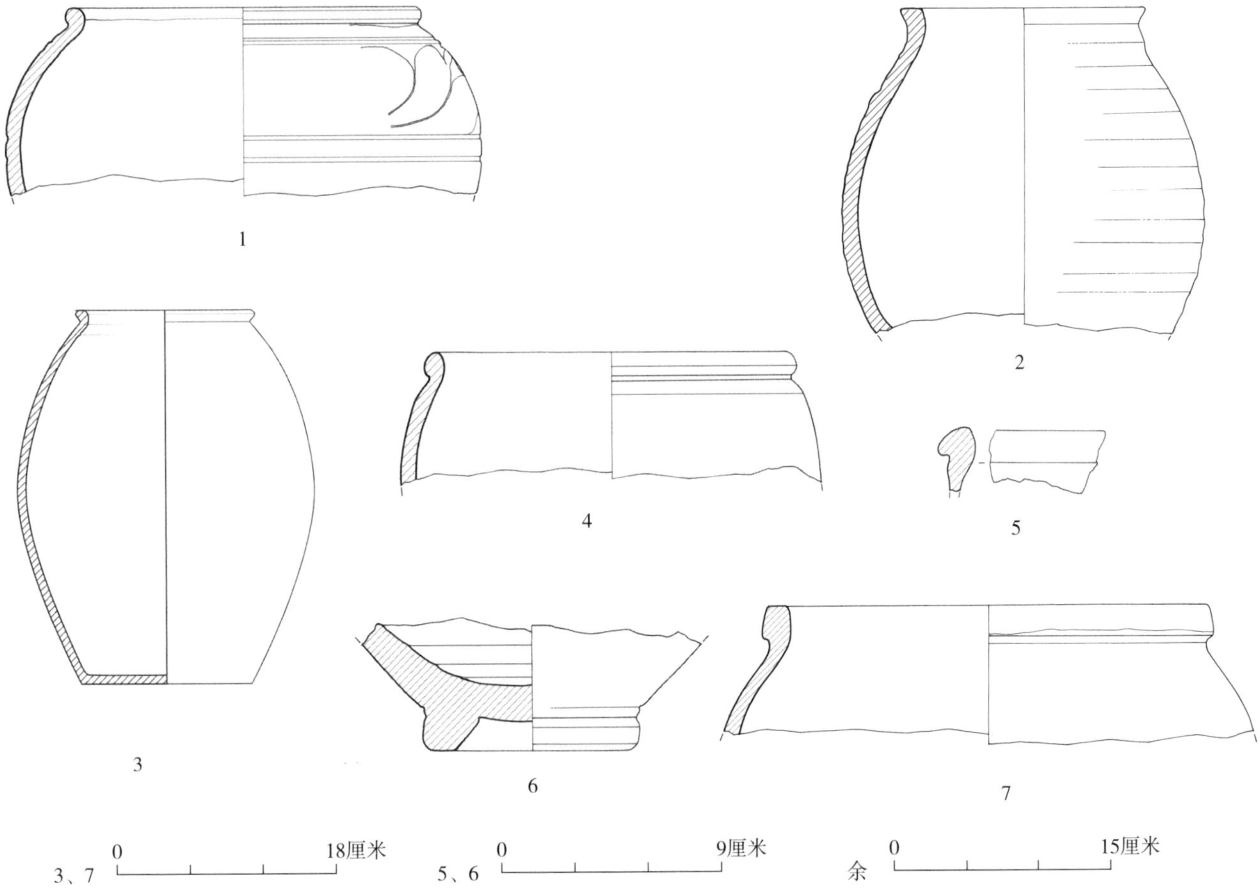

图一〇三　第3窟地层出土辽金时期茶叶末釉瓷器
1～5.茶叶末釉罐1993T210②:35、1993T401②:16、1993T401北②B:44、1993T401北②B:5、1993T404②:6　6.茶叶末釉罐底1993T209①:5　7.茶叶末釉缸1993T401北②B:42

（24）茶叶末釉缸

2件。

标本1993T401北②B：42，残存口、腹。直口，方唇，广肩，深弧腹。白胎粗疏，夹白砂，有气孔，胎体厚重。内外施茶叶末釉，呈色偏黄，釉面较平滑。口径36，壁厚1.1、残高21厘米（图一〇三，7；彩版九〇，1）。

标本1993G1②：2，深腹。黄白胎，夹褐、白砂，胎体粗疏厚重。内外施釉，发色较深，满布棕眼。内壁印花装饰同心圆状波纹。壁厚1.5厘米。

（25）青釉碗

1件。

标本1993G1②：1，陕西铜川耀州窑。残存腹部。弧腹。灰胎，坚致。内外施釉，呈橄榄绿，釉层稍厚，满布气泡，釉面光洁。腹内刻花装饰水波纹，线条细密。壁厚0.4厘米（图一〇四，1；彩版九〇，2）。

（26）青釉盘

1件。

标本 1993G3 北②: 6，陕西铜川耀州窑。残存口、腹。整体呈菊瓣形，敞口，尖唇，浅腹。灰胎，胎质坚薄。内外施釉，釉色青绿，积釉处色深，釉中满布气泡。口径 15、壁厚 0.4 厘米（图一〇四，2；彩版九〇，3）。

（27）复色釉盆

1 件。

标本 1993G3 北②: 12，残存腹、底。深腹，壁直，平底，外底心内凹，形成玉璧底。胎色土黄夹杂砖红色，胎质稍坚，有极细小气孔，夹黑点，胎体厚重。内施黄白釉，有化妆土，满布棕眼，外底心施酱黑釉，施釉不匀。内底残留 2 处垫烧痕。底径 17、残高 8.4 厘米（图一〇四，3；彩版九〇，4）。

（28）复色釉罐

3 件。

标本 1993T402 ③: 26，残存口部。侈口，方唇，广肩。胎色土黄，胎体稍坚，有细小气孔。芒口，外施白釉，内施黑釉，釉面较光洁，有化妆土。口径 10、壁厚 1、残高 3 厘米（图一〇四，4；彩版九〇，5）。

标本 1993T210 ②: 40，残存腹部。白胎粗疏，夹白砂。外施白釉，化妆土打底，内施黑釉。壁厚 1.2 厘米。

标本 1993G3 北②: 13，残存口、腹。直口，方唇，丰肩，弧腹。白胎较疏，有细小气孔。芒口，外施白釉，化妆土打底，内施棕黑釉，釉面失光。口径 10、壁厚 0.7、残高 5.1 厘米（图一〇四，5；彩版九〇，6）。

（29）复色釉缸

1 件。

标本 1993T401 北② B：43，残存腹部。器型硕大，深腹内弧。胎色较白，胎质粗较疏，夹白砂，有细小气孔，胎体厚重。外施黄白釉，上化妆土，内施黑釉，釉面不匀，外壁腹部刮釉一周。壁厚 1.5 厘米（彩版九〇，7）。

（30）复色釉器盖

1 件。

标本 1993T401 北② B：26，缺钮。子口，尖圆唇，平折沿，盖面向上隆起。白胎泛黄，胎质略疏，有气孔。内外施釉，口沿内侧无釉，盖面施白釉，有化妆土，满布细碎开片，内施棕黑釉。盖径 11.2、残高 2.7 厘米（图一〇四，6；彩版九〇，8）。

（31）绿釉碗

2 件。仅存口部残片。

标本 1993T215 ②: 3，敞口，方唇出尖，直壁。土黄胎，胎质较疏松，夹细小黑砂。内外施釉，釉色深绿，釉面较光洁平整，无化妆土。壁厚 0.6 厘米（图一〇五，1；彩版九一，1）。

标本 1993T215 ②: 10，敞口，尖圆唇，直壁微弧。砖红色胎，胎质较疏松，夹黑砂，有细小气孔。内外施釉，釉色黄绿，釉面光洁，有开片，无化妆土。壁厚 0.4 厘米（图一〇五，2；彩版九一，2）。

（32）绿釉瓶

1 件。

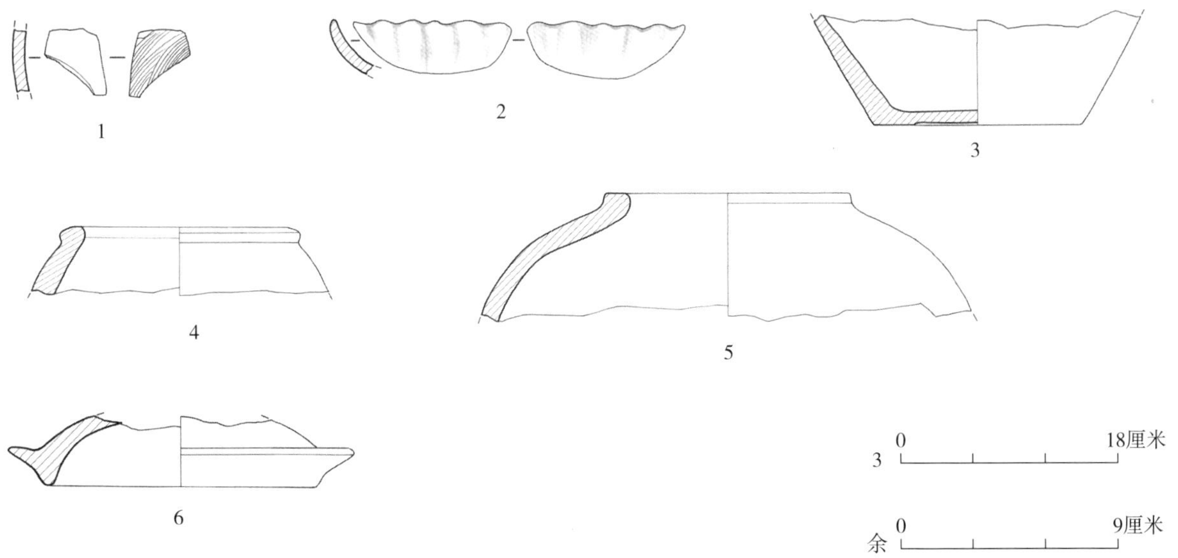

图一〇四　第3窟地层出土辽金时期瓷器

1.青釉碗1993G1②:1　2.青釉盘1993G3北②:6　3.复色釉盆1993G3北②:12　4、5.复色釉罐1993T402③:26、1993G3北②:13　6.复色釉器盖1993T401北②B:26

标本1993T216③B：1，残存肩腹部。折肩，有突棱，深腹。砖红色胎，胎质稍疏。内外施绿釉，釉色黄绿，剥釉严重，返铅，有化妆土。肩部有细密旋坯痕。壁厚0.5厘米（图一〇五，3；彩版九一，3）。

（33）绿釉罐

1件。

标本1993T401北②A：48，残存底足。弧腹，圈足，足墙外高内低，外墙竖直，内墙微弧，足沿平切。外壁及足部上化妆土，外壁施釉，有剥釉现象，足部及内壁无釉。足径7厘米（图一〇五，4；彩版九一，4）。

（34）三彩盘

1件。

标本1993T104北③A：4，残存口部。尖圆唇，折沿，弧腹。砖红色胎，胎质疏松，有极细小气孔。内外施白釉，釉面光洁平滑，有细碎开片，有化妆土。内壁口沿施黄彩，呈点状分布，外壁黄彩涂绘。壁厚0.4厘米（图一〇五，5；彩版九一，5）。

（35）孔雀蓝釉瓶

1件。

标本1993G3北②:2，残存腹部。长颈，垂腹。灰白胎，胎体稍坚，有细小气孔。外壁施釉，内壁无釉，剥釉严重。光素无纹，或有黑彩，脱落。有火烧痕迹。壁厚0.6厘米（彩版九一，6）。

（36）黑釉碗

4件。仅存碗底残片，依足墙变化可分A、B、C三型。

A型　2件。足墙外低内高。

标本1993T209①:4，弧腹，圈足，挖足较深，外墙竖直，内墙外斜，足沿微圆。土黄胎，胎质稍坚，夹细小褐砂。内施满釉，外不及底，釉色酱黑，釉面光亮。足径7、残高5.1厘米（图一〇六，1；

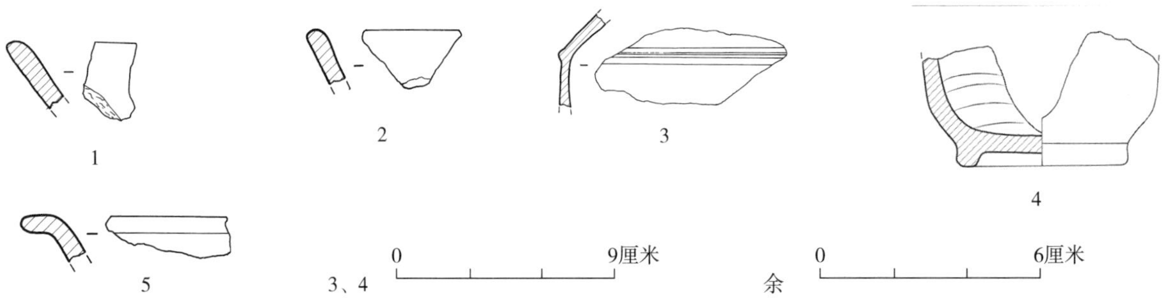

图一〇五　第3窟地层出土辽金时期瓷器

1、2. 绿釉碗 1993T215②: 3　1993T215②: 10　3. 绿釉瓶 1993T216③B : 1　4. 绿釉罐 1993T401北②A : 48　5. 三彩盘 1993T104北③A : 4

彩版九二，1）。

标本 1993T401北②B : 10，弧腹，内底上凹，圈足，挖足较深，外墙竖直，内墙外斜，足沿较圆。土黄胎，胎质稍坚，胎体略粗重，夹黑砂，有细小气孔。内施满釉，底心开规则涩圈，外不及底，釉色酱黑，发色不匀，釉面光亮。采用垫砂间隔，涩圈叠烧法的装烧工艺。足沿有粘砂。足径6、残高3.7厘米（图一〇六，2；彩版九二，2）。

B型　1件。足墙内外齐平。

标本 1993T107①: 17，弧腹，小圈足，足墙内外齐平，外墙竖直，内墙外斜，足沿平切。器型小巧，制作规整。灰褐胎，胎体较坚，有气孔夹细小黑砂。内施满釉，外不及底，釉色酱黑，内壁满布酱紫色窑变圆斑，釉面平滑光亮。采用垫砂间隔，匣钵单件仰烧法烧造，足沿有粘砂。外壁无釉处有烧焦痕迹。足径3.6、残高1.8厘米（图一〇六，3；彩版九二，3）。

C型　1件。足墙外高内低。

标本 1993G3北②: 14，弧腹，圈足，足墙外高内低，外墙竖直，内墙外斜，足沿二次切削，足心有乳突，“窑裂”。胎色土黄，胎体粗疏，夹白砂，有细小气孔。内施满釉，内底开规则涩圈，外不及底，釉色黑亮。采用涩圈叠烧法。足径4.6、残高3厘米（图一〇六，4；彩版九二，4）。

（37）黑釉盘

2件。

标本 1993T401北②B : 49，残存口、腹。尖唇，敛口，浅腹。土黄胎，胎质较坚致，夹极细小白砂，有细小气孔。内壁施釉，外不及底，釉色黑亮，发色不匀。口径16、壁厚0.7、残高2.7厘米（图一〇六，5）。

标本 1993G3北②: 11，残存底部。平底，外壁近底处斜切。灰胎，胎质稍坚，胎体较薄，夹黑、白细砂，有细小气孔。内施满釉，外不及底，釉色黑亮，釉面不甚平整。底径7.2、残高0.9厘米（图一〇六，6）。

（38）黑釉盏

7件。尖圆唇，敞口，浅弧腹，平底。

标本 1993T401③: 36，残，可复原。灰白胎，胎质较坚致，夹细小黑砂，有极细小气孔。芒口，内施满釉，外施半截釉，釉色黄黑，釉深处发黑，釉面光洁，无化妆土。口径12、底径5.4、高4厘米（图一〇七，1；彩版九二，5）。

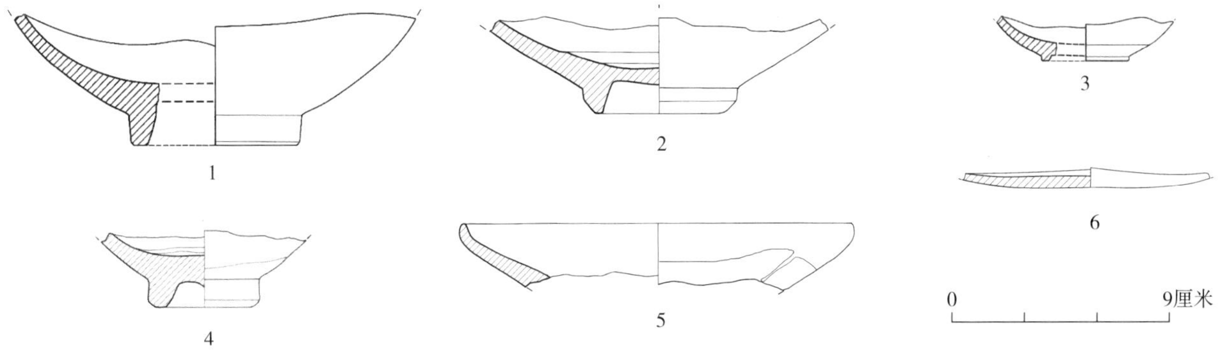

图一〇六　第 3 窟地层出土辽金时期瓷器

1、2.A 型黑釉碗底 1993T209 ①: 4、1993T401 北② B：10　3.B 型黑釉碗底 1993T107 ①: 17　4.C 型黑釉碗底 1993G3 北②: 14　5. 黑釉盘 1993T401 北② B：49　6. 黑釉盘底 1993G3 北②: 11

标本 1993T215 ③ A：31，残存腹、底。白胎，胎质较坚致，夹细小黑砂。内施满釉，外施半截釉，釉色黄黑，釉面光洁，无化妆土。内底残留 2 颗垫珠痕。底径 4.6、残高 2.4 厘米（图一〇七，2）。

标本 1993T215 ③ A：30，残存腹、底。灰白胎，胎质较坚致，夹细小黑砂。内施满釉，外不及底，釉色黄黑，釉面光洁，有棕眼，无化妆土。底径 5、残高 2.4 厘米（图一〇七，3）。

标本 1993G3 南②: 6，残存底部。外底凸起，呈浅饼形。土黄色胎，胎质较坚，夹黑点杂质，有极细小气孔。底径 3.5、残高 2.4 厘米（图一〇七，4）。

标本 1993T401 ①: 6，可复原。敞口，浅弧腹，斜方唇，实足泥饼底。灰白胎，胎体坚质，有细小气孔。底部可见旋坯痕。口径 8.3、底径 3.2、高 3.2 厘米（图一〇七，5；彩版九二，6）。

标本 1993T401 北② B：13，可复原。敞口，圆唇，弧腹，平底。深灰胎，胎质较坚致，夹黑点及细小白砂。内底残留 2 处垫烧痕。口径 11、底径 4.4、高 3.2 厘米（图一〇七，6；彩版九二，7）。

口沿　1 件。

标本 1993T401 北② B：11，残存口、腹，圆唇，浅弧腹。黄白胎，胎质稍粗疏，夹细小白砂。口径 7、壁厚 0.5 厘米。

（39）黑釉盆

1 件。

标本 1993T215 ③ A：29，残存底部。斜弧腹，平底出沿，足墙外斜。土黄胎夹砖红色，胎质略疏，夹细小黑砂，有细小气孔，胎体厚重。器表落有黑釉斑，无化妆土。底径 13、残高 4.2 厘米（图一〇八，1）。

（40）黑釉鸡腿瓶

4 件。口部、底足残片各 1 件，腹部残片 2 件。

标本 1993T401 北② A：47，残存口部。尖唇，梯形小口，短颈内束，丰肩。白胎粗疏，夹黑、白砂，有细小气孔。内壁施釉，肩部刮釉一圈，釉色黑亮。采用肩部开涩圈，“工”字形支烧具支撑，垫钵间隔的多件叠烧法。口径 6、残高 4.6 厘米（图一〇八，2；彩版九二，8）。

标本 1993T103 ②: 11，残存腹部。筒形腹，器身有明显旋坯留下的突棱。白胎粗疏，夹黑、白砂，有细小气孔。内外施釉，釉色浓黑。采用肩部开涩圈，“工”字形支烧具支撑，垫钵间隔的多件仰烧法。腹部有“工”字形支烧具留下的痕迹。壁厚 1 厘米。

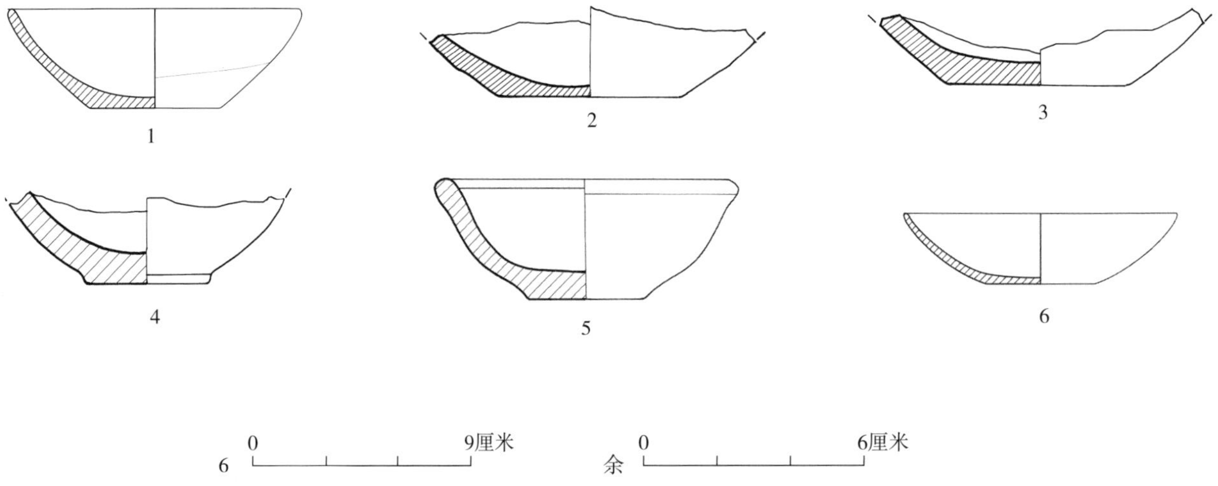

图一〇七　第3窟地层出土辽金时期瓷器

1～6. 黑釉盏 1993T401 ③：36、1993T215 ③ A：31、1993T215 ③ A：30、1993G3 南②：6、1993T401 ①：6、1993T401 北② B：13

标本 1993T307 ①：3，残存腹部。筒形腹。土黄胎，胎体略疏，夹白砂，有细小气孔。内外施釉，釉色棕黑，施釉均匀，釉面较平滑。腹部外壁剔花装饰花卉纹，线条粗犷流畅。壁厚 0.7 厘米。

标本 1993T401 北② A：46，残存底足。长筒形腹，隐圈足，足沿平切。浅灰胎粗疏，夹黑、白砂，有细小气孔，胎体厚重。内外施釉，足沿刮釉一圈，釉色黑亮，外壁釉面打磨失光。足部有粘烧痕。底径 8、残高 4.9 厘米（图一〇八，3；彩版九三，1）。

（41）黑釉折腹瓶

1 件。

标本 1993T401 北② B：24，口缺。溜肩，折腹，下收至底，圈足，足墙外高内低，外墙竖直，内墙外撇，足沿平切，足心有乳突，窑裂。内施满釉，外不及底，釉色黑亮，釉面较平滑，有流釉现象。腹径 9.2、足径 4.6、残高 8 厘米（图一〇八，4；彩版九三，2）。

（42）黑釉喇叭状瓶底

1 件。

标本 1993T103 ②：10，残存底部。喇叭状底，足沿圆滚。胎色较白，胎质粗较疏，夹黑、白砂，有极细小气孔。外壁施釉，釉色黑亮，内壁无釉。足径 14、壁厚 0.6、残高 7.2 厘米（图一〇八，5；彩版九三，3）。

（43）黑釉罐

5 件。口部、腹部残片各 1 件，足部残片 3 件。

标本 1993T401 北② A：22，残存口、腹。直口，方圆唇，短颈，溜肩，双条形系，竖腹微弧。白胎粗疏，夹褐、白砂，有细小气孔。芒口，内外施釉，釉色棕黑。口径 14、壁厚 1、残高 7.8 厘米（图一〇八，6）。

标本 1993T210 ②：19，弧腹。土黄胎，胎质稍疏，夹白砂，有细小气孔。内外施釉，釉呈棕黑色。腹部划花装饰，线条流畅。壁厚 0.6 厘米。

A 型　1 件。足墙外低内高。

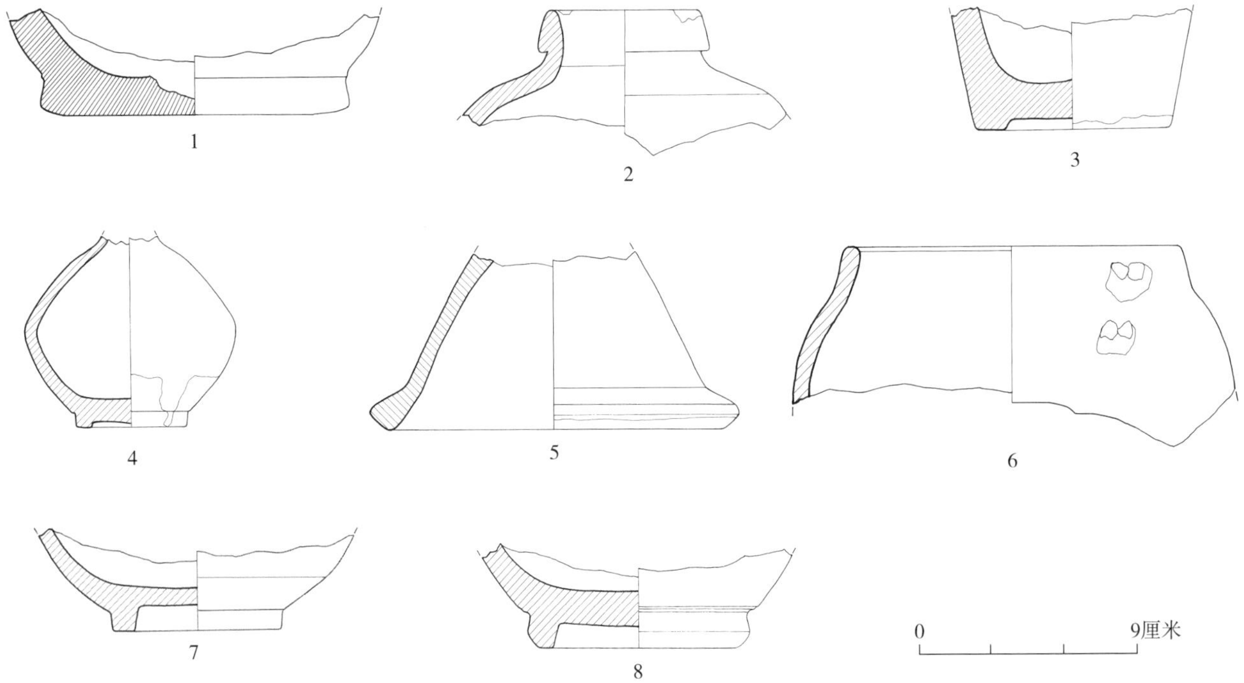

图一〇八　第 3 窟地层出土辽金时期黑釉瓷器

1. 黑釉盆 1993T215 ③ A：29　2. 黑釉鸡腿瓶 1993T401 北② A：47　3. 黑釉鸡腿瓶底足 1993T401 北② A：46　4. 黑釉折腹瓶 1993T401 北②B：24　5. 黑釉喇叭状瓶底 1993T103②：10　6. 黑釉罐 1993T401 北②：22　7. A 型黑釉罐底足 1993G3 北②：9　8. C 型黑釉罐底足 1993G3 东①：1

标本 1993G3 北②：9，残存腹、足。弧腹，圈足，足墙外撇，外墙二次切削，足沿平切，塌底。土黄胎，胎质粗疏，夹黑、白砂，有细小气孔。内外施釉，外不及底，釉色酱黑，釉面较亮。足径 6.8、残高 5 厘米（图一〇八，7）。

C 型　1 件。足墙外高内低。

标本 1993G3 东①：1，残存足部。弧腹，圈足，外墙竖直，内墙外斜，足沿平切。灰白胎，胎质较疏，有气孔。内施满釉，外不及底，釉色亮黑。足心有窑裂现象。足径 9 厘米（图一〇八，8）。

（44）黑釉缸

3 件。

标本 1993T401 北② B：6，残存口部。器型硕大。方唇，外凸，直口，深弧腹。胎色较白，胎质粗疏，夹黑、白色砂粒，有细小气孔，胎体厚重。芒口，内外施釉，釉色酱黑。口径 36、壁厚 1.5、残高 9.6 厘米（图一〇九，1）。

标本 1993G3 北②：19，残存腹、底。深腹，平底。器身可见明显螺旋纹。胎色深灰，胎质粗疏，胎体厚重，夹黑、白砂，有气孔。内外施釉，釉色黑亮，有“窑变”现象，底部无釉。底部粘有大量砂粒，光素无纹。底径 19、残高 13.2 厘米（图一〇九，2）。

标本 1993T401 北② B：41，大同青磁窑。残存腹、底。器型较大。深腹斜直，平底。胎色灰白，胎质粗疏，夹黑、白砂粒，有细小气孔，胎体厚重。内外施釉，釉色酱黑，釉面光亮，外底无釉。外壁有螺旋纹。腹部有剔花装饰，纹饰粗犷。底径 21、残高 18 厘米（图一〇九，3）。

（45）黑釉器盖

1件。

标本1993T401北②A：23，残存盖面，不可修复。母口，盖面向上隆起，稍平。灰胎稍坚，夹黑、白砂。内外施釉，釉色棕黑。盖厚0.6厘米（图一〇九，4）。

（46）黑釉洗

1件。

1993T401北②B：38，残。细瓷，轮制。敞口，圆唇，腹部与底部均为六或八边形，内底中心凹。胎色微黄，胎质较坚，夹黑白砂。内壁施釉，内底有磨过后露出的气泡；外壁施釉不及底，釉色黑亮，口沿不施釉。口径14、底径15、高3.9厘米（图一〇九，5；彩版九三，4）。

（47）黑釉瓷塑

3件。

标本1993G3南②：4，大同青磁窑。残，不可修复。整体为一童子骑马造型，马作站立状，头部前倾，深目，突鼻，口微张，高颈，长尾；马背骑一童子，造型写意，头部缺失，双手紧抱马颈，形象生动，极富童趣。土黄色胎，胎质较坚，有极细小气孔。施釉过腹，釉色酱黑，釉面光亮平滑。手工捏塑成型。残长7.1、宽2.7、高5.9厘米（图一〇九，6；彩版九三，5）。

标本1993G3南②：5，大同青磁窑。残，不可修复。整体为童子骑马造型，马作站立状，仅存一处后肢，作奔跑状，马头、前肢等缺失，童子形象，残存足部。灰白胎，胎质略松，有极细小气孔。施釉至腹，釉呈棕色，釉面失光。手工捏塑成型。残长7.4、宽3.8、高7.7厘米（图一〇九，7；彩版九三，6）。

标本1993T401北②B：54，大同青磁窑。残，仅存马头。手工捏塑成型。残长3.5、宽1.9、高4厘米（图一〇九，8）。

（48）素烧器

2件。皆为窑具。见有垫钵和“工”字形支烧具。

垫钵　1件。

标本1993T401②：3，可修复。平顶，边缘斜切，中心有孔，直壁，中空，方足。外壁可见旋坯痕。白胎，夹黑、白砂粒，胎体粗重。素烧。外壁有火烧痕迹。窑具。顶径9.8、底径6.8、高5.2厘米（图一〇九，9；彩版九三，7）。

“工”字形支烧具　1件。

标本1993T209①：3，基本完整。整体形似汉字“工”或线轴，中间为圆柱体，两侧为圆饼。黄白胎，夹黑、褐细砂，胎体稍坚致。素烧。两端及中间有粘烧痕。端径4.3、通长5.8厘米（图一〇九，10；彩版九三，8）。

3. 铜钱

37枚。

太平通宝　2枚。

标本2000G3②：33，圆形，方穿，正、背面有圆郭，正面铸“太平通宝”四字，楷书，对读。直径2.4、穿宽0.6、郭宽0.25、肉厚0.1厘米，重3.3克（图一一〇，1；彩版九四，1）。

标本2000G3②：34，圆形，方穿，正、背面有圆郭，正面铸“太平通宝”四字，楷书，对读。

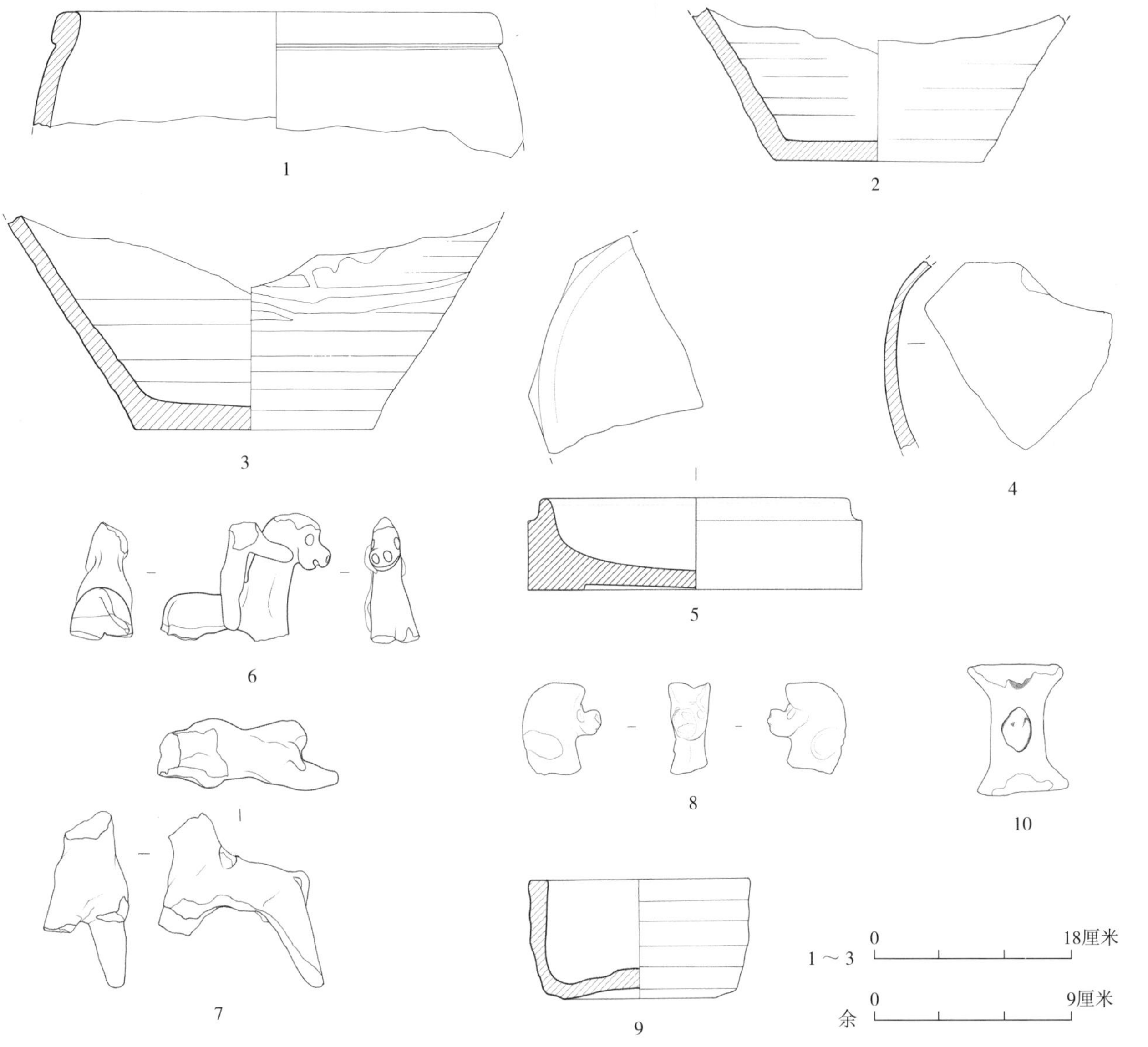

图一〇九　第3窟地层出土辽金时期瓷器

1～3. 黑釉缸 1993T401 北②B：6、1993G3 北②：19、1993T401 北②B：41　4. 黑釉器盖 1993T401 北②：23　5. 黑釉洗 1993T401 北②B：38　6～8. 黑釉瓷塑 1993G3 南②：4、1993G3 南②：5、1993T401 北②B：54　9. 垫钵 1993T401 ②：3　10. "工"字形 1993T209 ①：3

直径2.4、穿宽0.6、郭宽0.2、肉厚0.1厘米，重3.6克（图一一〇，2；彩版九四，2）。

淳化元宝　1枚。

标本2000G3②：59，圆形，方穿，正、背面有圆郭，正面铸"淳化元宝"四字，楷书，环读。正面略有锈蚀。直径2.4、穿宽0.6、郭宽0.3、肉厚0.1厘米，重4.5克（图一一〇，3；彩版九四，3）。

至道元宝　1枚。

标本2000G3②：54，圆形，方穿，正、背面有圆郭，正面铸"至道元宝"四字，行书，环读。正反面均有锈蚀。直径2.5、穿宽0.6、郭宽0.3、肉厚0.1厘米，重3.6克（图一一〇，4；彩版九四，4）。

咸平元宝　1枚。

标本2000G3②：56，圆形，方穿，正、背面有圆郭，正面铸"咸平元宝"四字，楷书，环读。

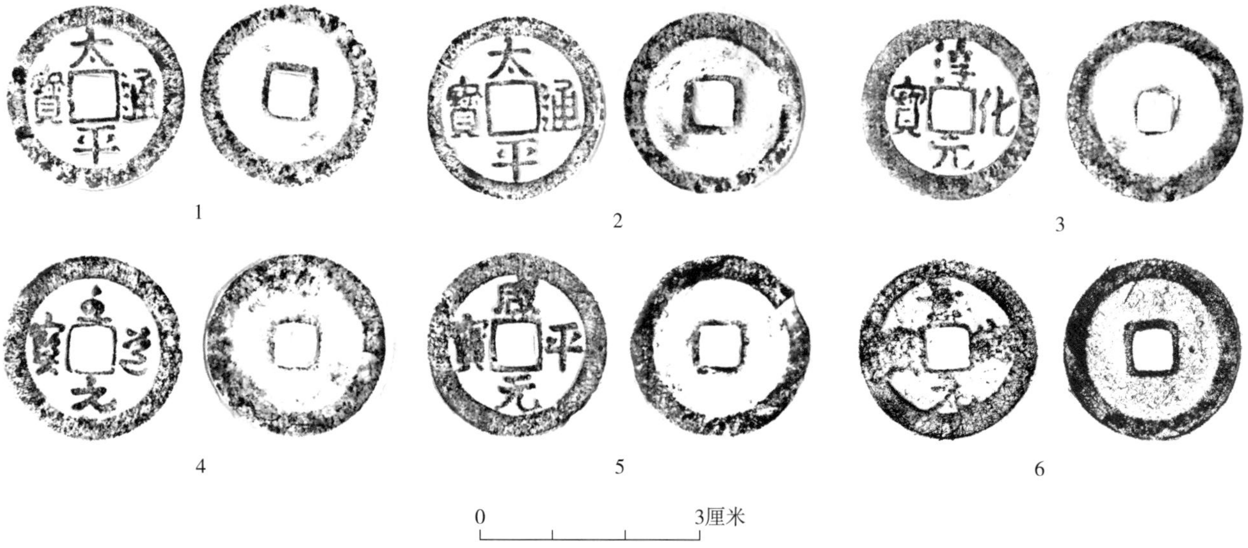

图一一〇 第3窟地层出土辽金时期铜钱拓片

1、2. 太平通宝 2000G3②：33、1993G3②：34 3. 淳化元宝 2000G3②：59 4. 至道元宝 2000G3②：54 5. 咸平元宝 2000G3②：56 6. 景德元宝 2000G3②：62

正面略有锈蚀。直径2.5、穿宽0.6、郭宽0.3、肉厚0.1厘米，重3.8克（图一一〇，5；彩版九四，5）。

景德元宝 1枚。

标本2000G3②：62，圆形，方穿，正、背面有圆郭，正面铸“景德元宝”四字，楷书，环读。正面三字锈蚀严重字迹模糊。直径2.4、穿宽0.6、郭宽0.3、肉厚0.1厘米，重4.3克（图一一〇，6；彩版九四，6）。

祥符通宝 1枚。

标本2000G3②：60，圆形，方穿，正、背面有圆郭，正面铸“祥符通宝”四字，楷书，环读。直径2.6、穿宽0.6、郭宽0.3、肉厚0.15厘米，重5.4克（图一一一，1；彩版九四，7）。

祥符元宝 4枚。

标本2000G3②：50，圆形，方穿，正、背面有圆郭，正面铸“祥符元宝”四字，楷书，环读。直径2.5、穿宽0.6、郭宽0.3、肉厚0.1厘米，重4.4克（图一一一，2；彩版九四，8）。

标本2000G3②：51，圆形，方穿，正、背面有圆郭，正面铸“祥符元宝”四字，楷书，环读。正面锈蚀严重，字迹比较模糊。直径2.5、穿宽0.6、郭宽0.3、肉厚0.1厘米，重4.7克（图一一一，3；彩版九五，1）。

标本2000G3②：52，圆形，方穿，正、背面有圆郭，正面铸“祥符元宝”四字，楷书，环读。正面锈蚀严重，字迹比较模糊。直径2.5、穿宽0.6、郭宽0.3、肉厚0.1厘米，重4.2克（图一一一，4；彩版九五，2）。

标本2000G3②：53，圆形，方穿，正、背面有圆郭，正面铸“祥符元宝”四字，楷书，环读。正面锈蚀严重，字迹比较模糊。直径2.5、穿宽0.6、郭宽0.3、肉厚0.1厘米，重3.9克（图一一一，5；彩版九五，3）。

天圣元宝 2枚。

标本2000G3②：45，圆形，方穿，正、背面有圆郭，正面铸“天圣元宝”四字，楷书，环读。

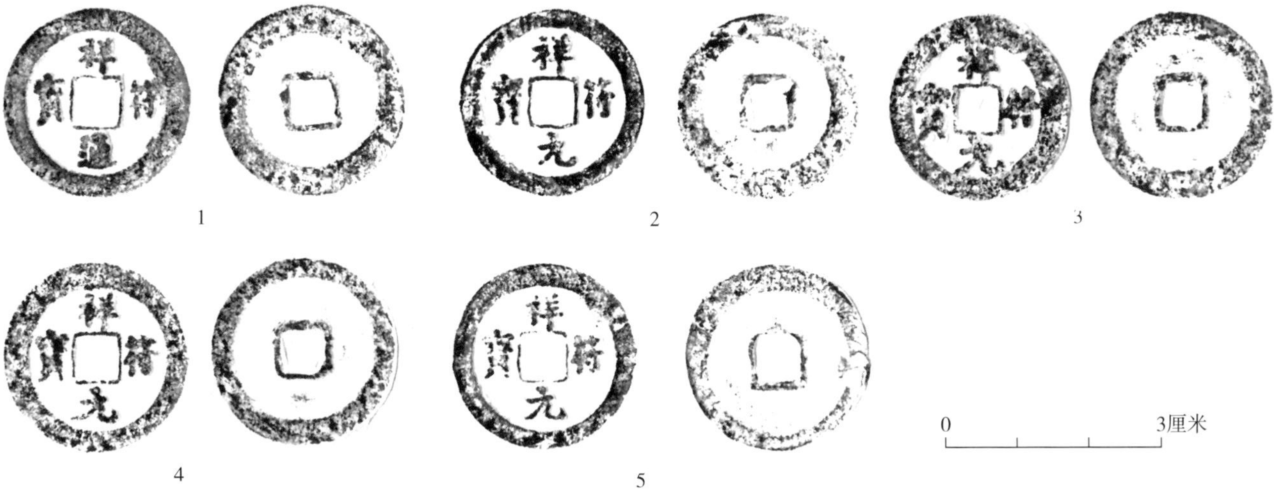

图一一一　第 3 窟地层出土辽金时期铜钱拓片
1. 祥符通宝 2000G3 ②: 60　2 ～ 5. 祥符元宝 2000G3 ②: 50、2000G3 ②: 51、2000G3 ②: 52、2000G3 ②: 53

直径 2.5、穿宽 0.7、郭宽 0.2、肉厚 0.1 厘米，重 3.5 克（图一一二，1；彩版九五，4）。

标本 2000G3 ②: 46，圆形，方穿，正、背面有圆郭，正面铸“天圣元宝”四字，篆书，环读。直径 2.5、穿宽 0.7、郭宽 0.2、肉厚 0.1 厘米，重 4.1 克（图一一二，2；彩版九五，5）。

景祐元宝　1 枚。

标本 2000G3 ②: 61，圆形，方穿，正、背面有圆郭，正面铸“景祐元宝”四字，篆书，环读。正面略有锈蚀。直径 2.5、穿宽 0.7、郭宽 0.2、肉厚 0.1 厘米，重 3.5 克（图一一二，3；彩版九五，6）。

皇宋通宝　3 枚。

标本 2000G3 ②: 47，圆形，方穿，正、背面有圆郭，正面铸“皇宋通宝”四字，楷书，对读。正面略有锈蚀。直径 2.5、穿宽 0.7、郭宽 0.2、肉厚 0.1 厘米，重 3.7 克（图一一二，4；彩版九五，7）。

标本 2000G3 ②: 48，圆形，方穿，正、背面有圆郭，正面铸“皇宋通宝”四字，楷书，对读。直径 2.5、穿宽 0.7、郭宽 0.3、肉厚 0.1 厘米，重 3.6 克（图一一二，5；彩版九五，8）。

标本 2000G3 ②: 49，圆形，方穿，正、背面有圆郭，正面铸“皇宋通宝”四字，篆书，对读。直径 2.4、穿宽 0.6、郭宽 0.2、肉厚 0.1 厘米，重 4.8 克（图一一二，6；彩版九六，1）。

嘉祐元宝　1 枚。

标本 2000G3 ②: 69，圆形，方穿，正、背面有圆郭，正面铸“嘉祐通宝”四字，篆书，环读。正面略有锈蚀，首字模糊。直径 2.3、穿宽 0.7、郭宽 0.2、肉厚 0.1 厘米，重 3.8 克（图一一二，7；彩版九六，2）。

熙宁元宝　7 枚。

标本 2000G3 ②: 35，圆形，方穿，正、背面有圆郭。正面铸“熙宁元宝”四字，楷书，环读。直径 2.4、穿宽 0.6、郭宽 0.2、肉厚 0.12 厘米，重 5.3 克（图一一三，1；彩版九七，1）。

标本 2000G3 ②: 36，圆形，方穿，正、背面有圆郭，正面铸“熙宁元宝”四字，楷书，环读。直径 2.3、穿宽 0.7、郭宽 0.2、肉厚 0.1 厘米，重 3.3 克（图一一三，2；彩版九六，3）。

标本 2000G3 ②: 37，圆形，方穿，正、背面有圆郭，正面铸“熙宁元宝”四字，楷书，环读。

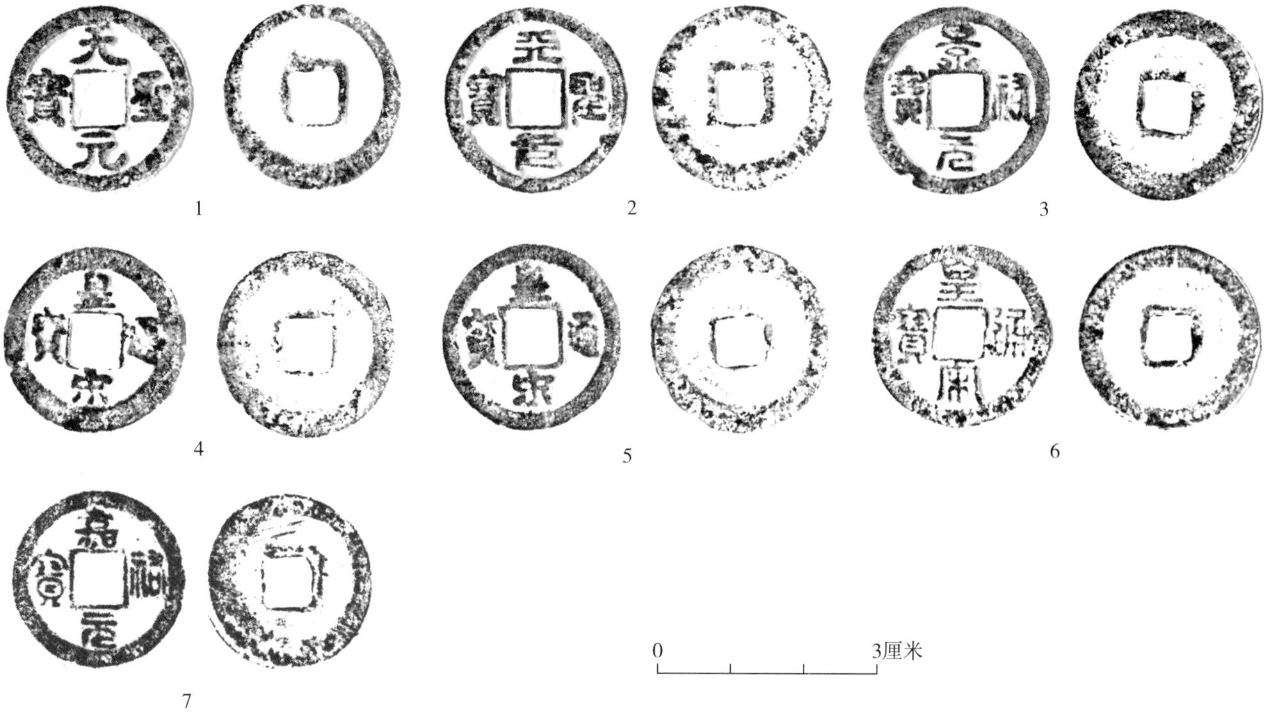

图一一二　第3窟地层出土辽金时期铜钱拓片

1、2. 天圣元宝 2000G3②: 45、2000G3②: 46　3. 景祐元宝 2000G3②: 61　4～6. 皇宋通宝 2000G3②: 47、2000G3②: 48、2000G3②: 49　7. 嘉祐元宝 2000G3②: 69

直径 2.4、穿宽 0.8、郭宽 0.2、肉厚 0.1 厘米，重 3.4 克（图一一三，3；彩版九六，4）。

标本 2000G3②: 38，圆形，方穿，正、背面有圆郭，正面铸“熙宁元宝”四字，篆书，环读。直径 2.4、穿宽 0.6、郭宽 0.25、肉厚 0.2 厘米，重 5.2 克（图一一三，4；彩版九六，5）。

标本 2000G3②: 39，圆形，方穿，正、背面有圆郭，正面铸“熙宁元宝”四字，楷书，环读。直径 2.5、穿宽 0.7、郭宽 0.2、肉厚 0.1 厘米，重 4.1 克（图一一三，5；彩版九六，6）。

标本 2000G3②: 40，圆形，方穿，正、背面有圆郭，正面铸“熙宁元宝”四字，楷书，环读。直径 2.3、穿宽 0.7、郭宽 0.2、肉厚 0.1 厘米，重 3.8 克（图一一三，6；彩版九六，7）。

标本 2000G3②: 41，圆形，方穿，正、背面有圆郭，正面铸“熙宁元宝”四字，楷书，环读。略有残缺。直径 2.3、穿宽 0.7、郭宽 0.2、肉厚 0.12 厘米，重 3.4 克（图一一三，7；彩版九六，8）。

元丰通宝　4 枚。

标本 1993T209②A : 2，圆形，方穿，正、背面有圆郭。正面铸“元丰通宝”四字，篆书，环读。直径 2.5、穿宽 0.8、郭宽 0.3、肉厚 0.1 厘米，重 4.1 克（图一一四，1；彩版九七，2）。

标本 2000G3②: 42，圆形，方穿，正、背面有圆郭，正面铸“元丰通宝”四字，行书，环读。直径 2.8、穿宽 0.7、郭宽 0.3、肉厚 0.2 厘米，重 7.9 克（图一一四，2；彩版九七，3）。

标本 2000G3②: 43，圆形，方穿，正、背面有圆郭，正面铸“元丰通宝”四字，篆书，环读。直径 2.4、穿宽 0.7、郭宽 0.2、肉厚 0.1 厘米，重 3.6 克（图一一四，3；彩版九七，4）。

标本 2000G3②: 44，圆形，方穿，正、背面有圆郭，正面铸“元丰通宝”四字，篆书，环读。直径 2.5、穿宽 0.7、郭宽 0.4、肉厚 0.1 厘米，重 4.2 克（图一一四，4；彩版九七，5）。

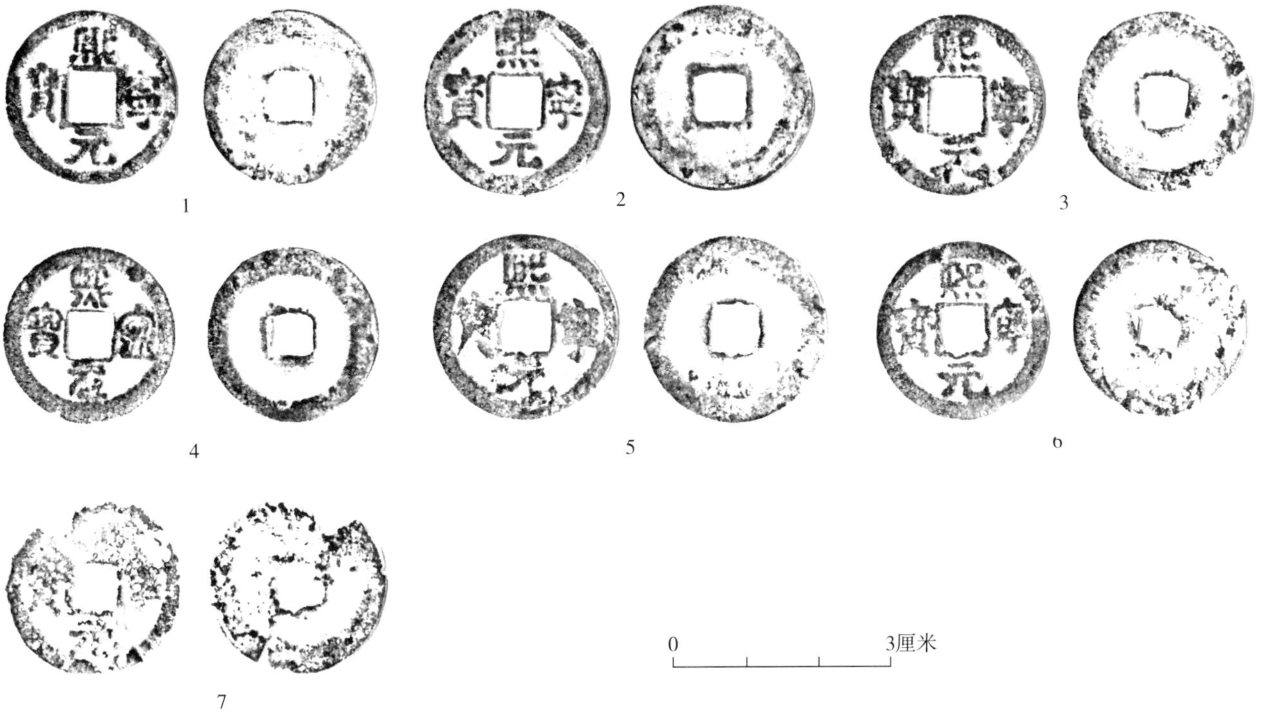

图一一三　第 3 窟地层辽金时期铜钱拓片

1 ～ 7. 熙宁元宝 2000G3 ②：35、1993G3 ②：36、1993G3 ②：37、1993G3 ②：38、1993G3 ②：39、1993G3 ②：40、1993G3 ②：41

绍圣元宝　1 枚。

标本 2000G3 ②：57，圆形，方穿，正、背面有圆郭，正面铸“绍圣元宝”四字，行书，环读。直径 2.3、穿宽 0.6、郭宽 0.2、肉厚 0.1 厘米，重 3.9 克（图一一四，5；彩版九七，6）。

圣宋元宝　2 枚。

标本 2000G3 ②：31，圆形，方穿，正、背面有圆郭，正面铸“圣宋元宝”四字，行楷书，环读。直径 2.4、穿宽 0.7、郭宽 0.3、肉厚 0.1 厘米，重 3.2 克（图一一四，6；彩版九七，7）。

标本 2000G3 ②：32，圆形，方穿，正、背面有圆郭，正面铸“圣宋元宝”四字，篆书，环读。直径 2.4、穿宽 0.7、郭宽 0.2、肉厚 0.1 厘米，重 4.5 克（图一一四，7；彩版九七，8）。

崇宁通宝　1 枚。

标本 1993T402 ②：1，圆形，方穿，正、背面有圆郭，正面铸“崇宁通宝”四字，楷书，环读。直径 3.1、穿宽 0.9、郭宽 0.2、肉厚 0.1 厘米，重 6.3 克（图一一四，8；彩版九八，1）。

大观通宝　1 枚。

标本 1993T401 东纵沟③：1，圆形，方穿，正、背面有圆郭，正面铸“大观通宝”四字，楷书，对读。直径 2.4、穿宽 0.6、郭宽 0.1、肉厚 0.1 厘米，重 3.7 克（图一一四，9；彩版九八，2）。

政和通宝　1 枚。

标本 2000G3 ②：58，圆形，方穿，正、背面有圆郭，正面铸“政和通宝”四字，隶书，对读。直径 2.4、穿宽 0.7、郭宽 0.1、肉厚 0.1 厘米，重 3.2 克（图一一四，10；彩版九八，3）。

正隆元宝　2 枚。

标本 2000G3 ②：55，圆形，方穿，正、背面有圆郭，正面铸“正隆元宝”四字，楷书，环读。

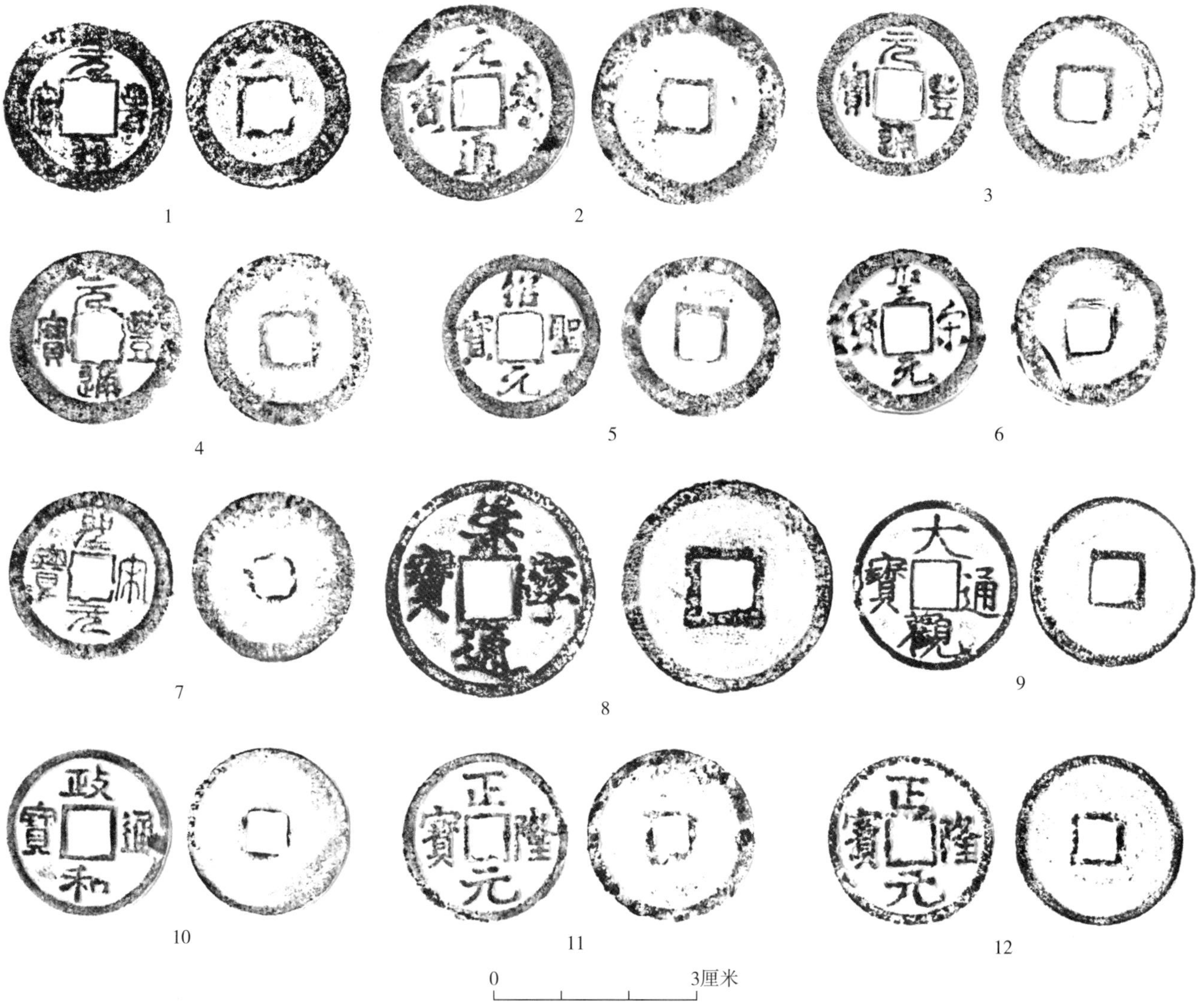

图一一四　第3窟地层出土辽金时期铜钱拓片

1～4. 元丰通宝 1993T209②A：2、2000G3②：42、2000G3②：43、2000G3②：44　5. 绍圣元宝 2000G3②：57　6、7. 圣宋元宝 2000G3②：31、2000G3②：32　8. 崇宁通宝 1993T402②：1　9. 大观通宝 1993T401 东纵沟③：1　10. 政和通宝 2000G3②：58　11、12. 正隆元宝 2000G3②：55、1993T107①：5

正面略有锈蚀。直径2.4、穿宽0.6、郭宽0.1、肉厚0.1厘米，重3.5克（图一一四，11；彩版九八，4）。

标本1993T107①：5，圆形，方穿，正、背面有圆郭。正面铸“正隆元宝”四字，楷书，环读。直径2.4、穿宽0.6、郭宽0.1、肉厚0.1厘米，重3.9克（图一一四，12；彩版九八，5）。

4. 铁器

楔子

1件。

标本1993T401北H1：2，残。长7.3、宽3.4、厚2.2厘米（彩版九八，6）。

5. 动物骨骼

20件。有马、牛、羊、狗、猪。主要出土在东前室辽金时期的第②、③层中，有马（1993T401③：45）、牛、羊（1993T401③：48）、猪、狗（1993T401③：38+39）等5种动物骨骼（彩版九八，7）。通过专家对骨骼上人工痕迹观察发现：切割痕迹十分明显，多分布在下颌骨以及髂骨等皮骨紧密相连或附着筋腱的部位，“V”字型深切口，更说明切割工具的锋利[1]，这些都有待于专家们进一步进行科学的分析研究。

第六节 明清民国时期文化遗存

在第3窟前发现有寺院石砌围墙和通道遗迹（图一三、一一五）。石砌围墙修筑是利用前期包砌石墙作为围墙的基础，用片石砌筑而成，只可惜仅在1993T105～1993T108探方内发现，而1993T103～T104探方内已经损毁。不过在寺院石砌围墙南侧的1993T104～1993T108探方内和向南扩方处，发现一条进入寺院的斜坡通道遗迹，损毁的十分严重。第3窟出土遗物主要有建筑材料、生活用具。

一 遗迹

主要有寺院石砌围墙与斜坡通道。

1. 寺院石砌围墙

位于1993T105～T108探方的北部和北隔梁下，即第3窟前庭的南缘，呈东西向，叠压于第①B层下，距地表深0.1～0.5米，修建在前期包砌石墙上。在1993T105～T108探方内断断续续地清理出寺院石砌围墙约19米。其中，在1993T105探方内的北部前期包砌石墙之上仅发现一层石片长2.85、宽0.6～0.7、高0.16～0.22米的寺院石砌围墙遗迹，其围墙的墙体变窄，外侧明显较前期包砌石墙墙体向内收缩0.15米（彩版九九，1）。在1993T106探方内的寺院石砌围墙现在基本全部破坏（彩版九九，2、3）。在1993T107、T108探方内的北部和北隔梁下，明清时期寺院石砌围墙的墙体比较宽，推测在前期包砌石墙上进行了补砌，长9、宽0.5～1.6、高0.7～0.8米。值得注意的是：1993T107西端的长约1.8米一部分和1993T108探方内的东部3.5米大部分墙体，其宽度仅为0.5～0.7米，这一部分的墙体紧贴第4窟前南缘立壁的基岩而砌。特别是1993T108探方内的墙体不仅直接砌在基岩上，而且下部的墙体和接近顶部的墙体有着显著地区别，尤其是顶部的墙体变窄，并且在1993T107探方东北角斜坡通道遗迹墙体与寺院石砌围墙外相连接，因此可以确定补砌时间应该为明清时期。同时，下部包砌石墙不仅墙体比较宽，而且墙表面风化的十分严重，很显然为经过长期暴露在外使用所致。

2. 斜坡通道

位于1993T104～T108探方内和1993T105扩方处，即前庭石砌围墙的南面西侧，其最东端在西窟门偏西处。叠压于第①A、①B层下，距地表深0～1.5米，修建在大石块与灰土堆积层上。通道整体平面接近长方形，大致呈东西方向，东西长6.8～16、南北宽约1.8～2.1米。其西部低而东部高，形成了一条斜坡通道。通道的东部稍微偏北，且东北角处与寺院石砌围墙连接；通道的西端略微向南，为进入通道的入口之处，从西部向东部逐渐抬升，至东端与寺院石砌围墙相连接。不仅如此，在通道北侧的1993T107探方东北部还有一道短墙，接近南北向，长1、宽0.5、高0.5米，

[1] 参见本书附录二赵静芳、贺涛《云冈石窟第3窟出土动物骨骼》。

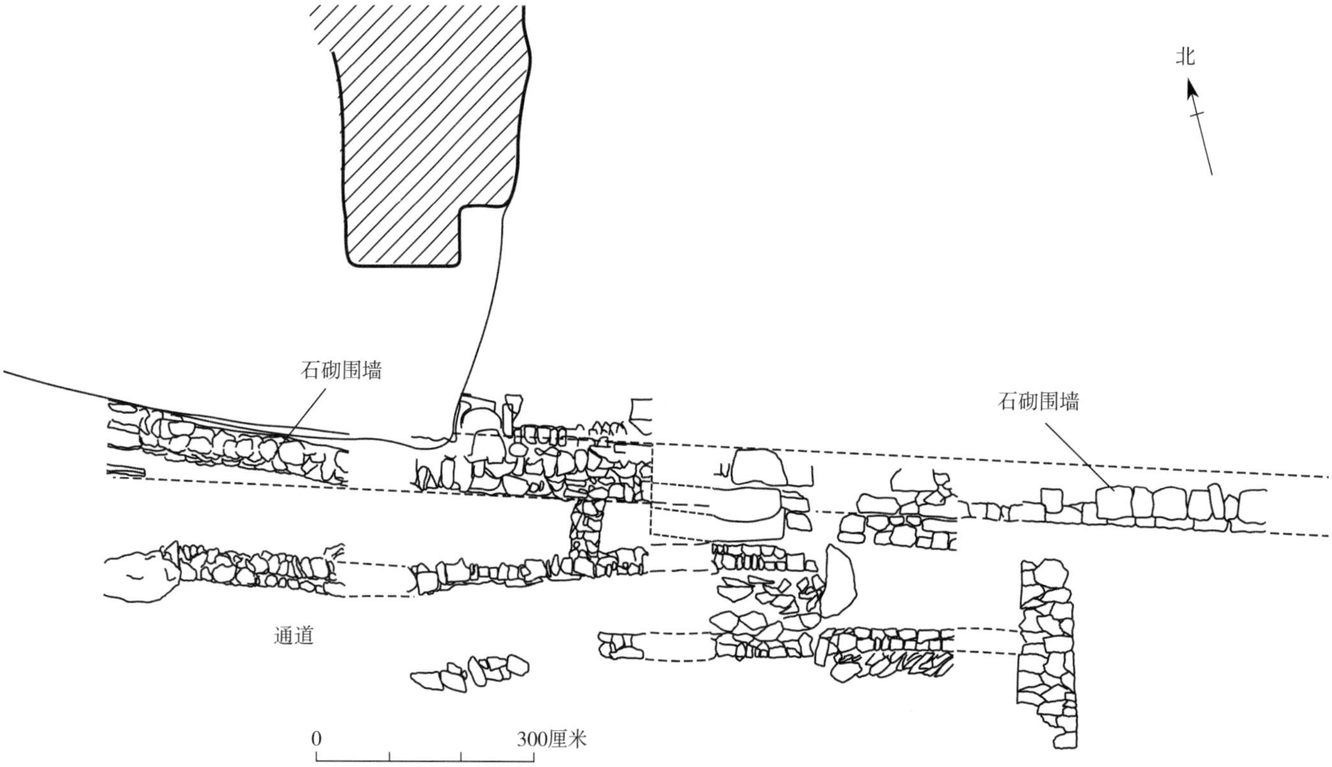

图一一五　第3窟明清时期遗迹

砌在较大石块和碎石屑层之上，且与寺院石砌围墙相连接（彩版一〇〇，1）。该斜坡通道的两侧全部用石片垒砌墙体，但破坏十分严重，具体残存情况如下：通道的北侧墙体位于1993T106～T108探方中部，呈东西向，东端处略为偏北。北侧墙保存略多一些，长13、宽0.32～0.52、高0.5～0.8米（彩版一〇〇，2）。一般下面的墙体为平铺石片垒砌比较宽，上面的墙体为斜立石片垒砌且较窄，上下面的墙体都风化比较严重，可能为长期暴露在外和使用有关（彩版一〇一，1）。通道的南侧墙体位于1993T106～T107探方南部，方向与北侧墙体基本相似，可是损毁十分严重，长6.75、宽0.35～0.4、高0.4～0.52米，仅残存墙体下面的平铺石片垒砌部分，其中在1993T106探方内南侧墙体外侧残留一部分坍塌下的石片。在南侧墙体与北侧墙体之间的靠下部分多为较大石块和碎石屑等填充物，其中西端通道的入口已经破坏。通道南北侧墙体的东端在1993T105探方西部残存一道包砌石墙，呈南北向，叠压于第① B层下，距地表深1.5米，用片石平铺砌在厚约0.2米黄土层之上。长3、宽0.8～1、高0.56～0.8米。外（东）侧垒砌规整，内（西）侧残差不齐，均以片石填充，南端被第① C层打破，这条包石砌墙很可能就是为修筑斜坡通道墙体的基础（彩版一〇一，2）。

二　遗物

主要有建筑材料和生活生产用具两类。

（一）建筑材料

（1）瓦当

1 件。

1）莲花福字瓦当

1 件。

标本 1993T107 ①：1，残。泥质灰陶，模制。边轮低窄，当心凸出。当心圆形凸面上雕“福”字，外侧残存 3 个花瓣，最外饰一周凸棱。瓦当直径 12、边轮宽 1、中心厚 2.2 厘米（图一一六，1；彩版一〇二，1）。

（二）生活生产用具

瓷器

81 件。根据釉色分为白釉、白釉褐彩、黑釉、复色釉、茶叶末釉。器形有碗、盘、盏、罐、瓶、缸、盒、杯、器盖。

（1）白釉碗

50 件。其中各类碗腹部残片 28 片。

窟前遗址根据口部的变化不同分 A、B 两型。

A 型　9 件。敞口。根据唇部变化又分两亚型。

Aa 型　6 件。尖唇或尖圆唇。

标本 1993T107 ①：7，残，可复原。尖唇，直壁微弧，外腹近底处切削，圈足，挖足较浅，足墙内外齐平，内墙外斜，外墙二次切削，足沿平切。灰胎，坚致较细，有极细小气孔。内外皆施釉，釉色牙白，内施满釉，外不及底，上化妆土。内底及足沿残留若干处垫砂痕。口径 16、足径 7.2、高 5.1 厘米（图一一六，2；彩版一〇二，2）。

标本 1993T107 ①：8，残。尖圆唇，弧腹，外腹近底处切削，圈足，足墙竖直，足沿平切。胎色浅灰，胎质坚致，有少量细小气孔。釉色牙白，内施满釉，外至足墙，口沿处有剥釉现象，上化妆土。足沿残留 2 处垫砂痕。口径 15.6、足径 5.7、高 5 厘米（图一一六，3；彩版一〇二，3）。

标本 1993T105 ① C：1，残。尖圆唇，外腹近底处切削，圈足，挖足较浅，足墙竖直且外高内低，足沿平切。胎色浅灰，胎质稍坚，有细小气孔。内壁满釉，白釉泛灰，外不及底，施釉不均匀，釉面有污渍，口沿及外壁腹部有磨损，上化妆土。内底及足沿残留垫砂痕。口径 15.4、足径 6.4、高 4.7 厘米（图一一六，4；彩版一〇二，4）。

标本 1993T105 ① C：3，残。器形较小。尖唇，直壁微弧，内收至底，圈足，足墙外撇，内外齐平，足沿平切，内墙有切削痕迹，足心略突起。胎色浅灰、胎质坚硬。釉色牙白，施釉不均匀，内壁满施透明釉，外不及足墙，足底有流釉，口沿及内壁有剥釉现象，有化妆土。足底残留 4 处垫砂痕。口径 8.1、足径 3.9、高 3.5 厘米（图一一六，5；彩版一〇二，5）。

标本 1993T107 ①：6，残。尖圆唇，弧腹，圈足，足墙内外齐平，内墙外撇，外墙内收，足沿平切，内墙有台阶外墙二次切削。胎色浅灰，胎质稍坚，有细小气孔。内壁釉色泛黄，有流釉现象。内底及足沿残留 3 处垫砂痕。口径 15.7、足径 7、高 5.8 厘米（图一一六，6；彩版一〇三，1）。

标本 1993T105 ① C：2，残。方圆唇，直壁微弧，内收至底，内底微凹，外壁近底处切削，圈足，足墙竖直，外高内低，足沿平切。胎色浅灰，胎质较坚，有气孔。内壁釉色发黄，釉面较平整。口径 9.5、足径 4.4、高 3.5 厘米（图一一六，7；彩版一〇三，2）。

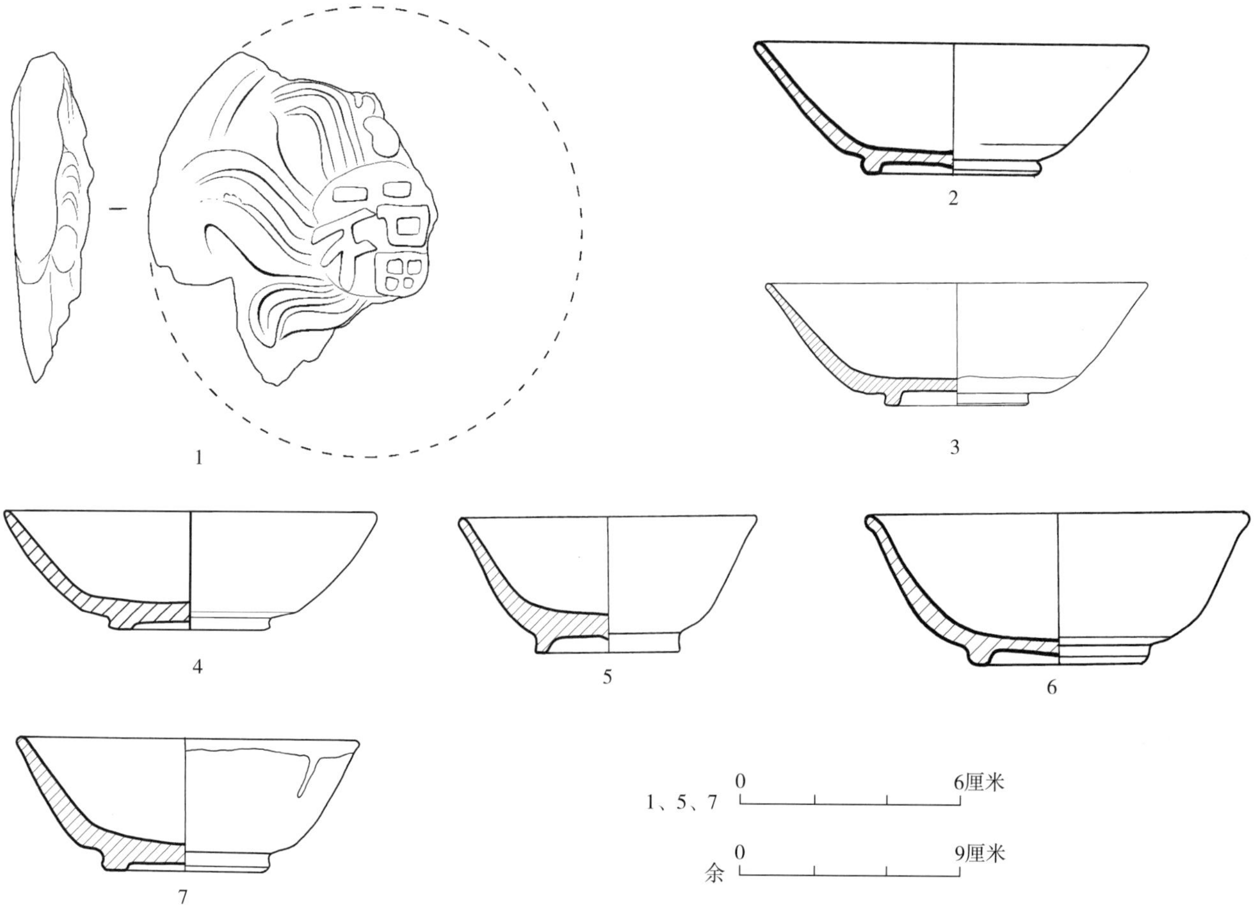

图一一六　第3窟地层出土明清时期遗物

1. 莲花福字瓦当 1993T107 ①：1　2～7.Aa 型白釉碗 1993T107 ①：7、1993T107 ①：8、1993T105 ① C：1、1993T105 ① C：3、1993T107 ①: 6、1993T105 ① C：2

Ab 型　3 件。唇部外凸。

标本 1993T108 ①: 6，残存口、腹。圆唇外凸，弧腹。胎色灰白，胎质坚致，细腻，有极细小气孔。釉色纯白，局部泛黄，内外施釉，较光洁平整，有化妆土。外壁腹底有旋坯时留下的凹弦纹一周。口径 16、壁厚 0.8、残高 5.4 厘米（图一一七，1；彩版一〇二，6）。

标本 1993T104 ①: 3，残存口、腹。圆唇，直壁微弧。胎色浅灰，胎体较坚，有细小黑砂。内壁釉色牙白，施釉较匀，釉面较光洁。外壁有旋坯痕。口径 19、壁厚 0.6 厘米（图一一七，2）。

标本 1993T105 ① C：10，残存口、腹。圆唇，直壁微弧。胎色浅灰，胎质较坚，有细小气孔及黑砂。内壁釉色发灰，施釉较匀，釉面较光洁。内外壁均有旋坯痕。口径 19、壁厚 0.7、残高 5.6 厘米（图一一七，3）。

B 型　5 件。撇口，仅存口沿残片。

标本 1993T301 ①: 3，残存口、腹。口沿微撇，尖圆唇，弧腹。胎色浅灰，胎质较坚，有气孔及细小黑砂。内外施釉，白釉泛黄，口沿处有磨损，上化妆土。口径 16.8、壁厚 0.4、残高 3.7 厘米（图一一七，4；彩版一〇三，3）。

标本 1993T105 ① A：3，残存口、腹。撇口，尖圆唇，折沿，直壁微弧。胎色浅灰，胎体较坚，有气孔及细小黑砂。内外施釉，白釉泛黄，釉面较光洁，有化妆土。口径 14、壁厚 0.4、残高 2.1 厘米（图一一七，5；彩版一〇三，4）。

标本 1993T105 ① C : 4，口沿微撇，尖圆唇，器壁略弧，至底内收。胎色浅灰，胎质较坚，有小气孔。内壁釉色较白，釉面较光洁。外壁腹部用化妆土绘梅点纹。内外壁可见细密旋坯痕。口径 17、壁厚 0.6、残高 5 厘米（图一一七，6）。

标本 1993T105 ① C : 7，尖圆唇，直壁微弧。胎色浅灰，胎体较坚。内壁釉色发灰，施釉均匀，釉面光洁。内外壁均有旋坯痕。口径 15、壁厚 0.5、残高 3.6 厘米（图一一七，7）。

标本 1993T106 ①: 4，口沿微撇，尖圆唇，直壁略弧。胎色灰黄，胎体较坚，含细小黑砂。内壁釉色黄白，釉面较光洁。外壁有旋坯痕。口径 13、壁厚 0.5 厘米（图一一七，8；彩版一〇三，5）。

另外，底足残片有 8 件。根据足墙变化不同分 A、B、C 三型。

A 型　3 件。足墙外低内高。

标本 1993T106 ①: 10，弧腹，圈足，足墙外撇，内墙有二层台，足沿平切，足心略向外凸。胎色浅灰，胎质稍坚，有气孔。内施满釉，外不及底，釉色牙白，有流釉现象，上化妆土。内底及足沿各残留 6 处垫砂痕。足径 4、残高 3 厘米（图一一八，1）。

标本 1993T108 ①: 8，弧腹，圈足，足墙外撇，足沿平切。土黄胎，胎质稍坚，有极细小气孔。内施满釉，外釉近底，釉色黄白，上化妆土。内底残留 2 处垫砂。足径 6、残高 4.3 厘米（图一一八，2；彩版一〇三，6）。

标本 1993T105 ① C : 13，圈足，外墙竖直，内墙外斜，足沿平切。胎色灰白，胎体较坚，有细小气孔。内施满釉，釉色牙白，外不及底，施釉较匀。内底及足沿各残留有 1 处垫砂痕。足径 8、残高 3 厘米（图一一八，3）。

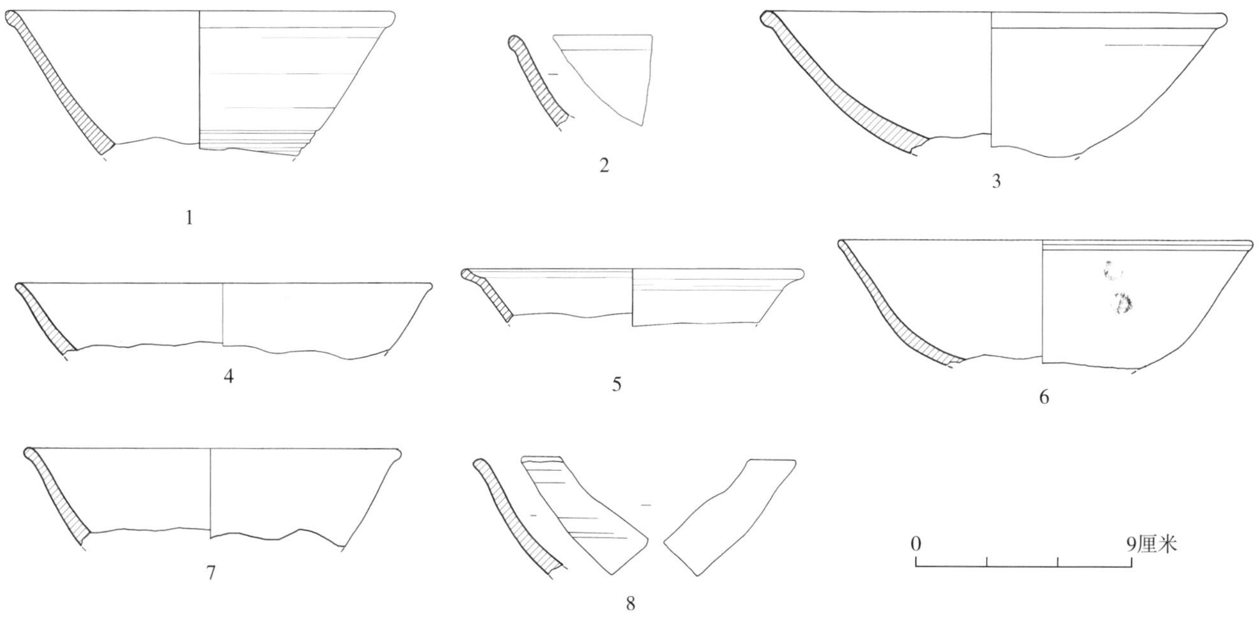

图一一七　第 3 窟地层出土明清时期白釉碗

1 ～ 3.Ab 型 1993T108 ①: 6、1993T104 ①: 3、1993T105 ① C : 10　4 ～ 8.B 型 1993T301 ①: 3、1993T105 ① A : 3、1993T105 ① C : 4、1993T105 ① C : 7、1993T106 ①: 4

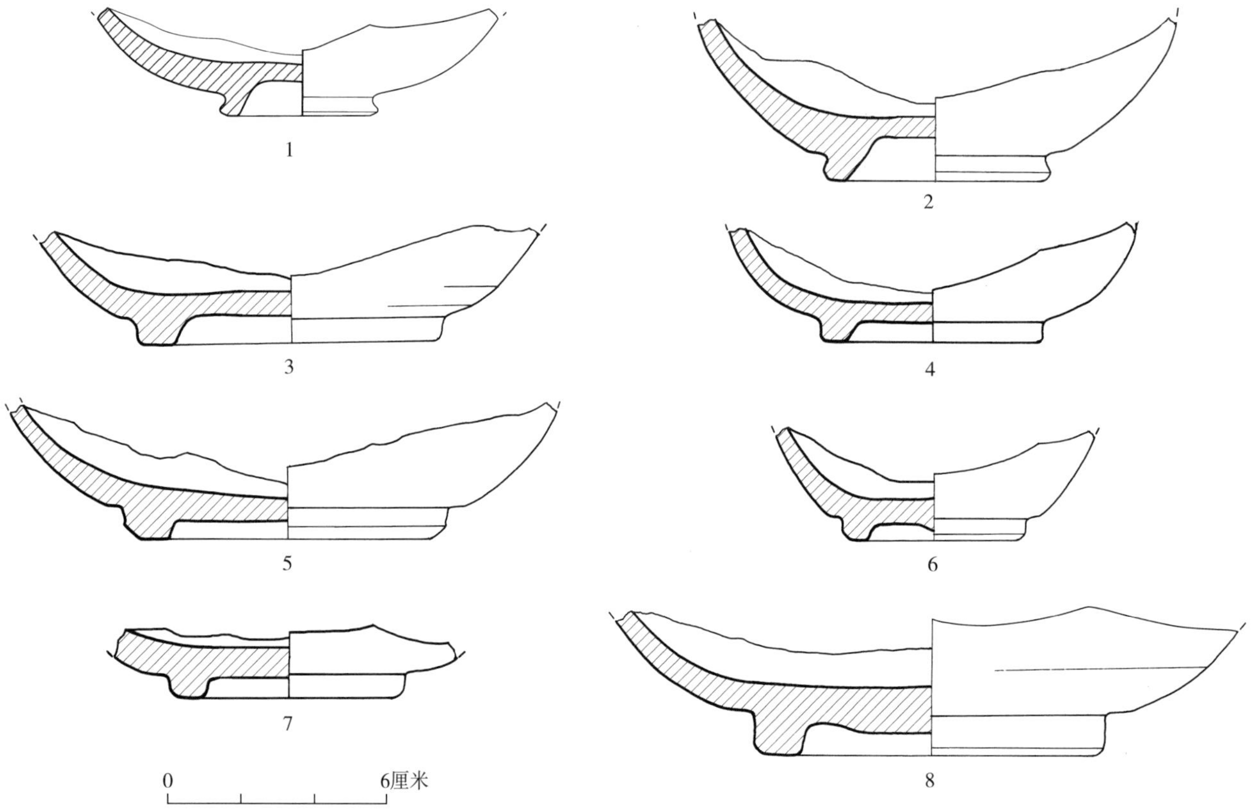

图一一八　第3窟地层出土明清时期白釉碗

1～3.A型底足1993T106①:10、1993T108①:8、1993T105①C:13　4～6.B型底足1993T108①:7、1993G3北①:2、1993T104①:2　7、8.C型1993T106①:9、1993T107①:10

B型　3件。足墙内外齐平。

标本1993T108①:7，弧腹，圈足，外墙竖直，内墙外斜，足沿平切。浅灰胎，胎体坚致，较细腻。内施满釉，外不及底，釉色洁白，局部灰黑，上化妆土。内底有凸弦纹一周。内底及足沿残留5～6处垫砂痕。足径6.3、残高3.1厘米（图一一八，4；彩版一〇四，1）。

标本1993G3北①:2，残存腹、足。弧腹，圈足，外墙竖直，二次切削，内墙外斜，足沿平切。胎色较白，胎体稍坚，有气孔及细小黑砂。内壁釉色黄白，内底及足沿残留有4处垫砂痕。足径8、残高3.8厘米（图一一八，5）。

标本1993T104①:2，残存底足。弧腹，外壁近底处切削，圈足，外墙竖直，二次切削，内墙外斜，足沿平切，足心有乳突。胎色灰白，胎质较坚，有细小气孔。釉色灰白。内底及足沿残留有2处垫砂痕。足径5、残高3厘米（图一一八，6）。

C型　2件。足墙外高内低。

标本1993T106①:9，圈足，足墙竖直，足沿平切。胎色灰白，胎质较坚，有细小气孔。釉色灰白，内施满釉，外不及底，上化妆土。内底及足沿残留有1处垫砂痕。足径6、残高2厘米（图一一八，7）。

标本1993T107①:10，残存腹、足。器形较大，弧腹，圈足，足墙竖直，足沿平切，底心下凹。胎色浅灰，胎体稍坚，有气孔及细小黑砂。釉色灰白。内底及足沿残留有8处垫砂痕。足径9.3、残高3.6厘米（图一一八，8；彩版一〇四，2）。

（2）白釉盘

4 件。

标本 1993T107①: 9，残。尖圆唇，内底较平，圈足，足墙外撇，足沿平切，内墙与外墙经二次切削。器形较规整。胎色浅灰，胎质较坚，有气孔，夹杂极细小黑砂。内施满釉，外不及足墙，釉色黄白，部分有磨损。口径 9.5、足径 3.2、高 2.9 厘米（图一一九，1；彩版一〇四，3）。

标本 1993T105①C：6，残，存腹、底。内底微塌，圈足，挖足较浅，足墙竖直，外高内低，足沿平切，外缘微圆。灰白胎，胎体坚致，有极细小气孔。内壁釉色泛黄。底心印花装饰，圆圈内为一繁体楷书“寿”字，残存 1/4。足径 9、残高 3.1 厘米（图一一九，2；彩版一〇四，4）。

标本 1993T212①: 1，残。尖圆唇，内底较平，圈足，切削不规整，足墙外低内高，外墙微内斜，内墙外斜，足沿平切，足心有乳状突起。胎色灰黄，胎质稍坚，有细小气孔。内壁釉色灰白。口径 13.8、足径 6.3、高 3.7 厘米（图一一九，3；彩版一〇四，5）。

标本 1993T103①: 1，残。方圆唇，浅腹内折，圈足，足墙较直，外低内高，外墙二次切削，内墙有台痕，足沿平切。灰胎，较坚致，有极细小气孔。内壁釉色发黄。口径 14.6、足径 7、高 3.3 厘米（图一一九，4；彩版一〇四，6）。

（3）白釉褐彩碗

16 件。其中腹部残片 4 件。窑前遗址根据口部变化的不同可分 A、B 两型。此处仅存 Aa、B 型。

A 型　3 件。敞口。

Aa 型　3 件。尖圆唇。

标本 1993T305①: 2，残，可复原。尖圆唇，斜腹至底切削，圈足，足墙外撇，内外齐平，足沿平切。胎色深灰，胎质稍坚，有极细小气孔。内施满釉，外不及底，釉色灰白，上化妆土。内壁近口沿处褐彩描绘细弦纹两周，内底折腹处突起弦纹一道，其上褐彩描绘弦纹一周。口径 15.8、足径 5.6、高 5.5 厘米（图一二〇，1；彩版一〇五，1）。

标本 1993T305①: 4，残，可复原。器形较大。尖唇，深弧腹，外壁腹底切削，圈足，足墙外高内低，外墙竖直，内墙外斜，足沿平切。土黄胎，胎体坚质，胎体较薄。内施满釉，外不及底，釉色灰白，上化妆土。内壁口沿处褐彩描绘弦纹两周，间以波曲纹，内底草叶纹，外有弦纹一周。器身可见明

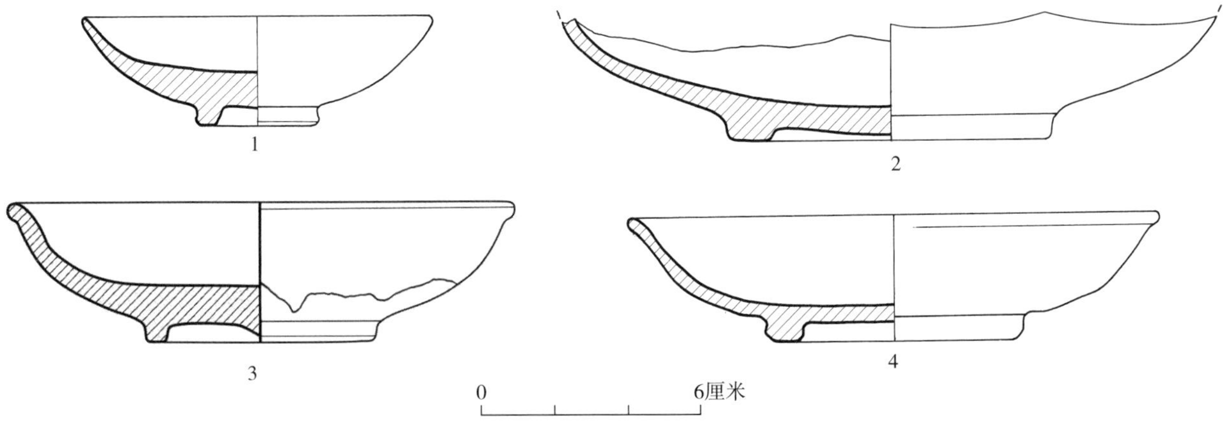

图一一九　第 3 窑地层出土明清时期白釉盘

1～4. 白釉盘 1993T107①: 9、1993T105①C：6、1993T212①: 1、1993T103①: 1

显旋坯痕。口径23、足径9.1、高9.5厘米（图一二〇，2；彩版一〇五，2）。

标本1993T210①:2，残存口、腹。尖圆唇，弧腹。胎色灰白，胎质稍坚，有极细小气孔。内外施釉，釉色灰白，上化妆土。内壁近口沿处绘弦纹边饰三周。口径11、壁厚0.4厘米（图一二〇，3；彩版一〇五，3）。

B型　3件。撇口。

标本1993T214H1：2，残存口、腹。尖圆唇，微凸，弧腹。胎色灰白，胎质稍坚，夹黑点，有极细小气孔。内施满釉，外不及底，釉色灰白，釉面较光洁，有化妆土。内壁口沿处绘交叉短线锦地纹，腹部有纹饰，外壁腹部绘弦纹等。口径15、壁厚0.4厘米（图一二〇，4；彩版一〇五，4）。

标本1993T106①:5，残存口、腹。尖圆唇，弧腹。胎色灰白，胎质稍坚，有极细小气孔。内外施釉，釉色牙白，有化妆土。内壁近口沿处弦纹边饰三周。口径10、壁厚0.2厘米（彩版一〇五，5）。

标本1993T305①:1，残存口、腹。凸圆唇，宽折沿，斜弧腹。胎色深灰，胎质稍坚，有极细小气孔。内施满釉，外不及底，釉色灰白，施釉不甚均匀，外壁口沿处“火刺”现象明显，上化妆土。内壁近口沿处，上下各绘弦纹边饰，间绘草叶纹，内腹单线勾描凤鸟纹。外壁残留1处锔钉孔。口径24.4、壁厚0.4、残高6厘米（图一二〇，5；彩版一〇五，6）。

底足残片有3件。根据足墙变化的不同分A、B两型。

A型　1件。外低内高。

标本1993T401①:4，斜腹，近底处切削，圈足，足墙外撇，外墙二次切削，足沿平切。灰胎，胎体坚致，边缘砖红色，有极细小气孔。内施满釉，外不及底，釉色灰白，釉面不甚光洁，上化妆土。内底有凸弦纹，其上褐彩描绘弦纹两周，底心有纹饰。足径7、残高3.3厘米（图一二〇，6）。

B型　2件。内外齐平。

标本1993T108①:4，圈足，外墙竖直，内墙外斜，足沿平切。灰胎，胎质稍坚，有极细小气孔。内施满釉，外釉近底，釉色较白，有化妆土。底心褐彩描绘朵花。足径5.8、残高1.3厘米（图一二〇，7）。

标本1993T211①:9，内底突起，圈足，外墙竖直，内墙外斜，足沿平切。胎色土黄，胎质稍坚，有极细小气孔。内施满釉，外不及底，釉色黄白，上化妆土。内底褐彩描绘弦纹一周，粗细不匀，底心有草叶纹。足径8、残高1.4厘米（图一二〇，8）。

（4）茶叶末釉碗

1件。

标本1993T217①:1，残存底足。弧腹，近底处切削，圈足，足墙微撇，外低内高，外墙二次切削，足沿平切。胎色土黄，胎质稍坚，夹白砂，有细小气孔。内施满釉，外不及底，釉色较深。足径9、残高4.2厘米（图一二一，1；彩版一〇六，1）。

（5）茶叶末釉瓶

2件。

标本1993T104①:1，口部残片，疑似瓶。残存口部。圆唇，敛口，弧腹。胎色浅灰，胎质较坚，有细小气孔。芒口，内外施釉，釉面平整，釉色均匀。口径7.5、壁厚0.7、残高2.4厘米（图一二一，2；彩版一〇六，2）。

标本1993G3北①:4，残存腹部。筒腹。土黄胎，胎质较坚致，夹白砂，有细小气孔。内施满釉，

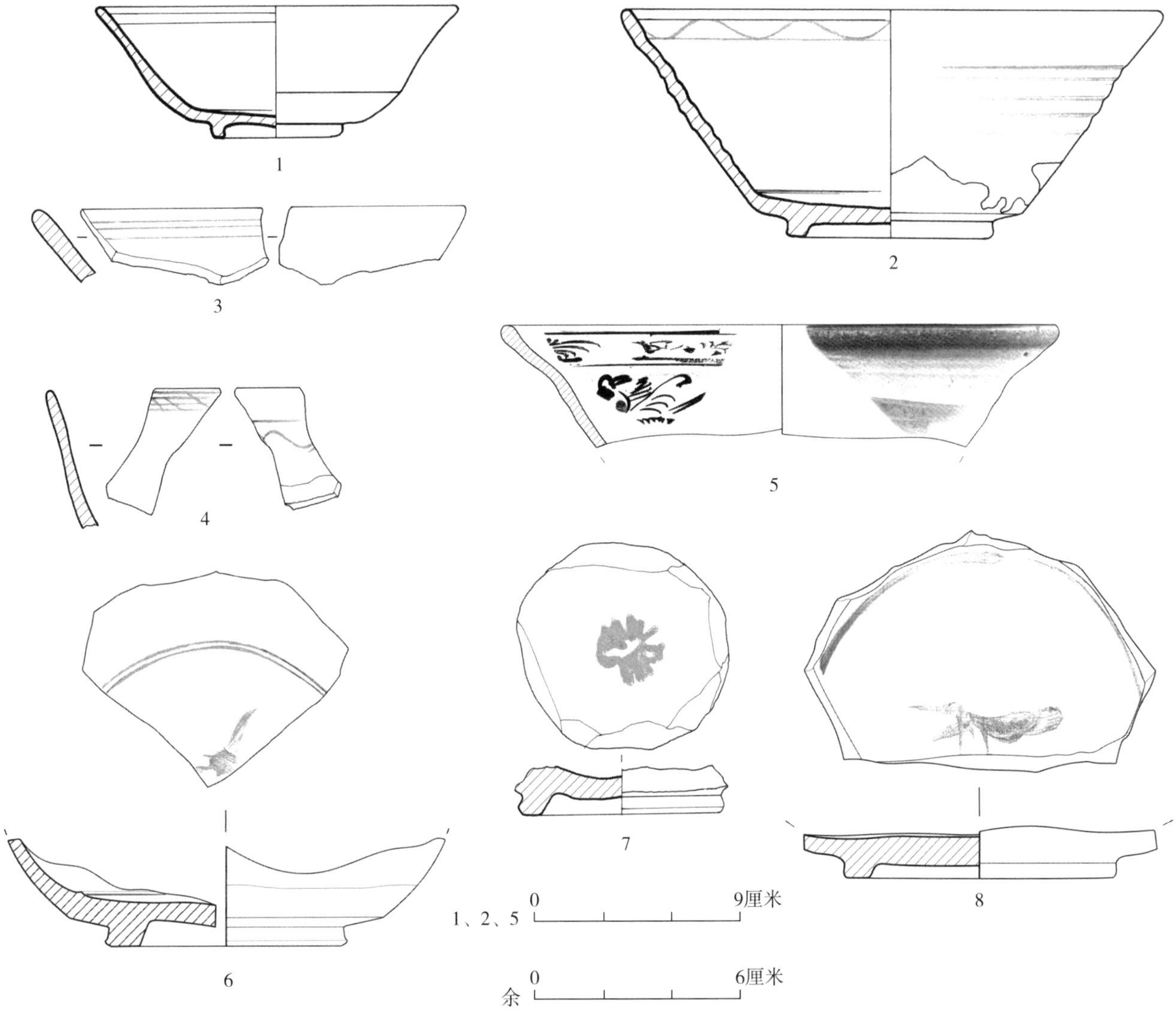

图一二〇　第 3 窟地层出土明清时期白釉褐彩碗

1～3.Aa 型 1993T305 ①：2、1993T305 ①：4、1993T210 ①：2　4、5.B 型 1993T214H1：2、1993T305 ①：1　6.A 型底足 1993T401 ①：4　7、8. B 型底足 1993T108 ①：4、1993T211 ①：9

釉色偏绿。壁厚 1.2 厘米。

（6）茶叶末釉罐

3 件。

标本 1993T105 ① C：9，残存口、腹。圆唇，深腹，系缺。胎色较白，胎质较坚，有细小气孔。外壁及口沿施釉，内壁颈部以下无釉，釉色黄绿间杂。口径 14、壁厚 0.5、残高 6 厘米（图一二一，3；彩版一〇六，3）。

标本 1993T106 ①：6，残存口、腹。圆唇，深腹，系缺。胎色较白，胎质较坚，有细小气孔。芒口，有化妆土，外壁及内壁颈部施釉，釉色黄绿间杂。口径 11、壁厚 0.6、残高 7.4 厘米（图一二一，4；彩版一〇六，4）。

标本 1993G3 北①：3，残存口部。方唇，直口。灰白胎，胎质稍疏，夹黑、白砂，有细小气孔。

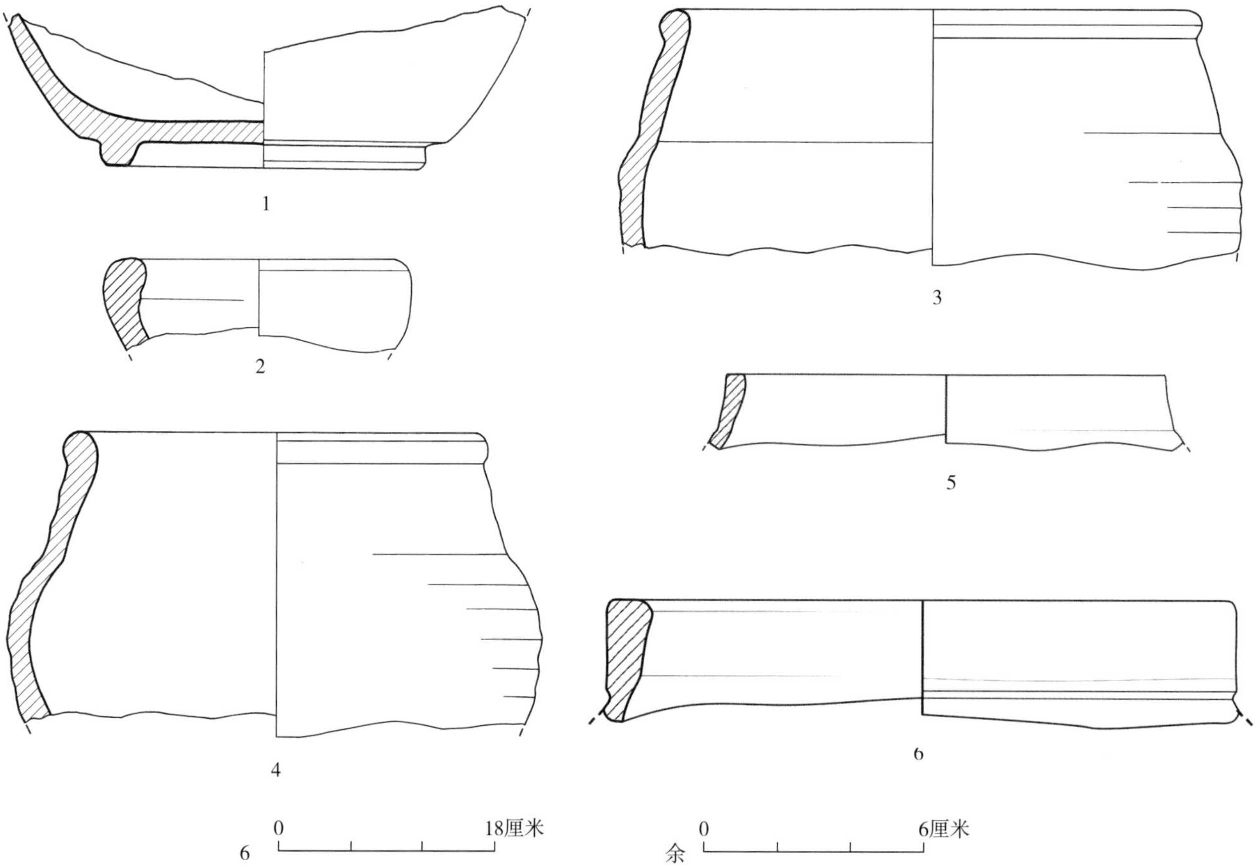

图一二一　第3窟地层出土明清时期茶叶末釉瓷器

1. 茶叶末釉碗 1993T217 ①: 1　2. 茶叶末釉瓶 1993T104 ①: 1　3～5. 茶叶末釉罐 1993T105 ① C：9、1993T106 ①: 6、1993G3 北①: 3　6. 茶叶末釉缸 1993T108 ①: 5

芒口，内外施釉，外壁釉呈酱紫色，内壁釉色黑亮。口径 12、壁厚 0.8、残高 2 厘米（图一二一，5；彩版一〇六，5）。

（7）茶叶末釉缸

1 件。

标本 1993T108 ①: 5，残存口部。方唇，直口，深腹。土黄胎，胎质粗疏，胎体厚重，有气孔。内外施釉，口部无釉，釉色黄绿。内壁近口沿处有拍印纹。口径 51、壁厚 1.7、残高 9.6 厘米（图一二一，6；彩版一〇六，6）。

（8）复色釉碗

3 件。

标本 1993T105 ① C：11，残存口、腹。撇口，圆唇，直壁微弧。灰胎，胎质较坚，有气孔及细小黑砂。内壁及外壁上部施白釉，有化妆土，釉色泛黄，外壁下部施黑釉。口部因烧造缺陷而局部发黑。口径 19、壁厚 0.4、残高 6 厘米（图一二二，1；彩版一〇七，1）。

标本 1993T217 ①: 3，残存口、腹。尖圆唇，敞口，弧壁。灰胎，胎质较坚，有气孔及细小黑砂。内釉黄白，外釉酱黑，口沿外侧刮釉一圈。口径 10、壁厚 0.4 厘米（图一二二，2）。

标本 1993T305 ①: 6，残存底足。弧腹，圈足，足墙外撇，内外齐平，外墙二次切削，足沿窄平，

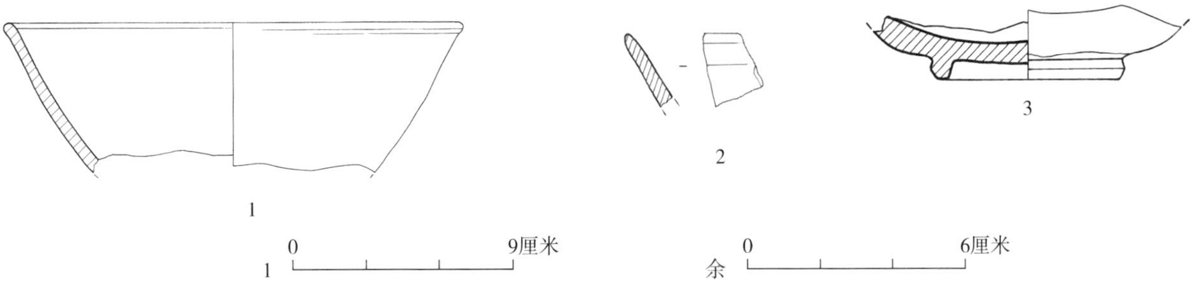

图一二二　第3窟地层出土明清时期复色釉瓷器

1～3. 复色釉碗 1993T105①C：11、1993T217①：3、1993T305①：6

足心有乳突及旋坯痕。灰白胎，胎质稍坚，有细小气孔。内施满釉，釉色灰白，外釉酱黑，釉不及底，有化妆土。内底及足沿有5处垫砂痕。足径5.4、残高2.1厘米（图一二二，3；彩版一〇七，2）。

（9）黑釉碗

5件。

标本1993T105①C：5，残存口、腹。圆唇，直腹微弧。灰白胎，胎体较坚，有极细小气孔。内外施釉，釉色亮黑。口径6、壁厚0.4厘米（图一二三，1；彩版一〇七，3）。

标本1993T107①：18，残存口、腹。尖唇，敞口，弧腹。灰白胎，胎体较坚，有细小气孔。内外施釉，内底刮釉，外不及底，釉色酱黑。口径6、壁厚0.5厘米（图一二三，2；彩版一〇七，4）。

标本1993T217①：2，残存口、腹。圆唇外凸，口微敞，竖腹微弧。土黄胎，胎体较坚，有细小气孔。芒口，内外施釉，内底刮釉，外不及底，釉色酱黑。外壁可见两道明显旋坯痕。口径17、壁厚0.8、残高6厘米（图一二三，3；彩版一〇七，5）。

标本1993T211①：6，残存口、腹。尖唇，口微撇，弧腹。灰胎，胎体略疏，有气孔。内外施釉，釉色亮黑，釉面较平滑。口径9、壁厚0.3厘米（图一二三，4；彩版一〇七，6）。

另外，底足残片有1件。

标本1993G3北①B：1，残存足部。内底较平，圈足，足墙微撇，内墙竖直，外墙二次切削，内外齐平，足沿平切，足心突起。灰胎，胎质较坚致，有极细小气孔。内施满釉，外不及底，釉色酱黑。足径7.4、残高1.7厘米（图一二三，5）。

（10）黑釉盏

3件。1件口沿，2件底部。

标本1993T211①：7，残存底部。浅弧腹，平底。土黄胎，胎体略疏，夹细小黑砂，有细小气孔。无化妆土。内施满釉，外壁无釉，釉色亮黑，釉面平滑，有细小棕眼。足径4、残高1.2厘米（图一二三，6）。

标本1993T211①：8，残存底部。浅弧腹，平底。灰白胎，胎体稍坚，有细小气孔。无化妆土。内施满釉，外壁无釉，釉色亮黑，釉面平滑，有细小棕眼。足底有旋坯痕。足径4、残高2.2厘米（图一二三，7；彩版一〇八，1）。

标本1993T401①：5，残存口、腹。圆唇，敞口，浅弧腹。土黄胎，胎体略疏，夹细小黑砂，有气孔。内施满釉，外不及底，釉色亮黑，局部呈色酱紫。口径9、壁厚0.5厘米（图一二三，8；彩版一〇八，2）。

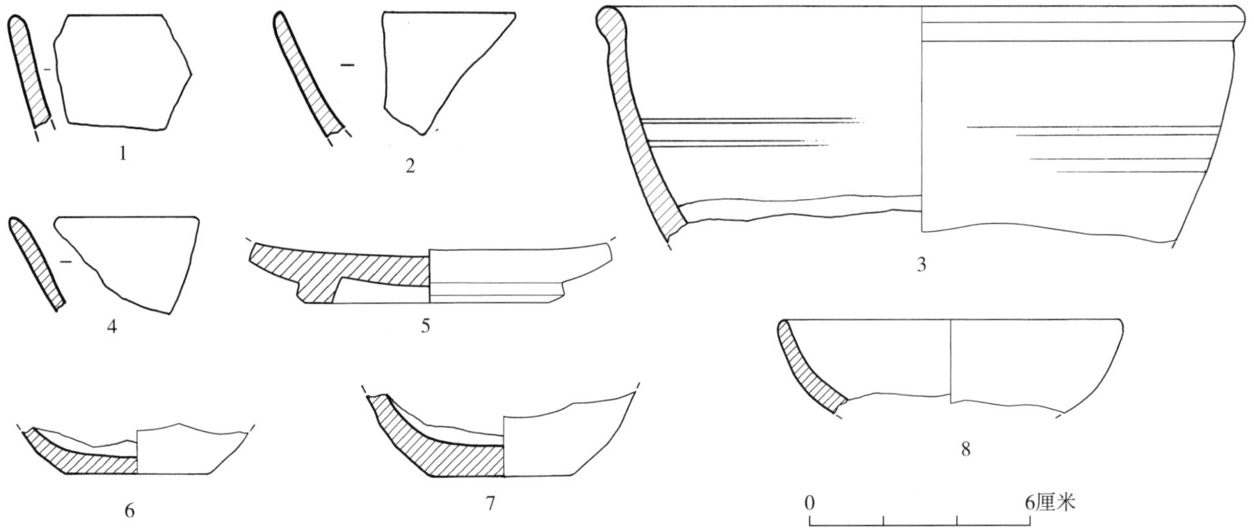

图一二三 第3窟地层出土明清时期黑釉瓷器

1～4. 黑釉碗 1993T105①C：5、1993T107①：18、1993T217①：2、1993T211①：6 5. 黑釉碗足 1993G3北①B：1 6～8. 黑釉盏 1993T211①：7、1993T211①：8、1993T401①：5

（11）黑釉罐

22件。其中腹部残片13件。

标本1993T107①：14，残存口、腹。圆唇，短束颈，深弧腹。灰白胎，胎体较坚，有极细小气孔。内外施釉，釉色棕黑，内壁釉层较薄，釉面较平。口径16、壁厚0.6、残高7.5厘米（图一二四，1；彩版一〇八，3）。

标本1993T105①C：12，残存口、腹。圆唇，短束颈，颈肩部有单条扁系，深弧腹。灰色胎，胎体较坚，有极细小气孔。芒口，上化妆土，内外施釉，釉色亮黑。口径16、壁厚0.5厘米（图一二四，2；彩版一〇八，4）。

标本1993T305①：3，残存口、腹。口微敛，方圆唇，深腹。土黄胎，胎体厚重，胎质粗疏，夹白砂，有气孔。芒口，内外施釉，釉色棕黑。口径25、壁厚0.8、残高8厘米（图一二四，3；彩版一〇八，5）。

标本1993T107①：15，残存口、腹。圆唇，敛口，深弧腹。灰白胎，胎体较坚，有极细小气孔。芒口，内外施釉，内壁釉层较薄，釉色亮黑，釉面平滑。口径17、壁厚0.5、残高5厘米（图一二四，4；彩版一〇八，6）。

标本1993G3北①：5，残存口、腹。器形较大。方唇，直口，丰肩，灰白胎，胎质粗疏，夹黑、白砂，有细小气孔。内外施釉，口部无釉，釉色黑亮，釉面光亮。口径26、壁厚1.2、残高5.4厘米（图一二四，5）。

标本1993T107①：16，残存口、腹。器形较小。圆唇，直口，丰肩。土黄胎，胎质较疏，夹白砂。内外施釉，黑釉泛黄，釉面满布棕眼。口径10、壁厚0.4厘米（图一二四，6；彩版一〇九，1）。

底部残片 3件。

标本1993T108①：3，深弧腹，隐圈足，内墙外斜，足沿平切。灰白胎，胎体较厚，胎质较坚，有细小气孔。内壁无釉，外不及底，釉色亮黑，有垂釉。足径10、残高4.6厘米（图一二四，7）。

标本1993G3北①：1，深弧腹，塌底，圈足，足墙外撇，外低内高，足沿平切。灰胎，胎质稍坚，

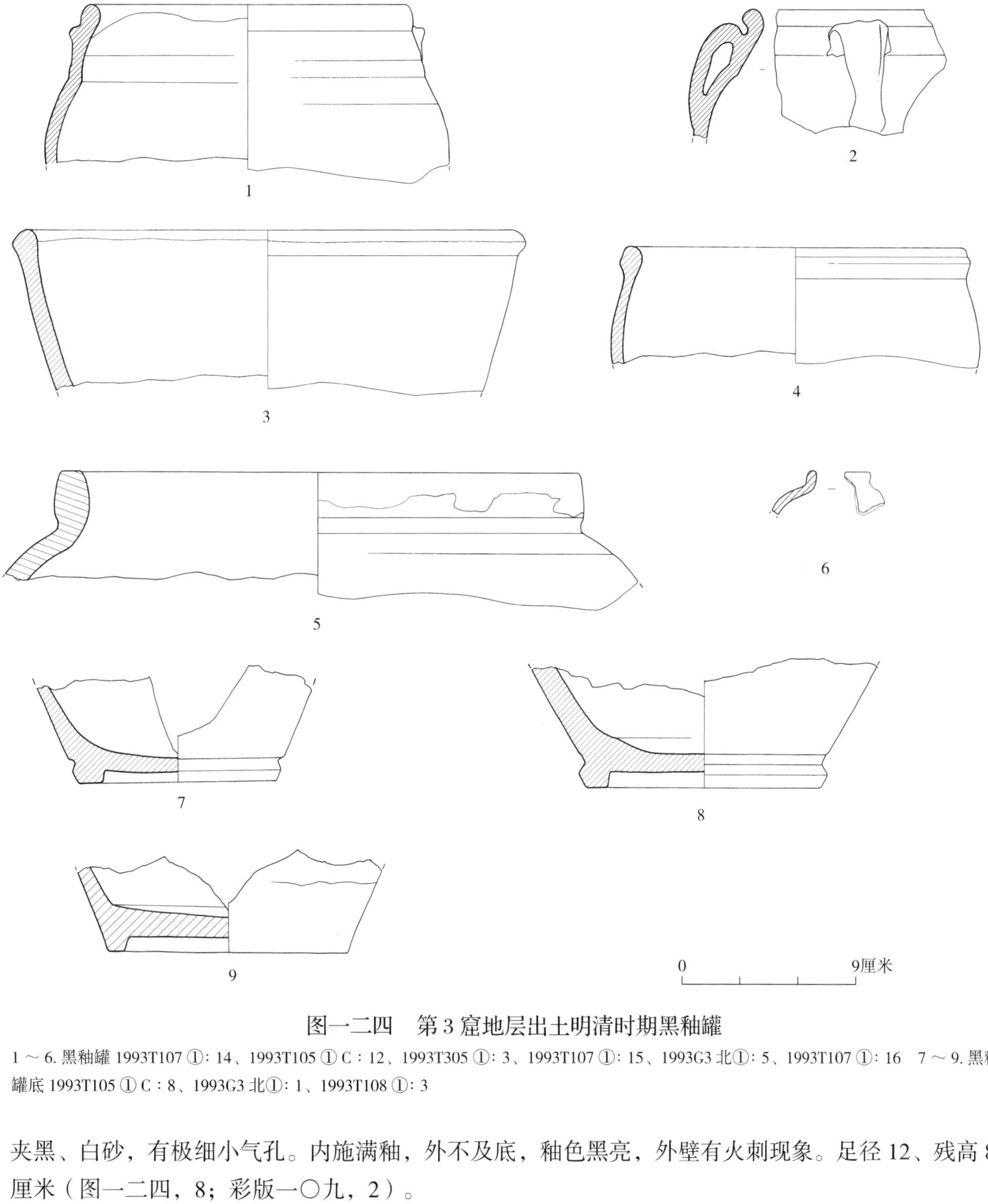

图一二四　第 3 窟地层出土明清时期黑釉罐

1～6. 黑釉罐 1993T107 ①：14、1993T105 ① C：12、1993T305 ①：3、1993T107 ①：15、1993G3 北①：5、1993T107 ①：16　7～9. 黑釉罐底 1993T105 ① C：8、1993G3 北①：1、1993T108 ①：3

夹黑、白砂，有极细小气孔。内施满釉，外不及底，釉色黑亮，外壁有火刺现象。足径 12、残高 8.5 厘米（图一二四，8；彩版一〇九，2）。

标本 1993T105 ① C：8，深腹，塌底，圈足，足墙外高内低，外墙微撇，二次切削，内墙竖直，足沿平切。灰白胎，胎质坚致，有极细小气孔。内施满釉，外不及底，釉色酱黑，釉面平整光亮。足径 12、残高 4.5 厘米（图一二四，9）。

（12）黑釉盒

2 件。

标本 1993T403 ①: 1，残，可复原，盖缺。子口，斜腹下收，圈足，外墙二次切削，内墙外斜，足沿窄平。灰白胎，胎质较坚，胎体稍厚。芒口，内施满釉，外施半截釉，釉色酱黑。器身有旋坯痕。口径 9.7、足径 5.4、高 4.6 厘米（图一二五，1；彩版一〇九，3）。

标本 1993T403 ①: 2，残，可复原，盖缺。子口，尖唇，斜弧腹，圈足，足墙外高内低，外墙内斜，内墙竖直，足沿窄平，足心凸起。灰白胎，胎体坚致，有化妆土。芒口，内施满釉，外施半截釉，釉色亮黑，有窑变现象。口径 11、足径 6.5、高 4.1 厘米（图一二五，2；彩版一〇九，4）。

（13）黑釉缸

1 件。

标本 1993T209 ①: 6，残存口部。方唇，外凸，深腹。黄白胎，夹白砂，胎体厚重，胎质粗疏。芒口，内外施釉，釉面较平。唇部有两道凹弦纹。口径 46、壁厚 1.1 厘米（图一二五，3；彩版一〇九，5）。

（14）黑釉器盖

1 件。

标本 1993T210 ①: 6，残。子口，内敛，尖唇，平折沿，盖面隆起，钮缺。白胎发灰，胎体较坚，有细小气孔。内外施釉，口沿内侧无釉，釉色青黄，沿部有积釉，色深。口径 15、壁厚 0.3、残高 3 厘米（图一二五，4；彩版一〇九，6）。

（15）青花碗

8 件。

标本 1993T106 ①: 8，青花缠枝菊纹碗，明万历，景德镇窑，残存口、腹。尖唇，撇口，弧腹。胎色洁白，胎体坚薄，胎质细腻。内外施釉，白釉泛青。内外壁用青花描绘纹饰，发色蓝中泛灰，外壁近口沿处以两周弦纹作边饰，腹部主题纹饰为缠枝菊纹，采用勾边填彩的绘画技法，色彩溢出边线；内壁口沿处绘花卉锦地纹。外壁残留 2 处锔钉痕。口径 11、壁厚 0.3、残高 6 厘米（图一二六，1；彩版一一〇，1、2）。

标本 1993T213 ①: 3，青花卷草纹碗，明代晚期，景德镇窑，残存口、腹。方唇，敞口，弧腹。胎色洁白，胎体坚薄，胎质细腻，有细小气孔。内外施釉，白釉泛青，釉面有杂质。内外腹部青花单线涂绘卷草纹，近口沿处绘双弦纹，发色蓝中泛灰。口径 6.5、壁厚 0.3 厘米（图一二六，2；彩版一一〇，3）。

标本 1993T105 ① C：14，青花兔纹碗，明崇祯，景德镇窑，残存腹、足。弧腹，圈足，足墙外

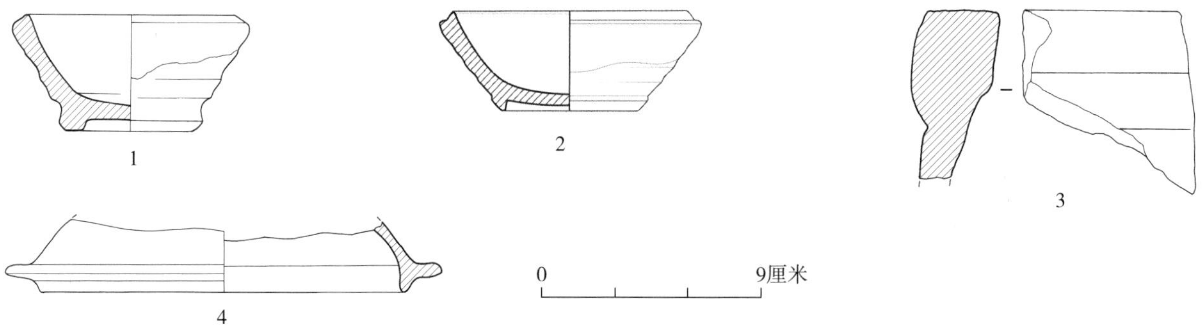

图一二五　第 3 窟地层出土明清时期黑釉瓷器

1. 黑釉盒 1993T403 ①: 1　2. 黑釉盒 1993T403 ①: 2　3. 黑釉缸 1993T209 ①: 6　4. 黑釉器盖 1993T210 ①: 6

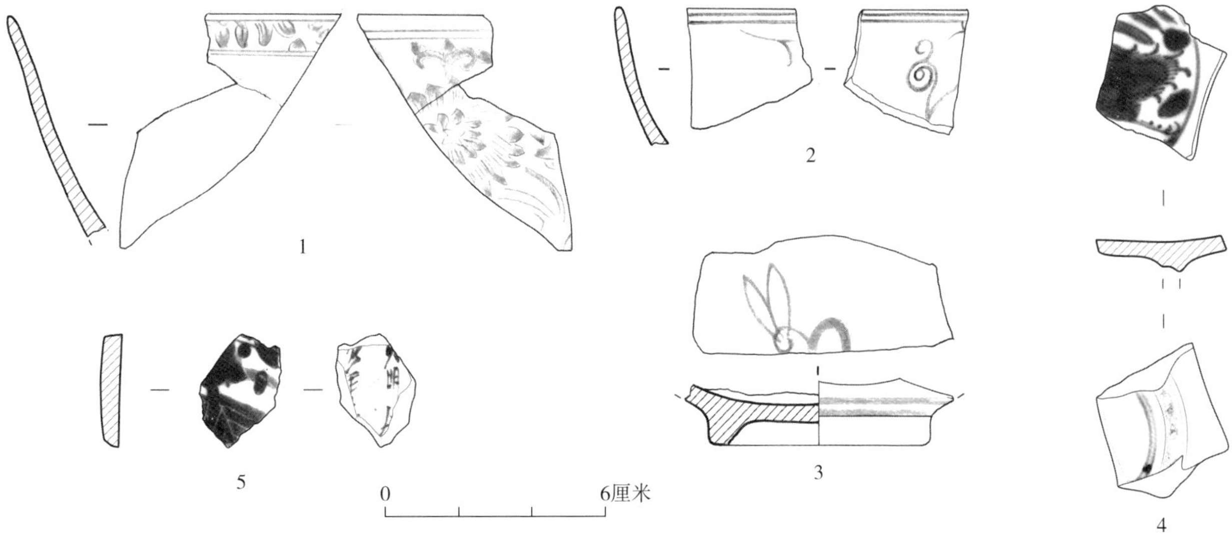

图一二六　第3窟地层出土明清时期青花碗

1～5.1993T106①：8、1993T213①：3、1993T105①C：14、1993T214H1：1、1993T106①：1

撇，外低内高。胎色洁白，胎体稍坚，细腻，有细小气孔。内外施满釉，白釉泛青，足沿刮釉一圈，足心有流釉现象，釉面有杂质。外腹有纹饰，内底用青花单线涂绘兔纹，足心有文字，残缺严重，外壁近底处有弦纹两周，发色蓝灰。足心有两处锔钉孔。足径6、残高1.8厘米（图一二六，3；彩版一一〇，4）。

标本1993T214H1：1，青花山水纹碗，清代早期，景德镇窑，残存底足部。圈足，足墙缺失。胎色洁白，胎体坚质，胎质细腻。内外施满釉，白釉泛青，釉面光润。内底圆圈内勾边填彩描绘山水，青花发色艳丽。足心有双蓝圆圈，内有款识，缺失。壁厚0.4厘米（图一二六，4；彩版一一〇，5）。

标本1993T106①：1，青花莱菔纹碗，明代晚期，景德镇窑，残存底部。底部较平。胎色洁白，胎体坚薄，细腻。内外施釉，釉色洁白，釉面有爆釉点。内底用青花单线涂绘莱菔纹，寓意“来福”。青花发色淡雅。足心有青花双行六字楷书款“大明成化年制”，书写潦草。壁厚0.5厘米（图一二六，5；彩版一一〇，6）。

标本1993T106①：3，青花短线纹碗，民国，山西窑口，残存口、腹。尖唇，撇口，弧腹。胎色灰白，胎体稍坚，有细小气孔。内外施釉，釉色灰白，釉面有杂质和水沁，上化妆土。外腹青花单线涂绘短线纹，近口沿处和内底绘若干弦纹。口径14、壁厚0.6、残高4.5厘米（图一二七，1；彩版一一一，1）。

标本1993T106①：7，青花短线纹碗，民国，山西窑口，残存口、腹。尖唇，撇口，弧腹。胎色灰白，胎体稍坚，有细小气孔。内外施釉，釉色灰白，釉面有杂质，上化妆土。外腹青花单线涂绘短线纹两周，近口沿处和内底绘若干弦纹。口径14、壁厚0.4厘米（图一二七，2；彩版一一一，2）。

标本1993T209①：11，青花短线纹碗，民国，山西窑口，残存腹、足。弧腹，塌底，圈足，足墙外撇，外低内高，足心有窑裂现象。胎色灰白，胎体稍坚，有细小气孔。内施满釉，外至足墙，釉色灰白，釉面有杂质。外腹青花单线涂绘短线纹，近口沿处和内底绘若干弦纹，发色蓝灰。内底及足沿有5～6处垫砂痕。足径6.8、残高4.8厘米（图一二七，3；彩版一一一，3）。

（16）青花杯

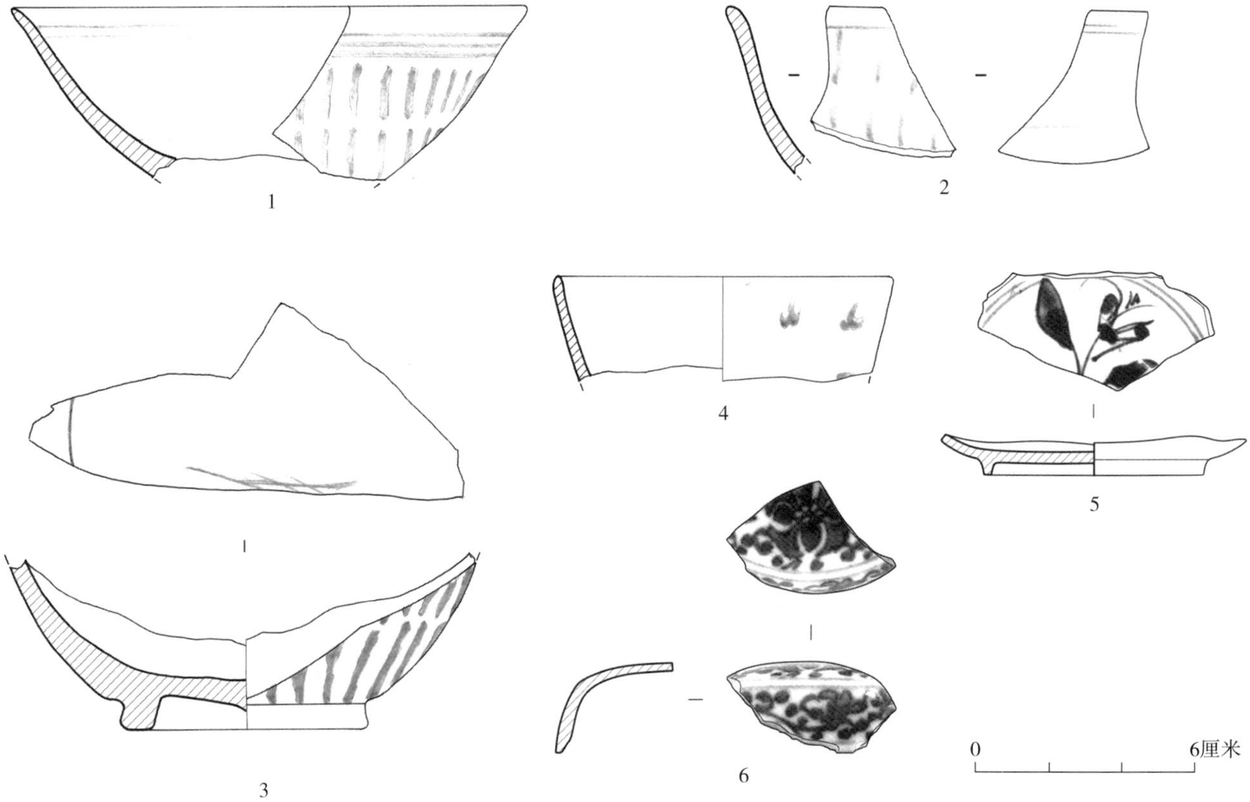

图一二七　第3窟地层出土明清时期青花瓷器

1～3. 青花碗 1993T106①∶3、1993T106①∶7、1993T209①∶11　4. 青花杯 1993T108①∶9　5. 青花盘 1993T213①∶4　6. 青花盒盖 1993T107①∶13

1件。

标本1993T108①∶9，青花云纹杯，明代晚期，景德镇窑，残存口、腹。方圆唇，直口，深腹。胎色洁白，胎体坚薄，胎质细腻，偶见极细小气孔。内外施釉，白釉泛青，釉面光洁平滑。外壁青花涂绘云纹，发色灰蓝。口径9、壁厚0.3、残高3厘米（图一二七，4；彩版一一一，4）。

（17）青花盘

1件。

标本1993T213①∶4，青花草叶纹盘，明代晚期，景德镇窑，残存底部。底部较平，圈足，挖足短浅，足墙内外齐平，内墙外斜，外墙内斜，尖足沿。胎色洁白，胎体坚薄，细腻。内外施釉，釉色洁白，足沿无釉，釉面光滑平整，外底有爆釉点。内底双蓝圈内用青花勾边填彩描绘草叶纹，青花发色浓艳，蓝中泛紫。外壁近底处有弦纹一周。足沿有粘砂，足心有跳刀痕。足径6、残高1厘米（图一二七，5；彩版一一一，5）。

（18）青花盒盖

1件。

标本1993T107①∶13，清乾隆，景德镇窑，残。母口，尖唇，盖面较平，微隆。胎色洁白，胎体坚质，细腻。内外施釉，口沿内侧无釉，釉色灰白，釉面平整。盖面及口沿外侧描绘缠枝莲纹，间以双弦纹，纹饰繁密，青花发色鲜艳青翠。壁厚0.2厘米（图一二七，6；彩版一一一，6）。

第七节 小结

通过考古发掘对第3窟北魏、隋唐、辽金以及明清民国时期活动情况有了新认识。北魏时期开凿洞窟未完工的遗迹，揭示了石窟开凿程序与方法，这些不可取代的实物资料具有重要的学术价值；工程停止之后曾作为人们生活活动的场所。窟前南缘墙垒砌和东、西窟门前修筑、扩展台基，应该与后室初唐补凿一铺三尊造像活动有关；新发现两排夯土柱基坑与前室二层平台上柱穴、梁槽相对应，说明木构窟檐建筑营造最晚为辽金时期。

一 北魏时期洞窟开凿工程和中辍后的使用情况

北魏时期活动可分为前、后两期。前期以开凿洞窟为主体，同时兼顾采集大量石料，考虑了石料再利用；后期洞窟营造工程因故停止后，进行一些有目的采石活动，一段时期成为一个生活场所。

（一）北魏时期开凿洞窟工程的程序与方法

第3窟是云冈石窟中规模最大的洞窟，大量未完工的石窟工程信息是研究北魏云冈大窟营造工程的重要实例。首先，就未完工的基岩地面高度而言，窟外、窟内前室与后室的各自区域内，基岩地面“高度并非在同一平面”[1]，但总的趋势为窟内基岩面高于窟外基岩面。如以第3窟后室西侧唐初雕凿倚坐大佛及左右胁侍像龛前为使用地面的话，后室其他基岩面都高。值得注意的是第3窟东、西前室基岩地面不仅都低于造像龛前地面，而且与前庭窟门南端的道路基岩地面高度接近（图二〇、二一），也就是说“窟前道路与洞窟前室地坪平齐”[2]，这样就与云冈其他大窟地面大致齐平，所以第3窟窟前道路与洞窟东、西前室可能是该窟规划设计地面。其次，在窟前和前室、后室未完工的基岩面上，保留采石区1～26遗迹，这是研究如何分割岩石和揭取石块的开凿石窟重要资料。发掘后确认采石区1～18，基岩上面被北魏时期开凿石窟第⑤B层叠压，该层为开凿石窟遗留下较纯净的碎石屑层；而采石区19～26尽管有些被金代文化层的第②层叠压，有些甚至被第①层的扰土层叠压，但是采石坑28、31和石碓1、3遗迹都打破了大面积揭取岩石的采石区19、23～25遗迹，这与东前室的叠压第⑤B层之下的采石坑13、14打破采石区16遗迹的情况相类似。其实，细致观察该窟其他的采石区，具体开凿取石方法与采石区18基本相同，均为先分割岩石，然后“从一端依次逐块揭取岩石”[3]，这些开窟揭取基岩的重要信息，说明开窟从上往下分层进行，已在学界形成共识。同时，第3窟未完成的石窟工程也引起学者的重视。在接近明窗底缘位置的后室壁面上，残存一层凸出壁面岩石，说明洞窟上部空间与下部空间分别开凿，然后将隔层打通[4]，但造像工程是利用隔层分层施工，还是打通隔层统一进行，还存在讨论空间[5]。

（二）北魏时期洞窟开凿工程中辍后的使用情况

云冈大型洞窟第3窟开凿工程的戛然而止，其原因就目前发现的考古资料而言难以推断，有待于研究。不过有计划地将岩石凿成方形、圆形等不同形状的坯料——副产品，已作他用，可以从近年大同发现北魏明堂遗址夯土台基外围多砌石墙与云冈石窟岩石质地相同得到证实[6]。值得注意的是北魏后期采石坑打破大面

[1] 云冈石窟文物研究所、山西省考古研究所、大同市博物馆：《云冈石窟第3窟遗址发掘简报》，《文物》2004年第6期，第86页。《简报》中说窟外、窟内前后室“基岩地面高度并非在同一平面”略指三处不同区域的基岩地面高度大致情况，所以关于第3窟遗址考古发掘详细情况，请研究者参见本报告。

[2] 彭明浩著：《云冈石窟的营造工程》，文物出版社，2017年，第92页。

[3] 刘建军：《新中国云冈石窟的考古发现》，《中国文化遗产》2007年5期，第87～89页。

[4] 刘建军：《北魏洞窟究竟是如何开凿》，《中国文物报》2006年12月22日第7版。

[5] 彭明浩著：《云冈石窟的营造工程》，文物出版社，2017年，第95、204页。

[6] 王银田：《北魏平城明堂遗址的研究》，《中国史研究》2000年第1期，第40页。刘建军、王克林、曹承明：《洞窟开凿技术揭秘——云冈石窟第三窟遗址》，参见《中国十年百大考古新发现（1990～1999）》（下册），文物出版社，2002年，第570页。

积采石区的遗迹现象，尤其是圆形采石坑是为了加工所需的生活用品，反映了第3窟开凿工程停止之后洞窟的使用情况。

第3窟出土的陶罐多与金属镁厂北魏墓群[1]、南郊北魏墓群[2]、七里村北魏墓群[3]等后段墓葬[4]出土的陶器相似。但陶盆大同北魏墓葬中出土较少，大同电焊厂南郊北魏墓群仅M89、M106、M107、M141等四座墓葬出土5件陶盆[5]，大同七里村北魏墓群仅M34出土2件陶盆[6]，雁北师院北魏墓群也仅M18出土1件陶盆[7]，因为墓葬中出土属于明器，与云冈山顶遗址[8]和窟前遗址出土的实用陶器有着显著差别。另外，该窟出土陶盆、陶罐的器壁上方格纹、三角纹、水波纹、忍冬纹、凹弦纹等也与大同地区北魏墓葬及遗址中出土的器物纹饰的流行样式相同，说明该窟开凿工程停止后可能成为一个生活场所，大量陶器、兽骨等为在这里人们活动留下的遗物。

二　唐初窟前地面、台基修筑情况和中晚唐后台基局部修整

唐代的活动情况根据遗迹与地层堆积分前、后两期。前期从第④B层中发现遗迹、遗物分析，主要对窟外因地制宜平整碎石层、整理地面，修筑南缘石墙与窟门前修建凸字形台基，将第3窟形成一座寺院。出土的灰陶盏和夹砂灰陶钵、釉陶碗及隋“五铢”铜钱，集中在西窟门前。其中，灰陶盏的数量较多，器形也不甚规整，与第⑤A层以及第20窟前出土器形不同，却与莫高窟第487窟窟前遗址烧土层上的唐代陶碗（盏）较相似[9]。釉陶器常见于北魏平城后期墓葬，一般在红陶胎上直接加绛色釉，但这次出土釉陶碗却是红陶胎和绛釉之间加了一层白色化妆土，呈现出“黄色釉”感觉，显然与北魏不同。结合台基内同时有隋“五铢”铜钱出土，所以推测第④B层时间的上限为隋代，下限应为初唐时期。同时，台基F2内北魏时期零散陶片、瓦片及石雕残像等也混入碎石屑中，可能与唐初清理窟内、外的地面，作为窟前台基内的填充物有关。若从史料方面对照，唐初云冈石窟确实有过修建活动，这与《大金西京武州山重修大石窟寺碑》（以下称《金碑》）“唐贞观十五年（641年）守臣重修”[10]和《古清凉传》“每在恒安修理孝文石窟故像……以咸亨四年（673年）终于石室”的记载相印证。后期的遗迹主要是窟前向南扩展台基，其外侧为包石墙体，在④A层中前期灰陶盏不见，但新出现了体型较小的实足或环底小瓷碗，这种瓷碗的出土多为唐代浑源窑遗址中典型器型，因未发现更晚时期遗物，所以将第④A层文化堆积的时代定为中、晚唐时期。

三　辽、金时期修建规模巨大的窟檐建筑

辽、金时期的云冈石窟根据《金碑》记载和建筑遗迹推测有“十寺”。从该窟发掘地层堆积情况来看，

[1]　韩生存、曹臣明、胡平：《大同城南金属镁厂北魏墓群》，参见大同市考古研究所编《大同考古资料汇编》二，文物出版社，2018年，第704、705页。

[2]　山西大学历史文化学院、山西省考古研究所、大同市博物馆编著：《大同南郊北魏墓群》，科学出版社，2006年。

[3]　大同市考古研究所：《山西大同七里村北魏墓群发掘简报》，《文物》2006年第10期，第36、41页。

[4]　关于平城地区北魏墓葬年代分期，学界存在分歧。山西大学历史文化学院、山西省考古研究所、大同市博物馆编著：《大同南郊北魏墓群》，科学出版社，2006年，第471～481页。韦正：《大同南郊北魏墓群研究》，《考古》2011年第6期，第82～84页。

[5]　山西大学历史文化学院、山西省考古研究所、大同市博物馆编著：《大同南郊北魏墓群》，科学出版社，2006年，第200、222、226、335页。

[6]　大同市考古研究所：《山西大同七里村北魏墓群发掘简报》，《文物》2006年第10期，第37、41页。

[7]　大同市考古研究所、刘俊喜主编：《雁北师院北魏墓群》，文物出版社，2008年，第16页。

[8]　云冈研究院、山西省考古研究院、大同市考古研究所：《云冈石窟山顶佛教寺院遗址发掘报告》上册，文物出版社，2021年，第168～173页。

[9]　潘玉闪、马世长：《莫高窟窟前殿堂遗址》，文物出版社，1985年，第89页。

[10]　宿白：《〈大金西京武州山重修大石窟寺碑〉校注——新发现的大同云冈石窟寺历史材料的初步整理》，《北京大学学报·人文科学》，1956年第1期，第79、80页。

窟前第③层未发现建筑遗迹。仅在东前室和前后室出土少许的板瓦残件外，而多为陶器、瓷器、釉陶器等残片。其中，陶器主要是生活用具，盆类形式多样。其盘口盆的菱形带纹最早见于北朝邺都城遗址[1]，较晚见于辽代永州城遗址[2]。侈口短竖条纹的陶盆也多见辽代遗址。白瓷片较少，胎质有的有气孔，釉色普遍泛黄。碗的形制多侈口曲腹，盘类有花口盘等，具有辽代白瓷的特点。釉陶器红陶胎，釉层剥落，底圈足内有剔圈足的刮痕，也具有辽三彩的特征。因此推测第③层堆积时间为辽代。这与《金碑》“辽重熙十八年（1049年），母后再修，天庆十年（1112年），赐大字额，咸雍五年（1069年），禁山樵牧，又差军巡守，寿昌五年（1099年），委转运使提点，清宁六年（1060年），又委转运监修”记载相吻合。

窟前第②层发现夯土柱基坑建筑遗迹，出土了较多的筒板瓦、檐头板瓦、瓦当残件，除与第③层相同外，发现一种质地较粗，厚度达2.5～4厘米的瓦件。出土的生活用具主要为陶、瓷器。其中，瓷器数量较多，已成为重要的生活用具。白瓷胎釉质量较好，黑釉、酱釉、茶叶末釉数量有所增加。其中白瓷胎质洁白细致、釉色且白，但仍微微泛灰，外壁釉下有细旋刮痕，即“丝竹划痕”；黑釉瓶肩部及黑釉碗内底刮掉一圈釉等。以上作法均为金代瓷器的特征，也见于大同地区金代墓葬出土的器物[3]、浑源窑金代器物。结合器物特征推测第②层文化堆积的时间应为金代时期。

金代在第3窟窟前修建了规模巨大木构建筑窟檐。不仅在窟外地面发现有二排夯土柱基坑遗迹，而且前室顶部平台前、后两端基岩上也发现有梁槽和柱穴坑遗迹，这些夯土柱基坑遗迹与梁槽、柱穴坑彼此之间相互对应，根据柱网排列情况可以判断这是一处面阔九间的大型木构建筑窟檐遗迹。如果依据《金碑》“皇统初，缁白命议，以为欲图修复，须仗当仁，乃请惠公（即禀慧）法师住持”化缘募钱“重修灵岩大阁九楹……皇统三年（1143年）二月起工，六年（1146年）七月落成，约费钱二千万”的记载，再结合多年来考古发现的云冈石窟其他辽金时期建筑遗迹进行观察，虽然不能将第3窟前的木结构建筑窟檐遗迹确定为就是灵岩大阁，但可以肯定它是金代时期云冈修建的规模较大的一处寺院，即辽金时期云冈“十寺”之一。但是，这部分建筑遗迹无法与窟外北壁崖面上12个长方形梁孔遗迹对应，许多问题仍有待于深入地研究。

[1] 俞伟超：《邺城调查记》，《考古》1963年第1期，第22页。

[2] 姜念思、冯永谦：《辽代永州调查记》，《文物》1982年第7期，第32页。

[3] 大同市博物馆：《大同市南郊金代壁画墓》，《考古学报》1992年第4期，第512～514、519～521页。

第四章　龙王庙沟西侧窟前遗址

云冈石窟第 4、5 窟间的山体冲沟，将云冈石窟窟区分为东部窟区和中部窟区，清代在山谷北端建有龙王庙，龙王庙沟即由此得名（彩版一一二，1、2）。

第一节　遗址概况

在山体冲沟西侧距地面高约 20 米处的崖壁上，雕凿了一排洞窟，坐西朝东，属云冈晚期洞窟。曾传为封尸骨处，俗云寄骨洞[1]。从 20 世纪三四十年代照片看，这部分石窟群除现编号第 5-28 窟外，其他洞窟均被积土掩没，看不见踪迹。

1957 年，云冈石窟文物管理所在对石窟进行全面调查时，在此区域从崖壁木构建筑的遗迹可知杂石土内尚有窟龛存在，当时清理出其中较大的一个窟（现编号第 5-28 窟）。为了搞清这些窟龛造像的全貌，保护石窟，1987 年报请批准，由云冈石窟文物保管所组织了施工和清理发掘两支队伍同时展开工作，于当年完成了清理积土、建筑遗址发掘、窟龛和遗址测绘及山体加固等工程。发现洞窟 15 个，多为雕刻造像较少、风化坍塌严重的小型洞窟，遂将其纳入距离最近的第 5 窟的附属洞窟，编号从南至北为第 5-16 ～ 5-30 窟（彩版一一三，1、2）。在清理窟前积土时，发现了积土底部的遗址。1987 年 6 ～ 12 月，遂对此进行了清理和小规模的发掘。在遗迹暴露时对重要地段进行了开方发掘，从北向南开 2 米 ×5 米的探沟 1 条（1987T1），开 2 米 ×3 米的探沟 3 条（1987T2 ～ T4），在 T1 的第③层之下开 3 米 ×3 米的探方 10 个，清理面积近 300 平方米。清理出 3 处遗址，即厅堂遗址、蓄水池遗址、僧房遗址各 1 处。出土明清和辽金时期建筑材料和生活生产用具及铜钱、装饰品等遗物，获得了一批重要的实物资料。同时，对 5-30 窟内进行了清理，编号 K5-30，一并介绍。

第二节　地层堆积

龙王庙沟西侧遗址的地层堆积较厚，一般为 3.7 ～ 4 米，属坡积相堆积。其中包含有辽金和明清时期的两次堆积，西厚东薄，可分四大层。现以 1987T1 的东壁剖面为例，介绍如下（图一二八）。

1987T1 东壁剖面

第①层：现代扰土层。厚 0.35 米，内杂有现代的砖瓦碎块及山上冲刷下来的杂质土，土质疏松，空隙大。

---

[1]　宿白：《“大金西京武州山重修大石窟寺碑”校注——新发现的大同云岗石窟寺历史材料的初步整理》，宿白：《中国石窟寺研究》，文物出版社，1996年，第68页。

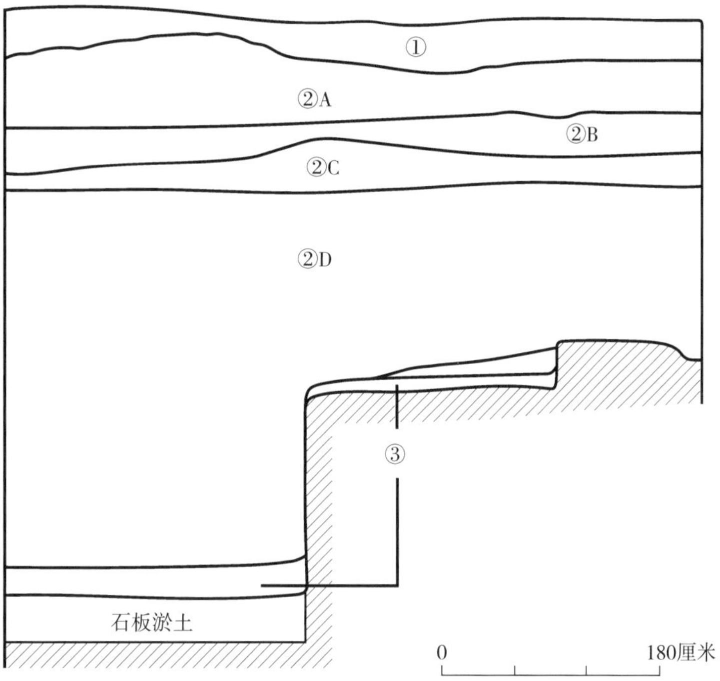

图一二八　龙王庙沟西侧窟前 1987T1 东壁剖面图

第①层：现代扰土层　第②A层：褐黄色砂土　第②B层：红褐色土　第②C层：黄灰色土　第②D层：风成土　第③层：红烧土

第②层：扰土层。厚约 1.2 米，分为 3 小层。属明清时期扰土层。

第② A 层：褐黄色砂土。厚 0.6 米，土质较松散，内杂有砖瓦碎屑及烧土颗粒。

第② B 层：红褐色土。厚 0.3 米，为山上泥砂及崖壁页岩风化碎屑、崩毁的石砾的混杂堆积。

第② C 层：黄灰色土。厚 0.36 米，内杂有明清板瓦块、瓦当残片、瓷片及土块等。

第② D 层：风成土。厚约 2.9 米，土色黄。

第③层：红烧土。红烧土中杂有大量沟纹砖、檐头板瓦、筒瓦残片、瓷片、陶片以及木炭、鸡骨头、铁钉等，厚约 0.2 米。属辽金文化层。

第③层以下为基岩面。

此区域窟前地层堆积较厚，且多属于冲积性堆土，所以，考古发掘的布方根据遗迹的出土情况而随机布方。

第三节　隋唐时期文化遗存

遗物

生活生产用具

瓷器

黄釉器

1 件。

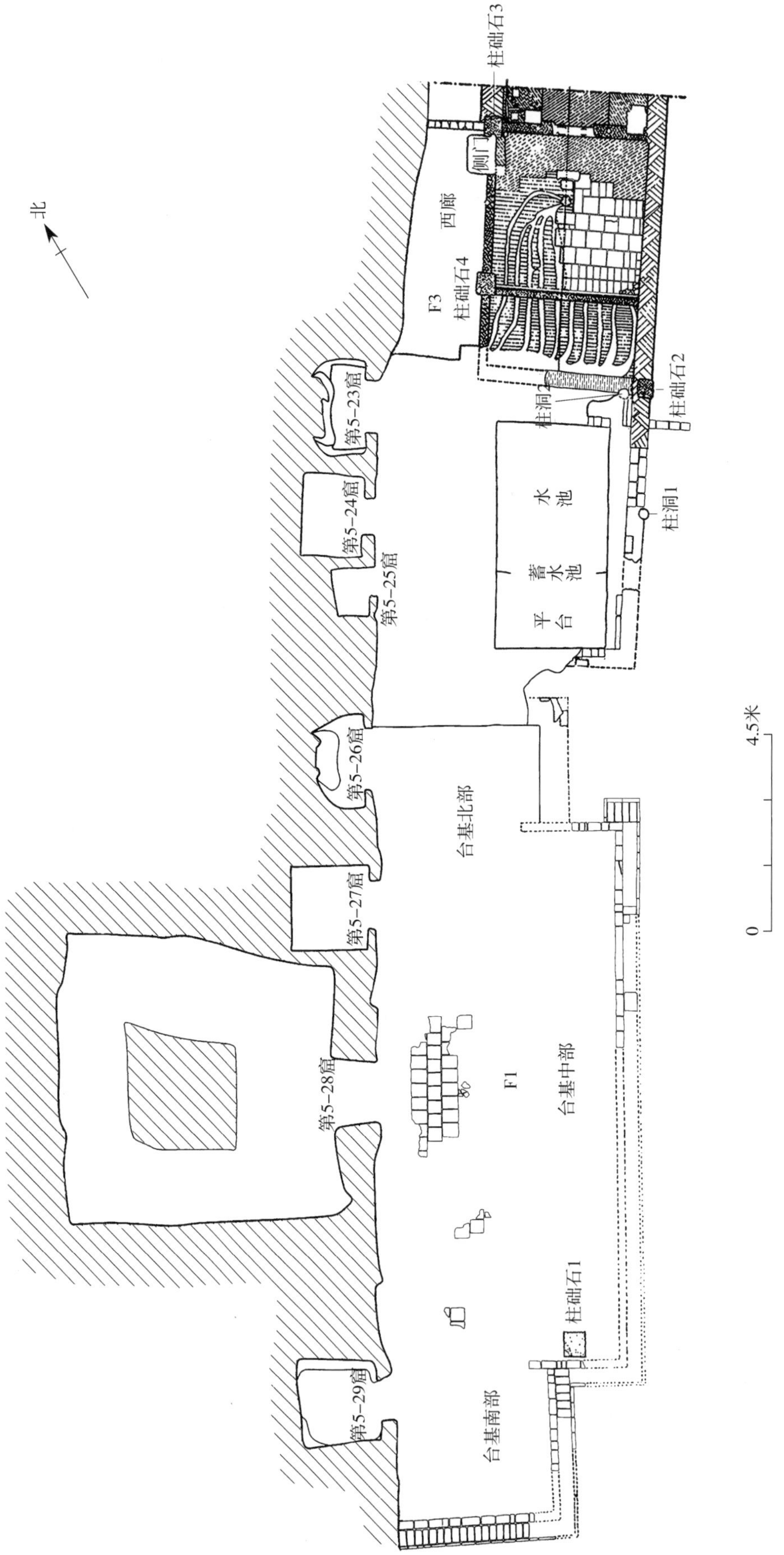

图一二九 龙王庙沟西侧窟前遗址平面分布图

标本 1987DYL ② C：25，腹部残片。弧腹。浅灰色胎，有细小气孔。内外施釉，釉色黄绿，有冰裂纹，外壁有跳刀痕。壁厚 0.6、残高 3.7 厘米。

第四节　辽金时期文化遗存

发掘在第③层清理出三处遗址，从南向北依次为窟前厅堂遗址、蓄水池遗址、僧房遗址，编号依次为 F1、蓄水池 2、F3（图一二九）。

一　厅堂遗址（F1）

（一）厅堂台面

厅堂遗址位于第 5-26 窟至第 5-29 窟之前，开口于第③层下，坐西朝东，平面呈倒“凸”字形。在这个台面上开 2 米 ×3 米的探沟三条（1987T2、T3、T4），基本搞清了 F1 台基的做法（彩版一一四，1、2）。F1 是在山体岩石凿成的平面上构建的窟前崖阁，岩面走向北高南低。F1 在起台基时利用了以前的积土，根据总体的设计开挖基槽筑基起墙。

台面呈南北向，分台基中部、台基南部、台基北部三部分。台基中部东西包括散水边缘长约 6.3、南北缘长 13.23 米，两侧各置一小台基。台基北部东西缘长 4.82、南北缘长 3.25 米；台基南部东西缘长 4.1、南北缘长 3.7 米，总面积为 114.19 平方米（图一三〇；彩版一一五，1、2）。居住面已残破不全，仅在第 5-28 窟前残存部分铺地砖。

台面先于高低不平的基岩面上夯土铺平，再挖倒“凸”字形基槽，槽内先后砌建包砌台基的砖墙和散水。由于地势走向北高南低，周边基槽深度各不相同，基槽宽约 0.65、深约 0.4（北）～ 0.48（南）米。台基中部平面呈长方形，东侧基槽南北长 14.13 米，包砌砖墙长 13.23 米，其北段现残存两段包砌砖墙与散水，分别长 2.32、1.65 米；南侧基槽长 2.42 米，其中西段残存挡土墙，长 1.4、残高 0.34 米；北侧因北部台基利用基岩开凿墙基，且岩面较高，所以北侧的西段包砌砖墙可能利用基岩，东段的散水与勒边砖构筑完整，长 0.95、深 0.4 米，即东西向顺铺四块砖后，在砖体的三面又立砖围护（彩版一一六，1）。其中包砌砖墙的基槽较长，墙西端残，残长 1.3、高 0.32 米，与南侧基槽不对称。台基南部略呈方形，东侧基槽长 4.14、南侧基槽长 4.5、深 0.52 米；台基北部北侧和东侧均利用岩石凿成的坑壁作为墙面，无砖铺散水。

据推测，台基中部北侧包砌砖墙应与南侧长度应相对称，南侧包砌砖墙西端保存完整，推测包砌砖墙应长 2.5 米，这样两侧包砌砖墙均距崖壁 3.6 米，但未与石壁相接形成封闭的整体，而是向南北两侧各扩展一个小台基，台基南部和台基北部的东侧、西侧基槽分别与台基中部的南、北侧包砌砖墙相丁而建，且台基南部东侧的散水与台基中部南侧的散水转折成一体，由此可证三者的设计施工是一次性的。

台基北部较台基中部东侧包砌砖墙向西缩进 1.3 米，其包砌砖墙系利用山体岩石凿成，北墙长 4.25 米，东墙岩石不完整，从北往南呈斜坡状，南端与台基中部北侧包砌砖墙相接处已破坏，东墙残长 2.35 米。

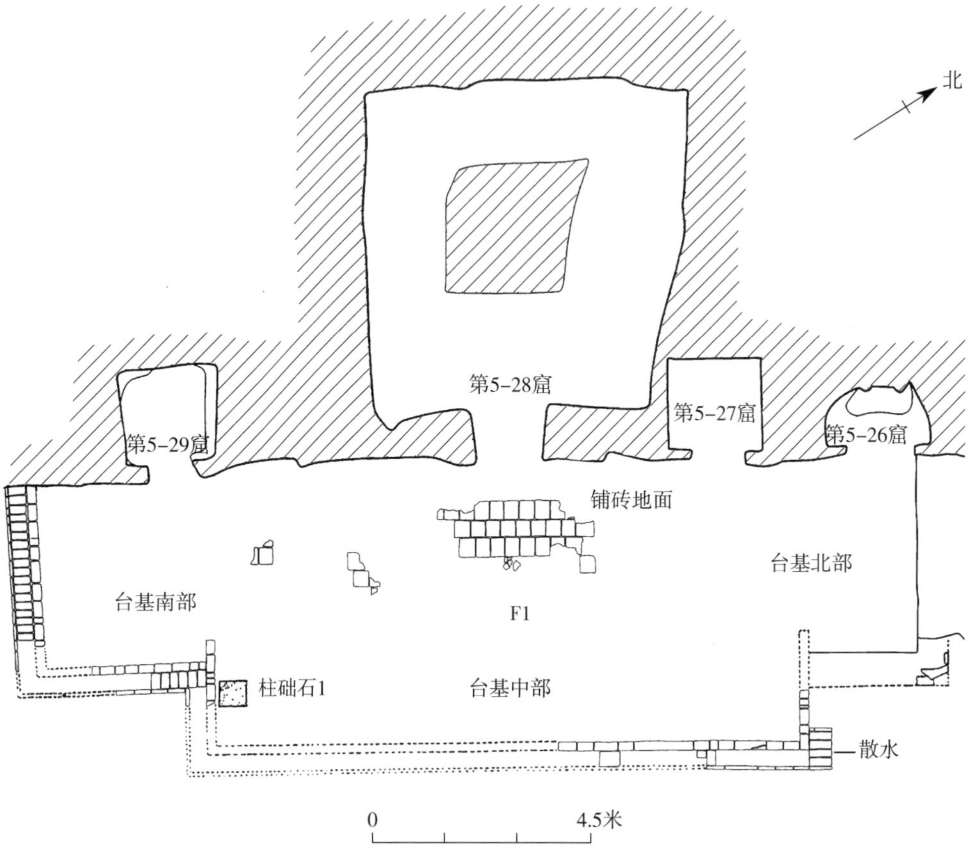

图一三〇 龙王庙沟西侧窟前厅堂遗址 F1 平面图

台基南部较台基中部东侧包砌砖墙向西缩进 1.9 米，较中间台基向西偏 4 度，这里地势较低，其墙起的高度如与台基中间相平，必须高出 0.83 米，现东墙残长 2.48 米，残高 0.25 米（彩版一一六，2）；南墙残长 3.4、残高 0.32 米（彩版一一六，3），北墙无。

包砌砖墙与散水的具体做法如图所示（图一三一）：

a. 基槽靠近台面一侧宽约 0.57 米的范围内在基岩上铺垫 0.06 米厚的土层，呈浅黄色，质地细密。

b. 黄土层上平面一分为三，在其中央先横向置南北向纵列单层卧砖，砖下铺一层 0.015 米厚的白灰，里侧宽约 0.2 米范围内的黄色垫土约与砖面平。外侧宽约 0.17 米范围内则先挖槽，后铺垫加料礓石的白灰，厚 0.08 米，质地坚硬。三者顶面略齐平。

c. 在里侧垫土之上砌单列横向卧砖四层做包砌台基的砖墙，砌砖体向内有 0.004 米的收分。中央单层卧砖与加料礓石的白灰之上再次铺垫黄土，厚 0.08 米，基本与四层砖体的第一层砖齐平。之后卧砖一层与四层砖体第二层砖齐平。

d. 于黄土之上紧贴包砌砖墙体设丁砖一层作为散水，于散水外立二层勒边砖，散水高约 0.4 米，至台面高度为 0.13 米。

e. 于勒边砖外夯土与散水持平，夯土宽约 0.3、深 0.4 米。基槽内所用砖长约 40、宽 20、厚约 6 厘米。

台基内部最底层的岩石底面是由砂岩和页岩构成，风浸水蚀严重。之上以原有土层为底做夯土，夯打结实平整，铺设白灰厚约 0.01 米，置有柱础，之上铺设方砖，基面完成。

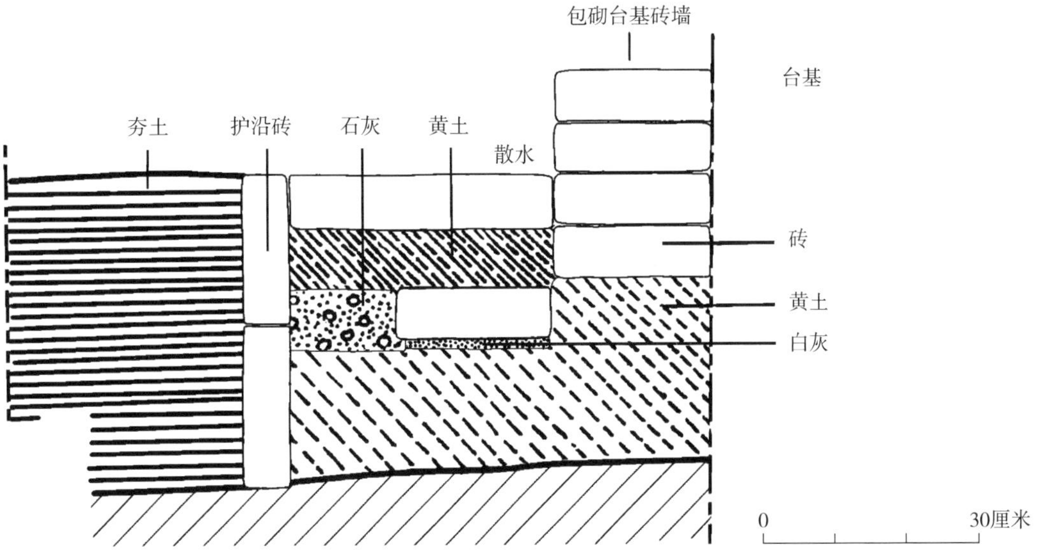

图一三一　龙王庙沟西侧窟前厅堂遗址 F1 包砌砖墙与散水剖面图

（二）柱础石

在台基中部东南侧发现柱础石1件，编号柱础石1，其顶面与台基面齐平。柱础石系用砂岩石制成，呈正方体，素面无雕饰，柱础顶面较平，四周可辨凿痕。其下夯土坚硬。宽0.56、长0.56、高0.33米（彩版一一七，1）。

（三）铺砖地面

位于台面中部第5-28窟前，南北长3.43、东西宽1.54米。残存铺砖约30块，东西向错缝平铺残存4行，较为齐整。砖呈长方形，长约37、宽33厘米。此外，地面南部还残存1块或2块铺砖（彩版一一七，2）。

（四）梁孔

在残破的崖壁上有两组梁孔——大梁孔和上下纵向二个双梁孔（图一三二；彩版一一七，3）。二组梁孔各自有规律，且二者距离接近，显然为二次建筑遗迹所遗留。梁孔均以第5-28窟明窗为中心向两侧展开。值得注意的是在梁孔的底均有一竖槽，推测其为固梁之用（表4-1、2）。

1. 大梁孔

梁孔立面呈纵向长方形，梁孔底边距地面约3.6米，共4个。自北向南编号为大梁孔1～4（图一三二）。东西为宽，上下为高。

大梁孔1　位于第5-27窟上部，梁孔高0.84、宽0.27、深0.45米。竖槽长0.1、宽0.1、深0.18米。

大梁孔2　位于第5-28窟明窗上部北侧，北距大梁孔1中心间距约2.4米。梁孔高0.8、宽0.3、深0.5米。竖槽长0.1、宽0.1、深0.08米。

大梁孔3　位于第5-28窟明窗上部南侧，北距大梁孔2中心间距约2.35米。梁孔高0.75、宽0.3、

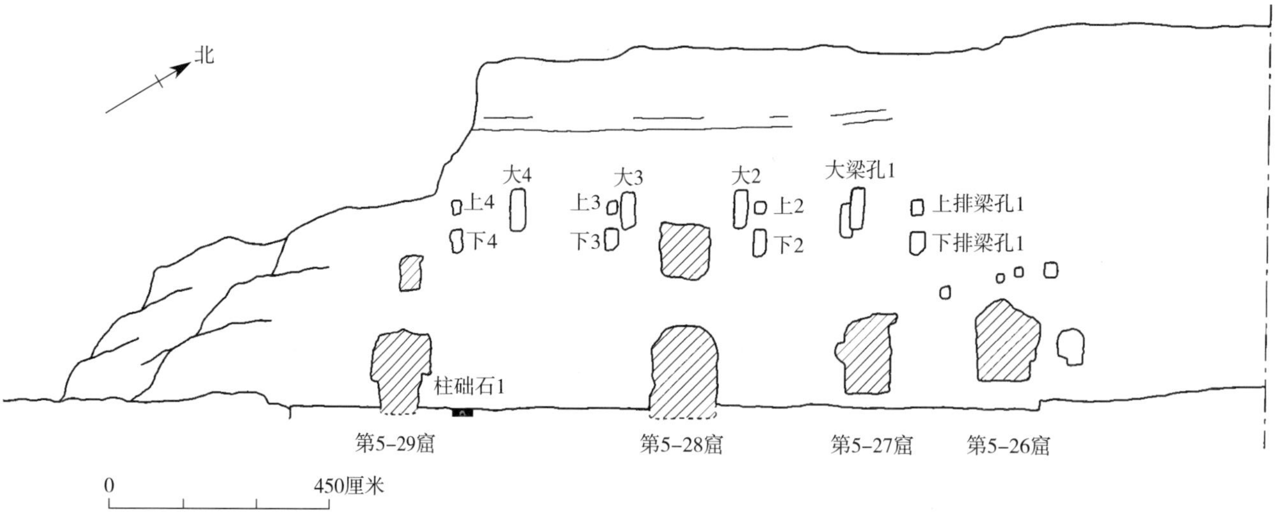

图一三二　龙王庙沟西侧洞窟外立壁厅堂遗址 F1 大梁孔及上下排梁孔分布图

表 4-1　龙王庙沟西侧洞窟外立壁厅堂遗址 F1 大梁孔统计表　（单位：米）

编号	位置	形状	大梁孔尺寸			中心间距	竖槽尺寸			备注
			高	宽	深		宽	长	深	
大梁孔 1	第 5-27 窟上部	长方形	0.84	0.27	0.45		0.1	0.1	0.18	
大梁孔 2	第 5-28 窟明窗上部北侧	长方形	0.8	0.3	0.5	2.4	0.1	0.1	0.08	
大梁孔 3	第 5-28 窟明窗上部南侧	长方形	0.75	0.3	0.48	2.35	0.12	0.15	0.25	
大梁孔 4	第 5-28 窟明窗上部南侧	长方形	0.85	0.35	0.46	2.3	0.09	0.15	0.15	

深 0.48 米。竖槽长 0.15、宽 0.12、深 0.25 米。

大梁孔 4　位于第 5-28 窟明窗上部南侧，北距大梁孔 3 中心间距约 2.3 米。梁孔高 0.85、宽 0.35、深 0.46 米。竖槽长 0.15、宽 0.09、深 0.15 米。

2. 双梁孔

梁孔立面呈纵向长方形，二个梁孔上下排列，上排的稍小。下排梁孔底边距地面约 3.1 米，共 4 组。自北向南上排编号为上排梁孔 1 ～ 4，下排梁孔编号为 1 ～ 4。

上排梁孔 1　位于第 5-27 窟上部北侧，梁孔高 0.35、宽 0.25、深 0.3 米。

下排梁孔 1　上距上排梁孔 1 中心间距约 0.7 米。梁孔高 0.45、宽 0.3、深 0.42 米。

上排梁孔 2　位于第 5-28 窟明窗上部北侧，北距上排梁孔 1 中心间距 3.26 米，梁孔高 0.23、宽 0.24、深 0.45 米。

下排梁孔 2　上距上排梁孔 2 中心间距约 0.73 米，北距下排梁孔 1 中心间距 3.3 米。梁孔高 0.52、宽 0.27、深 0.4 米。

上排梁孔 3　位于第 5-28 窟明窗上部南侧，北距上排梁孔 2 中心间距 3.05 米，梁孔高 0.25、宽

表 4-2　龙王庙沟西侧洞窟外立壁厅堂遗址 F1 双梁孔统计表　（单位：米）

编号	位置	形状	尺寸			中心间距	备注
			高	宽	深		
上排梁孔 1	第 5-27 窟上部北侧	长方形	0.35	0.25	0.3		
上排梁孔 2	第 5-28 窟明窗上部北侧	方形	0.23	0.24	0.45	3.26	
上排梁孔 3	第 5-28 窟明窗上部南侧	方形	0.25	0.22	0.3	3.05	
上排梁孔 4	第 5-29 窟上部北侧	长方形	0.27	0.18	0.38	3.24	
下排梁孔 1	第 5-27 窟上部北侧	长方形	0.45	0.3	0.42	0.7	
下排梁孔 2	第 5-28 窟明窗上部北侧	长方形	0.52	0.27	0.4	3.3	
下排梁孔 3	第 5-28 窟明窗上部南侧	长方形	0.42	0.27	0.48	3.1	
下排梁孔 4	第 5-29 窟上部北侧	长方形	0.47	0.23	0.45	3.22	

0.22、深 0.3 米。

下排梁孔 3　上距上排梁孔 3 中心间距约 0.65 米，北距下排梁孔 2 中心间距 3.1 米。梁孔高 0.42、宽 0.27、深 0.48 米。

上排梁孔 4　位于第 5-29 窟上部北侧，北距上排梁孔 3 中心间距 3.24 米，梁孔高 0.27、宽 0.18、深 0.38 米。

下排梁孔 4　上距上排梁孔 4 中心间距约 0.67 米，北距下排梁孔 3 中心间距 3.22 米。梁孔高 0.47、宽 0.23、深 0.45 米。

上排梁孔距下排梁孔中心间距约为 0.7 米。

可见第 5-28 窟前曾有过两次建筑，且均以第 5-28 窟为中轴线。由于考古发现的柱础石与双梁孔的双排梁孔 4 正相对，可证 F1 基面是双梁孔组的建筑基面。F1 面阔三间，使用上、下梁，左右耳室各一。由梁孔测得结果：建筑总宽 11.4 米，明间面阔 3.95 米，左次间 3.72 米，右次间 3.73 米，进深 4.9 米，梁孔底皮至柱础高 3.97 米。左右耳室台基面上未发现柱础，难以推断其进深。但在北耳室正对北墙的崖壁上有一方形梁孔痕迹，但风化甚重，它距北二梁孔 3.2 米，距地高度 3.55 米，如果这是耳室的梁孔，则此耳室面阔 3.2 米。南耳室由于崖壁崩毁，又不见柱础，无法推断。

考古发掘中，我们开了 T2、T3、T4 探沟，均未发现 F1 之外的基址，探沟内文化内涵与 F1 基面相同，出土有少量的兽面纹瓦当、檐头板瓦等残片。由此推测，双梁孔组建筑在起台基 F1 时，清理掉了大梁孔组建筑的残迹，大梁孔建筑的基面设置很可能像云冈石窟第 9、10 窟前“地袱”作法[1]，后由于水蚀，渐被削平。但有一点可以肯定，大梁孔组建筑是龙王庙石窟首次窟前木构建筑，其面阔三间，为单梁一面坡式建筑。

[1]　云冈石窟文物保管所：《云冈石窟建筑遗迹的新发现》，《文物》1976年第4期。

（五）F1 出土遗物

1. 建筑材料

遗址清理出大量的瓦件，主要有檐头筒瓦、檐头板瓦、板瓦、筒瓦、残破的脊兽及少量的琉璃瓦件。

（1）板瓦

3 件。根据板瓦宽端端头直切或斜切分两型。此区域见 B 型。另 1 件无端头，不分型。

B 型　2 件。宽端端头斜切。

标本 1987DYLF1 ③：5，灰陶，夹粗砂，胎体较粗疏，瓦体较厚。凹面布纹，宽端端头斜切，并有斜向划痕，窄端削薄抹圆，凹面距端头 6 厘米处有一条凹槽，槽宽约 1 厘米。瓦身所存的窄端一侧见一凹坑。两侧有切痕。瓦长 44.8、宽 28 ～ 30.1、厚 1.5 ～ 2.7 厘米（图一三三，1；彩版一一八，1）。

（2）檐头板瓦

2 件。胎质、瓦色同板瓦。此区域出土檐头板瓦瓦身较薄，端面残留红色痕迹。宽端接檐头板瓦端面，窄端抹圆。端面与瓦身凸面夹角呈钝角，端面与瓦身相接的凹凸两面均横向抹平。山顶遗址辽金檐头板瓦分四型。此区域出土 B 型，根据泥条戳切工具或方向等不同分两亚型，见 Ba 型。

Ba 型　2 件。端面划出 4 道泥条，第 2 道泥条戳切。

标本 1987DYLF1 ③：21，瓦体较小且薄，戳切泥条的工具为带有三个尖圆头并列的工具，最下方的泥条以缠细绳的棒状物斜向上按压。瓦体凹面布纹较细密，并可见布纹的接痕。两侧面切痕较小。端面部分从外切进。瓦残长 17.4、宽 19.6、厚 1.72、端面高 3.5 厘米（图一三三，2；彩版一一八，2）。

标本 1987DYLF1 ③：15，端面最上泥条呈棱状。外弧长 30、厚 2.5、端面高 4.5 厘米（彩版一一八，3）。

（3）檐头筒瓦

15 件。灰陶，胎质与瓦色同板瓦，与筒瓦相接处呈直角状，相接处抹平。瓦当背面多数还留有刻划的放射状竖线纹。烧成紧致，磨损严重。檐头筒瓦当面有兽面纹瓦当、侧视莲花纹瓦当、龙纹瓦当，瓦当边轮宽平且比当面要低。

1）兽面纹瓦当

12 件。山顶遗址辽金兽面瓦分五型。此区域遗迹出土 Bd 型及 E 型，新出现 F 型。

Bd 型　5 件。呈灰色，烧成坚致。胎土细密，含少量砂粒。当面中央为隆起的小兽面，之外依次围绕着与波状纹相配的凹形联珠纹圈、一周细凸棱圈、28 个联珠纹圈以及一周宽圈线。兽面两耳朝天，额头有“人”字纹，卷眉上扬，小圆眼，三角弧鼻，阔口露齿，嘴角上挑，面部两侧有一撮撮卷毛。边轮窄平，比当面稍低。瓦当背面抚平修整。筒瓦凸面修抚。侧面削平且削出倒角。

标本 1987DYLF1 ③：29，直径 16.2、厚 1.8、边轮宽 2 厘米。

标本 1987DYLF1 ③：3，残。直径 16、边缘厚 1.8、边轮宽 2 厘米（图一三三，3；彩版一一八，4）。

E 型　6 件。当心兽面突出。边轮低宽且向边缘倾斜。一周凸弦纹中雕兽面。兽面圆额头，高粗眉小深目，三角鼻高颧骨，张嘴露齿，嘴角两侧有髭，整个头周围及颌下均饰卷毛。与筒瓦相接处呈直角，当背面上部刻划菱形线，之下有一条横线，以规整与筒瓦相接之处。瓦身侧面斜切并修整。

标本 1987DYLF1 ③：9，直径 10.4、中心厚 2.2、边轮宽 1.3、厚 1.3、筒瓦直径 10.7、瓦身厚 2.1

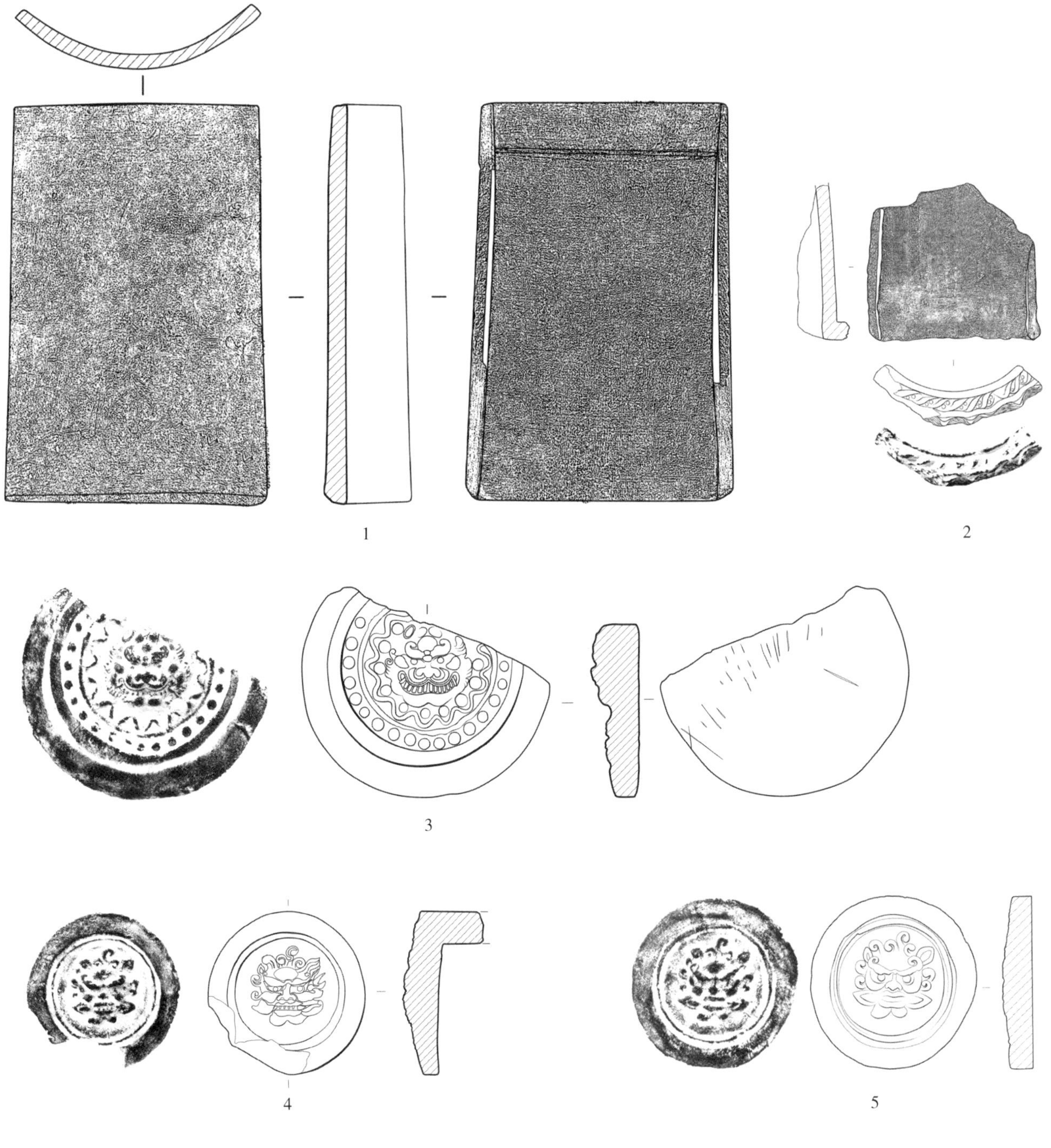

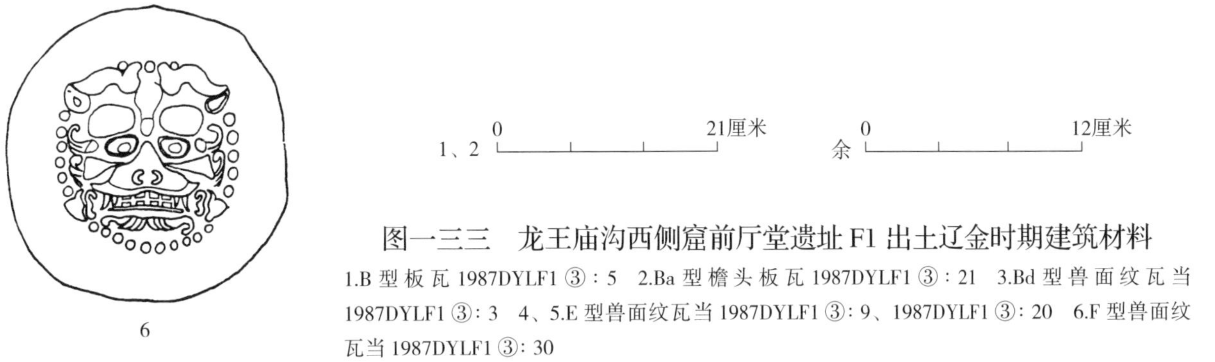

图一三三　龙王庙沟西侧窟前厅堂遗址 F1 出土辽金时期建筑材料

1.B 型板瓦 1987DYLF1 ③：5　2.Ba 型檐头板瓦 1987DYLF1 ③：21　3.Bd 型兽面纹瓦当 1987DYLF1 ③：3　4、5.E 型兽面纹瓦当 1987DYLF1 ③：9、1987DYLF1 ③：20　6.F 型兽面纹瓦当 1987DYLF1 ③：30

厘米（图一三三，4；彩版一一八，5）。

标本 1987DYLF1 ③：20，直径 10.7、当心厚 1.9、边轮宽 1.25、厚 1.3 厘米（图一三三，5；彩版一一八，6）。

F 型　1 件。短粗眉大眼，阔口方齿。联珠圈紧围兽面，呈不完整的圆圈。

标本 1987DYLF1 ③：30，直径 15.5、边缘厚 1.7、边轮宽 3 厘米（图一三三，6）。

2）侧视莲花纹瓦当

2 件。浅灰陶夹细砂。当心为一朵盛开的带茎莲花侧面，下部莲叶八片，呈对称展开，上部还可见三片莲叶尖，外围绕联珠纹圈，中心较厚，边轮宽低。

标本 1987DYLF1 ③：33，直径 16.2、中心厚 2、边轮宽 3、边缘厚 1 厘米。

标本 1987DYLF1 ③：11，当背有放射状较长的划痕。复原直径 16.2、中心厚 3.1、边轮宽 2.4、边缘厚 1.5 厘米（图一三四，1；彩版一一九，1）。

3）龙纹瓦当

1 件。

标本 1987DYLF1 ③：12，浅灰陶。边轮很窄，且较当面低。当心龙纹高雕，龙头居中，龙身从颈下绕过头后蟠曲于龙头之上，龙身饰鳞。龙头呈侧面扁长状，小圆眼，长吻相闭前伸。龙腿呈放射状四向伸出，可辨四爪。与筒瓦相接略呈钝角状，相接处抹平。瓦身侧面切削修整抹圆。当面及筒瓦凸面残留浅红色。直径 11、当心厚 2.5、边轮宽 0.6、边缘厚 2 厘米（图一三四，2；彩版一一九，2）。

（4）压带条

2 件。均残。红陶，胎质含细砂，夹杂有白色小石英颗粒。凹面布纹，凸面残留白灰。端头较齐整，两侧面切痕很宽，由内向外切。

标本 1987DYLF1 ③：38，凸面表皮烧制温度高呈冰裂状。凹面端头近 1.5 厘米处抹斜修整。瓦残长 17.5、宽 13.1、厚 2.3 厘米（图一三四，3；彩版一一九，3）。

标本 1987DYLF1 ③：39，凹面一端距端头近 1 厘米处有一凹槽，且端头的泥稍有弯回，制作时此端为底部。侧面从内向外切，内侧破面修整，另一侧切削后又砍斫。瓦残长 19.5、宽 13.8、厚 2.5 厘米（图一三四，4；彩版一一九，4）。

（5）脊饰

2 件。

标本 1987DYLF1 ③：17，灰胎，似为兽的下颌部，重下颌。顶面呈半椭圆形，前部有四颗下牙齿，下颌两侧各有两颗臼齿，颌下蓄一撮须毛。残高 5.6、长 9.5、宽 7.1 厘米（图一三五，1；彩版一一九，5）。

标本 1987DYLF1 ③：13，红陶，呈弧片状。下部残存三颗上牙齿，牙的上方为突出的眼球及下眼睑，眼球涂黑色。残高 10.7、长 14.2、厚 2.4 ～ 3 厘米（图一三五，2；彩版一一九，6）。

2. 生活生产用具

瓷器

F1 所出瓷器釉色有酱釉、黑釉。

1）酱釉碗

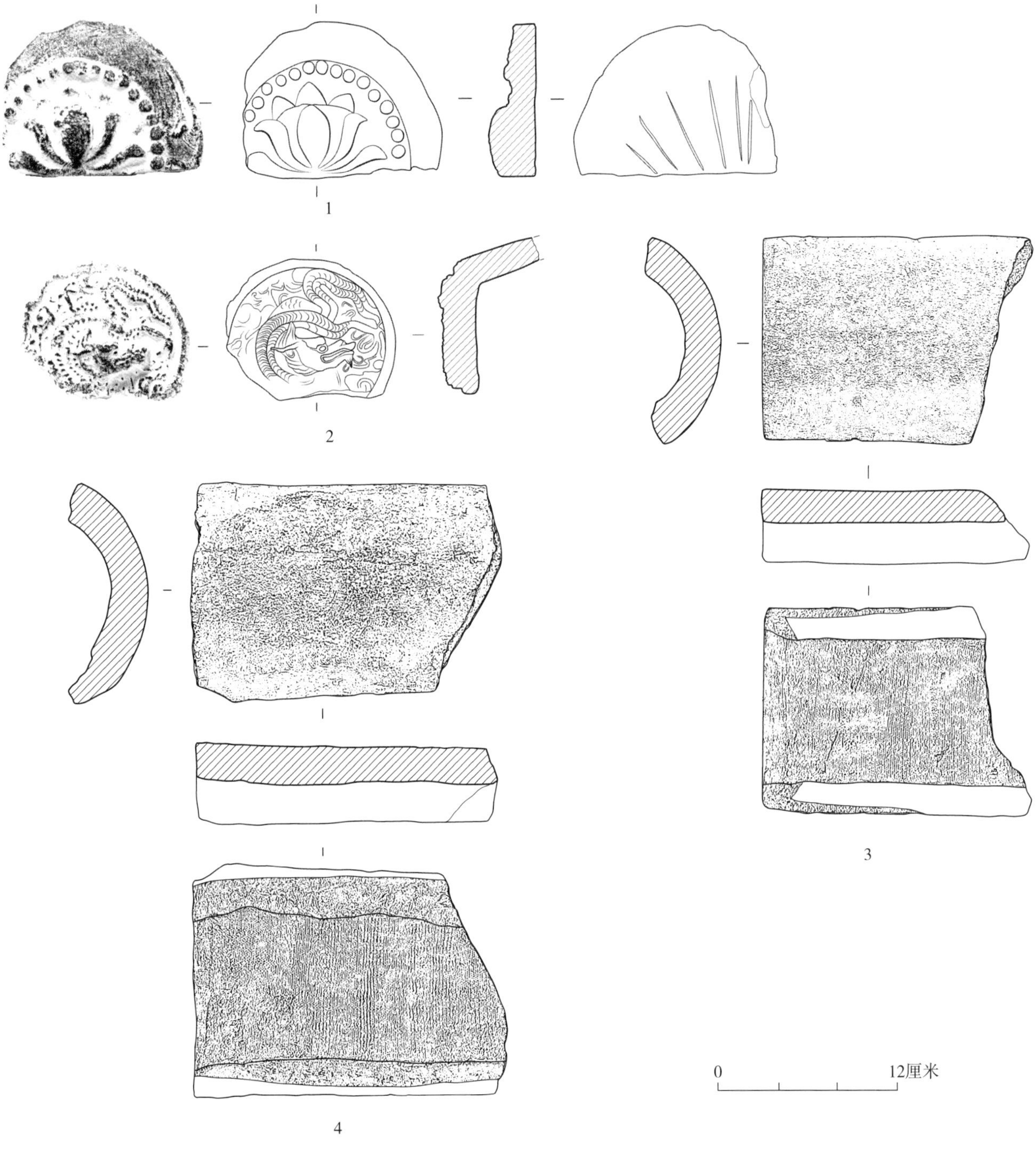

图一三四　龙王庙沟西侧窟前厅堂遗址 F1 出土辽金时期建筑材料

1. 侧视莲花纹瓦当 1987DYLF1 ③: 11　2. 龙纹瓦当 1987DYLF1 ③: 12　3、4. 压带条 1987DYLF1 ③: 38、1987DYLF1 ③: 39

1 件。

标本 1987DYLF1 ③: 9，弧腹，外腹近底处切削，圈足，足墙外低内高。土黄胎，胎体较坚，夹黑砂。内施满釉，内底刮釉一周，外壁有流釉现象。残高 2 厘米（图一三六，1；彩版一二〇，1）。

2）酱釉盏

2 件。

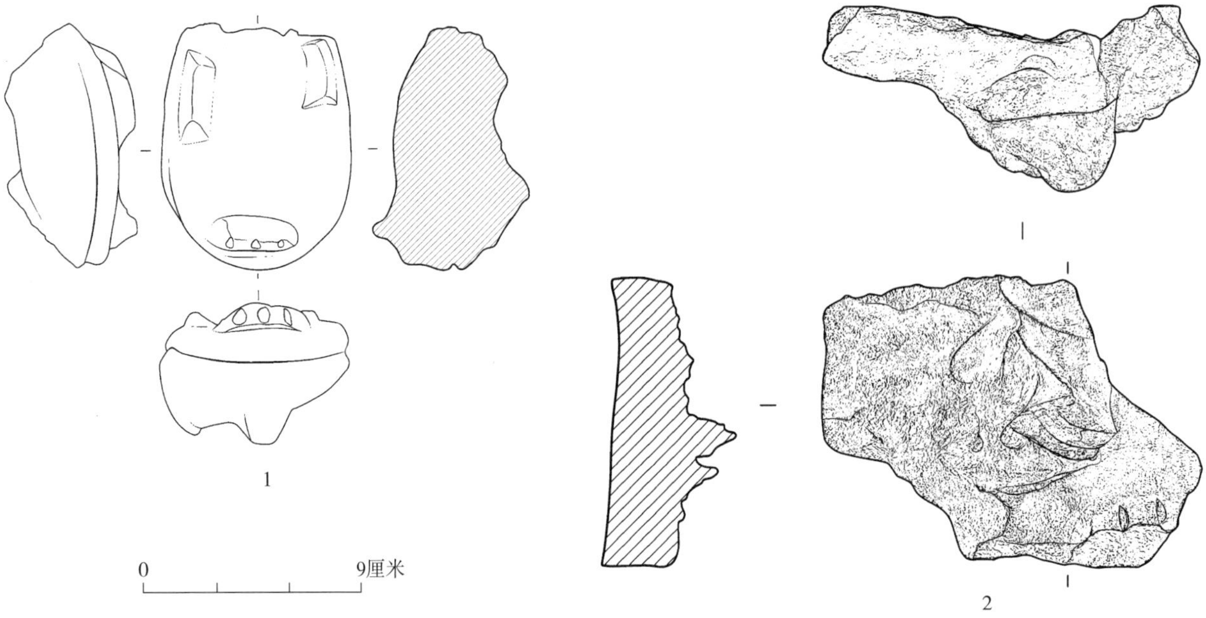

图一三五　龙王庙沟西侧窟前厅堂遗址F1出土辽金时期建筑材料

1、2. 脊饰 1987DYLF1③：17、13

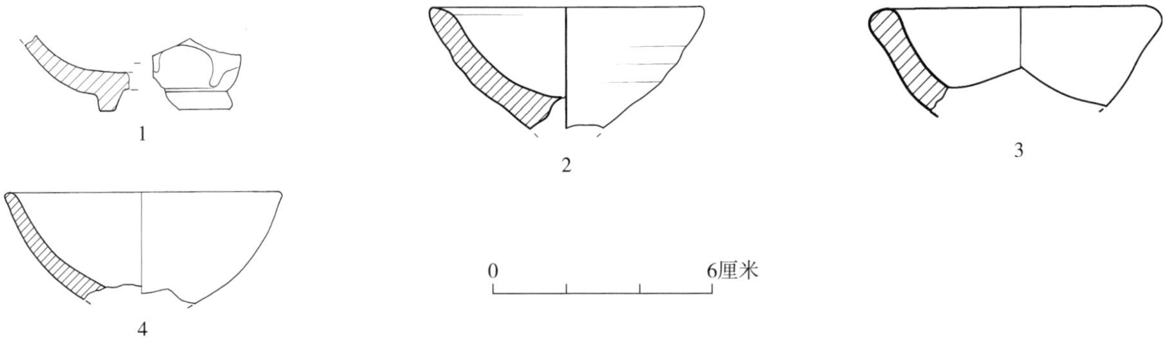

图一三六　龙王庙沟西侧窟前厅堂遗址F1出土辽金时期瓷器

1. 酱釉碗 1987DYLF1③：9　2、3. 酱釉盏 1987DYLF1③：7、1987DYLF1③：8　4. 黑釉碗 1987DYLF1③：1

标本1987DYLF1③：7，尖圆唇，敞口，浅弧腹，平底。土黄胎，胎体较坚。芒口，口沿粘釉，内壁施满釉，釉色棕黑。口径7、残高3厘米（图一三六，2；彩版一二〇，2）。

标本1987DYLF1③：8，圆唇，敞口，浅弧腹。白胎泛灰，胎体较坚。芒口，内壁施釉，釉色黑亮。口径8、残高2.1厘米（图一三六，3；彩版一二〇，3）。

3）黑釉碗

1件。

标本1987DYLF1③：1，圆唇，口微撇，弧腹。白胎泛灰，胎体较坚，夹黑砂。内施满釉，外不及底，釉色亮黑。口径7.6、残高3厘米（图一三六，4；彩版一二〇，4）。

二　蓄水池遗址

（一）蓄水池

位于第 5-23 窟至第 5-25 窟前，F1 的北部，在 F1 与 F3 之间。在蓄水池与 F3 之间开 2 米 ×5 米的探沟一条（1987T1），于第③层下发现蓄水池和僧房遗址。蓄水池平面呈长方形，开凿于基岩地面中（图一三七）。蓄水池内的地层为第② D 层、第③层，池内东北部有第③层瓦砾及红烧土呈坡状堆积，厚 1.5 ～ 0.45 米（彩版一二一，1），应该是 F3 房屋倒塌而造成的。整个蓄水池开口北高南低，南侧台面较北侧台面低约 0.4 米。其北、东、南三面均有一定的砖墙补砌痕迹。蓄水池内可分为水池与二层平台两部分，北为池，南为台，呈台阶状，南部平台底部较北面的水池底部高 1.57 米。蓄水池南北长 6.84、东西宽 3.6、深 2.05 米（彩版一二一，2、一二二，1、2）。

1. 水池

位于坑之北部，约占坑之 2/3，边缘齐整，壁面留有斜向整齐有规则的凿痕。在池之东北角处有一缺口，用砖补砌完整，长 0.6、高 0.35 米。水池底部铺一层厚 0.3 ～ 0.4 米的硬质淤土，质地坚硬，纯净细密，夹有少量白灰，之上铺一层石板（彩版一二三，1）。水池南北长 3.6、东西宽 2.77、距蓄水池口部深 2.05 米。

2. 平台

位于坑之南侧，留一个二层平台，台壁整齐。南壁东端有一缺口，长约 0.7、宽 0.7 米，砌砖补齐。

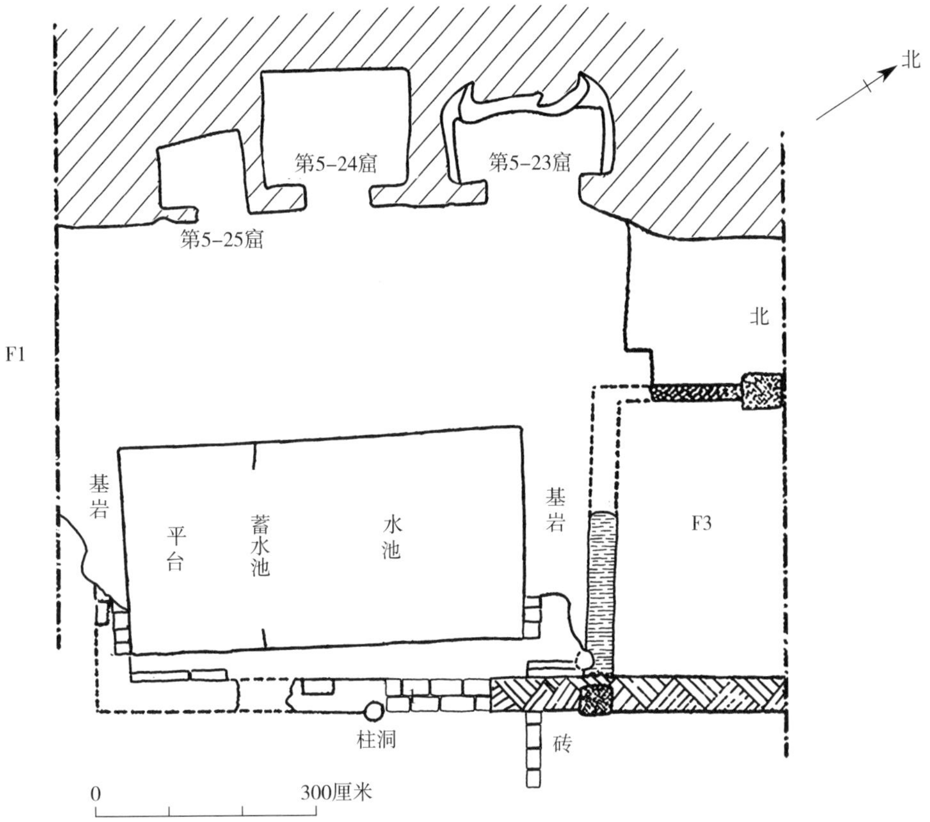

图一三七　龙王庙沟西侧窟前蓄水池遗址平面图

台面上亦有一层硬土，厚0.2～0.15米，并在台面的东南角，发现了两件白釉小圈足大碗，碗底墨书“石寺”两字。另外还有陶盆残片、黑釉缸胎残片等。在台之东壁上斜立卧砖三块，连接置于硬土之上，与地面呈 78° 。平台长 1.83、宽 2.77、深 0.48 米。

3. 蓄水池外围设施

距蓄水池东壁外0.4米处有一砖砌残墙，高0.85、宽0.5、长2.6米，残墙的南端发现有一柱洞痕迹，编号柱洞 1，内有少量木炭，柱洞直径 0.15 米，墙南段已毁（彩版一二三，2）。

南壁有两块残砖砌于石壁之上，砖上下均有白灰浆，宽度为 0.75 米，可能是蓄水池之南墙。

北侧是利用了其北部 F3 的南墙，详细情况见 F3 南墙。

综上所述，总结：

a. 蓄水池之西缘距石窟外立壁 3.1 米，崖壁上模糊可见有建筑遗迹，但十分狭小，不可能是与蓄水池成为一体性的建筑。

b. 蓄水池不是一个封闭性的建筑，其北、东、南三面均有一定的砖墙建筑痕迹，但西面岩底上却不见有墙的痕迹。

c. 池内文化层中瓦砾的堆积，并不是蓄水池的顶部坍塌所致，换言之，蓄水池不具备有顶部的条件。T1 第③层中的瓦砾及红烧土痕迹只在池东北部 3.25 平方米的地方，厚 1.5 ～ 0.45 米呈坡状的堆积，应该是 F3 房屋倒塌而造成的。

d. 蓄水池西沿至崖壁的这一段地面向东倾斜 4.8° ，应该是为了方便山水蓄积，所以此坑应是蓄水池。

（二）蓄水池出土遗物

T1 开于蓄水池与 F3 之间，在蓄水池与 F3 南墙相间的基岩上清理出第③层红烧土层，此地层中出土的遗物放入蓄水池遗物中介绍，蓄水池内的第③层红烧土层中呈坡状堆积的瓦件建筑材料应是僧房遗址的，放在僧房遗址 F3 介绍，标本编号 1987DYLTG1 ③。

1. 建筑材料

（1）檐头筒瓦

1 件。

兽面纹瓦当

E 型　1 件。

标本 1987DYL 蓄水池③：32，正中兽面须发浓重，粗眉高额，三角鼻高颧骨，张嘴露齿，嘴角两侧有髭，整个头周围及颌下均饰卷毛，周以弦纹，直径 11、厚 1、边轮宽 1.8 厘米。

（2）檐头板瓦

Ba 型　1 件。

标本 1987DYL 蓄水池③：37，端面划出 4 道泥条，第 2 道泥条戳切。外弧长 22.5、端面长 4.2、瓦厚 2.5 厘米。

2. 生活生产用具

主要出土有陶器、瓷器等。

（1）陶器

12 件。器形有盆、香炉等。

1）卷沿陶盆

6 件。山顶遗址辽金卷沿陶盆分三型。此区域中仅见 Aa 型与 Ac 型。

Aa 型　2 件。敞口，口沿外卷，沿面圆鼓，方圆唇，沿面与器内壁有圆棱。

标本 1987DYL 蓄水池③：13，浅灰色，敛口，口沿面弧状，内壁近口沿处有一周圆棱，外沿与器壁划一周凹槽。口沿面及器内壁饰横向暗弦纹，弧壁。口径 20.5、壁厚 1、残高 6.2 厘米（图一三八，1；彩版一二四，1）。

Ac 型　2 件。敞口，口沿下翻，斜方唇，沿下与器外壁略呈三角状。

标本 1987DYL 蓄水池③：10，浅灰色，口沿微外卷，内壁近口沿处有一周宽凸棱，棱中央压印一周凹槽，形成两周凸棱。口沿面施暗弦纹，暗弦纹较细，弧壁。口径 52、壁厚 0.8、残高 9.3 厘米（图一三八，2；彩版一二四，2）。

标本 1987DYL 蓄水池③：11，内壁口沿处有一周凸棱，斜壁，器内壁及口沿面饰横向暗弦纹，并磨光。壁厚 0.6、残高 7.1 厘米（图一三八，3；彩版一二四，3）。

2）平折沿陶盆

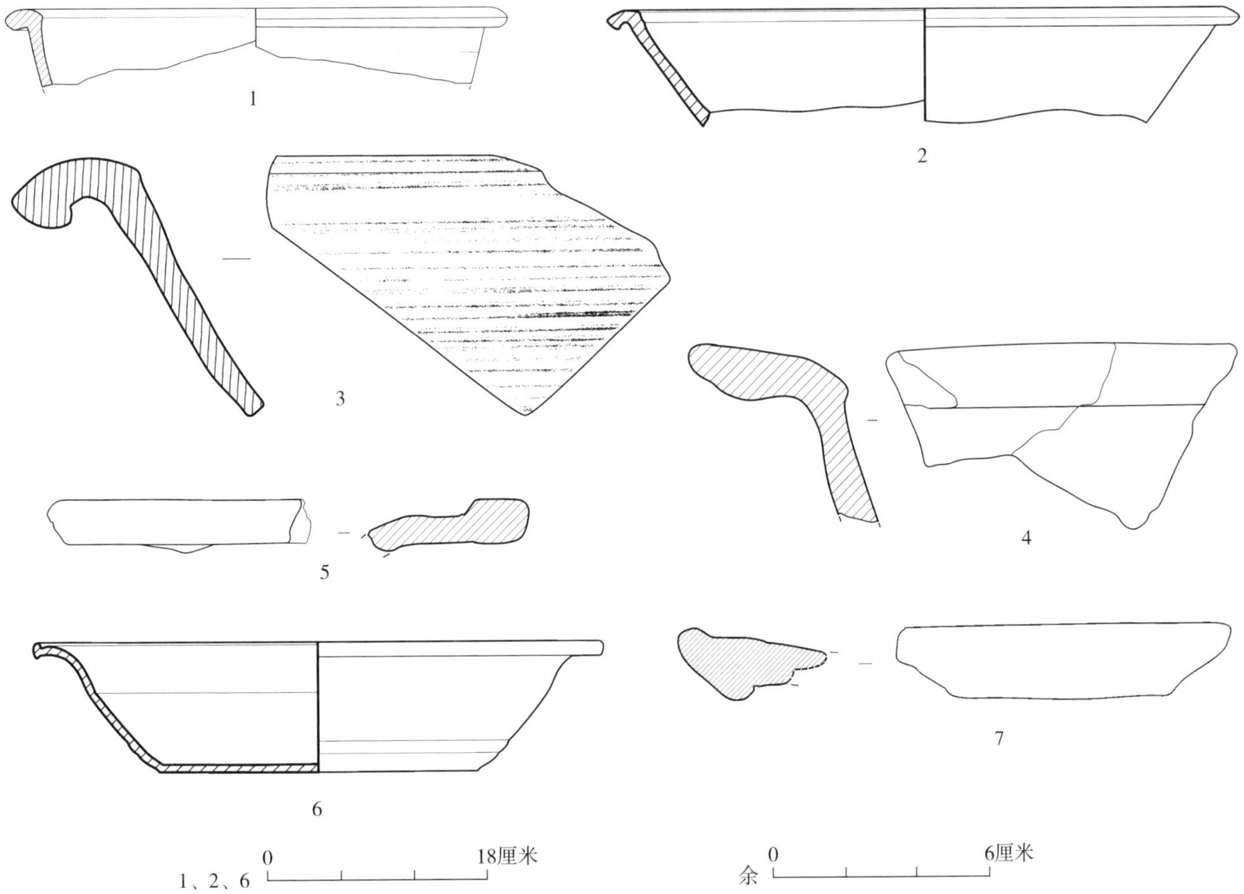

图一三八　龙王庙沟西侧窟前蓄水池遗址出土辽金时期陶器

1.Aa 型卷沿陶盆 1987DYL 蓄水池③：13　2、3.Ac 型卷沿陶盆 1987DYL 蓄水池③：10、11　4.A 型平折沿陶盆 1987DYL 蓄水池③：8　5.B 型平折沿陶盆 1987DYL 蓄水池③：12　6、7.C 型平折沿陶盆 1987DYL 蓄水池③：2、9

4件。山顶遗址辽金平沿陶盆分三型。本区域见三型。

A型　1件。内壁口沿下方有凸棱，口沿面宽平。

标本1987DYL蓄水池③：8，口微敛，沿宽平，唇下方有一周凹槽，弧壁。壁厚0.8、残高4.1厘米（图一三八，4；彩版一二四，4）。

B型　1件。内壁口沿下方有凹棱，口沿面中央剔压一周凹槽，形成浅二层台。

标本1987DYL蓄水池③：12，口沿部残片，口沿外侧凸起，呈二层台状。壁厚0.8厘米（图一三八，5）。

C型　2件。平折沿，且沿外侧唇部向上折起，斜方唇。

标本1987DYL蓄水池③：2，红黄色胎，敞口，斜腹，平底。口径46.5、底径26、高10.5厘米（图一三八，6；彩版一二四，5）。

标本1987DYL蓄水池③：9，口沿部残片，沿外侧唇部向上折起。壁厚1.4厘米（图一三八，7）。

3）陶罐

1件。

标本1987DYLTG1③：6，泥质灰陶，仅存陶罐肩腹部残片。器外壁附加二泥条，泥条用指肚压成波状形，外壁磨光，饰横向暗弦纹。泥条宽1.8、壁厚1、残高10.4厘米（图一三九，1）。

4）香炉

1件。

标本1987DYL蓄水池③：6，弧壁，残存一圆锥状实足底，器内壁光滑，器外壁以回纹为底纹，之上有模印龙纹。壁厚0.5、器残高3.1、足高1.2厘米（图一三九，2；彩版一二四，6）。

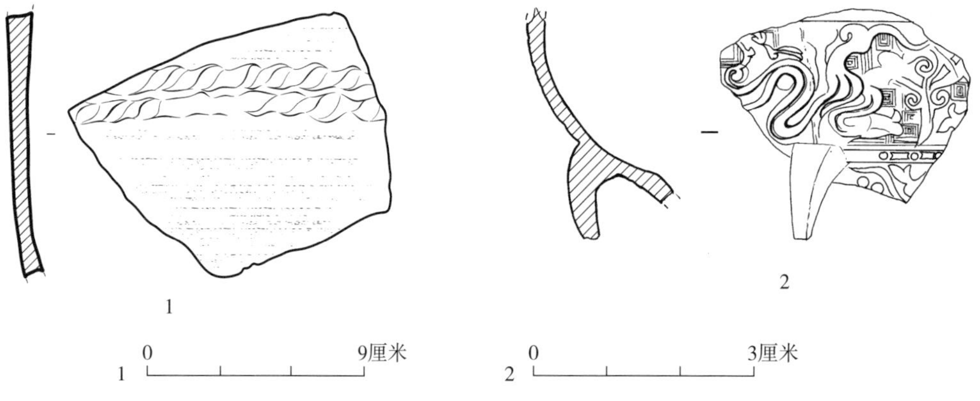

图一三九　龙王庙沟西侧窟前蓄水池遗址出土辽金时期陶器

1. 陶罐1987DYLTG1③：6　2. 香炉1987DYL蓄水池③：6

（2）瓷器

瓷器按釉色可分为白釉、复色釉。

1）白釉碗

23件。多内外施白釉。山顶遗址辽金时期白釉碗分A、B型。此处见Aa、B型。

Aa型　7件。敞口，不凸唇。

标本1987DYL蓄水池③：1，尖圆唇，弧腹，圈足，足墙内外齐平。胎质洁白，内外施白釉，内施满釉，外不及底，釉色牙白。内底有 10 处垫珠痕。外底心墨书行体“石寺”两字，不清晰。口径 20.4、足径 6、高 7.2 厘米（图一四〇，1；彩版一二五，1）。

标本 1987DYL 蓄水池③：14，敞口，尖圆唇，弧腹，圈足，足墙内外齐平。白胎泛黄，胎体较坚，内施满釉，外釉至圈足，釉色牙白。内底留有 9 处垫珠痕。外底心留有墨书“石寺”两字。口径 19.9、足径 6.6、高 7.2 厘米（图一四〇，2；彩版一二五，2、3）。

标本 1987DYLTG1 ③：15，敞口，尖圆唇，弧腹。胎色较白，胎质较坚。内外施釉，釉色发黄，釉面不甚光洁。口径 22、残高 4.9 厘米（图一四〇，3）。

标本 1987DYLTG1 ③：22，敞口，尖圆唇，弧腹，外壁有三周弦纹。胎色白黄，胎质较坚，内外施白釉，釉色泛灰。口径 18.4、壁厚 0.4、残高 3.7 厘米（图一四〇，4；彩版一二五，4）。

标本 1987DYLTG1 ③：16，敞口，尖圆唇，外壁近口沿处有一周凹槽。胎质坚薄，胎色较白。内外施白釉，釉色较白。口径 18、残高 1.8 厘米（图一四〇，5）。

B 型　2 件。撇口。

标本 1987DYLTG1 ③：19，尖圆唇，口沿处有破损，外壁口沿下有一周凸棱，近底处有一周弦纹。胎色较白，胎质疏松。内外施白釉，釉色黄白。口径 17、残高 4.4 厘米（图一四〇，6）。

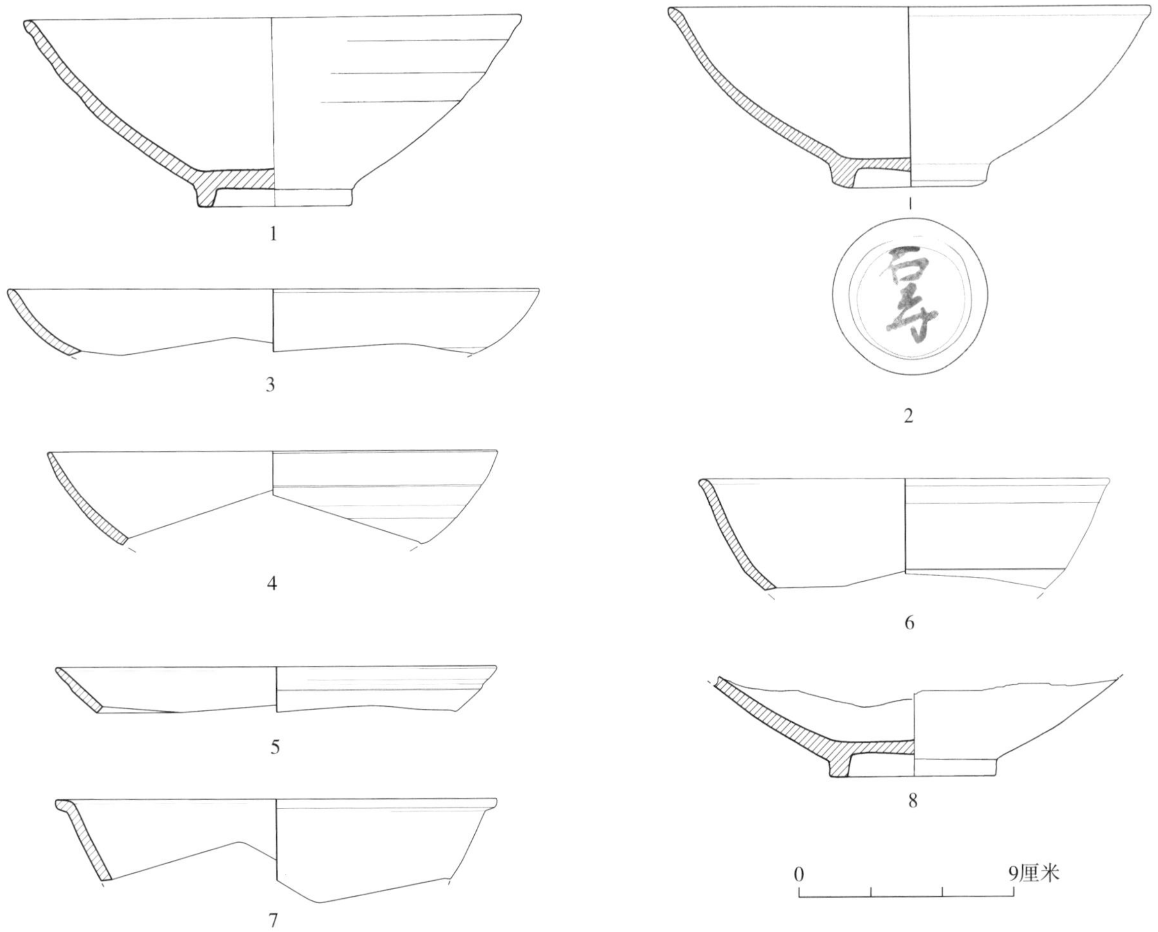

图一四〇　龙王庙沟西侧窟前蓄水池遗址出土辽金时期白釉瓷器

1 ～ 5.Aa 型白釉碗 1987DYL 蓄水池③：1、1987DYL 蓄水池③：14、1987DYLTG1 ③：15、1987DYLTG1 ③：22、1987DYLTG1 ③：16　6、7.B 型白釉碗 1987DYLTG1 ③：19、1987DYLTG1 ③：20　8.A 型底足 1987DYLTG1 ③：17

标本 1987DYLTG1③: 20，撇口，方圆唇。胎色浅灰。上化妆土，内外施釉，釉色黄白，釉面光洁。口径 18、残高 5.3 厘米（图一四〇，7；彩版一二五，5）。

底足残片　白釉碗底根据足墙变化可分三型。该区域见有 A 型。

A 型　6 件。足墙外低内高。

标本 1987DYLTG1③: 17，斜腹微弧，圈足。胎色较白。内外施白釉，釉面泛黄。内底残留 3 处垫珠痕。足径 6.9、残高 4 厘米（图一四〇，8）。

腹部残片　8 件。

2）白釉瓶

1 件。

标本 1987DYLTG1③: 18，方唇，直口，颈施一周凸棱。土黄胎，夹黑砂。内壁仅口沿处施化妆土，内外施釉，白釉泛黄。口径 10.2、残高 3.3 厘米（图一四一，1）。

3）白釉罐

1 件。

标本 1987DYLTG1③: 1，腹部残片，壁面微弧。胎色灰白，胎体较坚，夹黑砂。仅外壁施釉，白釉泛青，釉面有开片现象及磨损痕迹。壁厚 0.8、残高 7.4 厘米（图一四一，2）。

4）复色釉罐

1 件。

标本 1987DYL 蓄水池③: 5，斜腹，平底。胎色灰黄，胎体厚重，夹黑白砂。外上化妆土，施白釉，釉色泛灰，布满开片。内施酱釉，施釉不匀，胎面和釉面都不光洁。壁厚 1.4、残高 6.8 厘米（图一四一，3）。

5）绿釉罐

1 件。

标本 1987DYLTG1③: 14，残存口沿，芒口，口微敛，圆唇外凸，束颈。白胎泛黄，胎体较厚。内外施釉，釉色绿。口径 15、壁厚 1.1、残高 2.9 厘米（图一四一，4；彩版一二五，6）。

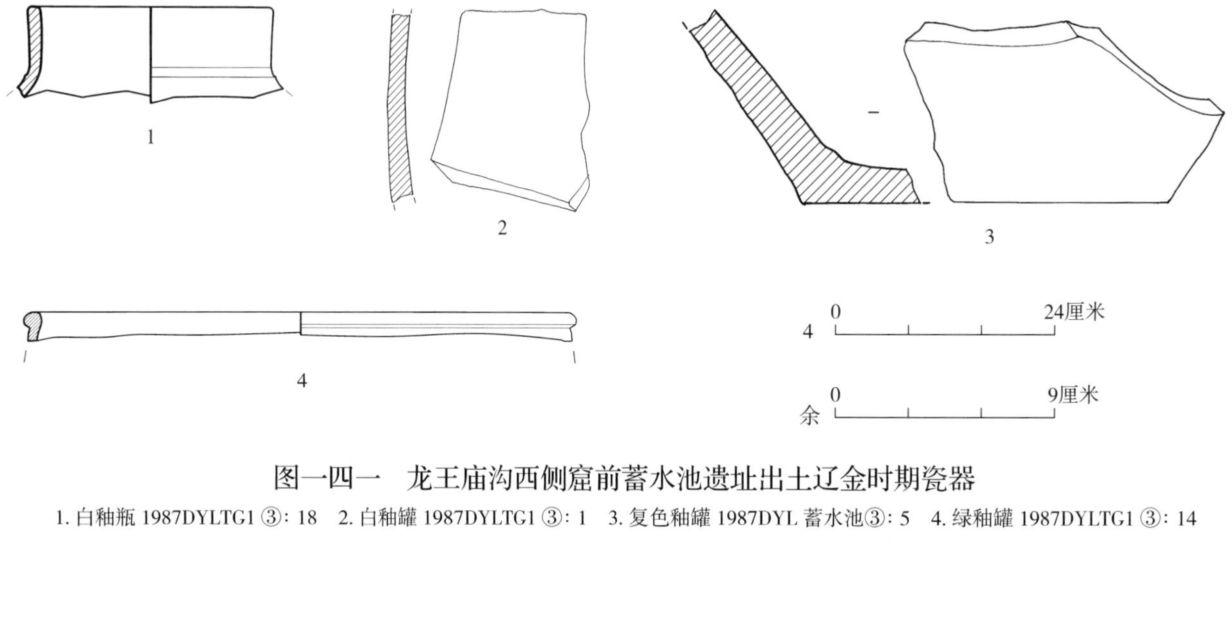

图一四一　龙王庙沟西侧窟前蓄水池遗址出土辽金时期瓷器

1. 白釉瓶 1987DYLTG1③: 18　2. 白釉罐 1987DYLTG1③: 1　3. 复色釉罐 1987DYL 蓄水池③: 5　4. 绿釉罐 1987DYLTG1③: 14

三　僧房遗址（F3）

（一）僧房遗址（F3）

F3位于蓄水池之北，开口于1987T1第③层之下。在第③层以上地层全部揭去后，在第③层表面布3米×3米探方10个（彩版一二六，1），F3即位于1987T166、T167、T168、T171、T172、T173、T176、T177、T178探方中（1987T181位于1987T176之北）。房子坐南朝北，呈长方形，东西宽4.36、南北长6.47米，面积约28.2平方米（图一四二；彩版一二六，2）。

1. 墙壁

（1）南墙

直接起于岩石基面，底部未见地基凹槽，由黏土堆砌而成，质地纯净，墙体未见分层和夯窝，外表皮抹一层厚约0.01米的草拌泥。整个墙壁面呈色红黑相间，似是遭过火焚。东端墙体偏南处有一个圆形柱洞，编号柱洞2，直径0.24米，无侧角。与墙体相接的东墙在石片砌成的墙基上置一方石，编号柱础石2，长0.46、宽0.38、高0.2米，石面凿痕规矩而纤细。南墙西段不存。南墙残长2.1、厚0.35、残高0.8米。

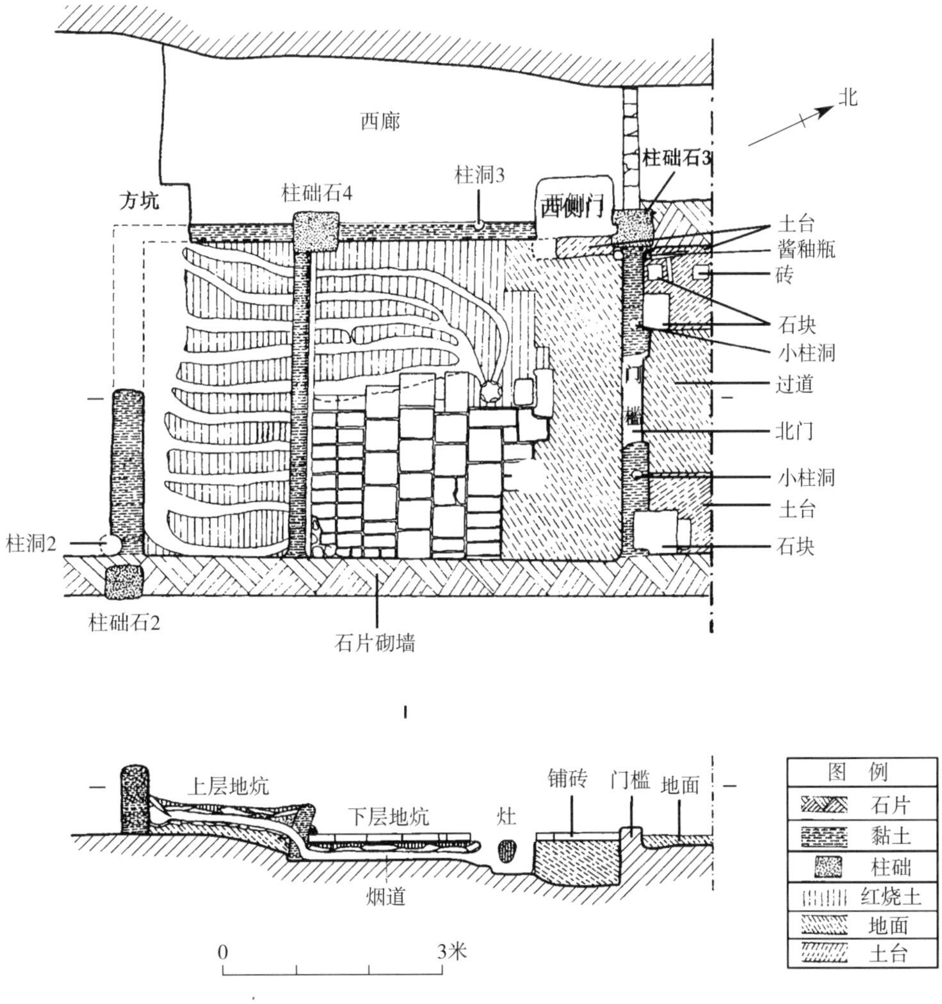

图一四二　龙王庙沟西侧窟前僧房遗址F3平、剖面图

（2）东墙

仅存墙基，保存较好，由片石砌成，内外抹草拌泥。南端与蓄水池的南墙间隔柱础石 2 相连，墙基发掘长 6.5、厚 0.45、残高 0.6 米。

（3）西墙

墙体单薄，构造与僧房南墙相同。墙体北端置一石雕柱础，编号柱础石 3，北距柱础石 3 约 3.2 米处又置一石雕柱础，编号柱础石 4。柱础石 4 将西墙分为南北两段。北段墙体较为完整，其北端的柱础石 3，柱础石长 0.52、宽 0.45，柱础石南侧凿一凹槽，槽长 0.08、宽 0.11 米。柱础石 3 南开侧门，侧门地面凿有南北向凹槽，低于地面 0.08 米，内垫有细腻的褐色土，门长 0.94、宽约 0.71 米。所以，柱础石 3 的凹槽可能用以安装门框的。紧靠西侧门凹槽南面的室内地面起一土台，台长 0.7、宽 0.2、残高 0.1 米。距西侧门门槛约 0.6 米的墙内有一圆形柱洞，编号柱洞 3，内残存木炭屑痕，直径 0.1 米。南段墙体与北段墙体间置一砂岩柱础石 4，柱础长 0.53、宽 0.46 米，顶面光洁，凿痕纤细，其底部有厚约 0.02 米的垫土。柱础石 4 以北的北段墙体总长 2.38、厚 0.2、残高 0.48 米，以南的南段土墙体残长 1.26、厚 0.2、残高约 0.02 米，西墙总残长 4.17、厚 0.2 米。

西墙以西与崖壁间宽 1.6 ～ 2 米，南北长 5.3 米，称为西廊。沿着北端柱础石 3 向西至崖壁与僧房北墙相连续有一段用半砖砌的墙体，厚 0.2 米，将此空间封闭。墙体单薄粗糙，黄泥粘连，不勾缝，似为后期加的临时性墙体，以西侧门与 F3 相通。此空间可能是一个生活活动区域，在第③层瓦砾之下发现有黑色的煤渣痕迹，其中还有白釉器碎片、砚台、铜钱等物（彩版一二七，1、2）。

（4）北墙

保存较完整，凿平岩体作墙基。西端有柱础石 3 与西墙相接，墙正中凿出门槛，为北门。门槛东西两侧起土墙，距门框两侧左右各约 0.45 米处的土墙内侧各有一个小柱洞，直径 0.1、深 0.1 米，洞内残存木炭痕迹。墙基长 3.6、宽 0.26、高 0.1 米，门长 1.02、宽米 0.23，西段墙长 1.27，东段墙长 1.31、厚 0.2、残高 0.15 米（彩版一二八，1）。

西墙北端柱础石 3 以北仍可见厚约 0.5 米用片石砌成的墙基，而且东墙的墙基也向北延伸，所以至少在北墙以北仍有外间建筑，位于 T176、T177、T178、T181 四方之北。由于时间关系，没能继续开方。就现状观察，外间东西宽 4.8 米，东、西墙体均为石块砌成。出僧房北门在 F3 外北面正中有一过道，宽 1.8 米，过道南北各起一土台，台沿与北墙内的柱洞成一直线。台高 0.06、宽 1 米。台面上有石块，在西台角上发现了木构遗痕，呈丁字状，整体形状不明，还有一个酱釉瓶，内装有石灰[1]（彩版一二八，2）。

2. 室内设施

F3 为一居住建筑，居室内分南北两部分。北部为地面，南部设地炕。

（1）地面

地平面呈竖置的“凹”字形，北侧齐直，西侧开西侧门，垫土平坦。东西宽 3.74、南北中央长 0.8、两侧长 1.4 米。

（2）地炕

[1] 本粉末样品由北京科技大学科技史与文化遗产研究院程枭翔，云冈研究院乔尚孝同志手持式荧光光谱仪（pXRF）、扫描电子显微镜——能谱仪（SEM-EDS）、拉曼光谱仪（Raman）等科学仪器进行分析测试，测试结果为石灰（$CaCO_3$）。

地炕坐南朝北，平面相对地面呈竖置的“凸”字形，中央正对北门口。僧房内部分为上下两层，上下层基本以西墙的柱础石 4 为北端东西向小墙为界，宽 0.2 米，地炕也以此小墙可分为上下两炕。下炕与地面齐平，炕面铺砖。具体做法：砌好炉灶，盘好烟道，在其上覆炕板石，糊泥抹平，在其上薄施白灰浆，然后覆砖，发掘出的铺砖地面凹凸不平（彩版一二九，1）。中央未铺砖的地方下设灰仓、炉灶，灰仓向北凸出的地方及灶仓周围铺砖。北部多方砖，南部与上炕相接处铺长条砖。北部方砖南北向 5 行东西向错缝平铺，其边缘和与房屋墙体相接处则改为长条砖，南部为两行条砖东西向对齐平铺，方砖边长约 39.5 厘米，20 块。条砖长 31、宽 15 厘米，共 31 块，另夹杂半砖块，砖面高低不平。下炕长 3.8、宽 3.7 米，面积 14.06 平方米（彩版一二九，2）。上炕较下炕高 0.6 米。上炕底部铺垫 0.13 ～ 0.15 米厚黏土，然后铺设烟道，下炕的烟道向上斜穿小墙与上炕的烟道想通，共有 10 条烟道南北向汇集于南墙根下的总烟道。上坑烟道下铺小石片，上覆炕板石，板上覆泥，而不再铺砖。上炕长 1.7、宽 3.7 米，面积 6.29 平方米（彩版一二九，3）。

（3）取暖设施

取暖设施是位于僧房下层下炕之北，由炉灶和烟道两部分构成。炉灶可分为火膛、灰道、灰仓三部分，开口于下炕铺砖之下（图一四三；彩版一三〇，1、2）。火膛在南，灰仓于北，中间为灰道。灰仓呈长方形，东、西、北三面各立砌一块石片作为坑壁。仓内残留有厚 0.17 米燃过的炭渣。火膛与灰仓间灰道为椭圆形，呈坡状，直径约 0.1 米。火膛为平面呈圆形的袋状坑，四周壁及台面为烧得坚硬的红烧土，膛内设放射状烟道四条，直径约 0.25、深 0.23 米。四条烟道走向为东、东南、西南和西向，烟道口高 0.13、宽 0.07 米。西烟道长 4.4 米，没有分支。西南主烟道分出四条支道，出火膛 0.5 米后分为左、中、右三支，右道长 4.2 米，中道长 3.1 米，左道又在 0.63 米处分出两条支道，各长 3.6 米。另外两条主烟道未经解剖，但在上炕进行解剖时，东侧亦发现五条烟道汇集于总烟道上，当为这两条主烟道出膛后的分支。所有烟道呈东西向延伸至上炕位于南墙根下的总烟道，烟道两侧为烧结的红烧土，总烟道长 3.5、宽 0.46、深 0.15 米，由于上炕西南角残毁，现残长 1.63 米。在现存的西墙南端的西南角发现一个石凿的方坑，坑长 0.28、宽 0.5、高 0.38 米，内有黑色的烟灰痕迹，

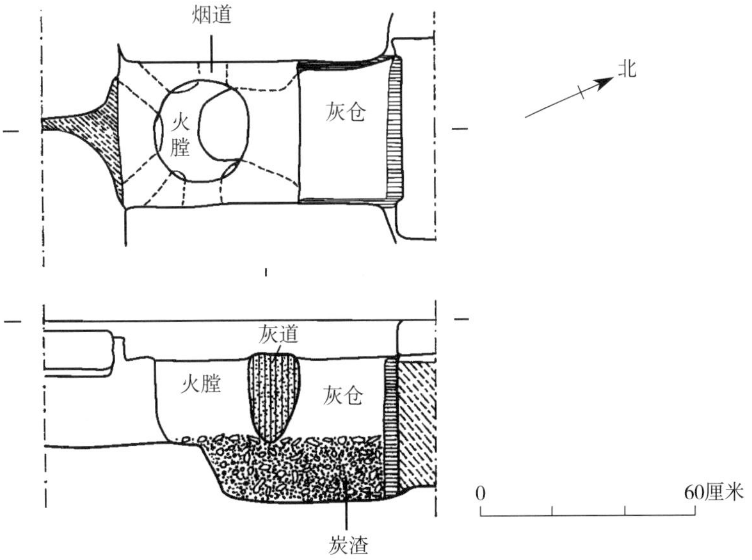

图一四三　龙王庙沟西侧窟前僧房遗址F3炉灶平、剖面图

此坑正处于 F3 之西墙外，也正是总烟道及西主烟道和西南主烟道右支末端所指方向，初步估计此处即为烟囱的位置所在。

3. 崖壁檩孔

从 F3 所在的崖壁立面上可见四个长方形檩孔（图一四四；彩版一三〇，3），整体布局呈两面坡状下伸。从南至北依次编号檩孔 1、檩孔 2、檩孔 3、檩孔 4。

檩孔 1　位于第 5-23 窟上部，底皮距第 5-23 窟顶部 0.35 米，距窟外地面 2.6 米，檩孔呈长方形，高 0.22、宽 0.19、深 0.21 米。

檩孔 2　位于第 5-22 窟上部北侧，南距檩孔 1 中心间距 2.2 米，底皮距窟外地面 3.15 米。檩孔呈长方形，高 0.31、宽 0.26、深 0.3 米。

檩孔 3　南距檩孔 2 中心间距 1.8 米，底皮距窟外地面 2.53 米。檩孔呈长方形，高 0.3、宽 0.23、深 0.25 米。

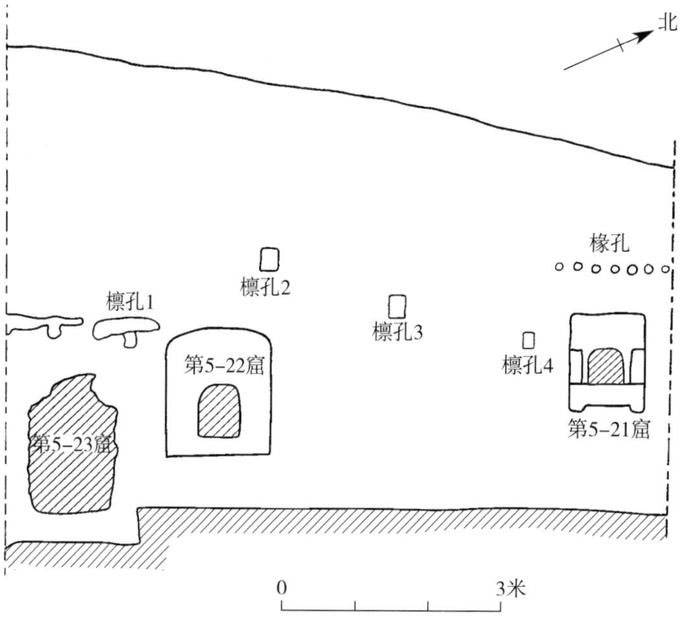

图一四四　龙王庙沟西侧洞窟外立壁僧房遗址F3檩孔分布图

檩孔 4　南距檩孔 3 中心间距 1.87 米，底皮距窟外地面 2.13 米。檩孔呈长方形，高 0.22、宽 0.15、深 0.26 米。

其最南檩孔 1 与最北端檩孔 4 的檩孔正与 F3 之南北墙相对应于一条直线上，脊檩檩孔 2 的位置正于 F3 之上、下炕的分界处。由此判断，F3 利用了崖面，是一座坐南朝北的两面坡建筑居址（彩版一一二，1）。最北端檀孔 4 以北的第 5-21 窟之上有 7 个圆形椽孔眼，下距南侧的檩孔 4 中心间距 0.87 米，孔径 0.09 ～ 0.14、深约 0.14 米。这些椽孔是否与僧房北门以北的建筑有关，因发掘不完整，面貌不清。

另外，在 T172、T167 内发现瓷枕 3 件，灯碗 2 件，残砚 3 块及白釉盏等，可以确定 F3 是一处居住遗址。

（二）F3 出土遗物

1. 建筑材料

龙王庙沟西侧窟前僧房遗址出土建筑材料主要有筒瓦、板瓦、檐头筒瓦、檐头板瓦、脊兽残件及少量的琉璃瓦件。1987T1 开于蓄水池与 F3 之间，在蓄水池的水池中有一层呈坡状堆积的瓦砾及红烧土，应该是 F3 倒塌而堆成的，所以，此部分建筑材料放在 F3 遗物中介绍。

（1）板瓦

2 件。根据板瓦宽端端头直切或斜切分两型。此区域 F3 出土板瓦均为窄端残件，无法纳入现有分型。板瓦夹粗砂灰陶，瓦身窄端削薄抹圆。侧面切痕约 1/4。

标本 1987DYLT171 ③：6，瓦残长 20、残宽 16.5、厚 1.2 ～ 2 厘米（图一四五，1；彩版一三一，1）。

标本 1987DYLT171 ③：4，瓦体较厚，近窄端 8.3 厘米处，有一周凹槽。两侧切痕较浅，破面未修整，残长 28、宽 25.8、厚 2.8 厘米（图一四五，2；彩版一三一，2）。

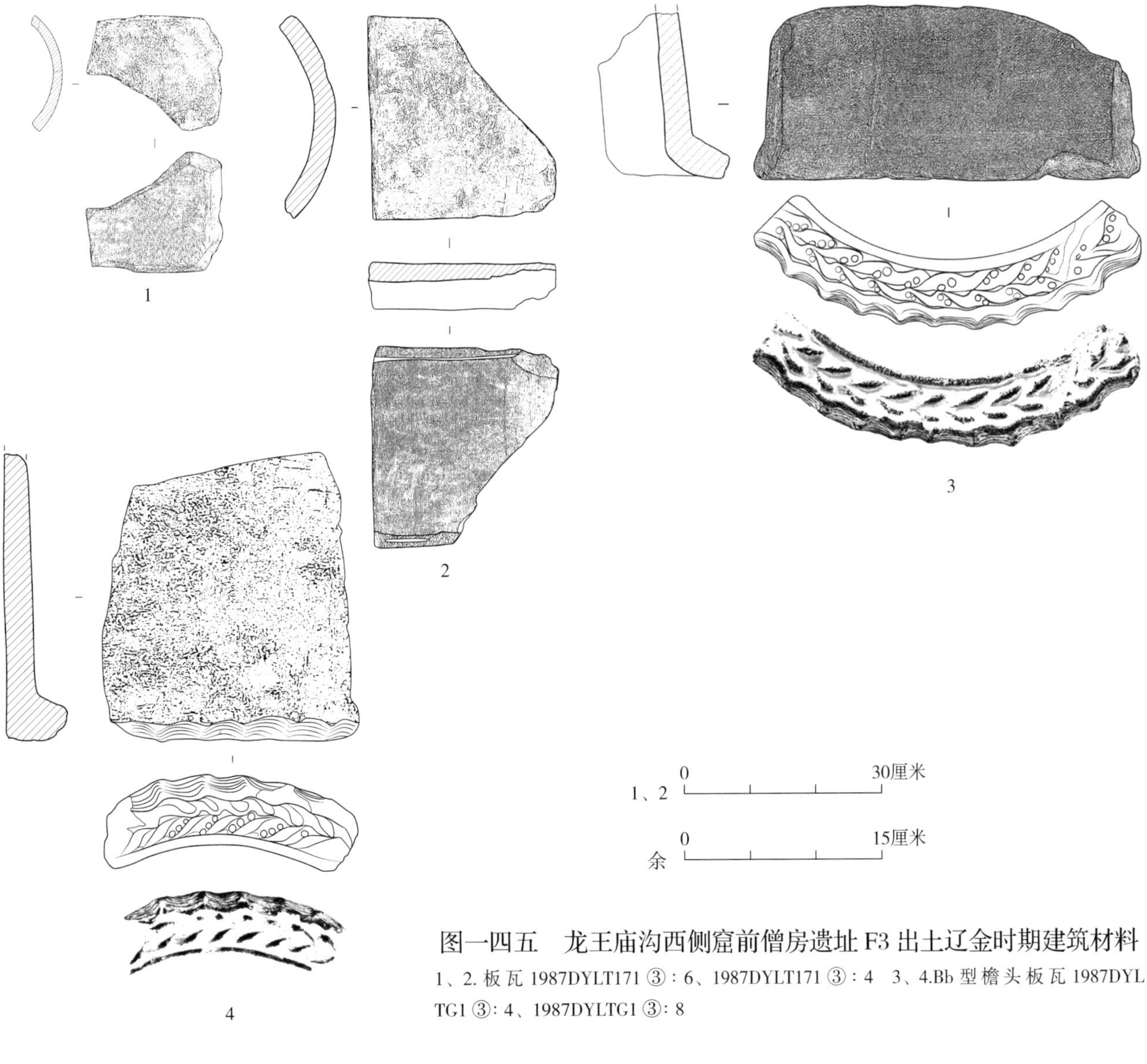

图一四五　龙王庙沟西侧窟前僧房遗址 F3 出土辽金时期建筑材料

1、2. 板瓦 1987DYLT171 ③：6、1987DYLT171 ③：4　3、4.Bb 型檐头板瓦 1987DYLTG1 ③：4、1987DYLTG1 ③：8

（2）檐头板瓦

2件。山顶遗址辽金檐头板瓦分四型。此区域F3出土B型，根据泥条戳切工具或方向等不同分亚型。

Bb型　2件。端面划出4道泥条，第2、3道泥条戳切，中间不夹泥条。

标本1987DYLTG1③：4，戳切泥条的工具为带有三个尖圆头并列的工具，第2、3道泥条相错而戳切且面积较大，留存的断续泥条向上和向下，整体呈麦穗状。最下方的泥条以缠细绳的棒状物斜向按压，形成10个波纹。瓦残长12.6、宽27.5、厚2、端面高5.2厘米（图一四五，3；彩版一三一，3）。

标本1987DYLTG1③：8，瓦残长20.8、宽18.6、厚2.3厘米（图一四五，4；彩版一三一，4）。

（3）筒瓦

2件。胎质、瓦色同板瓦，凹面布纹经纬较粗，凸面抹平修整，瓦舌内凹。山顶遗址根据瓦身两侧内棱有无砍斫分两型。此区域见B型。

B型　2件。瓦身较厚，两侧内棱砍斫痕迹明显，不见切痕。

标本1987DYLT181③：9，残长24.6、直径16.1、厚2.6、瓦舌长1.2、厚1.3、肩高2厘米（图一四六，1；彩版一三一，5）。

标本1987DYLT177③：6，瓦色发灰红，残长33.2、直径15.2、厚2.6、瓦舌长1、厚1.1、肩高1.4厘米（图一四六，2；彩版一三一，6）。

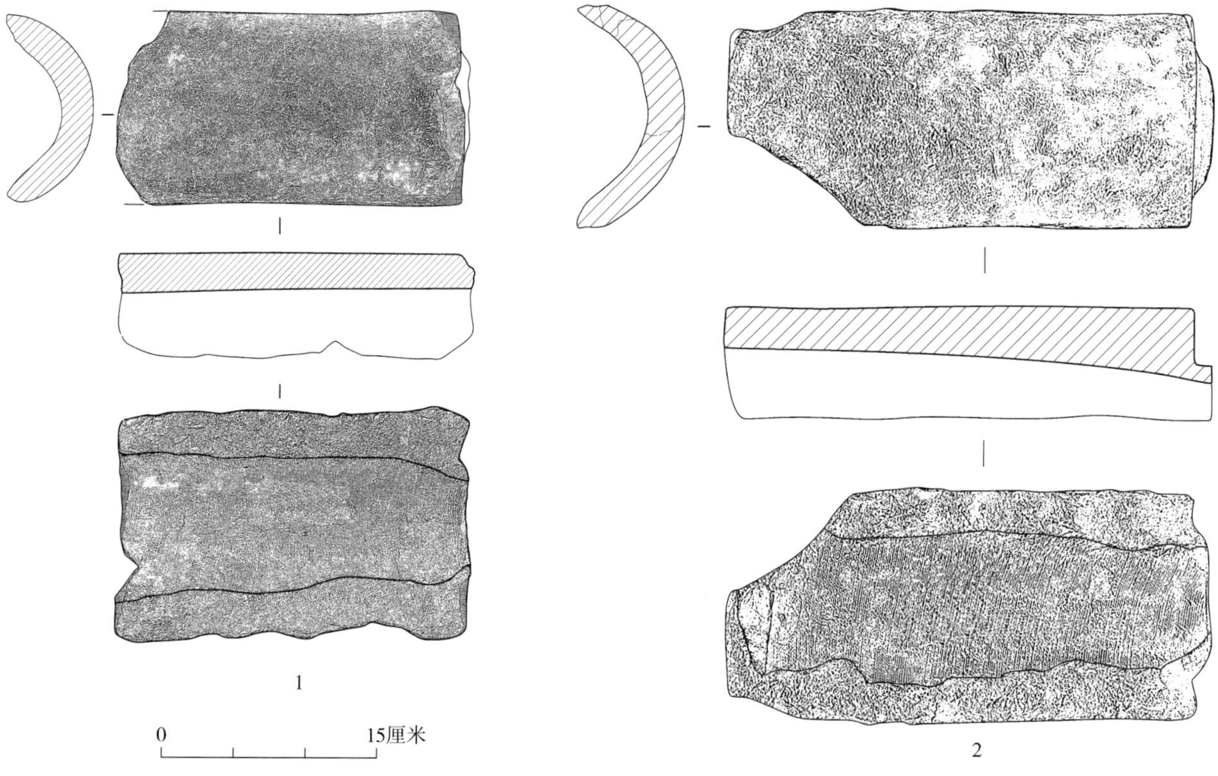

图一四六　龙王庙沟西侧窟前僧房遗址F3出土辽金时期建筑材料

1、2.B型筒瓦1987DYLT181③：9、1987DYLT177③：6

（4）檐头筒瓦

6件。灰陶，由瓦当和筒瓦粘接而成，胎质与瓦色同板瓦，当面图案有兽面纹、龙纹，瓦当边轮宽平且比当面低。与筒瓦相接处多呈直角状，相接处抹平修整，瓦当背面多数还留有刻划的放射状竖线纹。烧成紧致，磨损严重。

1）兽面纹瓦当

5件。山顶遗址辽金兽面纹瓦当分五型。此区域遗迹出土A、Bd型。

A型　1件。

标本1987DYLT181③：20，兽面额前毛发相对内卷和斜直向上，眉间相连，弯曲上扬，小圆眼，菱形状鼻头突出，小耳于两眉外侧，双唇闭合，獠牙两撇，嘴角出髭，下颌胡须呈八字状，外侧须内卷。兽面面部两侧各有两个鬓毛上卷，外绕以大联珠纹圈，联珠压平。边轮宽平微下斜。直径15、厚1.4、边轮宽2.3厘米（图一四七，1）。

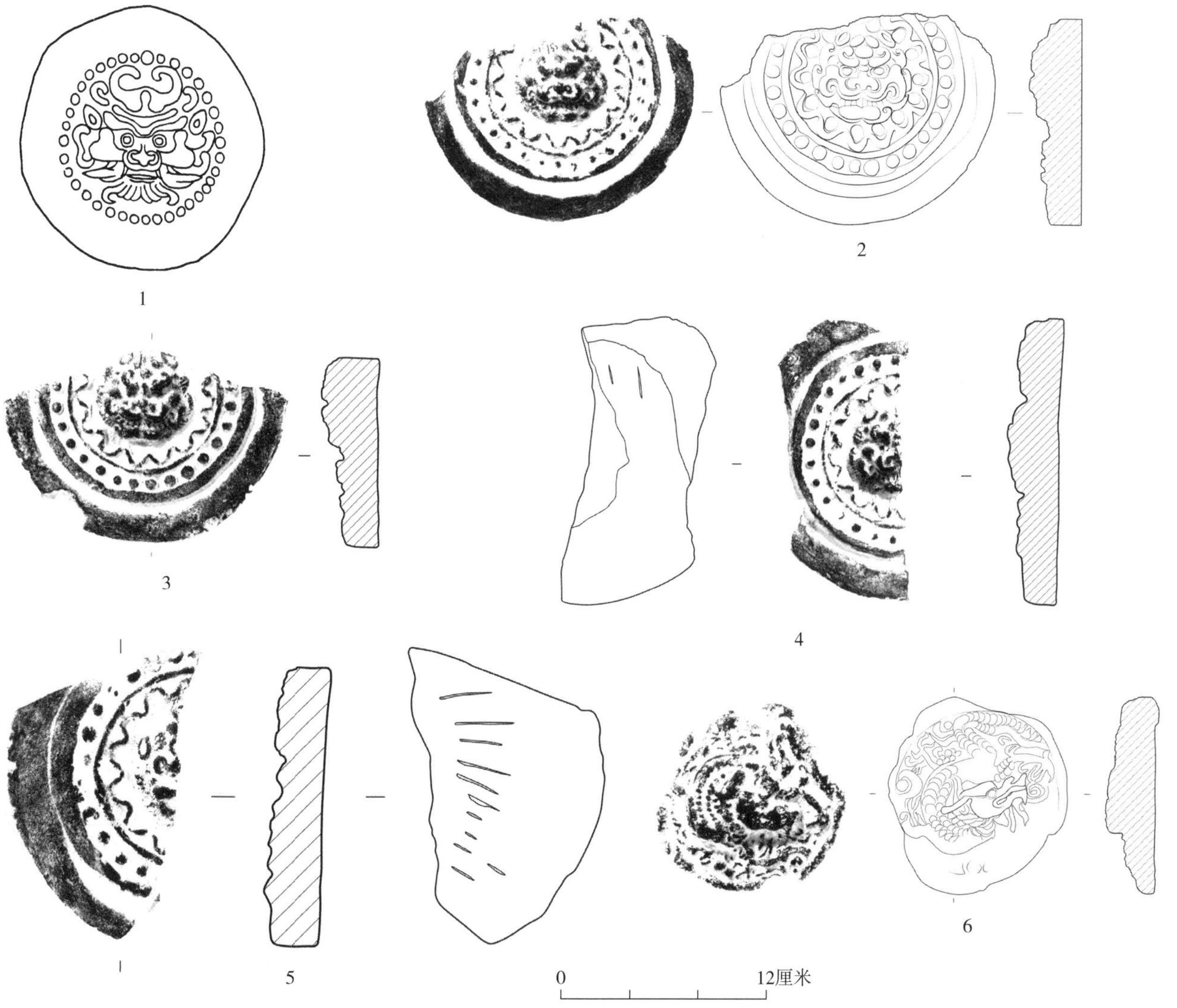

图一四七　龙王庙沟西侧窟前僧房遗址F3出土辽金时期建筑材料

1.A型兽面纹瓦当1987DYLT181③：20　2～5.Bd型兽面纹瓦当1987DYLTG1③：7、1987DYLTG1③：9、1987DYLTG1③：10、1987DYLTG1③：11　6.龙纹瓦当1987DYLT166③：4

Bd 型　4 件。泥质灰陶。呈灰色，烧成坚致。胎土细密，含少量砂粒。当面中央为隆起的小兽面，之外依次围绕着与波状纹相配的凹形联珠纹圈、一周细凸棱圈、28 个联珠纹圈以及一周宽圈线。兽面两耳朝天，额头有“人”字纹，卷眉上扬，小圆眼，三角弧鼻，阔口露齿，嘴角上挑，面部两侧有一撮撮卷毛。边轮窄平，比当面稍低。瓦当背面仔细抚平调整，与筒瓦部接合的角度几乎呈直角。筒瓦凸面仔细修抚。侧面削平且削出倒角。

标本 1987DYLTG1 ③：7，当面残存 20 个联珠纹，外侧宽圈线之外修整出一周凹槽。直径 16、中心厚 2.9、边缘厚 1.6、边轮宽 2 厘米（图一四七，2；彩版一三二，1）。

标本 1987DYLTG1 ③：9，当面残留兽面额头以下及 16 个联珠纹。直径 16.5、中心厚 3.1、边缘厚 1.3 ～ 1.7、边轮宽 2.2 厘米（图一四七，3；彩版一三二，2）。

标本 1987DYLTG1 ③：10，当面残存右半部，残留右半张兽面及 15 个联珠纹。直径 16.5、中心厚 3.2、边缘厚 1.7、边轮宽 2.5 厘米（图一四七，4；彩版一三二，3）。

标本 1987DYLTG1 ③：11，瓦当残存右上角部分，当面残留兽面一处耳朵及 12 个联珠纹。直径 16.5、中心厚 2.9、边缘厚 1.7、边轮宽 2 厘米（图一四七，5；彩版一三二，4）。

2）龙纹瓦当

1 件。

标本 1987DYLT166 ③：4，浅灰陶。边轮低平且窄，较当面低。当心龙纹高雕，龙头磨损，龙身从颈下绕过头后蟠曲于龙头之上，龙身饰鳞。四条龙腿呈放射状四向伸出，可辨四爪。直径 11、中心厚 2、边缘厚 1、边轮宽 0.7 厘米（图一四七，6；彩版一三二，5）。

（5）压带条

2 件。红陶，胎质含细砂，夹杂有白色小石英颗粒。凹面布纹，凸面残留白灰。两端头较齐整，两侧面切痕很宽，几乎全切。

标本 1987DYLTG1 ③：5，凹面一端距端头近 1.5 ～ 2 厘米处有一凹槽，且端头的泥稍有弯回，制作时此端为底部，略宽。另一端端头及距端头 2 厘米处经抹平修整，端头粘有白灰，略窄。侧面从内向外切，留 1/4 破面未修整。瓦长 30.5、宽 13.8、厚 2.5 厘米（图一四八，1；彩版一三三，1）。

标本 1987DYLTG1 ③：12，凹面一端距端头近 0.7 厘米处有一凹槽，且端头的泥稍有弯回，制作时此端为底部。侧面从外向内切，内侧破面修整。瓦残长 18.8、宽 14、厚 2.5 厘米（图一四八，2；彩版一三三，2）。

（6）脊饰

5 件。

标本 1987DYLTG1 ③：3，模制。红胎。残存左侧脸，嘴角与腮颊部残留黄釉。大眼眶，嘴大张，脸颊凹凸不平，脸侧须毛用阴刻卷曲线表现。须毛背面平。残高 30.3、长 26.1、厚 5.3 厘米（图一四八，3；彩版一三三，3）。

标本 1987DYLF3 ③：3，模制。红胎，黄绿釉。残存一直角，呈片状，背面平。底平，有积釉。侧面向后弯回。前面塑三个尖角，上面刻短线，其外呈圆弧角状，上刻弯曲弧线表示须毛。残留有 3 个小圆孔。残高 13.2、长 14.2、厚 2.5 厘米（图一四八，4；彩版一三三，4）。

（7）泥背烧土块

3 件。

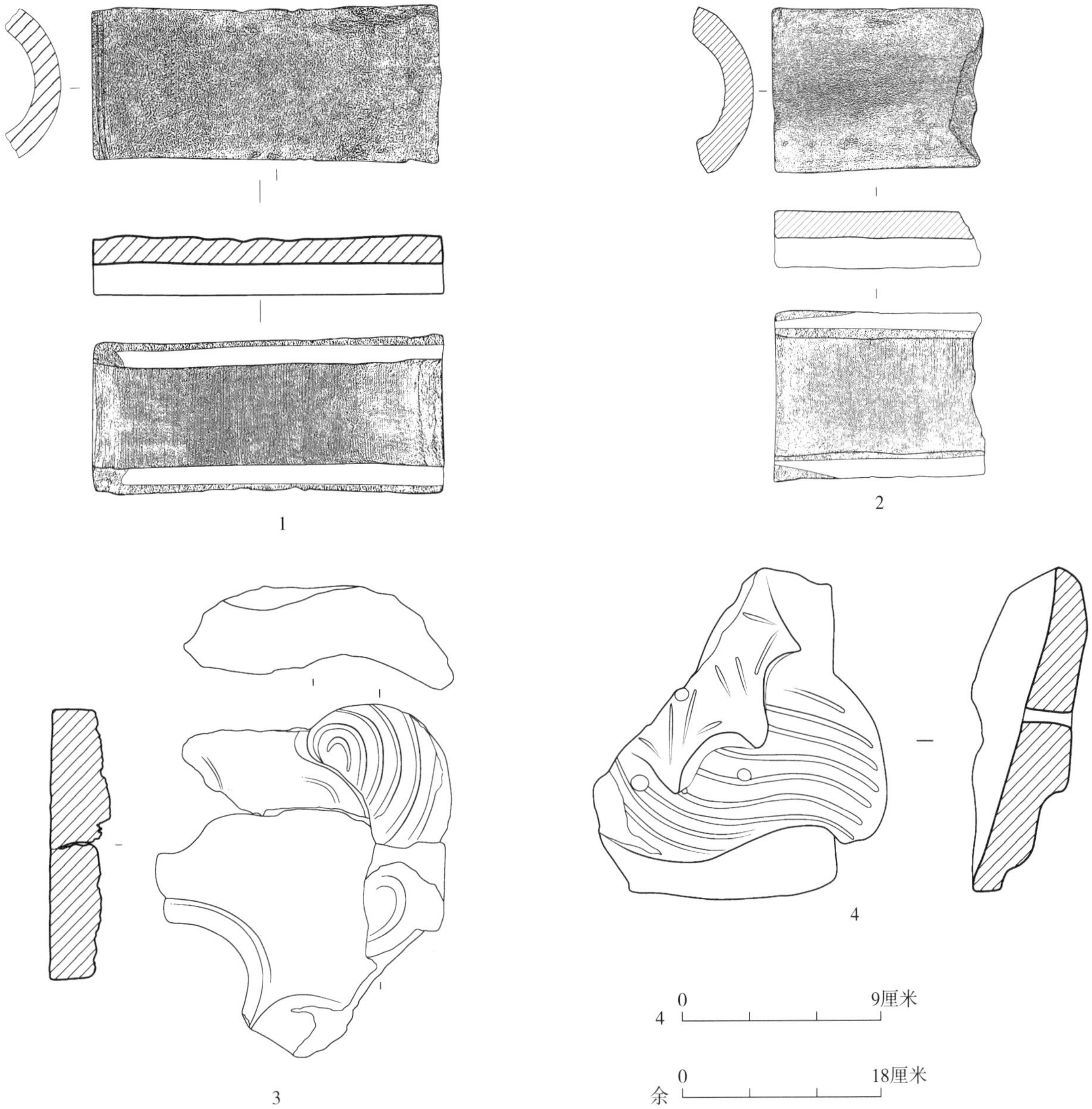

图一四八 龙王庙沟西侧窟前僧房遗址 F3 出土辽金时期建筑材料

1、2. 压带条 1987DYLTG1 ③：5、1987DYLTG1 ③：12 3、4. 脊饰 1987DYLTG1 ③：3、1987DYLF3 ③：3

标本 1987DYLT181 ③：15 ～ 17，均为小残块，共 3 块。土黄胎夹红，胎中夹黑白砂及碎石，可见羼麻或麦草。厚 3.2 ～ 6.8 厘米（彩版一三三，5）。

2. 生活生产用具

（1）陶器

15 件。器形有盆、碗、罐、盏托、壶、砚等。

1）陶盆

9 件。泥质灰陶。多数仅存口沿及底部。其中 3 件为陶盆底部，6 件为卷沿陶盆口沿，山顶遗址辽金卷沿陶盆分三型，A 型据口沿和腹壁不同分三个亚型，此区域仅见 Aa、Ac 型。

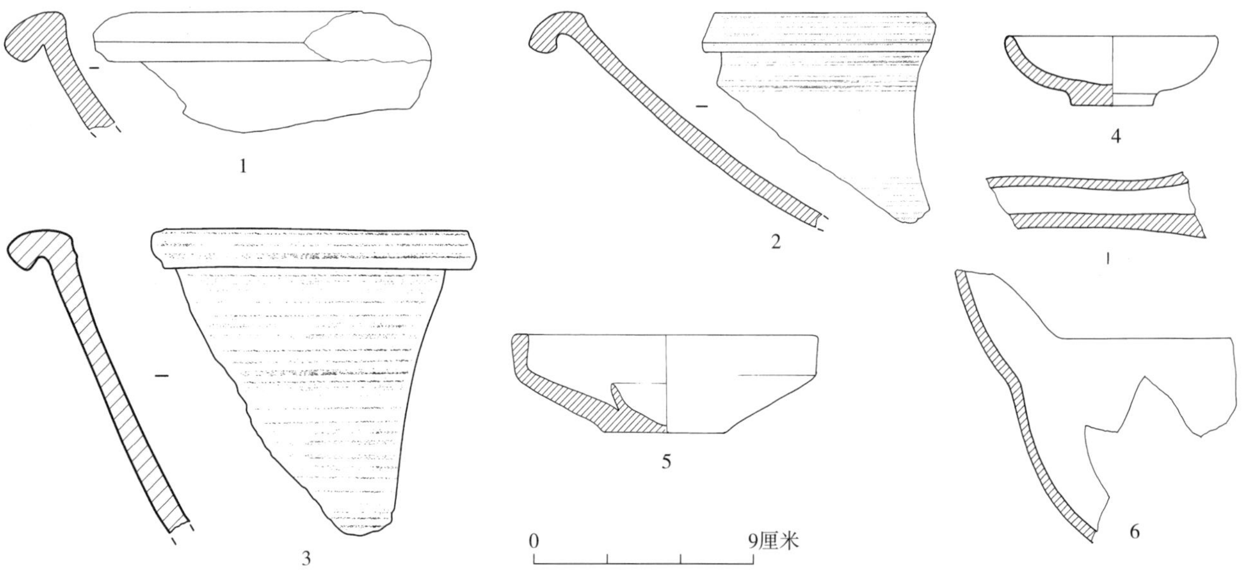

图一四九　龙王庙沟西侧窟前僧房遗址F3出土辽金时期陶器

1.Aa型卷沿陶盆1987DYLT171③:7　2、3.Ac型卷沿陶盆1987DYLT167③:6、1987DYLF3③:5　4.灰陶小碗1987DYLT177③:16　5.盏托1987DYLT171③:2　6.陶壶1987DYLT167③:5

Aa型　4件。敞口或敛口，圆唇，沿外卷。

标本1987DYLT171③:7，口微敛，圆唇，口沿外卷，沿面弧，口沿内侧与器壁有折有圆棱，沿面与器内壁有凸棱，沿下与器外壁略呈直角状。弧壁。器内壁及口沿面饰横向暗弦纹，暗弦纹较细密。唇厚1.4、宽2.7、壁厚0.9、残高4.8厘米（图一四九，1；彩版一三四，1）。

Ac型　2件。敞口，斜方唇。

标本1987DYLT167③:6，深灰色，沿面圆弧，内壁近口沿处有一周凸棱，斜壁，器内壁及口沿面饰横向暗弦纹，沿面磨光。唇宽2.4、壁厚0.6、残高8.4厘米（图一四九，2；彩版一三四，2）。

标本1987DYLF3③:5，斜方唇外卷，口沿与内壁相交处有二周凸棱，壁面斜直。器内壁及口沿面饰横向细暗弦纹。唇宽2.7、壁厚1.1、残高12.2厘米（图一四九，3；彩版一三四，3）。

2）灰陶小碗

1件。

标本1987DYLT177③:16，泥质灰陶。圆唇，敞口，弧腹，实足底，内底下凹。器内外壁布满拉坯手指纹，口径8.5、底径3.4、高2.7厘米（图一四九，4；彩版一三四，4）。

3）盏托

1件。

标本1987DYLT171③:2，泥质灰陶。方唇，直口，折肩，斜弧壁，小平底，内底套一小钵，钵尖唇，直口，斜腹，尖圜底。口径12.2、底径5、高3.8厘米。钵口径4.3、深2.3厘米（图一四九，5；彩版一三四，5）。

4）陶壶

1件。

标本 1987DYLT167 ③：5，残存 3 片。夹砂灰陶。敛口，沿面外低内高呈斜面，弧腹。一侧有流高于口部，倾斜向上。壶柄圆柱形，中空。口径 23、柄端宽 2.5、残高 10.7 厘米（图一四九，6；彩版一三四，6）。

5）澄泥砚

3 件。

标本 1987DYLT166 ③：6，砚身梯形，墨膛与墨池呈拱形，墨膛平滑，长 4.9 厘米，墨池呈尖槽状，长 2.5 厘米，砚底正中凹印款识“嘉制”。长 8、宽 5.5 ～ 6.2、高 1.8 厘米（图一五〇，1；彩版一三五，1、2）。

标本 1987DYLT167 ③：8，抄手砚，灰色澄泥制成。残件存 6 块。砚身呈长方形，墨膛呈圆形，周边施一周凹弦纹，内剔一周流槽。膛面中央微内凹，凹弦纹、流槽与墨膛上部向外延伸且呈斜坡状加深，为残损的墨池。从另一残块可见墨池呈椭圆形，残深约 2 厘米。砚底面形似簸箕，两侧边足墙剖面呈梯形，上粗下细。砚底足墙内侧或一周凹槽。中间对应有凹印款识，残存右行“西京仁和坊冯……”，左行缺。砚身整体打磨光滑，每个直角边两侧均削呈倒角。主要残块长 17、宽 10.5、厚 0.9 ～ 2.3、墨膛径 7.2、足墙外高 4、内高 3 厘米（图一五〇，3；彩版一三五，3、4）。

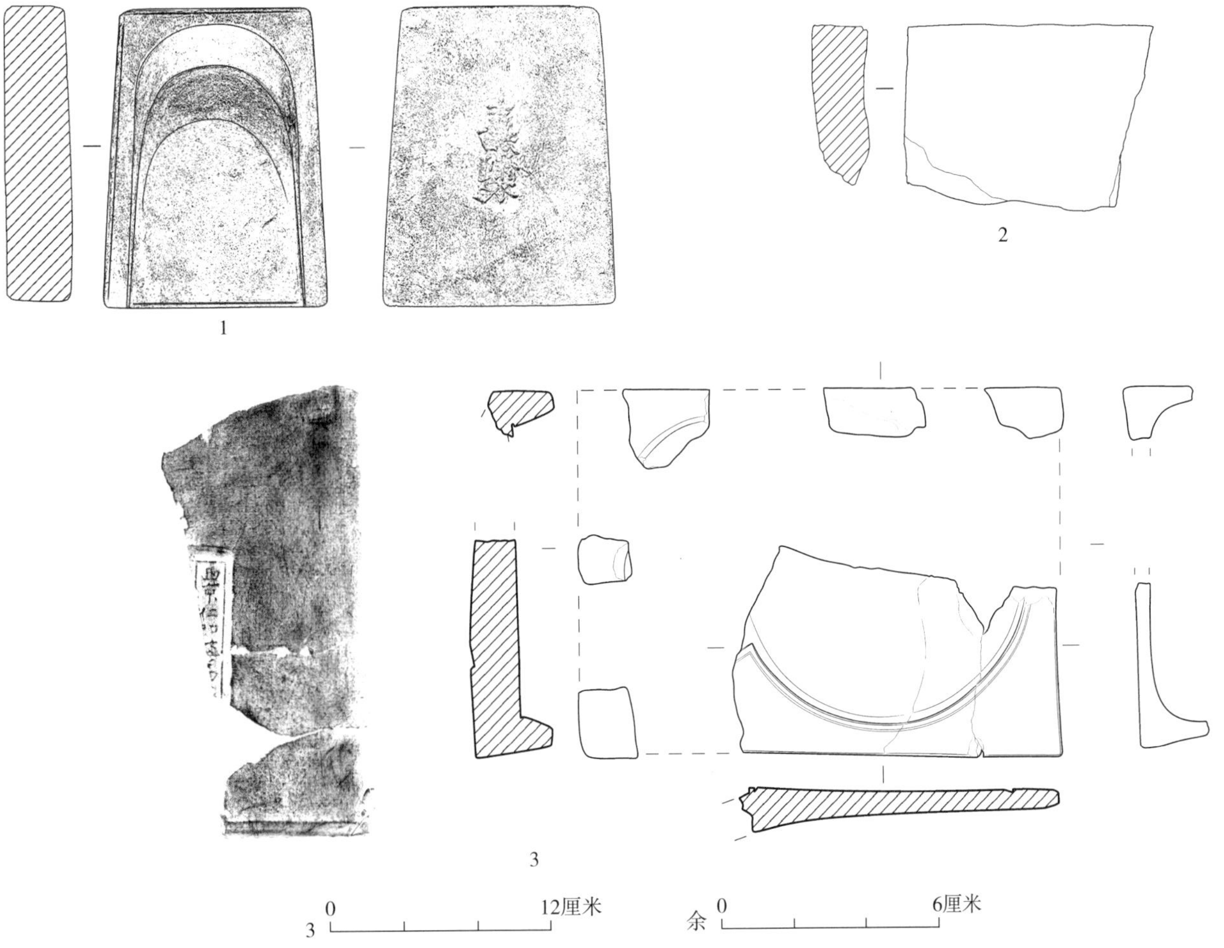

图一五〇　龙王庙沟西侧窟前僧房遗址 F3 出土辽金时期砚台

1 ～ 3. 澄泥砚 1987DYLT166 ③：6、1987DYLT181 ③：5、1987DYLT167 ③：8

标本 1987DYLT181 ③：5，仅剩一角，残片呈长方形，胎灰色，三面磨光。残长 6.7 厘米（图一五〇，2；彩版一三五，5）。

（2）瓷器

瓷器按釉色可分为白釉、白釉褐彩、黑釉、复色釉、茶叶末釉、酱釉、绿釉、青釉、黄釉。

1）白釉碗

50 件。山顶遗址辽金白釉碗分两型，此处见 Aa、Ab、B 型。

Aa 型　4 件。敞口，不凸唇。

标本 1987DYLT171 ③：22，尖圆唇，弧腹。胎色洁白，胎体薄，内外施白釉，釉色黄白。内壁印有花草纹，外壁有旋坯痕。残高 2.3 厘米（图一五一，1；彩版一三六，1）。

标本 1987DYLT171 ③：24，尖圆唇，弧腹。胎色洁白，胎体轻薄，内外施白釉，釉色较白。残高 2.4 厘米（图一五一，2）。

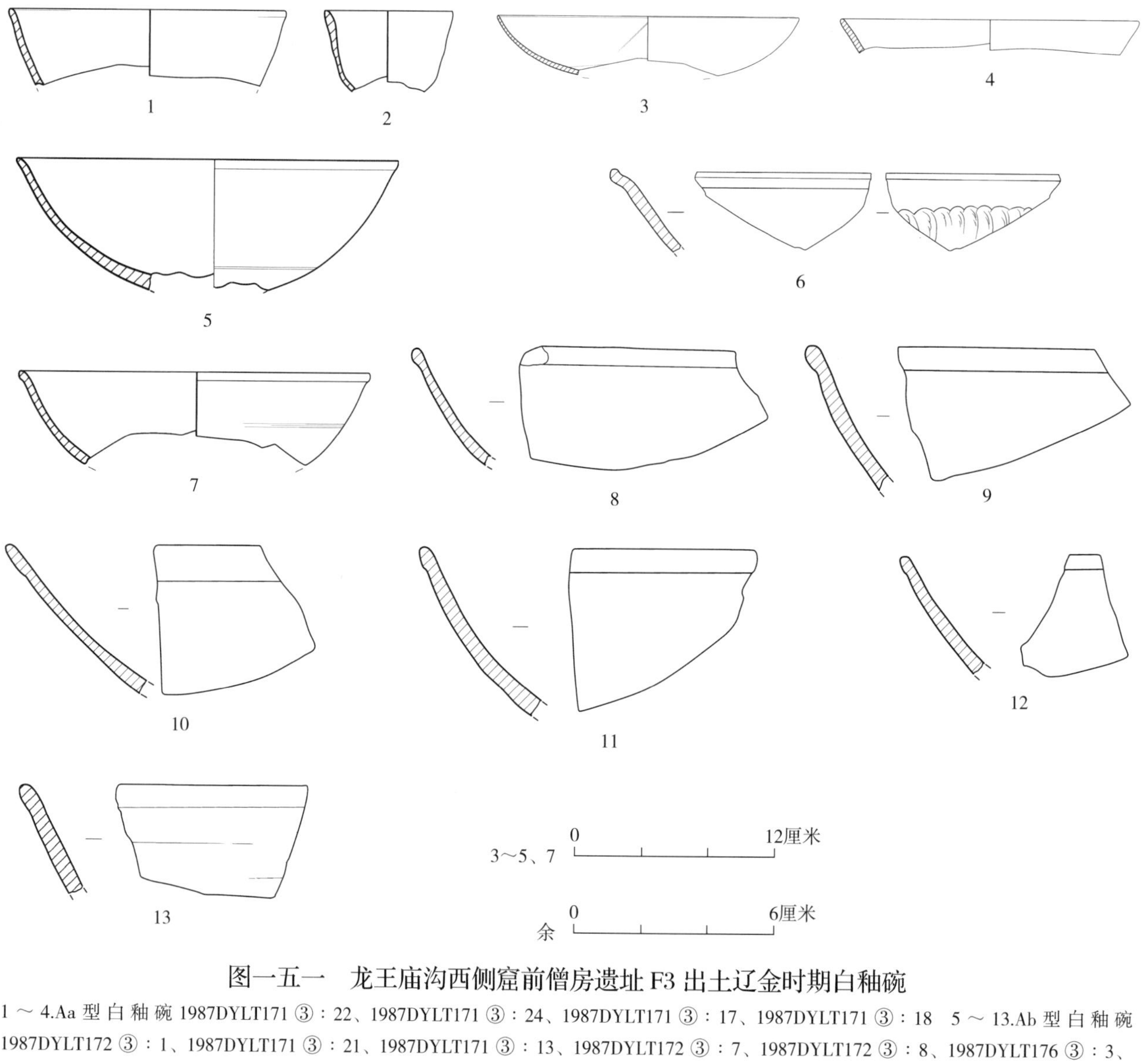

图一五一　龙王庙沟西侧窟前僧房遗址 F3 出土辽金时期白釉碗

1～4.Aa 型白釉碗 1987DYLT171 ③：22、1987DYLT171 ③：24、1987DYLT171 ③：17、1987DYLT171 ③：18　5～13.Ab 型白釉碗 1987DYLT172 ③：1、1987DYLT171 ③：21、1987DYLT171 ③：13、1987DYLT172 ③：7、1987DYLT172 ③：8、1987DYLT176 ③：3、1987DYLT177 ③：15、1987DYLT177 ③：8、1987DYLT181 ③：12

标本1987DYLT171③：17，尖圆唇，弧腹。胎色灰白，胎体坚薄，内外施白釉，釉色较白。芒口，内壁出筋，残存一道，内壁近底处有一周凹弦纹。口径18、壁厚0.2、残高3.4厘米（图一五一，3；彩版一三六，2）。

标本1987DYLT171③：18，圆唇，弧腹。胎色黄白，有较多黑砂，上化妆土，内外施釉，白釉泛黄。外壁口沿下有一周凹槽。壁厚0.3、残高2厘米（图一五一，4；彩版一三六，3）。

Ab型　9件。敞口，凸唇。

标本1987DYLT172③：1，尖圆唇外凸，弧腹，外壁有旋坯痕，腹部有一周不规整的凹弦纹。胎色白，内外施白釉，釉色黄白。口径23、残高7.1厘米（图一五一，5；彩版一三六，5）。

标本1987DYLT171③：21，尖圆唇，弧腹，口沿内外均有一周凹槽。胎色洁白，内施满釉，外不及底，釉色较白。内壁印有花草纹。残长5.2、残高2.3厘米（图一五一，6；彩版一三六，6）。

标本1987DYLT171③：13，尖圆唇，外凸，弧腹，外壁存四周弦纹。胎色白，内外施白釉，釉色黄白，外壁有一处粘釉痕。口径21、残高5.3厘米（图一五一，7；彩版一三七，1）。

标本1987DYLT172③：7，圆唇外凸，弧腹，外壁有旋坯痕。胎色白，内外施白釉，釉色灰白。残长7.2、残高3.5厘米（图一五一，8；彩版一三七，2）。

标本1987DYLT172③：8，圆唇外凸，弧腹，外壁有数周旋坯痕。胎色较白，内外施白釉，釉色泛灰。壁厚0.4、残高3.8厘米（图一五一，9；彩版一三七，3）。

标本1987DYLT176③：3，尖圆唇，外凸，弧腹。胎质粗，有黑砂，胎色灰白，内外施白釉，釉色泛青。壁厚0.3、残高4.3厘米（图一五一，10；彩版一三七，4）。

标本1987DYLT177③：15，圆唇，外凸，弧腹，外壁有凹凸明显旋坯痕。胎色较白，内外施白釉，釉色泛灰。壁厚0.4、残高4.7厘米（图一五一，11；彩版一三七，5）。

标本1987DYLT177③：8，圆唇，外凸，弧腹。胎色白，内外施白釉，白釉泛灰。壁厚0.3、残高3.6厘米（图一五一，12；彩版一三六，4）。

标本1987DYLT181③：12，圆唇，外凸，弧腹，外壁有旋坯痕。胎质疏松，胎色较白，内外施白釉，釉色泛黄。壁厚0.4、残高3.3厘米（图一五一，13；彩版一三七，6）。

B型　3件。撇口，尖唇或尖圆唇。

标本1987DYLT171③：1，尖圆唇，口微撇，弧腹，外壁口沿下有一周凸弦纹。胎色较白，内外施白釉，白釉泛灰。壁厚0.4、残高3.6厘米（图一五二，1；彩版一三八，1）。

标本1987DYLT171③：12，尖唇，口微撇，浅弧腹。胎色灰白，胎体坚薄，内外施白釉，芒口。口径10、壁厚0.2、残高3.3厘米（图一五二，2；彩版一三八，2）。

标本1987DYLT181③：11，尖唇，口微撇，浅弧腹。胎色白，内外施白釉，芒口，釉面光滑。壁厚0.3、残高3.5厘米（图一五二，3；彩版一三八，3）。

碗底　窟前遗址白釉碗底14件，根据足墙变化分三型。此区域有A、B、C型。

A型　8件。足墙外低内高。

标本1987DYLT172③：2，弧腹，圈足，足墙外低内高。胎色白，内施满白釉，外不及足，釉色牙白，釉面不光洁。内底残留7处垫珠痕相连续，垫珠呈椭圆形，较大。外底有墨书痕迹，不清。足径7、残高4.1厘米（图一五二，4；彩版一三八，4）。

标本1987DYLT171③：14，斜弧腹，圈足。胎色白，内施满釉，外不及底，白釉泛黄。内底残

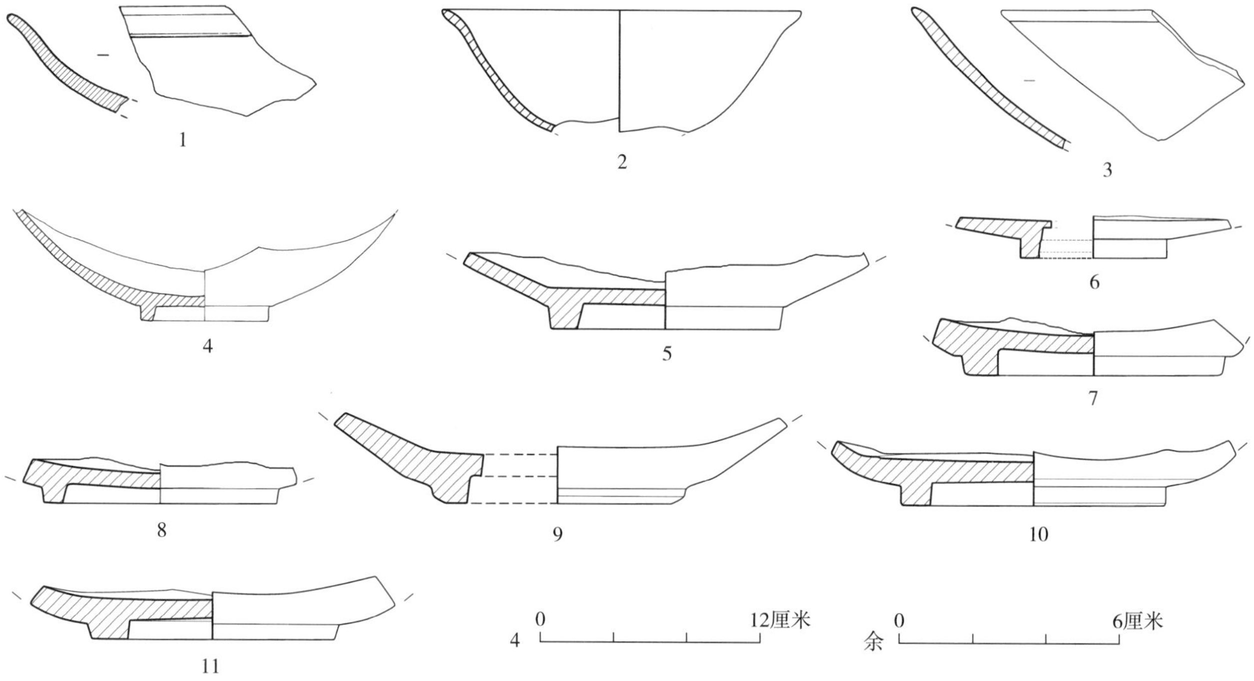

图一五二 龙王庙沟西侧窟前僧房遗址 F3 出土辽金时期白釉碗

1 ～ 3.B 型白釉碗 1987DYLT171 ③ : 1、1987DYLT171 ③ : 12、1987DYLT181 ③ : 11 4 ～ 11.A 型白釉碗底 1987DYLT172 ③ : 2、1987DYLT171 ③ : 14、1987DYLT171 ③ : 19、1987DYLT176 ③ : 4、1987DYLT181 ③ : 13、1987DYLT181 ③ : 14、1987DYLT177 ③ : 9、1987DYLT171 ③: 20

留 4 个垫珠痕。足径 6.2、残高 2 厘米（图一五二，5；彩版一三八，5）。

标本 1987DYLT171 ③: 19，圈足，足沿平切。黄胎，内施满釉，外不及底，白釉泛黄。内底残留半个垫珠痕，圈足上有一处粘釉痕。残高 1.1 厘米（图一五二，6；彩版一三八，6）。

标本 1987DYLT176 ③: 4，圈足。黄胎，夹黑砂点，内施满釉，外不及底，白釉泛黄。内底残留 4 处垫珠痕，垫珠痕内凹。足径 7、残高 1.5 厘米（图一五二，7；彩版一三九，1）。

标本 1987DYLT181 ③: 13，圈足。胎色灰白，内施满釉，外不及底，白釉泛黄。内底残留 1 处完整垫珠痕，痕迹较浅。足径 6.4、残高 1.2 厘米（图一五二，8；彩版一三九，2）。

标本 1987DYLT181 ③: 14，弧腹，圈足，外足沿切削呈圆弧状。胎色白黄，夹细小黑砂，内施满釉，外不及底，白釉泛黄。内底残留 2 处完整垫珠痕。底径 6.2、残高 2.4 厘米（图一五二，9；彩版一三九，3）。

标本 1987DYLT177 ③: 9，弧腹，圈足。胎色黄灰，内施满釉，外不及底，白釉泛黄。内壁近底处有一周凹弦纹。内底残留 4 处完整垫珠痕。足径 7.2、残高 1.7 厘米（图一五二，10；彩版一三九，4）。

标本 1987DYLT171 ③: 20，圈足。胎色黄灰，内施满釉，外不及底，白釉泛黄。内底残留 2 处垫珠痕。足径 6.6、残高 1.7 厘米（图一五二，11；彩版一三九，5）。

B 型 4 件。足墙内外齐平，弧腹。

标本 1987DYLT172 ③: 3，弧腹，圈足，内墙外斜。胎色灰白，胎体坚薄，内外施满釉，釉色青白。内底心微凸，有一周凹弦纹，外底心有乳状突起。足径 3.8、残高 1.2 厘米（图一五三，1；

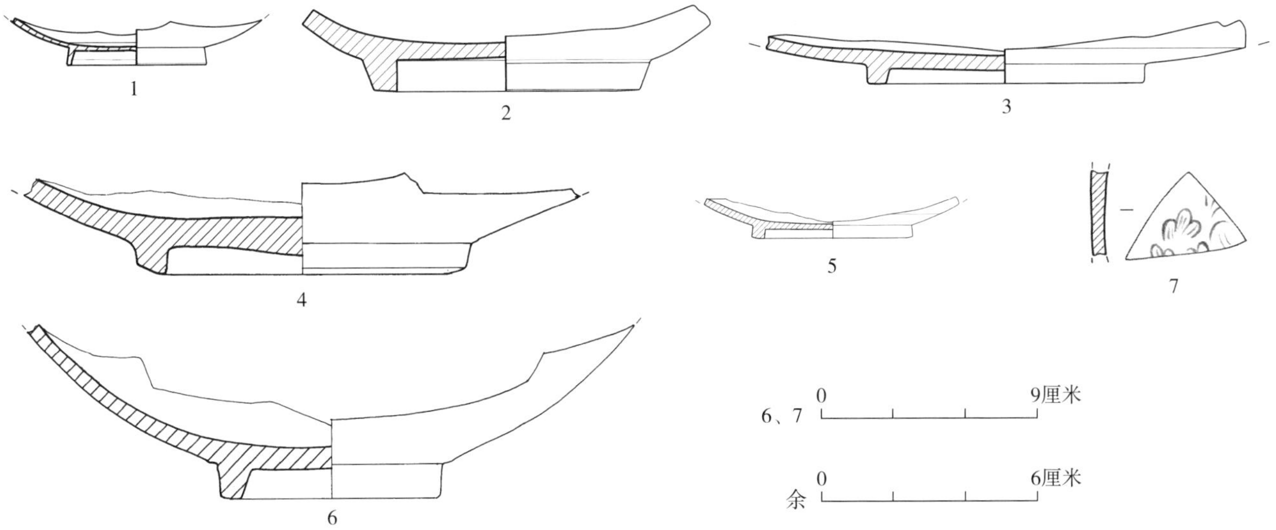

图一五三　龙王庙沟西侧窟前僧房遗址F3出土辽金时期白釉瓷器

1～4.B型白釉碗底1987DYLT172③：3、1987DYLT177③：10、1987DYLT176③：5、1987DYLT181③：1　5、6.C型白釉碗底1987DYLT172③：4、1987DYLT171③：16　7.白釉碗腹片1987DYLT177③：1

彩版一三九，6）。

标本1987DYLT177③：10，弧腹，圈足。胎色灰白，胎质略疏，内外施满釉，釉色牙白。内底残留2处垫珠痕。足径7.2、残高2.3厘米（图一五三，2；彩版一四〇，1）。

标本1987DYLT181③：1，弧腹，圈足。灰白胎，胎体较厚，夹黑砂。内施满釉，外不及底，釉面不甚光洁。内底残留4处垫珠痕。足径8.8、残高2.6厘米（图一五三，4；彩版一四〇，2）。

标本1987DYLT176③：5，胎色黄灰，夹黑砂，上化妆土，内施满釉，外不及底，白釉泛黄。内底残留2处完整垫珠痕。圈足上残存1处粘釉痕。足径7.6、残高1.6厘米（图一五三，3；彩版一四〇，3）。

C型　2件。足墙外高内低。

标本1987DYLT172③：4，弧腹，圈足。胎色较白。施白釉，内施满釉，外釉不均匀，外壁近底处稍有内折，外壁有旋坯痕。内底残留4处椭圆形垫珠痕，足径4.4、残高3.4厘米（图一五三，5；彩版一四〇，4）。

标本1987DYLT171③：16，胎色细白，胎体较坚。内施满釉，外不及足，外壁近底处有一周凹弦纹。内底残留3处小椭圆形垫珠痕。足径9、残高2.2厘米（图一五三，6；彩版一四〇，5）。

腹部残片　20件。

标本1987DYLT177③：1，弧腹。胎色洁白，胎体坚致，有细小气孔及黑砂。内外施釉，白釉泛黄，釉面光洁。内壁印花草纹。壁厚0.3、残高3.3厘米（图一五三，7；彩版一四〇，6）。

2）白釉盏

5件。山顶遗址辽金白釉盏分三型，此区域见A型。

A型　5件。敞口，圆唇，弧腹。

标本1987DYLT171③：15，尖圆唇，浅弧腹，圈足，足墙外高内低。白胎，胎体坚薄，内外施釉，芒口，白釉泛青。内壁刻划菊花纹。口径13.8、足径2.5、高3.9厘米（图一五四，1；彩版一四一，1）。

标本1987DYLT171③：3，器形、花纹装饰同标本1987DYLT171③：15，内壁口沿下划一周凹弦纹，

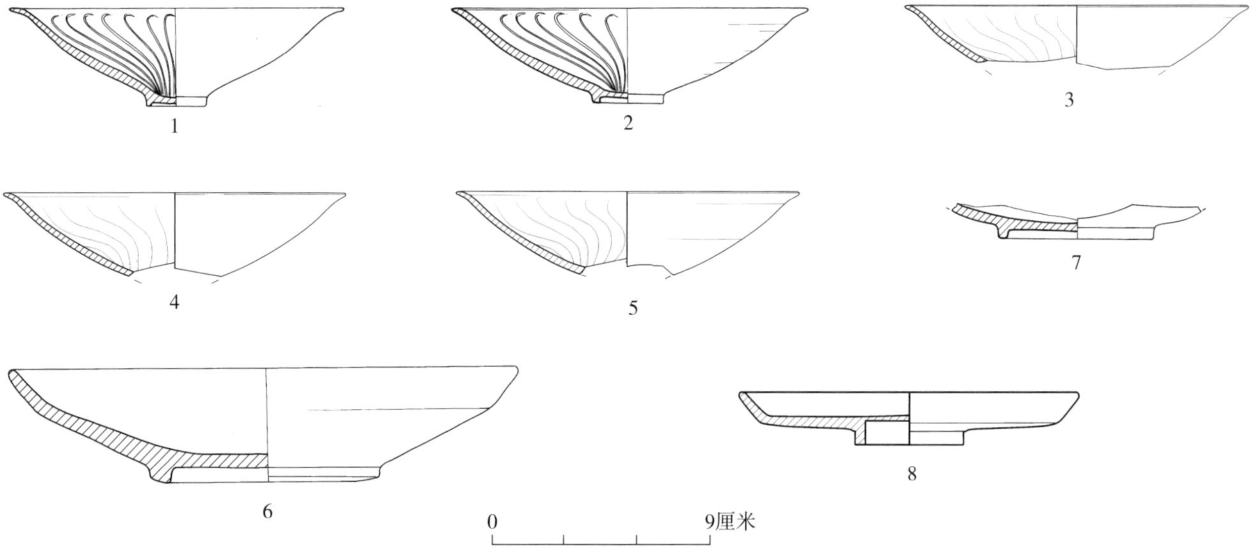

图一五四　龙王庙沟西侧窟前僧房遗址 F3 出土辽金时期白釉瓷器

1～5.A 型白釉盏 1987DYLT171 ③：15、1987DYLT171 ③：3、1987DYLT171 ③：9、1987DYLT171 ③：10、1987DYLT171 ③：11　6、8.A 型白釉盘 1987DYLT181 ③：19、1987DYLT177 ③：17　7. 白釉盘 1987DYLT181 ③：2

外壁有六周不规则的浅凹弦纹，口径 14、足径 2.9、高 3.9 厘米（图一五四，2；彩版一四一，2）。

标本 1987DYLT171 ③：9，器形、花纹装饰同标本 1987DYLT171 ③：15，芒口较宽，釉面不甚光洁。内壁口沿下划一周凹弦纹，花纹刻划较宽，外壁口沿下有一周凸弦纹，有较细的旋坯痕。口径 14、残高 2.5 厘米（图一五四，3；彩版一四一，3）。

标本 1987DYLT171 ③：10，器形、花纹装饰同标本 1987DYLT171 ③：15，胎质夹有极少量的细黑砂。内壁口沿下有一周凹弦纹，花纹刻划较浅，口径 14、残高 3.3 厘米（图一五四，4）。

标本 1987DYLT171 ③：11，器形、花纹装饰同标本 1987DYLT171 ③：15，胎质夹有极少量的细黑砂。内壁口沿下划一周凹弦纹，外壁近口沿处与腹部各有一周凹弦纹。口径 14、残高 3.3 厘米（图一五四，5；彩版一四一，4）。

3）白釉盘

4 件。山顶遗址辽金时期白釉盘分三型，此区域见 A 型。

A 型　3 件。敞口。

标本 1987DYLT181 ③：19，尖圆唇，折肩，弧腹，圈足，足墙内高外低。白胎泛黄，胎体较坚。上化妆土，内施满釉，外不及底，外壁釉面剥落且有流釉现象。内底残留 2 处垫珠痕。口径 21.2、足径 9.5、高 4.5 厘米（图一五四，6；彩版一四一，5）。

标本 1987DYLT177 ③：17，尖圆唇，折腹，圈足，足墙内高外低。胎色黄白，施化妆土，内外施釉，内底残留 1 处垫珠痕。口径 13.7、足径 4.4、高 2 厘米（图一五四，8；彩版一四一，6）。

底足残片　1 件。

标本 1987DYLT181 ③：2，圈足，足墙外高内低。胎色洁白，胎体坚致，内外施白釉，白釉牙白。外底可见二周暗弦纹。足径 6、残高 0.9 厘米（图一五四，7）。

4）白釉罐

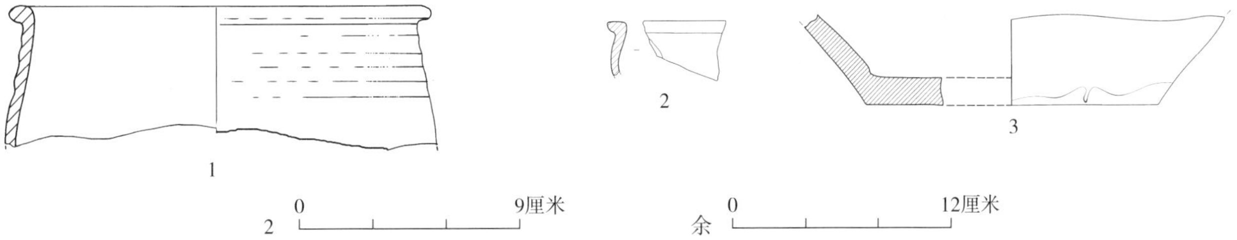

图一五五　龙王庙沟西侧窟前僧房遗址 F3 出土辽金时期白釉瓷器

1、2. 白釉罐 1987DYLT181③：3、1987DYLT171③：23　3. 白釉罐底 1987DYLT167③：1

3 件。口沿残片。

标本 1987DYLT181③：3，敞口，小平沿略下斜，尖圆唇，腹外斜。胎色土黄，胎体较坚，有细小气孔及黑砂。内外施白釉，釉色牙白，釉面较光洁，有旋坯痕。口径 22.2、壁厚 0.5、残高 7 厘米（图一五五，1；彩版一四二，5）。

标本 1987DYLT171③：23，敛口，小平沿，尖圆唇，上腹直。胎色较白，有细小气孔及黑砂。内外施白釉，釉色牙白。壁厚 0.4、残高 2.4 厘米（图一五五，2；彩版一四二，6）。

底足残片　1 件。

标本 1987DYLT167③：1，斜腹微弧，内底有一周凹槽，平底。灰白胎，胎体较厚，夹黑砂。内外施白釉，白釉泛黄，外壁近底有流釉现象。底径 16、残高 4.8 厘米（图一五五，3）。

5）白釉枕

3 件。

标本 1987DYLT167③：7，枕为长方体，中空，枕面呈长方形，四角有切削，四壁斜直，平底内收。胎色白中泛黄，胎体略厚，夹黑砂。施化妆土。外壁施釉，白釉泛黄，釉不及底，有流釉及开片现象。枕面外框剔一周凹弦纹，框内剔缠枝牡丹花纹。枕边有一孔。长 30、宽 15.5、高 13.5 厘米（图一五六，1；彩版一四二，1）。

标本 1987DYLT167③：3，仅存枕面，呈马鞍状椭圆形，两侧翘起。白胎泛灰，胎体较坚，有黑砂。枕面内外施釉，白釉泛灰，釉面不甚光洁。长 27、宽 22、厚 1.08 厘米（图一五六，2；彩版一四二，2）。

标本 1987DYLT167③：4，残存 5 片。枕面呈椭圆形，中心略凹，斜腹，枕壁转折处呈圆弧状，平底。胎色灰，胎体较坚，有黑砂。上化妆土，外壁施釉，釉不及底，白釉泛青，有流釉和开片现象。枕面刻划花草纹。高 14.2 厘米（图一五六，3；彩版一四二，3）。

6）白釉器盖

1 件。

标本 1987DYLT172③：5，盖面隆起呈半圆状，宽平折沿，尖圆唇，子口内斜。胎色洁白，胎体坚薄。内外施白釉，沿底面及子口外侧无釉，白釉泛灰，釉面光亮。盖面有三周凹弦纹。直径 8、残高 3.1 厘米（图一五六，4；彩版一四二，4）。

7）茶叶末釉瓶

1 件。

标本 1987DYLT166③：2，残存底部。斜弧腹，隐圈足，外底心有乳状突起。胎色灰黄，胎体夹黑白砂。内外施釉，足沿刮釉，釉色较浅，外壁呈色不匀。内外壁均可见旋坯痕。底径 8、残高

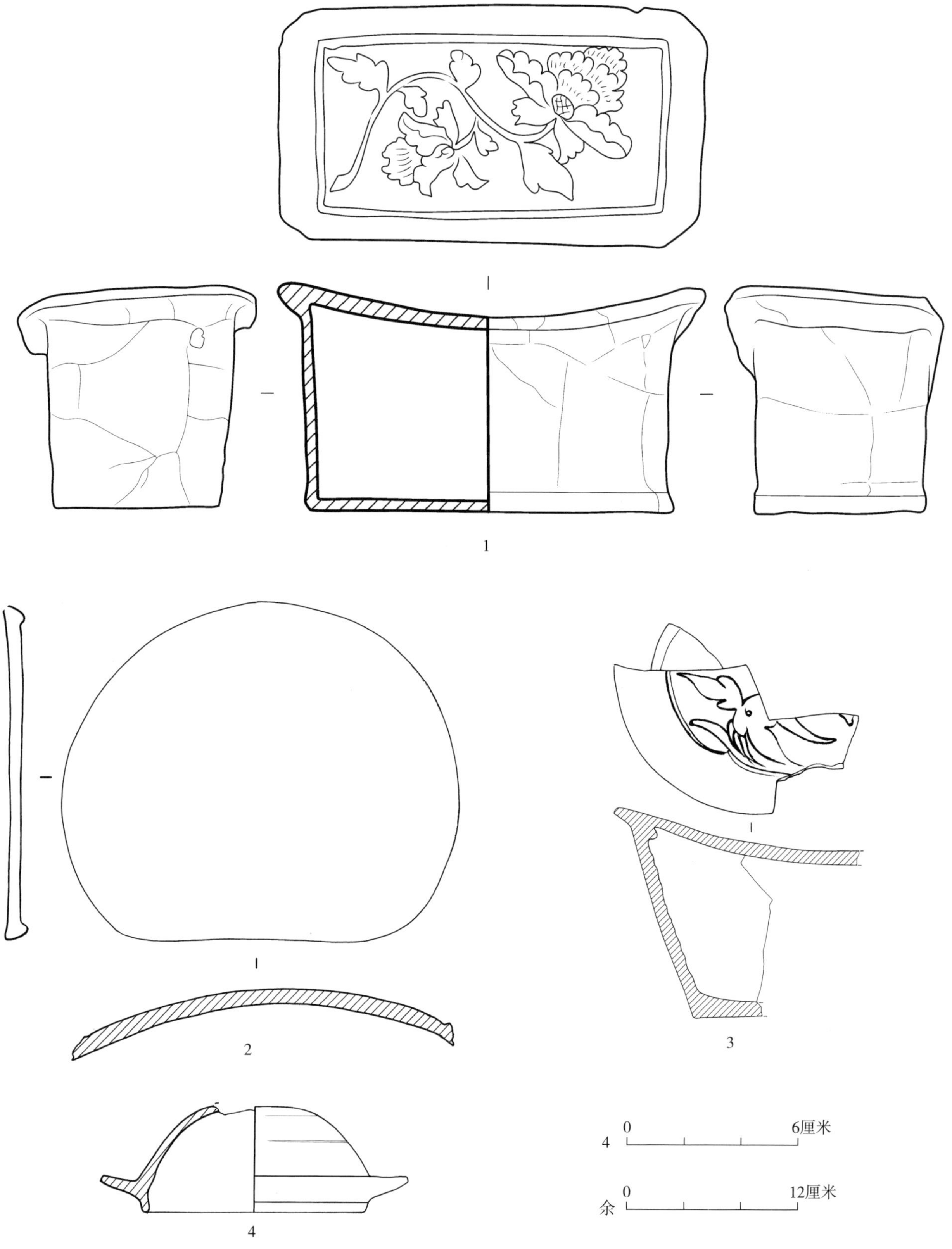

图一五六　龙王庙沟西侧窟前僧房遗址 F3 出土辽金时期白釉瓷器

1～3. 白釉枕 1987DYLT167 ③：7、1987DYLT167 ③：3、1987DYLT167 ③：4　4. 白釉器盖 1987DYLT172 ③：5

17 厘米（图一五七，1；彩版一四三，1）。

8）酱釉盏

2 件。

标本 1987DYLT176 ③：20，圆唇，敞口，浅弧腹，平底。黄胎。仅内壁施釉，口沿及外壁无釉，

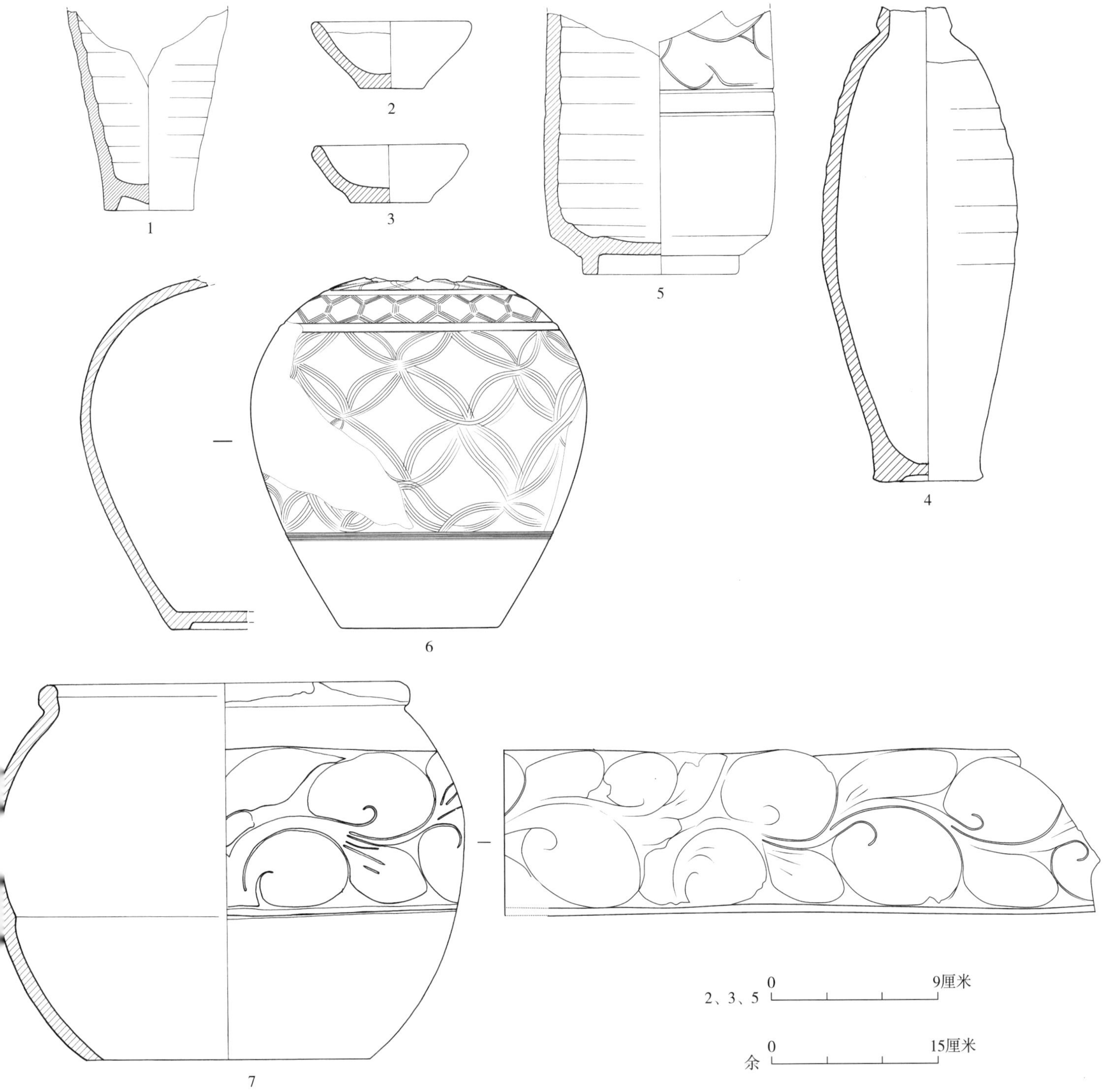

图一五七　龙王庙沟西侧窟前僧房遗址 F3 出土辽金时期瓷器

1. 茶叶末釉瓶 1987DYLT166 ③：2　2、3. 酱釉盏 1987DYLT176 ③：20、1987DYLT176 ③：2　4. 酱釉瓶 1987DYLT181 ③：18　5. 酱釉罐 1987DYLT181 ③：7　6、7. 绿釉罐 1987DYLT166 ③：8、1987DYLT166 ③：7

釉色酱黄。口径 8.4、底径 3.5、高 3.3 厘米（图一五七，2；彩版一四三，2）。

标本 1987DYLT176 ③：2，圆唇，敞口，浅弧腹，平底。土黄胎。仅内壁施釉，釉色黑亮。口沿处残留燃油后的灰痕。口径 7.9、足径 4.2、高 3 厘米（图一五七，3；彩版一四三，3）。

9）酱釉瓶

1 件。

标本 1987DYLT181 ③：18，尖唇，梯形小口，短颈内束，溜肩，卵形腹，器身有明显旋坯痕，隐圈足，足沿平切。土黄胎，胎体略疏，夹白砂。内外施釉，釉色酱黑，釉面较平滑，肩部无釉，足沿刮釉一圈。口径 5、足径 9.5、高 40.5 厘米（图一五七，4；彩版一四三，4）。

10）酱釉罐

2 件。其中腹部残片 1 件。

标本 1987DYLT181 ③：7，直筒腹，外腹近底向内斜收，圈足，足墙内外齐平。胎色灰黄，胎体夹黑白砂。内施满釉，外不及底，釉色棕红。内壁有突棱状旋坯痕，外壁腹部刻划纹饰及两周弦纹。底径 8.5、残高 13.8 厘米（图一五七，5；彩版一四四，1）。

11）绿釉罐

2 件。

标本 1987DYLT166 ③：8，口颈部残，圆肩，鼓腹，隐圈足。白胎泛黄，胎质粗疏。内外施釉。从肩部至腹部，纹饰依次划残单莲瓣、二周凹弦纹、四线六角龟背纹、二周凹弦纹、二排四线毯路纹四方连续、四周凹弦纹。残高 30、底径 13.4 厘米（图一五七，6；彩版一四四，2）。

标本 1987DYLT166 ③：7，口微直，圆唇外凸，斜束颈，鼓腹，底残。白胎泛黄，胎体较厚。内外施釉，釉色绿。上腹部在弦纹间剔刻波浪形二方连续草叶纹。残高 32.2、口径 32.6 厘米（图一五七，7；彩版一四四，3）。

12）黑釉碗

5 件。其中腹部残片 2 件。

标本 1987DYLT166 ③：1，残存 4 片。尖圆唇，口微撇，微束颈，弧腹。黄灰胎，胎体较坚，夹细黑砂。外壁近底处涂施一层黑色护胎物，内外壁均施黑釉，呈兔豪条纹状，外不及底，口沿及颈部呈酱色，外壁底部积釉，口径 9.1、底径 3.3、高约 4.7 厘米（图一五八，2；彩版一四五，1）。

标本 1987DYLT177 ③：2，尖唇，口微撇，束颈，弧腹，圈足，足墙外高内低。胎色灰白，胎体较坚，夹细黑砂。外壁近底处涂施一层黑色护胎物，内外壁均施黑釉，外不及底，呈银色油滴状，口径 9.7、底径 2.6、高 4.2 厘米（图一五八，1；彩版一四五，2）。

标本 1987DYLT177 ③：7，尖唇，口微撇，弧腹。胎色灰黄，胎体有细小黑砂。内外施釉，内外壁釉面均呈银色油滴状，内壁油滴纹略大于外壁油滴，釉面光亮。壁厚 0.3 ~ 1、残高 10.9 厘米（图一五八，3；彩版一四五，3）。

标本 1987DYLT177 ③：11，尖唇，口微撇，弧腹。胎色灰黄，有细小黑砂。内外施釉，釉面呈银色油滴状，内壁油滴纹略大于外壁油滴。口径 19、壁厚 0.5、残高 1.7 厘米（图一五八，4；彩版一四五，4）。

标本 1987DYLT177 ③：12，尖唇，口微撇，弧腹。胎色灰黄，有细小黑砂。内外施釉，呈银色油滴状，内壁油滴纹略大于外壁油滴。口径 18.8、壁厚 0.5、残高 2.1 厘米（彩版一四五，5）。可

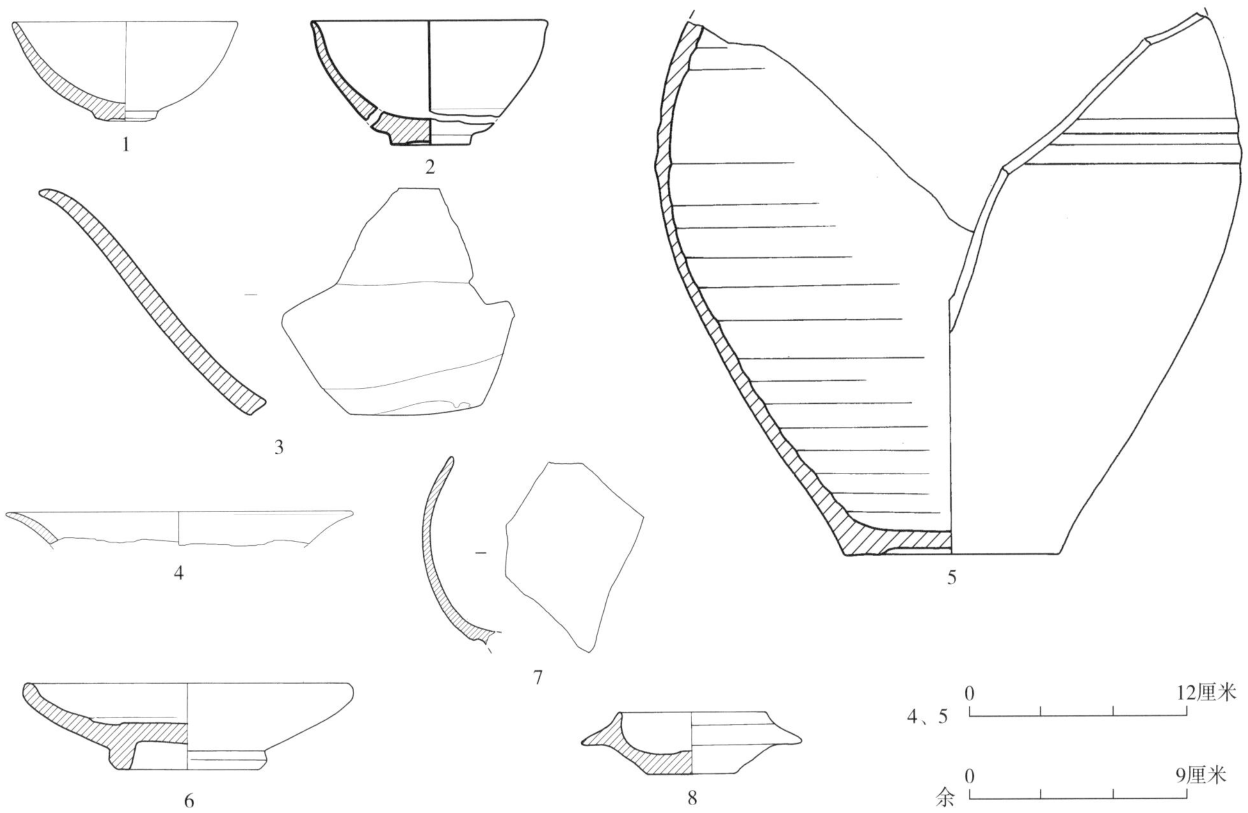

图一五八　龙王庙沟西侧窟前僧房遗址 F3 出土辽金时期黑釉瓷器

1～4. 黑釉碗 1987DYLT177③: 2、1987DYLT166③: 1、1987DYLT177③: 7、1987DYLT177③: 11　6. 黑釉盏 1987DYLT162③: 1　5、7. 黑釉罐 1987DYLT171③: 5、1987DYLF3③: 1　8. 黑釉器盖 1987DYLT172③: 6

能与 1987DYLT177③: 11 为同一件器物。

13）黑釉盏

1 件。

标本 1987DYLT162③: 1，圆唇，口微敛，浅弧腹，圈足，足墙外低内高。黄胎，胎体厚。内施满釉，外不及底，内底刮釉一周。口径 13.5、足径 6.5、高 3.4 厘米（图一五八，6；彩版一四五，6）。

14）黑釉罐

2 件。其中腹部残片 1 件。

标本 1987DYLT171③: 5，弧腹，下腹斜收，浅隐圈足。胎色灰黄，夹黑砂。内外施釉，内釉亮黑，外壁肩部以上呈黑色，下部呈酱斑。内壁有旋坯痕，内壁肩部可见与腹部衔接的痕迹，衔接处胎较厚，在内外壁形成一周凸棱。内底及外壁有支钉痕。底径 11.3、壁厚 0.5、残高 28.8 厘米（图一五八，5；彩版一四六，1）。

标本 1987DYLF3③: 1，尖圆唇，敛口，圆腹。胎色灰白，胎体坚致。内施满釉，外不及底。残高 7.4 厘米（图一五八，7）。

15）黑釉器盖

1 件。

标本 1987DYLT172③: 6，整体呈平底盏状。直口微敛，尖圆唇，内腹直，腹底圆弧，内底中央有圆钉状突起。外壁肩部出盖沿，下腹斜收，平底。灰胎，胎体较坚。仅器内壁及盖沿上部施黑釉，口沿无釉。口径6.2、底径3.4、高2.4厘米（图一五八，8；彩版一四六，3）。

（3）铜钱

3枚。

太平通宝　1枚。

标本1987DYLT166③:3，正面铸“太平通宝”四字。锈蚀严重。直径2.5厘米（彩版一四六，2左）。

景德元宝　1枚。

标本1987DYLT171③:8，正面铸“景德元宝”四字，旋读。直径2.5厘米（彩版一四六，2中）。

天禧通宝　1枚。

标本1987DYLT166③:9，正面铸“天禧通宝”四字，旋读。直径2.5厘米（彩版一四六，2右）。

（4）铁器

3件。

1）铁钉

2件。

标本1987DYLT177③:4、5，残，四棱形，锈蚀严重。残长15.7厘米（图一五九，1；彩版一四六，4）。

2）不明铁器

1件。

标本1987DYLT181③:8，残12块。呈长条形，片状。器形不辨（图一五九，2）。

（5）石器

2件。

1）石球

1件。

标本1987DYLT166③:5，青石磨制，表面光滑。球径2厘米（图一五九，3；彩版一四六，5）。

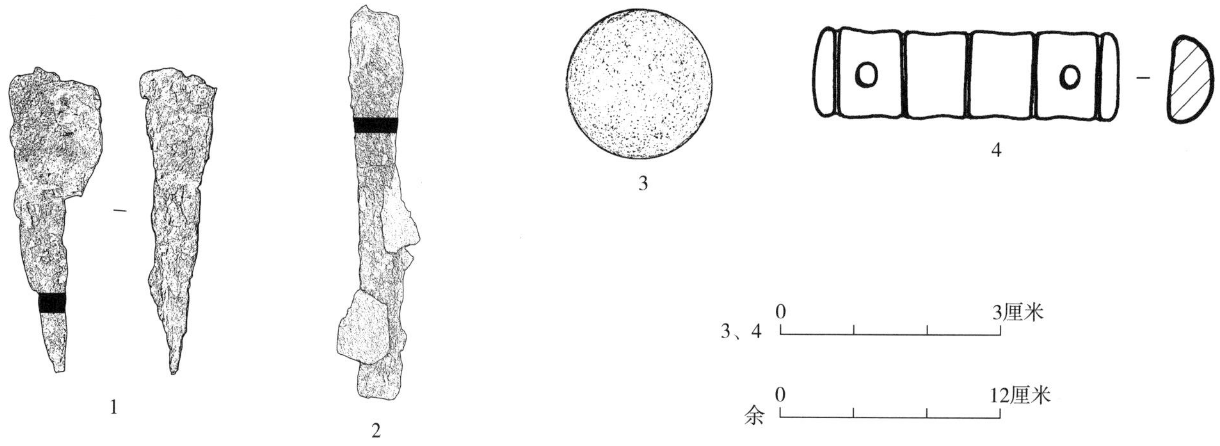

图一五九　龙王庙沟西侧窟前僧房遗址F3出土辽金时期遗物

1.铁钉1987DYLT177③:4、5　2.不明铁器1987DYLT181③:8　3.石球1987DYLT166③:5　4.石扣1987DYLT167③:9

2）石扣

1件。

标本1987DYLT167③：9，青石磨制。扣身呈竹节状，分四节，两端各有一圆孔。长4.1、宽1.1、厚0.5、孔径0.2厘米（图一五九，4；彩版一四六，6）。

四　地层出土遗物

龙王庙沟西侧窟前遗址地层出土辽金时期遗物有建筑材料和生活生产用具，均出土于明清②C层。

（一）建筑材料

11件。建筑材料，主要有檐头筒瓦、檐头板瓦、砖斗、脊兽残件。

1. 陶质

建筑材料

（1）檐头板瓦

2件。胎质、瓦色制作技术同遗迹出土的板瓦，瓦身较薄，端面残留红色烧痕。凹面布纹，凸面与瓦身相接的凹凸两面均横向抹平。两侧面切痕较小，破面未修整。山顶遗址辽金檐头板瓦分四型。此区域地层出土Ba型。

Ba型　2件。端面划出4道泥条，第2道泥条戳切。

标本1987DYL②C：2，戳切泥条的工具平直，最下方的泥条以缠细绳的棒状物斜左向按压，力度较浅，瓦残长8.4、残宽17.6、厚1.8、端面高3.3厘米（图一六〇，1；彩版一四七，1）。

标本1987DYL②C：56，第2道泥条被三个并列的尖圆头工具戳切，最下方的泥条以缠细绳的棒状物倾斜从下向上右向按压，力度较大，弧度较深。瓦残长12.6、残宽19、厚2.4、端面高4.2厘米（图一六〇，2；彩版一四七，2）。

（2）檐头筒瓦

5件。檐头筒瓦的瓦当面均为兽面纹。山顶遗址辽金兽面纹瓦当分五型。此区域见A、B两型。

A型　1件。

标本1987DYL②C：41，嘴闭合，獠牙外凸。当心微凸，兽面额前毛发相对内卷和斜直向上，眉间相连，弯曲上扬，小圆眼，菱形状鼻头突出，小耳于两眉外侧，嘴角出髭，下颌胡须呈八字状，外侧须内卷。兽面面部两侧各有两个鬓毛上卷，外绕以大联珠纹圈，联珠压平。边轮宽平微下斜。带有瓦身，瓦身两侧内棱进行削切，切痕平整，近瓦当处有一道凹槽，与筒瓦相接处抹平修整。直径15.5、厚1.4、边轮宽2.3、瓦厚1.7厘米（图一六〇，3；彩版一四七，3）。

Bd型　4件。呈灰色，烧成坚致。胎土细密，含少量砂粒。

标本1987DYL②C：1，当面兽面残损，仅存当面上部波状纹、凹形联珠纹圈、细凸棱圈、联珠纹圈及宽圈线。带有瓦身，瓦身两侧内棱进行削切，切痕平整。长31.6、宽13.3、厚2.2、瓦身残长29.2、边轮宽2厘米（图一六〇，4；彩版一四七，4）。

标本1987DYL②C：58，当心兽面凸起，之外依次围绕着与波状纹相配的凹形联珠纹圈、一周

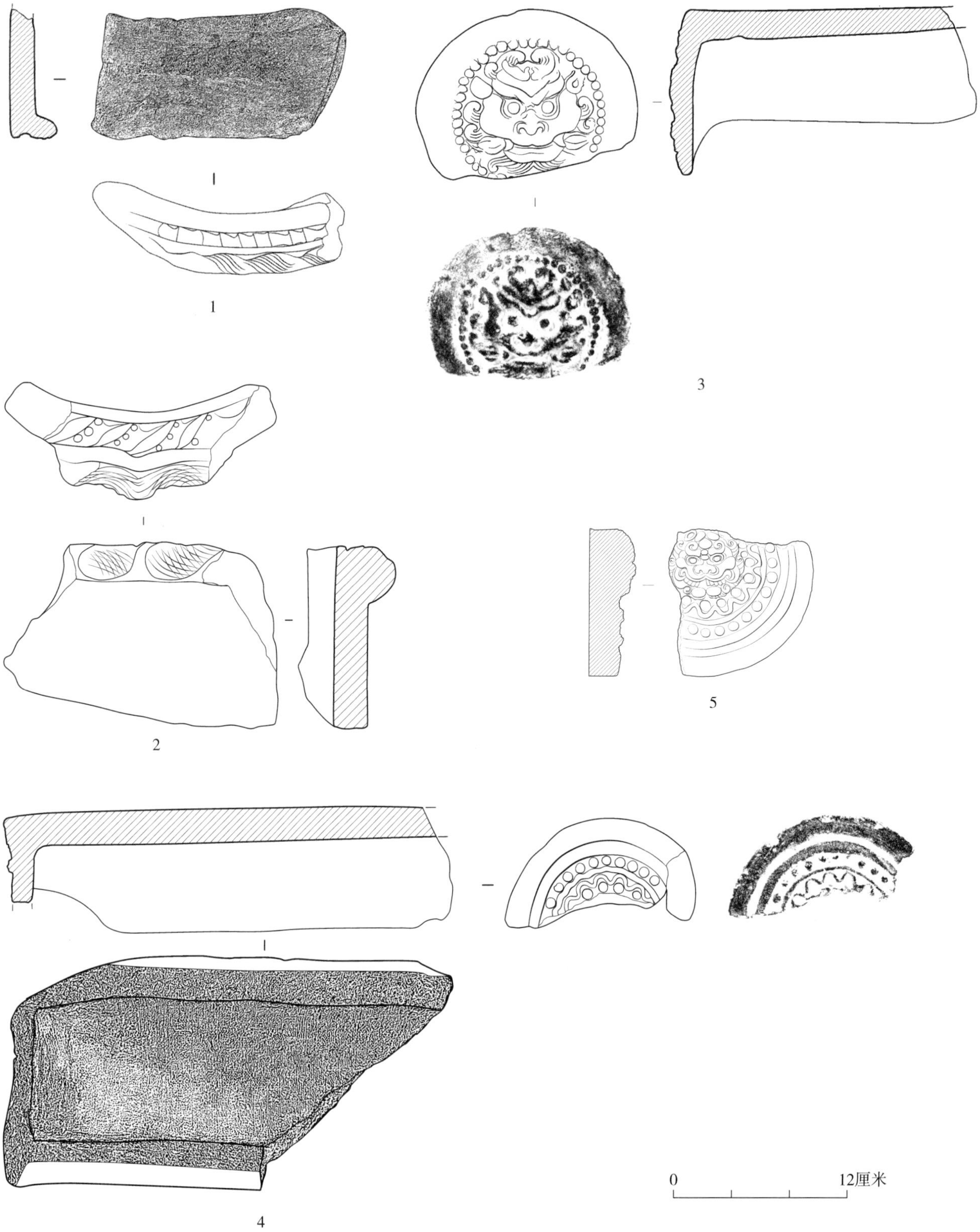

图一六〇　龙王庙沟西侧窟前地层出土辽金时期建筑材料

1、2.Ba 型檐头板瓦 1987DYL②C：2、1987DYL②C：56　3.A 型檐头筒瓦 1987DYL②C：41　4、5.Bd 型檐头筒瓦 1987DYL②C：1、1987DYL②C：58

细凸棱圈、联珠纹圈以及一周宽圈线。边轮窄平，比当面稍低。瓦当背面抚平调整。直径 17、厚 3.1、当心最厚 3.3、边轮宽 2 厘米（图一六〇，5；彩版一四七，5）。

（3）砖斗

1 件。

标本 1987DYL ② C : 40，灰胎，夹砂。呈斗状。三面呈斜坡状，雕刻梅花及草叶纹，另一面应与他物相接，残。边长 14.9、残高 5.9 厘米（图一六一，1；彩版一四七，6）。

（4）脊饰

3 件。

标本 1987DYL ② C : 64，残。灰胎。约平行剔 4 重弧线，中心呈旋涡状且高突，应是兽面部两侧的卷毛之一。残长 12.9、宽 7.2、厚 1.8 ～ 3.5 厘米（图一六一，2；彩版一四八，1）。

标本 1987DYL ② C : 65，残。灰胎。残片中央高突，四面呈坡状，从下面至左右面相对剔斜线，可能是兽的上颌部分。残长 7.2、宽 6.4、厚 2.8 厘米（图一六一，3；彩版一四八，2）。

标本 1987DYL ② C : 66，残，呈三角形。灰胎，两面各有三条弧状剔线，可能为毛发的一角。残长 3、宽 3.4、厚 1.2 厘米（图一六一，4；彩版一四八，3）。

（二）生活生产用具

1. 陶器

（1）卷沿陶盆

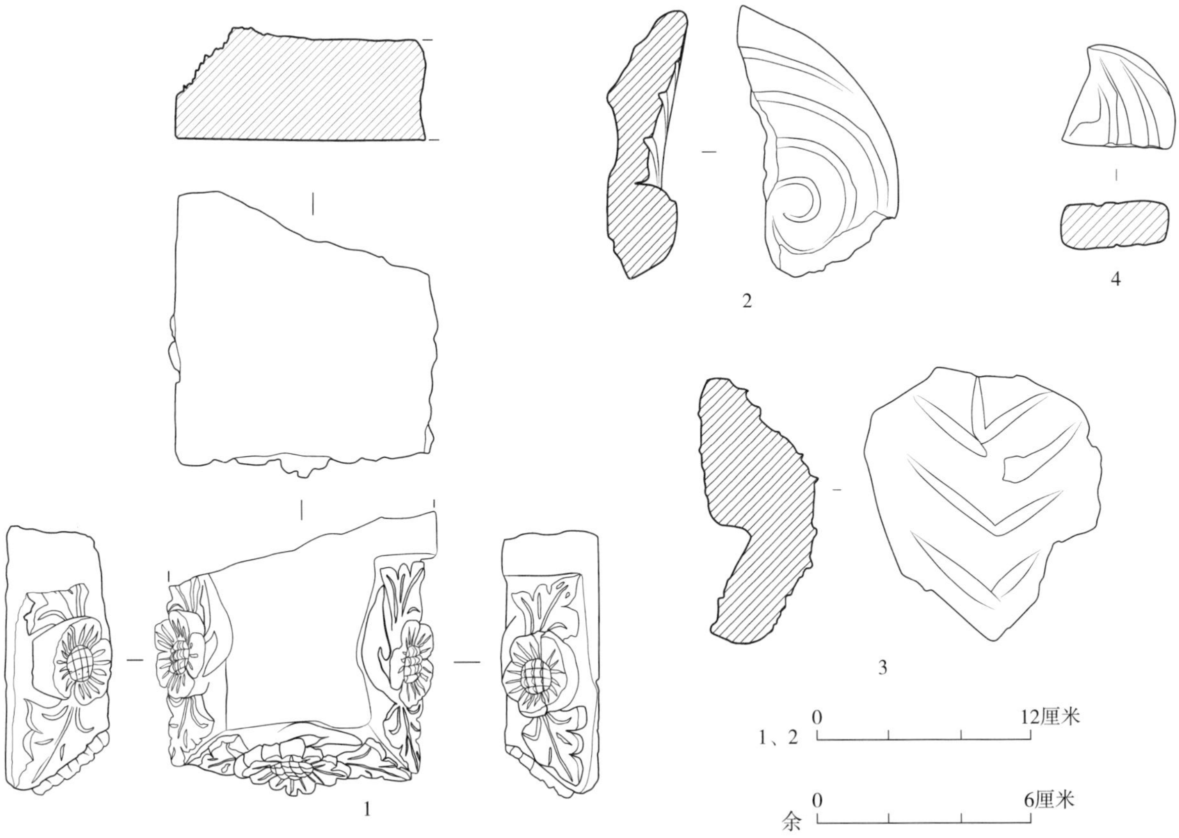

图一六一　龙王庙沟西侧窟前地层出土辽金时期建筑材料

1. 砖斗 1987DYL ② C : 40　2 ～ 4. 脊饰 1987DYL ② C : 64、1987DYL ② C : 65、1987DYL ② C : 66

Aa 型　1 件。

标本 1987DYL②C：3，口微敛，方圆唇微下弯，沿面微弧，内沿与器内壁间有一周凸棱，斜弧壁。器内壁及口沿面饰横向细暗弦纹。口径 51、底径 42.2、高 11 厘米（图一六二，1；彩版一四八，4）。

Ac 型　2 件。口微敛，斜方唇。

标本 1987DYL②C：4，沿面微弧，内沿与器内壁间有一周凸棱，外沿下方修出一周较宽的凹槽，斜弧壁。器内壁及口沿面饰横向细暗弦纹。壁厚 0.7、残高 5.9 厘米（图一六二，2）。

标本 1987DYL②C：6，器形同标本 1987DYL②C：4，可能为同一器物。残高 6.4 厘米。

陶盆底部　2 件。

标本 1987DYL②C：5，灰陶，平底，内壁及内底部饰横向暗弦纹并打磨光滑，相接处有二周凹弦纹，外底溢出壁面，应是底包壁制作工艺。底径 25、残高 4.2 厘米（图一六二，3）。

标本 1987DYL②C：7，平底。内壁及内底部饰横向暗弦纹并打磨光滑。壁厚 0.6、残高 4.6 厘米（图一六二，4）。

（2）陶砚

2 件。

标本 1987DYL②C：8，灰陶，胎质经淘洗，有细小孔。平面近似圆形，砚堂较平，砚堂至墨池呈斜坡状，砚面边轮凸起呈“W”状，将墨池一分为二，池底为凹坑状。砚体侧面有一周凹槽，底部残损，通体磨光。残长 10.2、宽 7.5、厚 2.2 厘米（图一六二，5；彩版一四八，5）。

标本 1987DYL②C：9，灰陶，胎质经淘洗。砚身呈圆形，砚面有磨光痕迹，周边可能有高雕动物纹样，残留部分兽爪痕迹，其他残毁不辨，外周划一周凹弦纹。砚体侧面刻划双层仰莲瓣纹，

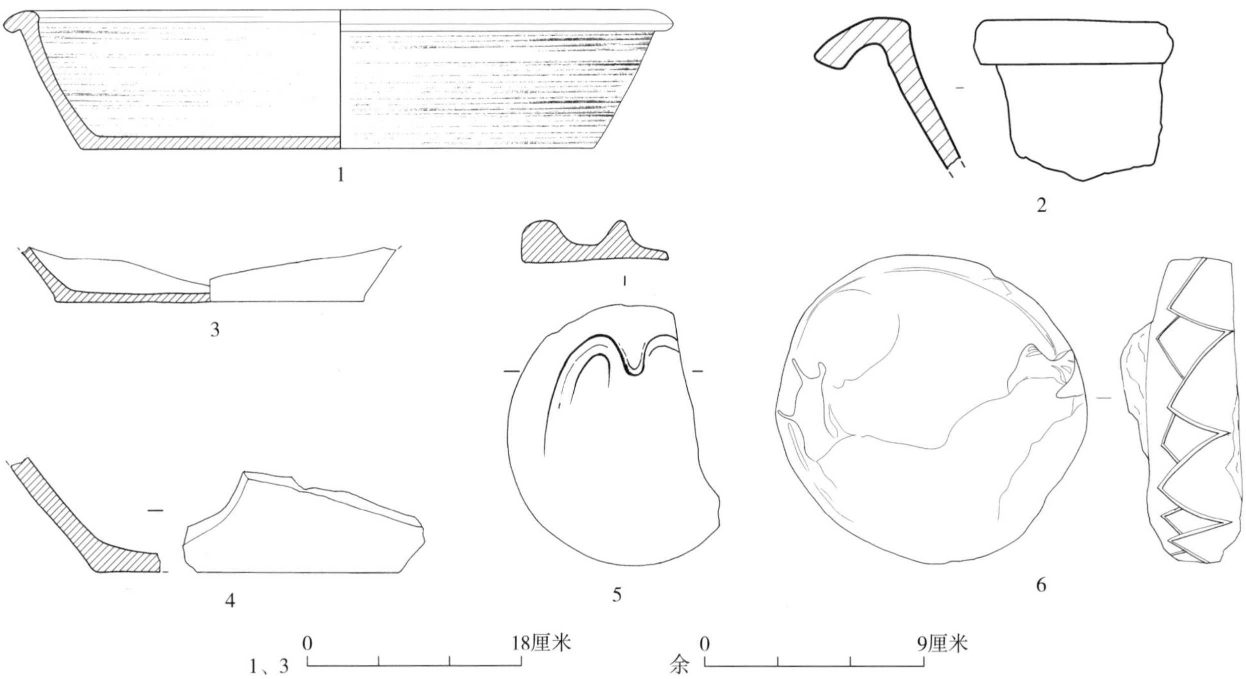

图一六二　龙王庙沟西侧窟前地层出土辽金时期陶器

1.Aa 型卷沿陶盆 1987DYL②C：3　2.Ac 型卷沿陶盆 1987DYL②C：4　3、4. 盆底 1987DYL②C：5、1987DYL②C：7　5、6. 陶砚 1987DYL②C：8、1987DYL②C：9

底残。直径 12.1、残高 4.5 厘米（图一六二，6；彩版一四八，6）。

2. 瓷器

瓷器按釉色可分为白釉、白釉褐彩、黑釉、复色釉、茶叶末釉、青釉。

（1）白釉碗

23 件。其中腹部残片 7 件。山顶遗址辽金白釉碗分两型，此处见 A、B 两型。

Aa 型　3 件。

标本 1987DYL ② C : 11，敞口花瓣形，尖圆唇，弧腹。胎色白，内外施白釉，芒口，白釉泛灰，釉面失光。内壁根据花口凹凸竖向出筋，凹面印折枝花卉纹。口径 15.6、壁厚 0.4、残高 4.6 厘米（图一六三，1；彩版一四九，1）。

Ab 型　4 件。敞口，唇部凸出。

标本 1987DYL ② C : 26，敞口，尖圆唇外凸。胎色灰白，内外施白釉。口径 18.2、壁厚 0.4、残高 2.4 厘米（图一六三，2；彩版一四九，2）。

标本 1987DYL ② C : 67，敞口，圆唇外凸，斜弧腹。胎色黄灰，上化妆土，内施满釉，外釉不及底，釉色灰白。口径 18.8、壁厚 0.4、残高 3 厘米（图一六三，3；彩版一四九，3）。

标本 1987DYL ② C : 68，敞口，圆唇外凸，微束颈，斜弧腹。胎色黄灰，夹细黑砂，内外满釉，釉色黄白，釉质莹润，布满开片。口径 10.3、壁厚 0.5、残高 3 厘米（图一六三，4；彩版一四九，4）。

标本 1987DYL ② C : 15，残存 29 片，口微敞，方唇，束颈，弧腹。胎色洁白，胎体坚致，内外施白釉，芒口发黑，釉色较白。内壁口沿下有一周凹弦纹，器外壁一周凹弦纹下刻划多层双瓣莲纹（图一六三，5；彩版一四九，5）。

B 型　4 件。撇口。

标本 1987DYL ② C : 10，撇口，尖圆唇，斜弧腹。胎色黄白，内外施白釉，内施满釉，外釉不及底，外壁施釉不均匀，釉色青白。口径 16.5、残高 4.1 厘米（图一六四，1；彩版一四九，6）。

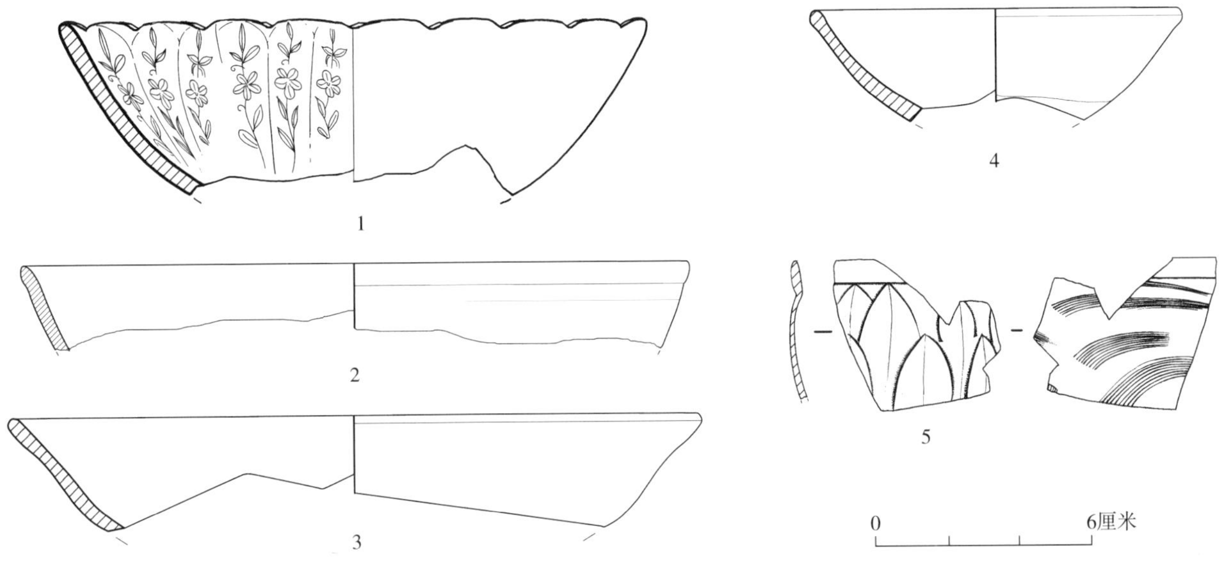

图一六三　龙王庙沟西侧窟前地层出土辽金时期白釉瓷器

1.Aa 型白釉碗 1987DYL ② C : 11　2～5.Ab 型白釉碗 1987DYL ② C : 26、1987DYL ② C : 67、1987DYL ② C : 68、1987DYL ② C : 15

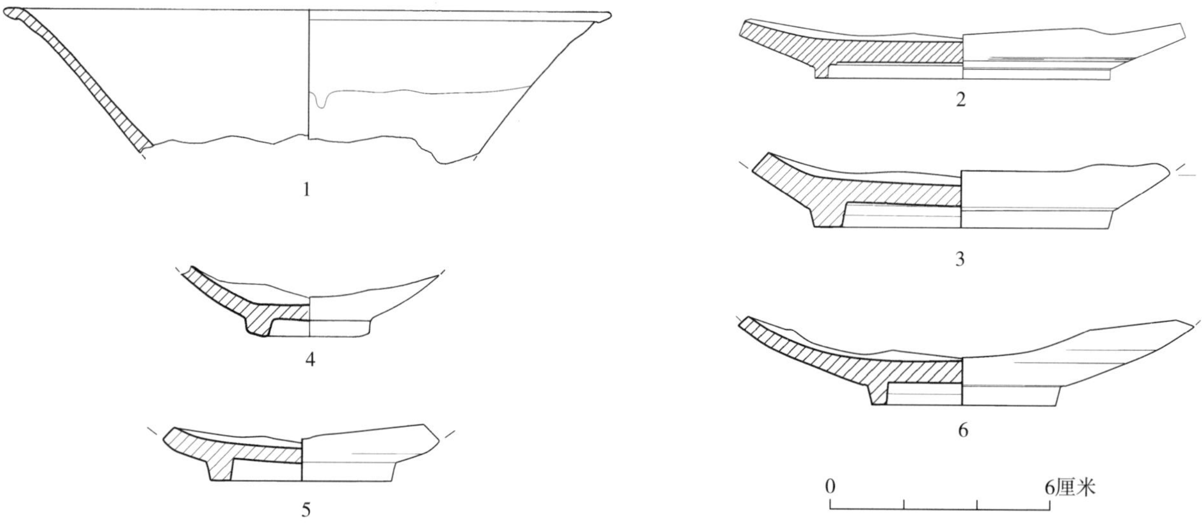

图一六四　龙王庙沟西侧窟前地层出土辽金时期白釉瓷器

1.B 型白釉碗 1987DYL ② C：10　2、3.A 型白釉碗底足 1987DYL ② C：60、1987DYL ② C：69　4 ～ 6.B 型白釉碗底足 1987DYL ② C：12、1987DYL ② C：71、1987DYL ② C：70

底足残片　5 件。

A 型 2 件。

标本 1987DYL ② C：60，斜弧腹，圈足，足墙外低内高。胎色灰白，上化妆土，内施满釉，外不及底，白釉泛黄。内底残留 2 处垫珠痕。足径 8、高 2.3 厘米（图一六四，2）。

标本 1987DYL ② C：69，釉面失光，足径 8.4、残高 1.6 厘米（图一六四，3）。

B 型　3 件。

标本 1987DYL ② C：12，器形较小，斜腹，圈足，足墙内外齐平。胎色较白，内施满釉，外不及足，白釉泛灰。内底残留 2 处垫珠痕。底径 3.5、残高 1.6 厘米（图一六四，4）。

标本 1987DYL ② C：71，弧腹，圈足，足墙齐平。胎色灰白，内施满白釉，外不及底，白釉牙白。内底残留 2 处垫珠痕。足径 5、残高 1.1 厘米（图一六四，5）。

标本 1987DYL ② C：70，施白釉，外壁划二周凹弦纹，足径 5、残高 2.1 厘米（图一六四，6）。

（2）白釉盘

1 件。山顶遗址辽金白釉盘分三型，此处见 A 型。

A 型　1 件。

标本 1987DYL ② C：13，敞口，尖圆唇，折肩，浅弧腹。白胎泛黄。内外施白釉，釉色偏黄。壁厚 0.35、残高 3 厘米（图一六五，1；彩版一五〇，1）。

（3）白釉瓶

1 件。

标本 1987DYL ② C：16，斜弧腹，隐圈足。胎色较白，胎体较坚，夹细黑砂。施白釉。内施满釉，外釉不及底，外壁近底处有流釉现象。内壁有旋坯痕，外壁划数周凹弦纹，内底心有乳状突起。底径 5.4、残高 8 厘米（图一六五，2；彩版一五〇，2）。

（4）白釉罐

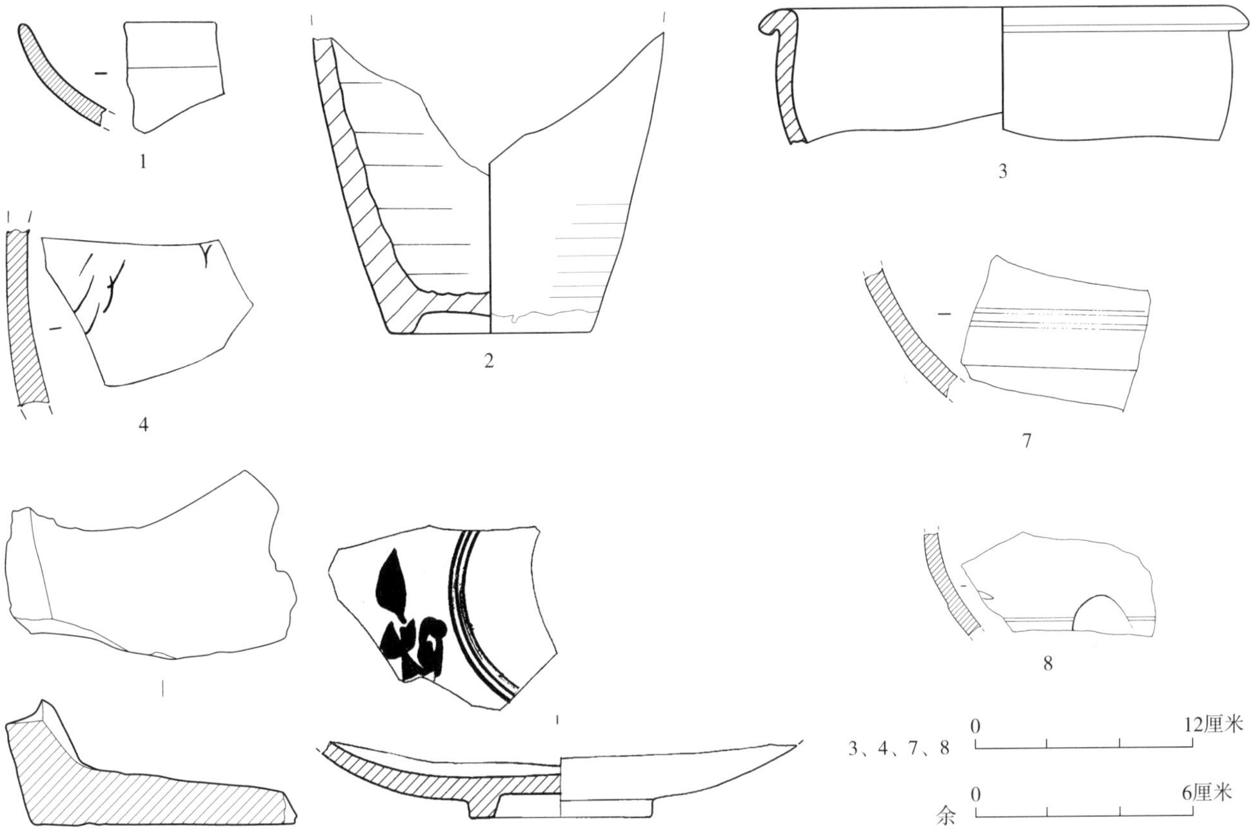

图一六五　龙王庙沟西侧窟前地层出土辽金时期瓷器

1.A 型白釉盘 1987DYL②C：13　2. 白釉瓶 1987DYL②C：16　3～5. 白釉罐 1987DYL②C：14、1987DYL②C：17、1987DYL②C：72　6. 白釉褐彩碗 1987DYL②C：38　7、8. 白釉褐彩罐 1987DYL②C：18、1987DYL②C：19

7 件。其中腹部残片 4 件，可能为 2 件器物残片。

口沿残片　2 件。

标本 1987DYL②C：14，口微敛，方圆唇，沿下斜，束颈，弧腹。胎色黄白。上化妆土，内外施釉。口径 20、残高 5.8 厘米（图一六五，3；彩版一五〇，3）。

标本 1987DYL②C：17，弧腹。胎色深灰，胎质粗疏，夹黑砂。内外上化妆土，仅外壁施釉，白釉泛灰，釉面有开片现象，并划花装饰。壁厚 0.7、残高 8.3 厘米（图一六五，4）。

器底残片　1 件。

标本 1987DYL②C：72，斜腹，平底。胎色黄白，仅外壁施白釉，不及底。壁厚 0.8～1.7、残高 3.2 厘米（图一六五，5）。

（5）白釉褐彩碗

1 件。

标本 1987DYL②C：38，金元时期。残存底足，弧腹，圈足，足墙外低内高，内墙有旋胎痕迹。黄胎，胎体夹黑砂。上化妆土，内施满釉，外不及底，釉面泛黄。内底褐彩弦纹三周，内壁褐彩描绘花草纹。内底残留 3 处垫砂痕。底径 9.5、残高 3.8 厘米（图一六五，6；彩版一五〇，4）。

（6）白釉褐彩罐

2件。腹部残片。

标本1987DYL②C：18，弧腹。白胎泛黄，胎体夹黑砂。施化妆土，内外施釉，外釉不及底，白釉泛黄。外壁近底处有跳刀痕，施褐彩弦纹两周，颜色浅淡。壁厚0.8、残高5.7厘米（图一六五，7；彩版一五〇，5）。

标本1987DYL②C：19，金元时期。弧腹。胎色灰黄，胎体夹大量黑砂。外壁施化妆土。内外施釉，内釉仅施一半，白釉泛黄。外壁绘二周褐彩弦纹，其上有积釉现象。壁厚0.7、残高5.4厘米（图一六五，8）。

（7）青釉碗

1件。

标本1987DYL②C：35，耀州窑。口微敛，圆唇，束颈，弧腹。灰胎，胎体较坚。内外施釉，釉色草绿，釉面有开片。内壁腹部一周弦纹下剔波浪及花卉纹。口径13、残高4.7厘米（图一六六，1；彩版一五一，1）。

（8）青釉盘

1件。

标本1987DYL②C：24，尖圆唇，花口，浅腹。灰胎，胎质坚薄。内外施釉，釉色青绿，内壁近口沿处釉色棕黄，釉面肥润光洁。壁厚0.5、残高1.9厘米（图一六六，2；彩版一五一，2）。

（9）茶叶末釉瓶

1件。腹部残片。

标本1987DYL②C：23，残存腹部。弧腹。土黄胎，胎质粗疏。内外施釉，内呈棕红，外釉墨绿。

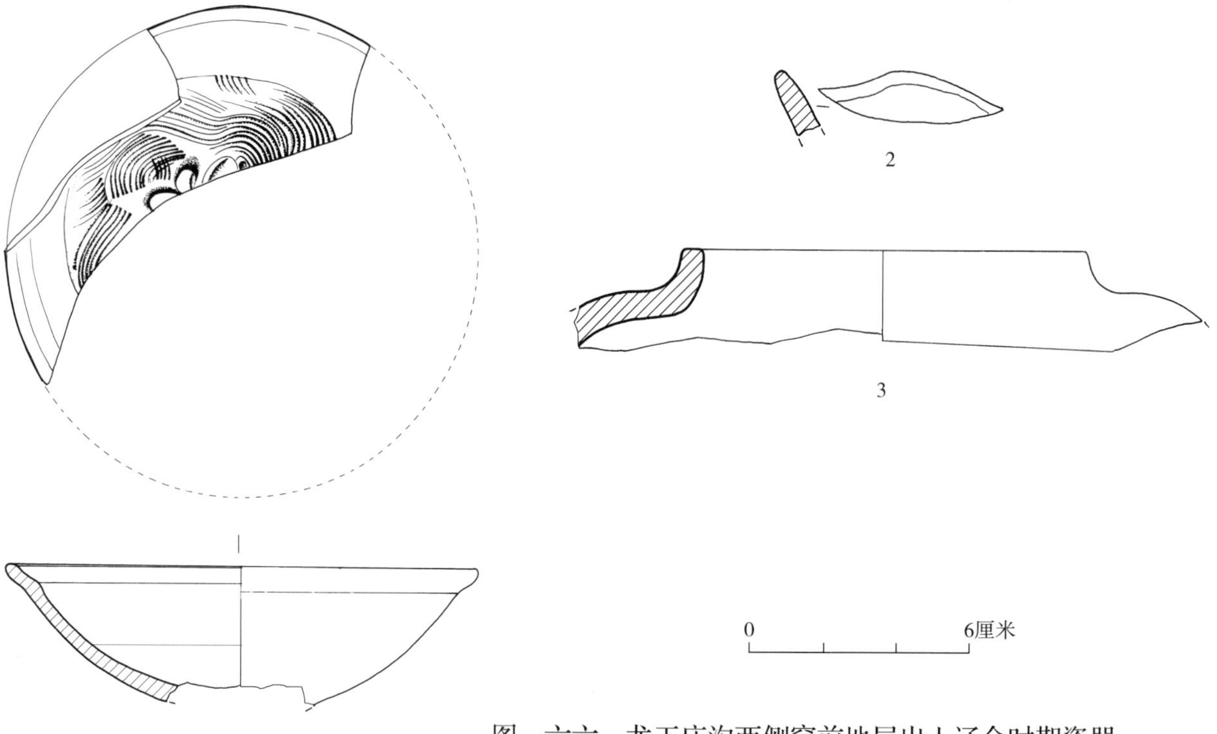

图一六六　龙王庙沟西侧窟前地层出土辽金时期瓷器

1. 青釉碗1987DYL②C：35　2. 青釉盘1987DYL②C：24　3. 复色釉罐1987DYL②C：22

壁厚 0.7、残高 6.2 厘米。

（10）复色釉罐

1 件。

标本 1987DYL ② C：22，直口，方唇，束颈，丰肩。白胎泛灰，胎质粗疏。外壁及内壁口沿处上化妆土，施白釉，内壁施酱釉，釉面不甚光洁。口径 11、残高 1.9 厘米（图一六六，3；彩版一五一，6）。

（11）黑釉盏

2 件。

标本 1987DYL ② C：62，圆唇，敞口，弧腹，平底。黄胎。仅内壁施釉，口沿及外壁无釉，釉色酱黑。口径 8.7、底径 3.4、高 3 厘米（图一六七，1；彩版一五一，3）。

标本 1987DYL ② C：63，圆唇，敞口，弧腹，平底。黄胎。仅内壁施釉，口沿及外壁无釉，内底釉色黑亮，壁面有酱斑，口沿下有一周浅凹槽。口径 8.6、底径 3.7、高 3.2 厘米（图一六七，2；彩版一五一，4）。

（12）黑釉瓶

2 件。

标本 1987DYL ② C：39，侈口，尖唇，斜沿，短颈内束。胎色灰白。内外施釉，釉色亮黑。口径 6.8、残高 3.3 厘米（图一六七，3；彩版一五一，5）。

标本 1987DYL ② C：20，隐圈足，足沿平切无釉。浅灰胎粗疏，夹黑、白砂，胎体厚重。内外施釉，釉色棕黑。足径 8.6、残高 3.7 厘米（图一六七，4；彩版一五〇，6）。

（13）黑釉罐

1 件。

标本 1987DYL ② C：21，弧腹，外壁有数周旋坯留下的突棱。胎色灰，胎体粗疏。内外施釉，釉色棕黑，外釉磨损严重。壁厚 0.9、残高 10.1 厘米（图一六七，5）。

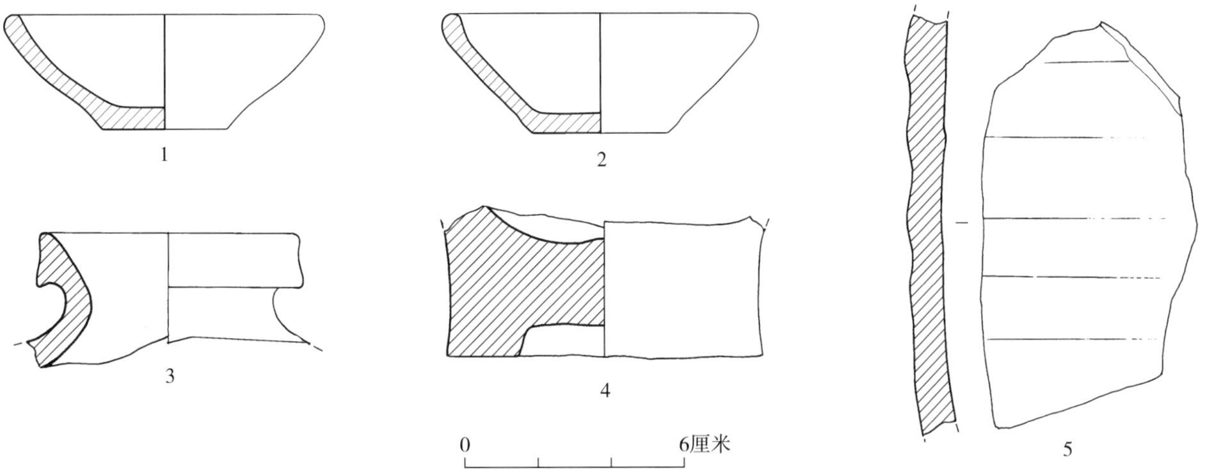

图一六七　龙王庙沟西侧窟前地层出土辽金时期瓷器

1、2. 黑釉盏 1987DYL ② C：62、1987DYL ② C：63　3、4. 黑釉瓶 1987DYL ② C：39、1987DYL ② C：20　5. 黑釉罐 1987DYL ② C：21

第五节 明清时期文化遗存

发掘仅于第②层地层中清理出明清时期的遗物，不见遗迹。

一 遗物

生活生产用具

1. 瓷器

13 件。按釉色可分为白釉、白釉褐彩、黑釉、酱釉、青釉、青花。

（1）白釉碗

3 件。根据口部差异分两型，A 型敞口，B 型撇口。此处见 A 型，因唇部不同分两亚型。

Ab 型　1 件。敞口，唇部加厚。

标本 1987DYL ② C：26，尖圆唇，弧腹。施化妆土，施透明釉而呈白色，胎色较白，胎体较坚，夹黑点。白釉泛灰，内外施釉，施釉不匀。口径 18、残高 2.3 厘米（图一六八，1；彩版一五二，1）。

腹部残片　1 件。

标本 1987DYL ② C：28，弧腹。白胎泛黄。内壁施化妆土。内施满釉，外不及底，白釉泛黄。壁厚 0.4 ～ 0.8、残高 4.6 厘米（图一六八，2；彩版一五二，2）。

白釉碗底足残件　1 件。窟前遗址白釉碗底根据足墙变化可分三型。此处仅见 A 型。

标本 1987DYL ② C：27，足墙外低内高。弧腹，圈足，外腹近底处有两次切削痕，内外墙均二次切削。灰胎，胎质较坚。内壁施化妆土。釉色牙白，内施满釉，外不及底。内底散布垫砂。足径 5、残高 2.8 厘米（图一六八，3；彩版一五二，3）。

（2）白釉褐彩碗

5 件。根据口部形制差异分两型，A 型敞口。B 型撇口。

Aa 型　1 件。敞口，尖圆唇。

标本 1987DYL ② C：30，弧腹。白胎泛黄，施化妆土，内外施釉，釉色显白。内壁近口沿处绘有三周褐彩弦纹。口径 11、残高 3.1 厘米（图一六八，4；彩版一五二，4）。

B 型　2 件。撇口。

标本 1987DYL ② C：29，尖圆唇，弧腹。胎色灰白，胎体较坚，夹黑砂。上化妆土。内施满釉，外不及底，白釉泛黄，釉面不甚光洁。内壁口沿处绘由弦纹间以斜线纹组成的边饰，内外壁腹部均绘有草叶纹。残高 5 厘米（图一六八，5；彩版一五二，5）。

标本 1987DYL ② C：44，尖圆唇，口微撇，弧腹。黄胎，胎体较坚，夹黑砂。上化妆土，内施满釉，外不及底，釉面泛黄。内壁口沿处褐彩弦纹二周，内壁近底处有褐彩小点。口径 18.4、残高 3.6 厘米（图一六八，6；彩版一五二，6）。

底足残片　2 件。据足墙不同分三型，此处仅见 A 型，足墙外低内高。

标本 1987DYL ② C：31，弧腹，圈足，外壁近底处切削。胎色灰红，胎体较厚。施化妆土，内施满釉，外不及底，白釉泛黄。内壁近底处褐彩描绘单周弦纹。足底残存 3 处垫砂痕，内底散布垫砂。

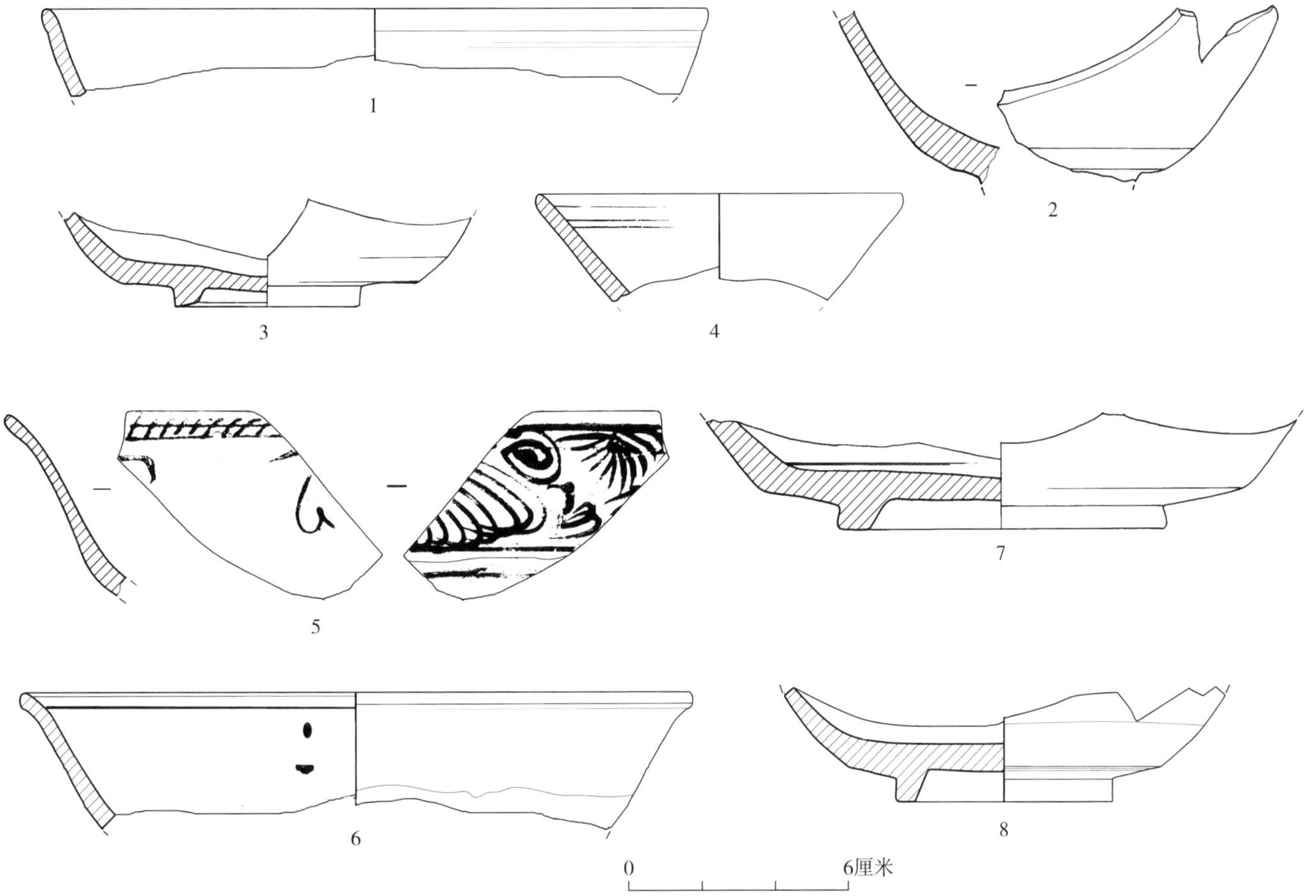

图一六八　龙王庙沟西侧窟前地层出土明清时期瓷器

1.Ab 型白釉碗口沿 1987DYL②C：26　2. 白釉碗腹片 1987DYL②C：28　3. 白釉碗底足 1987DYL②C：27　4.Aa 型白釉褐彩碗口沿 1987DYL②C：30　5、6.B 型白釉褐彩碗口沿 1987DYL②C：29、1987DYL②C：44　7、8. 白釉褐彩碗底足 1987DYL②C：31、1987DYL②C：42

足径 9、残高 2.9 厘米（图一六八，7）。

标本 1987DYL②C：42，弧腹，外壁近底处切削。胎色灰黄。施化妆土。内施满釉，外不及底，白釉泛黄。内壁近底处单周褐彩弦纹，内底心残存两道褐彩纹。内底散布垫砂，足底残存 1 处垫砂痕。足径 6、残高 3 厘米（图一六八，8）。

（3）青釉碗

1 件。

标本 1987DYL②C：33，龙泉窑。弧腹。胎色灰白，胎体较坚。内外施釉，釉色青绿。壁厚 0.5、残高 4.3 厘米。

（4）酱釉罐

3 件。其中腹部残片 2 件。

标本 1987DYL②C：32，圆唇，口微撇，短束颈，丰肩，鼓上腹。胎色土黄，胎质较坚。内壁仅口沿处施釉，外釉不及底，釉色黑亮。口径 6.9、残高 4.2 厘米（图一六九，1；彩版一五二，7）。

（5）青花碗

1 件。

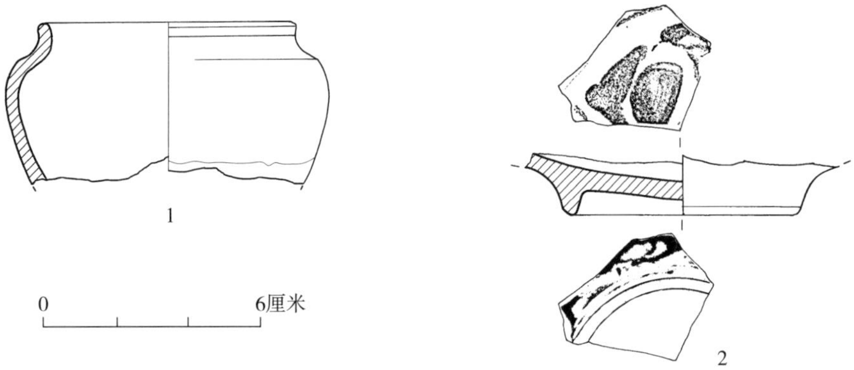

图一六九　龙王庙沟西侧窟前地层出土明清时期瓷器

1. 酱釉罐 1987DYL ② C：32　2. 青花碗 1987DYL ② C：34

标本 1987DYL ② C：34，圈足，足墙内外齐平，尖足沿。胎色洁白，胎体较坚。内外施釉，白釉泛青，足沿刮釉一圈。内底及外壁青花描绘纹饰。足径 6、残高 1.3 厘米（图一六九，2）。

2. 石器

（1）石钵

1 件。

标本 1987DYL ② C：73，敞口，平沿，弧腹，内底圜，有小浅凹坑，外底平，中央内凹。外壁口部一侧有长方形凸起，立面呈三角形，内外壁布满凿痕。直径 25.8、底径 21、壁厚 2.7、高（内底）6 ～ 13.5 厘米（彩版一五二，8）。

第六节　第 5-30 窟内文化遗存

1994 年，云冈石窟文物保管所对崖壁南侧的第 5-30 窟内进行清理，出土辽金时期和明清时期的瓷器，现介绍如下。

一　辽金时期文化遗存

生活生产用具

瓷器

28 件。瓷器按釉色可分为白釉、黑釉、复色釉、青釉。

（1）白釉碗

18 件。其中腹部残片 7 件。窟前遗址根据口部变化分两型，此处见有 Aa、B 型。

Aa 型　5 件。敞口，尖圆唇。

标本 1994K5-30：2，敞口，尖圆唇，弧壁。胎色较白。内外施釉，釉色洁白，有开片纹。口径 18、壁厚 0.4、高 3.5 厘米（图一七〇，1；彩版一五三，1）。

标本 1994K5-30：25，敞口，圆唇，弧壁。胎色较白，胎体坚致，上化妆土，内外施釉，釉色洁白。口径 12、残高 3.6 厘米（图一七〇，2；彩版一五三，2）。

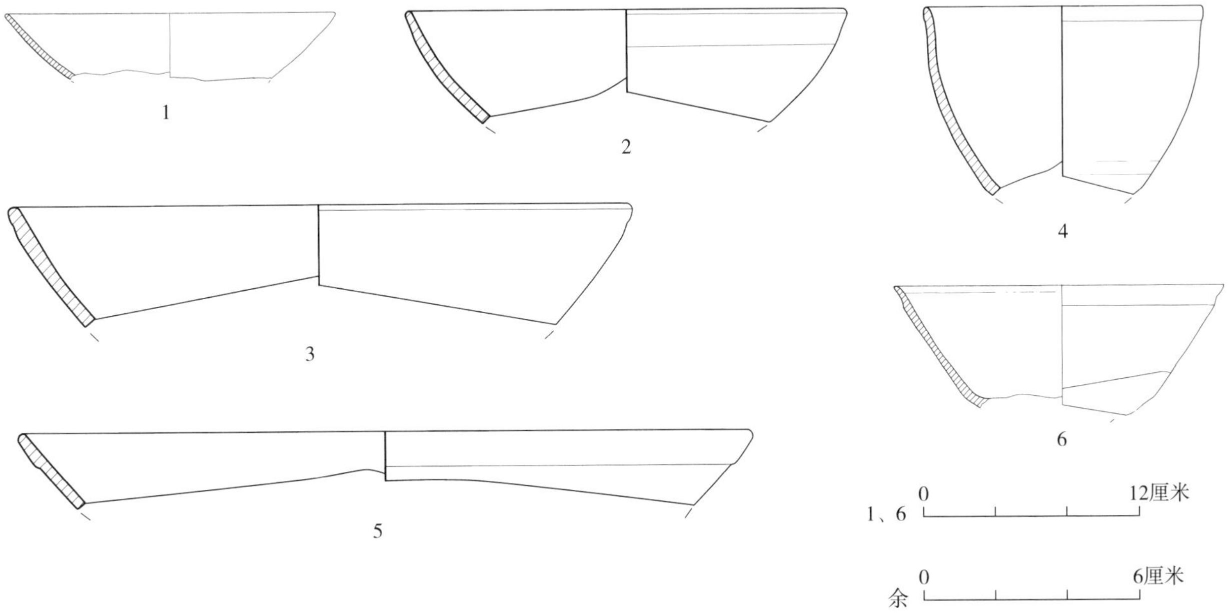

图一七〇　第5-30窟内出土辽金时期白釉碗

1～5.Aa型白釉碗口沿 1994K5-30：2、1994K5-30：25、1994K5-30：26、1994K5-30：27、1994K5-30：28　6.B型白釉碗口沿 1994K5-30：1

标本1994K5-30：26，敞口，圆唇，斜弧壁。胎色较白，胎体坚致，上化妆土，内外施釉，釉色黄白。口径17、壁厚0.3、高3.2厘米（图一七〇，3；彩版一五三，3）。

标本1994K5-30：27，敞口，圆唇，弧壁。胎色较白，胎体坚致，内外施白釉，釉色洁白。口径7.6、残高5厘米（图一七〇，4；彩版一五三，4）。

标本1994K5-30：28，敞口，圆唇。胎色较白，胎体坚致，内外施白釉，釉色洁白。口径20、残高2.4厘米（图一七〇，5；彩版一五三，5）。

B型　1件。敞口。

标本1994K5-30：1，撇口，尖圆唇，弧腹。胎色较白，胎体坚致，上化妆土，内施满釉，外不及底，白釉泛黄，有开片纹。口径18、残高9.2厘米（图一七〇，6；彩版一五三，6）。

底足残片　5件。窟前遗址根据足墙不同分三型，此处见有A、B型。

A型　4件。足墙外低内高。

标本1994K5-30：3，弧腹，内腹近底处内折，圈足。胎色较白。内外施白釉，釉色洁白。足径10、残高3.4厘米（图一七一，1）。

标本1994K5-30：29，弧腹，圈足。胎色灰白，夹黑砂。上化妆土，内施满釉，釉色黄白，外底无釉。足径8、残高1.8厘米（图一七二，2）。

标本1994K5-30：30，弧腹，圈足。胎色灰白，夹黑砂。上化妆土，内施满釉，釉色黄白，外底无釉。足径7、残高1.8厘米（图一七二，3）。

标本1994K5-30：32，圈足，足沿平切。胎色较白，胎体较坚，内外施白釉，釉色较白。内底残留2处垫珠痕。足径7、残高2厘米（图一七一，4；彩版一五四，1）。

B型　1件。足墙内外齐平。

标本1994K5-30：4，圈足，足沿平切。胎色较白，胎体较坚。内施白釉，外不及底，釉色较

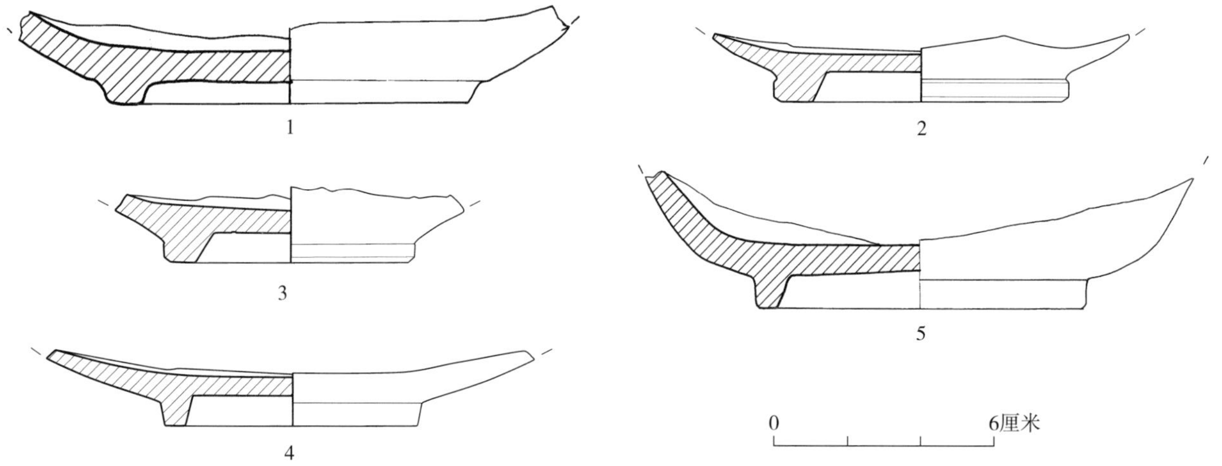

图一七一 第5–30窟内出土辽金时期白釉碗

1～4.A型白釉碗底足 1994K5–30：3、1994K5–30：29、1994K5–30：30、1994K5–30：32 5.B型白釉碗底足 1994K5–30：4

白。内底可见印花纹。内底及足沿共残留6处垫珠痕。足径8.8、残高3.5厘米（图一七一，5；彩版一五四，2）。

（2）白釉盏

1件。

标本1994K5–30：5，敞口，圆唇外凸，弧腹，腹底微直，平底。胎色白黄，夹黑砂。无化妆土，内施透明釉，外壁仅口沿处施釉，釉色泛灰。内底残留垫珠痕。口径9.2、底径3.7、高2.8厘米（图一七二，1；彩版一五四，3）。

（3）白釉盘

2件。

标本1994K5–30：6，敞口，尖圆唇，折肩，浅弧腹，圈足，足墙外低内高。胎色灰白，胎体坚致。内外施釉，釉色灰白。内底及足沿残留垫珠痕。口径18.1、足径6.4、高3.9厘米（图一七二，2；彩版一五四，4）。

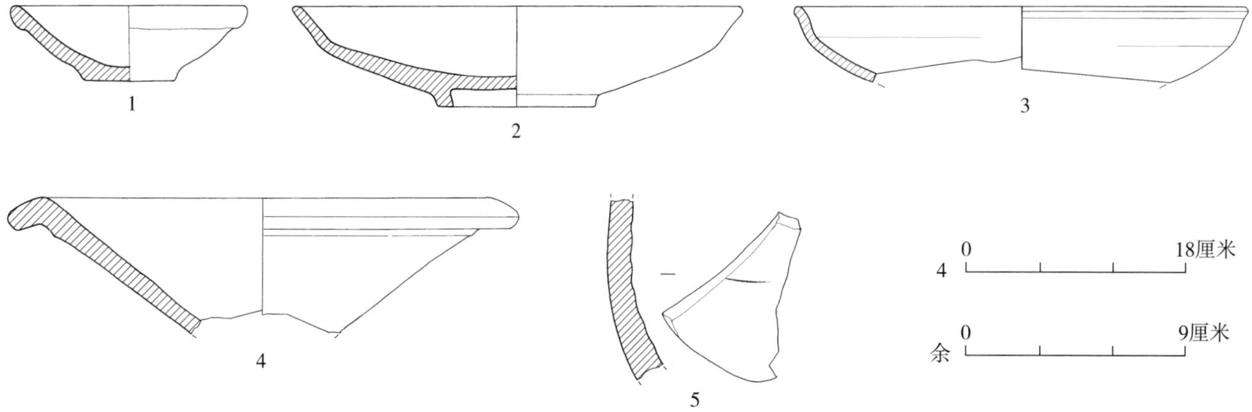

图一七二 第5–30窟内出土辽金时期瓷器

1.白釉盏 1994K5–30：5 2、3.白釉盘 1994K5–30：6、1994K5–30：31 4.白釉盆 1994K5–30：7 5.白釉罐 1994K5–30：8

标本 1994K5-30：31，口腹部残片。敞口，圆唇，折肩，弧腹。胎色灰白，胎体较坚，内外施白釉，釉色灰白。口径 18、残高 3 厘米（图一七二，3）。

（4）白釉盆

1 件。

标本 1994K5-30：7，敞口，圆唇，平折沿，斜腹。胎色灰黄，胎体较坚厚，夹黑白砂。仅内壁及外壁口沿上化妆土及施釉，釉色灰白。透明釉下可见施化妆土时的刷痕。口径 42、残高 10.2 厘米（图一七二，4；彩版一五四，5）。

（5）白釉罐

1 件。

标本 1994K5-30：8，腹部残片。弧腹。灰胎，夹黑白砂。仅外壁施化妆土不及底。内施满釉，内壁有旋坯时留下的痕迹。壁厚 0.8、残高 6.5 厘米（图一七二，5）。

（6）青釉碗

1 件。

标本 1994K5-30：12，撇口，尖唇，弧腹。灰胎，胎体坚致。内外施釉，釉色青绿。口径 27.1、残高 5.9 厘米（图一七三，1；彩版一五四，6）。

（7）复色釉罐

1 件。

标本 1994K5-30：11，腹部残片，直壁微弧。灰白胎，胎质粗疏，夹黑白砂。内施黑釉，外施白釉。壁厚 0.8、残高 6.3 厘米（图一七三，2）。

（8）黑釉碗

1 件。

标本 1994K5-30：9，敞口，圆唇，弧腹。白黄胎，胎体较坚，内外施釉，釉面有杂质。口径 13.2、壁厚 0.35、残高 4.3 厘米（图一七三，3）。

（9）黑釉罐

1 件。

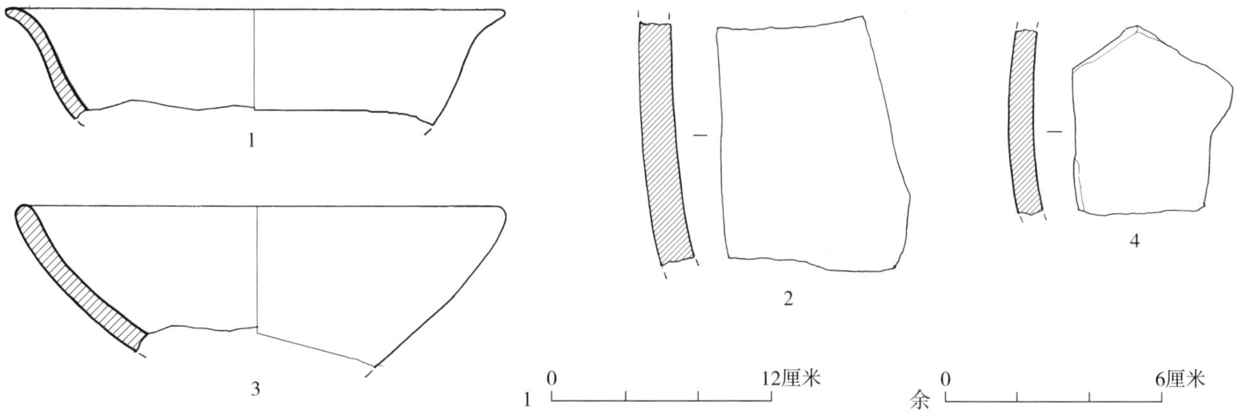

图一七三　第 5-30 窟内出土辽金时期瓷器

1. 青釉碗 1994K5-30：12　2. 复色釉罐 1994K5-30：11　3. 黑釉碗 1994K5-30：9　4. 黑釉罐 1994K5-30：10

标本1994K5-30：10，腹部残片，直壁微弧。胎色土黄，夹黑白砂。内外施釉，内釉亮黑，外釉棕红。壁厚0.5、残高4.8厘米（图一七三，4）。

（10）茶叶末釉罐

1件。

标本1994K5-30：21，罐。弧腹。黄胎，胎体较坚，有细小气孔及黑砂。内施满釉，釉色酱褐，外不及底，釉色墨绿，釉面光洁。壁厚0.5、残高6.3厘米（彩版一五五，5）。

二　明清时期文化遗存

生活生产用具

瓷器

11件。瓷器按釉色可分为白釉、白釉褐彩、黑釉、茶叶末釉。

（1）白釉碗

4件。窟前遗址口沿残片根据口部变化分两型。此区域见有Aa型和B型。

Aa型　2件。敞口，圆唇。

标本1994K5-30：14，敞口。圆唇，弧腹。胎色浅灰，有黑砂。施化妆土，内外施釉，釉色较白，釉面有开片纹。口径20、残高2.1厘米（图一七四，1）。

标本1994K5-30：15，敞口，圆唇。弧腹。灰胎。内外施透明釉，色呈青黄。口径16.7、残高3.8厘米（图一七四，2）。

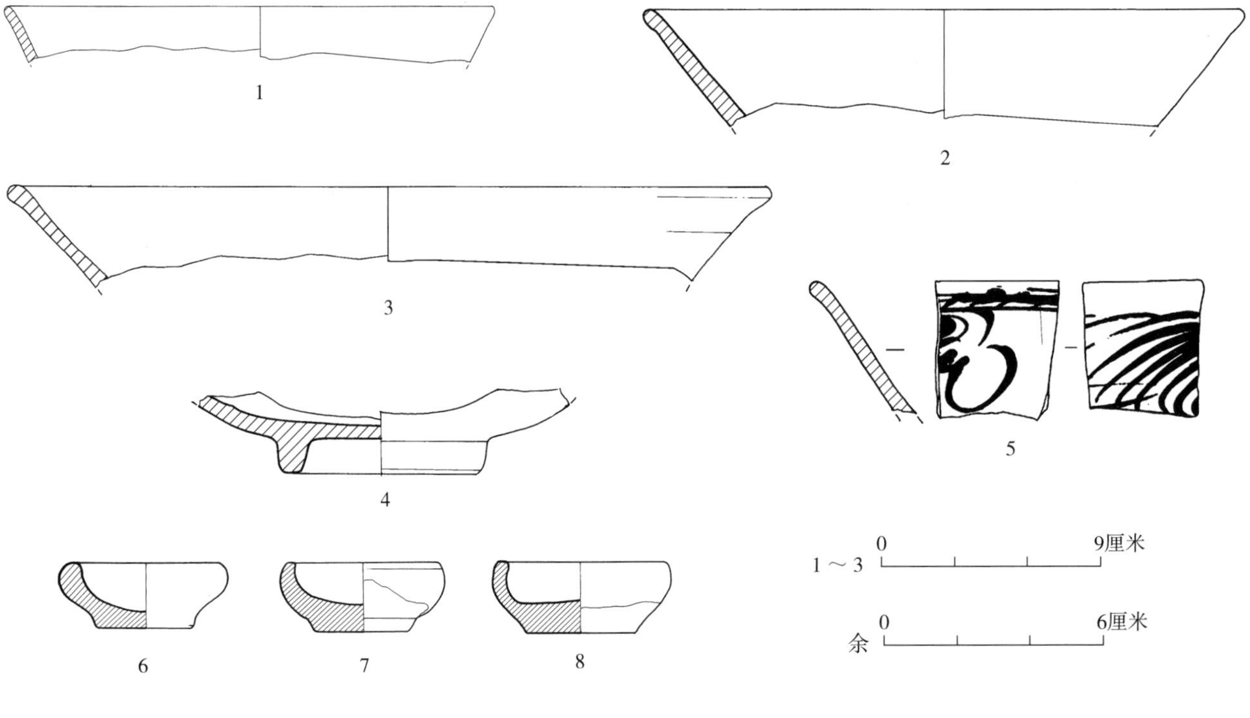

图一七四　第5-30窟内出土明清时期瓷器

1、2.Aa型白釉碗口沿1994K5-30：14、1994K5-30：15　3.B型白釉碗1994K5-30：13　4.A型白釉碗底1994K5-30：16　5.B型白釉褐彩碗1994K5-30：17　6～8.黑釉盏1994K5-30：18、1994K5-30：19、1994K5-30：20

B 型　1 件。敞口。

标本 1994K5-30：13，撇口。圆唇，弧腹。胎色浅灰。施化妆土，内外施釉，白釉泛黄。口径 16.4、壁厚 0.4、残高 3.7 厘米（图一七四，3；彩版一五五，1）。

窟前遗址根据白釉碗足墙不同分三型。此区域仅见 A 型。

A 型　1 件。

标本 1994K5-30：16，弧腹，圈足，足墙外低内高。灰胎。仅内壁施化妆土及白釉。足底残存 4 处垫砂痕。足径 5.5、残高 2.1 厘米（图一七四，4；彩版一五五，2）。

（2）白釉褐彩碗

1 件。窟前遗址根据口部不同分两型。此区域仅见 B 型。

B 型　1 件。

标本 1994K5-30：17，尖唇，口微撇，弧腹。浅灰胎。施化妆土。内外施釉，釉色白黄。内壁口沿处绘由弦纹间以斜线纹组成的边饰，内外壁腹部均绘有草叶纹。残高 3.6 厘米（图一七四，5；彩版一五五，3、4）。

（3）黑釉盏

6 件（彩版一五五，6）。

标本 1994K5-30：18，口微敛，圆唇，弧腹，平底。灰胎，胎体粗疏，整体烧流。口径 4.3、底径 2.7、高 1.8 厘米（图一七四，6）。

标本 1994K5-30：19，口微敛，圆唇，弧腹，平底。灰胎。内施满釉，芒口，外釉不及底。外壁有支烧痕。口径 4.2、底径 2.6、高 1.9 厘米（图一七四，7）。

标本 1994K5-30：20，方圆唇，敛口，弧腹，平底。灰胎泛黄。内施满釉，芒口，外釉不及底，有流釉现象。外壁有支烧痕。口径 4.6、底径 3、高 1.9 厘米（图一七四，8）。

标本 1994K5-30：23，器形同 1994K5-30：18，仅内壁施釉。口径 3.6、底径 2.8、高 2.1 厘米。

标本 1994K5-30：25，器形同 1994K5-30：18，仅内壁与口沿部施釉，已烧硫。口径 4.5、底径 2.9、高 2.3 厘米。

标本 1994K5-30：24，器形同 1994K5-30：18。口径 3.9、底径 3.5、高 2.3 厘米。

第七节　小结

一　遗址时代

龙王庙沟西侧遗址 F3 共出土铜钱 3 枚，分别为“景德元宝”“天禧通宝”“太平通宝”，“景德”“天禧”为北宋真宗年号（前者铸于 1004 ～ 1007 年间，后者铸于 1017 ～ 1021 年间）。辽圣宗时所铸的“太平”钱时代最迟（铸于 1021 ～ 1031 年间）。同时在 F3 内还发现了捺有“西京仁和坊冯……”戳记的澄泥残砚。“西京仁和坊”款的陶砚以前曾在内蒙古伊克联盟巴林右旗原辽庆州古城内出土过，砚底有一深槽，和砚面椭圆形墨堂相对称，中间偏上有两行凹印款识：右行为：“西京仁和坊李让”，左行为“罗土澄泥砚瓦记”[1]。近几年，在大同城西北又出土 1 件，砚身为长方形；墨堂呈椭圆形，

[1] 成顺：《辽庆州古城出土“西京古砚”》，《文物》1981年第4期。

砚面微凸；墨池作扇形弧面。砚底有一深槽，和砚面椭圆形墨堂相对称，中间偏下有两行凹印款识：右行为："西京仁和坊马松"，左行为"罗土澄泥砚瓦记"[1]。这三方砚均是西京仁和坊所造，只是制造者不同，但其书体颇为一致，均为楷书。辽兴宗重熙十三年（1044 年）改云州为西京，设西京道大同府，为辽之陪都。从以上瓦的造型风格以及出土的货币、古砚推断，龙王庙沟西侧的窟前建筑及其使用时代上限为辽代，出土遗物中有金代风格的器物，可能一直到金代还在使用。

二　遗址认识

龙王庙沟西侧共发现了三个遗址，可分为礼拜区和生活区两部分。F1 是作为礼拜性的厅堂使用的。其以第 5-28 窟为中轴线，台基呈"凸"字形，面积约 100 平方米，基面上有残破的铺砖地面、础柱石 1 等；与基面相应的崖面上排列整齐的梁孔四组及脊檩槽，从这些遗迹可以肯定，F1 为龙王庙沟西侧的主体建筑，面阔三间，为单梁一面坡式建筑，为礼拜性厅堂。建筑材料主要为兽面纹 Bd 型瓦当，Ba 型檐头板瓦。

生活区的建筑为蓄水池 2、F3 以及 F3 以北未发掘区。蓄水池 2 推测为蓄水之用，龙王庙沟建筑均位于山腰部位，距谷底约 20 米，由于上下困难和用水的不便，凿池蓄水是经济实用的。F3 为居址，其外墙（东墙）用片石砌成，这在现今云冈附近民居建筑中仍是常用的建材；南北二墙为土墙，西侧有一夹墙与石崖形成一廊。西墙北端有一侧门，便于进入 F1 礼拜区和到蓄水池 2 取水。正门位于 F3 北墙正中，正门以北估计为 F3 的外屋，由于时间关系未进行清理，但从壁面残存檩孔来看，应是 F3 的附属建筑。这对于我们了解云冈石窟窟前建筑有很大帮助。

这次发现的地炕遗址完全于 F3 之内，面积 24.9 平方米，分上、下两部分，十条烟道，炕面用方砖铺砌，这是考古发现的辽金居址中较为完整的地炕。在膛内还发现了燃烧不完全的炭渣厚 0.16 米。

在 F3 地层第③层中夹杂有许多红烧土块，F3 的南墙、西墙、东墙表皮均呈黑红色，推测龙王庙西侧建筑遗址可能遭到火焚毁坏的。

此区域出土的辽金生活生产用具主要有陶器和瓷器。陶器与石窟前遗址出土的陶器相同，主要器形有盆、罐，器物内外壁饰横向暗弦纹。瓷器具有辽金瓷器特点[2]，大致有两种类型：一种是高温细胎白瓷，胎质坚薄，内外施白釉。烧制方法很少使用复烧，支足多用垫珠，一般有八至十个，如蓄水池③：1 白瓷大碗。也有少量的定窑薄胎细瓷，如 T171 ③：15 暗花小碗等；另一种是高温缸胎茶叶末绿、黑、酱色瓷器，器壁厚重胎粗，如绿釉剔花大罐、划花罐和鸡腿瓶等。遗址共发现 5 方砚台，使用痕迹明显，推测 F3 为僧房遗址。这些遗物的发现对于辽金寺院及僧侣生活之研究具有重要价值。

龙王庙沟古代遗址面积较大，除整个沟西侧外，沟北侧也有瓦砾堆积。1938 年，水野清一等在云冈石窟调查中，于龙王庙沟北进行了小规模试掘（同时进行的还有沟西侧南端），发现了兽面纹

[1]　曹臣明：《辽金"西京仁和坊"澄泥砚及相关问题》，《文物世界》2014年第2期。

[2]　李文信：《辽瓷简述》，《文物》1958年第2期。中国硅酸盐学会：《中国陶瓷史》，文物出版社，1987年。

瓦当和檐头板瓦等物[1]，以其完整程度推测，不像是经过人力搬运后的堆积。瓦的形制与此次清理出的 Bd 型兽面纹瓦当和 Ba 型檐头板瓦相同。推测沟北端亦曾有过一定规模的建筑，可能与沟西侧的建筑为同一时期。

遗址清理发掘工作主持人：赵曙光。清理发掘者：员海瑞、李雪芹、陆屹峰、张海雁、员小云、罗红、张华。

器物摄影：张海雁、员新华。

器物绘图：王建平、王娜。

执　　笔：赵曙光。

重新整理：王雁卿、马静。

（原文发表于《中国石窟·云冈石窟》（二），文物出版社，1994 年）

[1]　〔日〕水野清一：《雲岡石窟調查記》，《東方學報》第9册。〔日〕水野清一、長廣敏雄：《雲岡石窟:西曆五世紀における中國北部佛教窟院の考古學的調查報告》第十五卷《雲岡發掘記2》，京都大學人文科學研究所雲岡刊行會，1955年。

第五章　第 5、6 窟窟前遗址考古调查

第一节　遗址概况

第 5、6 窟位于云冈石窟中部窟群东端，为一组大像窟与塔庙窟组合的双窟。两窟外壁崖面的中间与东西两侧各有一座方形石塔，紧依洞窟前立壁而雕凿。第 5 窟的东侧为附属窟龛编号，第 5-1 窟至第 5-9 窟和第 5-40、5-41 窟，共有 11 座小型窟龛，其中，第 5-1 窟至第 5 窟东塔的距离 21 米。

清顺治八年（1651 年）第 5、6 窟前有重修木结构楼阁窟檐建筑各一座。之后，又在两窟之前的左右两侧修建东西配殿，形成了两个院落。连同第 6 窟前院过殿、东西配房及山门等，从而构成一处小型寺庙，清代名曰石佛古寺。第 5 窟外东侧的附属窟龛第 5-1 窟～第 5-4 窟前有 1933 年新建赵承绶别墅，2008 年将第 5、6 窟前的两侧配殿及别墅等建筑拆除（图一七五）。

从 20 世纪 80 年代开始在云冈进行修缮工程中，此处陆续发现了北魏、辽金时期的一些遗迹现象。其中，1986 年在别墅前面挖暖气地沟时，发现 1 件北魏时期的石板。2007 年 4 月 7 ～ 9 日，为了拓展第 5 窟通往东部窟群的游览道路，在别墅后面布 5 米 ×5 米探方 2 个，编号为 2007T1、T2，发掘面积 32 平方米（图一七五），发现了辽金时期铺砖地面遗迹并出土北魏、辽金、明清时期遗物。2015 年在云冈景区铺设消防管线时，于原赵承绶别墅前，即第 5-3 窟前距崖面约 26 米处的地沟里发现一段东西向石砌墙体，同时出土北魏石雕造像等残件。这里就第 5、6 窟前几次考古调查情况报告如下。

第二节　地层堆积

2007 年发掘探方位于赵承绶别墅后，这里曾经为种植花草的花池，又紧邻洞窟第 5-3 窟前立壁，地层堆积比较简单。现以 2007T1 东壁剖面为例介绍如下。

2007T1 东壁剖面

第①层：现代扰土层，厚 0 ～ 0.46 米。土质疏松，灰黄色土，土壤包含物有植物根系、小砾石等，出土遗物较少，有瓦当、滴水、瓷器等残件。此层为近现代扰土层。

第②层：铺砖层，厚 0.04 ～ 0.05 米。仅在探方内发现一小片铺砖地面，以砖地面和白灰为主，内含辽金时期敷设方形沟纹砖地面等。此为辽金时期文化层。

第③层：烧土层，厚 0.05 ～ 0.1 米。土质疏松，呈土红色。出土有北魏筒瓦、板瓦和瓦当等残片。此层为北魏时期文化层。

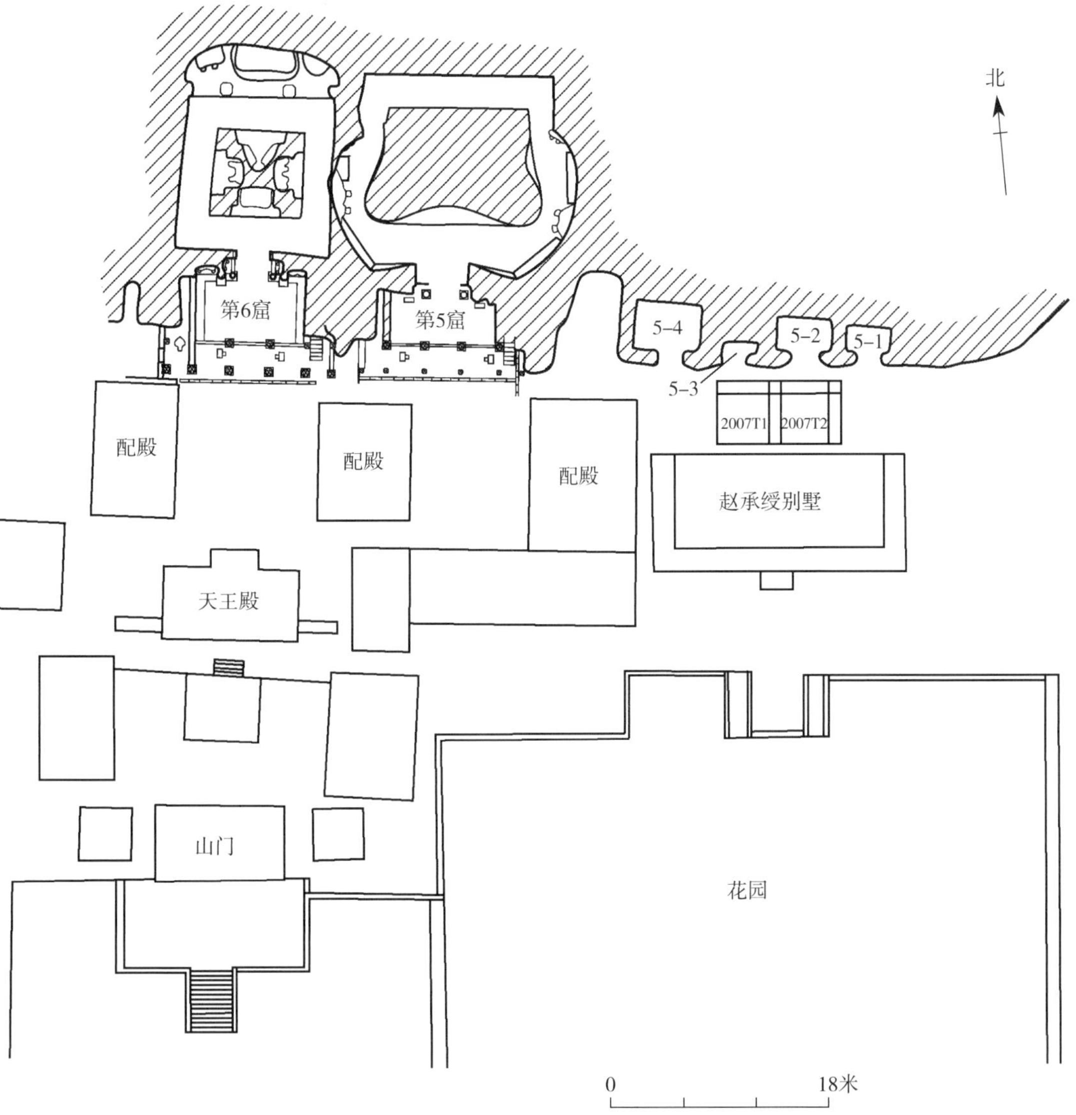

图一七五　第5、6窟前探方位置图

第三节　北魏时期文化遗存

没有发现遗迹，仅出土遗物。

一　遗物

主要有建筑材料、石雕造像、生活生产用具等遗物。共34件。

（一）建筑材料

21件。分陶质建筑材料和石质建筑材料两类。

1. 陶质建筑材料

20 件。主要有板瓦、筒瓦、瓦当残片。均为泥质灰陶。

（1）板瓦

12 件。均为残片。其中宽端残片 2 件，窄端残片 5 件，瓦身残片 5 件。均为 A 型，泥质灰陶，夹杂细小白砂，泥条盘筑。凹面压光，残留布纹。仅存 Ab 型。

Ab 型　2 件。仅凸面有手指压痕。

标本 2007T1 ③：13，残。仅存宽端的局部，瓦身较薄。凹面压光，两侧有布纹，上面刷一层白色材料。凸面瓦身有旋坯痕，宽端残存 12 个较浅的压痕。一侧面半切，破面未修整。瓦身残长 26、残宽 23、厚 1.7 厘米（图一七六，1；彩版一五六，1）。

标本 2007T1 ③：17，残。凹面压光的两侧有布纹，上面刷一层白色材料。凸面残存 13 个指纹压痕较浅。一侧面的切割约 1/3，破面未修整。瓦身残长 18、残宽 24.5、厚 2 ～ 2.5 厘米（图一七六，2；彩版一五六，2）。

其余板瓦均为窄端或瓦身残片。

标本 2007T1 ③：12，残。残存窄端的一小部分。凹面压光后刷一层白色材料。凸面残留白灰。一侧面切割痕较浅约 1/7，破面未修整。窄端斜切接近直角。残长 15.5、残宽 16、厚 1.2 ～ 2.5 厘米（彩版一五六，3）。

标本 2007T1 ③：21，残。残存窄端的一小部分。凹面有纵向较疏黑色压光条痕，两侧有布纹。凸面残留白灰。窄端斜切接近直角。残长 14、残宽 11、厚 1.2 ～ 2 厘米（彩版一五六，4）。

标本 2007T1 ③：18，残。残存窄端的一小部分。凹面压光处露出布纹，表面刷黑色材料。凸面残留白灰。瓦身残长 11、残宽 10.5、厚 1.7 ～ 2.3 厘米（彩版一五六，5）。

标本 2007T1 ③：19，残。残存窄端的一小部分。凹面压光处露出布纹，表面刷白色涂料。凸面残留白灰。一侧面切割痕很浅，约 1/8。窄端斜切接近直角。残长 23、残宽 14、厚 1.8 ～ 2.3 厘米。

标本 2007T1 ③：4，残。残存窄端的一小部分。凹面有纵向压光条痕，压痕两侧有布纹。凸面

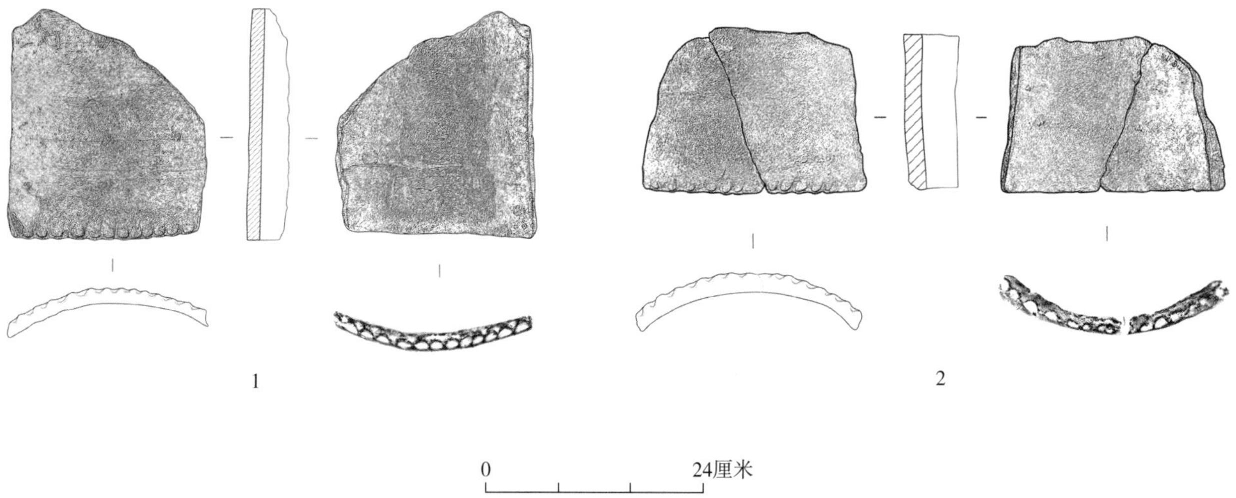

图一七六　第 5、6 窟前地层出土北魏时期板瓦

1、2.Ab 型板瓦 2007T1 ③：13、2007T1 ③：17

残留白灰。一侧面切割痕约 1/5，破面未修整。窄端斜切接近直角。瓦身残长 21.2、残宽 18、厚 2.3 厘米（彩版一五六，6）。

标本 2007T1 ③：5，残。瓦身较薄。凹面压光的两侧有布纹，表面残留白色材料。一侧面半切，破面未修整。瓦身残长 10.5、残宽 11.5 ～ 13、厚 1.2 ～ 2.5 厘米。

标本 2007T1 ③：7，残。瓦身较厚。一侧面切割痕约 1/3，破面未修整。瓦身残长 13、残宽 6.5 ～ 12、厚 2.5 厘米。

标本 2007T1 ③：20，残。瓦身较薄。一侧面切割痕约 1/3，破面未修整。瓦身残长 15.5、残宽 10、厚 1.8 厘米。

标本 2007T1 ③：15，残。瓦身较薄。一侧面切割痕约 1/3，破面未修整。瓦身残长 6.5、残宽 5.2、厚 2 厘米。

标本 2007T1 ③：6，残。瓦身较厚。瓦身残长 10.3、残宽 5、厚 2.4 厘米。

标本 2007T1 ③：8，残。瓦身较薄。瓦身残长 8.3、残宽 3.3 ～ 6.8、厚 2 厘米。

（2）筒瓦

5 件。均为残片。B 型，泥质灰陶，凸面未压光，或表面刷白色材料，凹面细布纹，瓦体较薄。

标本 2007T1 ③：10，残。凸面刷白色材料，凹面较细布纹。一侧面几乎全切，余下窄破面未修整。瓦身残长 18.5、残宽 10、厚 1.8 厘米（彩版一五七，1）。

标本 2007T1 ③：3，残。瓦身残长 8.5、残宽 8、厚 1.5 厘米。

标本 2007T1 ③：11，残。凸面刷黑色陶衣，凹面细布纹。一侧半切，破面修整。瓦身残长 6.5、残宽 8、厚 1.3 厘米。

标本 2007T1 ③：14，残。凹面细布纹，一侧全切且磨平。瓦身残长 12、残宽 8.5、厚 2.2 厘米。

标本 2007T1 ③：16，残。凸面瓦舌上有横向刷痕，凹面较细布纹。一侧面切割痕约 1/2，破面未修整。瓦身残长 9.3、残宽 8、厚 1.6、瓦舌长 3.4、厚 1.3 厘米（彩版一五七，2）。

（3）瓦当

3 件。均为泥质灰陶，瓦当模制。有文字瓦当、兽面纹瓦当等。

1）“传祚无穷”瓦当

A 型　2 件。泥质灰陶，模制。边轮略高于当面且较窄。圆形瓦当以“井”字分割，当心大乳丁外围凸弦纹一周。当心四面为“传祚无穷”四字，四角小乳丁加凸弦纹，边轮内饰一周凸弦纹。

标本 2007T1 ③：1，残。圆形瓦当仅存 1/4 扇面。当面仅存“无”字，笔画模糊。当心残存部分大乳丁，“无”字上面残存小乳丁。瓦当复原直径 15、厚 2.5、边轮宽 1 厘米（图一七七，1；彩版一五七，3）。

标本 1986 采：2，残。圆形瓦当仅存 2/3。当面“传、无”字笔画清晰；“祚、穷”两字残损。当心大乳丁保存完整。瓦当直径 14.5、厚 2、边轮宽 1 厘米（图一七七，2；彩版一五七，4）。

2）兽面纹瓦当

B 型　1 件。

标本 2007T1 ③：2，残，圆形瓦当仅存约 1/8 的扇面。泥质灰陶，夹白砂粒，模制，磨光。边轮宽平。仅存局部额头，额头饰两道抬头纹。残存右耳上面的局部。瓦当复原直径 17、厚 2.8 厘米（图一七七，3；彩版一五七，5）。

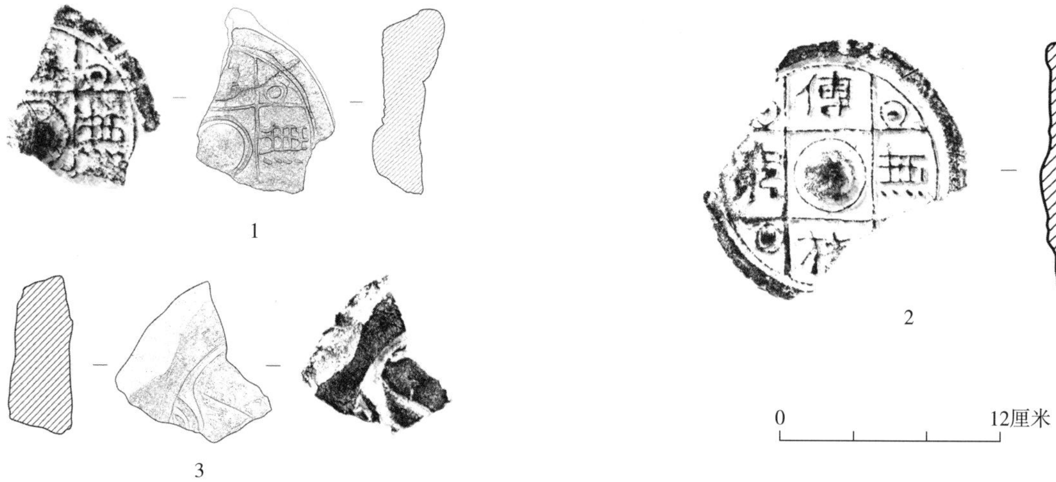

图一七七　第5、6窟前出土、采集北魏时期瓦当

1、2.A型“传祚无穷”瓦当2007T1③：1、1986采：2　3.B型兽面纹瓦当2007T1③：2

2. 石质建筑材料

石板

1件。

标本1986采：1，较完整。砂岩。1986年赵承绶别墅前挖暖气沟时出土。平面呈长方形，正面凿刻较细且规整。长81、宽45.2、厚4.5～4.8厘米（图一七八；彩版一五七，6）。

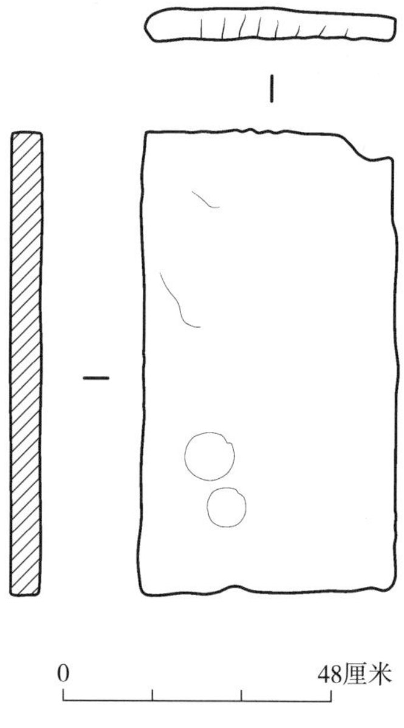

图一七八　第5、6窟前采集石板1986采：1

（二）石雕造像

11件。

（1）坐佛像

3件。

标本2007T2①：10，残件。砂岩。不规则形，一面雕刻小龛，坐佛头部、龛楣均残缺。佛像结跏趺坐，双手似入定印亦残。高9.5、宽11.5、厚8.5厘米（彩版一五八，1）。

标本2007T2①：11，残件。砂岩。不规则形，一面雕局部小龛，小龛内残存造像可能为坐佛膝部。高6、宽9、厚6厘米（彩版一五八，2）。

标本2015采：3，残。砂岩。不规则形，一面雕刻千佛小龛，残存2排，风化严重，上层头部缺失，下层仅存头部。龛内雕结跏坐佛，双手似入定印。高16、宽26、厚13.5厘米（图一七九，1；彩版一五八，3）。

（2）供养人像

1件。

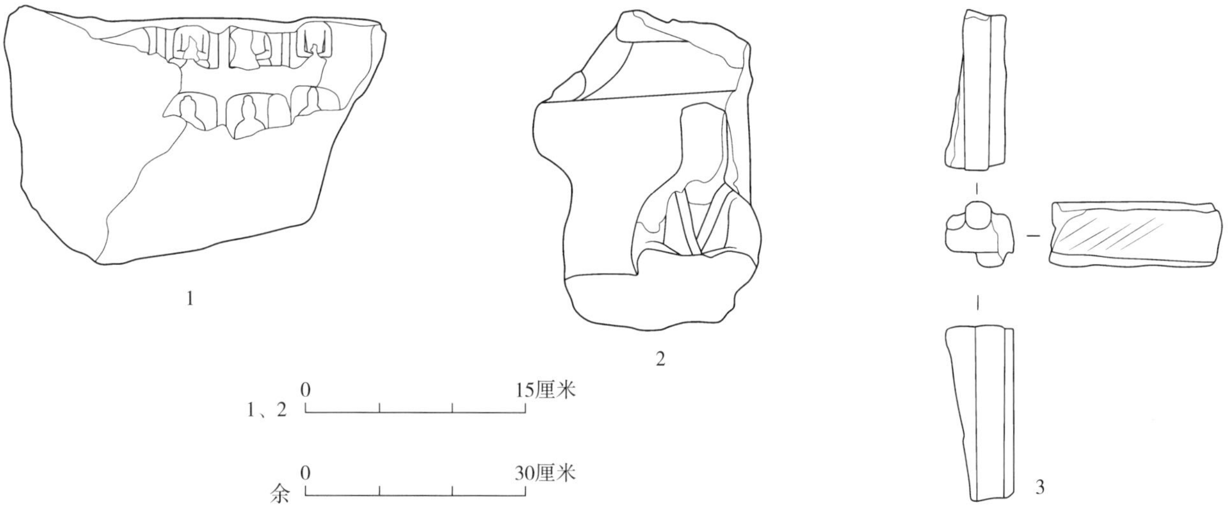

图一七九　第 5、6 窟前采集北魏时期石雕

1. 坐佛像 2015 采：3　2. 供养人像 2015 采：2　3. 屋檐残件 2015 采：4

标本 2015 采：2，残。正面仅存供养人上下两列。上层仅存 1 身女供养人的一部分长裙。下层残存供养人的上半身，头戴风帽，面部磨损严重。上身穿交领衣，双手均残。高 21、残宽 15、厚 7 厘米（图一七九，2；彩版一五八，4）。

（3）宝盖残件

1 件。

标本 2007T2 ①：12，残件。砂岩。不规则形，表面仅存帷幔和宝盖，可能为大龛外右侧局部。上面刻有弧形帷幔，龛内为三角垂幔纹宝盖。高 9、宽 18、厚 12 厘米（彩版一五八，5）。

（4）屋檐残件

3 件。砂岩，均残。不规则形。上面雕瓦垄，下面刻圆椽。

标本 2007T2 ①：13，残。仅存上面 2 垄筒瓦，其余部残缺。长 8.5、宽 16.5、高 7 厘米（彩版一五九，1）。

标本 2015 采：1，残。仅上面残存 1 垄筒瓦，其余部残缺。长 32、宽 13.2、高 12 厘米（彩版一五九，2）。

标本 2015 采：4，残。上面残存 1 垄筒瓦，下面残 1 圆椽。长 24、宽 10.5、高 9 厘米（图一七九，3；彩版一五九，3）。

（5）忍冬纹刻石

1 件。

标本 2007T2 ①：6，残片。砂岩，接近长方形，上部边缘较平直，其他边缘不规整。正面呈圆弧形，中间鼓起。上面浮雕一组环形忍冬纹图案。宽 13、厚 2.8、高 12 厘米（彩版一五八，6）。

（6）其他残件

2 件。

标本 2007T2 ①：7，残片。砂岩。近似长条形，表面雕刻不辨，上面涂刷一层浅绿色涂料。高

12.5、宽 5.5、厚 4.5 厘米（彩版一五九，4）。

标本 2007T1 ①: 4，残。砂岩。三角形，图像不辨。底边长 8、厚 8、高 10 厘米（彩版一五九，5）。

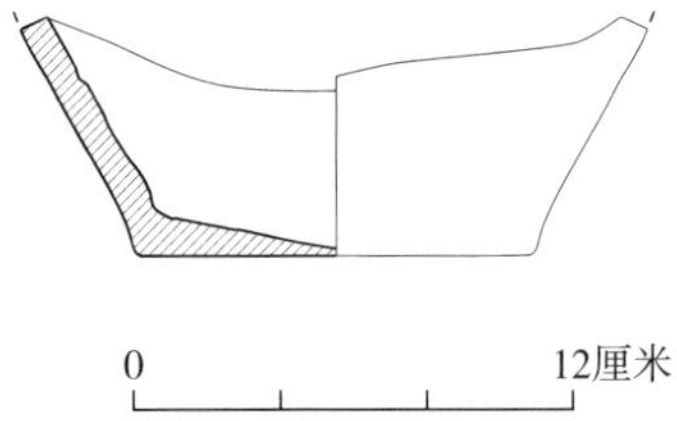

图一八〇　第 5、6 窟前地层出土北魏时期陶罐 2007T2 ①: 8

（三）生活生产用具

有陶器、石器。2 件。

1. 陶器

1 件。灰陶质地，均为罐底残片。

（1）陶罐

1 件。

标本 2007T2 ①: 8，残。灰陶，陶质较细。斜直腹，平底。器底存切割线痕，内壁有旋坯痕。底径 11、壁厚 1 厘米（图一八〇）。

2. 石器

（1）石磨盘

1 件。

标本 2007T2 ①: 9，残。砂岩。仅存磨盘上扇局部，平面呈圆形，大约保存 1/6 扇面。石雕上面外侧为一周凸棱，磨盘中央略内凹。上面与侧面有均匀凿痕；下面打磨平整，并且凿有规整的凹槽。复原直径 35、厚 10 厘米（彩版一五九，6）。

第四节　辽金时期文化遗存

一　遗迹

铺砖地面

1 处。仅在 2007T1 探方内发现一小片辽金时期铺墁的方砖地面，因被第①层扰土层的破坏，面积比较小。方砖已经破碎，表面磨损严重，厚度仅存 4.5 厘米，底部有条形沟纹，下面铺一层白灰。铺砖地面之下有薄薄一层黄土，下面叠压烧土层，烧土中出土北魏板瓦、筒瓦、瓦当残片。烧土层的底部直接叠压于基岩地面上。

二　遗物

7 件。有建筑构件、生活生产用具。

（一）建筑构件

3 件，主要有长条砖、方砖、筒瓦。均为陶质建筑材料。

（1）沟纹砖

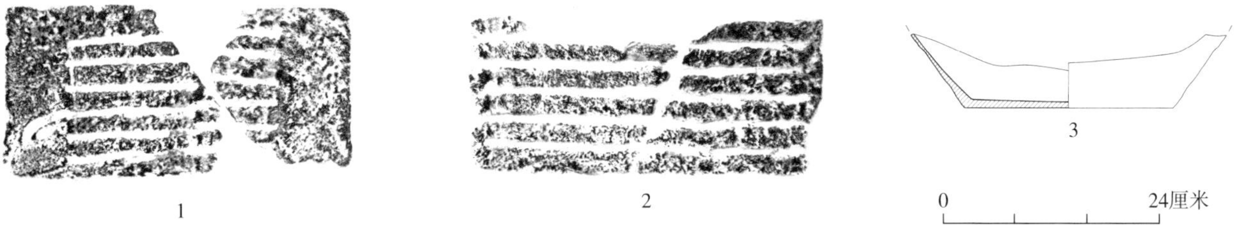

图一八一　第5、6窟前地层出土辽金时期遗物

1.C型沟纹长条砖2007T1①: 8　2.A型沟纹方砖2007T1②: 1　3.陶盆2007T1①: 4

2件。泥质灰陶，模制。形制有长方形和方形两种。

1）沟纹长条砖

1件。C型。

标本2007T1①: 8，残存2段。制作十分规整。正面较平整，底面有六条沟纹，沟纹似压印而成。长37.5、宽18.4、厚6.8厘米（图一八一，1；彩版一六〇，1）。

2）沟纹方砖

1件。A型。

标本2007T1②: 1，残。正面磨损，底面有五条沟纹，沟纹似压印而成。底面残留大量白灰，底面、侧面残留白灰。长38.5、残宽18.4、厚4.5厘米（图一八一，2；彩版一六〇，2）。

（2）灰陶筒瓦

山顶B型，1件。

标本2007T1①: 19，残。泥质灰陶。凹面布纹较粗且清晰，凸面修整。一侧面瓦削。瓦身残长24、残宽13、厚3.3厘米（彩版一六〇，3）。

（二）生活生产用具

4件。有陶片、瓷片。

1. 陶器

1件，灰陶质地，盆底残片。

陶盆

1件。仅存盆底残片。

标本2007T1①: 4，灰陶。斜直腹，平底仅存少许。内外壁均存横向暗纹，内壁有14条较宽暗旋纹，外壁有1条较宽暗旋纹。底径23、壁厚0.8厘米（图一八一，3；彩版一六〇，4）。

2. 瓷器

3件。有茶叶末釉、黑釉。器形为缸、罐、鸡腿罐。

（1）茶叶末釉罐

1件。仅存腹部残片。

标本2007T1①: 7，弧腹。土黄胎，夹白、红褐砂粒，胎体较厚，胎质稍坚。内外施釉，釉色棕黄。壁厚1.2～1.5厘米（彩版一六〇，5）。

（2）黑釉鸡腿罐

1件。仅见腹部残片。

标本2007T1①:5，深腹。黄白胎，胎体稍粗疏，夹白砂粒。内外施黑釉，釉色酱黑，釉面光亮。器壁有明显旋坯痕，腹部有支烧痕（彩版一六〇，6）。

（3）黑釉缸

残片4件。

标本2007T1①:3，斜弧腹。黄白胎，胎体厚重，夹白砂。内外皆施釉。器壁有旋坯痕。壁厚1厘米。

第五节 明清时期文化遗存

建筑材料、生活生产用具。共21件。

（一）建筑材料

10件。均为陶质建筑构件，有砖、瓦当、滴水、脊兽、脊筒等。

（1）方砖

1件。

标本2007T1①:14，残。仅存局部。灰陶，内含白灰块。正面风化，表皮剥落且粘有少量白灰。背面比较平整，局部呈蜂窝状。残长21、宽15.5、厚4.3厘米（彩版一六一，1）。

（2）瓦件

2件。瓦当和滴水各1件。

1）莲花纹瓦当

1件。

标本2007T1①:18，残。泥质灰陶，模制。边轮低窄。当面饰6瓣莲花，残存5瓣，莲瓣瘦削，瓣尖上翘，中心莲房凸起，莲瓣外有一周较窄的凸棱。瓦当直径13、边轮宽1.5、边缘厚1.3厘米（图一八二，1；彩版一六一，2）。

2）兽面纹滴水

1件。

标本2007T1①:20，带瓦身。泥质灰陶，模制。由板瓦、滴水组成。板瓦凹面有布纹，凸面修整，侧面的切痕较浅。瓦身残长23、宽12.8～16、厚1.5～3厘米。滴水表面呈三角形，中间为兽形，外侧有一周细凸棱线，边缘有7个似波状的小圆弧外凸。滴水高7.2、宽13.5、厚1～1.5厘米（图一八二，2；彩版一六一，3）。

（3）脊饰构件

7件。主要有脊兽、脊筒、饰件等。

1）鸱吻残件

1件。

标本2007T1①:16，残。泥质红陶，胎质坚硬。正面呈弧面条形，上面阴刻弧状纹线。表面残

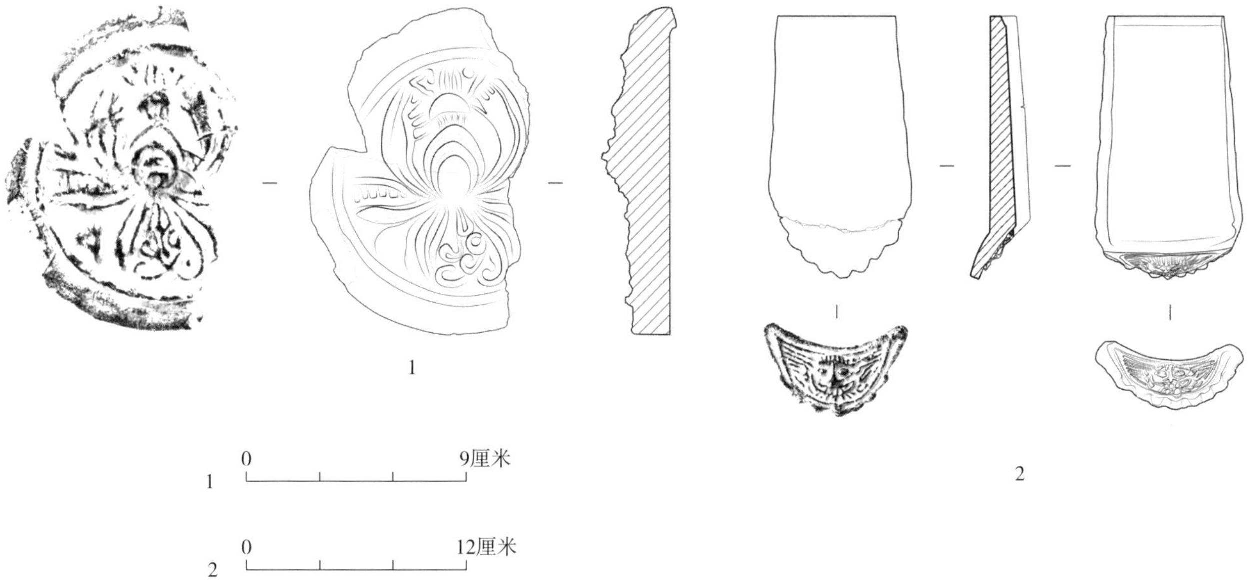

图一八二　第5、6窟前地层出土明清时期瓦当、滴水
1. 莲花纹瓦当 2007T1 ①: 18　2. 兽面纹滴水 2007T1 ①: 20

存白色化妆土层。似为鸱吻一部分角。宽8.8、厚4.5、残高18厘米（彩版一六一，4）。

2）脊筒

5件。

标本2007T1 ①: 9，残。泥质灰陶，模制。表面有团形莲花与藤蔓枝叶组合图案，莲花仅残存4个莲瓣，且花心亦残，莲花外侧有藤枝和一片完整的叶片。上下各有一条直线凸棱。里面不平整且有压痕。为脊筒一侧的局部。残宽19.5、厚2～4、高21.5厘米（图一八三，1；彩版一六一，5）。

标本2007T1 ①: 10，残。泥质灰陶，模制。表面有团形莲花与藤蔓枝叶组合图案，莲花的花心完整，莲瓣仅存5个，莲花外侧有藤枝和叶片的一部分。上下各有一条直线凸棱。里面不平整且有修整痕迹。为脊筒一侧的局部。宽21.2、厚1.3～4、残高20.5厘米（图一八三，2；彩版一六一，6）。

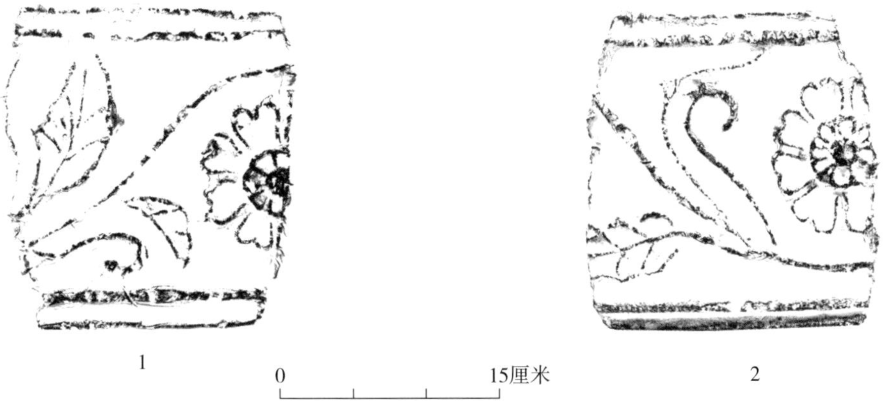

图一八三　第5、6窟前地层出土明清时期脊筒构件
1、2. 脊筒 2007T1 ①: 9、2007T1 ①: 10

标本 2007T1 ①: 11，残。泥质灰陶，模制。表面仅存一条凸棱和少许藤枝。里面可见模具所留的网状痕迹。为脊筒一侧的小角。宽 12.5、厚 1.2 ～ 2.8、残高 10 厘米（彩版一六二，1）。

标本 2007T1 ①: 12，残。泥质灰陶，泥坯。平面接近梯形，为连接脊筒里面中间两侧的泥坯，两端有数条横向细线划痕，外侧残留粘接泥条。宽 7.5 ～ 10.8、厚 2.3 ～ 4、残高 19 厘米（彩版一六二，2）。

标本 2007T1 ①: 15，残。泥质灰陶，模制。平面接近椭圆形，表面雕刻成花形，中间为花蕾，周围有一圈花叶装饰。背面贴于脊筒之上。宽 14、厚 4.5、残高 17 厘米（彩版一六二，3）。

3）其他构件

1 件。

标本 2007T1 ①: 13。泥质灰陶，造型为双面叶片，其中一侧有一残缺的圆形图章。模制，合范。其制法为分别做好一侧后，合范抹缝。宽 9、厚 4.7 ～ 6.5、残高 11 厘米（彩版一六二，4）。

（二）生活生产用具

11 件。有陶器、瓷器、石器等。

1. 陶器

2 件。灰陶、红陶质地，均为盆底和盆壁残片。

（1）陶盆

标本 2007T2 ①: 4，盆底残片。泥质灰陶，陶质较细。斜直腹，平底。内壁有较细的横向暗纹。底径 20、壁厚 0.8 厘米。

标本 2007T1 ①: 5，盆壁残片。泥质红陶，陶质较细。斜弧腹。壁厚 0.6 ～ 1.4 厘米。

2. 瓷器

7 件。有白釉、黑釉、白釉褐彩、青花等。器形仅有碗、缸。

（1）白釉碗

2 件。Aa 型。敞口，尖唇或尖圆唇，不凸。

标本 2007T2 ①: 2，敞口，尖唇。弧腹，外腹近底处切削，圈足，足墙外斜，内外齐平，足沿平切。土黄色胎，胎体较坚。内外施白釉，内施满釉，外至口沿，釉色泛黄。内底有凸弦纹一周，残留 4 处垫砂痕。口径 15.2、足径 6、高 5.2 厘米（图一八四，1；彩版一六二，5）。

标本 2007T1 ①: 3，敞口，尖圆唇。弧腹，外腹近底处切削，圈足，足墙外斜，外低内高，外墙二次切削，足沿平切，足心有乳突。灰白胎，胎体坚致，胎质较细腻。内施白釉，外施透明釉，内侧满釉，釉色泛黄，外至足墙。外腹用白色化妆土点染梅点纹。内底及足沿粘有 6 处垫砂痕及粘烧痕。口径 16.5、足径 7.8、高 6.2 厘米（图一八四，2；彩版一六二，6）。

（2）白釉褐彩碗

1 件。残存口部。Ab 型，凸唇，敞口。

标本 2007T1 ①: 2，残。尖圆唇外凸，弧腹。土黄胎，较坚致，有极细小气孔。内施满釉，外至口沿下，釉色泛黄。内壁近口沿处褐彩描绘弦纹三周。口径 17、壁厚 0.5 厘米（图一八四，3；彩版一六三，1）。

（3）黑釉缸

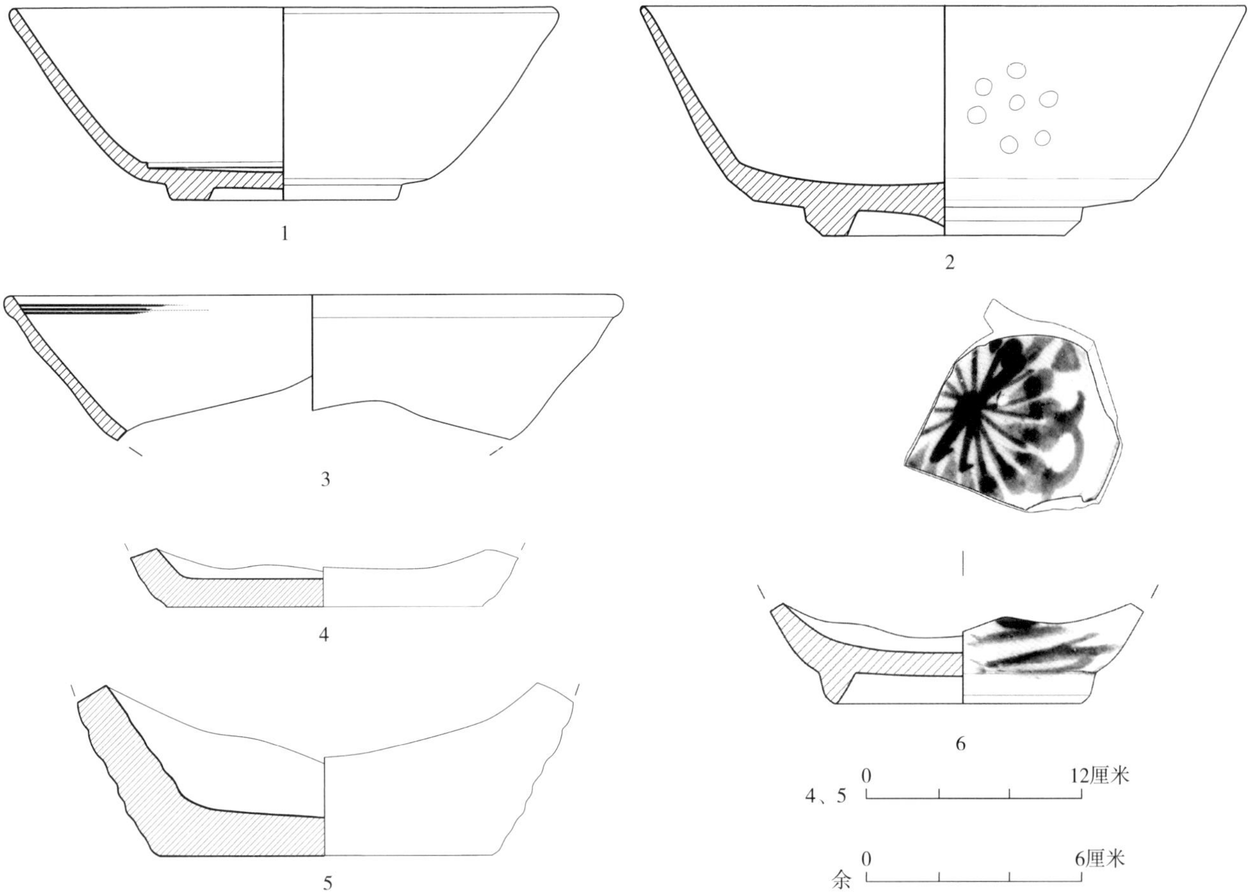

图一八四　第5、6窟前地层出土明清时期遗物

1、2.Aa型白釉碗2007T2①：2、2007T1①：3　3.Bb型白釉褐彩碗2007T1①：2　4、5.黑釉缸2007T2①：1、2007T2①：3　6.青花碗2007T1①：1

3件。均为残片，缸底2件，缸腹1件。

标本2007T2①：1，残存底部。斜弧腹，平底。灰白胎，胎体厚重，夹白砂。内施满釉，外釉至底，底部局部粘釉。底径17、壁厚1.5厘米（图一八四，4）。

标本2007T2①：3，残存底部。斜弧腹，平底。黄白胎，胎体厚重，夹白砂。内施满釉，外釉至底，底部无釉。器壁有旋坯痕。底径18、壁厚1.8厘米（图一八四，5；彩版一六三，2）。

标本2007T1①：6，残存腹部。深腹。黄白胎，胎体稍粗疏，夹黑、白砂粒。内外施黑釉，釉色酱黑。

（4）青花碗

1件。

标本2007T1①：1，残存底部。弧腹，圈足，足墙内外齐平，外墙内斜，内墙较直，尖足沿，足心有乳突。灰白胎，较坚致，有细小气孔，胎质较细腻。除足沿外，内外施釉，釉色青灰。内底描绘菊纹，外腹有纹饰，足心有弦纹一周。足径7、壁厚0.5厘米（图一八四，6；彩版一六三，3）。

3.石器

2件。

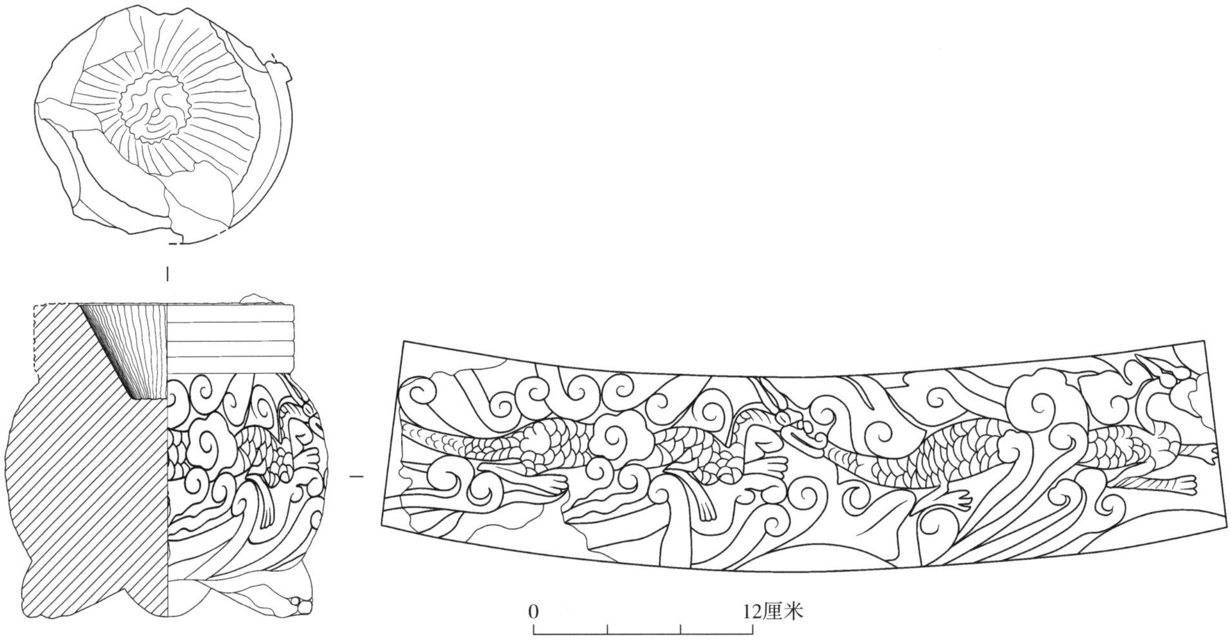

图一八五　第 5、6 窟前地层出土明清时期石香炉 2007T1 ①：21

（1）石香炉

标本 2007T1 ①: 21，残。砂岩。双耳残损，方形口沿仅存局部。球形腹下有三足，雕成兽形。腹部雕三条龙，首尾相接，周围环绕祥云。腹径 17、器形高 17.5 厘米（图一八五；彩版一六三，4、5）。

（2）石器

标本 1986 采: 3，残。砂岩。呈半球状，球体的表面比较光滑。圆形平面的中央有一小圆凹槽，直径 1.8、深 2 厘米。球体直径 5.7、半高 2.8 厘米（彩版一六三，6）。

第六节　小结

1933 年新建赵承绥别墅时，在第 5 窟外东侧曾经发现过一些辽金时期石柱础[1]，说明第 5 窟前曾有过辽金时期窟檐建筑。另外，在 2007T1 探方西侧约 10 余米处，1985 年修建第 5 窟前的东配殿时，在配殿北侧与窟前崖面之间的通道发现一片辽金时期铺墁的方砖地面。值得注意，2015 年在原赵承绥别墅前的消防管线地沟里，发现了一道包砌石墙遗迹，但遗迹年代难以确定。

[1]　梁思成、刘敦贞、林徽因：《云冈石窟中所表现的北魏建筑》，《中国营造学社汇刊》第三卷3、4期，1933年12月。

第六章　第 7、8 窟窟前遗址

第一节　遗址概况

1992 年窟前考古发掘时，第 7、8 窟前地面已达基岩，所以未发掘。1993 年依据第 7 窟的清代窟檐建筑样式修建了第 8 窟的窟檐建筑，前室的部分地面被铺装。2015 年 4 月，为了探明第 9、10 窟以及第 11 ～ 13-4 窟前长方形柱洞的情况，我们仅对在第 7、8 窟檐建筑外的窟前基岩地面的柱洞进行了清理。

日本学者曾在 1938 年 6 月 4 日～ 9 日在第 8 窟前进行了发掘，开南北向 1 号探沟，长 16、宽 1 米。据发掘情况，第 8 窟前室的基岩地面向南延伸至 15 米，探沟内一侧发现一个圆形柱洞，用途不明。距基岩地面边缘约 2 米处有一排由条石垒砌的东西向包石台基，现有两层，高度均为 0.5 米。包石台基向西延伸至第 9、10 窟。“据此，可以想象在某一个时代，在第 7 ～ 10 窟，甚至是第 5-13 窟前有一个广场”。包石台基以南有两三处煤灰堆积，出土物有 1 件北魏“传祚无穷”瓦当、2 件辽金檐头板瓦、1 件刻有“和十九年”铭的石片，均为残片（图一八六）。台基之下约 1 米深处全是碎石，可能是开凿石窟的废料，不见其他遗物[1]。

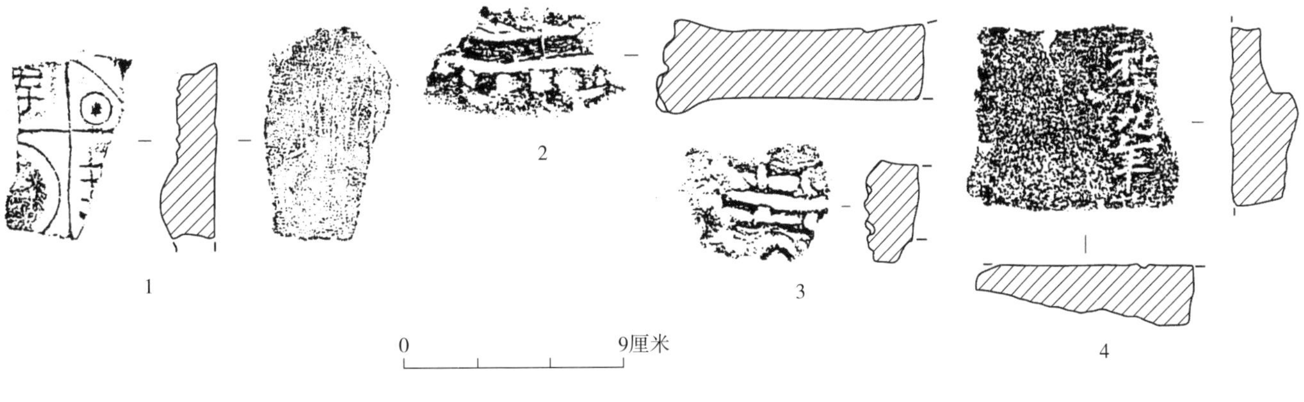

图一八六　20 世纪 30 年代考古发掘出土遗物

1.北魏“传祚无穷”瓦当　2、3.辽金檐头板瓦　4.“和十九年”铭石片

[1] 〔日〕京都大学人文科学研究所，水野清一、长广敏雄著，中国社会科学院考古研究所编译：《云冈石窟》第七卷文本，科学出版社，2014年，第57、59页。〔日〕岡村秀典編：《雲岡石窟・遺物篇》，朋友書店，2006年，第6頁。

第二节　文化遗存

第7、8窟前遗址的文化遗存主要有门槛、地面柱洞等遗迹现象。

遗迹

（一）门槛

第7、8窟前室各有1条东西向门槛，先开槽后填石条，与基岩面取平。石条为砂岩质，门槛未经挖掘，深度不明。第7窟门槛长6、宽0.21米；第8窟门槛长5.8、宽0.23米。

（二）地面柱洞

第7、8窟前地面清理大小柱洞28个（图一八七；彩版一六四），应分属不同的功能（表6-1）。据其排布规律和开凿位置分四组。

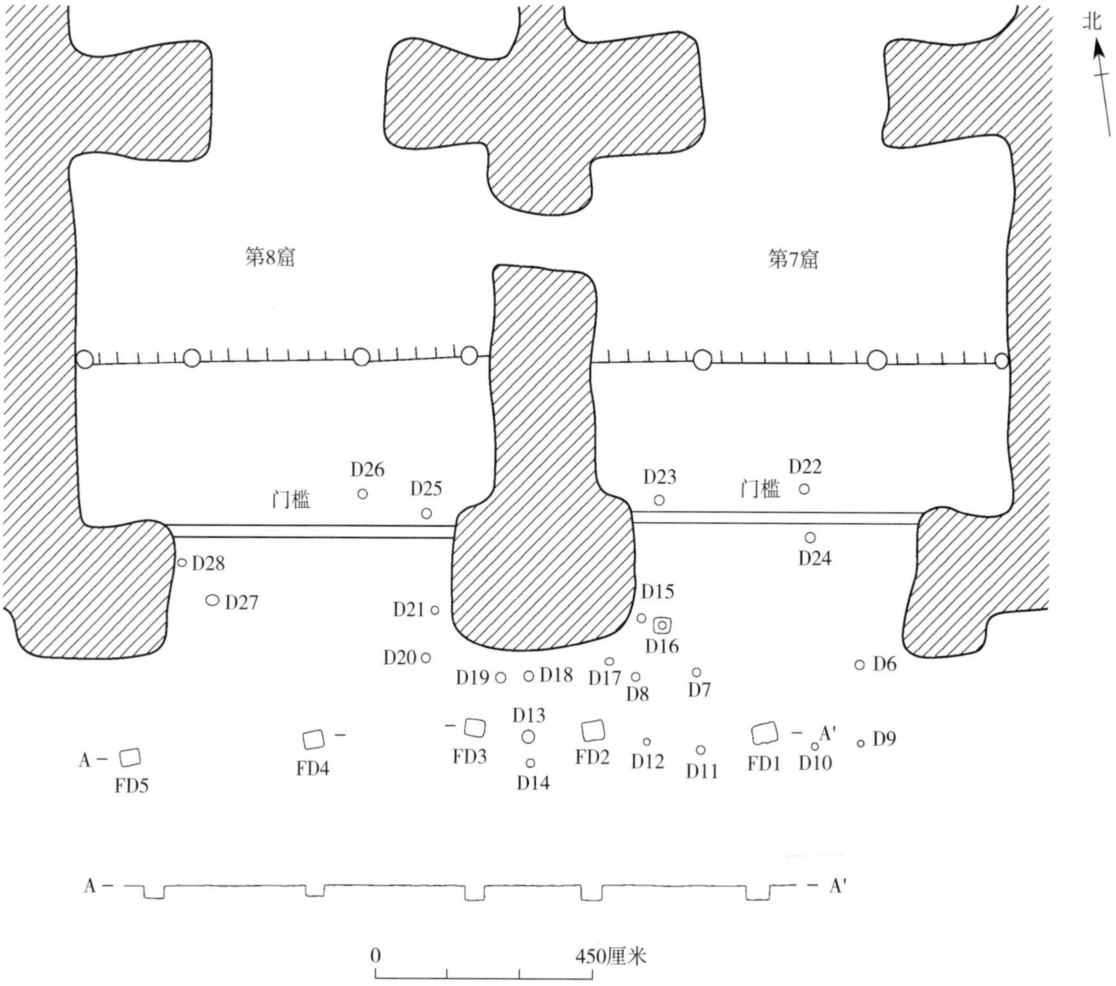

图一八七　第7、8窟前地面柱洞平面、长方形柱洞剖面图

表6-1　第7～8窟前柱洞统计表　（单位：米）

编号	位置	平面形状	尺寸		填土及包含物		间距	备注
			直径（长、宽）	深	填土	包含物		
FD1	第7窟前南部，基本与第7窟门中央对应	近长方形	长0.50、宽0.36	0.30	碎石、黄土	无		洞口有沟纹砖碎块扰土
FD2	第7窟前偏西南	近长方形	长0.46、宽0.40	0.35～0.40	碎石、黄土	无	东距FD1中心间距为3.60米（3.50米）	
FD3	第8窟前偏东南	近长方形	长0.42、宽0.32	0.30	碎石、黄土	无	东距FD2中心间距为2.50米	
FD4	第8窟前南部，基本与第8窟门中央对应	近长方形	长0.42、宽0.32	0.22	碎石、黄土	无	东距FD3中心间距为3.40米	
FD5	第8窟前偏西南	近长方形	长0.42、宽0.33	0.25	碎石、黄土	无	东距FD4中心间距为3.90米（3.79米）	
D6	第7窟前偏东南	圆形	0.13	0.15	碎石、黄土	无	北距第7窟门槛边距为2.78米	
D7	第7窟前中部	圆形	0.15	0.14	碎石、砂土	洞口有明清时期瓷片、瓦片	东距D6中心间距为3.40米	
D8	第7窟前偏西南	圆形	0.15	0.14	黄土、小碎石	无	东距D7中心间距为1.27米	
D9	第7窟前偏东南	圆形	0.12	0.9	扰土	无	D6中心间距为1.58米	
D10	第7窟前偏东南	圆形	0.13	0.10	碎石、砂土	无	东距D9中心间距为0.96米	
D11	位于第7窟前偏西南	近似圆形	0.14	0.12	黄土、小碎石	无	东距D10中心间距为2.39米	
D12	第7窟前偏西南	近似正方形	长0.14、宽0.13	0.12	黄土、小碎石	无	东距D11中心间距为1.12米	
D13	第7窟与第8窟中间隔墙前方	圆形	0.24	0.14～0.18	砂土、小碎石	无	东距D12中心间距为2.48米	
D14	第7窟与第8窟中间隔墙前方	近长方形	长0.15、宽0.12	0.02～0.05	扰土	无	位于D13正南方，北距D13中心间距为0.55米	
D15	第7窟与第8窟中间隔墙前偏东南	圆形	0.15	0.14	黄土、小碎石	无	北距门槛的边距为1.84米，西距龟趺底座0.5米	
D16	第7窟与第8窟中间隔墙前偏东南	上方下圆	方形柱洞长0.42、宽0.40 圆形柱洞直径0.17	方形柱洞深0.03 圆形柱洞深0.20	黄土、小碎石	无	西北距D15中心间距为0.46米	
D17	第7窟与第8窟中间隔墙前偏东南	近似椭圆形	0.14～0.18	0.02～0.07	扰土	无	北距龟趺底座0.48米	

编号	位置	平面形状	尺寸		填土及包含物		间距	备注
			直径（长、宽）	深	填土	包含物		
D18	第7窟与第8窟中间隔墙前	圆形	0.1	0.06	黄土、小碎石	无	北距龟趺底座0.4米	
D19	第7窟与第8窟中间隔墙前	圆形	0.15	0.05	扰土	无	东距D18中心间距为0.59米	
D20	第7窟与第8窟中间隔墙前偏西南	圆形	0.18	0.05～0.08	扰土	无	东距龟趺底座0.49米	
D21	第7窟与第8窟中间隔墙前偏西南	圆形	0.16	0.10～0.15	黄土	无	东距龟趺底座0.3米。西南距D20中心间距为0.98米	
D22	第7窟门槛北侧偏东方	圆形	0.18	0.08	黄土、小碎石	无	距门槛的边距为0.35米	
D23	第7窟前门槛北侧偏西	圆形	0.18	0.18	黄土	无	东距D22中心间距为3.03米	
D24	第7窟门槛南侧偏东方	圆形	0.20	0.10	黄土、小碎石	无	北距门槛的边距为0.18米，北距D22中心间距为0.99米	
D25	第8窟门槛北侧偏东方	圆形	0.20	0.10	内填碎石并夯实	无	南距门槛的边距为0.13米。南距D21中心间距为1.96米	
D26	第8窟门槛北侧偏东方	圆形	0.20	0.12	内填碎石并夯实	无	南距门槛的边距为0.53米东距D25中心间距为1.40米	
D27	第8窟前偏西南	椭圆形	0.20	0.08～0.10	内填碎石并夯实	无	东南距D21中心间距为4.73米	
D28	第8窟门西南侧	近椭圆形	0.14～0.17	0.06	扰土	无	北距门槛的边距为0.46米	

1. 第一组柱洞

5个。距第7、8窟门槛南约4米，两窟中间隔墙龟趺底座南约1.5米处有5个柱洞（FD1～FD5），呈东西走向，形制均为长方形。

FD1　位于第7窟前南部，基本与窟门中央对应。平面近长方形，柱洞壁面较直，内壁凿痕略斜向，清晰规整，平底。洞口有沟纹砖碎块扰土（彩版一六五，1），洞内填土为碎石、黄土，并夯实。东西长0.5、南北宽0.36、深0.3米（彩版一六五，2）。

FD2　位于第7窟前偏西南。东距FD1的中心间距为3.6米。平面近长方形，口微敞，柱洞壁面较直，内壁凿痕略斜且清晰，平底。填土为碎石、黄土，并夯实。长0.46、宽0.4、深0.35～0.4米（彩版一六五，3）。

FD3　位于第8窟前偏东南。东距FD2的中心间距为2.5米。平面近长方形，柱洞壁面较直，内壁凿痕略斜且清晰，平底。内填黄土、碎石块，并夯实。长0.42、宽0.32、深0.3米（彩版一六五，4）。

FD4　位于第 8 窟前南部，基本与第 8 窟门中央对应。东距 FD3 的中心间距为 3.4 米。平面近长方形，柱洞壁面较直，内壁凿痕略斜，规整清晰，平底。填土为碎石、黄土，并夯实。长 0.42、宽 0.32、深 0.22 米（彩版一六五，5）。

FD5　位于第 8 窟前偏西南。东距 FD4 的中心间距为 3.9 米。平面近长方形，柱洞壁面较直，内壁有凿痕略斜，平底。填土为碎石、黄土，并夯实。长 0.42、宽 0.33、深 0.25 米（彩版一六五，6）。

此 5 个长方形柱洞分布略有规律，分别与第 7、8 窟双窟窟壁和窟门中央相对应。

2. 第二组柱洞

9 个。第二组柱洞位于第 7 窟前，多为圆形，个别方形，分北南两排（D6 ～ D8 号、D9 ～ D14），略有规律。

（1）北排

3 个。

D6　位于第 7 窟前偏东南。北距第 7 窟门槛的边距为 2.78 米。平面呈圆形，壁面较直，内壁有竖向微斜凿痕，底部平，有小凹坑，内填黄土、碎石。直径 0.13、深 0.15 米（彩版一六六，1）。

D7　位于第 7 窟前中部。北距第 7 窟门槛的边距为 2.9 米，东距 D6 的中心间距为 3.4 米。平面呈圆形，口微敞，斜壁内收，底部较平。洞口有明清时期白釉瓷片、瓦片，洞内下层填土为砂土、碎石。直径 0.15、深 0.14 米（彩版一六六，2）。

D8　位于第 7 窟前偏西南。北距第 7 窟门槛的边距为 3 米，东距 D7 的中心间距为 1.27 米。平面呈圆形，斜壁内收，底略平。内填黄土、小碎石。直径 0.15、深 0.14 米（彩版一六六，3）。

（2）南排

6 个。

D9　位于第 7 窟前偏东南，北距第 7 窟门槛的边距为 4.38 米，北距 D6 的中心间距为 1.58 米。平面呈圆形，柱洞壁面较直，内壁凿痕间距较宽，平底。内填扰土。直径 0.12、深 0.9 米（彩版一六六，4）。

D10　位于第 7 窟前偏东南。北距第 7 窟门槛的边距为 4.46 米，东距 D9 的中心间距为 0.96 米。平面呈圆形，口微敞，斜壁内收，略呈圜底状。内填砂土、碎石。直径 0.13、深 0.1 米（彩版一六六，5）。

D11　位于第 7 窟前偏西南。北距第 7 窟门槛的边距为 4.48 米，东距 D10 的中心间距为 2.39 米。平面近似圆形，口微敞，斜壁内收，略呈圜底状。内填黄土、小碎石。直径 0.14、深 0.12 米（彩版一六六，6）。

D12　位于第 7 窟前偏西南。北距第 7 窟门槛的边距为 4.36 米，东距 D11 的中心间距为 1.12 米。平面近似正方形，口微敞，直壁，壁面凿痕竖直，平底。内填黄土、小碎石。长 0.14、宽 0.13、深 0.12 米（彩版一六六，7）。

D13　位于第 7、8 窟中间隔墙龟趺底座前方。北距龟趺底座的边距为 1.6 米，东距 D12 的中心间距为 2.48 米。平面呈圆形，壁面较直，内壁凿痕清晰规整，平底。内填砂土、小碎石。直径 0.24、深 0.14 ～ 0.18 米（彩版一六六，8）。

D14　位于第 7、8 窟中间隔墙龟趺底座前方，D13 南方，北距龟趺底座的边距为 2.18 米，北距 D13 的中心间距为 0.55 米。平面近长方形，斜壁内收，底呈斜坡状，东浅西深。内填扰土。长 0.15、宽 0.12、深 0.02 ～ 0.05 米。

3. 第三组柱洞

7个。围绕第7、8窟中间隔墙龟趺底座有6个柱洞。

D15　位于第7、8窟中间隔墙龟趺底座偏东南。北距第7窟门槛的边距为1.84米，西距龟趺底座的边距为0.5米。平面呈圆形，直壁，内壁凿痕竖直，清晰规整，平底。内填黄土、小碎石。直径0.15、深0.14米（彩版一六七，1）。

D16　位于第7、8窟中间隔墙龟趺底座偏东南。北距第7窟门槛的边距为1.9米，西北距D15的中心间距为0.46米。平面呈上方下圆，方形部分口部开凿不规整，微敞口，圆形柱洞内壁有斜向凿痕，底部较平。内填黄土、小碎石。方形柱洞长0.42、宽0.4、深0.03米。圆形部分直径0.17、深0.2米（彩版一六七，2）。

D17　位于第7、8窟中间隔墙龟趺底座前偏东南。北距龟趺底座的边距为0.48米。平面近似椭圆形，柱洞壁面西高东低，内壁有凿痕，底部较平。内填扰土。直径0.14～0.18、深0.02～0.07米（彩版一六七，3）。

D18　位于第7、8窟中间隔墙龟趺底座前。北距龟趺底座0.4米，东北距D17的中心间距为1.71米。平面呈圆形，柱洞内壁有凿痕，直壁，底部较平。内填黄土、小碎石。直径0.1、深0.06米（彩版一六七，4）。

D19　位于第7、8窟中间隔墙龟趺底座前。北距龟趺底座的边距为0.49米。东距D18的中心间距为0.59米。平面呈圆形，斜壁，壁面有凿痕，底部略内收，平底。内填扰土。直径0.15、深0.05米（彩版一六七，5）。

D20　位于第7、8窟中间隔墙龟趺底座前偏西南。东距龟趺底座的垂直边距为0.49米，东南距D19的中心间距为1.64米。平面呈圆形，直壁，底部不平整。内填扰土。直径0.18、深0.05～0.08米（彩版一六七，6）。

D21　位于第7、8窟中间隔墙龟趺底座偏西南。东距龟趺底座的边距为0.3米，西南距D20的中心间距为0.98米。平面呈圆形，直壁，底部不平整。内填黄土。直径0.16、深0.1～0.15米（彩版一六七，7）。

4. 第四组柱洞

7个。

D22　位于第7窟前室内，门槛北侧中央偏东。南距门槛的边距为0.38米，平面呈圆形，斜壁内收，内壁有凿痕，底部较平。内填黄土、小碎石。直径0.18、深0.08米（彩版一六七，8）。

D23　位于第7窟前室内，门槛北侧中央偏西。南距门槛的边距为0.16米，东距D22的中心间距为3.03米。平面呈圆形，柱洞内壁一侧竖直，另一侧雕刻不规整，残留一部分石块，底部稍有倾斜。内填黄土。直径0.18、深0.18米（彩版一六八，1）。

D24　位于第7窟门槛南侧中央偏东。北距门槛的边距为0.18米，北距D22的中心间距为0.99米。平面呈圆形，直壁，壁面凿痕斜向，平底。洞内顶面置石片一块，内填黄土、小碎石。直径0.2、深0.1米（彩版一六八，2、3）。

D25　位于第8窟前室内，门槛北侧中央偏东。南距门槛的边距为0.13米。南距D21的中心间距为1.96米。平面呈圆形，口微敞，壁面较直，平底。内填碎石并夯实。直径0.2、深0.1米（彩版一六八，4）。

D26　位于第 8 窟前室内，门槛北侧中央偏东。南距门槛的边距为 0.53 米，东距 D25 的中心间距为 1.4 米。平面呈圆形，口微敞，内壁有竖直凿痕，壁面较直，平底。内填碎石并夯实。直径 0.2、深 0.12 米（彩版一六八，5）。

D27　位于第 8 窟门槛南侧中央偏西。北距门槛的边距为 1.18 米，东南距 D21 的中心间距为 4.73 米。平面呈椭圆形，壁面较直，西低东高，内壁有竖直凿痕，底部不平。内填碎石并夯实。直径 0.2 ～ 0.27、深 0.08 ～ 0.1 米（彩版一六八，6、7）。

D28　位于第 8 窟门槛最西端的南侧。北距门槛的边距为 0.46 米，东南距 D27 的中心间距为 0.75 米。平面近椭圆形，直壁，内壁有竖直凿痕，圜底状，底部不平整。内填扰土。直径 0.14 ～ 0.17、深 0.06 米（彩版一六八，8）。

第三节　小结

第 7、8 窟前地面第一组 5 个长方形柱洞排布较有规律，推测在 FD1 东侧也应有一个长方形柱洞，只是基岩面在此呈西高东低坡状，可能已被破坏或其功能用他物代替。而且，此类柱洞在第 9、10 窟、第 11 ～ 13-4 窟前均有发现，且填土一样，功能应该相同。在其他区域压在辽金铺砖地面下，时代上早于辽金时期。其他小圆柱洞或方形柱洞因清代及后期窟檐建筑及窟内地面铺砖的干扰，此处所呈现的并不完整。柱洞的填土除扰土外，均为小碎石和砂土或小碎石和黄土，有的还夯打，可能是洞窟开凿完成后整理地面时所为。与长方形柱洞填土土质略有不同，长方形柱洞填土的黄土色黄且较细，可能不是一起开凿的柱洞。这些小柱洞有的可能是开凿洞窟或窟外立壁修建的起架洞，属于北魏时期。

第七章　第9、10窟窟前遗址

第一节　遗址概况

发掘区位于云冈石窟第9、10窟前，因为与东侧第7、8窟和西侧第11窟至第13窟分属不同组群的建筑，故专门列章介绍。

第9、10窟前的考古勘探与发掘工作早在20世纪40年代就已经开始，主要进行过三次考古调查与勘探和两次考古发掘。第9～13窟清代又称之为“五华洞”，从目前保存最早的照片资料可以大致了解20世纪三四十年代第9～13窟及无名窟（第13-4窟）[1]窟前情况（彩版一六九，1）。

20世纪50年代成立了云冈石窟文物保管所后，曾多次对窟内外的地面进行过整理，1958年在五华洞窟内用砖铺墁地面。70年代为配合云冈石窟维修保护工程，对第9、10窟前地面和前室窟顶二层平台进行了考古调查与勘探，不仅在五华洞的前面铺设专用游览铺砖道路，而且于窟门前用条砖铺墁甬道（彩版一六九，2）。

一　调查与勘探

1. 第一次考古调查

1938年5月8日至6月16日，主要采用探沟法在第9、10窟前的东西25.45、南北19.5米的范围内，开挖东西向、南北向探沟各2条，发现窟前地面的部分建筑遗迹。其中，东西向探沟1紧靠第9、10窟这组洞窟前室列柱，南北宽1.5米，东端延伸至第9窟前的东侧立壁，西端延伸至第10窟前的西侧立壁。东西向探沟2在距第9窟窟门约13米处，宽1.7、东西长约27米。南北向探沟2北接第9窟前室西明间柱，宽2、南北长约19.5米。南北向探沟4北接第10窟前室明间东柱，宽1、南北长约13米（图一八八、附录六《云冈发掘记（一）》图一、八、十），发掘主持人小野胜年[2]。

2. 第二次考古调查

1940年9月15日～10月2日，开挖探沟1条，即南北向探沟3，以确定窟前建筑遗址的范围。探沟位于第9、10窟之间的隔墙南，宽2、长48米。发掘主持人日比野丈夫与水野清一（图

---

[1]　李雪芹：《云冈石窟新编号说明》，参见云冈石窟文物保管所编：《中国石窟·云冈石窟》一，文物出版社，1991年，第209～211页。

[2]　〔日〕水野清一、长广敏雄著，王银田译：《云冈发掘记》（一），参见山西省考古学会、山西省考古研究所编：《山西省考古学会论文集》（二），山西人民出版社，1994年，第193～201页。京都大学人文科学研究所，〔日〕水野清一、长广敏雄著；中国社会科学院考古研究所编译：《云冈石窟·云冈发掘记（一）》第七卷第十窟，科学出版社，2014年，第57～68页。

一八八、附录六《云冈发掘记（一）》图一、七）。两次考古调查与勘探不仅在窟前地面和前室列柱之间发现了北魏时期的莲花图案和龟背纹、莲瓣纹带、联珠纹带的铺装地面，同时也在窟前靠近石窟前立壁列柱位置发现一列辽金时期的建筑大柱穴与柱础和铺砖地面等遗迹[1]。

3. 第三次考古勘探

1972年10月，主要为配合云冈石窟维修加固工程，在五华洞的第9、10窟前东西30、南北13米，共约400平方米范围内进行发掘。在距前室列柱4.3米处，与前立壁方向平行位置发现8个大方形柱穴和16个小柱洞，这些地面的大方形柱穴与窟前立壁上方梁孔相互对应，说明为同一时期的建筑窟檐遗迹。与此同时，在两窟前室窟顶平台上又清理出6个长方形梁槽，且与窟前地面上日本学者等发现的辽金时期一列柱网的位置也对应，因此可以确认地面柱穴与柱础和与前室窟顶平台上梁槽遗迹也为同一时期的建筑窟檐遗迹[2]。这次修缮工程的铺砖道路和铺墁甬道一直到1992年考古发掘前仍在使用（彩版一七〇）。

二　考古发掘

1. 第一次考古发掘

1992年8月20日～9月18日，为配合云冈石窟“八・五”保护维修降低地面工程项目，对该组洞窟窟前进行考古发掘。由于保护维修工程的地面铺墁项目要求1992年底前结束，发掘第9、10窟时已经进入8月下旬，时间十分有限，因此仅布探方12个，编号为1992T428、T534～T539、T612～T616。发掘面积约320平方米（图一八八；彩版一七一，1、2）。经过这次发掘，基本上可以全面地了解第9、10窟前的北魏时期地面铺装情况，同时也发现了辽金时期建筑窟檐的柱网分布情况，又在1992T428探方内又发现了不同时期包石台基和包砖台基等遗迹。

2. 第二次考古补充发掘

2013年10月10～15日，为配合云冈石窟第9～13窟前新建保护性窟檐工程，在第9、10窟前南面的1992T534～T539进行了补充发掘和考古复查工作，主要是对前几次发现的台基基址全面清理，就台基的范围、结构、砌筑方法等建筑资料进行专门补充，发掘面积约96平方米（图一八八；彩版一七八～一八〇）。这次发掘基本确定了包石台基的范围和踏道等建筑遗迹，两次发掘合计面积约416平方米。

本报告主要以两次考古发掘所获得基础材料为依据，同时，结合前几次考古调查与勘探工作发现的遗迹与遗物，对这组洞窟的窟前遗址进行系统整理与分析，发现了较为完整的北魏时期铺装地面、北魏开凿洞窟后至辽金时期以前修建木结构建筑窟檐和辽金时期木结构建筑窟檐柱网等遗迹（图一八九；彩版一七二，1、2）。

[1]　〔日〕水野清一、长广敏雄著，王银田译：《云冈发掘记》（一），参见山西省考古学会、山西省考古研究所编：《山西省考古学会论文集》（二），山西人民出版社，1994年，第197、198页。京都大学人文科学研究所，〔日〕水野清一、长广敏雄著；中国社会科学院考古研究所编译：《云冈石窟・云冈发掘记（一）》第七卷第十窟，科学出版社，2014年，第59～62页。

[2]　云冈石窟文物保管所、文物保护科学技术研究所：《云冈石窟建筑遗迹的新发现》，《文物》1976年第4期，第89～93页。姜怀英、员海瑞、解廷凡：《云冈石窟新发现的几处建筑遗迹》，参见云冈石窟文物保管所编：《中国石窟・云冈石窟》一，文物出版社，1991年，第198～201页。

第二节 地层堆积

第9、10窟前经过多次考古发掘，地层扰动比较严重，堆积较薄。1992年发掘时仅在1992T612～T615、T538、T539等6个探方内，发现了一些面积较小的辽金时期铺砖地面。这里以叠压关系清晰而未被破坏原始地层的1992T614北壁和1992T614东壁剖面为例说明。

一 1992T614北壁剖面

地层堆积很薄，土层多样复杂，大致可分为两大层6小层。

第①层：现代扰土层，距地表深0～0.3米。即20世纪30、70年代考古调查、勘探后的回填土，包括局部铺墁砖砌甬道的垫土，厚0.12～0.3米。分3小层。

第①A层：细黄土夹杂现代砖块，厚0.12～0.2米。除部分为20世纪70年代修甬道用现代砖块铺设，厚达0.2米外，其他区域均为细黄土层，厚0.12米。

第①B层：褐色土夹石屑土，厚0.02～0.03米。几乎铺遍1992T614全部，20世纪70年代铺筑现代甬道和地面时的垫土层。

第①C层：黄土层，厚0.1米。仅在1992T614西北角分布，叠压于①B层之下，20世纪70年代铺筑现代地面时补平凹坑的垫土。

第②层：辽金文化层，距地表深0.12、厚0.12～0.26米。仅在有沟纹铺砖地面处发现，保存范围较小，包括铺地砖层、白灰层、黄土层等。分3小层。

第②A层：铺砖地面，厚0.04米。残存方砖长与宽均为37.5、厚4厘米，上面磨损十分严重，底面有沟纹，并且粘有一层较薄白灰。

第②B层：白灰层，比较纯净，厚0.01～0.02米。

第②C层：黄土层，土质较纯净，厚0.06～0.2米，下面叠压基岩面或填补辽金时期柱础石周围的柱穴坑（图一九〇）。

二 1992T614东壁剖面

地层堆积很薄，但土层多样复杂，大致可分为三大层7小层。

第①层：现代扰土层，距地表深0～0.25米。即20世纪70年代维修工程时调查与勘探后回填土，厚0.12～0.25米。分2小层。

第①A层，细黄土层夹杂现代砖块，厚0.12米。分布范围广。其中，1992T614东南角与1992T536北隔梁和关键柱下的大柱穴X5内也为此层堆积物，厚0.45米。

第①B层：褐色土夹石屑层，厚约0.02～0.03米。比较纯净，为20世纪70年代新铺砖路面下的垫层。

第②层：辽金文化层，距地表深0.12、厚0.1米。该地层仅在有沟纹铺砖地面处发现，保存范围小，包括铺地砖层、白灰层、黄土层等。分3小层。

第②A层：铺砖地面，厚0.04米，残存的方砖上面磨损严重，底面有沟纹，并且粘有一层较薄白灰。

第②B层：白灰层，比较纯净，厚0.01～0.02米。

第②C层：黄色土层，土质较纯净，厚0.04米，下面叠压第③A层红土。

第③层：依土色分为红土层和黄土层，厚0.06～0.24米。红土层似长期水冲刷沉淀形成，黄土层可能为取平基岩面垫土形成。

第③A层：红土层，土质粘性较强，厚0.06～0.12米。分布于1992T614南部和1992T536全部，下面直接叠压着基岩地面，在北魏时期大柱穴X5、X6位置被1972年清理的现代扰土第①A、第①C层打破。

第③B层：黄土层，土质较纯，厚0.02～0.12米。仅分布在基岩低凹地处，为取平基岩面而铺设（图一九一）。

第三节　北魏时期文化遗存

北魏遗迹主要有窟前雕刻铺装地面、地面补石以及台基与踏道等遗迹（图一八八、一九二；彩版一七二，1、2）。

一　窟前地面浮雕纹饰

第9、10窟的地面浮雕纹饰可分窟内前室与窟前两部分，以洞窟前室相邻列柱之间东西向门槛为分界。前室窟内在距壁面约0.2～0.3米处的地面上，沿着墙壁周围凿出一条线。这条线不仅凿刻比较粗糙，而且断断续续，原因不明（图一九三）。

在窟前的东西长约30、南北宽约8.1米地面上，则雕刻由龟背纹、团形莲花、莲瓣纹带、联珠纹带等共同组成的浮雕纹饰图案。浮雕纹饰范围从北面的前室列柱之间的6个门槛开始，沿着列柱基座的左、右两侧往南向窟外扩展，东西两侧延伸至东、西塔座周围，南面直至前室列柱门槛南面约8.1米。图案结构以第9、10窟之间的壁面交界处为主轴线，在地面上雕刻了一条长条形的南北向甬道；同时又在第9、10窟的明间窟门中轴线位置，各设置一条辅助轴线，并在地面上也雕刻一条长条形的南北向甬道，三条甬道由东向西分别编号为甬道1～3。这三条甬道长度相同，中间主轴线上的甬道2比较宽敞，而两侧明间窟门甬道1和甬道3略显狭窄。

在甬道1～3的南、北两端，又分别各雕凿一条东西向甬道并与其连接，编号为甬道4和甬道5。南面的甬道4比较宽，除与甬道1～3相连外，东西两端分别向第8窟和第11窟延伸；北面的甬道5比较窄，不仅与甬道1～3北端相连，而且与第9、10窟前室列柱间的6个甬道相通。前室列柱间6个甬道，由东向西分别编号为地面甬道6～11。甬道1～11的地面上两侧一般浮雕联珠纹饰带与莲瓣纹饰带，中间刻重层龟背纹图案。在窟外甬道1～5地面上，除甬道1中间保存少许龟背纹图案和甬道5中间西面保存两组龟背纹图案之外，其他地面甬道中间的龟背纹浮雕都已经风化。但列柱间甬道8～11地面保存较好，残留着一些莲瓣纹饰带、联珠纹饰带、龟背纹图案（图一九三～一九八）。

（一）团形莲花1～4

在第9、10窟前地面甬道1～5遗迹中，三条南北向甬道1～3与两条东西向甬道4、5之间彼此相互交汇，将地面分割成4个正方形“莲池”，呈东西向一字排列，每个方形“莲池”四周装饰二方连续图案，外侧为联珠纹饰带、内侧则为浮雕莲瓣纹饰带。“莲池”中央浮雕团形莲花图案，由东向西编号为浮雕团形莲花1～4。

1. 团形莲花1

位于1992T616南部和1992T538东、北隔梁下，北面大致与第9窟前室的明间东柱的位置对应。团形莲花1由中间莲蓬和外围三层莲瓣组成。莲蓬为素面，直径1.17米。莲蓬中心凿有一个圆形小凹坑，即为该图案的圆心。莲蓬周围浮雕三层莲瓣，皆长0.3、宽0.3～0.34米。每层莲瓣周围和莲蓬周围都有一条凸旋棱的圆环，宽约0.06米。通过圆心与最外围的圆环测量，确认团形莲花1直径为3.4米。团形莲花1西北保存稍好，图案清晰；东南则磨损严重。西侧莲瓣第一层4个、第二层5个、第三层6个，东北角每层莲瓣各1个，南侧仅第一层保留2个，其余的都已损毁。在团形莲花1图案的西侧残存着一条南北向的装饰带，长1.9、宽0.47米，上面浮雕莲瓣6个，联珠25个。莲瓣长0.26、宽0.3米；联珠直径0.05米。这条装饰带是团形莲花1的西侧边框，也是甬道1东侧边缘的联珠纹饰带与莲瓣纹饰带。甬道1地面上还残存着少许龟背纹图案，并且与第9窟前室明间相对。这里值得注意的团形莲花1图案南面不仅被北魏开凿洞窟之后至辽代以前的大方形柱穴X3和圆形小柱洞X3-D2打破，而且北面最外层凸旋棱和莲瓣被辽金X2打破。同时又被不明时代的圆形小柱洞D2和D18打破（图一八八、一九三，图一九四，1；彩版一七三，1）。

2. 团形莲花2

位于1992T615东南和1992T537北隔梁之下，北面与第9窟前室明间西柱的位置对应。团形莲花2仅存中间莲蓬和东侧部分莲瓣，莲蓬直径1.1米。外侧莲瓣由内到外三层，莲瓣长0.26～0.3、宽0.36米。莲蓬和三层莲瓣的外侧各有一条凸旋棱，宽约0.06～0.08米，团形莲花2直径约3.1米。莲瓣仅在东侧保留，其中第一层1个、第二层2个、第三层3个，其余全部损毁。团形莲花2图案的外围三层莲瓣被北魏开凿洞窟之后至辽代以前的大方形柱穴X4和圆形小柱洞X4-D1等打破（图一八八、一九三，图一九四，2；彩版一七三，2、3）。

3. 团形莲花3

位于1992T614西南和1992T613东隔梁下，北面与第10窟前室明间东柱的位置对应。团形莲花3直径3.1米。中间莲蓬亦为素面，直径0.9米；莲蓬四周有三层莲瓣，莲瓣长0.26～0.29、宽0.34米。这组团形莲花的俯视莲瓣的西北角第一层有1个、第二层有2个、第三层有1个，东北角和西南角仅存第一层各有1个，其余全部损毁。在团形莲花3图案的北侧残存一条东西向装饰带，长0.76、宽0.44米，上面浮雕莲瓣2个，联珠12个。莲瓣长0.31、宽0.24米，联珠直径0.05米。这条装饰带是团形莲花3的北侧边框，也是甬道5南侧边缘的联珠纹饰带与莲瓣纹饰带。这部分装饰纹带不仅被辽金X4打破，同时被辽金铺砖地面2覆盖。团形莲花3西南角第一层莲瓣被北魏开凿洞窟之后至辽代以前的大方形柱穴X6和圆形小柱洞X6-D2打破，中心的莲蓬也被北魏开凿洞窟之后至辽代以前的圆形小柱洞X6-D1打破（图一八八、一九三，图一九四，3；彩版一七三，4、5）。

4. 团形莲花4

位于1992T613西部和1992T612东隔梁及1992T535北隔梁下，北面与第10窟前室明间西柱的位置对应。团形莲花4是窟前地面上四个团形莲花图案中保存最为完好的（图一八八，图一九四，4；彩版一七四，1）。团形莲花4直径3.4米，与最东面团形莲花1图案大小相同。莲蓬为素面，直径1.18米。莲蓬四周有三层莲瓣，莲瓣长0.3～0.34、宽0.3～0.34米。莲蓬和每层莲瓣的外侧有一条凸旋棱形成圆环，宽约0.05米。这组团形莲花4的莲瓣第一层东侧有5个、西侧和南侧各有1个，第二层东北有9个、西北有2个，第三层四周断断续续有13个（彩版一七四，2、3）。在团形莲花4的南、西、北三面的外侧各有一条装饰带。其中，南侧的东西向装饰带仅存联珠纹，长1.78米，分为两段，各有圆形联珠19个和7个，直径约0.04米。西侧的南北向装饰带残存两段，长2.75、宽0.42米。其中北段比较清楚，长0.83米，雕刻联珠12个，直径约0.06米，莲瓣4个，莲瓣长0.3、宽0.32米。南段莲瓣仅残存2个，雕刻在地面补石5之上，风化也比较严重，但可以辨别轮廓（彩版一七四，4）。北侧的东西向装饰带，也残存两段，长4.9、宽0.42米。东段长0.95米，雕联珠16个，直径约0.04米，莲瓣3个，莲瓣长0.25、宽0.32米。西段损毁严重，莲瓣纹与联珠纹模糊，断断续续有联珠10个，莲瓣4个。在北侧与西侧两条装饰带相交的角隅，浮雕忍冬纹，线条清晰，造型优美。这组地面浮雕纹饰北侧的边框与团形莲花4的图案被辽金X5打破。团形莲花4东南的三层莲瓣也被北魏开凿洞窟后至辽代以前的大方形柱穴X7和圆形小柱洞X7-D1打破（图一八八、一九三，图一九四，4）。

此外，窟前东、西佛塔圆形基座的周围地面上也雕刻莲瓣纹带。东塔周围地面上的莲瓣纹带已经残损。西塔基座周围的地面上残存一些莲瓣纹带分成两段。其东面莲瓣纹带长1.3米，浮雕俯视莲瓣4个，莲瓣长0.27、宽约0.28米，南面被北魏开凿洞窟后至辽代以前的大方形柱穴X8和圆形小柱洞X8-D1打破。其南面莲瓣纹带残长0.85米，浮雕俯视莲瓣3个，莲瓣长约0.27、宽约0.3米，东端被北魏开凿洞窟后至辽代以前的大方形柱穴X8和圆形小柱洞X8-D2打破（图一八八，图一九四，5；彩版一七四，5）。

（二）窟前地面甬道1～5

在团形莲花1～4图案之间有南北向甬道3个，由东向西编号为地面甬道1～3；团形莲花1～4图案的南、北两侧各有一条东西向甬道，南甬道编号为地面甬道4，北甬道编号为甬道5。甬道由中间雕龟背纹和两侧刻装饰纹带两部分共同构成，两侧的装饰纹带则借助团形莲花边框形成。在甬道1～5中，仅甬道1、4、5残存一些遗迹，其他的甬道2、3损毁十分严重（图一九三）。

1. 甬道1

位于1992T615东部、1992T616西部、1992T537东部、1992T538西部的探方内。甬道1雕凿在团形莲花1与团形莲花2两个图案之间，呈南北向，北面与第9窟前室明间甬道7相对应。现在仅存东侧联珠纹、莲瓣纹装饰带，也就是团形莲花1西侧装饰纹带，中间残存少许龟背纹，其他地面全部磨损（图一九四，6）。

2. 甬道4

位于1992T534～T539内，距第9、10窟前室明间柱间门槛8米处，呈东西向。甬道4中间宽0.85米，残存的龟背纹，比较模糊。南侧的莲瓣、联珠装饰纹带残存长度约27.6米，被辽金X6～X11打破，并将装饰纹带分成 6 段（图一八八）；而北侧仅存一小段联珠装饰纹带，这是团形莲花 4 图案南面边框的部分联珠装饰带，长约 2 米（图一九六）。

南侧的装饰纹带分为 6 段，由东向西依次为：

第一段的西端被辽金 X6 打破，长 4.33 米。联珠纹中部残损分成两部分，分别为 26 个和 42 个，直径约 0.07 米。西侧残存莲瓣纹装饰带，长 1.93 米，莲瓣 6 个，莲瓣长 0.34、宽 0.3 米。

第二段的东端被辽金 X6 打破，西端被辽金 X7 打破，长 2.48 米，但装饰纹带中间残缺。辽金 X6 西侧仅存联珠纹，长 0.56 米，联珠 7 个，直径约 0.07 米；辽金 X7 的东侧间断残存联珠 7 个，莲瓣纹装饰带残存 1.03 米，莲瓣 3 个，莲瓣长 0.34、宽 0.34 米（彩版一七五，1）。

第三段的东端被辽金 X7 打破，西端被辽金 X8 打破，长 3.27 米，仅西端莲瓣纹残缺，保存最为完整。莲瓣纹装饰带现存 3.04 米，莲瓣 9 个，莲瓣长 0.35、宽 0.31 米；联珠纹长 3.15 米，联珠 46 个，直径约 0.06 米（彩版一七五，2）。

第四段的东端被辽金 X8 打破，西端被辽金 X9 打破，长 5.15 米，残损比较严重。联珠纹残存长 4.62 米，分成四段，前三段依次为 16、3、4 个，后一段 9 个，直径约 0.06 米；莲瓣纹装饰带残存 4.55 米，分成三段，莲瓣前一段 6 个（彩版一七五，3），中间 1 个，后段 2 个，莲瓣长 0.35、宽 0.3 米（彩版一七五，4、5）。

第五段的东端被辽金 X9 打破，西端被辽金 X10 打破，损毁严重，仅存莲瓣 2 个（彩版一七五，6）。

第六段的东端被辽金 X10 打破，西端被辽金 X11 打破，长 2.58 米。联珠纹残存长 2.24 米，分成三段，前段 2 个，中段 5 个，后段 6 个，直径约 0.06 米；莲瓣纹装饰带残存 2.2 米，分成两段，莲瓣前段 4 个，后段 2 个，莲瓣长 0.35、宽 0.35 米。

3. 甬道 5

位于 1992T612 ～ T614 内，呈东西向，残存长 7.02、宽 1 米。甬道 5 在第 9 窟前全部损毁，只保留第 10 窟前一小部分，被辽金 X4、辽金 X5 打破后分成三段（图一八八）。甬道中间宽 0.4 米，浮雕龟背纹，仅存 2 个六边龟背纹图案，东西排列，龟背纹长、宽均为 0.4 米，图案由外向内逐渐缩小，共六层（图一九七）。

南侧的装饰纹带分为 3 段，由东向西依次为：

第一段莲瓣纹、联珠纹装饰带也就是团形莲花 3 图案的北侧边框。残存联珠纹长 0.65 米，联珠 12 个，直径约 0.06 米；残存莲瓣纹长 0.63 米，莲瓣 2 个，莲瓣长 0.33、宽 0.3 米，这部分浮雕叠压辽金铺砖地面 2 下。

第二段莲瓣纹、联珠纹装饰带也就是团形莲花 4 图案的北侧边框，中间被辽金 X5 打破，分成两段。前者残存联珠纹长 0.9 米，16 个，直径约 0.06 米；残存莲瓣纹长 1 米，莲瓣 3 个，莲瓣长 0.33、宽 0.34 米（彩版一七五，7）。后者断断续续残存联珠纹长 1.2 米，10 个，直径约 0.06 米；残存莲瓣纹长 2.25 米，莲瓣 5 个，莲瓣长 0.35、宽 0.33 米。

北侧的莲瓣纹、联珠纹装饰带与第 10 窟进入前室窟门甬道 9、10、11 连通，并且分别环绕前室列柱周围，同样也被辽金 X4、X5 打破。第 10 窟列柱南面的莲瓣纹、联珠纹装饰带也被方形小柱洞 FD5、FD6、FD7 打破。

（三）前室窟门地面甬道 6 ～ 11

第 9、10 窟前室列柱之间各有一条由窟外通向窟内的甬道，呈南北向。两窟共有 6 个甬道，由东向西编号为甬道 6 ～ 11。甬道 6（即第 9 窟东梢间）、甬道 7（即第 9 窟明间）的损坏十分严重，图案全无。甬道 8 ～ 11 保存较好，中间浮雕龟背纹图案，东、西两侧靠近柱基座的位置浮雕莲花纹和联珠纹装饰带（图一九三）。

1. 甬道 6

位于第 9 窟前室东梢间的东墙与明间东柱之间，南北长 2.45 ～ 2.7、东西宽 1.75 米。在甬道中距离明间柱基座北 0.82 米的位置，有一道东西向门槛，两端与柱基座连成一体，现在已经被凿毁，宽 0.22、高 0.004 ～ 0.04 米。甬道 6 地面磨损严重，雕刻全无，南端的中间有方形小柱洞 FD1，FD1 柱洞北有一条东西方向的岩石裂缝（彩版一七六，1）。

2. 甬道 7

位于第 9 窟前室明间柱之间，南北长 2.55、东西宽 1.9 米。在甬道中距离明间柱基座北 0.9 米的位置，有一道东西向门槛，两端与柱基座连成一体，现仅存凿毁痕迹，宽 0.27、高 0.005 ～ 0.03 米。甬道 7 地面磨损比较严重，无雕刻，南端中间有方形小柱洞 FD2，FD2 柱洞北也有一条东西方向的岩石裂缝（彩版一七六，2）。

3. 甬道 8

位于第 9 窟前室西梢间的西墙与明间西柱之间，南北长 2.55 ～ 2.82、东西宽 1.82 米。在甬道中距离西明间柱基座北 0.78 米的位置，有一道东西向门槛，两端与柱基座连成一体，现在仅存凿毁痕迹，宽 0.27、高 0.04 米。门槛的南侧地面浮雕龟背纹、莲花纹和联珠纹装饰带等图案，东西宽 1.79、南北长 1.53 米。具体残存情况甬道中间浮雕 5 个六角龟背纹，3 个比较完整，2 个残缺。龟背纹边长约 0.4 米，内外六层，由外向内逐渐缩小，每层宽 0.03 ～ 0.05 米。龟背纹的东侧莲花纹、联珠纹装饰带残长 1.4、宽 0.48 米，有莲瓣 4 个，23 个联珠隐约可见，损毁较为严重；西侧莲花纹、联珠纹装饰带残长 1.5 ～ 1.8、宽 0.48 米，存联珠 27 个、莲瓣 5 个，保存较好。甬道中南面有方形小柱洞 FD3，FD3 柱洞的北面也有一条东西方向的岩石裂缝（图一九八，1；彩版一七六，3）。

4. 甬道 9

位于第 10 窟前室东梢间的东墙与明间东柱之间，南北长 2.47 ～ 2.92、东西宽 1.75 米。在甬道中距离东明间柱基座北面 0.95 米，有一道东西向门槛，两端与柱基座连成一体，现在仅存凿毁痕迹，宽 0.23 ～ 0.29、高 0.005 ～ 0.03 米。门槛的南侧地面浮雕龟背纹、莲花纹和联珠纹装饰带等图案，东西宽 1.6、南北长 1.8 米。具体残存情况甬道中间浮雕 8 个六角龟背纹图案，3 个比较完整，5 个残缺。龟背纹边长约 0.5 米，内外六层，由外向内逐渐缩小，每层宽 0.025 ～ 0.04 米。值得注意的是甬道 9 南面靠近甬道位置残存一条东西向联珠纹装饰带，长 1.05 米。龟背纹图案的东侧莲花纹、联珠纹装饰带残长 1.45、宽 0.48 米，有莲瓣 4 个，联珠 22 个；西侧莲花纹、联珠纹装饰带残长 1.8、宽 0.5 米，有联珠 30 个、莲瓣 5 个。东、西两侧莲瓣皆长 0.34、宽 0.3 米。甬道中南面偏东有方形小柱洞 FD4，FD4 柱洞的北面也有一条东西方向的岩石裂缝。门槛的北面东侧 0.27 ～ 0.37 米有 2 块方形补石，宽 0.42 米，长度分别为 0.5、0.62 米（图一九八，2；彩版一七六，4）。

5. 甬道 10

位于第 10 窟前室明间柱之间，南北长 2.28 ～ 2.36、东西宽 1.76 米。在甬道中距离东明间柱基

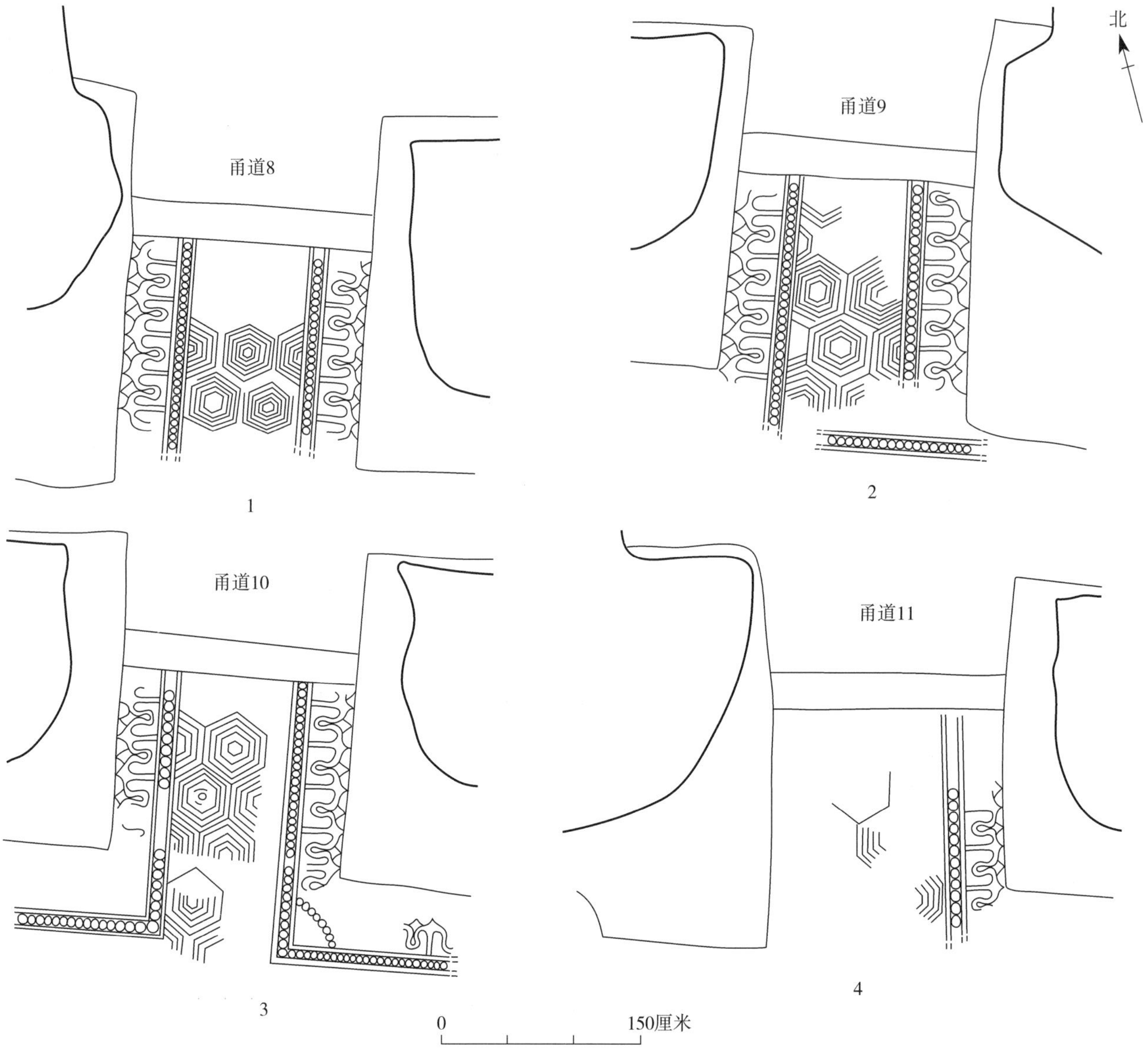

图一九八 第9、10窟前北魏时期地面甬道遗迹图

1.甬道8 2.甬道9 3.甬道10 4.甬道11

座北面0.71米的位置凿有一条东西向凹槽，两端将列柱基座的边缘打破，这个凹槽为专门补充石质门槛而凿成，凹槽壁残存凿痕，宽0.23～0.26、深0.14～0.18米。这种做法与第7、8窟前室补充石质门槛的方法相同。门槛的南侧地面浮雕龟背纹、莲花纹和联珠纹装饰带等图案，东西宽1.72、南北长2.05米。甬道的中间浮雕9个六角龟背纹图案。3个比较完整，6个残缺。龟背纹边长约0.5米，内外五层，由外向内逐渐缩小，每层宽0.025～0.04米。龟背纹图案的东侧莲花纹、联珠纹装饰带残长2.05、宽0.48米，有莲瓣5个、联珠40个。西侧的莲花纹、联珠纹装饰带残长1.9、宽0.44米，有联珠17个、莲瓣2个。东、西两侧的莲瓣皆长0.3、宽0.28米。甬道南面偏西有方形小柱洞FD6，FD6柱洞北侧也有一条东西方向的岩石裂缝。门槛的北面东侧有一个补石的方形凹坑，东西长0.6、南北宽0.5、深0.09米，所补石块已无。门槛的北面西侧残存一个莲瓣，与门槛的南面西侧装饰带相对应（图一九八，3；彩版一七六，5）。

6. 甬道 11

位于第 10 窟前室西梢间的西墙与明间西柱之间，南北长 2.25 ～ 2.9、东西宽 1.75 米。在甬道中距离明间西柱基座北面 0.9 米处凿一条东西向凹槽，宽 0.26 米，凹槽内镶嵌一块长条状石块，石块的涩面朝上，但已经被凿毁。门槛的南侧地面浮雕龟背纹、浮雕莲花纹和浮雕联珠纹图案，损坏严重。中间仅保留浮雕 3 个不完整龟背纹图案。龟背纹图案的东侧莲花纹、联珠纹装饰带残长 1.05、宽 0.45 米，残存莲瓣 3 个，联珠 12 个。甬道中南端有方形小柱洞 FD7，FD7 柱洞南也有一条东西方向的岩石裂缝（图一九八，4；彩版一七六，6）。

二　窟前地面补石

除上述第 10 窟窟内前室明间甬道 10 和东梢间甬道 9 的门槛北侧发现地面补石外，窟前地面也发现 5 处地面补石。这些地面补石的形状、面积、大小各不相同，主要分布在 1992T535、T536、T537、T538、T612 等的探方内，从东向西编号为地面补石 1 ～ 5（图一九二）。

1. 地面补石 1

位于 1992T538 南部，即第 9 窟前的南面，北距第 9 窟前室东明间柱基座南缘 6.75 米。平面为不规则形，东西长 1.55、南北宽 0.79 米，内有补石 6 块。所补的石块平面接近长方形或方形。东面

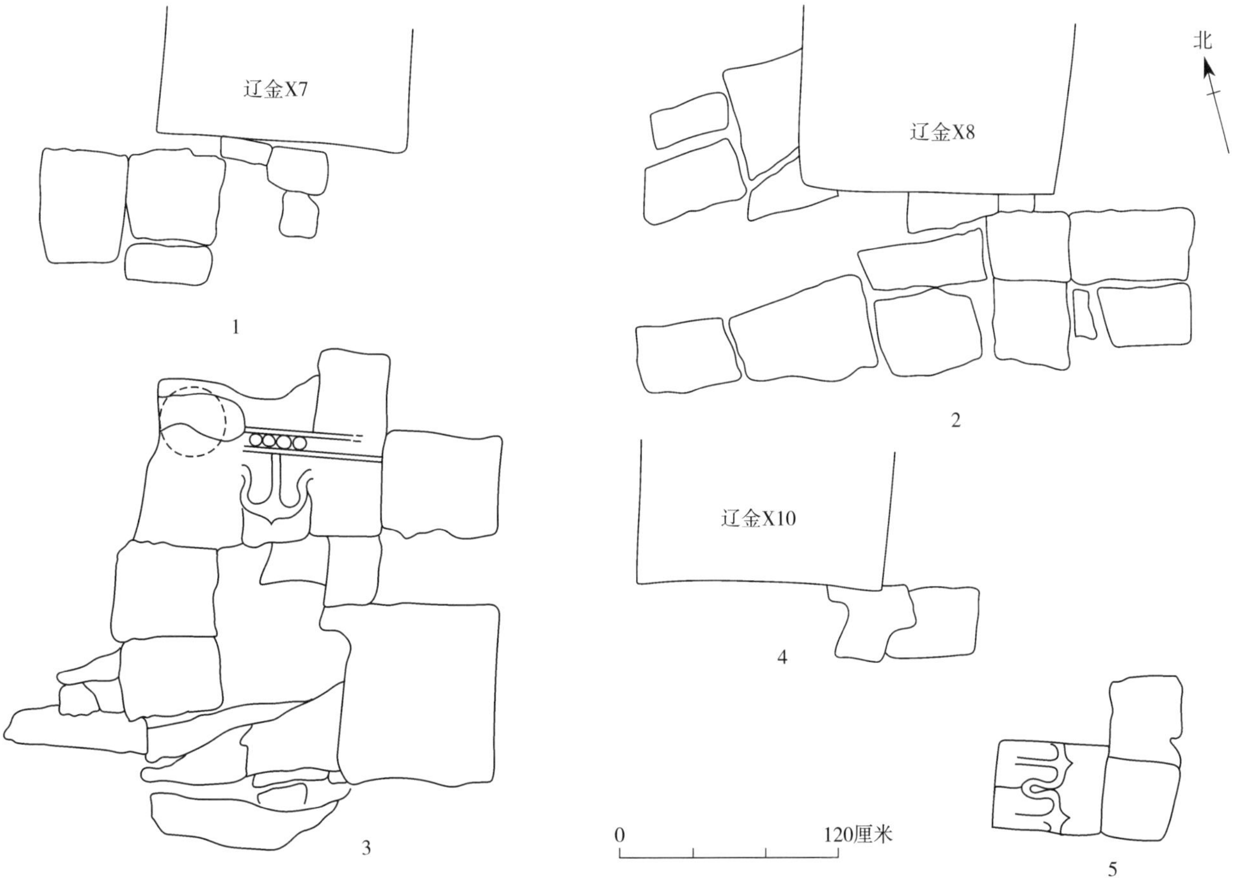

图一九九　第 9、10 窟前北魏时期地面补石遗迹图

1.地面补石1　2.地面补石2　3.地面补石3　4.地面补石4　5.地面补石5

的 3 块补石，面积比较小，西面 3 块补石，面积略大。所补石块不仅表面比较平整，而且相邻石块的缝隙十分紧密。地面补石 1 的北面所补石块被辽金 X7 打破（图一九九，1；彩版一七七，1）。

2. 地面补石 2

位于 1992T537 南部，即第 9 窟前的南面，北距第 9 窟前室西明间柱基座南缘 6.1 米。平面为不规则形，面积较大，东西长 3.1、南北宽 1.9 米，内有补石 15 块。分南、北两部分，石块大小不一，规格有长方形、方形和不规则形等多种，南面 11 块，北面 4 块。南面补石接近不规则三角形，东西长 3.1、南北宽 1.1 米，南北三排，每排有 3 块至 6 块大小不等的补石。北面补石接近方形，东西长 1.06、南北宽 0.8 米，东西两排，每排各有 2 块不规则的补石。所补石块的表面都比较平整，且有宽疏凿痕，石块彼此之间缝隙较为紧密。地面补石 2 的东北角被辽金 X8 打破（图一九九，2；彩版一七七，2、3）。

3. 地面补石 3

位于 1992T536 东南，即第 9 窟与第 10 窟前的南面，北距两窟之间隔墙的基座南缘 5.4 米。平面接近长方形，周边不甚规整，面积最大，东西长 2.65、南北宽 2.65 米，内有补石 17 块。石块平面长方形、方形和不规则形等多种规格，大小不等，表面较平整，石块间的缝隙宽窄不一。石块上残存一部分甬道 4 南侧的莲瓣纹、联珠纹装饰带，上面浮雕莲瓣 1 个，联珠 4 个。北侧的一块补石将圆形小柱洞 D13 覆盖（图一九九，3；彩版一七七，4）。

4. 地面补石 4

位于 1992T535 中间，即第 10 窟前的南面，北距第 10 窟东明间柱基座南缘 7 米。平面接近长方形，面积较小，东西长 0.83、南北宽 0.4 米，内为补石 2 块，均为不规则形，东、西各 1 块，两石块相连接处呈凹凸形状，补石的表面比较平整，缝隙也较紧密。其中，补石块的西北角被辽金 X10 打破（图一九九，4；彩版一七七，5）。

5. 地面补石 5

位于 1992T612 东南，即第 10 窟前的南面，北距第 10 窟西隔墙基座南缘 3.6 米。平面不规则形，面积略小，东西长 1、南北宽 0.88 米，内有补石 3 块。石块皆为正方形，东、西、北各 1 块。东面的补石东西长 0.42、南北宽 0.38 米，表面平整，无图案雕刻。西面的补石块东西长 0.48、南北宽 0.5 米，表面平整，上雕 2 个莲瓣图案。北面补石东西长 0.48、南北宽 0.4 米，表面磨损严重。地面补石 5 西面的补石块上为窟前地面团形莲花 4 图案的西侧边框莲瓣纹装饰带的一部分（图一九九，5；彩版一七七，6）。

三　台基与踏道

由于 1992T428 石砌墙体和砖砌墙体与台基的关系情况不明，所以 2013 年 10 月在云冈石窟第 9 ～ 13 窟前新建保护性建筑窟檐之前，又在第 9、10 窟前 1992T534 ～ T539 南面，进行了第二次考古复查和补充发掘工作。通过这次发掘确认了窟前南面的石砌墙体就是第 9、10 窟前的建筑台基，同时在第 9、10 窟之间的台基位置又发现一条南北向踏道，两者关系十分明确。

这条踏道与第 9、10 窟之间洞窟的隔墙中线平行，踏道的中线与第 9、10 窟隔墙中线重合，这是颇为重要的一个遗迹现象（图一九二、二〇〇；彩版一七八，1、2）。

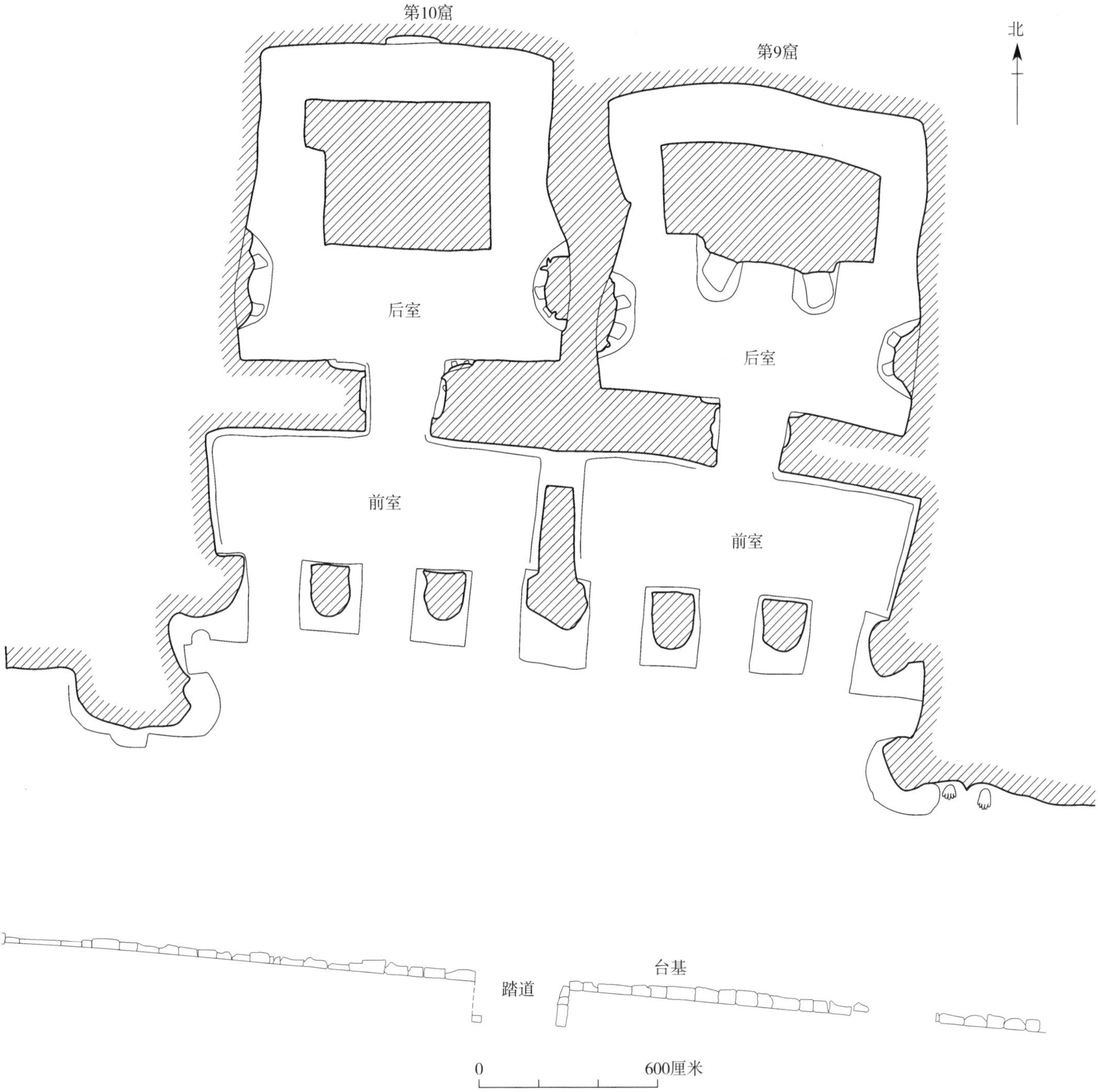

图二〇〇　第 9、10 窟前北魏时期台基与踏道遗迹图

1. 台基

位于这组洞窟前的南面，1992 年考古发掘时因时间有限仅在 1992T538 南面发掘 1992T428，2013 年为了进一步了解北魏时期第 9、10 窟前的建筑范围，在 1992T534 ～ T537、1992T539 南面进行了第二次考古补充发掘，发现了用石块包砌的台基与两侧的第 8 窟和第 11 窟连为一体，呈东西向，且与洞窟方向平行。包石台基北面距第 9、10 窟前室列柱或墙体的基座南缘 10.45 ～ 10.8 米。这里以第 9、10 窟踏道中线为中心，包石台基向东延伸 17.7 米，接近第 8 窟的窟门，未进行清理；向西

延伸 13.4 米，台基长 31.1 米。再往西一直延伸到第 11 窟窟门的南面，同时也保存包石台基的遗迹（图一八八）。目前发现的第 9、10 窟前这条包石台基，不仅向东、西两侧的洞窟延伸，而且与两侧的第 8 窟、第 11 窟之间也没有明确的分界线，因此可以推测第 9、10 窟前与第 11 窟前包石台基属于同一时期建筑，也可能为一次性完成。

2013 年发现第 9、10 窟前包石台基的墙基北面紧贴基岩修建，而且全部墙体都砌筑在剔除部分土红色泥质灰岩的基岩之上。同时发现台基外侧的土红色泥质灰岩之上有一层黄色土淤泥层，在东西长 31.5、南北宽 1.2 米范围内均有分布，淤泥层厚约为 0.2 米。但可惜台基的上面台明被后代文化层扰乱。

包石台基墙体高度 0.2 ～ 0.72 米，全部用方形的石块垒砌，石块大小不同、厚薄不一、长短不等，石块大小在长 0.15 ～ 1.05、宽 0.18 ～ 0.48、厚 0.12 ～ 0.41 米。垒砌台基的石块外立面比较平整，其他面较粗糙，现在仅存 1 ～ 3 层。东侧台基现存长度 15.9、宽 0.3 ～ 0.5、高 0.21 ～ 0.7 米。其中，最东面仅存 2 层垒砌石块，在距踏道 10.8 米处被 20 世纪 80 年代新建的一条从东北向西南现代排水沟破坏；最西面靠近踏道处则保留 3 块垒砌石块（图二〇一；彩版一七九，1 ～ 5），在第 3 层与第 2 层上下之间用“磕绊”方法砌筑（彩版一七九，6）。西侧台基现存长度 16.2、宽 0.18 ～ 0.46、高 0.22 ～ 0.73 米。最东面保存 2 层垒砌石块，中间仅存底部 1 层垒砌石块，西面保存 3 层垒砌石块，在西面第 2 层与第 1 层上下之间同样也使用“磕绊”方法砌筑（图二〇一；彩版一八〇，1 ～ 3、5），这些做法与第 20 窟台基的砌筑方法一致。

2. 踏道

位于包石台基的南面，北面正对第 9 窟与第 10 窟之间隔墙位置，距第 9、10 窟隔墙台基南面边缘 10.25 米，2013 年仅清理了长度 1.3 米。呈南北向，北高南低。因为踏道的西侧恰好位于日本学者 1938 年发掘的南北向 3 号探沟的位置，扰乱十分严重，所以，踏道西侧已经被破坏，南端保留一块包砌石墙的石块，它与踏道东侧包砌石墙距离为 3.15 米。东侧的包砌石墙保存较好，残存长度 1.35、残高 0.67 ～ 0.7、宽 0.35 米。踏道北面与包砌石墙台基相连接，南端一直向南面延伸，未清理。踏道内部全部用形状不规则的石块填充，东西宽 1.9、南北长 2.35 米，北端一直延伸到台基的内侧，并且嵌入到台基之内 1 米，直接衔接至窟前基岩，用整齐石块与基岩衔接，也说明踏道与台基同时修砌。根据踏道包砌石墙东西两侧残存遗迹推测其宽度约为 3.15 米（图二〇一；彩版一八〇，4）。

四 地层出土遗物

仅出土石雕造像 3 件。千佛残像、忍冬纹石刻、塔檐残件各 1 件。

石雕造像

1）千佛残像

1 件。

标本 1992T616 ①：1，残。黄色砂岩。正面三龛并列，内雕坐佛，着通肩衣。中间龛宽 10.5、龛柱宽 2.5 厘米。侧面与背面全部残损。残石长 35、高 8、厚 15 厘米（图二〇二；彩版一八一，1）。

2）忍冬纹石刻

1 件。

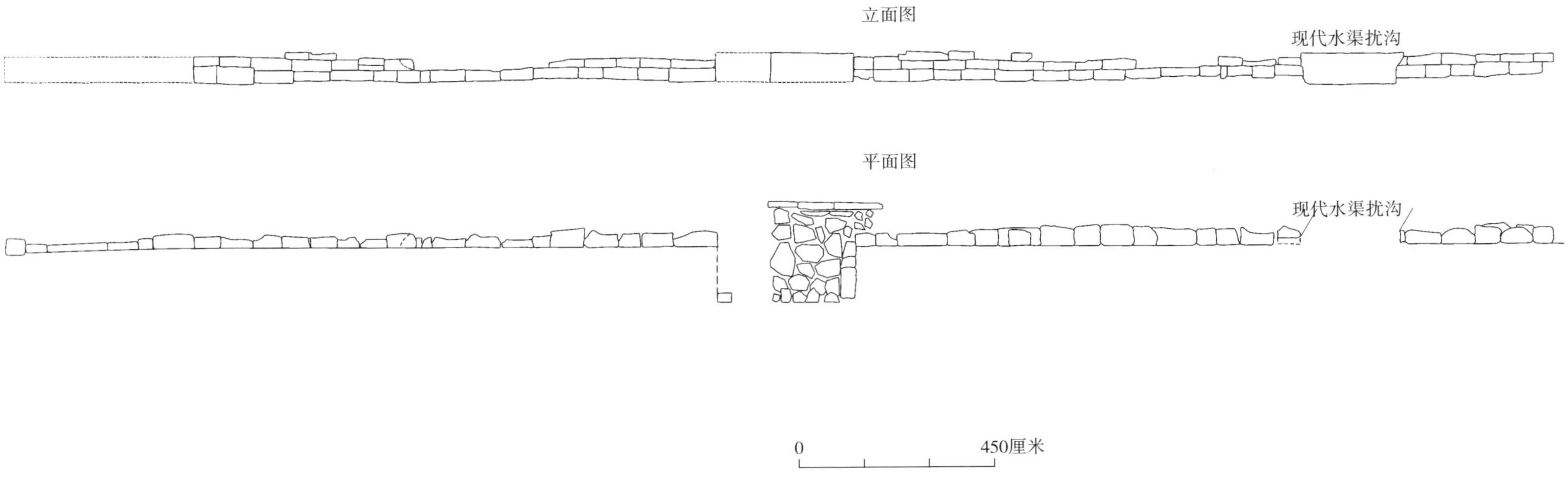

图二〇一 第9、10窟前北魏时期台基与踏道平面、正立面图

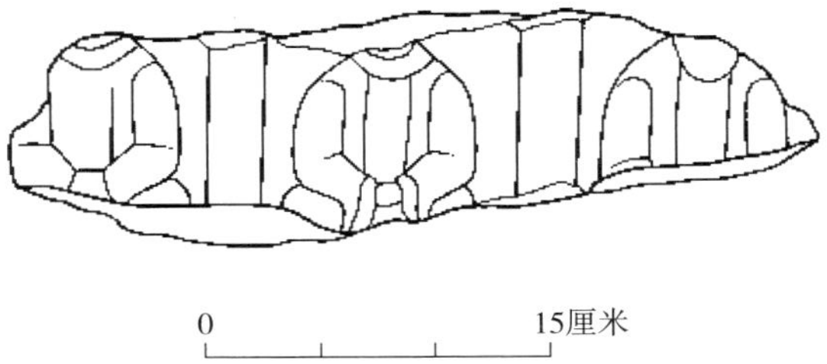

图二〇二 第9、10窟前地层出土北魏时期千佛残像 1992T616①：1

图二〇三　第9、10窟前地层出土北魏时期忍冬纹石刻1992T535②：1

标本1992T535②：1，残。黄色砂岩。正面近似长方形，上刻波状忍冬纹装饰带，下为素面。四个侧面有修整凿痕，背面残破。残长33、高12、厚4～4.4厘米（图二〇三；彩版一八一，2）。

3）塔檐残件

1件。

标本1992T539②：1，残。黄色砂岩。仅存屋檐的转角一部分，风化严重。塔檐上面的垂脊已残损，正面雕瓦5垄，侧面雕瓦3垄，顶部风化。檐部下面雕圆椽，正面6椽，侧面3椽。从出土位置及第9窟东侧佛塔推测为东侧塔檐残件，残长80、残宽70、残高32厘米（彩版一八一，3）。

第四节　北魏洞窟开凿之后至辽金时期以前文化遗存

1972年在第9、10窟维修工程之时，在窟前地面发现8个方形柱穴，可与窟外崖面立壁上残存的8个长方形梁孔位置相对应，因此确定为同一时期窟檐建筑遗迹。除此之外，还有一些排列有规律的方形、圆形小柱洞遗迹（图二〇四；彩版一七二，1、2）。

一　窟前木结构建筑

1992年发掘时将地面上8个大方形柱穴由东向西编号为X1～X8，并且把X2～X8外侧四角各凿有1个圆形小柱洞，依大方形柱穴为中心，按东北、西北、东南、西南方向顺序环绕编号为D1～D4，也就是即1个方形大柱穴X四角各有1个圆形小柱洞D（表7-1）。其中，最东端的X1

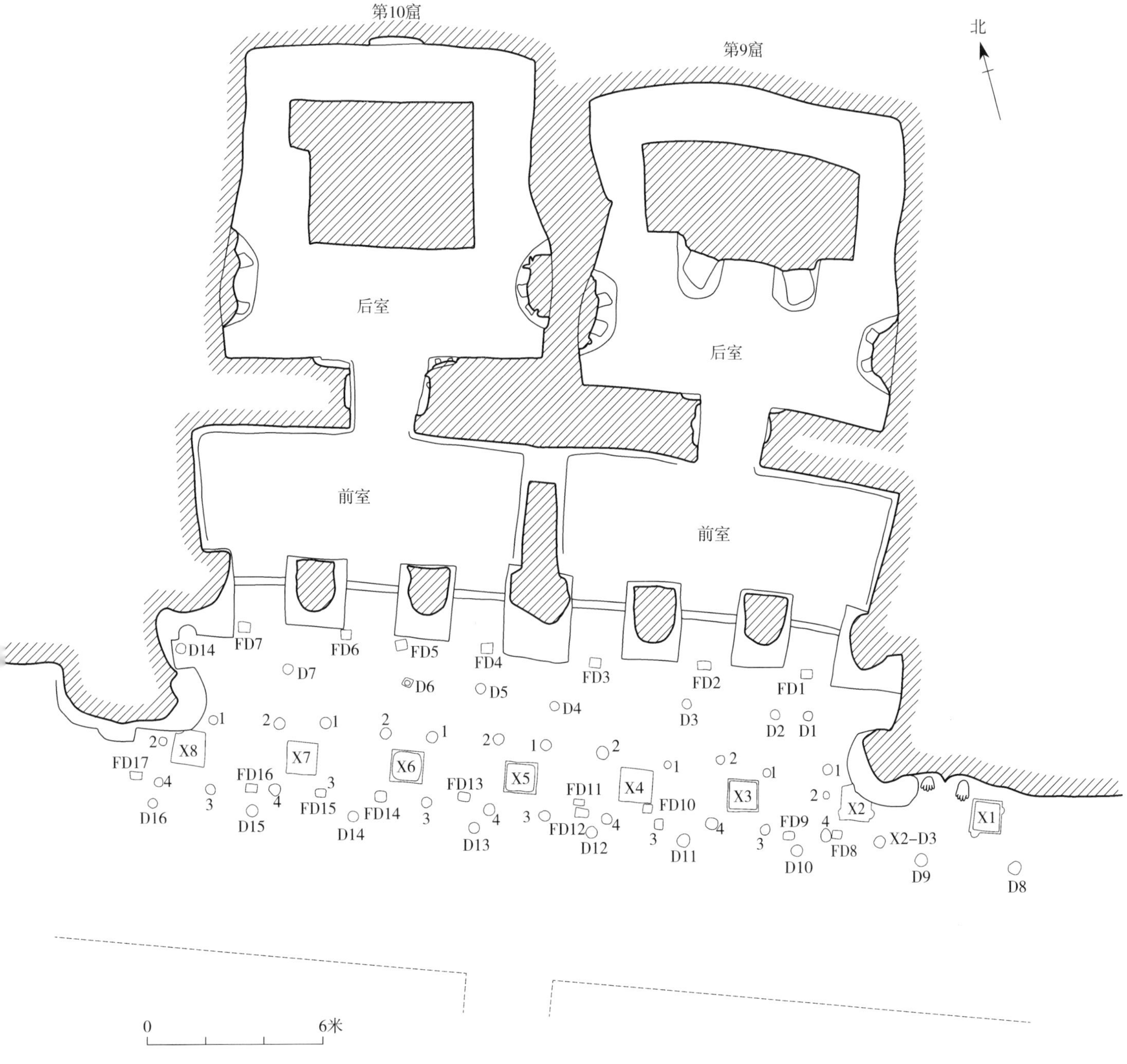

图二〇四　第 9、10 窟北魏洞窟开凿之后至辽金时期以前窟前建筑柱穴、柱洞分布图

因为在第 9 窟前东塔附近，东面紧邻第 8 窟，距洞窟崖壁距离也仅 0.54 米，所以四角没有发现圆形小柱洞。最西端的 X8 因为紧临第 10 窟前西塔基座，所以大方形柱穴的西北角则凿成圆角，同时又将 X8-D2 的位置向南移到 X8 的西侧。

（一）柱穴与柱洞

位于第 9、10 窟前 1992T534 ～ T539 的北部、北隔梁和 1992T612 ～ T616 的南部，第①层扰土之下。

表 7-1 第 9、10 窟北魏洞窟开凿之后至辽金时期以前窟前建筑柱穴、柱洞统计表

编号	柱穴					编号	
	平面形状	长	宽	深	填土		平面形状
X1	方形	1.1	0.98	0.46	黑灰色泥砂		
X2	方形	1.1	1.1	0.49	细黄土	D1	圆形
						D2	圆形
						D3	圆形
						D4	椭圆形
X3	方形	1.08	1.02	0.37	黄土、石块	D1	圆形
						D2	圆形
						D3	圆形
						D4	方圆形
X4	方形	1.09	1.04	0.51	黄土、石块	D1	圆形
						D2	圆形
						D3	四边形
						D4	圆形
X5	方形	1.1	1.02	0.28	黄土、现代砖块	D1	圆形
						D2	圆形
						D3	圆形
						D4	圆形
X6	方形	1.1	1.05	0.3	黄土、碎石、筒瓦残件	D1	圆形
						D2	圆形
						D3	圆形
						D4	圆角长方形
X7	方形	1.1	1.1	0.48	扰土	D1	圆形
						D2	圆形
						D3	长方形
						D4	圆形
X8	方形	1.1	1.1	0.45	细黄土	D1	圆形
						D2	圆形
						D3	圆形
						D4	不规则圆形

（单位：米）

柱洞			柱穴中心至柱洞中心距离	柱穴中心间距	备注
直径	深	填土			
					四角无小圆柱洞
0.36	0.21	黑灰、红褐色沙土	1.48	4.53	
0.22	0.09	黑灰、红褐色沙土	1.1		
0.4	0.43	黑灰、红褐色沙土	1.6		
0.44	0.42	黑灰、红褐色沙土	1.5		
0.28	0.30	黄土	1.12	3.95	
0.3	0.36	黄土	1.4		
0.35	0.31	黄土	1.38		
0.38	0.35	黄土、碎石	1.43		
0.26	0.35	灰色扰土	1.22	3.65	
0.44	0.28	灰土、碎石	1.55		
长0.3 宽0.36	0.36	灰黄土	1.5		
0.36	0.36	灰黄土	1.5		
0.37	0.31	灰色扰土	1.35	3.9	
0.38	0.27	黄土	1.45		
0.38	0.39	灰黄土	1.5		
0.38	0.36	灰黄土	1.5		
0.38	0.40	黄土	1.28	3.85	
0.38	0.36	扰土	1.27		
0.35	0.42		1.36		
长0.4 宽0.38 底径0.25	0.39	黑土	1.35		
0.38	0.38	扰土	1.4	3.55	
0.39	0.34	扰土	1.35		
长0.38 宽0.28	0.36	黑黄色土	1.32		
0.4	0.32	黑黄色土	1.38		
0.36	0.37	扰土	1.18	3.9	
0.28	0.34	扰土	0.93		
0.34	0.38	黄土、碎石	1.5		
0.3	0.36	黄土、碎石	1.52		

据 1972 年发掘记录介绍，窟前地面上的这 8 个方形柱穴位于辽金铺砖地面之下[1]，其中 X4 ～ X6 的 3 个柱穴位置恰好位于日本学者 1938 ～ 1940 年发掘的南北向探沟 2 ～ 4 的北部，这也与云冈发掘中报告的探沟北面为铺砖地面记载吻合[2]。方形大柱穴 X1 ～ X8 呈东西向分布，北面与前室列柱的基座距离约 3.35 ～ 3.85 米，1972 年清理发掘时 X2 ～ X8 北面的 D1、D2 小柱洞就已经发现，而南面的 D3、D4 小柱洞 1992 年考古发掘时发现（图二〇五；彩版一七二，1、2）。值得注意的是 1992 年发掘时 X2-D1、X2-D4 圆形小柱洞叠压于辽金沟纹铺砖地面之下。

1.X1

位于 1992T539 东北角，第 9 窟前东塔基座外东面。开口于第①层扰土层，且被现代水渠扰乱。平面近似方形，斜壁，平底。内填黑灰色泥砂，并有一块 0.75 米 ×0.84 米 ×0.28 米长方形石块放入柱穴之内。柱穴上口边长为 0.98 ～ 1.1、底边长 0.8 ～ 0.94、深 0.46 米（图二〇六，1；彩版一八二，1）。

2.X2

位于 1992T539 西北角，第 9 窟前东塔基座外西南角。北面与第 9 窟前室东墙相对，东与 X1 中心距离 4.53 米。开口于第①层扰土层。平面近似方形，东北角因紧临圆形基座而形成抹角。除北壁为直壁外，其他三壁均为斜壁，平底。内填细黄土。柱穴上口边长 1.1、底边长 0.9 ～ 1.1、深 0.49 米。

X2-D1　位于 1992T616 的东隔梁下南端，与 X2 中心距离 1.48 米。开口于第② C 层黄土层之下，且被铺地沟纹砖覆盖。平面近似圆形，斜壁，平底。内填黑灰色、红褐色砂土。口径 0.36、底径 0.24、深 0.21 米。

X2-D2　位于 1992T538 的关键柱下，与 X2 中心距离 1.1 米。开口于第①层扰土层。平面近似圆形，直壁，平底。内填黑灰色、红褐色砂土。直径 0.22、深 0.09 米。

X2-D3　位于 1992T539 西北部，与 X2 中心距离 1.6 米。被辽金 X6 打破，开口于第①层黄土层之下。平面近似圆形，斜壁，平底。内填黑灰色、红褐色砂土。口径 0.4、底径 0.26、深 0.43 米。

X2-D4　位于 1992T538 东隔梁下，与 X2 中心距离 1.5 米。开口于第② C 层黄土层之下，且被铺地沟纹砖覆盖。平面近似椭圆形，斜壁至底收成圆形，平底。内填黑灰色、红褐色砂土。口径 0.37 ～ 0.44、底径 0.24、深 0.42 米。

3.X3

位于 1992T538 北侧，大部分在北隔梁下，第 9 窟的中部。北面与第 9 窟前室明间东柱相对，东与 X2 中心距离 3.95 米。X3 将北魏团形莲花 1 图案南侧第 2 层莲瓣打破，开口于第①层扰土层。平面近似方形，直壁，底部呈圆弧鼓起，四边有宽 0.06 ～ 0.08、深 0.06 米的沟槽。内填黄土及石块。柱穴边长约 1.02 ～ 1.08、深 0.37 米（图二〇六，2；彩版一八二，2；彩版一八三，1）。

X3-D1　位于 1992T616 南侧与 1992T538 北隔梁下，与 X3 中心距离 1.12 米。开口于第①层扰土层。平面近似圆形，斜壁上有斜向凿痕，平底。内填纯净黄土。口径 0.28、底径 0.24、深 0.3 米。

X3-D2　位于 1992T616 西南角，与 X3 中心距离 1.4 米。开口于第①层扰土层。平面近似圆形，斜壁上有斜向凿痕，平底。内填纯净黄土。口径 0.3、底径 0.23、深 0.36 米。

---

[1]　姜怀英、员海瑞、解廷凡：《云冈石窟新发现的几处建筑遗迹》，参见云冈石窟文物保管所编：《中国石窟·云冈石窟》一，文物出版社，1991年，第198页。

[2]　〔日〕水野清一、长广敏雄著，王银田译：《云冈发掘记》（一），参见山西省考古学会、山西省考古研究所编：《山西省考古学会论文集》（二），山西人民出版社，1994年，第197、198页。

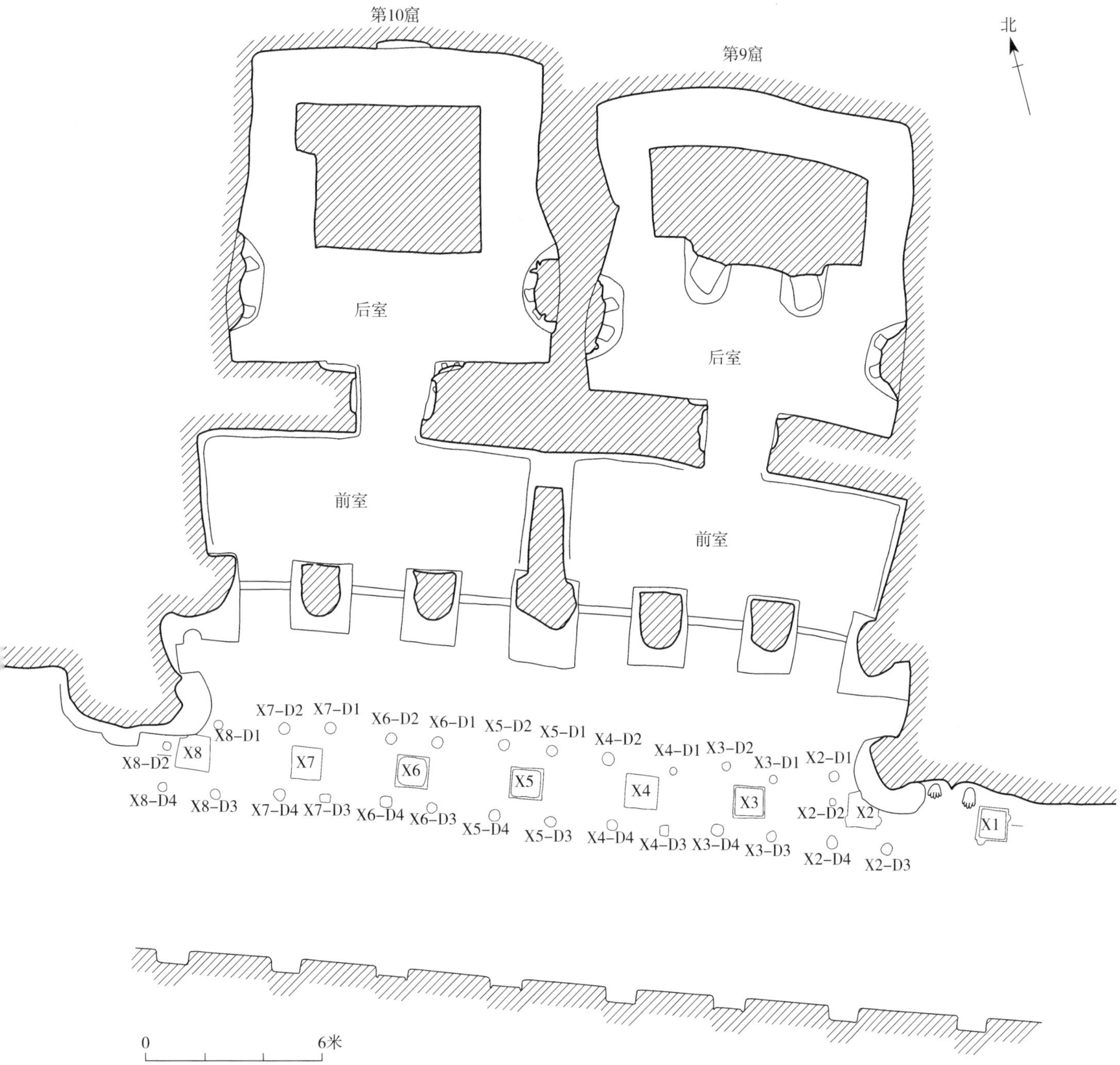

图二〇五　第 9、10 窟北魏开凿之后至辽金时期以前窟前建筑柱穴与柱洞关系图

X3–D3　位于 1992T538 北部，与 X3 中心距离 1.38 米。南部被辽金 X7 打破。平面近似圆形，直壁上有斜向凿痕，平底。内填黄土。直径 0.35、深 0.31 米。

X3–D4　位于 1992T538 西北角，与 X3 中心距离 1.43 米。平面方圆形，柱洞口部稍有残损，直壁上有斜向凿痕，平底。内填黄土及碎石。口径 0.38、底径 0.31、深 0.35 米。

4.X4

位于 1992T537 北隔梁下和 1992T615 南面，第 9 窟前的西部。北面与第 9 窟前室明间西柱相对，

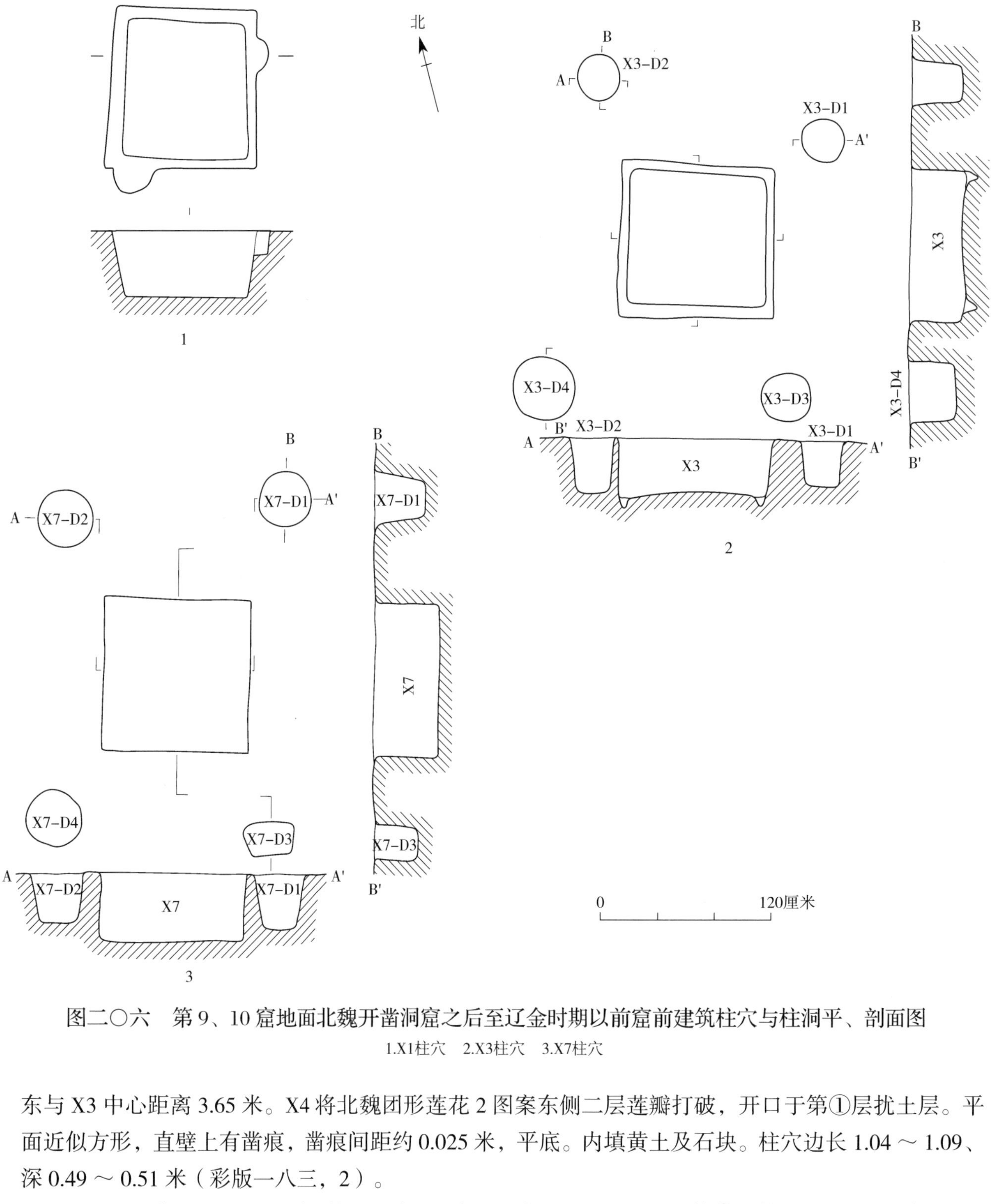

图二〇六　第9、10窟地面北魏开凿洞窟之后至辽金时期以前窟前建筑柱穴与柱洞平、剖面图

1.X1柱穴　2.X3柱穴　3.X7柱穴

东与X3中心距离3.65米。X4将北魏团形莲花2图案东侧二层莲瓣打破，开口于第①层扰土层。平面近似方形，直壁上有凿痕，凿痕间距约0.025米，平底。内填黄土及石块。柱穴边长1.04～1.09、深0.49～0.51米（彩版一八三，2）。

X4-D1　位于1992T615东隔梁下，与X4中心距离1.22米。开口于第①层扰土层。平面近似圆形，直壁上有凿痕，平底。内填灰色扰土。直径0.26、深0.35米。

X4-D2　位于1992T615南部，与X4中心距离1.55米。开口于第①层扰土层。平面近似圆形，斜壁上有凿痕，平底。内填灰色土及碎石。口径0.44、底径0.26、深0.28米。

X4-D3　位于 1992T537 东北角，与 X4 中心距离 1.5 米。平面呈不规则的四边形，南、北壁面均斜壁，上面有凿痕。内填灰黄色土。东西长 0.3、南北宽 0.24 ～ 0.36、深 0.36 米。

X4-D4　位于 1992T537 北部，与 X4 中心距离 1.5 米。南壁上面口部被辽金 X8 打破。平面近似圆形，斜壁上有凿痕。内填灰黄色土。口径 0.36、底径 0.2、深 0.36 米。

5.X5

位于 1992T614 的东南角和东隔梁下，1992T536 北隔梁和关键柱下，第 9 窟与第 10 窟前的两窟之间，北面与两窟前室隔墙相对，东与 X4 中心距离 3.9 米。开口于第①层扰土层。平面近似方形，直壁，平底。在柱穴底部的四边皆有宽 0.06 ～ 0.08、深 0.1 米的细槽。内填黄土及现代砖块。柱穴的边长为 1.02 ～ 1.1、深 0.28 米（彩版一八三，3）。

X5-D1　位于 1992T615 西南和 1992T614 东隔梁之下，与 X5 中心距离 1.35 米。开口于第①层扰土层。平面近似圆形，直壁上有凿痕，平底。内填灰色扰土。直径 0.37、深 0.31 米。

X5-D2　位于 1992T614 东南，与 X5 中心距离 1.45 米。平面近似圆形，斜壁上有螺旋状凿痕，平底。内填黄色土。口径 0.38、底径 0.22、深 0.27 米。

X5-D3　位于 1992T536 东隔梁下和 1992T537 西北部，与 X5 中心距离 1.5 米。平面近似圆形，斜壁，平底。内填灰黄色土。口径 0.38、底径 0.2、深 0.39 米。

X5-D4　位于 1992T536 东北角，仅有一小部分压于北隔梁下，与 X5 中心距离 1.5 米。开口于第②层红色土层。平面近似圆形，壁面斜向内收，平底。内填灰黄土。口径 0.38、底径 0.22、深 0.36 米。

6.X6

位于 1992T613 东隔梁下、1992T614 西南角和 1992T535 关键柱及 1992T536 北隔梁下，第 10 窟前的东部。北面与第 10 窟前室明间东柱相对，东与 X5 中心距离 3.85 米。X6 将北魏团形莲花 3 图案南侧第一层莲瓣打破，开口于第①层扰土层。平面近方形，直壁，平底。底部四边有宽 0.05、深 0.08 米细槽，并在中间凿成圆形柱盘。内填黄土和碎石及残筒瓦。柱穴东西长 1.07 ～ 1.1、南北宽 1.03 ～ 1.05、深 0.3 米（彩版一八三，4）。

X6-D1　位于 1992T614 西南，与 X6 中心距离 1.28 米。开口于第①层扰土层。平面近似圆形，斜壁有螺旋状的凿痕，底部东侧有沟槽，平底。内填黄色土。口径 0.38、底径 0.25、深 0.32 ～ 0.4 米。

X6-D2　位于 1992T613 东隔梁下，与 X6 中心距离 1.27 米。开口于第①层扰土层。平面近似圆形，斜壁，平底。内填扰土。口径 0.38、底径 0.26、深 0.36 米。

X6-D3　位于 1992T536 北隔梁下，与 X6 中心距离 1.36 米。柱洞上部南面被辽金 X9 打破。平面近似圆形，斜壁，平底。口径 0.35、底径 0.26、深 0.42 米。

X6-D4　位于 1992T535 关键柱下，与 X6 中心距离 1.35 米。平面近圆角长方形，东西长 0.4、南北宽 0.38 米。斜壁向下内收，底部为圆形，平底。内填黑土，底部圆形直径 0.25、深 0.39 米。

7.X7

位于 1992T613 的南部，第 10 窟前的西部。北面与第 10 窟前室明间西柱相对，东距 X6 中心距离 3.55 米。X7 将北魏团形莲花 4 图案南侧三层莲瓣打破，开口于第①层扰土层。平面近似方形，直壁上有斜向凿痕，平底。内填扰土。边长 1.1、深 0.48 米（图二〇六，3；彩版一八三，5）。

X7-D1　位于 1992T613 东南，与 X7 中心距离 1.4 米。将北魏团形莲花 4 图案东侧第 3 层莲瓣打破，开口于第①层扰土层。平面近似圆形，斜壁，平底。内填扰土。口径 0.38、底径 0.26、深 0.38 米。

X7–D2　位于 1992T613 西部，与 X7 中心距离 1.35 米。开口于第①层扰土层。平面近似圆形，斜壁上有斜向凿痕，平底。内填扰土。口径 0.39、底径 0.26、深 0.34 米。

X7–D3　位于 1992T535 的北隔梁下，与 X7 中心距离 1.32 米。平面近似长方形，西南、西北角呈圆弧，直壁上有凿痕，平底。内填黑黄色土。东西长 0.38、南北宽 0.28、深 0.36 米。

X7–D4　位于 1992T535 北隔梁下，与 X7 中心距离 1.38 米。X7–D4 南面被辽金 X10 打破。平面近似圆形，斜壁上有斜向凿痕，平底。内填黑黄色土。口径 0.4、底径 0.25、深 0.32 米。

8.X8

位于 1992T612 东南角，第 10 窟前西塔基座外的东南角。北面与第 10 窟前室西墙相对，东与 X7 中心距离 3.9 米。X8 打破第 10 窟前西塔基座下的北魏莲瓣，开口于第①层扰土层。平面近似方形，西北角因紧临圆形基座凿成抹角，直壁，平底。内填细黄土。柱穴的边长 1.1、深 0.45 米（彩版一八三，6）。

X8–D1　位于 1992T612 的东部，与 X8 中心距离 1.18 米。打破第 10 窟前西塔基座下的北魏莲瓣，开口于第①层扰土层。平面近似圆形，斜壁上有斜向凿痕，平底。内填扰土。口径 0.36、底径 0.27、深 0.37 米。

X8–D2　位于 1992T612 的南部，与 X8 中心距离 0.93 米。打破第 10 窟前西塔基座下的北魏莲瓣，开口于第②层褐色碎石层之下。平面近似圆形，斜壁，平底。内填扰土。口径 0.28、底径 0.16、深 0.34 米。

X8–D3　位于 1992T534 北隔梁下，与 X8 中心距离 1.5 米。平面近似圆形，斜壁有斜向凿痕，平底。内填黄土及碎石。口径 0.34、底径 0.27、深 0.38 米。

X8–D4　位于 1992T534 北隔梁下，与 X8 中心距离 1.52 米。小柱洞上部东面被辽金 X11 打破。平面呈不规则圆形，直壁上有斜向凿痕。内填黄土及碎石。直径 0.3、深 0.34 ～ 0.36 米。

（二）梁孔

第 9、10 窟前立壁列柱的上方横额处有一排 7 个长方形梁孔，梁孔底皮距窟前基岩地面高约 9.64 ～ 9.92 米。最西端梁孔 20 世纪 30 年代塌毁，1974 年维修加固时将前立壁复原。另外，在第 9 窟前东塔的东面与第 8 窟衔接之处，相同的高度位置也有 1 个梁孔，这个梁孔与窟前地面 X1 相对应，可见八个梁孔为同一时期建筑遗迹。梁孔由东向西依次编号 L1 ～ L8，立面接近长方形，边缘风化十分严重很不规整，深浅亦不一致（表 7–2；图二〇七；彩版一八四）。

1.L1

位于第 9 窟前东塔的东面北立壁上，即第 9 窟与第 8 窟两窟之间的交接处。立面近似长方形，高 1.8 ～ 1.85、宽 0.95、深 0.8 米。

2.L2

位于第 9 窟前立壁崖面上的东端，即第 9 窟东隔墙的上方横额位置。中心距 L1 中心距离为 4.72 米。立面近似长方形，高 1.7 ～ 1.9、宽 0.9 ～ 0.95、深 0.43 米（彩版一八四，1、2）。

3.L3

位于第 9 窟前立壁崖面上的东面，即第 9 窟东明间柱头上方的横额位置。中心距 L2 中心距离

表 7-2　第 9、10 窟北立壁北魏洞窟开凿之后至辽金时期以前窟前建筑梁孔统计表（单位：米）

编号	位置	立面形状	尺寸	中心间距	边壁距离	备注
L1	第 9 窟东塔外与第 8 窟之间	长方形	长 1.8 ～ 1.85 宽 0.95 深 0.8			
L2	第 9 窟东隔墙上方	长方形	长 1.9 宽 0.95 深 0.43	4.72		
L3	第 9 窟东明间柱上方	长方形	长 1.95 宽 1 深 0.48	3.75		
L4	第 9 窟西明间柱上方	长方形	长 1.85 宽 0.85 深 0.55	3.75		
L5	第 9、10 窟之间隔墙上方	长方形	长 2 宽 0.85 深 0.21	3.93		
L6	第 10 窟东明间柱上方	长方形	长 2.1 宽 0.95 深 0.08	3.8		
L7	第 10 窟西明间柱上方	长方形	长 1.7 宽 0.75 深 0.15	3.5		
L8	第 10 窟西隔墙上方	长方形	长 1.75 宽 0.8 深 0.25	4.05		

为 3.75 米。立面近似长方形，高 1.9 ～ 1.95、宽 0.8 ～ 1、深 0.48 米（彩版一八四，1、2）。

4.L4

位于第 9 窟前立壁崖面上的西面，即第 9 窟西明间柱头上方的横额位置。中心距 L3 中心距离为 3.75 米。立面近似长方形，高 1.7 ～ 1.85、宽 0.7 ～ 0.85、深 0.55 米（彩版一八四，1、2）。

5.L5

位于第 9、10 窟前立壁崖面上，即第 9、10 窟两窟之间隔墙上方的横额位置。中心距 L4 中心的距离为 3.93 米。立面近似长方形，高 1.75 ～ 2、宽 0.8 ～ 0.85、深 0.21 米（彩版一八四，1、2）。

6.L6

位于第 10 窟前立壁崖面上的东面，即第 10 窟东明间柱头上方的横额位置。中心距 L5 中心距离为 3.8 米。立面近似长方形，高 1.7 ～ 2.1、宽 0.75 ～ 0.95、深 0.08 米（彩版一八四，2）。

7.L7

位于第 10 窟前立壁崖面上的西面，即第 10 窟西明间柱头上方的横额位置。中心距离 L6 中心距离为 3.5 米。立面近似长方形，高 1.6 ～ 1.7、宽 0.75、深 0.15 米（彩版一八四，2）。

8.L8

位于第 10 窟前立壁崖面上的西面，即第 10 窟西隔墙的上方横额位置。中心距 L7 中心距离为 4.05 米。立面近似长方形，高 1.65 ～ 1.75、宽 0.8、深 0.25 米（彩版一八四，2）。

上述窟前立壁崖面上的 L1 ～ L8 梁孔位置可以与地面 X1 ～ X8 的方形大柱穴位置相互对应（表 7-3；彩版一八四），说明二者为同一时期修建木结构窟檐建筑。

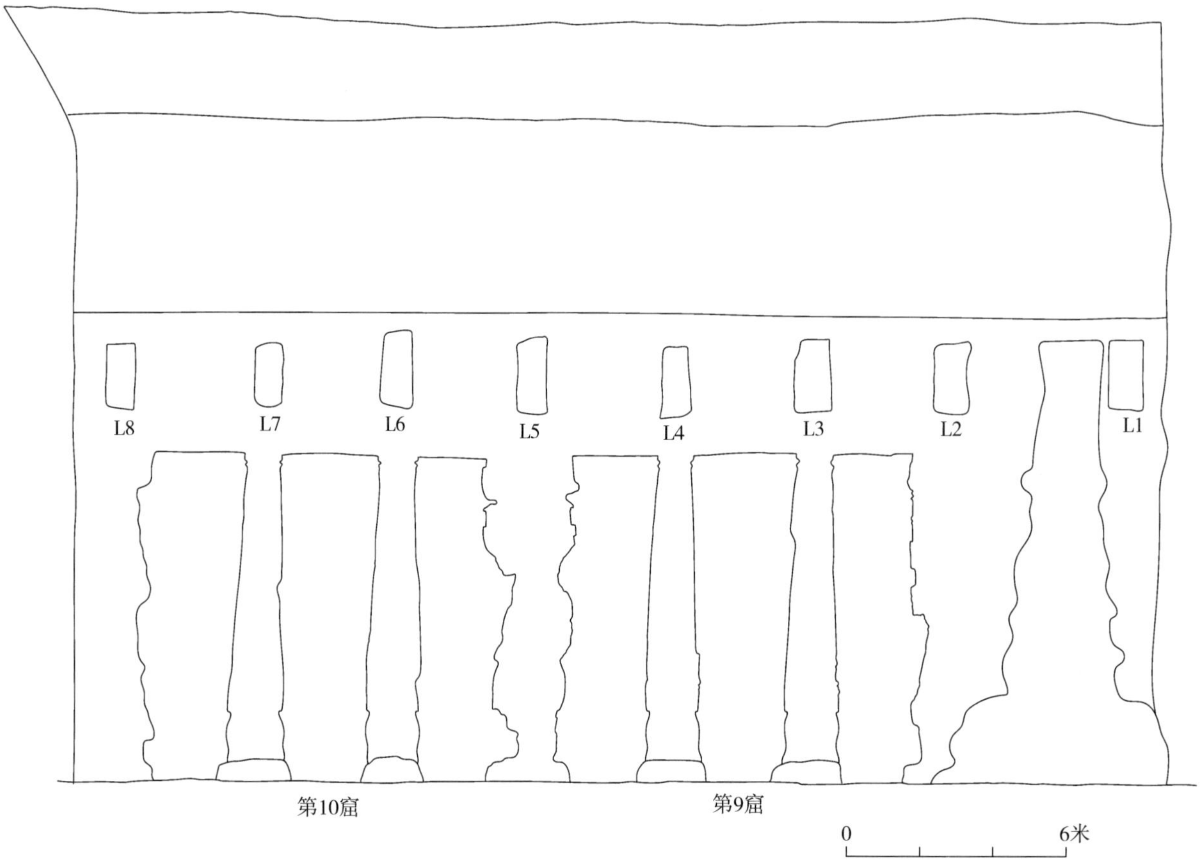

图二〇七 第9、10窟外北立壁北魏开凿洞窟之后至辽金时期以前窟前建筑梁孔图

表7-3 第9、10窟北魏洞窟开凿之后至辽金时期以前窟前建筑柱穴与梁孔尺寸对照表

（单位：米）

	西梢间	西尽间	西次间	明间	东次间	东尽间	东梢间
柱穴	3.9	3.55	3.85	3.90	3.65	3.95	4.53
梁孔	4.05	3.5	3.8	3.93	3.75	3.75	4.72

二 其他柱洞

除地面的窟檐建筑大方形柱穴之外，也发现一些排列有一定规律的长方形、圆形小柱洞，南北有四排，共有33个（表7-4；图二〇八），其功能仍有待于进一步研究。

长方形小柱洞有2排：北排小柱洞位于1992T612～T616北面或北隔梁下，即第9、10窟前室列柱南面，共有7个，自东向西编号FD1～FD7；南排小柱洞位于1992T534～T538北面或北隔梁下，即第9、10窟的前室列柱基座南4.3～4.7米处，共有10个，自东向西编号FD8～FD17。南北两排共有长方形小柱洞17个。圆形小柱洞有2排：北排的一列小柱洞位于1992T612～T616北面，即第9、10窟前室列柱基座南1.5米处，共有7个，自东向西编号D1～D7；南排的一列小柱洞位于1992T534～T539北面，即第9、10窟的前室列柱基座南5.7～6米处，共有9个，自东向西编

表 7-4　第 9、10 窟北魏开凿洞窟之后至辽金时期以前窟前柱洞统计表　（单位：米）

编号	开口层位	位置	平面形状	尺寸	填土及包含物		中心间距	备注
					填土	包含物		
FD1		第 9 窟前室东梢间甬道 6 南面，1992T616 东北部	长方形	长 0.39 宽 0.3 深 0.33	黄土、碎石	无		
FD2		第 9 窟前室明间甬道 7 南面，1992T616 西北角	长方形	长 0.46 宽 0.3 深 0.32	黄土、碎石	无	3.50	
FD3		第 9 窟前室西梢间甬道 8 南面，1992T615 北部	长方形	长 0.4 宽 0.34 深 0.32	灰色土	无	3.70	
FD4		第 10 窟前室东梢间甬道 9 南面，1992T614 的北隔梁下	长方形	长 0.4 宽 0.36 深 0.32	黑黄色土	无	3.71	
FD5	红砂土层之下	第 10 窟前室东明间柱的基座南面，1992T614 的北隔梁和 1992T613 的关键柱下	长方形	长 0.38 宽 0.34 深 0.38	黑黄色土	无	2.90	
FD6		第 10 窟前室明间甬道 10 的南面偏西，1992T613 的北隔梁下	长方形	长 0.36 宽 0.32 深 0.26	扰土	无	1.90	
FD7		第 10 窟前室西梢间甬道 11 的南面偏西，1992T612 的关键柱下	长方形	长 0.4 宽 0.36 深 0.33	扰土	无	3.46	
D1		第 9 窟前东部，1992T616 东部偏北	圆形	直径 0.31		无		
D2		第 9 窟前东部，1992T616 东部	圆形	直径 0.32 深 0.41	黄土	无		
D3		第 9 窟前中部，1992T615 的东隔梁下	圆形	直径 0.32 深 0.24	灰色土	无		
D4	褐红色土层之下	第 9 窟前西部，1992T615 西部	圆形	口径 0.32 底径 0.25 深 0.37	灰色土、碎石	无		
D5		第 10 窟前东部，1992T614 东部	圆形	口径 0.35 底径 0.24 深 0.17	黄土	无		
D6		第 10 窟前西部，1992T613 北部	圆形	口径 0.35 底径 0.31 深 0.2	扰土	无		
D7		第 10 窟前西部，1992T612 的东北角和北隔梁下	圆形	直径 0.34 深 0.11	灰土	无		
FD8	黄土层之下	第 9 窟前的东隔墙基座南 4.8 米，1992T538 东隔梁下和 1992T539 的西部	长方形	长 0.34 宽 0.26 深 0.27	灰、黄色土	无		
FD9	黄土层之下	第 9 窟前的东明间柱基座南 5.4 米，1992T538 的东北部	长方形	长 0.38 宽 0.28 深 0.23	黄土、石块	无	1.63	

编号	开口层位	位置	平面形状	尺寸	填土及包含物		中心间距	备注
					填土	包含物		
FD10		第9窟前的西明间柱基座南4.75米，1992T537的北侧与北隔梁下	长方形	长0.3 宽0.29 深0.07	灰黄色土	无	4.91	
FD11		第9窟与第10窟前的隔墙基座南4.48米，1992T537北隔梁下	长方形	长0.37 宽0.2 深0.06	扰土	无	2.32	
FD12		第9窟与第10窟前的隔墙基座南4.75米，1992T537北部	长方形	长0.45 宽0.32 深0.35	灰黄色土	无	0.35	
FD13		第10窟前东南部，第9窟与第10窟前的隔墙基座南4.65米，1992T536北隔梁下	长方形	长0.4 宽0.3 深0.32	扰土	无	4.05	
FD14		1992T535的关键柱下	圆角长方形	长0.4 宽0.38 深0.39	黑土	无	2.8	距X6中心间距135
FD15		第10窟前的西明间柱基座南5.5米，1992T535的北隔梁下	长方形	长0.28 宽0.28 深0.36	黑黄色土	无	2.05	与X7-D3重复编号
FD16		第10窟西南部，第10窟西墙基座南4.8米，1992T535的北隔梁和1992T534关键柱下	长方形	长0.38 宽0.28 深0.34	黑黄色土	无	2.35	
FD17	褐色碎石层下	第10窟前西塔南部，1992T534的北隔梁下	长方形	长0.42 宽0.26	扰土	无	3.95	
D8	黑褐色土层之下	第9窟前东塔外的东南角，1992T539的东南	圆形	口径0.44 底径0.23 深0.36	上层红褐色砂土、下层灰色砾石砂土	无		
D9		第9窟前东塔的南面，1992T539的中部	圆形	口径0.43 底径0.2 深0.45	灰色砾石砂土	无		
D10	褐色红砂土层下	第9窟前楹（东明间）柱基座南5.89米，1992T538的东部	圆形	直径0.38 深0.32	黄土	无		
D11		第9窟前楹（西明间）柱基座南5.65米，1992T537的东隔梁下	圆形	口径0.44 底径0.22 深0.40	灰黄色土	无		
D12		第9窟前楹（西明间）柱基座南5.58米，1992T537的西北部	圆形	口径0.39 底径0.22 深0.45	灰黄色土	无		
D13		第10窟前东南部，第9窟与第10窟前的隔墙基座南5.75米，1992T536的北侧中部	圆形	口径0.36		无		
D14	红砂土层之下	第10窟前中部，第10窟前楹（东明间）柱基座南6.1米，1992T535的东北角	圆形	口径0.36 底径0.26 深0.42	黄土	无		
D15	褐红砂土层之下	第10窟前西南部，1992T535的西北角、1992T534的东隔梁下	圆形	口径0.4 底径0.26 深0.44	黄土	无		
D16		第10窟前西塔的南部，1992T534的北部和北隔梁下	圆形	直径0.32 深0.48	黄土、碎石	无		

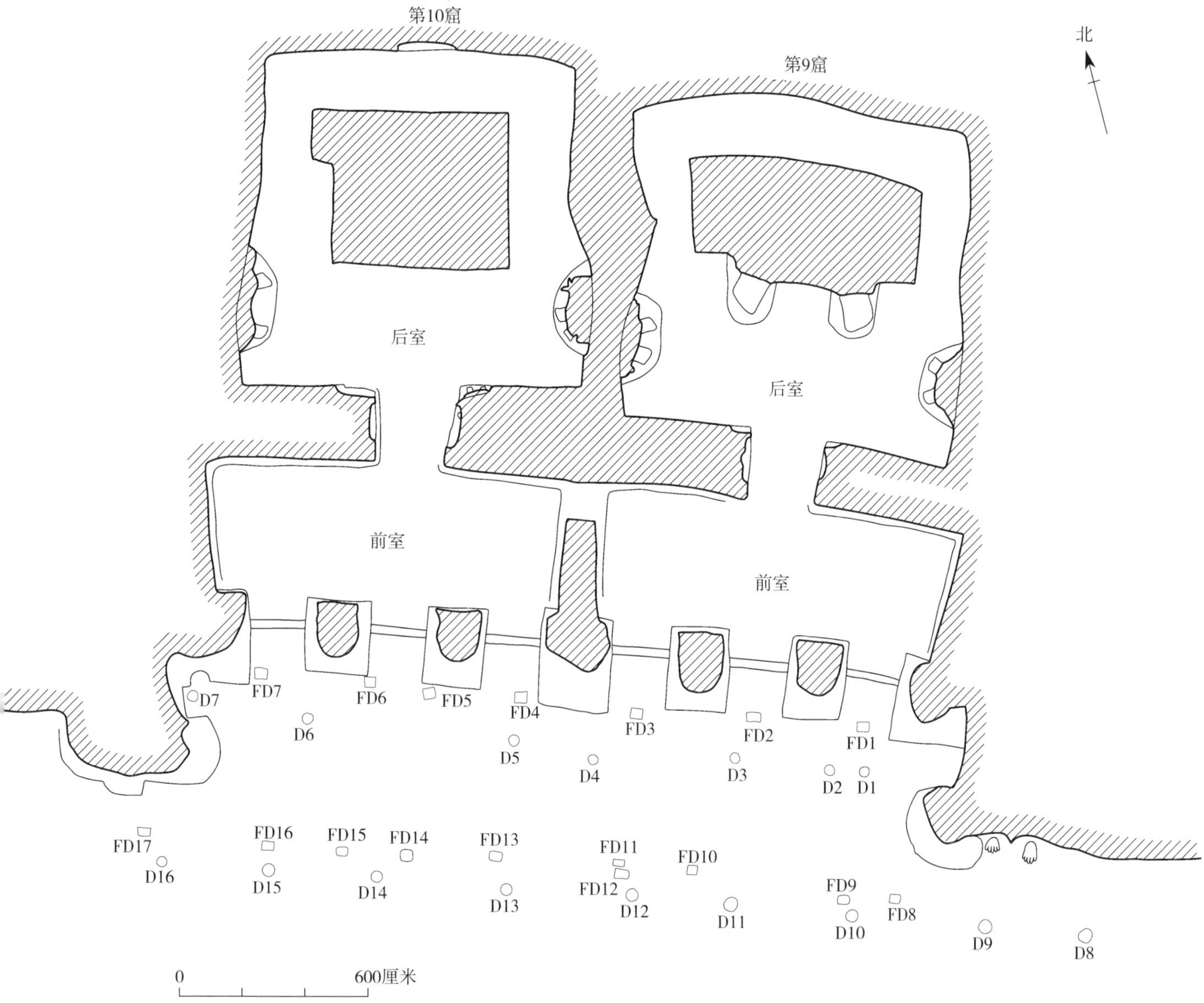

图二〇八　第 9、10 窟北魏洞窟开凿之后至辽金时期以前窟前柱洞分布图

号 D8 ～ D16。南北两排共有圆形柱洞 16 个。

由于上述的 FD8、FD9 长方形小柱洞和 D7、D10 圆形小柱洞等叠压在辽金铺砖地面下（图一八八），再结合 1938 年和 1972 年发掘资料，初步推断使用时间为辽金时期以前，北魏洞窟开凿之后。

（一）长方形柱洞

17 个。分南北 2 排，东西呈列（图二〇八）。

1. 北排

7 个。

FD1　位于 1992T616 东北部，紧邻东隔梁，第 9 窟前室东梢间的甬道 6 的南面。开口于第①层扰土层之下。平面近似长方形，但东北角和东南角为圆角，直壁上有凿痕，平底。内填黄土及碎石。

长 0.39、宽 0.3、深 0.28 ～ 0.33 米。

FD2 位于 1992T616 西北角，第 9 窟前室明间甬道 7 的南面，与 FD1 中心距离 3.5 米。开口于第①层扰土层之下。平面近似长方形，直壁上有凿痕，平底。内填黄土及碎石。东西长 0.43 ～ 0.46、南北宽 0.28 ～ 0.3、深 0.3 米。

FD3 位于 1992T615 北部，第 9 窟前室西梢间甬道 8 的南面，与 FD2 中心距离 3.7 米。开口于第①层扰土层之下。平面近似长方形，直壁上有少许凿痕，平底。内填灰色土。长 0.38 ～ 0.4、宽 0.32 ～ 0.34、深 0.32 米。

FD4 位于 1992T614 北隔梁下，第 10 窟前室东梢间甬道 9 的南面，与 FD3 中心距离 3.71 米。开口于第①层扰土层之下。平面近似长方形，直壁，平底。内填黑黄色土。长 0.4、宽 0.36、深 0.32 米。

FD5 位于 1992T614 北隔梁和 1992T613 关键柱之下，第 10 窟前室东明间柱的基座南面，与 FD4 中心距离 2.9 米。平面近似长方形，直壁，底部西高东低。内填黑黄色土。长 0.38、宽 0.34、深 0.38 米。

FD6 位于 1992T613 北隔梁下，第 10 窟前室明间甬道 10 的南面偏西，与 FD5 中心距离 1.9 米。开口于第①层扰土层之下。平面近似长方形，口部西侧残缺，平底。内填扰土。长 0.32 ～ 0.36、宽 0.3 ～ 0.32、深 0.26 米。

FD7 位于 1992T612 关键柱下，第 10 窟前室西梢间甬道 11 的南面偏西，与 FD6 中心距离 3.46 米。开口于第①层扰土层之下。平面近似长方形，壁面较直，平底。内填扰土。长 0.4、宽 0.36、深 0.33 米。

2. 南排

10 个。

FD8 位于 1992T538 东隔梁下和 1992T539 西部，第 9 窟前的东隔墙基座南 4.8 米，即东塔基座外的西南角。被辽金铺砖地面 1 覆盖，开口于第② C 层黄土层下。平面近似长方形。内填灰、黄色土。长 0.3 ～ 0.34、宽 0.26、深 0.27 米。

FD9 位于 1992T538 东北，第 9 窟前的东明间柱基座南 5.4 米处，与 FD8 中心距离 1.63 米。被辽金铺砖地面 1 覆盖，开口于第② C 层黄土层下。平面近似长方形，四角为圆角，直壁上有细微凿痕。内填黄土及石块。长 0.38、宽 0.28、深 0.21 ～ 0.23 米。

FD10 位于 1992T537 北侧与北隔梁下，第 9 窟前西明间柱基座南 4.75 米处。与 FD9 中心距离 4.91 米。平面近似长方形。内填灰黄色土。长 0.3、宽 0.26 ～ 0.29、深 0.07 米。

FD11 位于 1992T537 北隔梁下，第 9 窟与第 10 窟前隔墙基座南 4.48 米处，与 FD10 中心距离 2.32 米。平面近似长方形，直壁，平底。内填扰土。长 0.37、宽 0.2、深 0.06 米。

FD12 位于 1992T537 北部，第 9 窟与第 10 窟前隔墙基座南 4.75 米处，北与 FD11 中心距离 0.35 米，第 10 窟前的 FD19 ～ FD23 与第 9 窟前的 FD15 ～ FD18 南北略微错位，不在同一排位置上。平面近似长方形，斜壁，底部东低西高。内填灰黄色土。长 0.43 ～ 0.45、宽 0.32、深 0.3 ～ 0.35 米。

FD13 位于 1992T536 北隔梁下，第 10 窟前的东南部，第 9 窟与第 10 窟前隔墙基座南 4.65 米，东与 FD12 中心距离 4.05 米。平面近似长方形，四角圆角，斜壁，平底。内填扰土。上口长 0.4、上口宽 0.3、下底长 0.3、下底宽 0.22、深 0.32 米。

FD14 位于 1992T535 关键柱下，第 10 窟前东明间柱基座南 5.3 米处，东与 FD13 中心距离 2.8 米。

平面接近圆角长方形，东西长0.4米，南北宽0.38米。内壁有凿痕且斜向下内收，底部为圆形平底，直径约0.25、深0.39米。内填黑土。根据遗迹现象，此柱洞可能是将圆形柱洞加以改造扩为方形柱洞。

FD15　位于1992T535北隔梁下，第10窟前西明间柱基座南5.5米处，东与FD14中心距离2.05米。平面近似长方形，四边略外弧，直壁上有凿痕，平底。内填黑黄色土。东西长0.28、宽0.28、深0.36米。

FD16　位于1992T535北隔梁和1992T534关键柱下，第10窟前西南部，第10窟西墙基座南4.8米处，东距FD15中心间距为2.35米。平面近长方形，斜壁上有斜向凿痕，平底。内填黑黄土。上口长0.38、上口宽0.28、下底长0.4、下底宽0.24、深0.34米。

FD17　位于1992T534北隔梁下，第10窟前西塔的南面，东距FD16中心间距为3.95米。开口于褐色碎石层下。平面近长方形，直壁，平底。东西长0.42、宽0.26米。

（二）圆形柱洞

16个。分南北2排，东西呈列（图二〇八）。

1. 北排

7个。

D1　位于1992T616东部偏北，第9窟前东侧。平面近圆形。直径0.31米。

D2　位于1992T616东部，第9窟前的东部。柱洞上部的北面被辽金X2打破。平面近似圆形，直壁上有凿痕，底不平。内填黄土。直径0.32、深0.41米。

D3　位于1992T615东隔梁下，第9窟前的中部。柱洞口部破坏严重。平面近似圆形，直壁上有凿痕。内填灰色土。直径0.24～0.32、深0.24米。

D4　位于1992T615西部，第9窟前的西部。被辽金铺地沟纹砖覆盖。平面近似圆形，柱洞内南侧为直壁、北侧为斜壁，上有凿痕。内填灰色土及碎石。口径0.32、底径0.25、深0.37米。

D5　位于1992T614东部，第10窟前的东部。平面近似圆形，斜壁，底部不平。内填黄土。口径0.35、底径0.24、深0.14～0.17米。

D6　位于1992T613北部，第10窟前西部。柱洞口部大部分被辽金X5打破。平面近似圆形，斜壁，平底。内填扰土。口径0.35、底径0.31、深0.2米。

D7　位于1992T612东北角和北隔梁下，第10窟前西部。平面近似圆形，柱洞较浅，直壁，底部东高西低。内填灰土。口径0.34、深0.07～0.11米。

2. 南排

9个。

D8　位于1992T539东南，第9窟前东塔外东南角。被北魏石雕塔檐覆盖。平面近似圆形，斜壁，平底。柱洞内上面填0.05米厚褐红色砂土，下填灰色砾石砂土。口径0.44、底径0.23、深0.36米。

D9　位于1992T539中部，第9窟前东塔南面。平面近圆形，斜壁。内填灰色砾石砂土，并且夯实。口径0.43、底径0.2、深0.45米。

D10　位于1992T538东部，距第9窟前东明间柱基座南5.89米。叠压于辽金铺砖地面1之下，开口于第②C层褐红砂土层下。平面近似圆形，柱洞口西南稍残损，直壁上有凿痕。内填黄土。口径0.38、深0.32米。

D11　位于 1992T537 东隔梁之下，距第 9 窟前西明间柱基座南 5.65 米。平面近似圆形，斜壁上有凿痕，平底。内填灰黄色土。口径 0.44、底径 0.22、深 0.4 米。

D12　位于 1992T537 西北，距第 9 窟前西明间柱基座南 5.58 米。东壁口部被辽金 X8 打破。平面近似圆形，壁面上部为斜壁、下部为直壁，并且有凿痕，平底。内填灰黄色土。口径 0.39、底径 0.22、深 0.45 米。

D13　位于 1992T536 北侧中部，第 10 窟前东南部，距第 9、10 窟前隔墙基座南 5.75 米。被补石地面 3 的石块覆盖。平面近圆形，壁面情况不明。直径 0.36 米。

D14　位于 1992T535 东北角，第 10 窟前的中部，距第 10 窟前东明间柱基座南 6.1 米处。平面近似圆形，斜壁，平底。内填黄土。口径 0.36、底径 0.26、深 0.42 米。

D15　位于 1992T535 西北角、1992T534 东隔梁下，第 10 窟前的西南，距第 10 窟前西隔墙基座南 5.75 米。打破北魏甬道 4 南侧的联珠纹、莲瓣纹饰带，开口于第②层褐红砂土层。平面近似圆形，斜壁，平底。内填黄色土。口径 0.4、底径 0.26、深 0.44 米。

D16　位于 1992T534 北部和北隔梁下，第 10 窟前西塔的南部。东壁口部被辽金 X11 打破。平面近似圆形，直壁上有凿痕，平底。内填黄土及碎石。直径 0.32、深 0.45 ～ 0.48 米。

第五节　辽金时期文化遗存

这次发掘不仅在窟前地面上重新清理出 20 世纪 40 ～ 70 年代考古调查、勘探发现的 6 个大柱穴遗迹，而且又新发现 9 个方形大柱穴和保留面积比较小的五处铺砖地面遗迹（图二〇九；彩版一七二）。同时，发现了这座木结构建筑窟檐的一部分砖砌墙体（彩版一九〇，2）和台基及散水遗迹（彩版一九一，1、2）。2013 年 5 月 20 ～ 23 日利用五华洞（第 9 ～ 13 窟）前修建保护性窟檐时机进行考古复查，又补充调查第 9、10 窟前室顶部二层平台上的梁槽遗迹（彩版一九一，3）。

一　窟前木结构建筑

主要包括几次调查、勘探与考古发掘发现窟前柱穴（柱础）、地面铺砖、墙体、台基以及前室窟顶平台上梁槽等遗迹。

（一）柱穴与柱础石

位于第 9、10 窟前 1992T534 ～ T539、T612 ～ T616 内，共 15 个，分别编号为辽金 X1 ～ X15，其中辽金 X3、辽金 X4 内有柱础石。柱网排列规律有序，依次从北向南列为三排。第一排有大柱穴 6 个，即编号辽金 X1 ～ X5、X15，紧邻洞窟前立壁；第二排有大柱穴 6 个，即编号辽金 X6 ～ X11；第三排仅存西部大柱穴 3 个，即编号辽金 X12 ～ X14，其他无遗迹可寻（表 7-5）。15 个大柱穴中 X1、X15 因位置特殊，形制也与其他柱穴不同（图二一〇；彩版一八五，1、2）。

1. 第一排方形大柱穴

6 个。编号辽金 X1 ～ X5、X15。

辽金 X1　无柱穴。位于 1992T616 东扩方，第 9 窟前东塔的西面，紧靠洞窟前立壁，开口于第①层扰土层下。仅在地面上凿两条南北向沟槽，两条沟槽距离 0.9 米。东沟槽长 0.48 米，西沟槽长 0.63 米，沟槽宽 0.04 ～ 0.06 米，粗细不等。两条沟槽中间岩石没有被凿掉，未形成低于地表的大柱穴（彩版一八五，1）。

辽金 X2　仅存柱穴。位于 1992T616 东北，第 9 窟前的前室东明间柱南，东距辽金 X1 中心距离 3.98 米，辽金 X2 的南部边缘将团莲外侧莲瓣纹和 D2 小柱洞打破，开口于第①层扰土层下。平面近似方形，斜壁，平底。内填扰土。南北长 1.44、东西宽 1.2 ～ 1.3、深 0.15 米（彩版一八五，3）。

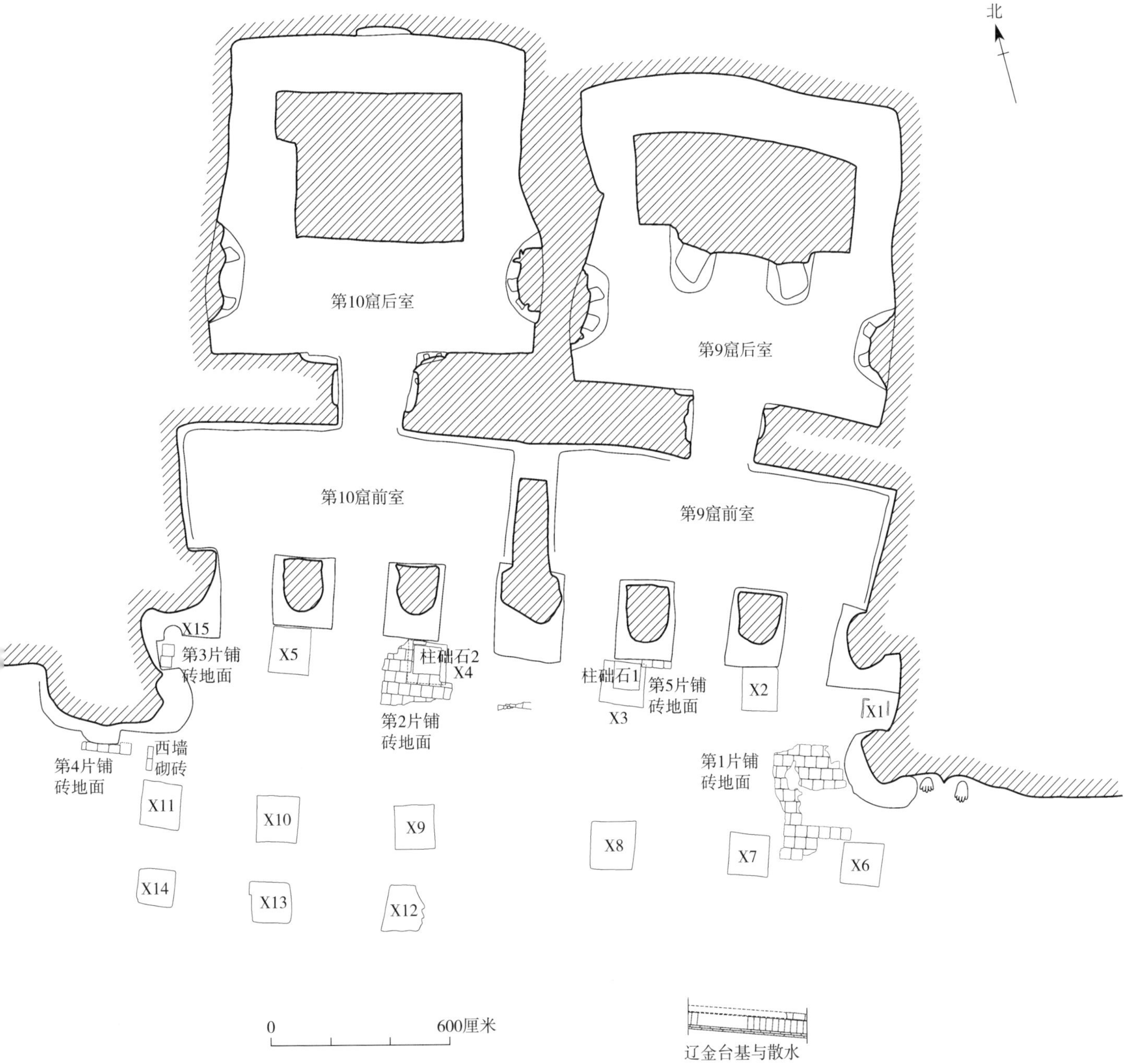

图二〇九　第 9、10 窟前辽金时期窟前建筑遗迹平面图

表 7-5　第 9、10 窟辽金时期窟前建筑柱穴与柱础石统计表　（单位：米）

编号	柱穴					柱础石				柱础面超出柱穴边沿距离	中心间距	备注
	平面形状	长	宽	深	填土	平面形状	长	宽	厚			
X1	长方形	0.9	0.63	0.06	无							仅凿出轮廓
X2	长方形	1.44	1.3	0.15	扰土						3.98	
X3	长方形	1.44	1.4	0.16	扰土	方形	0.99	0.89	0.35	0.2	4.62	
X4	方形	1.36	1.3	0.28	黄土 / 扰土	方形	0.93	0.89	0.31	0.1	6.5	
X5	长方形	1.5	1.3	0.1	扰土						4.54	
X15	半圆形	直径 0.6									3.95	
X6	方形	1.4	1.32	0.16	灰黄土						4.94	北距 X1
X7	方形	1.35	1.29	0.14	黄土						3.8	
X8	方形	1.55	1.55	0.18	灰黄土						4.55	
X9	长方形	1.42	1.32	0.18	灰土						6.65	
X10	长方形	1.48	1.4	0.2	褐色碎石屑、石块、砖块						4.58	
X11	长方形	1.46	1.33	0.2	黄土、石块						3.9	
X12	四边形	1.5	0.84	0.11							2.65	北距 X9
X13	长方形	1.3	1.35	0.1							4.43	
X14	方形	1.18	1.14	0.1							3.93	

辽金 X3　由柱穴、柱础石组成。位于 1992T615 东北，第 9 窟前的前室西明间柱南，东距辽金 X2 中心距离 4.62 米，开口于第①层扰土层下。平面近似方形，斜壁，平底。内填扰土。边长 1.4 ～ 1.44、深 0.14 ～ 0.16 米。辽金 X3 内北面偏东有辽金柱础石 1，其北面紧靠第 9 窟前室西明间柱的基座。柱础石 1 平面近似方形，灰黄色砂岩质地。顶部平面和四边侧面上部凿刻的比较平整，侧面的下部与底部雕凿十分粗糙。柱础石 1 东侧为铺砖地面 5，两者紧密相连，属于同时代遗迹。柱础石 1 边长 0.89 ～ 0.99、厚 0.35 米（图二一一，1；彩版一八六，1、2）。

辽金 X4　由柱穴、柱础石组成。位于 1992T614 西北和北隔梁下，第 10 窟前的前室东明间柱南，东距辽金 X3 中心距离 6.5 米，东、北侧开口于第①层扰土层下，西、南侧叠压第②层辽金铺地砖下。平面近似方形，斜壁，平底。柱穴内东、北面填扰土，西、南面填黄土。边长 1.3 ～ 1.36、深 0.28 米。

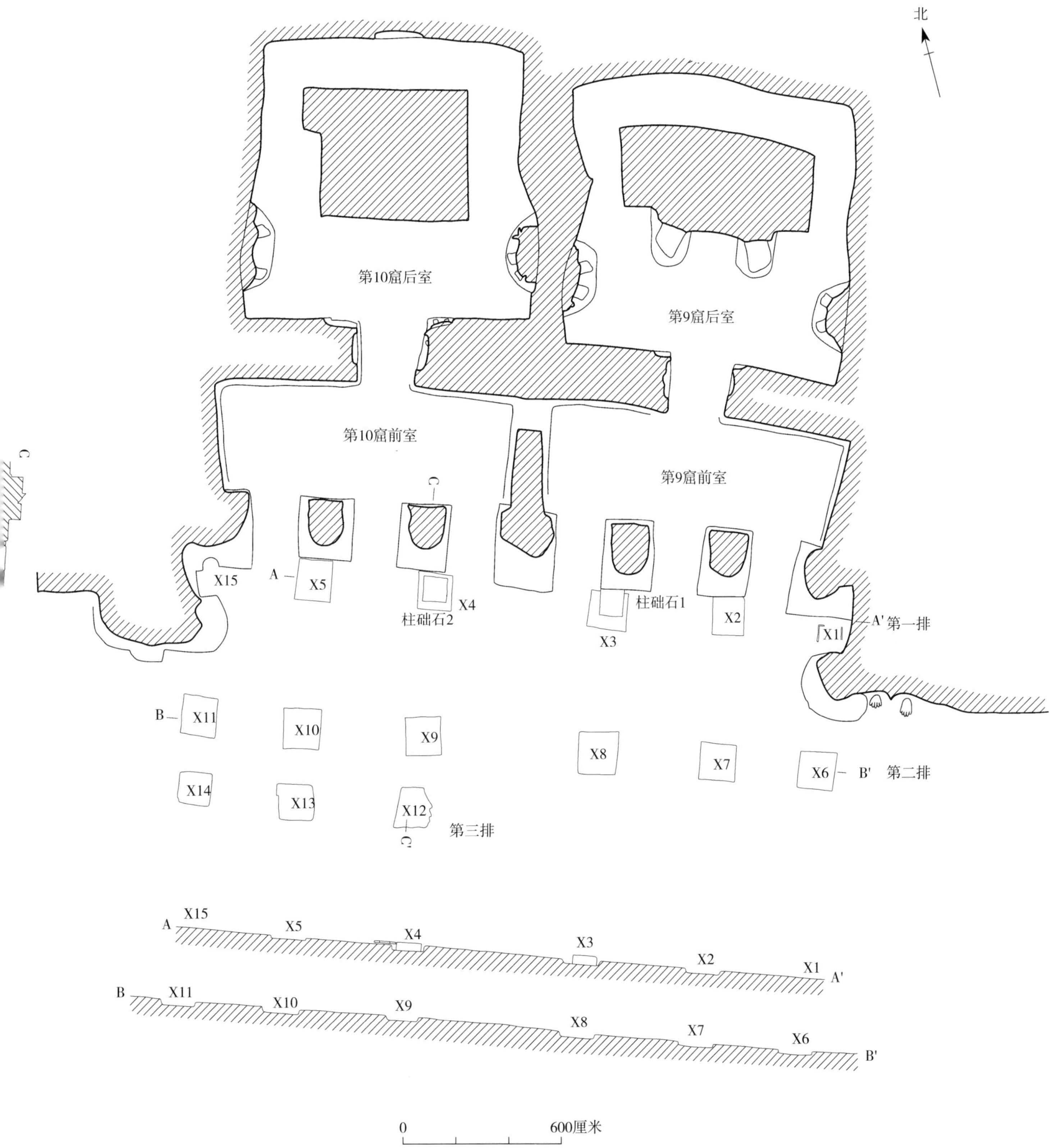

图二一〇　第 9、10 窟辽金时期窟前建筑柱穴与柱础石遗迹图

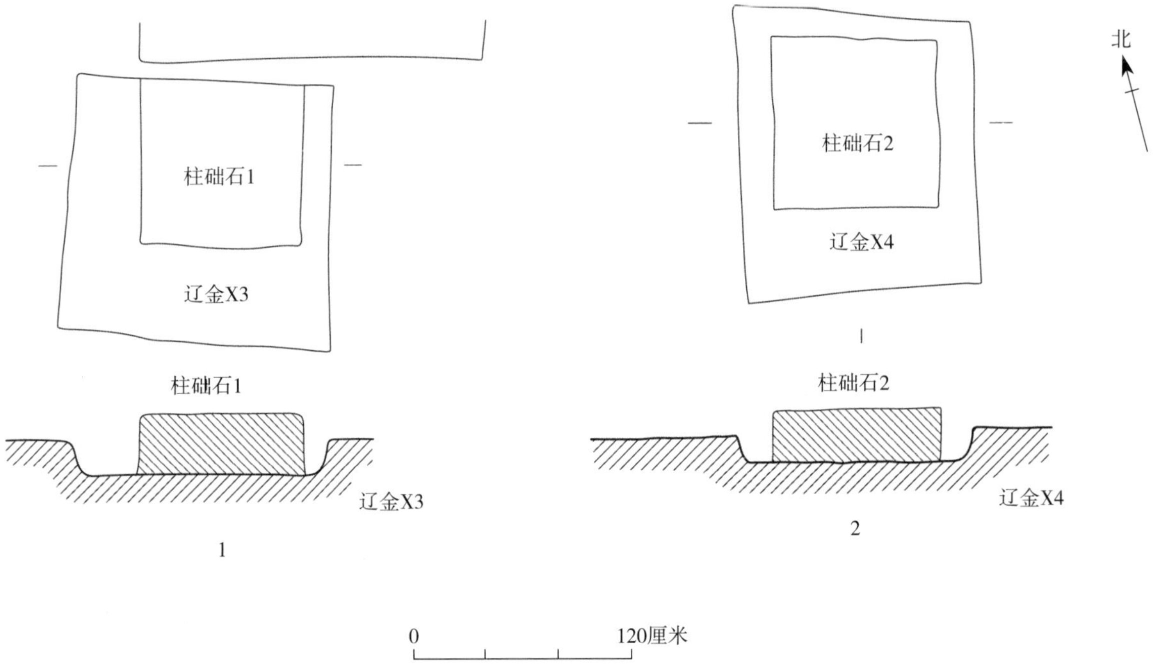

图二一一　第9、10窟辽金时期窟前建筑柱穴与柱础石平、剖面图

1.辽金X3　2.辽金X4

辽金X4内北面居中有辽金方形柱础石2，其北面紧临第10窟前室东明间柱的基座。柱础石2平面近似方形，灰黄色砂岩质地。顶部平面与四边侧面上部凿刻的十分平整，侧面的下部与底部雕凿比较粗糙。柱础石2的西南面用方砖铺墁，即铺砖地面2遗迹，方砖表面略微低于柱础石2顶部，属于同时代遗迹。柱础石2边长0.89～0.93、厚0.31米（图二一一，2；彩版一八六，3）。

辽金X5　仅存柱穴。位于1992T613北部和北隔梁下，第10窟前的前室西明间柱南，东距辽金X4中心距离4.54米，开口于第①层扰土层下。平面近似长方形，斜壁，平底。内填扰土。南北长1.5、东西宽1.3、深0.1米。

辽金X15　无柱穴。位于1992T612北隔梁下，第10窟前西塔的东面，紧靠前立壁，北面将第10窟前室西墙前兽形下的基座打破，并且凿成半圆形，东距辽金X5中心3.95米，开口于第①层扰土层下。辽金X15的地面未凿柱穴，仅将基座凿成半圆形，直径约0.6米（彩版一八五，2）。

2. 第二排方形大柱穴

6个。编号辽金X6～X11。

辽金X6　仅存柱穴。位于1992T539西部，第9窟前东塔的南面，北面与辽金X1相对应，南北中心的距离为4.94米。辽金X6不仅将北魏时期地面铺装甬道4南侧的莲瓣纹带、联珠纹带打破，同时又将X2-D3柱洞打破，开口于第②层黄土层下。平面近似方形，直壁，平底。内填灰黄色土。边长1.32～1.4、深0.12～0.16米。

辽金X7　仅存柱穴。位于1992T538中部，第9窟前的前室东明间柱南面。北面与辽金X2相对应，南北中心的距离5.33米，东距辽金X6中心距离3.8米。辽金X7不仅将北魏时期地面铺装甬道4南侧的莲瓣纹带、联珠纹带打破，而且也将北魏地面补石1的部分补石打破，同时又将X3–D3柱洞打破，开口于第②层黄土层下。平面近似方形，直壁，平底。南北长1.3～1.35、东西宽1.29、深0.1～0.14米（彩版一八七，1）。

辽金X8　仅存柱穴。位于1992T537东北，第9窟前的前室西明间柱南面。北面与辽金X3相对应，南北中心的距离5.35米，东距辽金X7中心距离4.55米。辽金X8不仅将北魏时期地面铺装甬道4南侧的莲瓣纹带、联珠纹带打破，而且也将北魏地面补石2的部分补石打破，同时又将X4–D4柱洞打破，开口于第①层扰土层下。平面近似方形，直壁，平底。内填灰黄色土。边长1.55、深0.16～0.18米（彩版一八七，2）。

辽金X9　仅存柱穴。位于1992T536西北角和北隔梁小部分，第10窟前的前室东明间柱南面。北面与辽金X4相对应，南北中心的距离5.4米；南面与辽金X12相对应，南北中心的距离2.65米。东距辽金X8中心距离6.65米。辽金X9不仅将北魏时期地面铺装甬道4南侧的莲瓣纹带、联珠纹带打破，而且也将X6–D3柱洞打破，开口于第③A层红土层下。平面近似长方形，直壁，平底。内填灰土。南北长1.42、东西宽1.32、深0.18米（彩版一八七，3）。

辽金X10　仅存柱穴。位于1992T535西北和北隔梁下，第10窟前的前室西明间柱南面。北面与辽金X5相对应，南北中心距离5.5米；南面与辽金X13相对应，南北中心距离2.7米。辽金X10东距辽金X9中心距离4.58米。辽金X10不仅将北魏时期地面铺装甬道4南侧的莲瓣纹带、联珠纹带打破，而且也将北魏地面补石4的补石打破，同时又将X7–D4柱洞打破，开口于第①层扰土层下。平面近似长方形，斜壁，平底。内填褐色碎石屑、石块、砖块层。南北长1.48、东西宽1.4、深0.2米（彩版一八八，2）。

辽金X11　仅存柱穴。位于1992T534北部和北隔梁下，第10窟前西塔基座的南面。北面与辽金X15相对应，南北中心的距离5.58米；南面与辽金X14相对应，南北中心的距离2.72米。东距辽金X10中心距离3.9米。辽金X10将北魏时期柱洞X8–D4、D32打破，开口于第①层扰土层下。平面近似长方形，直壁，平底。内填黄土、石块。南北长1.46、东西宽1.33、深0.17～0.2米（彩版一八八，1）。

3. 第三排方形大柱穴

3个。编号辽金X12～X14。

辽金X12　仅存柱穴。位于1992T536西南角，第10窟前的东南面。北面与辽金X9、辽金X4相对应，辽金X12与辽金X9的中心距离2.65米。开口于第①层扰土层下。平面接近四边形，直壁，但东壁与南壁残，平底。西壁长1.5、北壁长0.84、深0.11米。

辽金X13　仅存柱穴。位于1992T535西南角，第10窟前的西南面。北面与辽金X10、辽金X5相对应，辽金X13与辽金X10中心距离2.7米。东距辽金X12中心距离4.43米，开口黑土层下。平面近似方形，柱穴凿得较浅，平底。南北长1.3、东西宽1.35、深0.04～0.1米（彩版一八八，2）。

辽金X14　仅存柱穴。位于1992T534南面，第10窟前的西南角。北面与辽金X11、辽金X15相对应，辽金X14与辽金X11中心距离2.72米。东距辽金X13中心距离3.93米，开口于第①层扰土层下。平面近似方形，壁面残损且不规整，平底。边长1.14～1.18、深0.05～0.1米（彩版一八八，3）。

（二）铺砖地面

在第 9、10 窟前的第①层扰土层下，仅发现 5 处面积比较小的铺砖地面（图二一二），而大部分铺砖地面已经被前几次考古发掘清理后损毁。铺砖地面的分布位置与面积的基本情况大致为：最大面积的第 1 片铺砖地面在第 9 窟前的东面，即辽金 X6、辽金 X7 和辽金 X2 的三柱穴之间，铺地方砖残存比较多，面积也大；另一处为辽金 X4 周围的第 2 片铺砖地面。第 10 窟前西侧辽金 X15 周围第 3 片铺砖地面 3 和第 9 窟前西侧辽金 X3 周第 5 片围铺砖地面的铺地方砖残存少，面积也较小，甚至有的仅有 2 块。铺地方砖皆为陶质，青灰色，底面有沟纹，大小基本相同。方砖铺墁基本上为东西向，略呈西北—东南走向，与洞窟纵轴线方向基本上相同。方砖铺墁的方式绝大部分东西平铺、南北错缝。

1. 第 1 片铺砖地面

位于 1992T538 东北与东隔梁及关键柱下、1992T539 西北、1992T616 东南角与东隔梁下。主要

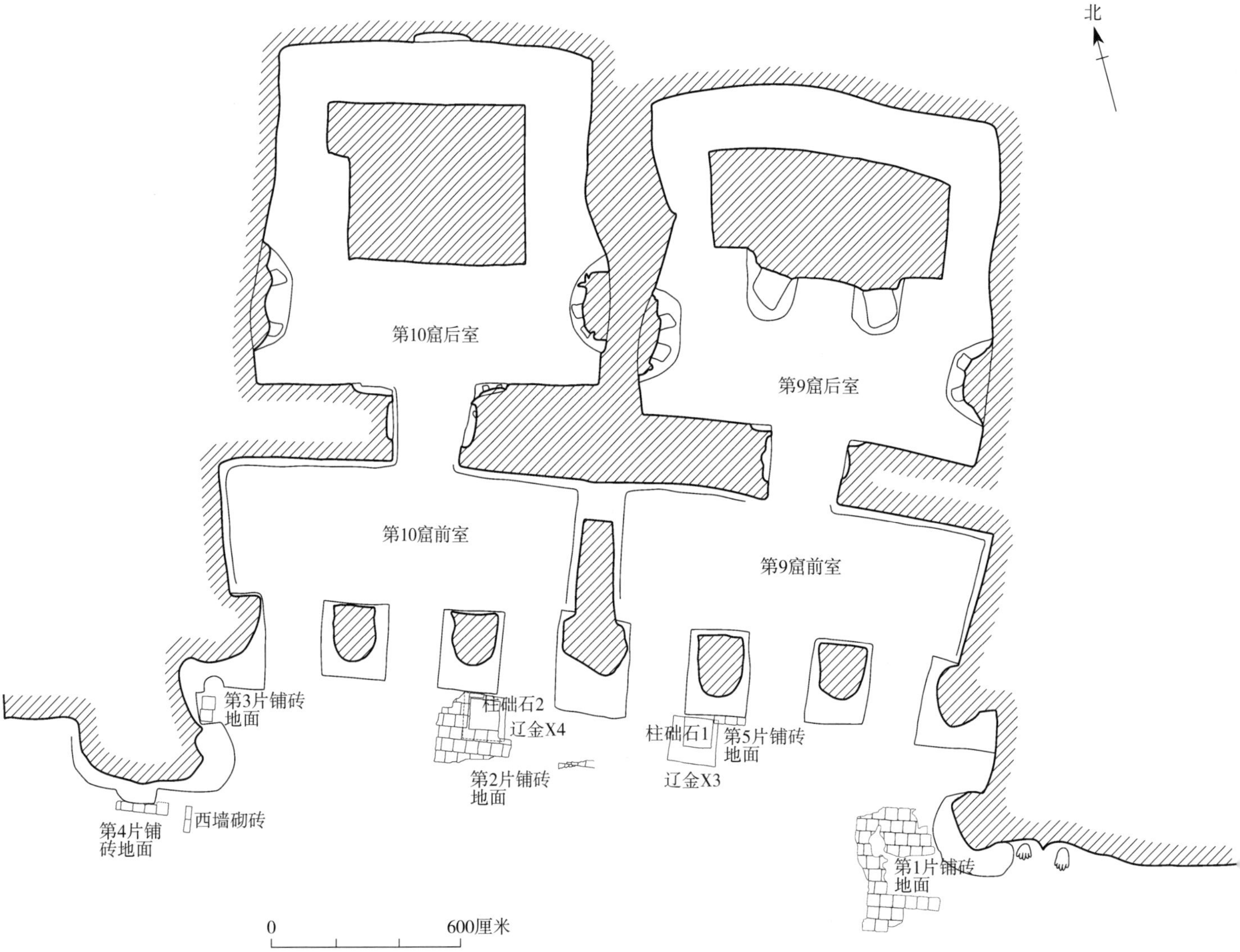

图二一二　第 9、10 窟辽金时期窟前建筑铺砖地面遗迹图

分布在第 9 窟前东面的辽金 X6 和辽金 X7 与辽金 X2 之间。第 1 片铺砖地面周围的地层被 1972 年清理时扰乱，保存铺砖范围东西长约 0.57 ～ 2.37、南北宽约 3.74 米，完整或残缺的方砖约 40 余块，磨损、残毁严重，几乎成碎块。方砖东西向平铺 10 列，略呈西北—东南走向。每列方砖最少 2 块，最多 7 块，一般南北相邻的两列彼此错缝。其中南面第 2、3 列则为十字缝铺墁。方砖皆为青灰色，边长 37.5、厚 5 厘米，底面有沟纹。第 1 片铺砖地面之下叠压方形小柱洞 FD8、FD9 和圆形小柱洞 X2-D4、D10 等 4 个柱洞，也叠压北魏甬道 4 的一部分莲瓣纹和联珠纹带（图二一三，1；彩版一八九，1）。

2. 第 2 片铺砖地面

位于 1992T614 西北和 1992T613 东隔梁下。主要分布在第 10 窟前东面的辽金 X4 和辽金柱础石 2 的周围。第 2 片铺砖地面周围地层已被 1938 年和 1972 年发掘清理所扰乱，现保存铺砖范围东

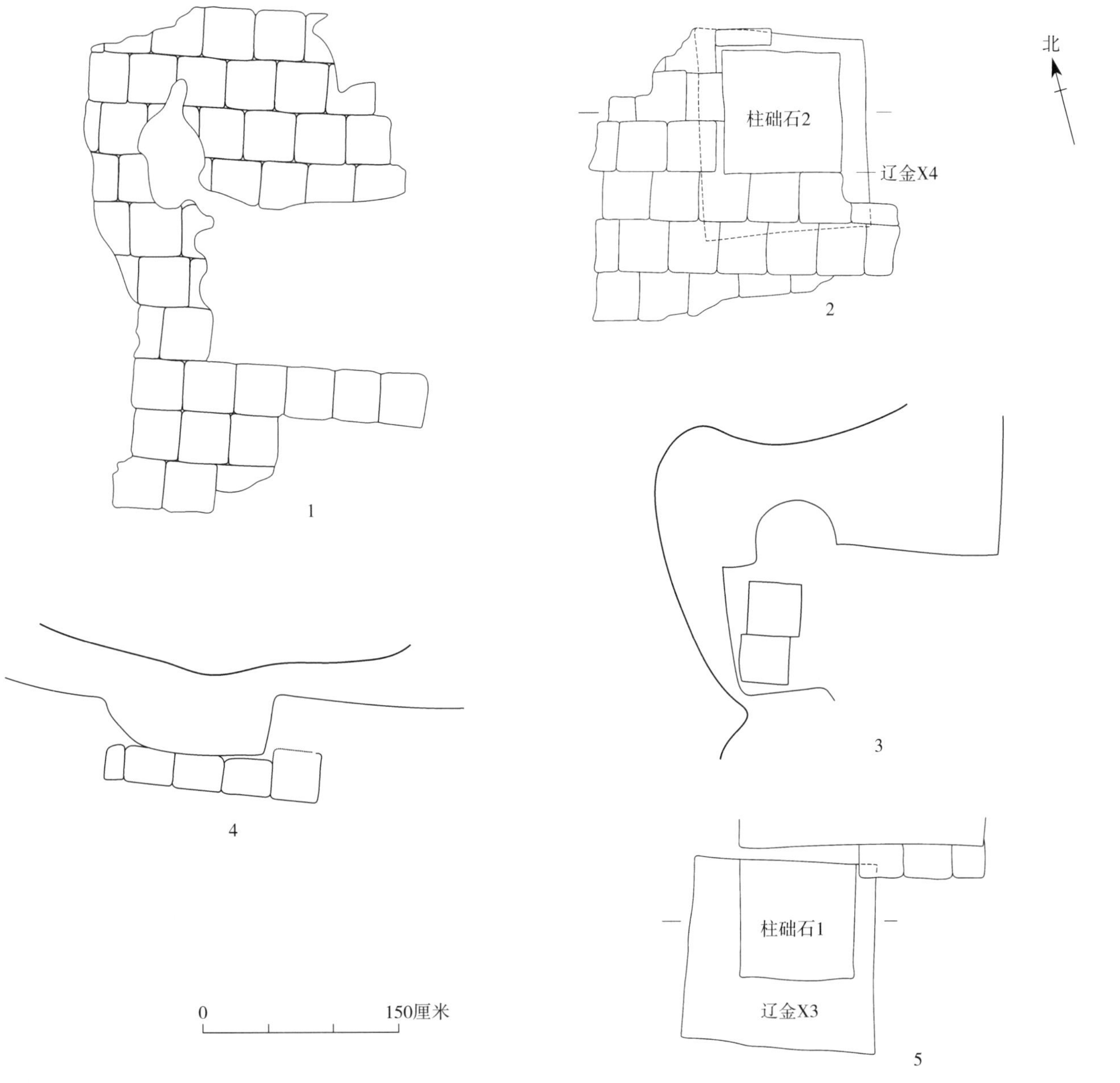

图二一三　第 9、10 窟辽金时期窟前建筑铺砖地面遗迹平面图

1.第1片铺砖地面　2.第2片铺砖地面　3.第3片铺砖地面　4.第4片铺砖地面　5. 第5片铺砖地面

西长 1.26 ～ 2.34 米，南北宽 1.76 ～ 2.15 米，现存完整和残缺的方砖约 26 块。方砖东西向平铺 6 列，略呈西北—东南走向，每列方砖 2 ～ 7 块。北面的一列最少，仅有 2.5 块；南面第二列最多 7 块。南北相邻两列彼此错缝，方砖之间缝隙用白灰勾抹。方砖皆为青灰色，边长 37.5、厚 4 ～ 6 厘米，表面磨损严重，底面有沟纹，均为碎块状，较完整的一块方砖采集为标本。第 2 片铺砖地面下叠压方形小柱穴 FD19，也将窟前紧邻前室窟门北魏甬道 5 的一部分莲瓣纹带和联珠纹带叠压。在 1992T614 探方东隔梁下残存东西长约 1.1、南北宽约 0.13 ～ 0.21 米的铺砖地面，方砖也为东西向平铺，仅存一列，损毁也十分严重（图二一三，2；彩版一八九，2）。

标本 1992T614 ②∶1，沟纹方砖为 B 型，有一角残缺，正面磨损十分严重，底面有沟纹 13 条，沟纹较浅且不规整，同时粘有白灰。长 37、宽 37、厚 4.5 厘米（彩版一八九，3）。

3. 第 3 片铺砖地面

位于 1992T612 北面和北隔梁下。主要分布在第 10 窟前西北角辽金 X15 南面，仅存铺地方砖 2 块。现保存范围东西长约 0.46 米，南北宽约 0.75 米。2 块方砖平铺、南北略微错缝，铺砖地面 3 叠压圆形小柱穴 D7，周围地层已被扰乱（图二一三，3；彩版一九〇，1）。方砖青灰色，表面稍微磨损，底部有沟纹，两块较完整的方砖采集为标本，均为 A 型。

标本 1992T612 ②∶1，沟纹方砖，较完整。正面稍有磨损，底面有沟纹 12 条，沟纹较深且规整，粘有少量白灰。长 37.2、宽 37.2、厚 6.5 厘米（图二一四，1；彩版一八九，4）。

标本 1992T612 ②∶2，沟纹方砖的一侧残损。正面磨损严重，底面有沟纹 13 条，沟纹略细较浅。沟纹不规整，粘有少许白灰。长 37、宽 37、厚 6.4 厘米（图二一四，2；彩版一八九，5）。

4. 第 4 片铺砖地面

位于 1992T612 西南。主要分布在第 10 窟前西侧面辽金 X11 的西北角。周围地层已被扰乱。现存范围东西长约 1.64 米，南北宽约 0.28 米。存方砖 5 块，呈东西向 1 列平铺，因为北面接近西塔的基座，所以将方砖裁减，表面磨损严重呈碎块状，底面有沟纹。长 37、宽 28、厚 5 厘米（图二一三，4；彩版一九〇，2）。

5. 第 5 片铺砖地面

位于 1992T615 东北和东隔梁下。主要分布在第 9 窟前辽金 X3 和辽金柱础石 2 的东面。第 5 片铺砖地面周围地层已被扰乱。现存范围东西长约 1 米，南北宽约 0.24 ～ 0.26 米。方砖仅存 3 块，呈东西向 1 列平铺，因北面接近第 9 窟前室西明间柱的基座，所以方砖裁减成长 37、宽 0.24 ～ 26、厚 5 厘米的砖块，表面磨损严重，为碎块状，底面有沟纹（图二一三，5；彩版一九〇，3）。

（三）西墙砌砖

位于 1992T612 南面。砖墙主要在辽金 X11 北面，现存有一小段砖砌墙体（图二〇九、二一五；彩版一九〇，2），砖墙西侧 0.66 米就是第 4 片铺砖地面。墙体用条砖垒砌，呈南北向，平铺顺砌，仅残存一层条砖，表面与内侧均粘有白灰。长 0.75、宽 0.2、高 0.07 米，其中完整的一块采集为标本。为 B 型。

标本 1992T612 ②∶3，条砖，较完整，表面未磨损且粘白灰，底面有六条沟纹，底面与内侧粘有白灰。长 37.2、宽 19.6、厚 6.8 厘米（图二一四，3；彩版一八九，6）。

统筹考虑砖砌墙体与辽金 X11 以及西侧第 4 片铺砖地面，推测这段砖砌墙体可能就是辽金时期

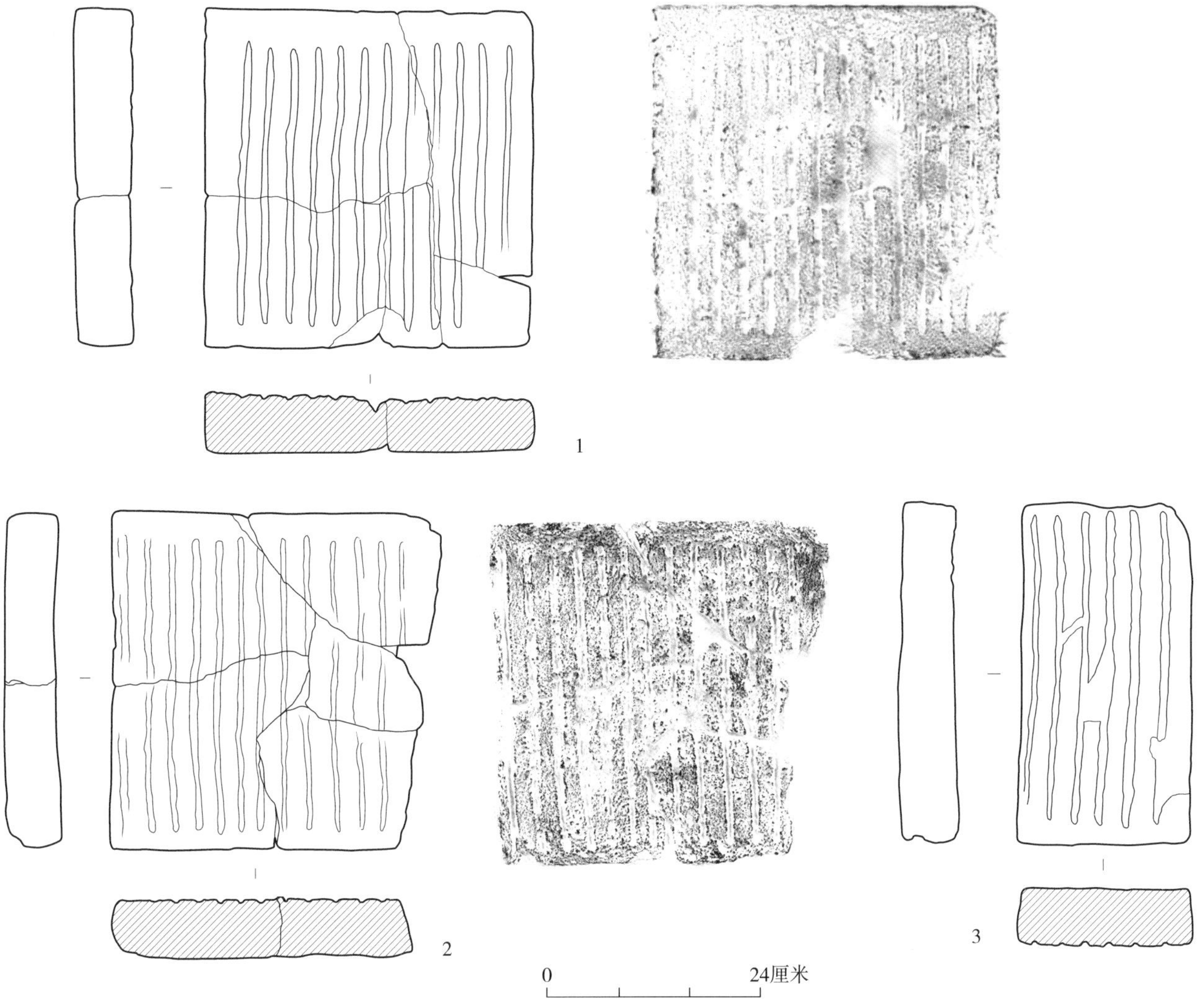

图二一四　第9、10窟辽金时期窟前建筑出土方砖、长条砖

1、2.A型沟纹方砖 1992T612②：1、1992T612②：2　3.B型长条砖 1992T612②：3

木结构窟檐建筑的西墙遗迹。

（四）台基与散水

在1992T428南部，清理出一道辽金时期的台基和散水遗迹，损毁严重。遗迹可能就是1938年水野清一等学者在第9、10窟前发掘东西向2号探沟内发现的东段一小部分，即附件六《云冈发掘记（一）》中称之为“砖坛”遗迹。辽金时期台基与散水用条砖包砌与铺墁，东西长4.1、南北宽0.75～0.79米，略呈东南—西北走向，与这组双窟的洞窟方向基本相同，北面（里面）与前期修建的北魏时期石砌台基距离仅为0.2米，包砖砌筑的台基方向与北魏石砌台基不仅方向相同，而且就是紧贴北魏时期石砌台基外面，全部用条砖包砌（图二〇九、二一六；彩版一九一，1）。

1. 台基

包砖台基外缘距离第9窟前室东明间柱的基座南缘约11.4米处。发掘时仅在东端保存的很少一部分砖墙，用两层条砖垒砌，上、下层之间的砖缝缝隙填充白灰。包砖台基仅存长0.72、宽0.18～0.2、

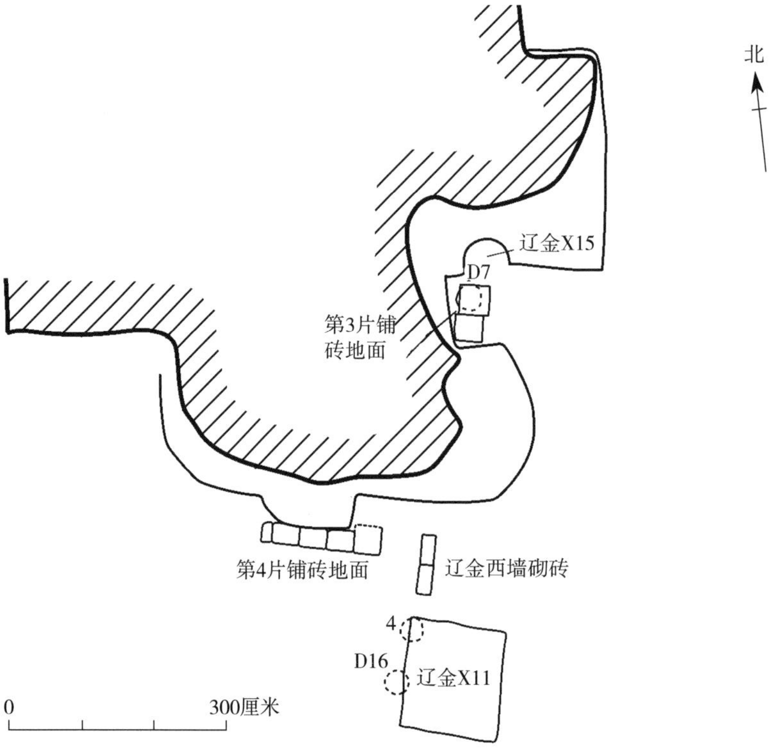

图二一五　第 9、10 窟辽金时期窟前建筑西墙遗迹图

高 0.12 米。用条砖平铺顺砌，外侧砌筑的比较整齐。下层的条砖较为完整，仅存 2 块，长 38、宽 20、厚 6 厘米，底面有沟纹，为辽金时期的遗物；上层仅存残砖 1 块，残长 0.2 ～ 0.24、宽 18、厚 0.6 厘米，底面无沟纹，为后期维修时补砌。说明上层与下层的条砖并非同一时间砌筑（图二一六；彩版一九一，1、2）。

2. 散水

位于砖砌台基墙体的南面（外侧），紧贴包砖台基外面铺设。散水东西残长 2.4 ～ 4、宽 0.54 米，保存状况比砖砌台基稍好。可分为南、北两部分，北侧（里面）用条砖并列平铺，仅存 10 块，条砖长 40、宽 20、厚 6 厘米，底面有沟纹，为辽金时期的遗物。南侧（外面）紧贴着用两列侧立条砖包砌成护沿，条砖两列南北错缝，残存 25 块。砖长约 32.5 ～ 35 厘米，底部无沟纹，可能为后期修缮建筑台基时补砌。这似乎也说明平铺条砖与护沿侧立条砖也并非同一时间砌筑（图二一六；彩版一九一，1、2）。

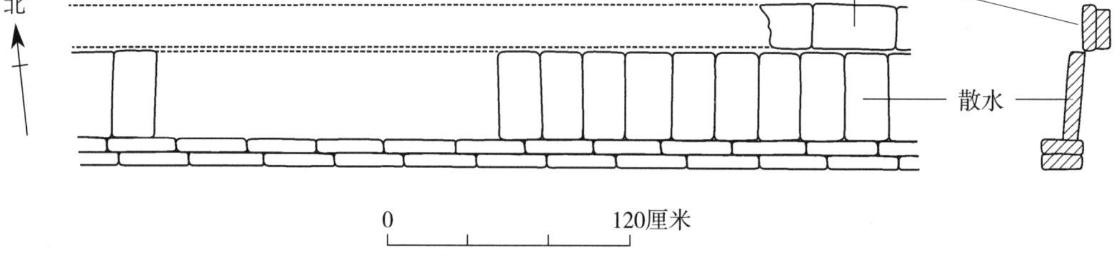

图二一六　第 9、10 窟辽金时期窟前建筑台基与散水遗迹图

（五）前室窟顶平台上梁槽

1972年清理时曾在第9、10窟前室顶部平台上发现了梁槽遗迹，2013年5月20～23日进行了考古复查和补充调查。平台向内凹入约2.5～3.3米，平台东西长29.50、南北宽2.3～2.7米。分上、下两层，位于北部的上层较高，位于南部的下层较低，两者高差约0.6～0.75米。南部的平台较宽，比较平坦，宽约1.1～1.3米，在靠近崖面外侧（南侧）有1972年保护工程时修砌的排水渠；北部的平台较窄，由北向南呈斜坡状，宽约1.2～1.4米，上面有6个长方形的梁槽，呈南北向，形制大致相同，从东向西依次编号为辽金L1～L6（表7-6；图二一七；彩版一九一，3）。

1. 辽金L1

位于第9、10窟前室顶部平台上的东侧，即第9窟前室的东墙位置之上，距平台上西壁约24.25米。辽金L1与洞窟前地面上的辽金X1、辽金X6南北相对应。梁槽遗迹仅存一个小凹坑，已经用水泥抹平。根据1972年清理资料图纸记录可知：当时这里也没有发现梁槽遗迹，只是在其相应位置上有一个类似其他梁槽底部小方坑，具体形制、大小也与其他梁槽底部小方坑大致相同。

2. 辽金L2

位于第9、10窟前室顶部平台上的东面。相对于第9窟前室东明间柱位置之上，距平台上面西壁的距离约20.2米。辽金L2与窟前地面辽金X2、辽金X7南北相对应。平面为长方形，呈南北向，断面接近梯形，上口大下底小。上口宽0.5、下底宽0.39、深0.15、南北长约1.18～1.2米，底部较平整。在距北壁0.86米处有长方形小坑，南北长0.15、东西宽0.12、深0.11米。辽金L2的南端残损，北端底部有1972年维修水泥修补痕迹（图二一八，1；彩版一九二，1）。辽金L2至辽金L1之间的

表7-6　第9、10窟前室窟顶平台辽金时期梁槽统计表　（单位：米）

编号	位置	平面形状	尺寸	中心间距	中心与西壁距离	备注
L1	第9窟东隔墙上方				24.25	仅有小凹坑
L2	第9窟东明间柱上方	长方形	长1.2 宽0.5 深0.15	3.95	20.20	
L3	第9窟西明间柱上方	长方形	长1.1 宽0.43 深0.16	4.65	15.65	
L4	第10窟东明间柱上方	长方形	长1.06 宽0.55 深0.14	6.37	9.20	
L5	第10窟西明间柱上方	长方形	长1.27 宽0.5 深0.12	4.65	4.64	
L6	第10窟西隔墙上方	长方形	长1.05 宽0.51 深0.2	3.95	0.70	

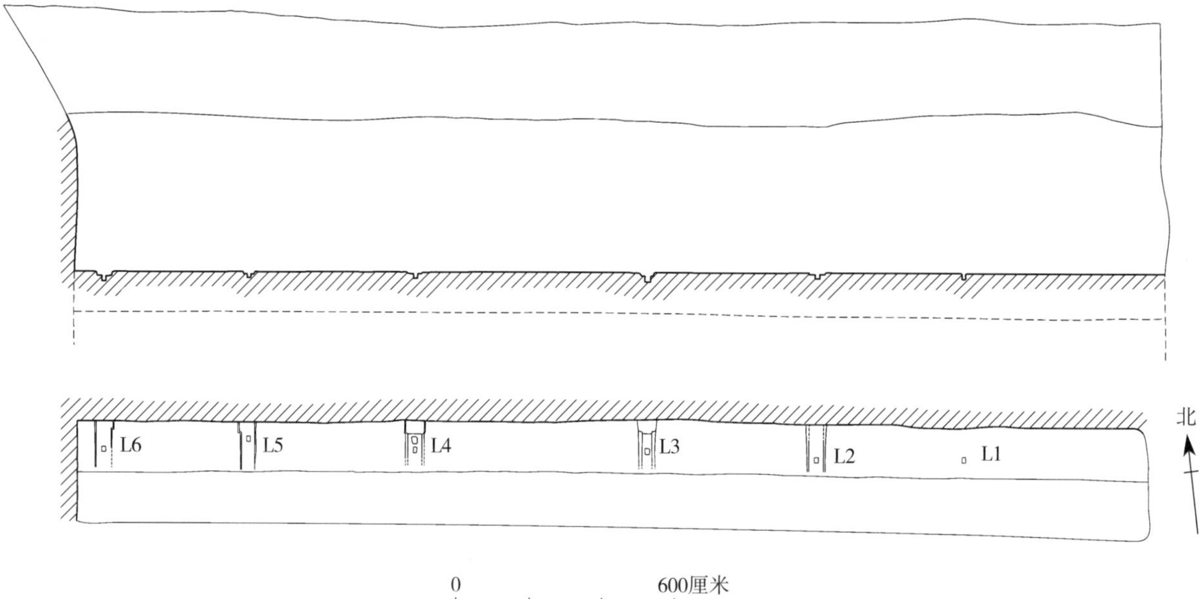

图二一七　2013年第9、10窟前室窟顶平台辽金时期窟前建筑梁槽分布图

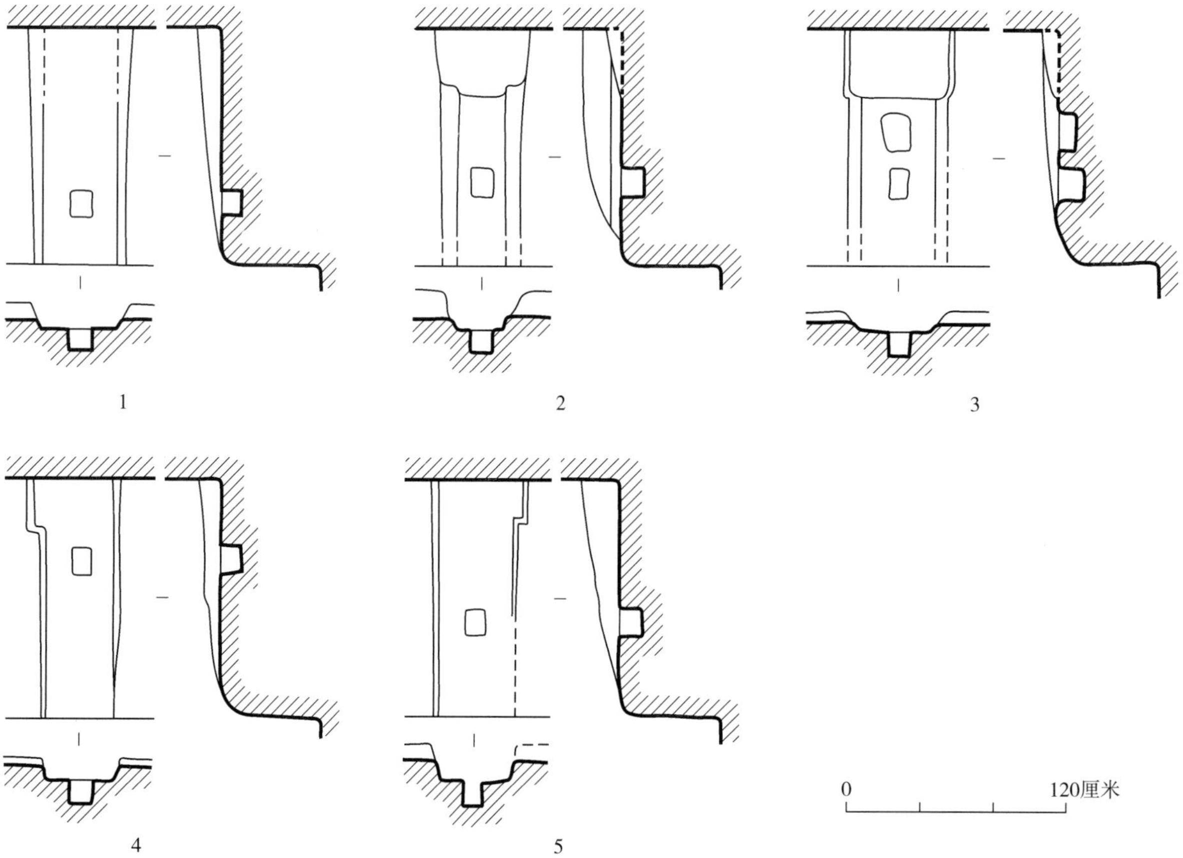

图二一八　2013年第9、10窟前室窟顶平台辽金时期窟前建筑L2～L6平、剖面图

1.辽金L2　2.辽金L3　3.辽金L4　4.辽金L5　5.辽金L6

距离约 3.95 米，与窟前地面辽金 X1 与辽金 X2 之间距离和辽金 X6 与辽金 X7 之间距离接近，即东梢间面阔尺寸吻合。

3. 辽金 L3

位于第 9、10 窟前室顶部平台上的东面，相对于第 9 窟前室西明间柱的位置上，距平台上西壁约 15.65 米。辽金 L3 与窟前地面辽金 X3（包括柱础石 1）、辽金 8 南北相对应。平面为长方形，呈南北向，断面呈倒“凸”字形，分上、下两层。上宽 0.43、下宽 0.26、上深 0.16、下深 0.06、南北长约 1.1 米，底部较平整。在距北壁 0.75 米处有长方形小坑，南北长 0.16、东西宽 0.13、深 0.12 米。小坑内东北和西北角残存白灰，十分坚硬，为未清理遗迹。辽金 L3 南端风化，北端底部有 1972 年维修时的水泥修补痕迹（图二一八，2；彩版一九二，2）。辽金 L3 至辽金 L2 之间的距离约 4.65 米，与窟前地面辽金 X2 与辽金 X3 之间距离和辽金 X7 与辽金 X8 之间距离接近，与东次间面阔尺寸吻合。

4. 辽金 L4

位于第 9、10 窟前室顶部平台上的西面，相对于第 10 窟前室东明间柱的位置上，距平台上西壁约 9.2 米。辽金 L4 与窟前地面辽金 X4（柱础石 2）、辽金 X9、辽金 X12 南北相对应。平面近似长方形，呈南北向，分南、北两部分，南段窄，北段宽，二者断面皆为梯形且损毁严重。上口宽 0.55、下底宽 0.42、深 0.09、南北长约 1.06 米，底部较粗糙。在南段有 2 个小坑。南小坑距北壁 0.73 米处，呈长方形，南北长 0.17、东西宽 0.11、深 0.14 米。北小坑距北壁 0.45 米处，接近方形且不规整，南北长 0.2、东西宽 0.17、深 0.1 米。辽金 L4 的南端残损，北端底部有 1972 年维修时用水泥修补痕迹（图二一八，3；彩版一九二，3）。辽金 L4 至辽金 L3 之间距离约 6.37 米，与窟前地面辽金 X3 与辽金 X4 之间距离和辽金 X7 与辽金 X8 之间距离接近，即明间面阔尺寸吻合。

5. 辽金 L5

位于第 9、10 窟前室顶部平台上的西面，相对于第 10 窟前室西明间柱的位置上，距平台上西壁约 4.64 米。辽金 L5 与窟前地面辽金 X5、辽金 X10、辽金 X13 南北相对应。平面接近长方形，呈南北向，断面接近梯形，梁槽 5 西壁的北端略微向外凸出。上口宽 0.5、下底宽 0.41、深 0.12、南北残长 0.96 ～ 1.27 米，底部较平。在距北壁 0.36 米处有长方形小坑，南北长 0.15、东西宽 0.09、深 0.145 米。辽金 L5 的北段保存较好，南段残损，槽壁残存凿痕（图二一八，4；彩版一九二，4）。辽金 L5 至辽金 L4 之间距离约 4.65 米，与窟前地面辽金 X4 与辽金 X5 之间距离和辽金 X9 与辽金 X10 之间距离接近，即西次间面阔尺寸吻合。

6. 辽金 L6

位于第 10 窟前室顶部平台上的西侧，相对于第 10 窟前室的西墙位置之上，距平台上西壁仅 0.7 米。辽金 L6 与窟前地面辽金 X15、辽金 X11、辽金 X14 南北相对应。平面接近长方形，呈南北向，断面接近梯形。辽金 L6 的东壁北端稍微向外凸出。上口宽 0.51、下底宽 0.43、深 0.2、南北残长 1.05 米。北端保存较好，南端残损，槽壁凿痕较清晰。底部较平，在距北壁 0.68 米处有长方形小坑，南北长 0.13、东西宽 0.11、深 0.15 米（图二一八，5；彩版一九二，5）。辽金 L6 至辽金 L5 之间距离约 3.95 米，与窟前地面辽金 X5 与辽金 X15 之间距离和辽金 X10 与辽金 X11 之间距离基本接近，即西梢间面阔尺寸吻合。

上述前室窟顶平台上的辽金 L1 ～ L6 梁槽位置可依次与地面辽金 X1 ～ X15 的方形大柱穴的柱网排列相互对应，说明二者为同一时期修建木结构窟檐建筑（表 7-7）。

表 7-7　第 9、10 窟辽金时期窟前建筑柱穴间距与梁槽间距尺寸对照表　（单位：米）

	西梢间	西次间	明间	东次间	东梢间
金柱	3.95	4.54	6.5	4.62	3.98
檐柱	3.9	4.58	6.65	4.55	3.8
副间柱	3.93	4.43			
梁槽	3.95	4.65	6.45	4.65	3.95

第六节　明清民国时期文化遗存

第 9、10 窟前地面 1992 年发现一些形状、尺寸不一，排列也没有规律的柱洞。2013 年复查时又发现水井一口。

一　柱洞

地面残存 17 个小柱洞遗迹，其形状、尺寸不一，排列也没有规律。方形小柱洞 5 个，编号为 FD18 ～ FD22，圆形小柱洞 12 个，编号为 D17 ～ D28，共 17 个。因为地层扰动较大，具体时代不明（表 7-8；图二一九）。

FD18　位于 1992T614 的北部，第 10 窟前的东部。平面近似菱形，斜壁，底部呈圆形，平底。内填黄土。边长 0.26 ～ 0.3、底径 0.18、深 0.38 米。

FD19　位于 1992T612 东隔梁下，第 10 窟前的西南部。平面近似长方形，直壁，平底。内填扰土。长 0.33、宽 0.24、深 0.1 米。

FD20　位于 1992T539 中部，第 9 窟前东塔的基座外东南部。打破北魏甬道 4 南侧莲瓣纹带。该柱洞把北魏甬道 4 南侧莲瓣饰带打破。平面近似长方形。内填灰色砾石砂土，并且夯实。长 0.24、宽 0.2、深 0.15 米。

FD21　位于 1992T534 西南部，第 10 窟前西南面。平面近似长方形，四角为圆角，直壁。内填黄土及碎石。长 0.25、宽 0.2、深 0.27 米。

FD22　位于 1992T534 西南部，第 10 窟前西塔基座外的南面。平面近方形，圆角，直壁。内填黄土及碎石。边长 0.25、深 0.21 米。

D17　位于 1992T616 的东面扩方处，第 9 窟前东塔基座西面。平面近似圆形，北侧为直壁，南侧为斜壁，壁面上有凿痕，底部不平。内填黄土及碎石。口径 0.36、底径 0.24、深 0.41 米。

D18　位于 1992T616 中部，第 9 窟前东部。平面近似圆形，柱洞南壁为东西向的岩石构造裂隙且有缺口，直壁上有斜向凿痕，平底。内填黄土和碎石。直径 0.26 ～ 0.3、深 0.3 米。

D19　位于 1992T615 中部，第 9 窟前的西部。平面近似圆形，直壁上有凿痕，平底。内填灰土。直径 0.28、深 0.26 米。

表 7–8 第 9～10 窟前明清民国时期无规律柱洞统计表 （单位：米）

编号	开口层位	位置	平面形状	尺寸	填土及包含物		中心间距	备注
					填土	包含物		
D17		第 9 窟前东塔基座的西面，1992T616 的东面扩方处	圆形	口径 0.36 底径 0.24 深 0.41	黄土、碎石	无		
D18		第 9 窟前的东部，1992T616 的中部	圆形	直径 0.3 深 0.3	黄土、碎石	无		
D19		第 9 窟前的西部，1992T615 中部	圆形	直径 0.28 深 0.26	灰土	无		
D20		第 10 窟前的西部，1992T612 北部	圆形	直径 0.22 深 0.2	扰土	无		
FD18	红砂土层之下	第 10 窟前东部，1992T614 北部	菱形	边长 0.3 底径 0.18 深 0.38	黄土	无		
FD19		第 10 窟前的西南部，1992T612 的东隔梁下	长方形	长 0.33 宽 0.24 深 0.1	扰土	无		
D21		第 9 窟前东塔基座外的东面，1992T539 的北隔梁下	圆形	口径 0.3 底径 0.2 深 0.39	灰色砾石砂土	无		
FD20		第 9 窟前东塔基座外东南部，1992T539 的中部	长方形	长 0.24 宽 0.2 深 0.15	灰色砾石砂土	无		
D22		第 9 窟前的东南部，1992T538 的东隔梁下	圆形	直径 0.2 深 0.17	黑灰土、红褐色沙土	无		
D23		第 9 窟前的西部，1992T537 的东隔梁下	圆形	直径 0.23 深 0.14	扰土	无		
D24		第 9 窟前的西部，1992T537 的西南角	圆形	直径 0.24 深 0.13		无		
D25		第 10 窟前的东南部，1992T536 的南部	圆形	直径 0.22 深 0.13		无		
D26		第 10 窟前的中南部，1992T535 的东南部	半圆形	直径 0.25 深 0.28	黄土	无		
FD21		第 10 窟前西塔基座外的西南部，1992T534 的西南部	长方形	长 0.25 宽 0.2 深 0.27	黄土、碎石	无		
D27		第 10 窟前西塔基座外的西南部，1992T534 的西南部	圆形	直径 0.1 深 0.15	黄土	无		
FD22		第 10 窟前西塔基座外的南部，1992T534 的西南部	方形	长 0.25 宽 0.25 深 0.21	黄土、碎石	无		
D28		第 10 窟前西塔基座外的西南面，1992T534 的北侧	圆形	直径 0.14 深 0.18	黄土、碎石	无		

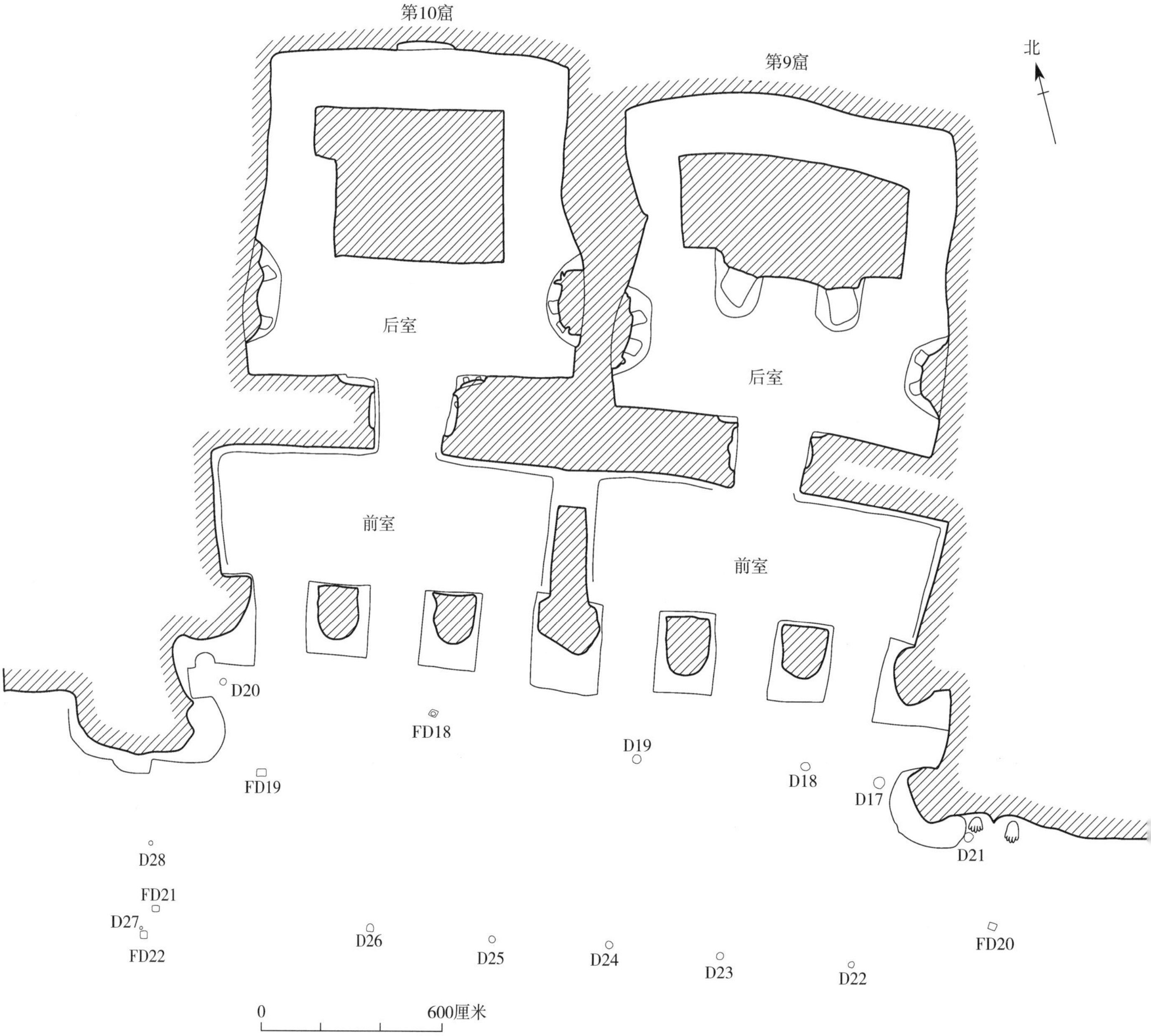

图二一九　第 9、10 窟前明清时期无规律柱洞分布图

D20　位于 1992T612 北部，第 10 窟前的西部。平面近圆形，直壁上有斜向凿痕，平底。内填扰土。直径 0.22、深 0.2 米。

D21　位于 1992T539 北隔梁下，第 9 窟前东塔基座外东面。平面近圆形，斜壁，平底。内填灰色砾石砂土，并且夯实。口径 0.3、底径 0.2、深 0.39 米。

D22　位于 1992T538 东隔梁下，第 9 窟前庭东南部。平面近似圆形。内填黑灰土、红褐色沙土。直径 0.2、深 0.17 米。

D23　位于 1992T537 东隔梁下，第 9 窟前的西部。平面近圆形。内填扰土。直径 0.23、深 0.14 米。

D24　位于 1992T537 西南角，第 9 窟前西部。平面近圆形，圆底。直径 0.24、深 0.13 米。

D25　位于1992T536南部，第10窟前东南部。平面近圆形，斜壁。直径0.22、深0.13米。

D26　位于1992T535东南部，第10窟前中南部。平面近似半圆形，底部北高南低。内填黄土。直径0.25、深0.25～0.28米。

D27　位于1992T534西南部，第10窟前西南面。平面近圆形，直壁。内填黄土。直径0.1、深0.12～0.15米。

D28　位于1992T534北侧，第10窟前西南面。平面近圆形，直壁。内填黄土及碎石。直径0.14、深0.18米。

二　水井

（一）水井

2013年复查第9、10窟前台基时发现水井一口，编号为2013J1位于北魏东侧台基的内侧，北距第9、10窟前室之间隔墙下的基座南缘约9.5米，西侧距踏道约0.55米，南面紧靠台基的包砌石墙（彩版一七九，1）。开口于第①层扰土层之下，直接开凿于地面的基岩之中，东、西及北三侧的壁面上有凿痕，南面紧贴包砌台基的石墙。平面呈圆形，直径约1.54～1.64米，直壁，仅清理了2米。井内堆积除杂土外，多为砂岩石块等。出土辽金时期条砖、檐头板瓦，明清时期白釉碗，茶叶末釉碗、缸，黑釉罐、缸，青花碗、杯等瓷器残片等。

（二）水井内出土遗物

出土建筑构件和生活生产用具瓷器残片，共20件。

1. 陶质建筑构件

（1）长条砖

1件。灰色陶质。底面有沟纹六条。

标本2013J1：2，残。正面素面，一端残缺。底面沟纹不规整。残长28.6、宽17.6、厚6～6.6厘米（图二二〇，1）。

（2）檐头板瓦

1件。仅存山顶Ba型。

标本2013J1：1，残。端面划出4道泥条。其中第2道泥条被用扁条形的工具斜向戳切，最下泥条以缠细绳棒状物倾斜向上按压，将第3道泥条挤压。最下方的泥条残存3个凹坑，瓦残长12.8、厚1.9、端面高3.9厘米（图二二〇，2）。

2. 生活用具

瓷器

18件。按釉色分为白釉、黑釉、茶叶末釉、青花。

（1）白釉碗

2件。

标本2013J1：3，残。仅存口沿，山顶Ab型。敞口，方圆唇外凸，唇部加厚，弧腹。灰胎，胎质较硬。内外施釉，内壁及口沿上化妆土，白釉泛黄。外壁仅施透明釉，釉下有褐点。口径20、壁厚0.4

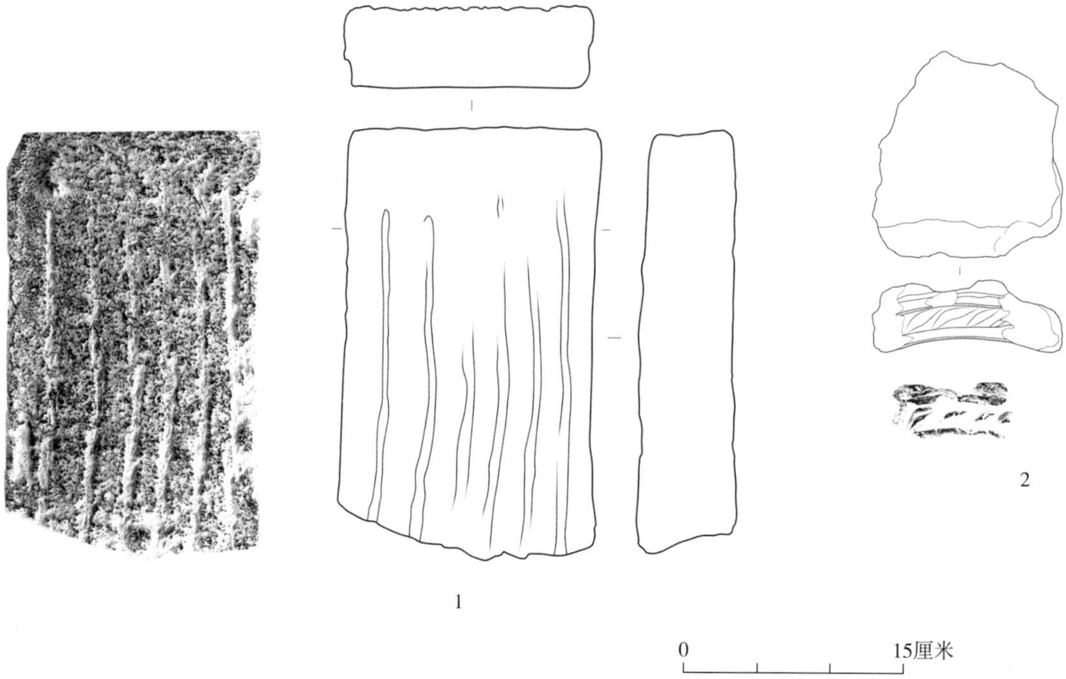

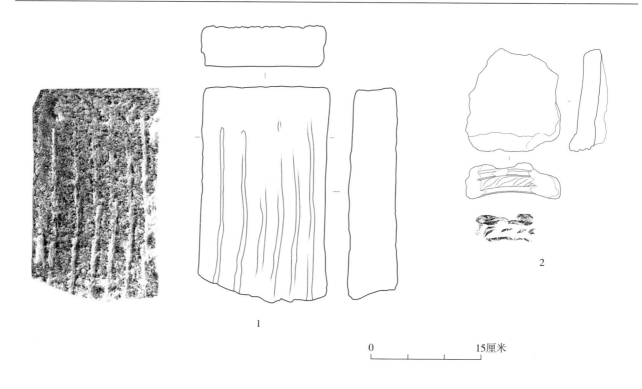

图二二〇　第9、10窟前水井出土辽金时期建筑材料

1. 长条砖 2013J1：2　2.Ba 型檐头板瓦 2013J1：1

厘米（图二二一，1；彩版一九三，1）。

标本 2013J1：4，残。残存底足，山顶 A 型。斜弧腹，近底处平切，圈足，足墙外低内高，外墙竖直，内墙外斜，足沿二次切削。灰胎，胎质较硬，夹细小白砂。内施满釉，外不及底，白釉泛灰，内底及足沿残留 3 处垫砂痕。足径 6.8 厘米（图二二一，2）。

（2）茶叶末釉碗

1 件。

标本 2013J1：5，残。仅存底足，弧腹，近底处平切，圈足墙外高内低，外墙竖直，内墙外斜，足沿平切。土黄胎，坚致，有细小气孔。内外施釉，皆不及底，釉色黄绿，足径 7 厘米（图二二一，3）。

（3）茶叶末釉缸

4 件。

标本 2013J1：17，残。仅存口、腹，方圆唇外凸，敛口。黄白胎，夹白、褐砂粒，有气孔，胎质疏松，胎体厚重。口沿无釉，上有粘烧痕，器身内外施釉，内壁拍印放射状圆弧纹饰，口径 36 厘米（图二二一，4；彩版一九三，2）。

标本 2013J1：18，残。仅存口、腹，方唇外凸，敛口。黄白胎，夹白、褐砂粒，有气孔，胎质疏松，胎体厚重。口沿无釉，其余部位内外施釉，釉色偏黄，口径 60 厘米（图二二一，5；彩版一九三，3）。

标本 2013J1：19，残。仅存腹部，白胎，夹白色砂粒，胎体厚重，胎体疏松。内外施釉，釉色偏黄，外壁有旋坯时形成的凸弦纹若干周，壁厚 2 ～ 2.3 厘米。

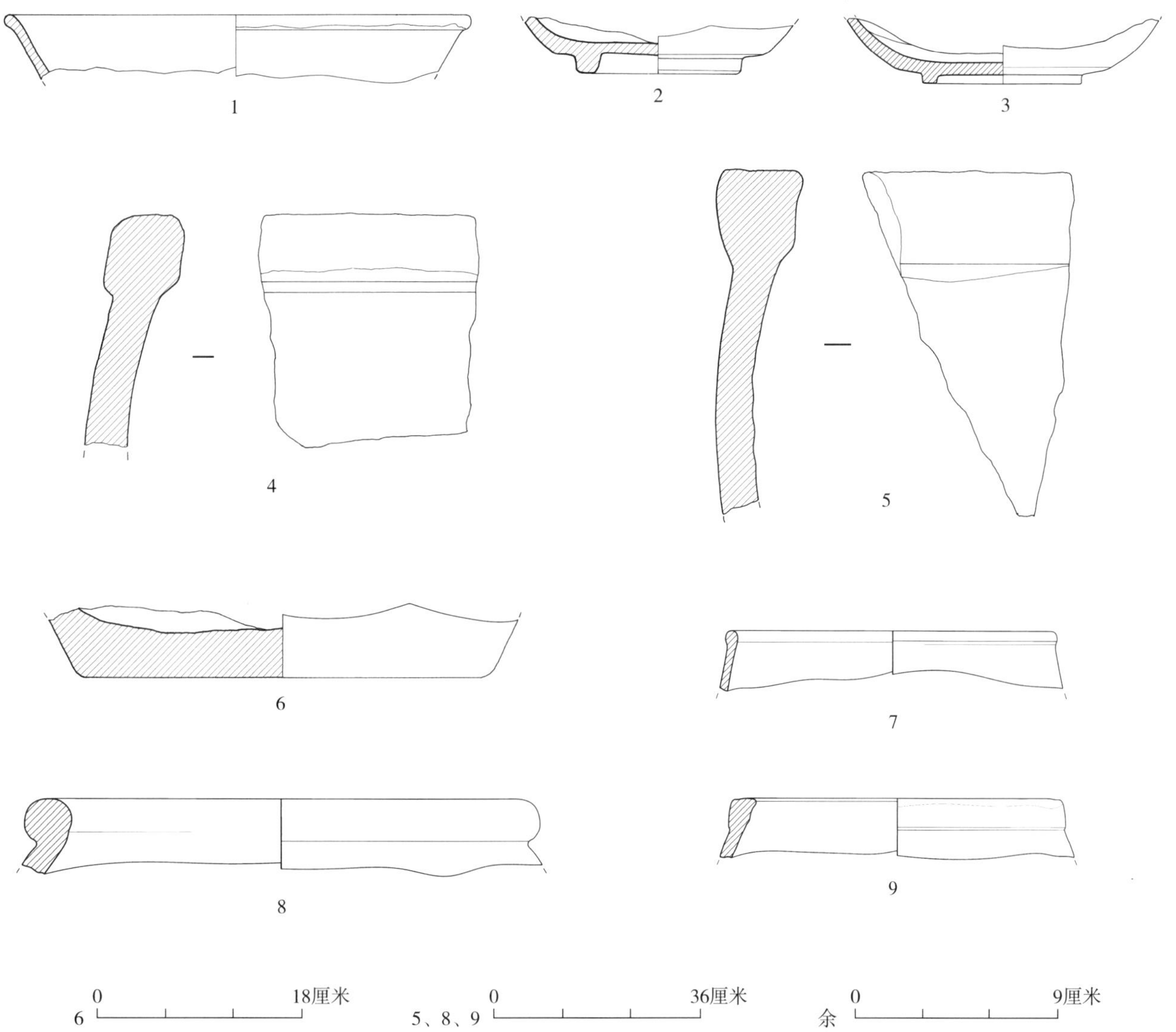

图二二一　第 9、10 窟水井出土明清时期遗物

1、2. 白釉碗 2013J1：3、4　3. 茶叶末釉碗 2013J1：5　4 ～ 6. 茶叶末釉缸 2013J1：17、18、20　7. 黑釉罐 2013J1：9　8、9. 黑釉缸 2013J1：12、13

标本 2013J1：20，残。仅存底部，平底。黄白胎，夹白、褐砂粒，有气孔，胎质疏松，胎体厚重。内施满釉，外至底部，底足无釉，釉色偏黄，釉面不甚光洁，底部粘砂，底径 35 厘米（图二二一，6）。

（4）黑釉罐

3 件。

标本 2013J1：9，残。仅存口沿，凸圆唇，口微敛，竖腹微外鼓。灰白胎，夹黑白细砂，胎体稍坚。口沿无釉，内外施釉，釉色酱黑。口径 29 厘米（图二二一，7；彩版一九三，4）。

标本 2013J1：10，残。仅存腹部，溜肩，深腹。土黄胎，夹黑白砂粒，胎体疏松。内外施釉，釉色乌黑光亮。厚 0.4 ～ 0.5 厘米。

标本 2013J1：11，残。仅存腹底，竖腹微弧，底部内凹，足沿平切。浅灰胎，有细小气孔，胎体坚致。外壁施釉不到底，有流釉现象，内壁无釉。底径 11 厘米。

（5）黑釉缸

5件。

标本2013J1：12，残。仅存口沿，圆唇外凸，口微敛。灰褐胎，夹黑白砂粒，胎质稍坚，胎体厚重。内外施釉，口沿釉面磨损，口径80厘米（图二二一，8；彩版一九三，5）。

标本2013J1：13，残。仅存口沿，凸方唇，敛口。黄白胎，夹白、褐砂粒，有气孔，胎质稍疏，胎体厚重。口沿无釉，内外施釉，内壁拍印圆弧形纹饰，口径58厘米（图二二一，9；彩版一九三，6）。

标本2013J1：14，残。仅存腹部，深腹。黄白胎，夹褐、白砂粒，胎体厚重，胎体疏松。内外施釉，外壁有旋坯时形成的凸弦纹若干周，壁厚1.5～1.8厘米。

标本2013J1：15，残。仅存腹部，深腹。黄白胎，夹褐、白砂粒，胎体厚重，胎体疏松。内外施釉，内壁有凹凸不平的拍印痕，壁厚1.1～1.5厘米。

标本2013J1：16，残。仅存腹部，深腹。黄白胎，夹褐、白砂粒，胎体厚重，胎体疏松。内外施釉，内壁有制坯时留下的圆形拍印纹，壁厚1.2～1.7厘米。

（6）青花碗

2件。景德镇窑。

标本2013J1：6，3片。仅存口腹部，底足缺失，清早期。撇口，方圆唇，深弧腹。胎白，质坚致，较细腻。内外施釉，白釉微灰。器壁用青花混水技法描绘纹饰，外壁为山石树木花卉，或为“岁寒三友”松竹梅纹，内壁口沿处绘花卉纹，内底亦有纹饰。口径19、壁厚0.2～0.4厘米（图二二二，3；彩版一九四，3）。

标本2013J1：7，残。口腹底皆有，不可复原，残留2片，明晚期。口微撇，方圆唇，竖弧腹，圈足，足墙外低内高，外墙竖直，内墙外斜，尖足沿。灰白胎，有气孔，较坚致。除足沿外，内外施釉。内外壁实笔涂绘纹饰，外壁绘有缠枝菊纹，内壁口沿处点染纹饰一周，内底有一团菊纹，其余间以弦纹若干。足心有双蓝圈，足沿泛火石红，粘砂。口径14、足径7厘米（图二二二，4）。

（7）青花器盖

1件。景德镇窑。

标本2013J1：8，残。清早期。子口，方唇，短颈，折沿微下斜，盖面圆隆，钮缺失。灰白胎，有细小气孔，坚致，细腻。盖面施釉，内壁无釉。盖面青花描绘放射状针叶纹。口径2.2、沿径6.6、残高3厘米（图二二二，6；彩版一九四，5）。

三　地层出土遗物

出土瓷器和铜钱，共4件。

1. 瓷器

（1）青花碗

2件。景德镇窑。

标本1992T534①：2，残。仅存底部，明早中期。弧腹，圈足，足沿缺。白胎，胎体坚致，有极细小气孔。内外施釉，白釉泛青，有乳浊感。内壁和内底以青花一笔点画描绘莲纹，外壁有纹饰，足径6厘米（图二二二，1；彩版一九四，1）。

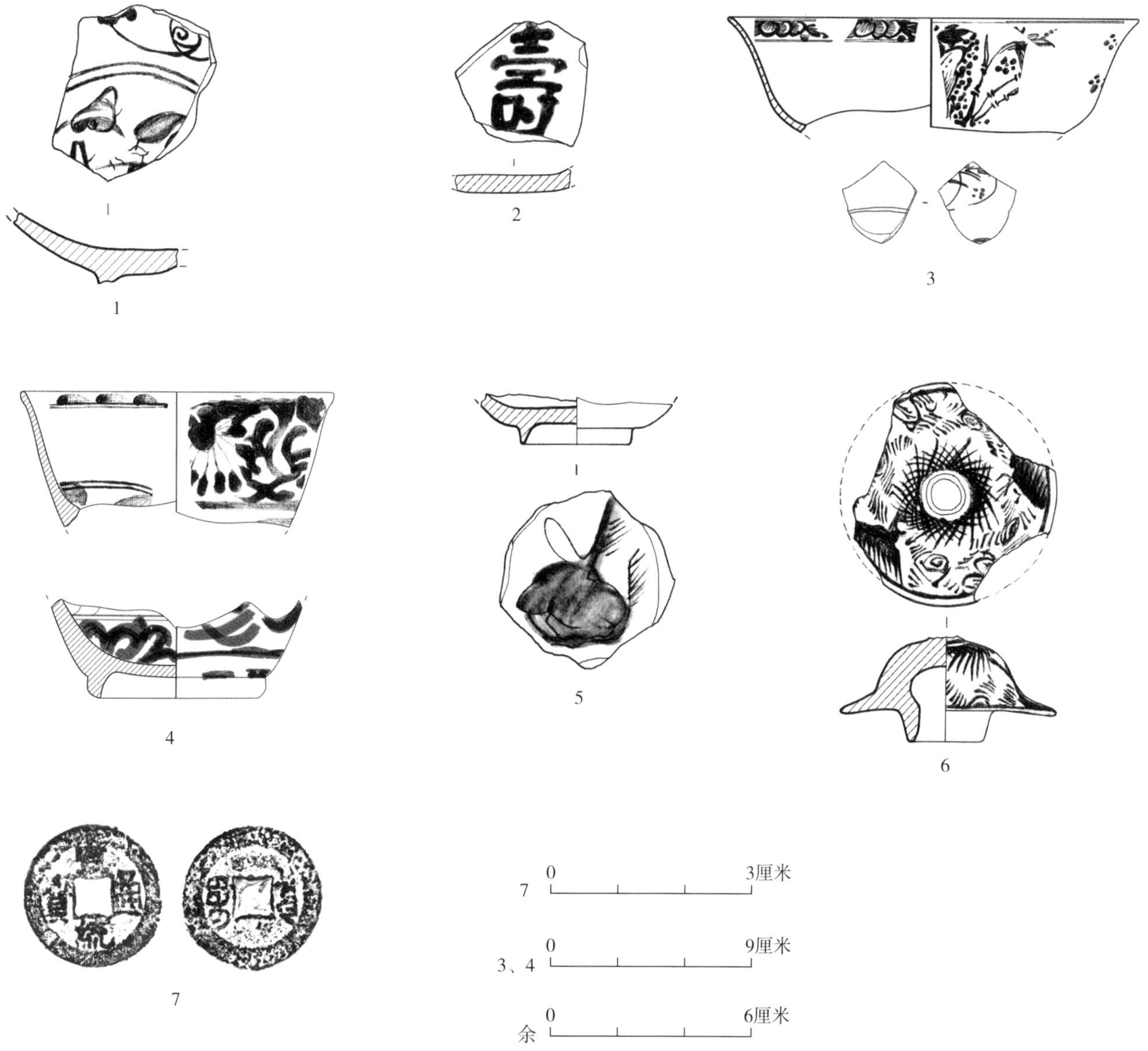

图二二二　第9、10窟前地层出土明清时期遗物

1～4. 青花碗 1992T534①：2、1992T534①：3、2013J1：6、2013J1：7　5. 青花杯 1992T534①：1　6. 青花器盖 2013J1：8　7. 宣统通宝 1992T538①：1

标本1992T534①：3，残。仅存底部，明晚期。细白胎，质坚致。内外施釉，白釉泛青。底心用青花勾边填彩写一楷书“壽”字，底厚0.6厘米（图二二二，2；彩版一九四，2）。

（2）青花杯

1件。景德镇窑。

标本1992T534①：1，残。仅存底足，明晚期。圈足，足墙内外相同，外墙较直，内墙外斜，尖足沿。白胎，坚致，细腻。除足沿外，内外施釉，足心内有“爆釉点”。内底用青花勾边填彩描绘一动物纹，似为螃蟹，内外壁近底沿处各绘弦纹一周。外底有粘砂，足径3.2厘米（图二二二，5；彩版一九四，4）。

2. 铜钱

宣统通宝

1 枚。

标本 1992T538 ①：1，圆形方穿，正、背面有圆郭。正面铸“宣统通宝”四字，楷书，对读。背面穿左右铸满文。两面均锈蚀。直径 1.9、穿宽 0.4、肉厚 0.12 厘米，重 2.3 克（图二二二，7；彩版一九四，6）。

第七节 小结

通过 1992 年和 2013 年两次对第 9、10 窟前的考古发掘，再结合 1938、1940 年日本学者试掘发现的资料和 1972 年中国学者在云冈三年工程维修前清理时新发现的遗迹，就窟前建筑的各种遗迹现象和出土遗物进行综合整理与研究，使得我们对北魏、辽金时期在该区域的活动有了深入地了解，也进一步揭示了窟前不同时期建筑的历史变化规律，新发现北魏时期两件石雕为我们判断第 9、10 窟前最初设计为仿木结构石雕建筑提供了十分重要依据。由于窟外崖面雕刻坍塌，所以北魏、辽金时期两次重修木结构建筑窟檐。现就第 9、10 窟前外立壁的仿木结构石雕建筑形式和两次木结构建筑窟檐的时代等问题进行讨论。

一 北魏时期洞窟营造工程与窟前相关活动

第 9、10 窟的开凿时间根据考古分期为北魏太和八年至太和十三年（484 ～ 489 年）[1]。一般地说，如果一座或一组洞窟的营造工程全部结束，那么地面雕刻可能属于最终完成的工程项目，北魏时期的大型洞窟云冈石窟第 9、10 窟、龙门石窟宾阳中洞 [2] 就属于此类洞窟的代表。

（一）第 9、10 窟前地面铺装图案的结构分析

这组洞窟的地面铺装遗迹最早发现于 1938 年日本学者的考古调查，据附录六《云冈发掘记（一）》介绍，在第 10 窟前基岩地面发现有莲花纹和龟背纹，这里龟背纹是指现编号第 10 窟前室的东梢间甬道 9 和西梢间甬道 11、莲花纹是指现编号团形莲花 4 图案，当时以为团形莲花 4 只有一层莲瓣，直径约 7 米，推测第 9、10 窟前东西两侧各有一朵 [3]。但 1972 年姜怀英先生等则认为团形莲花 4 直径约 3 米，并且以为团形莲花雕刻未完工 [4]。

[1] 宿白：《云冈石窟分期试论》，原载《考古学报》1978年第1期，第25～38页。此据宿白著：《中国石窟寺研究》，文物出版社，1996年，第76～88页。宿白：《〈大金西京武州山重修大石窟寺碑〉的发现与研究——与日本长广敏雄教授讨论有关云冈石窟的某些问题》，原载《北京大学学报·哲学社会科学版》1982年第2期，第29～49页。此据宿白著：《中国石窟寺研究》，文物出版社，1996年，第89～113页。

[2] 李文生：《龙门石窟北朝主要洞窟总叙》，参见龙门文物保管所、北京大学考古系编：《中国石窟·龙门石窟》一，文物出版社，1991年，第265页。

[3] 〔日〕水野清一、长广敏雄著，王银田译：《云冈发掘记》（一），参见山西省考古学会、山西省考古研究所编：《山西省考古学会论文集》（二），山西人民出版社，1994年，第200页。

[4] 姜怀英、员海瑞、解廷凡：《云冈石窟新发现的几处建筑遗迹》，参见云冈石窟文物保管所编：《中国石窟·云冈石窟》一，文物出版社，1991年，第198页。

1992年考古发掘将第9、10窟地面全部揭露，发现前室和窟前以前室列柱之间门槛为界，两者地面铺装完全不同。第9、10窟前室地面铺装的基本情况：在距离洞窟壁面约0.3米的地面上凿出一条阴刻线，它不仅凿刻粗糙，而且也断断续续，很不规整。在第10窟这条阴刻线当从前室进入后室时，窟门内西侧地面上仍保持延续，而东侧地面上则已经消失；但在第9窟的从前室进入后室窟门内，地面上阴刻线全部消失。以上这些遗迹现象似乎说明第9、10窟的前、后室地面上铺装图案雕凿刚开始就停工，所以推测这是地面雕刻没有完成的遗迹，它原来设计可能类似窟前地面上莲瓣纹、联珠纹装饰带。但是第9、10窟前地面一方面因为暴露在外和长期使用，风化和磨损比较严重；另一方面后期修建木结构建筑窟檐时，柱穴（础）将地面铺装图案打破，所以情况更为复杂，这里有必要从新发现残存的雕刻遗迹，来分析这组洞窟前的地面铺装图案构成。

窟前地面铺装由团形莲花和龟背纹甬道两部分构成。四组团形莲花东西向一字形排列，其保存的情况差别很大，中间两个团形莲花损毁十分严重，东西两侧的团形莲花保存较好。其中，团形莲花1和团形莲花4图案稍大，莲花直径约3.4米，素面莲蓬的外饰为饱满雅致的三层双瓣莲瓣，虽有残缺，但样式与结构十分清晰。中间的团形莲花2和团形莲花3图案略小，莲花直径约3.1米，不仅保留了部分三层莲瓣图案，甚至在团形莲花2图案莲蓬中残存圆心遗迹，价值十分珍贵，反映了工匠雕刻技术与方法的运用。与此同时，在团形莲花周围有一个方形边框，保存最好的团形莲花4的南、西、北三面边框上不仅装饰二方连续莲瓣纹、联珠纹饰带，而且方形边框内的西北角隅以忍冬纹填充图案，也为了解其他三个角隅雕刻内容提供依据。类似的团形莲花1和团形莲花3边框上也保存着一些二方连续莲瓣纹、联珠纹饰带。所以推测新发现的四组团形莲花图案：中心为团形莲花，外围为莲瓣纹、联珠纹饰带方形边框的完整地面铺装图案，仿佛形成了四个盛大莲池。

在四组团形莲花图案之间各有一条南北向甬道。发掘时只有团形莲花1与团形莲花2之间的甬道1残存少许龟背纹残迹，其他甬道2、甬道3上的雕刻已经全部损毁。在团形莲花1～4南北两侧又各有一条东西向甬道4、5。南面甬道4的龟背纹雕刻已经磨损，北面甬道5的西端残存2个清晰龟背纹遗迹。其中在甬道5北面与进入第9、10窟前室窟门的甬道6～11相互连接。甬道8～11仍保存一些龟背纹残迹，除甬道中间为龟背纹图案，两侧为莲瓣纹、联珠纹饰带。可见甬道1～11彼此之间都相互连接，四通八达。

总而言之，第9、10窟前的地面铺装图案十分精美，设计新颖别致。这些团形莲花、龟背纹、二方联珠纹、二方莲瓣纹与忍冬纹等多种元素共同组成地面铺装，特别是外方内圆的四个盛大莲池，与洞窟内佛教雕刻内容交相辉映，仿佛是一个佛国世界的再现，具有重要的佛教意涵。北魏洛阳开凿的龙门石窟宾阳中洞[1]和皇甫公窟[2]与巩县石窟第3、4、5窟[3]以及云冈第5-11窟地面铺装图案，直接或间接受到第9、10窟前地面铺装图案的影响，这是有待于进一步深入研究的问题，它开创了中原地区佛教石窟地面装饰纹样先河。

[1]　李文生：《龙门石窟石窟北朝主要洞窟总叙》，参见龙门文物保管所、北京大学考古系编：《中国石窟·龙门石窟》一，文物出版社，1991年，第265页。

[2]　马世长：《龙门皇甫公窟》，参见龙门文物保管所、北京大学考古系编：《中国石窟·龙门石窟》一，文物出版社，1991年，第243、244页。

[3]　参见河南省文物研究所编：《中国石窟·巩县石窟》，文物出版社，1989年。图版102，第3窟西南角全景；图版158，第4窟西壁壁角；图版159，第4窟北壁全景；图版160，第4窟北壁壁脚；图版179，第4窟地面残存雕饰；图版205，第5窟地面花雕。

（二）地面补石和包石台基砌筑的时间

除第 9、10 窟前地面铺装上的团形莲花之外，值得注意的是地面补石上也雕刻莲瓣。在这五处地面补石 1 ～ 5 中，最大的地面补石 3 正好在这组洞窟前南面的甬道 4 南侧位置，这片地面补石呈不规则形，约用 20 多块补石，有长方形、或方形、或不规则形。其中北侧的补石上残存二方莲瓣纹和二方联珠纹图案。最小的地面补石 5 由于位于团形莲花 4 图案的西侧边框之上，在三块方形补石中，西侧的一块补石上残存着二方莲瓣纹图案。上面两处地面补石上的莲瓣纹图案雕刻风格均为北魏时期，另外地面补石 1、2、4 分别也被后期的辽金 X7、X8、X10 木结构窟檐建筑前檐柱的柱穴打破，因此，推测地面补石 1 ～ 5 为北魏时期遗存。

第 9、10 窟前的台基 1938 ～ 1940 年日本学者在勘察时就已经发现，其距前室门槛约 12 米，台基呈东西向，分成东、西部两段，分别用石块和条砖包砌，其“东部垒砖长 13 米，西部垒石长 13 米以上。砖墙、石墙上面距地表 0.6 ～ 0.9 米，顶部几乎形成一个平面……东部垒砖（包砌砖墙）就是普通的长方砖（约 0.32 米 ×0.2 米 ×0.06 米），砌法为丁砖砌合，保存较好的部分还能看到五块砖的组合。现存高度 0.3 米，以南平砌。下段南侧纵砖砌一列……没有明显的辽金砖特征……西部垒石（包砌石墙）是由长方形的石块砌成，石块长 1、宽 0.25 米，有的长达 1.5 ～ 1.6 米。现存三层，下面是自然风化的沙砾层，为北魏遗存”[1]。由于台基东、西两侧超出第 9、10 窟的范围，分别向第 8 窟和第 11 窟前延伸，台基上方已经被明清时期修建民居时所破坏。结合第 8 窟前也发现有砌石现象，日本学者认为包（砌）砖墙与包（砌）石墙二者之间有一定的联系，推测晚期包砖墙是早期包石墙的延续，即晚期包砖墙是对早期包石墙的补砌，但没有进行全面发掘，也未对其进行细致地解剖，所以很难确定包砖墙修建的具体时间和性质，也无法厘清两者之间的关系。1972 年考古发掘认为包砖砌筑墙体是建筑“台明”与“散水”[2]，肯定了残存砖砌墙体为“台基”的作用，但可惜前辈学者对包砌砖墙与包砌石墙台基两者之间关系问题仍未厘清。通过 1992 年考古发掘，证明第 9、10 窟这组建筑东部的包石台基与包砖台基属于不同的墙体，同时发现两道墙体之间有一条宽约 0.2 米的缝隙，说明包砌石墙台基在包砌砖墙之内，两者并非一次性构建，显然属于不同时期修造的两个台基。

2013 年考古复查与补充发掘，在第 9、10 窟前的两窟中间的位置，发现一条用石块包砌南北向踏道，宽约 3.15 米，北面高南面低，这与 1938 年日本学者在第 9、10 窟前发掘南北向 3 号探沟的“铺地砖从窟门向东南延伸达 10 米。其南砖消失，出现了一层 0.3 米的薄土层，土层中央夹杂有紫黑色的砂砾，下面为基岩……再往南，发现用方形的大石块铺砌的缓坡，延伸约 2.5 米。缓坡的倾斜度不十分清楚，但南低北高，很可能是通向石窟小路的一部分。从铺路石块的凿切式样判断，似可追溯到北魏时期”[3] 的推测相吻合，只是因为南北向 3 号探沟的宽度仅为 2 米，与踏道宽度为 3.15 米有较大差距，所以很难确定具体功能与性质。

---

[1] 〔日〕水野清一、长广敏雄著，王银田译：《云冈发掘记》（一），参见山西省考古学会、山西省考古研究所编：《山西省考古学会论文集》（二），山西人民出版社，1994年，第198页。

[2] 云冈石窟文物保管所、文物保护科学技术研究所：《云冈石窟建筑遗迹的新发现》，《文物》1976年第4期，第90页。

[3] 〔日〕水野清一、长广敏雄著，王银田译：《云冈发掘记》（一），参见山西省考古学会、山西省考古研究所编：《山西省考古学会论文集》（二），山西人民出版社，1994年，第197页。

这条踏道中线与第9、10窟隔墙中线两者重合，这充分地显示出修筑踏道与洞窟的密切关系，所以推测这条道路就是第9、10窟前台基可能与这组洞窟同时规划设计。值得重视的是，这条踏道的北端直接嵌入到包石台基之内，与包石台基连成一体。东侧包石台基由于仅发掘16.2米，接近第8窟，再往东未进行考古发掘，具体情况不明；西侧包石台基残存16.5米，已经到正对着第11窟的窟门东壁位置，可见西侧台基也包括第11窟前的台基。另外，在包石台基东侧靠近踏道处第3层与第2层上下之间和西侧第2层与第1层上下之间发现了采用"磕绊"方法砌筑，这种砌筑方法与第20窟包石台基砌筑方法完全一致，所以推测属于北魏开凿洞窟同一时期营造。

（三）第9、10窟前外立壁崖面雕刻形式的探讨

第9、10双窟的外立壁雕刻从20世纪50年代已经引起学界的关注，早先水野清一等学者在调查中注意到在第8窟和第9窟之间的外立壁凸出部分，即第9窟东侧为"五层以上的多层塔形，南面每层至少排列有五座佛龛"。而第10窟西侧应有"重层塔，与东边相呼应，但现已不明，只能从第10窟西端残存的低矮岩块找到些许痕迹"[1]。20世纪70年代，云冈石窟文物保管所对第12窟进行洞窟加固时，在第12窟外的上部发现了庑殿顶的仿木结构建筑石雕屋檐。姜怀英等先生结合第9、10窟立柱上方风化严重的崖面上发现屋顶出檐和人字形叉手的遗迹，认为"第9、10窟开凿之初即有仿木结构建筑石雕屋檐，很可能是和第12窟新发现的石雕屋顶相似的形式……也不能排除第9、10窟的原状可能与天龙山第16窟那样的门罩形式相似"[2]，并复原出第9、10窟这组双窟的外立面形式。特别是第12窟有与第9、10窟类似的八角柱，不仅在柱子之上雕刻了檐下斗拱和檐头，还在前立壁上雕刻了庑殿式瓦顶的特征。所以，冈村秀典教授也认为"云冈石窟中的中国式建筑雕刻，即使是石窟内的造型，也全部表现出瓦顶和檐下的斗拱。虽然也有像第9窟主室南壁中央的屋形龛那样，仅表现瓦顶而省略檐下的椽和斗拱的例子，但是并没有反例。以此来看，作为云冈的木构建筑造型，第9、10窟的前壁不可能没有屋顶的表现"[3]，由此可以说明专家、学者们观点基本上一致，都认为第9、10窟前崖面上雕有中国式仿木结构建筑窟檐，只是缺乏相关的实证材料。

前辈专家、学者们对第9、10窟推断正确。1992年云冈五华洞（第9～13窟）考古发掘中，在第13窟西侧新编号第13-4窟（无名窟）前1992T527第④层碎石屑中，新发现了一件北魏时期的石雕屋顶瓦垄建筑残件，引起我们注意。这件新出土的标本1992T527③D：1（图二三八，4；彩版二二〇，5）石雕瓦当构件，尽管残缺比较严重，但明显地反映出中国传统木结构建筑特征。它除残存半个当面和圆弧形瓦身保存人工加工过的痕迹之外，下面和背面均为岩石断裂之后形成的岩石断面，说明这件石雕是洞窟坍塌下来的遗物。这件石雕瓦当的当面为双层复瓣莲花，莲瓣高凸肥硕，两枚复瓣之间有三角形小瓣尖，莲花雕刻十分细腻。外侧边轮为素面，且高高凸起，宽3厘米，形制与风格具有典型云冈北魏二期特征，与这组洞窟内的莲花雕刻完全一致。特别是石雕的圆弧形

[1] 京都大学人文科学研究所，〔日〕水野清一、长广敏雄著；中国社会科学院考古研究所编译：《云冈石窟》第六卷第九窟，科学出版社，2014年，第15页。

[2] 姜怀英、员海瑞、解廷凡：《云冈石窟新发现的几处建筑遗迹》，参见云冈石窟文物保管所编：《中国石窟·云冈石窟》一，文物出版社，1991年，第200、201页。

[3] 京都大学人文科学研究所、中国社会科学院考古研究所编著：《云冈石窟》第十八卷第七～十窟，科学出版社，2018年，第114页。

瓦身却雕刻十分粗糙，凿痕清晰，如同雕刻完成的新品，没有丝毫风化痕迹，似乎告诉人们雕凿刚完成。

这件石雕复原瓦当直径 29.3 厘米，规格比第 12 窟前崖面上的石雕庑殿顶瓦垄的筒瓦直径大，因此推测为第 9、10 窟前崖面雕凿中国式仿木结构建筑屋顶，可能它雕刻完成不久就坍塌，类似的洞窟坍塌情况在云冈石窟第一期昙曜五窟（第 16 ～ 20 窟）开凿时就曾经发生过[1]。关于第 9、10 窟前崖面上的屋顶究竟属于庑殿顶，还是其他形式？就目前所知考古资料无法确定。

与此同时，1992 年在 1992T539 内的东侧，第 9 窟前靠近东塔位置处，也发现一件北魏时期的石雕屋檐 1992T539 ②：1（彩版一八一，3）。这件石雕平面接近长方形，除相邻两侧面有断裂痕迹之外，其他两侧斜面上均雕有瓦垄，并且檐下雕圆椽，由此可以判定为仿木结构建筑屋檐石雕，但可惜风化比较严重。从石雕屋檐的形状、大小和所发现位置推测很可能是第 9 窟前东侧方形佛塔的塔檐，这一发现使得第 9、10 窟前的佛塔形式讨论的问题迎刃而解，也为第 9、10 窟前外侧雕刻仿中国式建筑佛塔形式提供实物依据。关于第 10 窟前的西侧是否雕刻佛塔[2]，推测可能与第 9、10 窟的石雕屋檐同时坍塌，这里也牵涉到第 10 窟与第 11 窟之间崖面上的第 11-1（11j）、11-4（11e）、第 11-12（11b）、11-13（11c）、11-15（11a）等多个小型洞窟与佛龛的开凿问题，另文专门讨论。

通过以上考古材料的新发现，基本上可以推测第 9、10 窟前的外立壁崖面上的雕刻形式，即中国式仿木结构建筑石雕屋檐和中国式仿木结构石雕佛塔的共同组合，这也一定程度上反映了佛教石窟艺术中国化的演变过程。

二　第 9、10 窟前北魏时期的木结构建筑窟檐修建

1972 年，云冈石窟文物保管所为了弄清第 9、10 窟前木结构建筑窟檐的规模，对窟前进行了大面积的清理和发掘，在洞窟前南约 4.3 米处，发现辽金时期铺地方砖之下有八个柱穴遗迹[3]，即现编号 X1 ～ X8 柱穴。其中，X4、X5、X6 等柱穴位置，也分别叠压于 1938、1940 年发掘第 9、10 窟前的南北向 2 号探沟、南北向 3 号探沟、南北向 4 号探沟铺地方砖之下，水野清一等学者因当时没有

[1] 杭侃：《云冈第二十窟西壁坍塌的时间与昙曜五窟最初的布局设计》，《文物》1994年第10期，第56～63页。此据云冈石窟文物研究所编：《云冈百年论文选集》（一），文物出版社，2005年，第340～348页。

[2] 关于第10窟前的西侧是否雕刻佛塔问题，水野清一等1951年在《云冈石窟》第六卷第九窟报告的第一章外壁和前庭中认为“第10窟的前庭西端理应有西壁和重层塔，有与东边相呼应，但现在已不明。只能从第10窟西端残存的低矮岩块找到些许痕迹”（《云冈石窟》第六卷第九窟，科学出版社，2014年，第15页）。但1952年水野清一等在《云冈石窟》第七卷第十窟图版77A解说认为“西端未发现佛塔遗迹，岩体前立面浮雕坐佛及千佛，可知洞窟凿建之初并未规划佛塔”（《云冈石窟》第七卷第十窟，科学出版社，2014年，第55页），修改之前的说法。冈村秀典教授则通过云冈石窟现场调查认为“第9窟的东端和第10窟的西端，有与列柱相同的方形台座，在其南约1米左右的圆形台座上，均有较大的兽形圆雕……东西两侧的兽形，虽然都仅残存两脚和身体的一部分，但是从西侧兽形的爪子来看似乎是朝向东的，大概是作为两窟门的守护而相对配置的”。指出长广等所说“第10窟西端残存的低矮岩块”，就是这一兽形，而非塔形遗存（京都大学人文科学研究所、中国社会科学院考古研究所编著：《云冈石窟》第十八卷第七～十窟，科学出版社，2018年，第114页）。

[3] 姜怀英、员海瑞、解廷凡：《云冈石窟新发现的几处建筑遗迹》，参见云冈石窟文物保管所编：《中国石窟·云冈石窟》一，文物出版社，1991年，第198、199页。

对辽金时期铺地方砖地面之下的地层进行解剖，将重要的考古信息丢失[1]，但引起了姜怀英等先生的关注。在这些长度与宽度约1～1.18米，深度为0.18～0.52米的方形柱穴中，发现内填以杂土与木炭。柱穴的底部有两种形式，一种凿成覆盆式圆形柱础，另一种为平底，这种把柱脚“埋入”地下“柱跗”式构造，是比较古老的一种作法[2]。这组建筑的柱穴间距除最东端梢间因考虑保护第8窟和第9窟之间外壁的佛塔，面阔的尺寸略大之外，其他六间的面阔尺寸基本相同，且与前立崖壁上八个梁孔L1～L8对应并相互吻合，所以这是一座面阔七间木结构建筑窟檐。因为这组方形柱穴在地面上打破了基岩地面铺装雕刻，又叠压在辽金时期的地砖之下，所以姜怀英等先生怀疑这就是《大金西京武州山重修大石窟寺碑》（以下简称《金碑》）所记“唐贞观十五年守臣重建”遗迹[3]。

关于面阔七间的木结构窟檐建筑的时间问题，冈村秀典教授等以为“1938、1940年调查时从石窟前出土的瓦当中，因为重建时平整土地，仅残存些小残片，但发现了北魏时期“传祚无穷”瓦当、辽金时期的兽面瓦当和波状重弧纹板瓦（檐头板瓦）。其中的一片兽面纹瓦当与第20窟前出土的例子属同范制造，应该是《金碑》中记载的皇统三年至六年（1143～1146年）的建筑使用之物。前庭部分铺满的地砖也是金代的遗存”[4]。并结合“出土物中没有发现任何唐代的瓦和陶瓷器”，推测认为“面阔五间的一列柱础坑遗迹应该归属于金代的建筑（这个问题下面专门讨论），而面阔七间的一列柱础坑则应该归属于辽代的建筑”[5]，这里虽然否认窟前存在唐代建筑遗迹可能性，但很难确定面阔七间的一列柱坑遗迹为辽代。

因为新出土的北魏石雕建筑屋檐、方形塔檐的实物资料，进一步证明了崖面上原来设计为石雕窟檐建筑的推测正确。由于石雕屋檐建筑已经坍塌，崖面上也未发现北魏石雕屋檐建筑，但从20世纪40年代水野清一等学者调查报告解说中“在图版的左端，即第十窟端，被垂直削凿的崖壁朝向东面。如今，可以看到壁面上有向下倾斜的沟，可能是屋顶的斜坡。与此相对应的第九窟东端，如今什么都无法得见。不过，在斜沟的顶端附近，露出的岩表则保持水平……此处朝南并被垂直切凿，其下方是一段长草的区域，再下面便是梁孔的正面。从这些情况来看，这里曾经有木构建筑的结论就毋庸置疑了”[6]的讨论记录来看，水野清一不仅观察仔细，而且推测结论也正确，特别是认为崖面上的梁孔（编号L1～L8）与北魏木结构建筑有关的推论也比较客观。

近年，冈村秀典教授通过整理1938、1940年窟前发掘资料中出土的北魏“传祚无穷”残片，并

[1] 〔日〕水野清一、长广敏雄著，王银田译：《云冈发掘记》（一），参见山西省考古学会、山西省考古研究所编：《山西省考古学会论文集》（二），山西人民出版社，1994年，第197～201页。

[2] 云冈石窟文物保管所、文物保护科学技术研究所：《云冈石窟建筑遗迹的新发现》，《文物》1976年第4期，第90页。

[3] 姜怀英、员海瑞、解廷凡：《云冈石窟新发现的几处建筑遗迹》，参见云冈石窟文物保管所编：《中国石窟·云冈石窟》一，文物出版社，1991年，第200页。

[4] 〔日〕岡村秀典编：《雲岡石窟・遺物篇》，朋友書店，2006年，第8～16頁。〔日〕冈村秀典、向井佑介：《云冈石窟寺的考古学研究》，参见日本京都大学人文科学研究所主编：《日本东方学》第一辑，中华书局，2007年，第23～38页。

[5] 京都大学人文科学研究所、中国社会科学院考古研究所编著：《云冈石窟》第十八卷第七～十窟，科学出版社，2018年，第114页。

[6] 京都大学人文科学研究所，〔日〕水野清一、长广敏雄著；中国社会科学院考古研究所编译：《云冈石窟》第六卷第九窟，科学出版社，2014年，第55页。此处转引自京都大学人文科学研究所、中国社会科学院考古研究所编著：《云冈石窟》第十八卷第七～十窟，科学出版社，2018年，第114、115页。

结合云冈第 3 窟、13-4 窟（第十三 A 窟）等的遗迹也同意前贤观点，认为第 9、10 窟前室上面的“平台应该是为了搭建木构屋顶，不仅是被辽金时期的建筑所利用过，北魏时期的营造初期就在设计中”[1]。如果第 9、10 窟前原先设计雕刻仿木结构建筑石雕屋檐坍塌，使得原计划改变采取了重新修建木结构建筑屋檐，就不可能在这组双窟前室窟顶岩石上直接铺置北魏陶制瓦顶，更难以在这里建悬空屋顶，考虑到与窟前地面遗迹的关系。所以说与其认为窟前辽金时期铺地方砖之下的 X1 ～ X8 的面阔七间柱穴为辽代遗迹，不如推断为北魏时期更为妥当，尤其窟前出土的北魏时期“传祚无穷”瓦当遗物可以与重新修建木结构建筑窟檐的时间完全吻合，因此我们推测面阔七间柱穴遗迹为北魏时期。

三 第 9、10 窟前辽金时期木结构建筑窟檐的结构与年代

第 9、10 窟前面阔五间木结构建筑窟檐的地面遗迹最早发现于 20 世纪 40 年代，水野清一学者等在这组双窟前试掘的东西向 1 号探沟中发现了 4 个柱穴（包括 2 个柱础石）遗迹，即现编号辽金 X2 至辽金 X5，从而引起学界的重视。1972 年云冈石窟文物保管所等单位在窟前东西 30、南北 13 米的范围内进行了考古发掘，据发表资料可知：从洞窟前立壁向南 10 米处，发现有连续铺砖地面和一列 6 个东西向排列的柱穴（柱础），即现编号辽金 X1 ～ X5、X15。特别是在前室窟顶平台上又新发现六组梁槽（辽金 L1 ～ L6），新发现梁槽之间的间距不仅与地面柱穴（柱础）之间的间距相同，而且与地面柱穴（柱础）遗迹相对应，所以说窟前地面柱穴（包括柱础石）遗迹（辽金 X2 ～ X5、X15）与前室窟顶前平台上梁孔遗迹（辽金 L1 ～ L6）应为同一建筑遗址。

1992 年考古发掘又对窟前地面进行了全面揭露，在南部地面上新发现了 9 个柱穴遗迹，分成南北两列，即编号辽金 X6 至辽金 X14，这两列柱穴与 1939 年发现的柱穴（柱础石）位置和 1972 年发现前室窟顶二层平台上的梁槽位置完全对应，因此可以确认第 9、10 窟前修建了面阔五间、进深两间的大型木结构建筑窟檐，这些发现对全面准确地认识木结构建筑窟檐的范围、规模、形制和时间提供了十分重要的依据。

根据 1992 年考古发掘现场的辽金 X3、辽金 X4 的柱穴坑内分别放置柱础石 1、柱础石 2 遗迹观察，保留在柱础石周围的铺地方砖，柱础石与铺砖地面为同一时期建筑遗迹，这也与 1939 年和 1972 年前发表资料记录铺砖地面相符。1992 年引起我们注意的是在 1992T612 的南面新发现了一小段砖砌墙体，该段砖砌墙体就在辽金 X11 北面，并且与南面辽金 X14 和北面辽金 X5 的位置又对应，所以可以确定为建筑西山墙外侧遗迹。另外，砖砌墙体外侧基本上与辽金 X11、辽金 X14 的两个柱穴外侧处在同一条直线上，符合辽金时期一般山墙下碱墙较厚特征，所以可以确定属于大型木结构建筑窟檐西山墙的遗存。

依据几次发现的窟前地面柱穴（柱础石）和铺地方砖遗迹，冈村秀典教授依据 1938、1940 年发现的辽金时期兽面瓦当和檐头板瓦的遗物，特别是其中一件兽面瓦当与第 20 窟前出土瓦当可能属于金代同范制造，结合《金碑》的文献资料记载认为这座大型的面阔五间木结构建筑窟檐推断为金代

[1] 京都大学人文科学研究所、中国社会科学院考古研究所编著：《云冈石窟》第十八卷第七～十窟，科学出版社，2018年，第114页。

比较妥当[1]。不过，如果细致分析《金碑》中“重修灵岩大阁九楹，门楼四所，香厨客次之纲常住寺位，凡三十楹，轮换一新。又创石垣五百余步，屋之以瓦二百余楹。皇统三年二月起工，六年七月落成”这段文字的记载，就会发现金代皇统三年至六年（1143～1146年）除了重新修建“九间灵岩大阁”的建筑窟檐外，第9、10窟前的面阔五间大型木结构建筑属于“九间灵岩大阁”之外的其他洞窟建筑，只是这些建筑修葺仅针对瓦顶进行——“屋之以瓦二百余楹”工程，所以第9、10窟面阔五间、进深三间木结构建筑窟檐的瓦顶属于金代修缮工程项目，其木结构大架仍应为旧式辽代建筑。

那么，这组洞窟前出土辽金时期不同时代和形制的兽面瓦当，可以解释为第9、10窟前的面阔五间大型木结构建筑窟檐修建时间为辽代，金代皇统三年至六年（1143～1146年）只是对建筑窟檐瓦顶进行了专门维修。所以推测第9、10窟前面阔五间的这座建筑就是《金碑》所记的云冈辽代十寺之一[2]，它也许就是辽重熙十八年（1049年）母后（钦爱皇太后）重建的木结构建筑窟檐[3]。

---

[1] 京都大学人文科学研究所、中国社会科学院考古研究所编著：《云冈石窟》第十八卷第七～十窟，科学出版社，2018年，第114页。

[2] 宿白：《〈大金西京武州山重修大石窟寺碑〉的校注——新发现的大同云冈石窟寺历史材料的初步研究》，原载《北京大学学报（哲学社会科学版）》1956年第2期，第71～84页。此据宿白著：《中国石窟寺研究》，文物出版社，1996年，第56～58、69～71页。

[3] 刘建军：《云冈第9、10窟窟前辽代建筑原状探讨》，《文物世界》2004年第5期，第34～37、29页。

第八章　第11～13-4窟窟前遗址

第一节　遗址概况

该发掘区位于云冈石窟第11、12、13窟及第13-4窟（无名窟）窟前，与第9、10窟的窟前建筑分属不同的建筑个体，故单独分区。

1992年8月4日开始布方发掘，布探方20个，均为5米×5米，南北向分三排，编号1992T426、T427、T525～T533、T603～T611，其中1992T525、T526、T527三个探方因发掘需要向南扩方1米（彩版一九六，1）。发掘区域东西长45、南北宽10～16米，发掘面积约515平方米（图二二三）。1993年对第13-4窟、第13-5窟、第13-13窟内进行了清理，编号K13-4、K13-5、K13-13。本发掘区域历经北魏、辽金、明清、民国等各个时期活动，扰乱频繁，遗存遭破坏严重（图二二四）。

1940年9月13～25日，日本学者曾在正对第12窟门中心以南，开东西宽2、南北长47米的探沟，称南北向5号探沟。由日比野丈夫、水野清一主持，后小野胜年也加入（彩版一九五，2）。发掘结束后，可能是由云冈村民回填探沟，遂将昙曜五窟前发掘的部分石雕等遗物埋进探沟。2013年重新清理出来，编号2013探沟采。

2013年云冈石窟第9～13-4窟前修建保护性窟檐建筑工程挖掘基础时，于1992年考古发掘探方以南采集到北魏、辽金、明清民国时期的遗物，编号2013窟前采。

第二节　地层堆积

据云冈研究院现存档案资料记载，20世纪50年代曾平整过第9～13窟前地面。1958年，又在第9、10窟、第12窟、第13窟内铺墁了砖地。20世纪70年代，因参观需要，在窟外铺设参观砖道。1991年为配合云冈“八五”保护维修工程中的降低窟前地面施工，云冈石窟文物研究所调查窟前地面状况时，在对应第11～13-4窟外立壁梁孔的窟前地面开4条探沟，沟宽稍宽于梁孔，宽0.6～0.7、长1～1.45米，采集了一些北魏和辽金及明清民国时期的建筑材料、生活生产用具等。1992年考古发掘时，该区域地层已破坏严重，东部地层浅薄且简单，有的地方扰土下直接为基岩，个别地方保存了辽金砖层，之下为褐色碎石层。发掘区域西部即第13-4窟（无名窟）前因破坏较小，地层堆积略厚（彩版一九六，2）。现存地层堆积整体西厚东薄，可分四大层。

第①层：现代扰土层。即20世纪70年代铺设的路面及垫层，局部铺墁砖道，之下垫有白灰。土质疏松，厚0.2～0.95米，最厚处位于发掘区域北部近窟门处。

第②层：明清、民国时期地层。深黄土，土质疏松，厚 0.1 ～ 0.6 米。西厚东薄，东部个别地方无此层，现代扰土下直接为基岩。西部最厚处约 0.6 米，局部地区分黑黄土层和黄土层两层，并打破之下的辽金铺砖层。1940 年考古发掘此层为含碎石片的深褐色土层，厚 0.3 米。该层下见明清时期的地炕遗迹。

第③层：辽金时期文化层。发掘区域东部相对较薄，不见铺砖层。中部偶有遗存，砖层下直接为第④层的碎石层。西部堆积较厚，局部地区可分烧土层、铺砖及垫土层、细黄土层三小层。包含有北魏“传祚无穷”瓦当、手指压印波状纹檐头板瓦、石雕残件、辽金时期筒瓦、陶器、白瓷片、酱黑釉瓷片等。1940 年考古发掘此层为黏土层，厚 0.3 米，黏土层延伸至窟门南达 15.4 米，铺地砖从窟门向南延伸达 10.4 米。

第④层：北魏时期铺垫层。主要集中于发掘区南部，厚 0.78 米。窟前立壁向南约 8 米处基岩向下呈缓坡状，为此从下至上铺垫大石块和碎石块，用于取平基岩面。1940 年考古发掘时此层为紫黑色的碎砾层。

1992 年考古发掘区域集中于窟前北部，发掘区域以南地层以 1940 年考古发掘做补充。1940 年考古紫黑色的碎砾层（第④层）北面在门南 4.43 米处与基岩相连，南端在门南 12 米处，再南是铺石斜面。铺石斜面较宽缓，延伸至窟门南 18 米。铺石的石块都很薄且不规则，间杂砖块。这一倾斜层发现了较晚的一块瓷片。难以确定的是此铺石斜面是与碎砾层衔接还是与砖层相连接。此层以南、以下全部是开凿石窟之后废弃的碎砾片。窟门南 23 米处地势变低，是近代民宅遗址。再往南的纯砂砾层，长度达 16 米，低于窟前平面 5 米。砂砾层上发现了一些北魏陶片，其他地方则既有北魏陶片，又有辽代瓦片[1]。

以 1992T603、T525、T426 的东壁剖面为例，详述如下（图二二五）：

第①层：现代扰土层。土质疏松，灰色，厚 0.3 ～ 0.8 米。出土明清、民国时期青花瓷片、砖瓦等，明清白瓷器、黑釉瓷器，辽金沟纹砖等。

第②层：明清、民国时期地层。分 2 小层。

第② A 层：黑黄土层，夹有烧土，厚 0.1 ～ 0.6 米。此层出土明清时期铺砖地面、石墙、灶坑、烟道等遗迹，有的打破下层沟纹砖地面。出土明清白釉瓷片、黑釉瓷片、灰陶片等，内含辽金沟纹砖碎块、辽金瓷片。

第② B 层：黄土层，色偏灰，土质较纯且细，厚 0.1 ～ 0.2 米。出土明清白釉褐彩瓷片，辽金陶片、辽金黑釉瓷片等。

第③层：辽金时期文化层。局部（1992T525 东南角）分四小层。

第③ A 层：土色红，夹有烧土、木炭、辽金和北魏瓦片，厚 0.1 ～ 0.2 米。位于探方南部铺砖地面之南。

第③ B 层：细黄色土，较纯。第③ A 烧土层下，厚 0.16 ～ 0.25 米。大部分位于探方南部铺砖地面之南，发掘区域中部也有少量遗存，可能为建筑前面所铺的地面。

第③ C 层：砖层及砖层之下的深黄色垫土、含有碎石，垫土较细，北薄南厚，土质较为坚硬。

[1]　京都大学人文科学研究所，〔日〕水野清一、长广敏雄著：中国社科院考古研究所编译，《云冈石窟》第七卷，科学出版社，2014年，第54～68页。

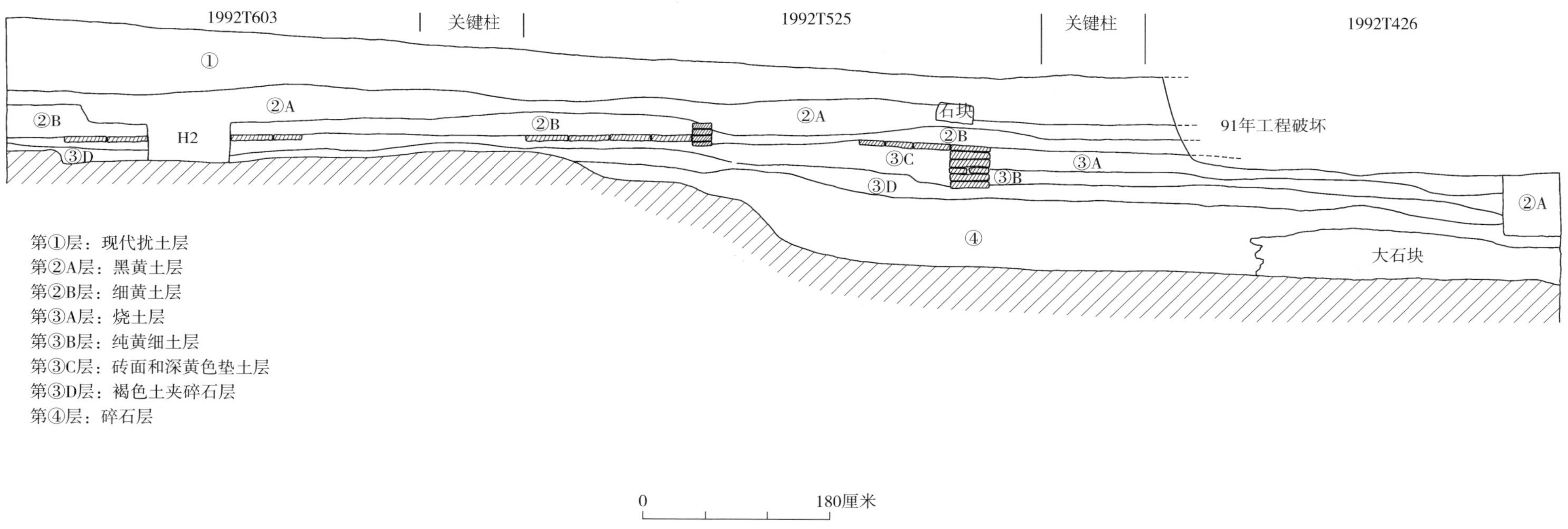

图二二五　第11～13-4窟前1992T603、T525、T426东壁剖面图

垫土厚 0.04 ～ 0.35 米。包含物有北魏瓦片，辽金砖、瓦片、陶片、黑釉瓷片、酱釉瓷片等。

第③ D 层：褐色土，夹碎小石块。铺平地面的垫土，土质较为坚硬，厚 0.05 ～ 0.2 米。包含有北魏石雕、马牙、辽金陶片、白瓷片、黑釉瓷片等。

第④层：北魏文化层。碎石铺垫层，夹杂大石块。分布在发掘区域南部，为与北部基岩面取平而铺垫，地层北部与基岩地面相接，地层南端多以大石块铺垫。最厚约 0.78 米。

第三节　北魏时期文化遗存

此发掘区域北魏遗迹有各类柱洞，出土北魏遗物主要有建筑材料、石雕造像、生活用具等。

一　柱洞

第 11 ～ 13-4 窟前共发掘出大、小柱洞共 62 个，分属不同历史时期（彩版一九七）。有的柱洞确为立柱所用，有的柱洞目前很难判断其用途。因柱洞开凿于基岩上，无北魏地层，但压在辽金时期铺砖地面之下，应早于辽金时期，故暂将其放在北魏时期文化遗存中介绍（图二二六）。可分三组。

（一）第一组长方形柱洞

分布较有规律的长方形柱洞有 21 个，形制相同（图二二七）。

长方形柱洞可分三排。北排 5 个，编号（东～西）FD1 ～ FD5，位于第 11 ～ 13 窟门前，其中 FD1、FD2、FD3 均匀分布于第 11 窟门前。FD4、FD5 分别位于第 12 窟、第 13 窟门前中央；中排 3 个，编号 FD6 ～ FD8，距北排柱洞中心间距约 3.2 米，均匀分布于第 12 窟前；南排 13 个，编号 FD9 ～ FD21，北距中排柱洞中心间距约 1.75 米，比较均匀地分布于第 11 ～ 13-4 窟前。从东至西详述如下（表 8-1）：

1. 北排

5 个。

FD1　位于 1992T611 北隔梁下偏东，第 11 窟门外东侧，北距第 11 窟东外立壁约 0.6 米。开口于第①层扰土层下。柱洞平面呈长方形，直壁，平底。填土为扰土，含碎石，无遗物。东西长 0.38、南北宽 0.26、深 0.3 米（彩版一九八，1）。

FD2　位于 1992T610 关键柱下，第 11 窟门南中央，北距窟门台阶 0.4 米，东距 FD1 中心间距 3.6 米。压在辽金铺砖地面之下，开口于第③ D 层褐色碎石层下。柱洞平面近梯形，洞口和底部均为北高南低，南北两壁均为斜壁，底部内收，填土为黄土和碎石层。长 0.37、宽 0.2 ～ 0.28、底长 0.32、底宽 0.2 ～ 0.18、深 0.2 米（彩版一九八，1、2）。

FD3　位于 1992T610 北隔梁下偏西，第 11 窟门外西侧，北距第 11 窟西侧外立壁 0.65 米，东距 FD2 中心间距 3.5 米。开口于第③ D 层褐色碎石层下。柱洞平面呈长方形，直壁，平底。填土为黄土和碎石屑。长 0.42、宽 0.26、深 0.35 米（彩版一九八，1）。

FD4　位于 1992T609 内，第 12 窟中央窟门外，北距第 12 窟门台阶 0.75 米，其东距 FD3 中心间距 5.7

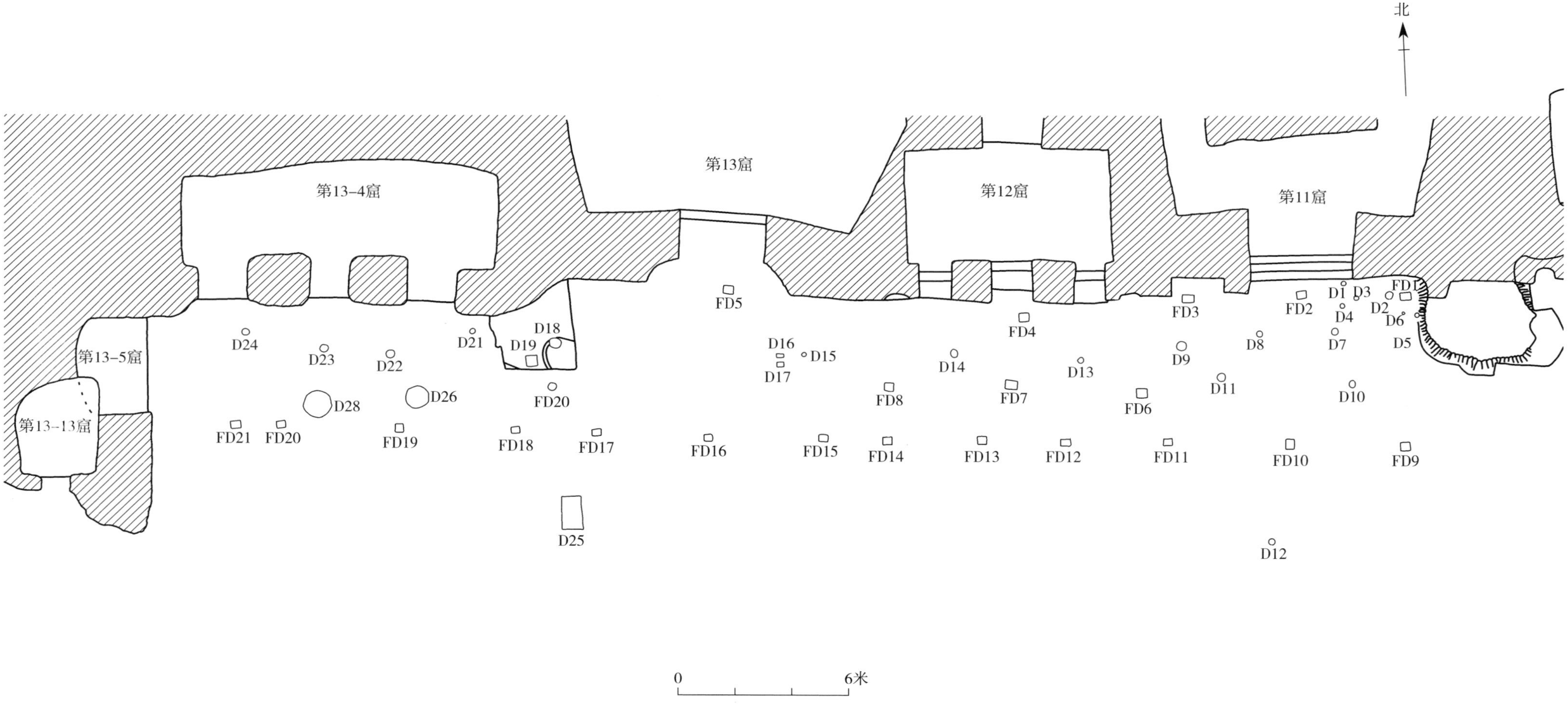

图二二六　第11～13-4窟前柱洞分布图

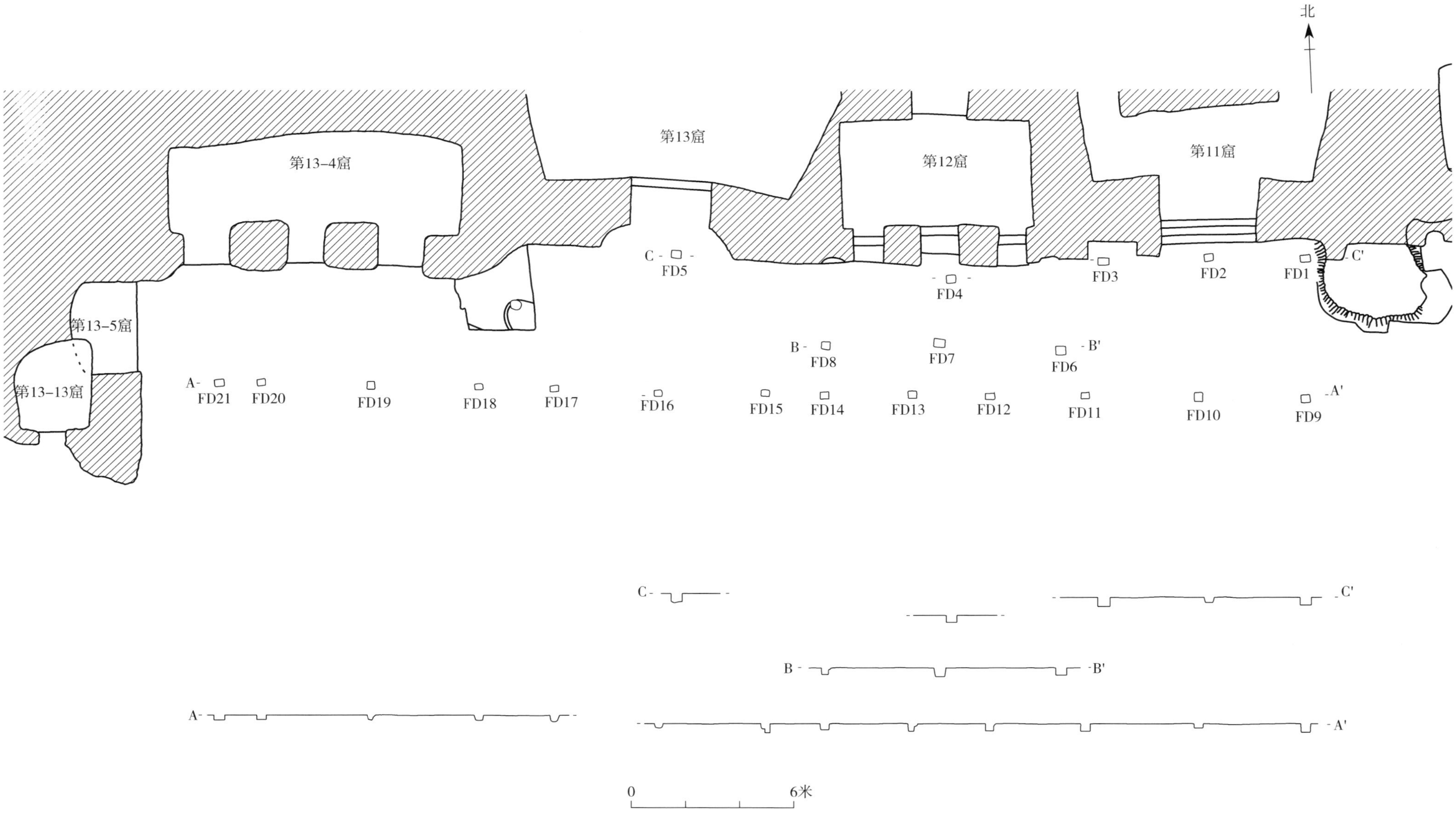

图二二七　第11～13-4窟前长方形柱洞分布图

米。开口于第①层扰土层下。柱洞平面呈长方形，直壁，平底。填土为黄土和碎石屑。柱洞长 0.36、宽 0.3、深 0.28 米（彩版二〇〇，2）。

FD5 位于 1992T606 关键柱下，第 13 窟门外中央，其北距第 13 窟门 2.4 米，东距 FD4 中心间距 10.25 米。开口于第② B 层黄土层下，柱洞平面呈长方形，直壁，平底。洞壁凿痕明显。填土为黄土和碎石屑。柱洞长 0.37、宽 0.28、深 0.35 米。

2. 中排

3 个。

FD6 位于 1992T609 内，第 12 窟门外东南侧，FD3 的西南方向，北距 FD3 中心间距 3.81 米。开口于第①层扰土层下。柱洞平面呈长方形，直壁，平底。洞内壁凿痕明显。填土为砂土和碎石屑。长 0.39、宽 0.34、深 0.28 米。

FD7 位于 1992T608 东隔梁下偏南，第 12 窟中央窟门外南部，与 FD4 南北相对，其北距 FD4 中心间距 2.52 米，东距 FD6 中心间距 4.55 米。开口于第①层扰土层下。柱洞平面呈长方形，壁面斜向内收，平底，洞内壁凿痕明显。填土主要为黑色扰土。长 0.42、宽 0.32、深 0.34 米（彩版二〇〇，2）。

FD8 位于 1992T608 西南部，第 12 窟前西南侧，其东距 FD7 中心间距 4.1 米。压在辽金铺砖下，开口于第③ C 层黄土层下。柱洞平面呈长方形，壁略斜，平底，洞内壁凿痕明显。填土有木炭末和烧黑的土。长 0.34、宽 0.32、深 0.26 米（彩版一九九，1、二〇〇，2）。

3. 南排

13 个。

FD9 位于 1992T533 北部偏东，第 11 窟门外东南侧，与 FD1 南北相对，二者中心间距 5.4 米。开口于第③ D 层褐色碎石层下。柱洞平面呈长方形，直壁，平底，填土为黄土和碎石屑。长 0.36、宽 0.32、深 0.34 米（彩版一九九，2）。

FD10 位于 1992T532 东北角，第 11 窟门外南部，与 FD2 南北相对，二者中心间距 5.41 米，东距 FD9 中心间距 4 米。开口于第③ D 层褐色碎石层下。柱洞平面呈长方形，直壁，平底。填土有石块、碎石屑和扰土。长 0.36、宽 0.32、深 0.34 米。

FD11 位于 1992T531 关键柱下，第 11 窟前西南侧，与 FD3 南北略相对，二者中心间距 5.24 米，东距 FD10 中心间距 4.15 米。开口于第①层扰土层下。柱洞平面呈长方形，直壁，平底。填土为黄土。长 0.34、宽 0.27、深 0.31 米。

FD12 位于 1992T531 北隔梁下偏西，第 12 窟东窟门外西南侧，其东距 FD11 中心间距 3.65 米。开口于第①层扰土层下。柱洞平面呈长方形，西壁直，东壁上部呈缓坡向外延展，平底。填土为黄土。长 0.36、宽 0.25 ～ 0.26、深 0.3 米（彩版二〇〇，2）。

FD13 位于 1992T530 北隔梁下偏东，第 12 窟中央窟门外南部，其东距 FD12 中心间距 2.9 米。开口于第② B 层黄土层下。柱洞平面呈长方形，南壁因基岩立面落差消失不见，东壁上部岩石脱落，其他壁面直，洞内壁凿痕明显，平底。填土为黑色扰土。长 0.34、宽 0.3、深 0.3 米（彩版二〇〇，2）。

FD14 位于 1992T530 北隔梁下偏西，第 12 窟西窟门外西南侧，与 FD8 南北相对，二者中心间距 1.95 米，东距 FD13 中心间距 3.3 米。开口于第② B 层黄土层下。柱洞平面呈长方形，壁面斜向内收，平底。填土为黑黄土、碎石屑。长 0.34、宽 0.28、深 0.25 米。

FD15 位于 1992T529 北隔梁下，第 13 窟门外东南侧，其北距第 13 窟东侧外立壁 5.1 米，东距

FD14 中心间距 2.2 米。开口于第③ D 层褐色碎石层下。柱洞平面呈圆角方形，洞口东高西低，直壁，圜底。填土为黄土和碎石屑。长 0.36、宽 0.27、深 0.22 ～ 0.37 米。

FD16　位于 1992T528 关键柱下，第 13 窟门南部，与 FD5 南北相对，二者中心间距 5.41 米，东距 FD15 中心间距 3.95 米。开口于第② B 层黄土层下。柱洞平面呈长方形，弧壁，底部不甚平整。填土为黄土及碎石屑。长 0.33、宽 0.28、深 0.16 ～ 0.18 米。

FD17　位于 1992T528 北隔梁下，第 13 窟前西南，其东距 FD16 中心间距 3.85 米。开口于第② B 层黄土层下。柱洞平面呈长方形，东部边缘残损，内壁稍有倾斜，弧壁，圜底。填土为黄土和碎石屑。长 0.35、宽 0.26、深 0.22 ～ 0.25 米。

FD18　位于 1992T605 南、1992T527 北隔梁下，第 13-4 窟前东南，其东距 FD17 中心间距 2.8 米。压在辽金铺砖下，开口于第③ D 层褐色碎石层下。柱洞平面呈长方形，壁面斜向内收，平底。内壁可见宽约 0.5 厘米的凿痕。填土为黄土及碎石屑。口部长 0.33、宽 0.26、深 0.23 米。

FD19　位于 1992T604 东南角，第 13-4 窟东窟门南，其东距 FD18 中心间距 4.05 米。开口于第③ D 层褐色碎石层下。柱洞平面呈长方形，剖面呈不规则梯形，洞口西侧呈坡状向外扩展，壁面斜向内收，底部不平，西高东低。填土为黄土及碎石块。东西口长 0.32、底长 0.25、宽 0.33、深 0.17 米（彩版二〇〇，1）。

FD20　位于 1992T603 东南角，第 13-4 窟前西南侧，其东距 FD19 中心间距 4.15 米。压在辽金铺砖地面下，开口于第③ D 层褐色碎石层下。柱洞平面呈长方形，直壁，平底。填土已被 1991 年的探沟扰动过。长 0.35、宽 0.28、深 0.18 米。

FD21　位于 1992T603 南部偏中，第 13-4 窟前西南侧，其东距 FD20 中心间距 1.57 米。压在辽金铺砖地面下，开口于第③ D 层褐色碎石层下。柱洞平面呈长方形，直壁，平底。填土已被 1991 年的探沟扰动过。长 0.39、宽 0.3、深 0.19 米。

其中 FD2、FD8、FD18、FD20、FD21 压在辽金铺砖地面之下，FD1、FD2、FD3、FD9、FD10、FD15、FD18、FD19、FD20、FD21 开口于第③D 层褐色碎石层下，所以此 21 个方形柱洞应早于辽金时期。

（二）第二组柱洞

21 个。

第 11 ～ 13-4 窟前除以上长方形柱洞外，还有一些小柱洞，有圆形和方形两种，其分布的规律性弱，多处于洞窟前北侧（参见图二二六）。有的柱洞压在辽金砖面下或开口于碎石层下基岩面，有的柱洞填土为夯实坚硬的碎石块、黄土，可能柱洞利用过后，被夯实填平，与地面取平，早于辽金时期。有的可能是开凿石窟时的起架洞。

1. 第 11 窟前

12 个。分布比较杂乱，从北至南可分 5 排（彩版一九八，1）。

（1）第 1 排

1 个。

D1　位于 1992T611 内，第 11 窟门前东侧，东距第 11 窟门东侧 0.25 米。压在辽金地面铺砖下，开口于第③ D 层褐色碎石层下。平面呈圆形，直壁，平底。填土为碎石屑。直径 0.17、深 0.2 米（彩版一九八，2）。

表 8-1　第 11 ～ 13 窟前长方形柱洞统计表　　（单位：米）

编号	开口层位	位置	平面形状	尺寸	填土及包含物		中心间距	备注
					填土	包含物		
FD1	第①层扰土层下	第 11 窟门外东侧，1992T611 北隔梁下	长方形	长 0.38 宽 0.26 深 0.3	碎石和扰土	无		
FD2	第③ D 层褐色碎石层下	第 11 窟门南中央，1992T610 关键柱下	梯形	长 0.37 宽 0.2 ～ 0.28 深 0.2	黄土和碎石屑	无	3.6	
FD3	第③ D 层褐色碎石层下	第 11 窟门外西侧，1992T610 北隔梁下偏西	长方形	长 0.42 宽 0.26 深 0.35	碎石和黄土	无	3.5	
FD4	第①层扰土层下	第 12 窟中央窟门外，1992T609	长方形	长 0.36 宽 0.3 深 0.28	碎石和黄土	无	5.7	
FD5	第② B 层黄土层下	第 13 窟门外中央，1992T606 关键柱下	长方形	长 0.37 宽 0.28 深 0.35	碎石屑和黄土	无	10.25	
FD6	第①层扰土层下	第 12 窟门外东南侧，FD3 的西南方向，1992T609	长方形	长 0.39 宽 0.34 深 0.28	砂土和碎石屑	无		北距 FD3 中心间距 3.18 米
FD7	第①层扰土层下	第 12 窟中央窟门外南部，1992T608 东隔梁下偏南	长方形	长 0.42 宽 0.32 深 0.34	黑色扰土	无	4.55	
FD8	第③ C 层黄土层下	第 12 窟前西南侧，1992T608 西南部	长方形	长 0.34 宽 0.32 深 0.26	木炭末和烧黑的土	无	4.1	
FD9	第③ D 层褐色碎石层下	第 11 窟门外东南侧，1992T533 北部偏东	长方形	长 0.36 宽 0.32 深 0.34	黄土和碎石屑	无		北距 FD1 中心间距 5.40 米
FD10	第③ D 层褐色碎石层下	第 11 窟门外南部，1992T532 东北角	长方形	长 0.36 宽 0.32 深 0.34	石块、碎石屑、扰土	无	4	
FD11	第①层扰土层下	第 11 窟前西南侧，1992T531 关键柱下	长方形	长 0.34 宽 0.27 深 0.31	黄土	无	4.15	
FD12	第①层扰土层下	第 12 窟东窟门外西南侧，1992T531 北隔梁下偏西	长方形	长 0.36 宽 0.25 ～ 0.26 深 0.3	黄土	无	3.65	
FD13	第② B 层黄土层下	第 12 窟中央窟门外南部，1992T530 北隔梁下偏东	长方形	长 0.34 宽 0.3 深 0.3	黑色扰土	无	2.9	
FD14	第② B 层黄土层下	第 12 窟西窟门外西南侧，1992T530 北隔梁下偏西	长方形	长 0.34 宽 0.28 深 0.25	黑黄土和碎石屑	无	3.3	

编号	开口层位	位置	平面形状	尺寸	填土及包含物		中心间距	备注
					填土	包含物		
FD15	第③D 层褐色碎石层下	第 13 窟门外东南侧，1992T529 北隔梁下	圆角方形	长 0.36 宽 0.27 深 0.22 ～ 0.37	黄土和碎石屑	无	2.2	
FD16	第②B 层黄土层下	第 13 窟门南部，1992T528 关键柱下	长方形	长 0.33 宽 0.28 深 0.16 ～ 0.18	黄土及碎石屑	无	3.95	
FD17	第②B 层黄土层下	第 13 窟前西南，1992T528 北隔梁下	长方形	长 0.35 宽 0.26 深 0.22 ～ 0.25	黄土及碎岩屑	无	3.85	
FD18	第③D 层褐色碎石层下	第 13-4 窟前东南，1992T605 南、T527 北隔梁下	长方形	长 0.33 宽 0.26 深 0.23	黄土及碎石屑	无	2.8	
FD19	第③D 层褐色碎石层下	第 13-4 窟东窟门南，1992T604 东南角	长方形	长 0.32 宽 0.33 深 0.17	黄土及碎石块	无	4.05	
FD20	第③D 层褐色碎石层下	第 13-4 窟前西南侧，1992T603 东南角	长方形	长 0.35 宽 0.28 深 0.18	不明	无	4.15	
FD21	第③D 层褐色碎石层下	第 13-4 窟前西南侧，1992T603 南部偏中	长方形	长 0.39 宽 0.30 深 0.19	不明	无	1.57	

（2）第 2 排

3 个。

D2　位于 1992T611 内，第 11 窟东侧外立壁前，北距第 11 窟东侧外立壁 0.62 米。开口于第①层扰土层下。平面呈圆形，西南角被辽金 X1 打破。直壁，平底。填土为扰土。直径 0.28、深 0.18 米（彩版一九八，1）。

D3　位于 1992T611 内，第 11 窟东侧外立壁前，北距第 11 窟东侧外立壁 0.66 米。开口于第①层扰土层下。平面呈圆形，直壁，平底，底部向东略有延伸。填土为扰土。直径 0.18、深 0.23 米（彩版一九八，2）。

D4　位于 1992T611 内，第 11 窟门前东侧，北距 D1 中心间距 0.8 米。压在辽金铺砖下，开口于第③D 层褐色碎石层下。平面呈圆形，直壁，平底。填土为黄土和碎石屑。直径 0.16、深 0.2 米（彩版一九八，2）。

（3）第 3 排

5 个。

D5　位于 1992T611 内，第 11 窟东侧外立壁前，北距第 11 窟东侧外立壁 1.28 米，东距第 11 窟外立壁南折的东壁 0.08 米。开口于第①层扰土层下。平面呈圆形，北侧凿一方口，直壁，平底。内填扰土。直径 0.18、深 0.13 米（彩版一九八，1）。

D6 位于 1992T611 内，第 11 窟东侧外立壁前，北距第 11 窟东外立壁 1.28 米，与 D5 中心间距约 0.46 米。位于 FD1 南部，与 FD1 中心间距 0.6 米。开口于第①层扰土层下。平面呈圆形，弧壁，底部略向下凹。内填扰土。直径 0.12、深 0.11 米（彩版一九八，1）。

D7 位于 1992T611 内，第 11 窟门前东侧，北距 D4 中心间距 0.95 米。压在辽金铺砖下，开口于第③ D 层褐色碎石层下。平面呈圆形，直壁，平底。填土为碎石屑。直径 0.26、深 0.21 米（彩版一九八，1）。

D8 位于 1992T610 内，第 11 窟门前西侧，东距 D7 中心间距 2.52 米。压在辽金铺砖下，开口于第③ D 层褐色碎石层下。平面呈圆形，壁略斜，平底。填土为深黄土和碎石屑。直径 0.2、深 0.27 米（彩版一九八，2）。

D9 位于 1992T610 内，第 11 窟前西南，东距 D8 中心间距 2.64 米。FD3 南侧，与 FD3 中心间距 1.7 米。压在辽金铺砖下，开口于第③ D 层褐色碎石层下。平面呈圆形，壁略斜，平底。填土为深黄土和碎石屑。直径 0.34、深 0.29 米（彩版一九八，1）。

（4）第 4 排

2 个。

D10 位于 1992T611 内，第 11 窟前偏东南，北距第 11 窟外立壁 3.68 米。压在辽金铺砖下，开口于第③ D 层褐色碎石层下。平面呈圆形，直壁，平底。填土为黄土和碎石屑。直径 0.26、深 0.23 米。

D11 位于 1992T610 内，第 11 窟前偏西南，北距第 11 窟外立壁 3.36 米，东距 D10 中心间距为 4.44 米。压在辽金铺砖下，开口于第③ D 层褐色碎石层下。平面呈圆形，斜壁略内收，平底。填土为深黄土和碎石屑。直径 0.31、深 0.25 米（彩版一九八，1）。

（5）第 5 排

1 个。D12 是位于第 11 窟前最南端的小柱洞。

D12 位于 1992T532 内，第 11 窟门南部。北距 D10 中心间距 5.4 米。开口于第③ D 层褐色碎石层下。平面呈圆形，弧壁，圜底。填土为深黄土。直径 0.2、深 0.06 ～ 0.14 米。

2. 第 12 窟前

2 个。

D13 位于 1992T609 内，北距第 12 窟门台阶 1.92 米。开口于第①层扰土层下。柱洞口部因岩石剥落呈敞口状，平面呈圆形，直壁，平底。填土为细黄土。口部直径 0.36 米，底部东西长 0.22、南北宽 0.24、深 0.54 米。

D14 位于 1992T608 内，北距第 12 窟门台阶 1.76 米。开口于第①层扰土层下。平面呈圆形，直壁，平底。洞内壁凿痕明显，凿痕宽 0.04 ～ 0.05 米。填土为黄土。直径 0.33、深 0.26 米。

3. 第 13 窟前

3 个。

D15 位于 1992T607 内，北距第 13 窟东侧外立壁 2 米。开口于第①层扰土层下。平面呈圆形，直壁，平底。填土为黄土及少量碎石。直径 0.18、深 0.12 ～ 0.13 米。

D16 位于 1992T607 内，北距第 13 窟东侧外立壁 2.1 米。开口于第①层扰土层下。平面呈长方形，口部东高西低，弧壁内收，平底。填土为黄土。洞口边长 0.2、底部边长 0.09、深 0.04 ～ 0.06 米。

D17　位于 1992T607 内，北距 D16 约 0.3 米。开口于第①层扰土层下。平面呈长方形，北壁略斜，南壁较直，底部不甚平整。填土为黄土。东西长 0.27、南北宽 0.2、深 0.04 ～ 0.06 米。

4. 第 13-4 窟前

4 个。窟外立壁东西向分布有一排小柱洞，均开口在辽金铺砖面下。

D21　位于 1992T605 内西部，北距第 13-4 窟东侧立壁 0.6 米。开口于第③ D 层褐色碎石层下。平面呈圆形，直壁，底部北高南低。填土为黄土和碎石屑。直径 0.22、深 0.08 ～ 0.12 米。

D22　位于 1992T604 内东北部，北距第 13-4 窟门东立柱 1.7 米。开口于第③ D 层褐色碎石层下。平面呈圆形，北壁较直，其余三壁略倾斜，平底。填土为碎石屑。口径 0.32、底径 0.2、深 0.19 米。

D23　位于 1992T604 北部基岩台地上，北距第 13-4 窟门西立柱 1.5 米，东距 D22 中心间距 2.2 米。开口于第③ B 层黄土层下。平面呈圆形，底呈坡状，南边几乎与基岩齐平。洞内用白灰色石屑夯实。北边深 0.16 米，东西直径 0.32、南北直径 0.3 米。

D24　位于 1992T603 北部基岩台地上，北距第 13-4 窟门西立柱 1.1 米，东距 D23 中心间距 2.6 米。开口于第③ D 层褐色碎石层下。平面呈圆形，直壁，平底。洞内用砂土、碎石屑填满夯实。直径 0.29、深 0.04 米。

（三）其他柱洞

5 个。分布杂乱，大小不一，功能不清。发现于辽金铺砖地面下，可能早于辽金或属同时期。从东至西叙述：

D18　位于 1992T605 内北部较高的基岩台地上，第 13 窟与第 13-4 窟之间的基岩台地上。平面呈不规则圆形，因基岩地势关系，北高南低，西高东低。洞内壁凿痕明显，宽约 0.02 米。填土为黄土。直径 0.39 ～ 0.46、深 0.24 ～ 0.48 米。

D19　位于 1992T605 内北部较高的基岩台地上，第 13 窟与第 13-4 窟之间的基岩台地上。平面呈方形，斜壁内收，平底，南边因基岩落差仅存左下角的部分。柱洞内壁色黑，似火烧痕迹。填土为黑色土。长 0.42、宽 0.42、深 0.1 米。

D18、D19 可能为取石所开凿的洞子。

D25　位于 1992T527 东隔梁，北距 FD17 中心间距 1.9 米。开口于第③ D 层褐色碎石层下。由北至南逐渐变浅，南壁与基岩持平。长 1.2、宽 0.68 ～ 0.77、最深处 0.32 米。坑内填土为黄土和碎石屑。功能不明。

D26　位于 1992T604 内，北距第 13-4 窟东立柱 3.2 米。开口于第③ B 层黄土层下。平面呈圆形，洞壁略斜，平底。口径 0.84、底径 0.8、深 0.5 ～ 0.6 米。洞内填土为黄土，含少量石屑。

D28　位于 1992T604 内，北距第 13-4 窟西立柱 3.6 米。开口于第③ B 层黄土层下。洞较浅，底部不甚平整。直径 1、深 0.01 ～ 0.05 米。底部正中还有一锥形柱洞，直径 0.13 ～ 0.14、深 0.03 米。

二　地层出土遗物

发掘出土北魏遗物主要有建筑材料、石雕造像、生活生产用具等。另 1992T427 内出土一件动物骨骼（T427 ④：2）。

（一）建筑材料

主要有北魏时期的板瓦、檐头筒瓦、筒瓦和莲花建筑饰件等。

窟前遗址考古发掘出土的瓦件，因胎质、工艺的不同，分四大类。此区域见甲、乙、丙三类。甲类胎质夹砂且粗糙，胎土烧结成小团，厚薄不均。布纹细密，烧制紧致，有灰色、红色两种。乙类为夹砂灰陶，见粗砂颗粒及细小的白色石英颗粒。布纹较粗，烧制紧密。丙类灰陶，胎质细腻，不见砂粒。磨光呈灰黑色，布纹较为细密。

1. 甲类

12 件。胎质粗糙，厚薄不均。筒瓦凸面留存拍打坯体时的绳纹。凹面布纹细密，略有抹平。与第 14 ～ 20 窟前出土的大量甲类瓦质相同。

（1）板瓦

2 件。山顶遗址出土灰陶板瓦根据凹面是否压光分两型。A 型凹面压光，B 型凹面布纹，未压光。根据宽端装饰不同，又各自分两亚型。此区域见 Aa 型。

A 型　2 件。凹面压光。

Aa 型　2 件。宽端处凸面用手指压印波状纹，相应的凹面也有手指肚的印痕。

标本 1992T525 ③ A：1，凹面刮平，留有纵向刮痕及少量布纹，宽端处渐薄，凹面手指压痕较浅，凸面留有绳纹陶拍痕迹。厚 1.1 ～ 1.3 厘米（图二二八，1）。

标本 1992T525 ③ A：2，凹面距压痕端头约 8 厘米处有一道凹槽。侧面全切并修整，凸面二次切削。凸面存长 14、宽 8 厘米略呈方形的绳纹痕迹，推测陶拍的面积为 8 厘米 ×8 厘米，厚 1.5 厘米（图二二八，2；彩版二〇一，1）。

（2）筒瓦

8 件。山顶遗址灰陶筒瓦根据凸面是否压光分两型。A 型凸面压光，B 型凸面未压光，可见横向修整刮痕。此区域见 A 型。

A 型　8 件。胎质同板瓦，凹面布纹经纬细密，凸面多抹平，有竖向刮削修整痕迹，有的有磨光迹象。凸面瓦身与瓦舌相接处瓦身向内收缩，瓦舌内凹，肩部微呈凹槽状。侧面多半切，分割后破面未加修整。相对一端瓦身两侧削薄抹平略外撇，端头平齐。

标本 1992T525 ③ A：3，侧面切痕 1/4。瓦尾一端凹面抹平且修薄。厚 1.1 ～ 1.3 厘米（图二二八，3；彩版二〇一，2）。

标本 1992T525 ③ A：5，存瓦舌一端。凸面压光，侧面切痕 1/3，破面未修整。瓦舌平面呈梯形，略长。瓦身厚 2.2、瓦舌长 7、厚 1.8 厘米（图二二八，4；彩版二〇一，3）。

标本 1992T525 ③ A：10，存筒瓦尾一角。侧面切痕 1/4。瓦头一端凹面抹平修薄且磨损。厚 1.9 ～ 2.2 厘米。

标本 1992T525 ③ A：4，瓦身残片。厚 0.8 ～ 1 厘米（图二二八，5）。

标本 1992T525 ③ A：11，瓦身残片，侧面切痕 1/4。厚 1.8 ～ 2 厘米（图二二八，6）。

（3）莲花建筑饰件

1 件。山顶遗址莲花建筑饰件根据莲瓣数量及莲瓣特征分两型。A 型莲瓣高凸。B 型莲瓣扁平。此区域见 B 型。

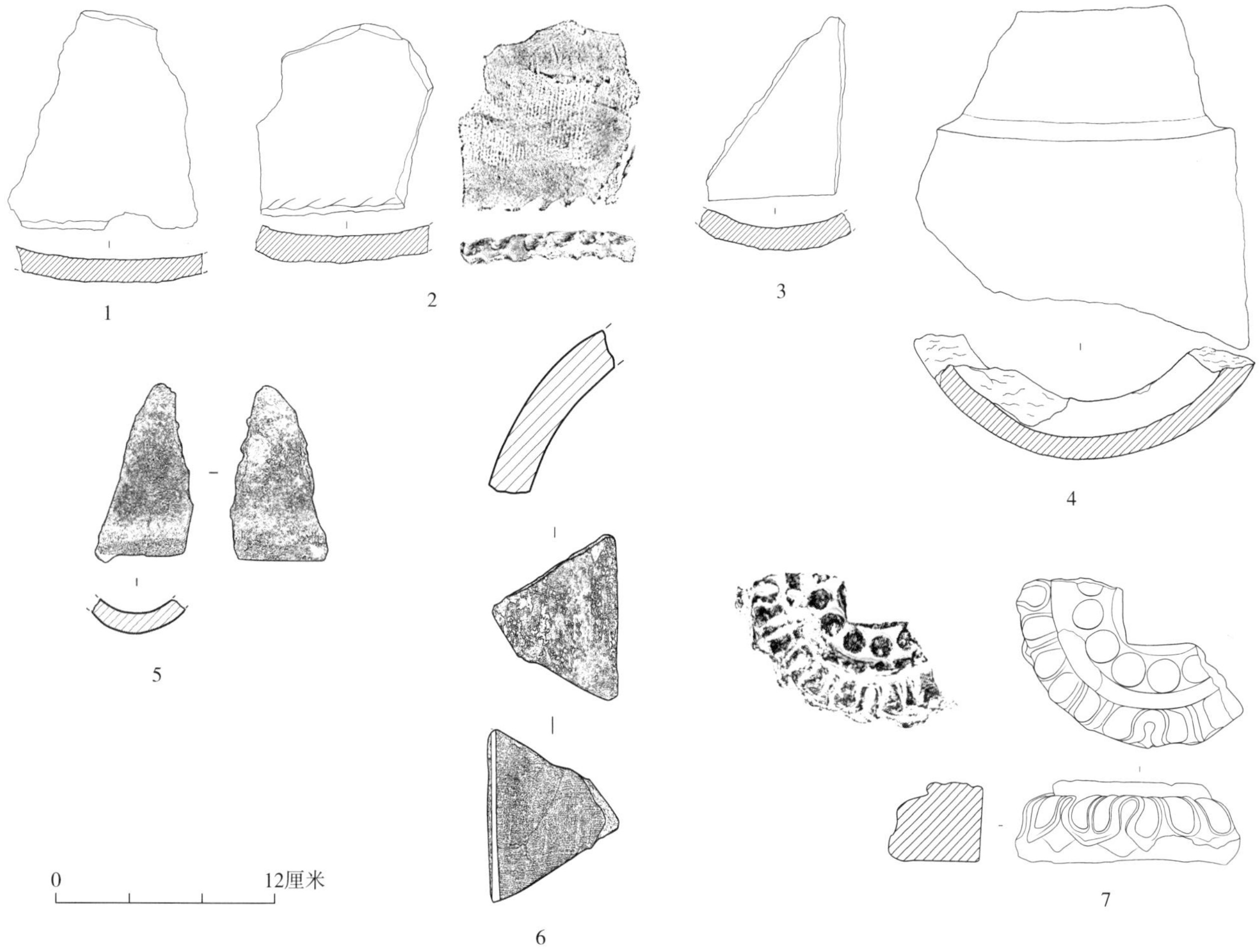

图二二八　第 11 ～ 13-4 窟前地层出土北魏时期甲类建筑材料

1、2.Aa 型板瓦 1992T525 ③ A：1、1992T525 ③ A：2　3 ～ 6.A 型筒瓦 1992T525 ③ A：3、1992T525 ③ A：5、1992T525 ③ A：4、1992T525 ③ A：11　7.B 型莲花建筑饰件 1992T525 ①：2

B 型　1 件。莲瓣扁平。

标本 1992T525 ①：2，残。火候较高，烧成坚致。平面呈圆形，覆盆柱础状，底部平坦。中央凸起的圆形内穿方孔，孔周平面饰联珠纹及一周凸棱。外围稍低，圆雕一周莲瓣，复原为 8 个复瓣双层莲瓣，上下层的每个瓣尖之间削成弧状。联珠及侧面的莲瓣肉被抹平。莲瓣涂红彩。直径约 14、中心厚 4、周边厚 3 厘米（图二二八，7；彩版二〇一，4）。

2. 乙类

檐头筒瓦

1 件。当面为“传祚无穷”瓦当。山顶遗址“传祚无穷”瓦当分两型，此区域发掘出土的“传祚无穷”瓦当据边轮的差异和当面文字不同为 C 型。

C 型　1 件。

标本 1992T427 ④：1，以“井”字形界格划分当面，井字中央饰大乳丁，在“井”字的上下左右四字平均摆布，四角扇形区又各饰一个小乳丁。当面与边轮间、大小乳丁均绕有凸棱圆圈。烧成

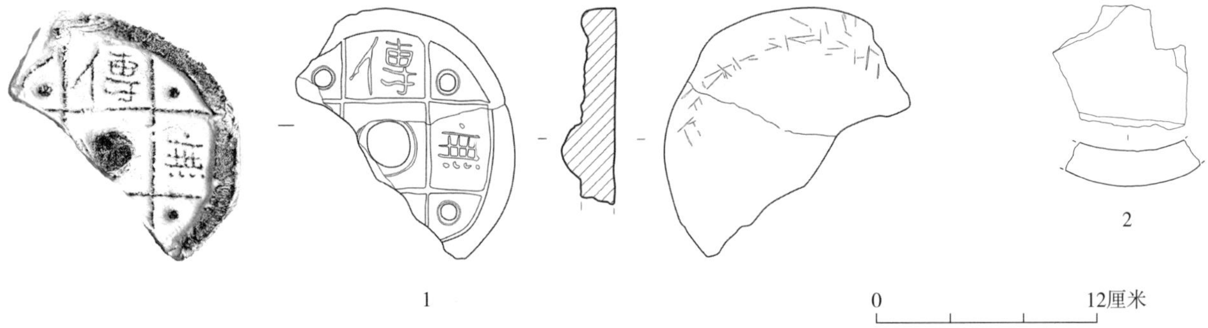

图二二九　第11～13-4窟前地层出土北魏时期建筑材料

1. 乙类C型檐头筒瓦 1992T427④：1　2. 丙类筒瓦 1992T529①：4

紧致，磨损严重。标本仅存“传”“无”两字。当面边缘与边轮间的凸棱圈被挤到边轮内壁。楷书“傳□無□”，“傳”字下部寸字的点为波浪状横线，“無”字右上部无“丿”为点状。边轮高窄。背面与筒瓦衔接处有斜向交错的划痕，显杂乱。直径14、厚1.4、当心厚2.8、边轮宽1、高0.4厘米（图二二九，1；彩版二〇二，2）。

3. 丙类

筒瓦

1件。

标本1992T529①：4，残。胎质细腻，不见砂粒。凸面磨光呈黑色，凹面布纹较为细密。瓦身有方形残切口，可能为瓦钉孔。残长12.8、厚1.9厘米（图二二九，2；彩版二〇一，5）。

（二）石雕造像

菩萨身像

1件。

标本1992T604②A：10，砂岩质。高雕。仅存上半身，无头，颈佩圆板形饰，中央垂珠，右肩部还可见一绺发辫。帔帛覆肩，交叉于腹前穿环，腹部见裙腰，衣纹呈阶梯状。右小臂残，左肘曲，小臂前举，可见所搭披帛。残像颈部、右胸部、左手臂凿小圆孔，可能曾有过修复。残高49.6、宽44.8厘米（图二三〇；彩版二〇二，1）。

（三）生活生产用具

1. 陶器

山顶遗址北魏陶罐据颈部长短及罐身不同分两型，A型矮颈。B型长颈。其中B型根据口部不同分两亚型，Ba型平沿敞口，Bb型盘口。本区域见Ba型。

陶罐

1件。

Ba型　窄平沿。

标本1992T528②A：6，存口颈部。泥质灰陶，方圆唇，窄平沿，束颈。沿面、颈部修整光滑，沿面内侧划一周弦纹。口径10.3、壁厚0.5～0.8、残高4.4厘米（图二三一）。

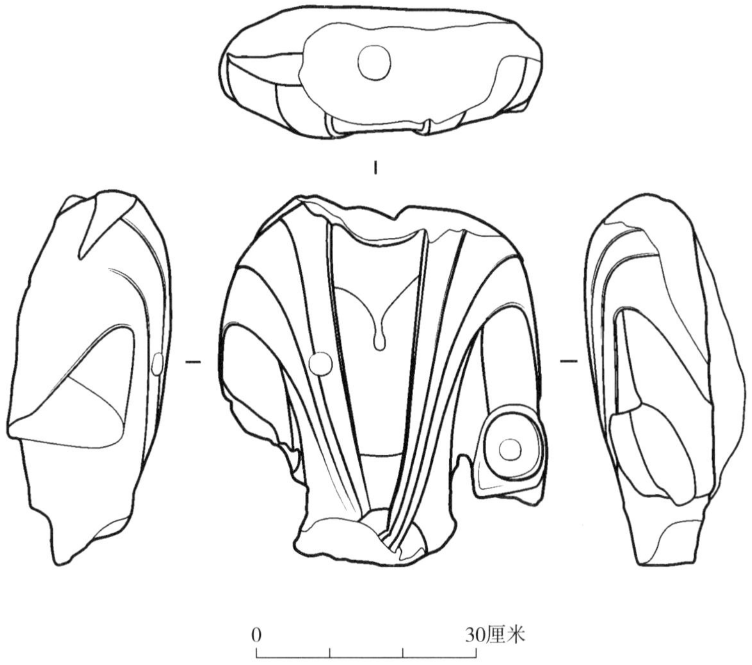

图二三〇　第 11 ～ 13-4 窟前地层出土北魏菩萨身像 1992T604 ② A ： 10

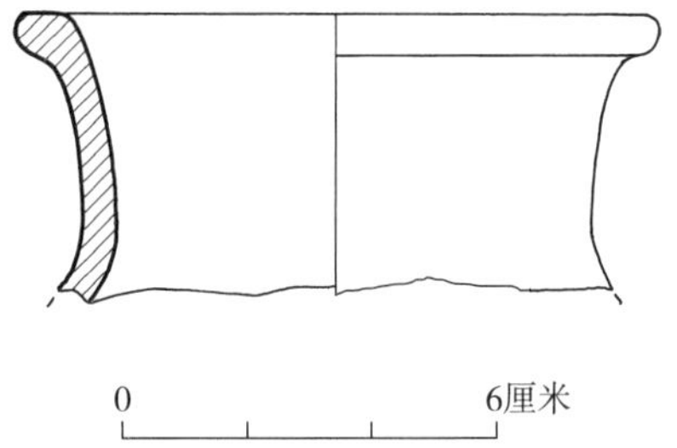

图二三一　第 11 ～ 13-4 窟前地层出土北魏 Ba 型陶罐 1992T528 ② A ： 6

2. 铁器

铁凿

1 件。

标本 1992T533 ④：1，四棱状，上粗下细，略弯曲。残长 10、断面边长 1.3 ～ 2 厘米（彩版二〇一，6）。

三　2013 年窟前采集遗物

采集北魏时期遗物主要有建筑材料、陶器等。

（一）建筑材料

主要有板瓦、檐头筒瓦、筒瓦和莲花建筑饰件等。

1. 甲类

2 件。

筒瓦

2 件。

A 型　2 件。凹面布纹经纬细密，凸面多抹平，有竖向刮削修整痕迹，有的有磨光迹象。

标本 2013 窟前采：1，灰陶，胎质夹黑砂及白色石英小颗粒。布纹微粗，烧制紧密。凸面瓦舌与瓦身相接处呈弧状，肩部略内凹。凸面有黑色磨痕。侧面切痕 1/5 左右。残长 20.5、瓦身厚 1.6 ～ 2、瓦舌长 5.7、厚 1.7、肩高 1.3 厘米（彩版二〇三，1）。

标本 2013 窟前采：307，凸面瓦舌与瓦身相接处呈直角状，肩部齐直。凸面有磨光痕。残长 19、瓦身厚 1.9 ～ 2.2、瓦舌长 6.3、厚 1.3、肩高 1.7 厘米（彩版二〇三，2）。

标本 2013 窟前采：3，胎体薄，瓦舌较长。瓦身厚 1.5、瓦舌长 5.6、厚 1.5、肩高 1.1 厘米。

2. 乙类

20 件。

（1）板瓦

Aa 型　8 件。夹砂灰陶，胎体含粗砂颗粒及细小的白色石英颗粒，烧制紧密。凹面布纹略粗。胎体较薄。

标本 2013 窟前采：236，胎体含小白砂颗粒较多。宽端处凸面用手指压印波状纹，相应的凹面也有手指印痕，凹面距端头约 12 厘米处抹平修整，涂白彩，近端头部分削薄。侧面半切，破面略修整。残长 16、厚 2 厘米（彩版二〇三，3）。

标本 2013 窟前采：233，凹面布纹不清，宽端头变薄，凹面明显可见大拇指斜向压痕，相应凸面有手指压痕，有的拇指间还有一个小型指肚的压痕，侧面半切。残长 12.3、厚 2.5 厘米（彩版二〇三，4）。

标本 2013 窟前采：235，瓦片微弧，凹面布纹较细，宽端头变薄，凹面明显可见手指斜向压痕，相应凸面有手指肚斜向压痕，凹面可辨泥条宽约 5.5 厘米，侧面切痕近 1/5。残长 21.5、厚 2.3 厘米（彩版二〇三，5）。

标本 2013 窟前采：10，红胎，凸面可见多个弧形指甲痕迹。残长 10.3、厚 2 厘米（彩版二〇三，6）。

标本 2013 窟前采：29，胎质较细，砂粒少。宽端处凸面用手指压印呈波状纹，相应的凹面也有手指肚的印痕，凹面布纹较粗，有斜向刮痕。残长 6.5、厚 1.6 厘米。

（2）筒瓦

9 件。胎质同板瓦。

A 型　1 件。

标本 2013 窟前采：5，胎体灰红色。凸面瓦舌与瓦身相接处的肩部略内凹。凸面有压光磨痕。侧面切痕近 3/4 左右。残长 11.7、瓦身厚 1.5 ～ 2.5、瓦舌长 5、厚 1.5、肩高 1.3 厘米（彩版二〇四，1）。

B 型　8 件。

标本 2013 窟前采：6，凹面布纹较粗，凸面瓦舌与瓦身相接处的肩部略内凹，瓦舌中部鼓出。残长 14、瓦身厚 1.5、瓦舌长 5、厚 1.4、肩高 1 厘米。

标本 2013 窟前采：3，胎体薄，瓦舌较长。残长 19.5、瓦身厚 1.5、瓦舌长 5.6、厚 1.5、肩高 1.1 厘米（彩版二〇四，2）。

标本 2013 窟前采：256，瓦尾抹薄不见布纹，尾端齐切。残长 12、瓦身厚 1.04、尾端厚 0.7 厘米（彩版二〇四，3）。

（3）檐头筒瓦

2 件。当面为“传祚无穷”。山顶遗址“传祚无穷”瓦当分两型，此区域采集品为 A 型。

标本 2013 窟前采：237，边轮高窄。残存较少，仅存“無”字一角及上部的扇形区，“無”字靠近边轮，不易辨型。相接的筒瓦布纹较粗，侧面齐切。直径 17、厚 0.9、边轮宽 1.2、高 0.8、筒瓦厚 1.7 厘米（图二三二，1；彩版二〇四，4）。

A 型　1 件。

标本 2013 窟前采：238，仅存“無”字及上下乳丁。边轮低窄，当面与边轮间、大小乳丁绕的凸棱圆圈明显，扇形区小乳丁的圈线不圆，小乳丁较小。“無”字左侧“ノ”为一条短竖线与其下部的笔画相连，笔画也不齐整，当面其他部分各种线条众多，且不平。与筒瓦相接处修抹，筒瓦凸面有纵向修整痕迹，侧面齐切。直径 14、厚 1.4、边轮宽 0.8、高 0.2 ～ 0.5、筒瓦厚 2.4 厘米（图二三二，2；彩版二〇四，5）。

（4）莲花建筑饰件

Aa 型　1 件。

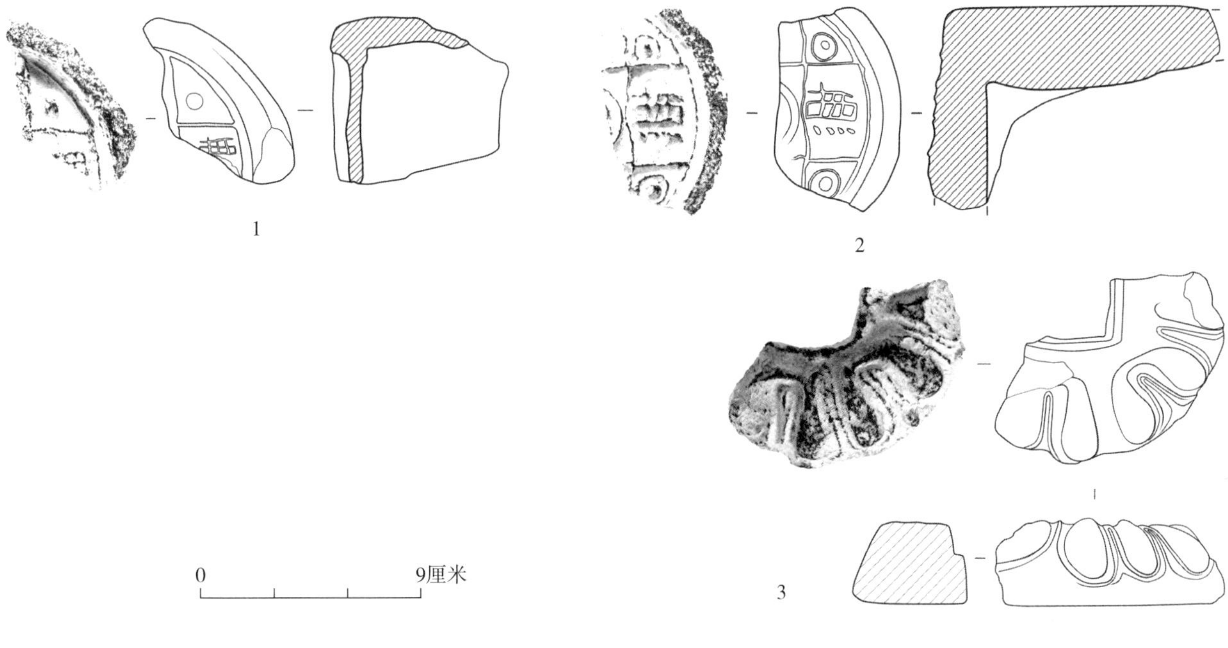

图二三二　第 11 ～ 13-4 窟前采集北魏时期乙类建筑材料

1. 檐头筒瓦 2013 窟前采：237　2.A 型檐头筒瓦 2013 窟前采：238　3.Aa 型莲花建筑饰件 2013 窟前采：239

标本 2013 窟前采：239，胎质含有砂粒及白色小石英颗粒。平面呈圆形，覆盆柱础状，底部平坦。中央有方孔，外围莲瓣组成团莲。中央方孔孔周上层较平。方孔分两层，孔身断面呈倒“凸”字状。残存 2 个半双莲瓣，瓣根呈双线组成的水滴状，双瓣间为双线。底部边缘斜削一周修整，致使瓣尖及下一层的瓣尖回折。直径约 13、厚 2.9 厘米（图二三二，3；彩版二〇四，6）。

（二）生活生产用具

陶器

6 件。有陶罐、陶盆、陶钵。2013 年采集于第 13 窟前。

（1）陶盆

3 件。山顶遗址北魏陶盆分两型，此处为 Ba 型方圆唇，其中 2 件仅存腹部，无法分型。

Ba 型　1 件。

标本 2013 窟前采：276，沿面宽平，斜上倾，外沿唇部上折。口沿与器内壁相接处转折明显，与器外部相接处呈钝角。壁厚 0.6 ～ 0.9、残高 2.8 厘米（图二三三，1；彩版二〇五，1）。

标本 2013 窟前采：278，斜壁，内壁滚印方格纹带，四行方格为一组，残存三组。壁厚 0.6 ～ 0.8、残高 5.8 厘米（彩版二〇五，2）。

标本 2013 窟前采：277，器内壁滚印方格纹带，四行方格为一组。壁厚 0.8、残高 3.7 厘米（图二三三，2；彩版二〇五，3）。

（2）陶罐

2 件。其中 1 件仅存罐身。山顶遗址北魏陶罐据颈部长短分两型，此处见 A 型。

A 型　1 件。矮颈。

标本 2013 窟前采：279，夹砂陶，黑灰色，直口，方唇，束颈，溜肩。口径 18、壁厚 0.6、残高 4.2 厘米（图二三三，3；彩版二〇五，4）。

标本 2013 窟前采：305，泥质陶，仅存腹部。外壁上下各两周凹弦纹内滚印忍冬纹带，壁面磨光。壁厚 0.5 ～ 0.6、残高 4.2 厘米（图二三三，4；彩版二〇五，5）。

（3）陶钵

1 件。

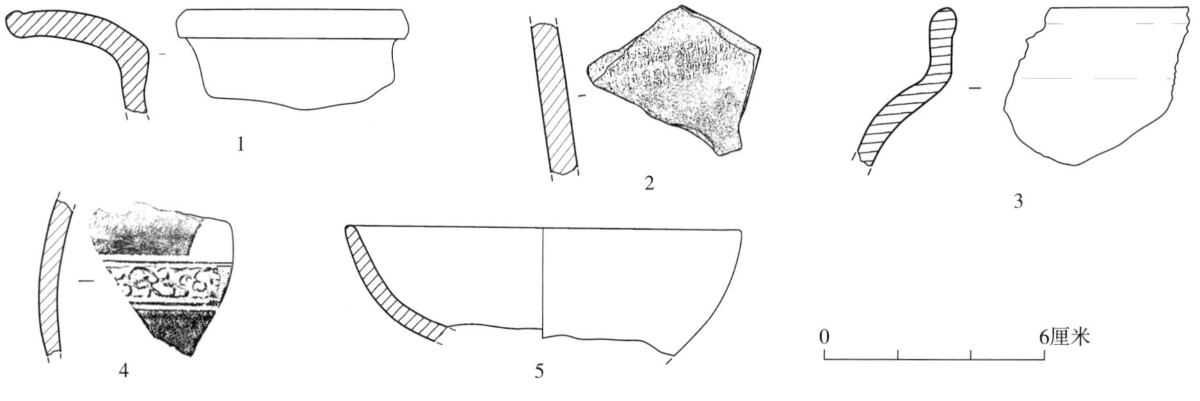

图二三三　第 11 ～ 13-4 窟前采集北魏时期生活用具

1.Ba 型陶盆 2013 窟前采：276　2. 方格纹陶盆腹部残片 2013 窟前采：277　3、4.A 型陶罐 2013 窟前采：279、2013 窟前采：305　5. 陶钵 2013 窟前采：280

标本 2013 窟前采：280，灰陶。敞口，方唇，弧壁。口径 10.9、壁厚 0.3 ～ 0.5、残高 3.3 厘米（图二三三，5；彩版二〇五，6）。

四　2013 年第 12 窟前探沟采集遗物

（一）建筑材料

陶质建筑材料分两类（彩版二〇六，1）。

1. 甲类

筒瓦

A 型　2 件。凸面压光。

标本 2013 探沟采：238，灰陶胎，胎质夹黑砂及白色石英小颗粒。布纹微粗，烧制紧密。凸面瓦舌与瓦身相接处呈弧状，肩部略内凹。凸面有黑色磨痕。侧面切痕 1/5 左右。残长 20、瓦身厚 2.1、瓦舌长 5.4、厚 1.5、肩高 7.9 厘米。

标本 2013 探沟采：234，残长 24、瓦身厚 2、瓦舌长 4.4、厚 1.4、肩高 10.1 厘米。

2. 乙类

筒瓦

B 型　3 件。凸面未压光。

标本 2013 探沟采：237，凹面布纹较粗，凸面瓦舌与瓦身相接处的肩部略内凹，瓦舌中部鼓出。残长 12、瓦身厚 1.6、瓦舌长 5.1、厚 1.4、肩高 4.9 厘米。

标本 2013 探沟采：239，瓦舌残，尾端齐切。残长 20、厚 0.9 ～ 1.8、高 4.4 厘米。

（二）生活生产用具

1. 石器

（1）石磨盘

1 件。

标本 2013 探沟采：203，中心穿孔，一面有磨槽，直径 34、厚 6.3 厘米，轴孔直径 3.3 厘米（图二三四，1；彩版二〇六，2）。

（2）石夯

4 件。

标本 2013 探沟采：517，圆柱形，顶面中央钻孔，一侧面损，底残。直径 11、孔径 3、深 5.6、残高 11 厘米（图二三四，2；彩版二〇六，3）。

标本 2013 探沟采：218，圆柱形，顶面中央钻孔。直径 10、高 11.5 厘米（图二三四，3；彩版二〇六，4）。

标本 2013 探沟采：219，圆柱形，未见中央圆孔。直径 6.4、高 10 厘米（图二三四，4；彩版二〇六，5）。

标本 2013 探沟采：220，圆柱形，上大下小，顶面中央钻孔，底破损。直径 7.5 ～ 10.4、孔径 2.5、高 19 厘米（图二三四，5；彩版二〇六，6）。

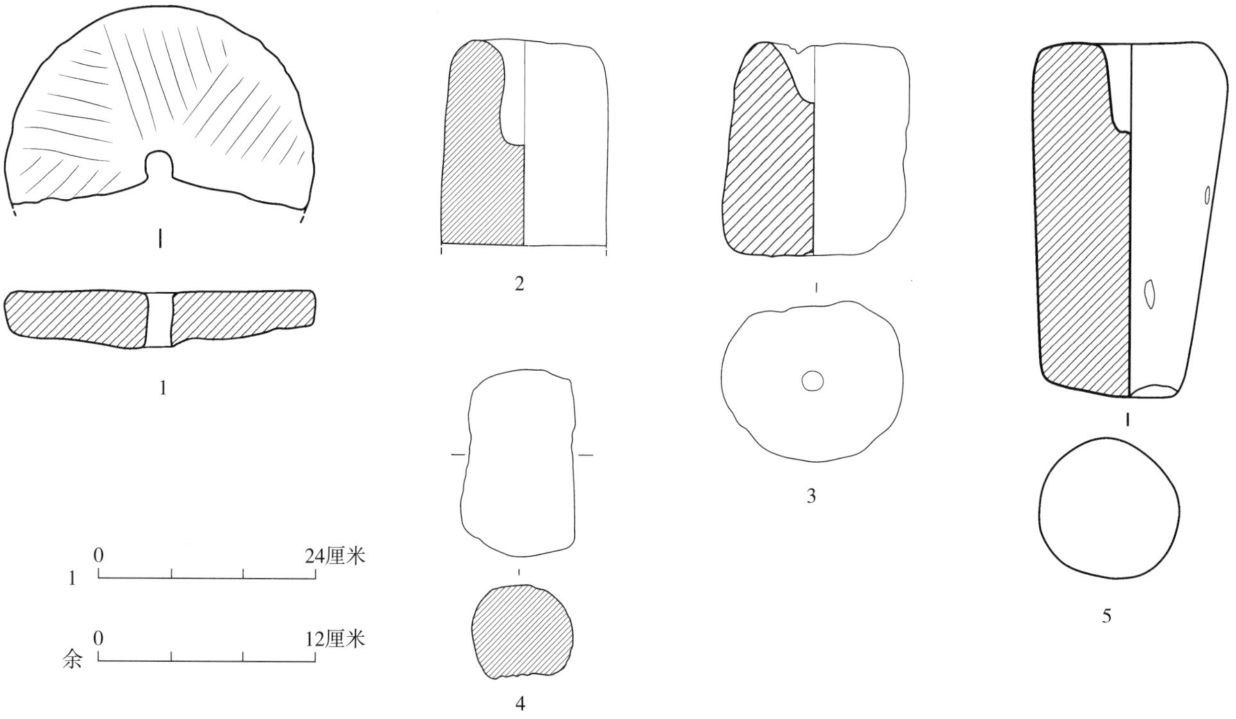

图二三四 第12窟前探沟采集北魏时期生活生产用具

1. 石磨盘2013探沟采：203 2～5. 石夯2013探沟采：517、2013探沟采：218、2013探沟采：219、2013探沟采：220

第四节 唐代文化遗存

生活生产用具

瓷器

此发掘区域无明显唐代地层，也无唐代遗迹，出土2件唐代瓷器。

白釉碗

2件。

标本1992T525②B：6，残存口部。口部略向外撇，圆唇，弧腹。胎色浅灰，胎体坚致，有极细小气孔。内壁及口沿部上化妆土，内壁釉面泛青白；外壁呈青灰色，釉面光洁，有细碎冰裂纹。内壁口沿处有一处粘烧痕。口径10、壁厚0.5～0.8、残高4厘米（图二三五，1）。

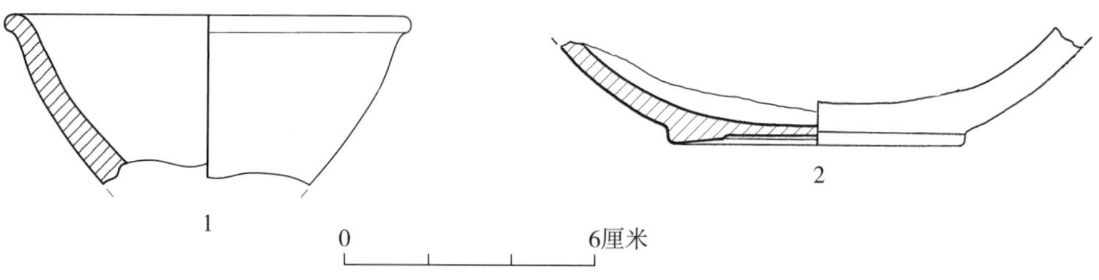

图二三五 第11～13-4窟前地层出土唐代白釉碗

1、2. 白釉碗1992T525②B：6、1992T525①：3

标本 1992T525 ①：3，残存腹、底局部。浅弧腹，玉环形底足，挖足较浅，足墙微斜，外高内低，足沿斜切。胎色洁白，胎质细腻紧致。内外施白釉，白釉泛青，内施满釉，外釉至足墙，足沿及足心无釉，釉层中满布细小气泡，釉面平整光洁。底径 7、壁厚 0.48、残高 2.8 厘米（图二三五，2）。

第五节　辽金时期文化遗存

该发掘区域在第② B 层明清、民国时期文化层下清理发掘出柱穴和铺砖地面。地面上的柱穴多与窟外立壁上的长方形梁孔相对应。1992 年发掘时第 13 窟门两侧及第 12 窟门外西侧为 20 世纪 70 年代砌筑的长方形水泥台阶，当时并未处理。2013 年修建窟檐建筑时挖掉台阶，发现了辽金 X4、辽金 X5 和辽金 X6，不见小柱洞。

一　窟前木结构建筑

（一）柱穴与柱础石

该区发现开凿于基岩上的方形大柱穴 11 个，有的柱穴内尚存柱础石，有的柱础石已失（图二三六）。

营造方式：先开挖深约 0.06 ～ 0.32 米的略正方形柱穴，安置正方形柱础石，铺砖面覆盖柱础石与柱穴间的柱槽，与柱础石上皮取平。柱穴大致可分南北两排，详述如下（表 8–2）：

1. 北排

6 个。于第 11、12、13 窟门两侧东西向有序排列，从东至西编号辽金 X1 ～辽金 X6（彩版二〇七）。

辽金 X1　由柱穴、柱础石两部分组成。位于 1992T611 内，第 11 窟门外东侧，与立壁上部的梁孔 L2 基本相对应，东距第 10 窟与第 11 窟壁之间的塔基西端 1.23 米。开口于第①层扰土层下。柱穴平面呈长方形，平底。东西长 1.25、南北宽 1.3、深 0.16 米。柱穴东北角打破柱洞 D2。柱础石置于柱穴内，砂岩质，平面呈正方形，边长 0.96、高 0.36 米，础面高出柱穴壁顶部 0.2 米。柱础石与柱穴壁之间有宽 0.2 米的柱槽，填土为深黄土和碎石屑（彩版二〇八，1、2，二〇九，1）。

辽金 X2　由柱穴、柱础石两部分组成。位于 1992T610 内，第 11 窟门外西侧，东距 X1 中心间距 4.8 米，与立壁上部的梁孔 L3 基本对应。开口于第①层扰土层下。柱穴平面呈长方形，侧壁微斜，平底，柱槽底部略向下凹。东西长 1.3、南北宽 1、深 0.12 ～ 0.16 米。柱础石置于柱穴内，砂岩质，平面呈长方形，东西长 0.96、南北宽 0.83、高 0.32 米，础面高出柱穴壁顶部 0.16 米。柱础石与柱穴壁之间有宽 0.2 米的柱槽，槽内填土为深黄土和碎石屑（彩版二〇九，2）。

辽金 X3　由柱穴、柱础石两部分组成。位于 1992T609 内东北，第 12 窟门外东侧，打破第 12 窟前东侧廊柱，其东距 X2 中心间距 3.7 米。开口于第①层扰土层下。柱穴平面近长方形，北侧壁平面为圆弧形。东西长 1.4、南北宽 1.23、深 0.18 米。柱础石置于柱穴内，砂岩质，平面呈长方形。东西长 0.99、宽 0.97、高 0.32 米。础面高出柱穴壁顶部 0.14 米。柱础石与柱穴壁之间的西侧、北侧与南侧有宽约 0.18 米的柱槽，槽内填土为深色土和碎石屑。东侧为现代水泥台（彩版二一〇，1、2，彩版二一一，1）。

表 8–2　第 11 ～ 13–4 窟辽金时期窟前建筑柱穴与柱础石统计表　（单位：米）

编号	柱槽					柱础石				础面高出柱穴边沿	中心间距	备注
	平面形状	长	宽	深	填土（放后）	平面形状	长	宽	高			
X1	长方形	1.25	1.3	0.16	深黄土和碎石渣	方形	0.96	0.96	0.36	0.2		
X2	长方形	1.3	1	0.12 ～ 0.16	深黄土和碎石渣	长方形	0.96	0.83	0.32	0.16	4.8	
X3	长方形	1.4	1.23	0.18	深色土和碎石渣	长方形	0.99	0.97	0.32	0.14	3.7	
X4	长方形	1.28	1.27	0.1	扰土	长方形	0.95	0.79	0.3	0.2	8.05	
X5	方形	1.14 ～ 1.36	1.04	0.1	扰土						4.3	
X6	长方形	1.16	1.08	0.12	扰土						4	
X7	长方形	1.2	1	0.06 ～ 0.08	被探沟扰动							
X8	马蹄形	1.25	0.8	0.01 ～ 0.04	扰土						4.65	
X9	长方形	1.27	1.32	0 ～ 0.32	黄土、岩石碎屑						21.8	东北角压在辽金铺砖地面下
X10	长方形	1.3	1.3	0.24	黄土和碎石						5.6	
X11	长方形	1.39	1.35	0.18 ～ 0.2	被探沟扰动						4.35	

辽金 X4　2013 年发现。由柱穴、柱础石两部分组成。位于 1992T608 内，第 12 窟门外西侧，打破第 12 窟前西侧廊柱，东距 X3 中心间距 8.05 米。柱穴呈长方形，北侧穴壁为圆弧形。东西长 1.28、南北宽 1.27、深 0.1 米。柱础石置于柱穴内，砂岩质，平面呈长方形，东西长 0.95、南北宽 0.79、高 0.3 米。础面高出柱穴壁顶部约 0.2 米。柱础石与柱穴壁之间有柱槽，槽内填土为扰土（彩版二一一，2）。

辽金 X5　仅见柱穴，2013 年发现。位于 1992T607 内，第 13 窟门外东侧，其东距 X4 中心间距 4.3 米。与窟壁上部的梁孔 L6 基本相对应。平面近方形。东西长 1.14 ～ 1.36、南北宽 1.04、深 0.1 米。填土为扰土（彩版二一一，3）。

辽金 X6　仅见柱穴，2013 年发现。位于 1992T606 内，第 13 窟门外西侧，其东距 X5 中心间距 4 米。与窟壁上部的梁孔 L7 基本相对应。平面呈长方形。东西长 1.16、南北宽 1.08、深 0.12 米。填土为扰土。

2. 南排

5 个。从东至西编号 X7 ～ X11。

辽金 X7　仅见柱穴。位于 1992T532 北部偏中，第 11 窟前南部，与北排的 X2 南北相对应，二者南北中心间距 5 米，与窟壁上部的梁孔 L3 基本相对应。开口地层、填土被 1991 年探沟扰动。平面呈长方形，东西长 1.2、南北宽 1、深 0.06 ～ 0.08 米（彩版二一一，4）。

辽金 X8　仅见柱穴。位于 1992T531 北部偏中，第 12 窟东窟门南，其东距 X7 中心间距 4.65 米，与窟壁上部的梁孔 L4 基本相对应。开口于第①层扰土层下。平面呈马蹄形，柱穴南为碎石铺垫层，已破坏。填土为扰土。东西长 1.25、南北宽 0.8、深 0.01 ～ 0.04 米。

辽金 X9　位于 1992T605 南、1992T527 北隔梁下，第 13-4 窟前东南，东距 X8 中心间距 21.8 米，与窟壁上部的梁孔 L8 基本相对应（窟立壁的梁孔 L4 距梁孔 L8 也是 21.5 米）。东北角压在铺砖地面下，开口于第③ B 层深黄色垫土层下，可能是柱础石、柱穴被破坏后堆积土。平面呈长方形，柱穴内填土为黄土和岩石屑。长 1.27、宽 1.32、深 0.32 米（彩版二一二，1；彩版二一三）。

辽金 X10　位于 1992T526 北隔梁下，第 13-4 窟中央窟门南侧，其北距第 13-4 窟立柱 4 米，东距 X9 中心间距 5.6 米。与窟外立壁上部的梁孔 L9 基本相对应。开口于第②层下。平面呈长方形，壁微弧，平底。填土为黄土和碎石。长 1.3、宽 1.3、深 0.24 米（彩版二一二，2；彩版二一三）。

辽金 X11　位于 1992T603 西南角，部分压在 1992T525 北隔梁下偏西，第 13-4 窟门南，其东距 X10 中心间距 4.35 米。与窟壁上部的梁孔 L10 基本相对应。平面呈长方形，剖面呈梯形，底部东高西低。填土被 1991 年探沟扰动。长 1.39、宽 1.35、深 0.18 ～ 0.2 米（彩版二一二，3；彩版二一三）。

上述北排柱穴未向第 13 窟之西的第 13-4 窟前延伸，在第 13-4 窟前未发现类似的柱穴和柱础。但在距第 13-4 窟前（以廊柱为基点）南约 4 米处有三个长方形的柱穴（编号 X9、X10、X11）（彩版二一三），与窟外立壁的梁孔相对应。在第 11 窟西向南距 X2 中心间距约 5 米处也有一个大方柱穴（X7），在第 12 窟东窟门之南有一个长方形的柱穴（X8），此二柱穴基本与西端的三个大柱穴在一条东西线上，为南排柱穴。柱穴 7（X7）与柱穴 8（X8）由于被扰土破坏，柱穴 11（X11）被探沟破坏，开口位置不清。柱穴 9（X9）仅有东北角局部压在辽砖之下，可见铺砖面覆盖了柱础石与柱穴间的柱槽，以期与柱础石上皮取平。

（二）铺砖地面

就整体分布而言，残存铺砖主要有7大片，以第12窟前西侧为界，东部残存少、面积小，除第11窟门外北部发现相连续的少量铺砖地面外，第12、13窟前只有零星分布，西部残存面积较大。铺砖地面的砖缝朝向不一，东部铺砖多东西向平铺、南北向错缝；西部铺砖多南北向平铺、东西向错缝，也有东西向平铺、南北向错缝。西部区域铺地砖均为青灰色沟纹大方砖，整砖边长39、厚7～8厘米。东部区域铺地砖整砖边长38、厚7～8厘米。边沿区域为青灰色长条砖，规格不一。东部铺砖下为白灰层，之下直接为碎石铺垫层，而西部铺砖下除白灰层外，还有细黄土垫层、碎石层。铺砖地面从东至西分别介绍如下：

（1）第1片铺砖地面

位于1992T610、1992T611，第11窟门外两侧。于第①层扰土层下。均为青灰色方砖，残存铺砖80余块，东西向平铺残存11行，其南面、西面还残存部分已破碎成砖末的地面。此处砖面恰好围绕第11窟门外西侧的X2，砖面与柱穴内的柱础石上皮取平，也与第11窟门外东侧的X1内的柱础石上皮基本在一个水平面上。砖面东西长8.7、南北宽3.9米。整砖边长38、厚3～5厘米，砖下为厚0.005～0.01米白灰层、厚0.1～0.18米褐色碎石铺垫层。砖面破裂不堪，可能系长期磨损所致（彩版二一四，1、2）。

（2）第2片铺砖地面

位于1992T608内，第12窟前西侧。于第①层扰土层下。残存铺砖8块，东西向平铺残存3行。整砖边长38、厚6厘米，砖下为厚0.005～0.01米的白灰层、厚0.12～0.2米细黄土层，砖下压着方形柱洞FD18。另外，在其西侧（1992T606）、西南侧（1992T529）也有部分铺砖，砖面破损严重（彩版二一五，1）。

（3）第3片铺砖地面

位于1992T529内，第13窟前东南侧。残存铺砖14块，南北向2列，东侧一列为方砖南北向平铺，西侧一行为长条砖南北向竖砌勒边。方砖边长39、厚7～8厘米。条砖长38、宽20、厚7～8厘米。

（4）第4片铺地砖

位于1992T606及其东隔梁下，第13窟门南。残存铺砖19块，南北向平铺残存6列。整砖边长38、厚6厘米。方砖规格与第2片铺地砖所用一致。

（5）第5片铺砖地面

位于第13-4窟前东侧，辽金X9东北，残存部分分布较为整齐，北部、东部边缘较整齐。北部东侧与基岩块相接，西侧也并未向北延伸。均为青灰色方砖，砖间白灰勾缝，砌面南北长2.2、东西宽1.27～1.45米。残存铺砖23块，南北向平铺残存4列。整砖边长38、厚5厘米，砖下为厚0.02米白灰层、厚0.08～0.28米细黄土垫层、厚0.1～0.32米碎石块层（彩版二一五，2）。

（6）第6片铺砖地面

位于第13-4窟前，柱穴X9、X10之间，第5片铺砖地面西侧，整体呈南北向长条状，南北长5.8、东西宽2.4米。残存铺砖40余块，南北向平铺残存6列。方砖部分与南缘东西顺铺的包砌砖被破坏隔断，应该是相连续的。方砖边长39、厚7～8厘米，砖底面有沟纹13条，较为齐整。条砖长38、宽20、厚7～8厘米，砖底面有6～7条沟纹（彩版二一六，1）。

（7）第 7 片铺砖地面

位于发掘区西部，X10 到 X11 之间，东侧偏北被明清灶坑和灰坑打破，西侧被 1991 年探沟打破。分南北两区，北区残存铺砖 100 余块，有两种铺设方式，北为南北向平铺残存 10 列，南为东西向平铺残存 8 行。北区铺砖地面南缘以一行长条砖东西向顺铺勒边。残存 4 层，残高约 0.31 米。第 3 层砖与方砖地面取平，第 4 层砖高出地面，向上的砖面上有白灰，之上应该还有砌砖。此砖墙可能为北区砖面的南墙或南缘围廊墙体。北区铺砖地面的南缘距南排柱穴中心间距约 2.16 米。北区砖面南北长 6.7、东西宽 4.6 米。砖下为厚 0.02 米白灰层、厚约 0.08 米细黄土垫层、厚 0.1 ～ 0.2 米含少量碎石深黄色土层、厚约 0.1 米碎石块层。砖间抹白灰，白灰厚约 0.02 米。方砖边长 39、厚 7 ～ 8 厘米，砖底面有沟纹 13 条，较为齐整。条砖长 38、宽 20、厚 7 ～ 8 厘米，砖底面有 6 ～ 7 条沟纹（彩版二一六，2、二一七，1 ～ 3）。

南区砖面由北向南略向下倾斜，部分被 1991 年探沟破坏，探沟以西残存部分铺砖。南区铺砖分东西两部分，西侧残存铺砖 120 余块，东西向平铺 6 行，东侧残存铺砖 10 余块，东西向平铺，残存 4 行，东侧北缘仅见 1 行长条砖，南缘未见包砌。南区西侧中心地面用方砖铺设，东西向顺铺 3 行，砖间无白灰，对缝严密。北缘以 2 行长条砖东西向平铺包砌，南缘也以长条砖包砌，上下共 6 层，高约 0.4 米。其下 5 层为东西向平铺砌成，最上一层为南北向立铺，与方砖地面取平。砖台南缘砖体表面圆钝，可能是长期行走踩踏所致。方砖地面西部边缘位于第 13-4 窟西端，亦以长条砖包砌，残存 3 层砖。铺砖地面东西残长 9、南北残宽 2 米。中心地面方砖规格同北区方砖，砖下为厚 0.02 米的白灰层、厚约 0.32 米的细黄土垫层、厚约 0.14 米的含少量碎石深黄色土以及厚约 0.65 米的碎石块层。北缘 2 行长条砖大小、砖色略有不同。最北一行条砖长 40、宽 20、厚 8 厘米，砖色青，砖下垫黄土。第二行条砖长 38、宽 19、厚 6 厘米，砖色绿灰，砖下铺白灰。砖长 38、宽 20、厚 7 ～ 8 厘米；南缘长条砖长 50、宽 20、厚 7 厘米。南区最北的一行砖即北缘距北区地面包砖南缘的区域，南北宽约 0.54 米，用较细且较纯的黄土铺垫，厚 0.14 米，可能是当时建筑的活动面。

南区南缘部分砖体前沿即砖面的东南角发现烧土。烧土内含辽金的筒瓦、板瓦、檐头筒瓦、檐头板瓦等建筑材料及大量木炭，杂有少量的北魏筒瓦、板瓦瓦片。烧土层下有较细且较纯的细黄土层，厚约 0.16 米，也可能是当时建筑的地面。

第 6 片铺砖地面从南至北砖向一致，不同于第 7 片铺砖地面北区分南、北二部分不同砖向，二者之间有 X10，砖面的衔接之处已破坏，情况不明。

从铺地砖的形制、规格和用途来看，方砖用于铺地，砖面的边缘包砌采用规格不等的长条砖。

（三）梁孔

第 11 ～ 13-4 窟立壁距地面高约 12 米（距梁孔底边）处有一排长方形梁孔，共 10 个，与窟前地面部分柱穴基本对应。自东向西编号为梁孔 L1 ～ L10（表 8-3；图二三七；彩版二一八）。

梁孔形制不甚规整，且破坏严重，壁面多有残损，立面均呈纵长方形。

辽金 L1　位于第 11 窟明窗上部东侧，东距第 10 窟与第 11 窟壁之间相分隔立壁边沿 2.53 米。梁孔高 0.75、宽 0.4、深 0.15 ～ 0.25 米。

辽金 L2　位于第 11 窟明窗上部东侧，东距 L1 中心间距约 2.81 米。梁孔高 0.6 ～ 0.65、宽 0.4 ～ 0.5、深 0.15 ～ 0.3 米。

表 8–3 第 11 ～ 13–4 窟外立壁辽金时期窟前建筑梁孔统计表 （单位：米）

编号	位置	立面形状	尺寸	中心间距	边壁距离	备注
L1	第 11 窟明窗上部东侧	长方形	高 0.75 宽 0.4 深 0.15 ～ 0.25		2.53	
L2	第 11 窟明窗上部东侧	长方形	高 0.6 ～ 0.65 宽 0.4 ～ 0.5 深 0.15 ～ 0.3	2.81		
L3	第 11 窟明窗上部西侧	长方形	高 0.6 ～ 0.7 宽 0.45 ～ 0.5 深 0.05 ～ 0.15	4.79		
L4	第 12 窟东窟门上部	长方形	高 0.61 ～ 0.7 宽 0.35 ～ 0.4 深 0.25	4.44		
L5	第 12 窟西窟门上部	长方形	高 0.62 ～ 0.7 宽 0.4 深 0.05 ～ 0.2	6.24		
L6	第 13 窟明窗上部东侧	长方形	高 0.63 ～ 0.7 宽 0.4 深 0.05 ～ 0.25	4.75		
L7	第 13 窟明窗上部西侧	长方形	高 0.64 ～ 0.7 宽 0.35 深 0.25 ～ 0.3	4.97		
L8	第 13–4 窟东窟门上部	长方形	高 0.65 ～ 0.7 宽 0.35 ～ 0.4 深 0.15 ～ 0.25	5.65		
L9	第 13–4 窟中央窟门上部	长方形	高 0.66 ～ 0.70 宽 0.40 ～ 0.45 深 0.25	5.24		
L10	第 13–4 窟西侧窟门上部	长方形	高 0.67 ～ 0.7 宽 0.45 ～ 0.55 深 0.2	4.31		

辽金 L3　位于第 11 窟明窗上部西侧，东距 L2 中心间距约 4.79 米。梁孔高 0.6 ～ 0.7、宽 0.45 ～ 0.5、深 0.05 ～ 0.15 米。

辽金 L4　位于第 12 窟东窟门上部，东距 L3 中心间距约 4.44 米。梁孔高 0.61 ～ 0.7、宽 0.35 ～ 0.4、深 0 ～ 0.25 米。

辽金 L5　位于第 12 窟西窟门上部，东距 L4 中心间距约 6.24 米。梁孔高 0.62 ～ 0.7、宽 0.4、深 0.05 ～ 0.2 米。

辽金 L6　位于第 13 窟明窗上部东侧，东距 L5 中心间距约 4.75 米。梁孔高 0.63 ～ 0.7、宽 0.4、深 0.05 ～ 0.25 米。

图二三七　第 11 ～ 13-4 窟外立壁辽金时期窟前建筑梁孔分布图

辽金 L7　位于第 13 窟明窗上部西侧，东距 L6 中心间距约 4.97 米。梁孔高 0.64 ～ 0.7、宽 0.35、深 0.25 ～ 0.3 米。

辽金 L8　位于第 13-4 窟东侧窟门上部，东距 L7 中心间距约 5.65 米。梁孔高 0.65 ～ 0.7、宽 0.35 ～ 0.4、深 0.15 ～ 0.25 米。

辽金 L9　位于第 13-4 窟中央窟门上部，东距 L8 中心间距约 5.24 米。梁孔高 0.66 ～ 0.7、宽 0.4 ～ 0.45、深 0 ～ 0.25 米。

辽金 L10　位于第 13-4 窟西侧窟门上部，东距 L9 中心间距约 4.31 米。梁孔高 0.67 ～ 0.7、宽 0.45 ～ 0.55、深 0 ～ 0.2 米。

二　窟前建筑出土遗物

建筑材料

陶质建筑材料

第 11 ～ 13-4 窟辽金时期铺砖地面磨损严重，揭取砖 21 件。

（1）长条砖

16 件。均为夹砂灰陶。根据压印沟纹的不同，分五型，此区域出土四型。另出土一件“官”字砖。

A 型　2 件。压印于缠着细绳的棒子上而成沟纹，压印条纹较规整，沟纹的长度达到砖的边缘。

标本 1992T603 ③ B：1，长 38、宽 18 ～ 18.5、厚 6.5 ～ 7 厘米。砖底压印 7 条沟纹，条纹宽 1.4 ～ 2、沟宽 0.5 厘米（彩版二一九，1）。

B 型　3 件。压印于细棍状物而成沟纹，压印条纹光滑较尖锐。沟纹印于砖的中心部位，四周空隙较宽。

标本 1992T603 ③ B：2，长 37.5、宽 17 ～ 18、高 6.5 ～ 7 厘米。砖底压印 6 条沟纹，条纹宽 1.5 ～ 2、沟宽 0.5 厘米（彩版二一九，2）。

C 型　8 件。沟纹压印于砖的中心部位，四周空隙较宽，压印于缠着细绳的棒子而成。

标本 1992T526 ③ B：6，长 38.5 ～ 39、宽 20、高 7 厘米。砖底压印 7 条沟纹，压印纹略呈绳纹状，并有倾斜，条纹宽 1.4 ～ 2、沟宽 0.5 厘米（彩版二一九，3）。

D 型　2 件。素面，表面欠光滑，有细绳纹痕迹。

标本 1992T603 ③ B：14，长 37、宽 19.5、高 6.8 厘米（彩版二一九，4）。

“官”字长条砖　1 件。

标本 1992T526 ③ B：1，灰陶夹细砂，青灰色。“官”字居中，模印阴文，隶书。长 36.5、宽 19、高 6.5 厘米（彩版二一九，5）。

（2）方砖

5 件。夹砂灰陶。沟纹一面有白灰痕迹。因压印沟纹的不同分两型。

A 型　1 件。压印于绳缠的棒子物上，压印条纹较规整。

标本 1992T603 ③ B：16，砖底压印 12 条沟纹，沟纹边缘不甚光滑。边长 38.5 ～ 39、高 6 ～ 6.4 厘米。条纹宽约 2、沟宽 0.5 ～ 1 厘米（彩版二一九，6）。

B 型　4 件。同样压印于细棍状物而出沟纹，沟纹间又斜向伸出细短斜线，可能是连接压棍的线。

标本 1992T603 ③ B：15，边长 38.58、高 5.8 ～ 6 厘米。砖底压印 13 条沟纹，条纹宽 2 ～ 2.5、沟宽 0.5 ～ 1 厘米（彩版二一九，7）。

三　建筑铺垫遗迹出土遗物

考古发掘地层中，第③层为辽金文化层。辽金铺砖地面下为深黄色垫土层和褐色碎石层，土质坚硬，出土有北魏石雕造像、辽金时期建筑材料和生活用具。

（一）北魏石雕造像

1. 供养天头像

1 件。

标本 1992T526 ③ D：2，砂岩质。低圆髻，额前发分成 4 个涡卷状两两对称，弧眉细眼，鼻翼圆润，嘴角深陷两涡。整体涂红，杂有黑色。残高 22.6、宽 15.4、厚 8.5 厘米（图二三八，1；彩版二二〇，1）。

2. 手臂

1 件。

标本 1992T526 ③ D：1，砂岩质。仅存左臂。向内曲肘，佩腕钏，钏上有圆形装饰。残长 35.4、宽 6.5 ～ 10、厚 9.2 厘米（图二三八，2；彩版二二〇，2）。

3. 龛楣

1 件。

标本 1992T525 ③ D：2，砂岩质。残存圆拱龛，浅雕尖状龛楣。残长 9、高 5.5 厘米（彩版二二〇，3）。

4. 璎珞

1 件。

标本 1992T603 ③ D：1，细砂岩高雕，背面平。两个梭形间夹一个扁圆球形。梭形可见 5 个雕刻面，球形可见 4 个雕刻面。璎珞一侧雕刻较齐，另一侧还存 3 条弧状雕刻线。残高 12、宽 5.9、厚 4.7 厘米（图二三八，3；彩版二二〇，4）。

5. 莲花雕刻

1 件。

标本 1992T527 ③ D：1，砂岩质。残，圆形团莲状，外围边轮高且平。雕刻面残存双层复瓣莲瓣 3 个。直径 29.3、厚 10.8 厘米（图二三八，4；彩版二二〇，5）。

（二）辽金时期建筑材料

陶质建筑材料

筒瓦

3 件。本区域仅见灰陶筒瓦。胎质同板瓦，凹面布纹经纬较粗，瓦舌内凹。山顶遗址筒瓦根据瓦身两侧内棱有无切削或砍斫分两型。本遗迹见 A 型。

A 型　3 件。两侧面有切痕。

标本 1992T603 ③ C：19，瓦头略宽于瓦尾，瓦舌较短，侧面切痕很窄，破面明显。瓦肩平直。凸面有纵向刮削修整痕迹，端头平齐。长 33.5、宽 16.5 ～ 17、瓦厚 2.5 厘米，瓦舌残长 1、厚 1.6、肩高 1.8 厘米（图二三八，5；彩版二二〇，6）。

标本 1992T527 ③ D：4，瓦身略不平整，瓦头略窄于瓦尾，瓦舌较长，略向前下斜，肩部微呈凹槽状。瓦尾两侧略外撇且削薄抹平，端头平齐。凸面有纵向刮削修整痕迹，侧面切痕较宽，破面明显。瓦长 37.2、宽 15.5 ～ 17、厚 2.5 厘米，瓦舌长 3、厚 1.6、肩高 1.8 厘米（图二三八，6）。

标本 1992T527 ③ D：5，瓦舌残，瓦头略窄于瓦尾，瓦舌略长，侧面切痕较宽。瓦长 34、宽 17 ～ 18、厚 2.5、高 9 厘米，瓦舌残长 1、厚 1.6、肩高 1.8 厘米（图二三八，7）。

（三）辽金时期生活生产用具

1. 陶器

器形主要有盆、罐、圈等，均为日常生活用具。

（1）平折沿陶盆

4 件。泥质灰陶，泥条盘筑。山顶遗址辽金平折沿陶盆根据器内口沿下方有无凸棱，沿面外缘有无凹槽及不同分三型，此区域见 A、B、C 型。

A 型　1 件。器内壁口沿下方转折有棱，口沿面较平。

标本 1992T525 ③ D：4，沿面较平，微向上斜，方圆唇，口沿与器内壁转折棱不明显，与器外壁相交处呈钝角。斜直腹。器内壁饰横向暗纹。口径约 37、沿宽 2、壁厚 0.6、残高 4.4 厘米（图二三九，1；彩版二二一，1）。

B 型　1 件。器内壁口沿下方有凸棱，口沿面中央处剔出一周凹槽，外侧微高，形成浅二层台。

标本 1992T528 ③ D：3，方唇，口沿与器外壁相接处呈钝角，斜壁，平底。器内壁滚印 7 条方格相间交错排列的栉齿纹带。腹壁有旋坯痕，存多个锔钉孔。口径 52、底径 11.4、高 18.4 厘米（图二三九，2；彩版二二一，2）。

C 型　2 件。器内壁口沿下方有一周或二周凸棱，口沿面外端剔压一周凹槽，外端略上折。

标本 1992T528 ③ D：2，方唇，斜弧壁，平底。器内壁饰横向暗弦纹，腹外壁有旋坯痕。口径 26、底径 15.2、高 6.6 厘米（图二三九，3；彩版二二一，3）。

标本 1992T528 ③ D：6，方唇，斜弧壁，平底。器内壁饰横向暗弦纹，腹外壁有旋坯痕。壁与底相接处有一周凸棱。口径 25.8、底径 15.8、高 7 厘米。

（2）敛口陶盆

1 件。山顶遗址辽金敛口陶盆根据唇部形制差异分三型，此处见 B 型。

B 型　1 件。内唇部呈尖棱状。

标本 1992T528 ③ D：4，敛口，器内壁口沿处有一条凸棱，器外壁口沿下有一周凹弦纹。圆肩，腹斜直，下腹部略内收，平底。口径 36.4、底径 14、高 13.2 厘米（图二三九，4；彩版二二一，4）。

（3）陶罐

3 件。均为泥质灰陶，仅存腹部或底部，腹部素面或以方格纹装饰。

素面陶罐残片　1 件。

标本 1992T528 ③ D：5，仅存罐底。斜腹，平底。底径 10.4、壁厚 0.7、残高 12.8 厘米（图

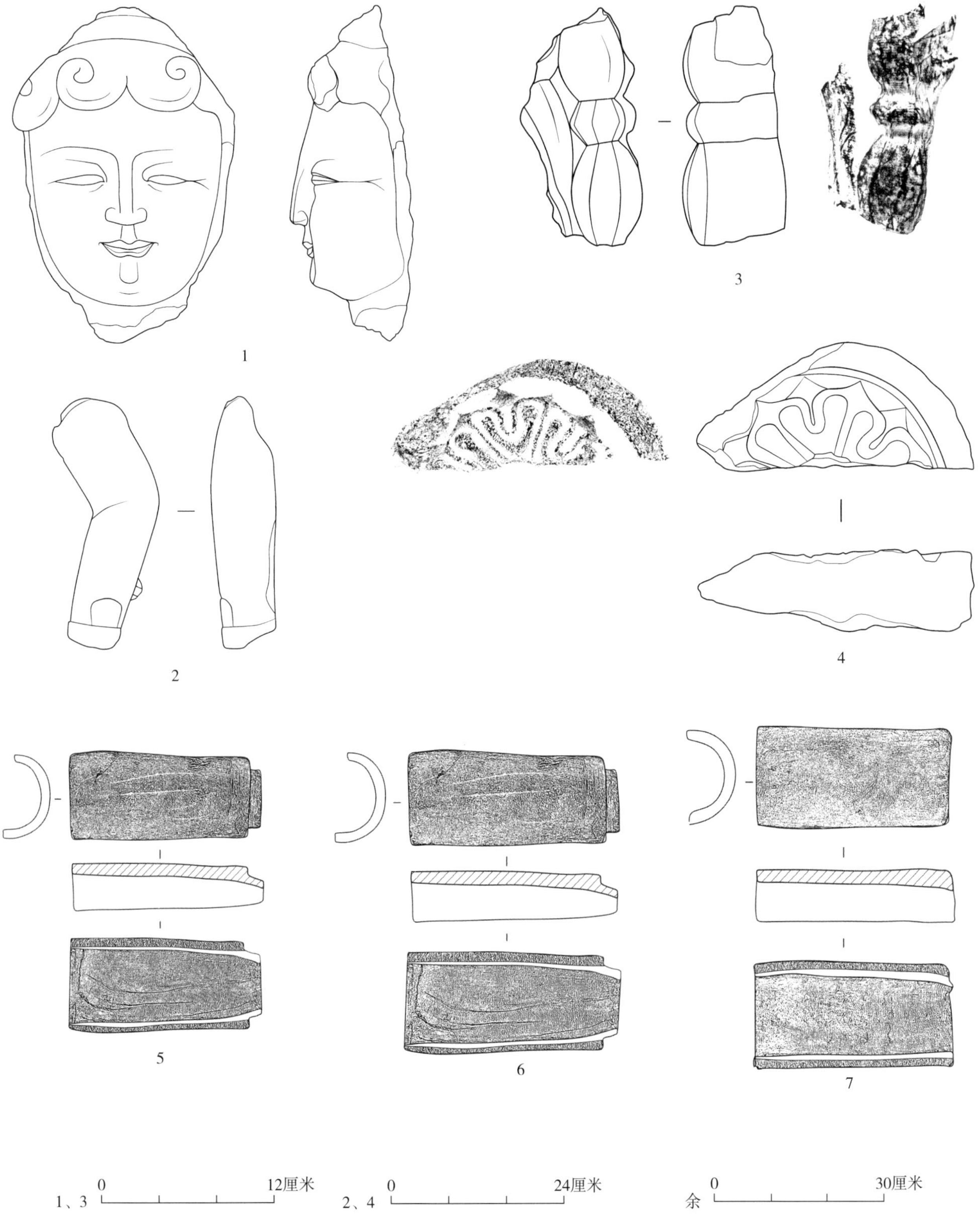

图二三八　第11～13-4窟前建筑铺垫遗迹出土遗物

1.北魏石雕供养天头像1992T526③D:2　2.北魏石雕手臂1992T526③D:1　3.北魏石雕璎珞1992T603③D:1　4.北魏莲花雕刻1992T527③D:1　5～7.辽金A型筒瓦1992T603③C:19、1992T527③D:4、1992T527③D:5

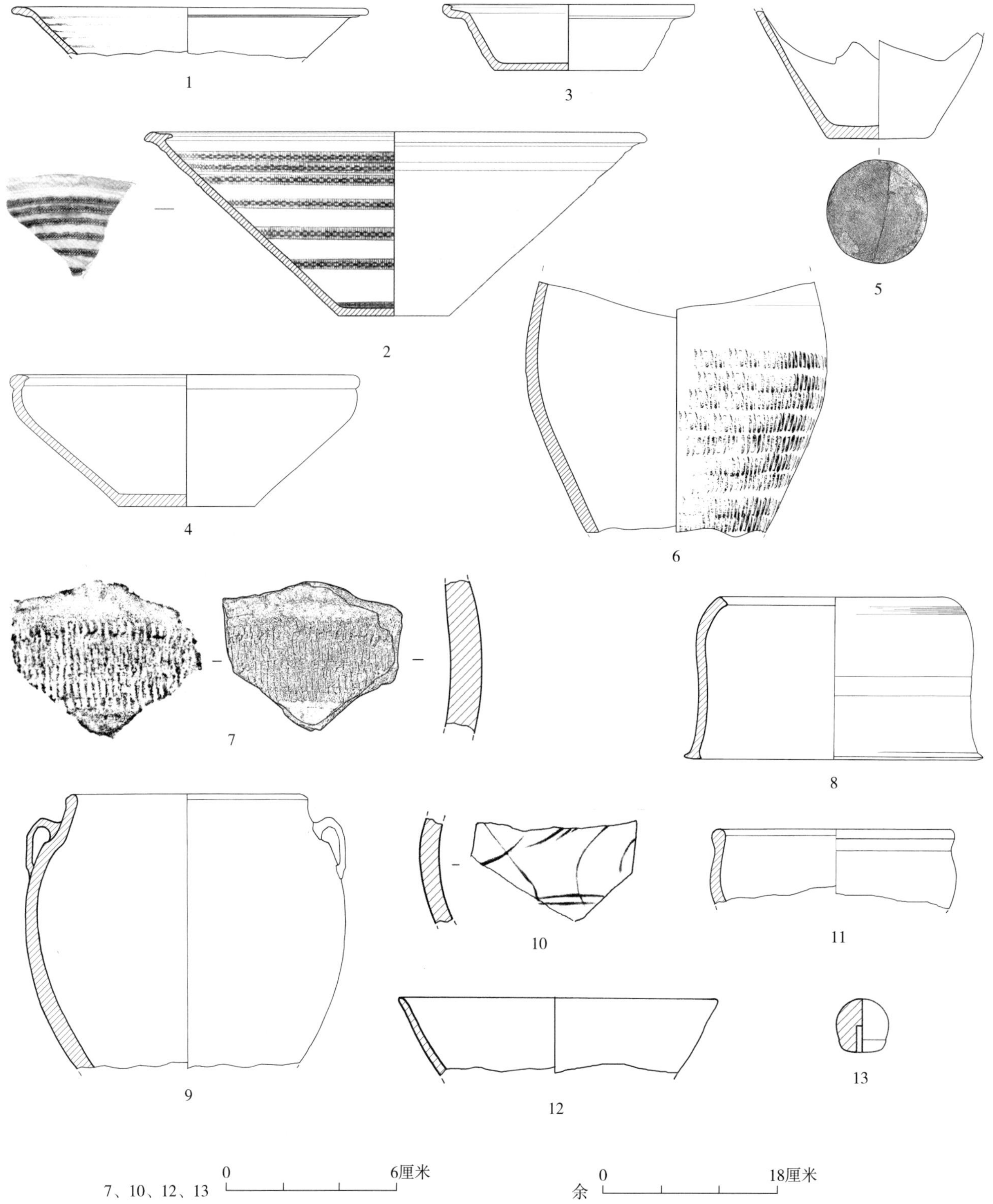

图二三九　第 11 ～ 13-4 窟前建筑铺垫遗迹出土辽金时期遗物

1.A 型平折沿陶盆 1992T525 ③ D：4　2.B 型平折沿陶盆 1992T528 ③ D：3　3.C 型平折沿陶盆 1992T528 ③ D：2　4.B 型敛口陶盆 1992T528 ③ D：4　5. 素面陶罐残片 1992T528 ③ D：5　6、7. 方格纹陶罐残片 1992T527 ③ D：3、1992T525 ③ D：5　8. 陶圈 1992T528 ③ D：1　9. 茶叶末釉罐 1992T604 ③ C：1　10. 孔雀蓝釉瓶 1992T604 ③ C：2　11. 黑釉罐 1992T604 ③ C：3　12. 黑釉碗 1992T605 ③ D：1　13. 黑釉眼珠 1992T603 ③ C：20

二三九，5；彩版二二一，5）。

方格纹陶罐残片　2 件。外壁滚印多条方格且相间交错的栉齿纹带。

标本 1992T527 ③ D：3，残，仅存 2 片罐身，胎体发红。表皮多处剥落，罐身鼓腹，肩腹部划一周凹弦纹，腹部滚印约 9 条纹带，有的被刮削。壁厚 1 厘米（图二三九，6；彩版二二一，6）。

标本 1992T525 ③ D：5，3 条纹带滚印组成一条宽纹带，上下磨光。壁厚 0.8 ～ 1、残高 4.9 厘米（图二三九，7）

（4）陶圈

1 件。

标本 1992T528 ③ D：1，泥质灰陶。敛口，方圆唇向内下斜，直壁，下腹微收，底略外撇，中空。肩上部饰三周凸弦纹，腹部饰二周凹弦纹。口径 23.8 ～ 28、底径 28 ～ 31.2、通高 16.3 厘米（图二三九，8；彩版二二二，1）。

2. 瓷器

釉色有茶叶末釉、孔雀蓝釉、黑釉三类。

（1）茶叶末釉罐

1 件。

标本 1992T604 ③ C：1，圆唇外凸，斜直颈内凹，溜肩，鼓腹，肩部对称安装二扁条形系，系呈上宽下窄的叶形，上端有凹坑。胎色灰白，胎体略疏，夹黑、白砂。芒口，内外施釉，外壁釉呈酱紫色，釉面光亮。口径 24.5、壁最厚处 1.6、残高 26.6 厘米（图二三九，9；彩版二二二，2）。

（2）孔雀蓝釉瓶

1 件。

标本 1992T604 ③ C：2，垂腹。残片胎色土黄，胎质坚硬。外施孔雀蓝釉，呈翠蓝色，有剥釉现象。外壁刻划弦纹两周，弧线划花加黑彩装饰。壁厚 0.7、残高 3.6 厘米（图二三九，10；彩版二二二，3）。

（3）黑釉罐

1 件。

标本 1992T604 ③ C：3，圆唇外凸，束颈，斜弧腹。胎色土黄，胎体粗疏，夹黑、白砂。芒口，内外施釉，釉色黑亮，器表满布“棕眼”。口径 25、壁厚 0.8 ～ 1.2、残高 8 厘米（图二三九，11；彩版二二二，4）。

（4）黑釉碗

1 件。

标本 1992T605 ③ D：1，为口沿残片。敞口，尖唇，弧腹。胎色灰白，胎质较薄且坚致。内外施釉，唇部泛黄，釉色光亮。口径 11、壁厚 0.3、残高 2.4 厘米（图二三九，12；彩版二二二，5）。

（5）黑釉眼珠

1 件。

标本 1992T603 ③ C：20，完整。呈不规则球状。胎色较白，胎质稍坚。器表施黑釉，釉色黑亮，背面未施釉，正中开小孔。珠径 1.8 厘米（图二三九，13；彩版二二二，6）。

四 地层出土遗物

（一）建筑材料

陶质建筑材料

主要出土有板瓦、檐头板瓦、陶瓦当范、瓦条、筒瓦、檐头筒瓦、砖等。

（1）板瓦

2件。山顶遗址根据板瓦宽端端头直切或斜切分两型。此区域地层出土板瓦均为窄端残件，无法分型。

标本1992T526①：6，夹粗砂灰陶，胎质同遗迹出土的檐头板瓦，胎质紧密，可见孔隙。瓦身窄端削薄抹圆。侧面切痕约1/4，破面粗糙未修整。瓦身厚1.7～2.4厘米（图二四〇，1；彩版二二三，1）。

标本1992T529①：4，瓦身厚2.4～3厘米（彩版二二三，2）。

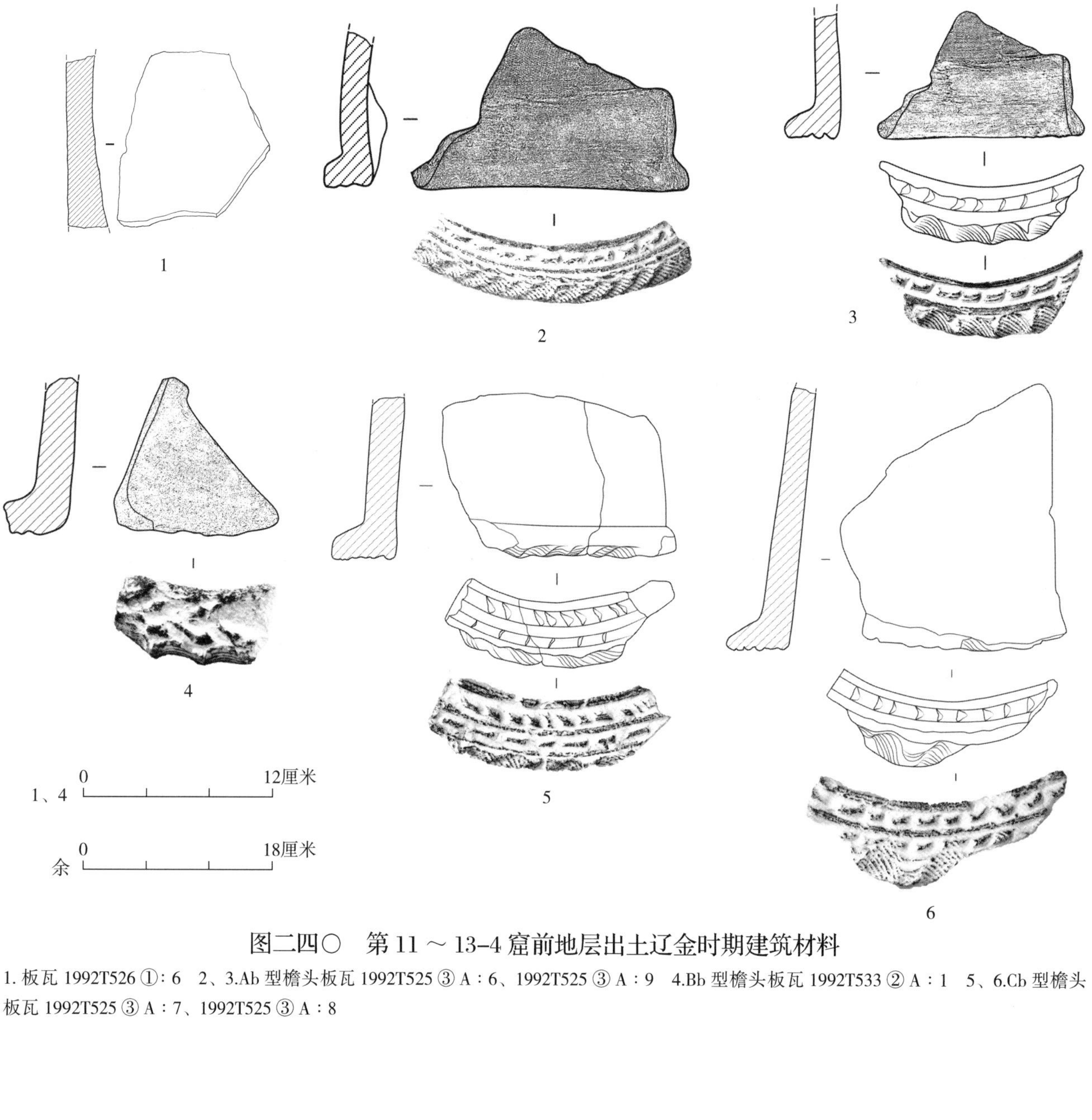

图二四〇 第11～13-4窟前地层出土辽金时期建筑材料

1.板瓦1992T526①：6 2、3.Ab型檐头板瓦1992T525③A：6、1992T525③A：9 4.Bb型檐头板瓦1992T533②A：1 5、6.Cb型檐头板瓦1992T525③A：7、1992T525③A：8

（2）筒瓦

1 件。本区域仅见灰陶筒瓦。胎质同板瓦，凹面布纹经纬较粗，瓦舌内凹。山顶遗址筒瓦根据瓦身两侧内棱有无切削或砍斫分两型。本区域地层遗物见 B 型。

B 型　1 件。侧面砍斫。

标本 1992T526 ①：5，残。瓦舌较短。凹面布纹较粗，瓦体较厚，瓦身厚 3、瓦舌长 1.5、厚 1.6、肩高 1.7 厘米。

（3）檐头板瓦

9 件。均为灰陶，端面涂有红色颜料，有的被烧红。胎体致密坚硬。瓦身厚薄不一。凹面布纹，凸面简单修整。宽端接端面，窄端抹圆。端面与瓦身凸面夹角呈钝角。端面与瓦身相接的凹凸两面均横向抹平。两侧面切痕较小，破面未修整。端面用工具划出数道泥条，再进行戳切，最下方的泥条以缠细绳的棒状物斜向上按压，整体呈水波状，有时挤压到上一泥条。山顶遗址辽金檐头板瓦根据端面泥条数量不同分四型。此区域地层出土 A、C 型，又根据泥条戳切工具或方向等不同分亚型。

A 型　端面划出 5 道泥条。

Ab 型　3 件。端面划出 5 道泥条，第 2 道、第 4 道泥条被戳切，中间夹 1 道泥条。为斜向倾斜戳切，切痕较深，两道泥条的戳切方向相反。

标本 1992T525 ③ A：6，瓦厚 2.3 ～ 2.5、端面高 5、厚 1.5 ～ 3 厘米（图二四〇，2；彩版二二三，3）。

标本 1992T525 ③ A：9，泥条较宽，第 5 条泥条严重挤压到第 4 条泥条。其凸面画红彩。板瓦厚 2.5、端面高 5.8、厚约 2 厘米（图二四〇，3；彩版二二三，4）。

Bb 型　1 件。端面划出 4 道泥条，第 2 道和第 3 道泥条戳切。

标本 1992T533 ② A：1，浅灰陶，胎体疏松。端面划出 4 道泥条，第 2 道和第 3 道泥条戳切，戳切工具为带有三个尖圆头并列的工具，切痕倾斜且较深，两道泥条的戳切方向相反。板瓦厚 2.2、端面高 5 厘米（图二四〇，4；彩版二二三，5）。

C 型　端面划出 6 道泥条。

Cb 型　5 件。端面划出 6 道泥条，第 2 道、第 4 道泥条被戳切，中间夹 1 道泥条。戳切方向并不固定，较为随意。有的方向相反，呈麦穗状。第 6 条即最下一条以棒状物缠细绳斜向按压，有时还挤压到第 5 条泥条。其凸面均有一条红彩。

标本 1992T525 ③ A：7，瓦厚 2.8、端面高 5.5、厚 2 厘米（图二四〇，5；彩版二二三，6）。

标本 1992T525 ③ A：8，棒状物缠绳按压波及到第 4 条，瓦厚 2.6、端面高 5.8、厚 2 厘米（图二四〇，6）。

（4）檐头筒瓦

7 件。包括带瓦当的筒瓦和瓦当。

灰陶，均出土于 1992T525 ③ A 烧土层，有的瓦当因火烧局部呈红色。山顶遗址辽金灰陶莲花纹瓦当根据当面莲花图案不同可分三型，窟前遗址仅见 A 型，且根据范式不同分两个亚型，本区域仅见 Aa 型。

Aa 型　7 件。均由联珠莲花瓦当和筒瓦连接而成。当面略呈椭圆状，当心圆乳突起，外围 14 颗小连珠。其外一周六个双莲瓣重层交错组成一团莲，莲瓣刻钩状叶茎，瓣根宽裕，莲瓣外有二周凸棱。之外绕以37颗大联珠及一周凸棱。边轮低平。背面可见为接筒瓦而划的放射状短线。胎质与瓦色同板瓦，烧成紧致，磨损严重。筒瓦与瓦当呈90°夹角，粘接之前，要对筒瓦两侧边及尾部进行砍斫处理。筒瓦与瓦当连接处的凹面有一道凹槽，槽内有布纹。

标本1992T525③A：14，可复原。瓦当平面呈圆形，形状不甚规整。瓦身略不齐整，筒瓦连接瓦当一端瓦身较薄，相对一端瓦身较厚。瓦当直径17～17.5、当心厚2、边轮宽2.5、边沿厚1.5厘米。瓦厚1.5～4、宽18.5～19.6、通长44厘米，瓦舌长1.5、厚2.5、肩高1.5厘米（图二四一，1；彩版二二四，1）。

标本1992T525③A：11，直径17.5～19.5、当心厚2厘米，边轮宽2.5～3厘米，边沿厚1.5厘米，筒瓦厚2.5厘米（图二四一，2；彩版二二四，2）。

标本1992T525③A：10，直径17～18、当心厚2厘米，边轮宽2.5～3厘米，边沿厚1.5厘米，筒瓦厚2.3厘米（图二四一，3；彩版二二四，3）。

标本1992T525③A：16，仅存局部，被火烧成红色。直径19.4、当心厚2厘米，边轮宽2.5～3厘米，边沿厚1.5厘米（图二四一，4；彩版二二四，4）。

标本1992T525③A：13，背面可见部分连接筒瓦的茬口，瓦当正面局部可见火烧痕迹。直径18、当心厚2厘米，边轮宽2～3厘米，边沿厚1.5厘米（图二四二，1；彩版二二四，5）。

标本1992T525③A：15，被火烧成红色。直径17、当心厚2厘米，边轮宽1.5～2.5厘米，边沿厚1.3厘米（图二四二，2）。

（5）陶瓦当范

1件。

标本1992T532①：5，残。泥质灰陶，胎质细腻，陶土经淘洗。当面外围以两周凹弦纹夹连珠一周，当心可辨花草和迦陵频伽头部。范边轮宽平，较当面高。直径22、边轮高3厘米。范外廓断面呈直角梯形，厚2、高5厘米（图二四二，3；彩版二二四，6）。

（6）瓦条

2件。灰陶，胎质夹砂，断面呈弧状，凹面窄凸面宽。凹面有布纹，凸面修整，瓦端头斜切并修整。两侧面半切，面糙未修。

标本1992T526①：3，端头斜切。凹面中间残留一竖直切痕，不及端头。残长15.3、宽10～15厘米（图二四二，4；彩版二二五，1）。

标本1992T526①：4，残，较窄。残长5.5～7、宽8.3～10厘米（图二四二，5；彩版二二五，2）。

（二）生活生产用具

1. 陶器

器形主要有盆、罐、盘、圈等，均为日常生活用具。

陶盆　34件。多数仅存口沿、腹部或底部。山顶遗址根据口沿不同分卷沿、平折沿、无沿敛口三类，此区域地层遗物中均有发现。

（1）卷沿陶盆

26件。泥质灰陶或泥质红陶。山顶遗址辽金卷沿陶盆根据口部不同及口部与口沿内侧转折有无棱，分三型。此区域见B型，据口沿和腹壁不同分亚型，有Ba、Bc型，且新出现Bd型。

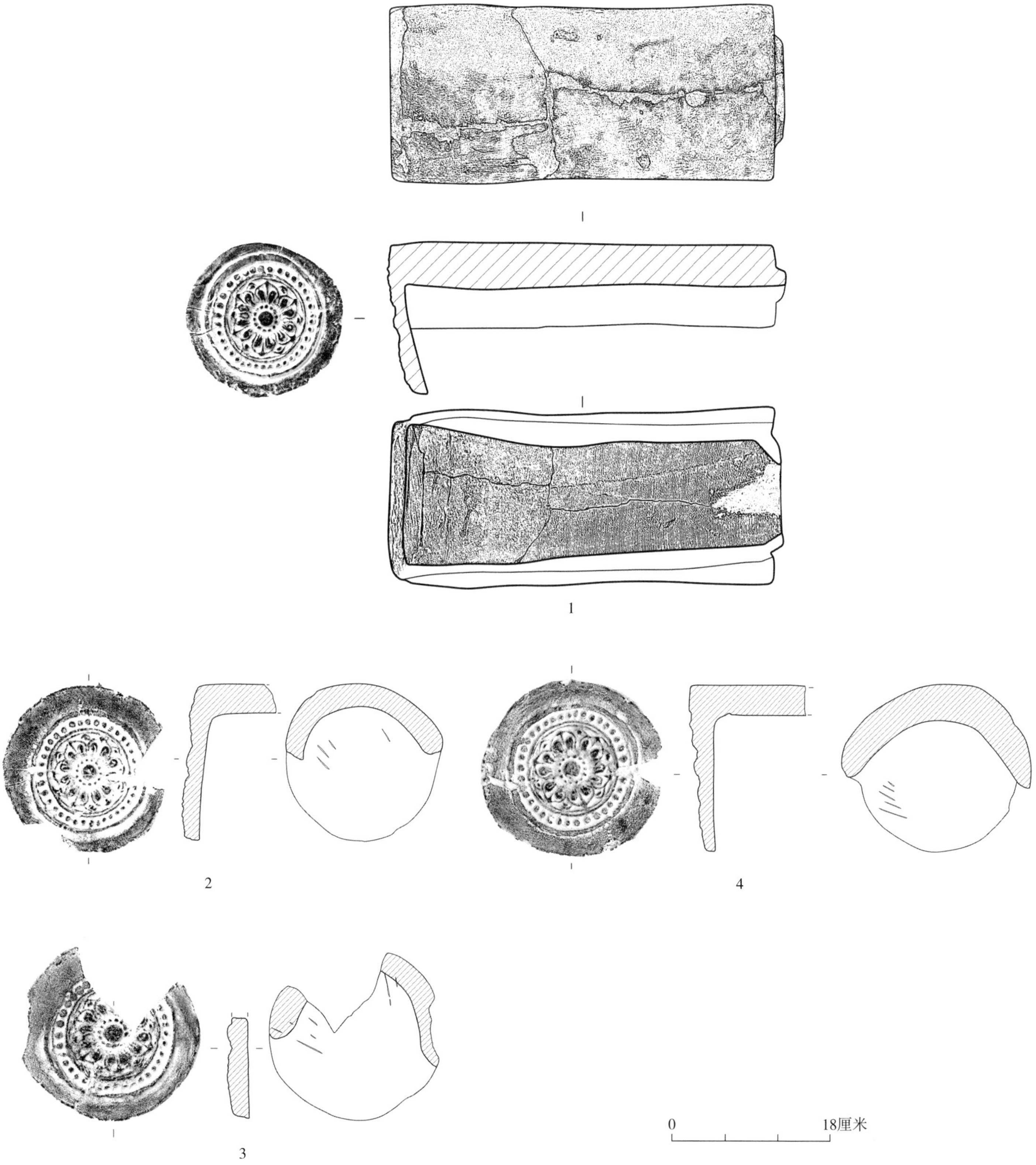

图二四一　第 11 ～ 13-4 窟前地层出土辽金时期建筑材料

1 ～ 4.Aa 型檐头筒瓦 1992T525 ③ A：14、1992T525 ③ A：11、1992T525 ③ A：10、1992T525 ③ A：16

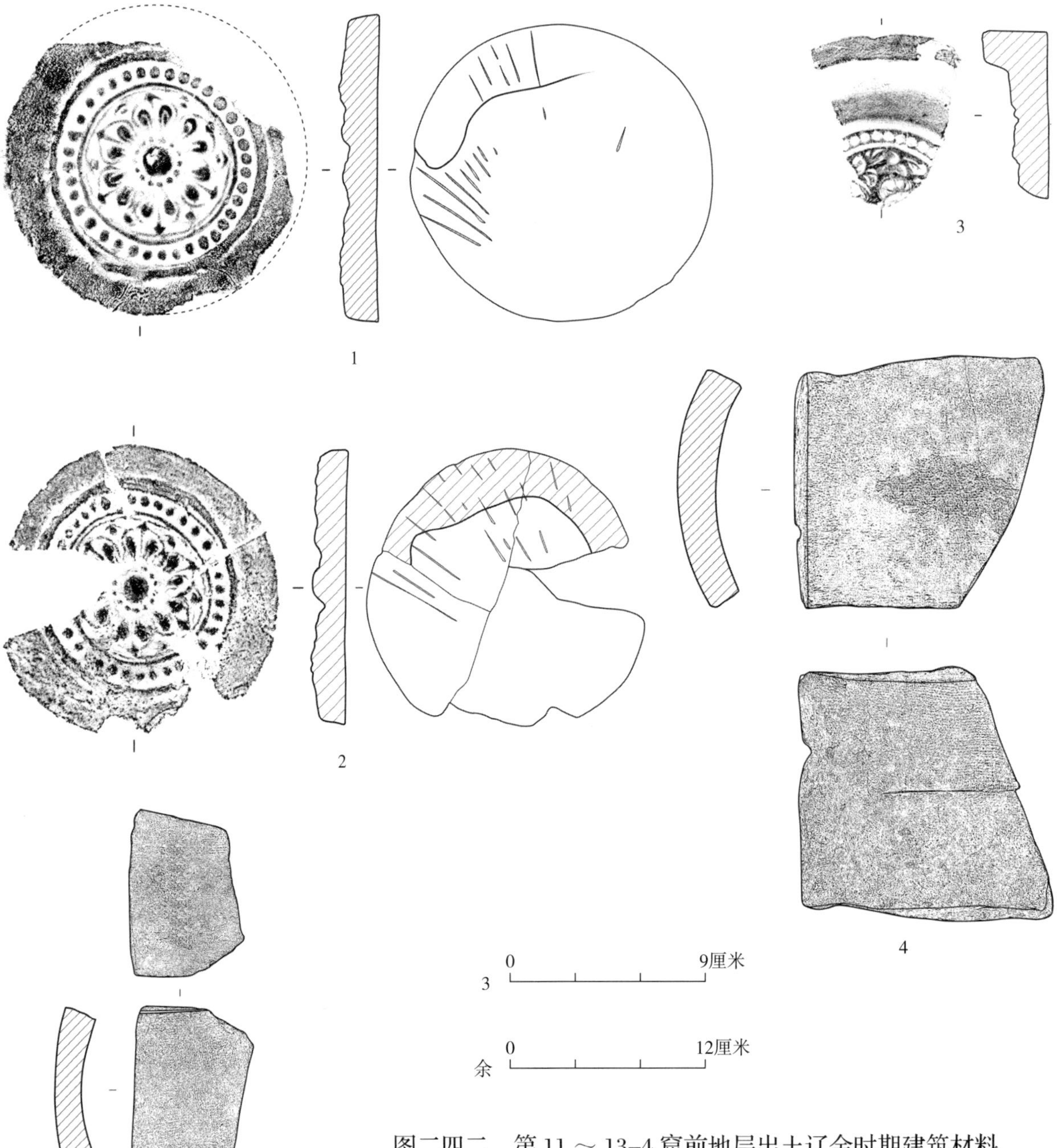

图二四二　第11～13-4窟前地层出土辽金时期建筑材料

1、2.Aa型檐头筒瓦1992T525③A：13、1992T525③A：15　3.陶瓦当范1992T532①：5　4、5.瓦条1992T526①：3、1992T526①：4

B型　26件。敞口，口沿中部微鼓，外部下翻，口沿内侧与器内壁圆滑转折无棱，外沿与器壁有大小不同的间隙。

Ba型　7件。敞口，口沿外卷，沿面圆鼓，方圆唇。

标本1992T525②A：10，方圆唇，斜壁，平底。内壁饰横向暗弦纹，外壁饰凹弦纹四道，口沿之下、腹部各有不明显凸棱一周。口径47.5、底径24.5、高14.8厘米（图二四三，1；彩版二二五，3）。

标本1992T532①：1，圆唇，器内壁饰横向暗弦纹。壁厚0.5、残高2.4厘米（图二四三，2；彩版二二五，4）。

标本 1992T532 ①: 3，口径 42.2、壁厚 0.4、残高 2.4 厘米（图二四三，3；彩版二二五，5）。

标本 1992T532 ①: 9，口径 37、壁厚 0.4 厘米（彩版二二五，6）。

Bc 型　11 件。敞口，口沿外卷且下垂，沿面圆鼓，与器壁之间有较大的空隙。

标本 1992T526 ② A : 5，壁厚 0.5、残高 3.6 厘米（图二四三，4；彩版二二五，7）。

标本 1992T603 ② A : 14，器壁薄，口径 28.2、壁厚 0.3、残高 8 厘米（图二四三，5；彩版二二五，8）。

标本 1992T526 ② A : 6，口径 53.6、壁厚 0.9、残高 6 厘米（图二四三，6；彩版二二六，1）。

标本 1992T526 ② A : 7，口沿宽 2.5、壁厚 0.8 厘米（彩版二二六，2）。

标本 1992T526 ② A : 8，口径 56、沿宽 2.5、壁厚 0.6、残高 10.4 厘米（图二四三，7；彩版

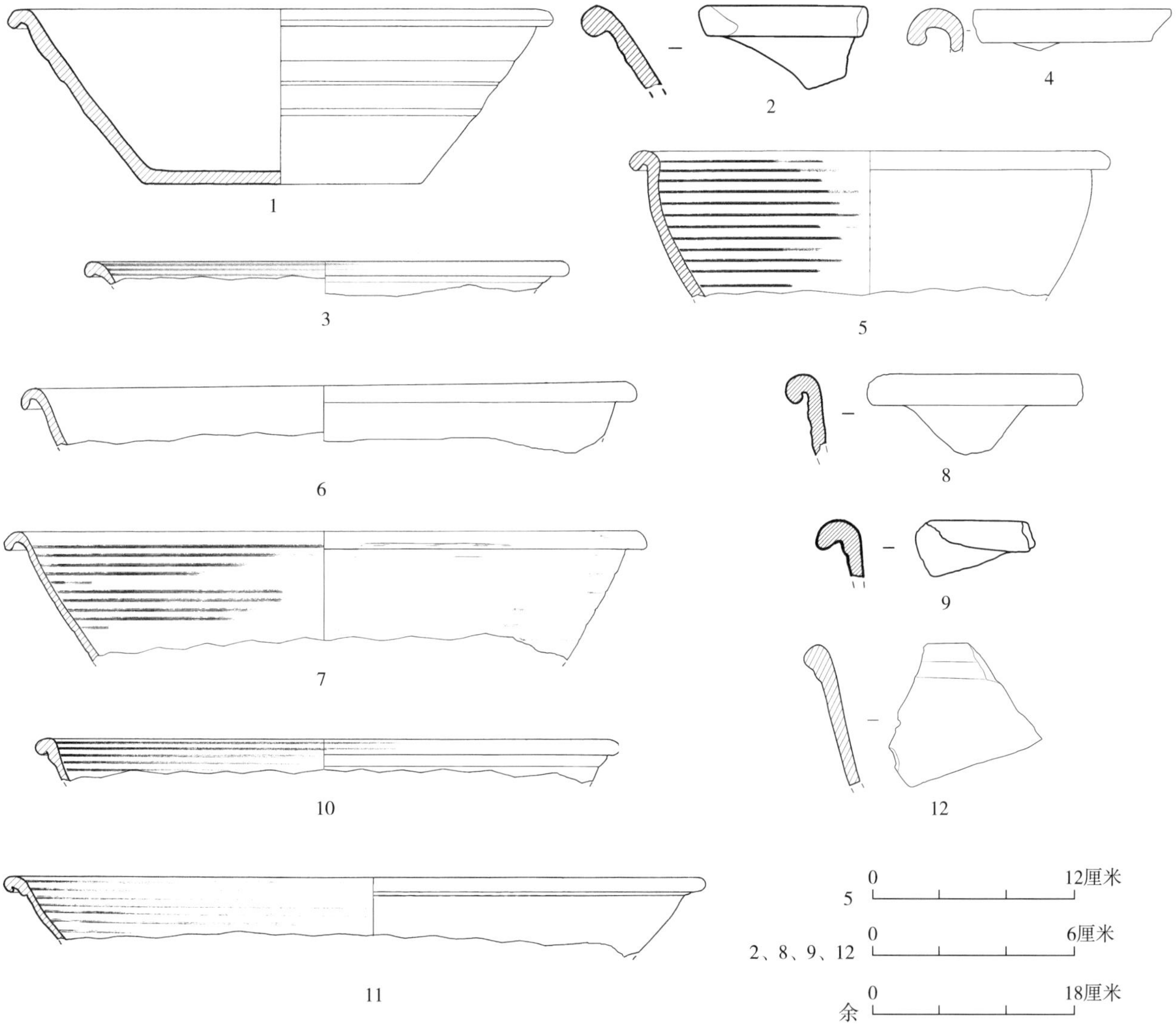

图二四三　第 11 ~ 13-4 窟前地层出土辽金时期陶盆

1 ~ 3.Ba 型卷沿陶盆 1992T525 ② A : 10、1992T532 ①: 1、1992T532 ①: 3　4 ~ 8.Bc 型卷沿陶盆 1992T526 ② A : 5、1992T603 ② A : 14、1992T526 ② A : 6、1992T526 ② A : 8、1992T603 ② A : 9　9 ~ 12.Bd 型卷沿陶盆 1992T603 ② B : 3、1992T532 ①: 10、1992T610 ①: 3、1992T607 ② A : 1

二二六，3）。

标本 1992T603 ② A：9，盆体较大且厚重，器内壁及口沿处有横向暗弦纹，器外壁有旋坯痕。壁厚 0.7、残高 2.4 厘米（图二四三，8；彩版二二六，4）。

Bd 型　8 件。敞口，口沿外壁加厚，沿面加宽并外卷，沿下及沿外壁加厚处各剔压两条间隙，形成一条凸棱，沿下间隙较宽。器内壁及口沿处多饰横向暗弦纹。器壁较薄。

标本 1992T603 ② B：3，壁厚 0.5、残高 1.6 厘米（图二四三，9；彩版二二六，5）。

标本 1992T532 ①：11，口径 45、壁厚 0.5 厘米（彩版二二六，6）。

标本 1992T532 ①：10，口径 50.8、壁厚 0.7、残高 3.6 厘米（图二四三，10；彩版二二六，7）。

标本 1992T528 ② A：7，口径 45、壁厚 0.5 厘米（彩版二二六，8）。

标本 1992T610 ①：3，口径 61、壁厚 0.6、残高 6.6 厘米（图二四三，11）。

标本 1992T607 ② A：1，泥质红陶。壁厚 0.6、残高 4 厘米（图二四三，12）。

（2）平折沿陶盆

3 件。泥质灰陶，泥条盘筑。山顶遗址辽金平折沿陶盆根据器内口沿下方有无凸棱，沿面外缘有无凹槽及不同分三型，此区域见 C 型。

C 型　3 件。沿面外侧有一周凹槽。

标本 1992T526 ② A：4，方唇，弧壁。沿面外侧的立面经修整，有一周凹槽，且沿外侧唇部上下均折起。器内壁滚印“米”字与栉齿纹相间的纹带。口径 32.4、壁厚 1、残高 6.2 厘米（图二四四，1；彩版二二七，1）。

陶盆底部　1 件。

标本 1992T529 ①：13，仅存底部局部，斜腹，平底。器内壁饰横向暗弦纹，可见锔钉孔 1 处。底径 30、残高 7.2 厘米（图二四四，2；彩版二二七，2）。

（3）陶盘

2 件。

标本 1992T526 ② A：9，泥质灰陶，敞口，弧壁，大平底。底部有锔钉孔。口径 40、底径 33.4、通高 5 厘米（图二四五，1；彩版二二七，3）。

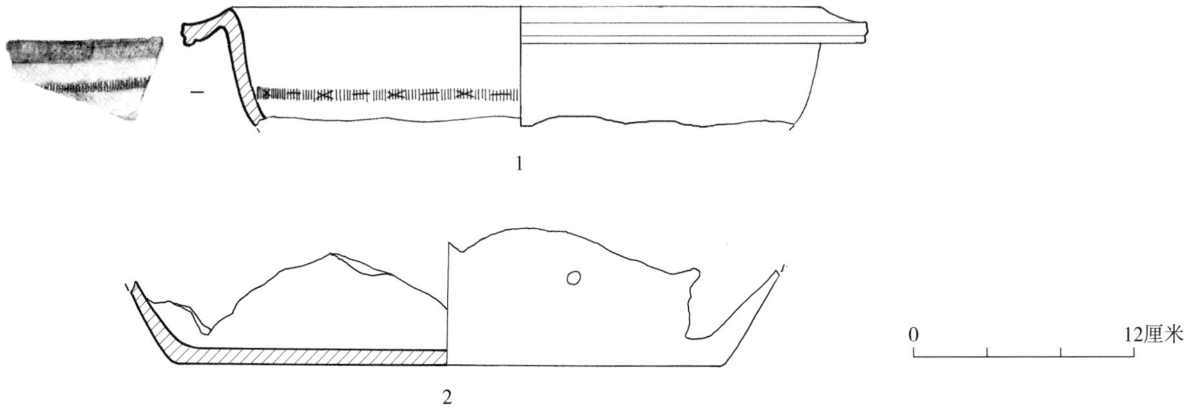

图二四四　第 11 ～ 13-4 窟前地层出土辽金时期陶盆

1.C 型平折沿陶盆 1992T526 ② A：4　2. 陶盆底 1992T529 ①：13

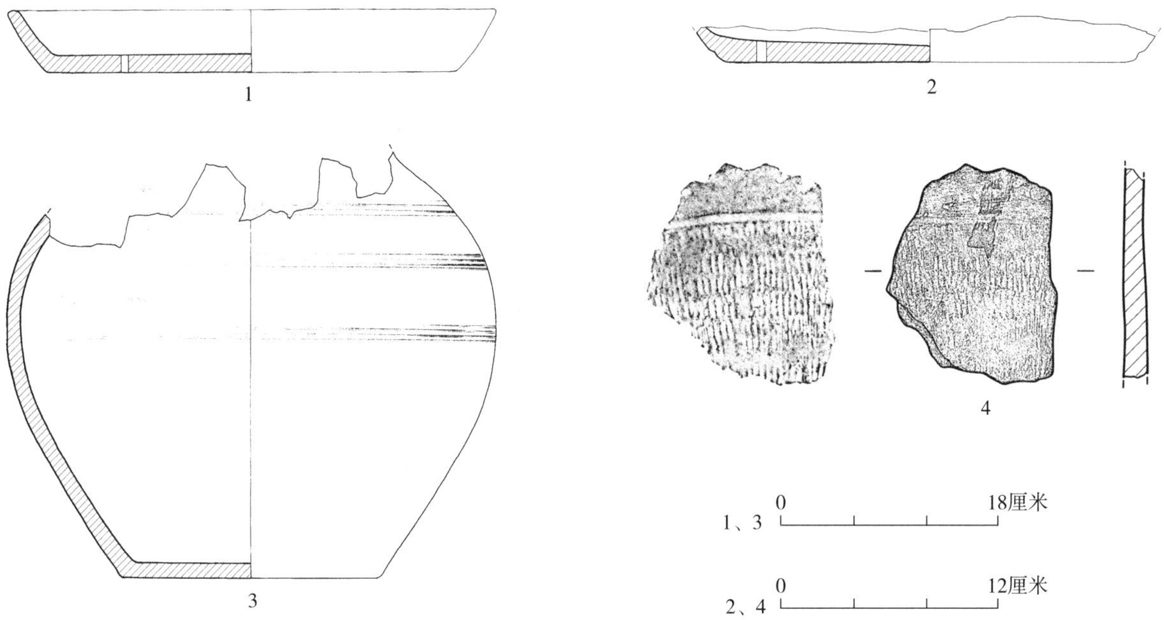

图二四五　第 11 ～ 13-4 窟前地层出土辽金时期陶器

1、2. 陶盘 1992T526 ② A ：9、1992T526 ② A ：2　3. 陶罐 1992T526 ② A ：3　4. 方格纹陶罐残片 1992T529 ①：7

标本 1992T526 ② A ：2，残，仅存部分底部，弧壁，平底。底部有锔钉孔。壁厚 0.5、底径 22.8 厘米（图二四五，2；彩版二二七，4）。

（4）陶罐

2 件。均为泥质灰陶，仅存腹部或底部。

素面陶罐残片　1 件。

标本 1992T526 ② A ：3，残，圆腹，平底。器外壁有数周横向暗纹。底径 21.6、最大腹径 39.8、残高 33.8 厘米（图二四五，3；彩版二二七，5）。

方格纹陶罐残片　1 件。

标本 1992T529 ①：7，胎质较疏松，一周凹弦纹之上横向磨光，之下滚印多条由多条方格且相间交错的栉齿纹带。壁厚 0.8 ～ 1、残高 8.8 厘米（图二四五，4）。

2. 瓷器

釉色有白釉、白釉褐彩、茶叶末釉、孔雀蓝釉、黑釉。

（1）白釉碗

11 件。因上化妆土施透明釉而呈白色，内施满釉，外不及底。皆残片。山顶遗址辽金白釉碗根据口部形制差异分 A、B 两型。

A 型　6 件。敞口。根据唇部的变化又分两亚型。

Aa 型　4 件。敞口，尖圆唇。

标本 1992T529 ①：6，弧腹。胎色土黄，胎质稍坚，夹黑点，有极细小气孔。釉色牙白，施釉不甚均匀。口径 14.8、壁厚 0.4、残高 3.4 厘米（图二四六，1；彩版二二八，1）。

标本 1992T529 ①：5，尖唇，敞口，弧腹。胎色浅灰，胎质较坚，夹黑点，有极细小气孔。芒口，釉色牙白，釉面较光洁。口径 15、壁厚 0.2 ～ 0.5、残高 3.4 厘米（图二四六，2；彩版二二八，2）。

标本 1992T532 ①：4，尖唇，敞口，弧腹。胎色浅灰，胎质较坚，有细小气孔。口沿处釉面有磨损，釉色呈灰白色，釉料淘洗不净，釉层中满布白色颗粒。口径 20.5、壁厚 0.2 ～ 0.6、残高 3.6 厘米（图二四六，3；彩版二二八，3）。

Ab 型　2 件。敞口，圆唇外凸。

标本 1992T532 ①：8，弧腹。胎色灰白，胎质较坚。釉色呈灰白色，釉面不甚光洁。口径 15.9、壁厚 0.3 ～ 0.4、残高 3 厘米（图二四六，4；彩版二二八，4）。

标本 1992T603 ② A：5，弧腹。胎色土黄，胎质略疏，夹褐点杂质。釉色牙白，釉面不甚平洁。口径 21.3、壁厚 0.3、残高 4.4 厘米（图二四六，5；彩版二二八，5）。

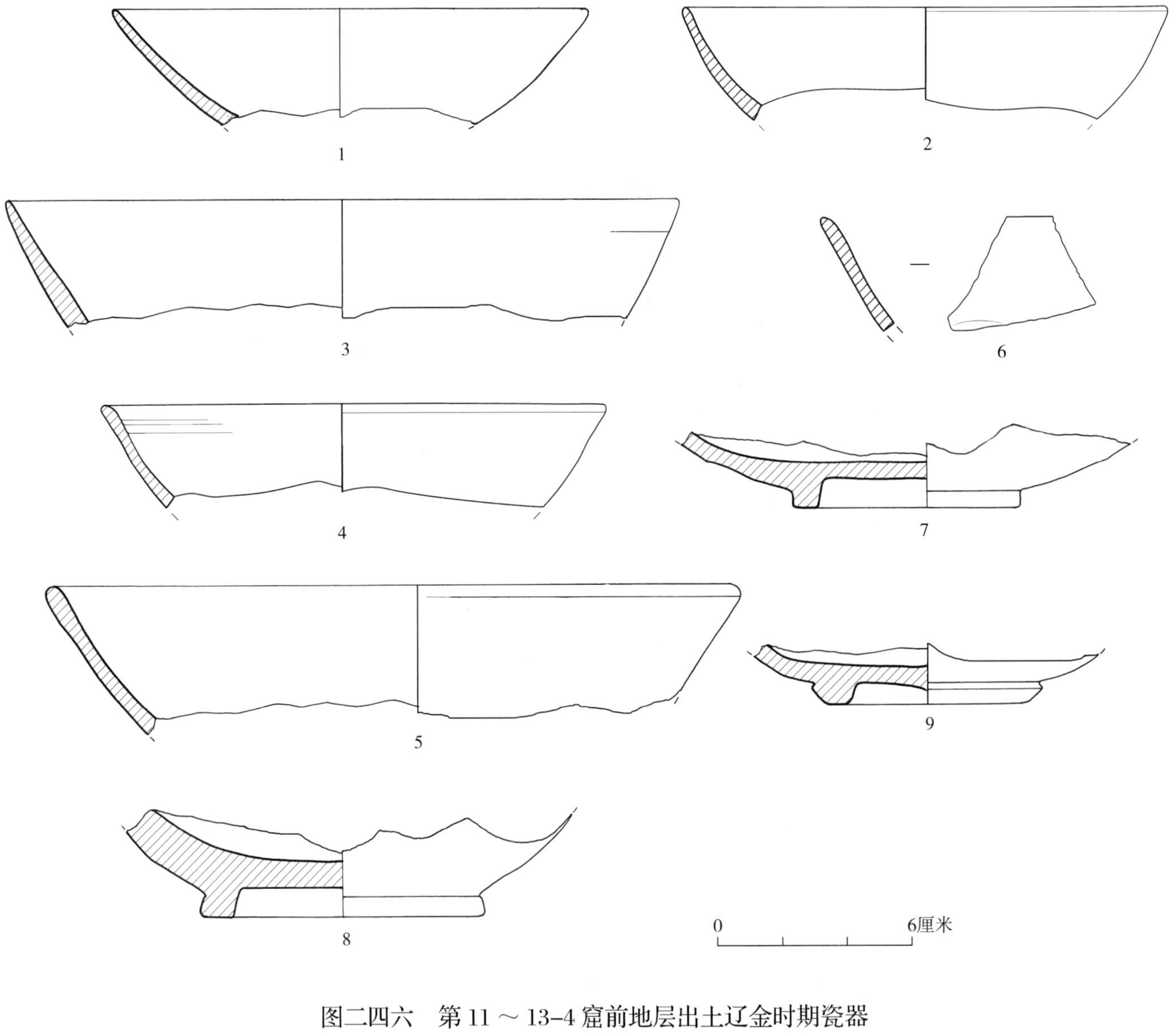

图二四六　第 11 ～ 13-4 窟前地层出土辽金时期瓷器

1 ～ 3.Aa 型白釉碗 1992T529 ①：6、1992T529 ①：5、1992T532 ①：4　4、5.Ab 型白釉碗 1992T532 ①：8、1992T603 ② A：5　6.B 型白釉碗 1992T525 ② A：3　7、8.A 型白釉碗底 1992T525 ①：4、1992T603 ② A：7　9.B 型白釉碗底 1992T603 ② A：6

B 型　2 件。撇口。

标本 1992T525 ② A：3，尖唇，弧腹。胎色浅灰，胎质较坚，釉色牙白，釉面光洁。壁厚 0.4、残高 3.4 厘米（图二四六，6；彩版二二八，6）。

标本 1992T525 ② A：14，尖唇，弧腹。胎色黄白，胎质较坚，釉色牙白，外壁剥釉。口径 19、壁厚 0.4 ～ 0.6 厘米（彩版二二八，7）。

根据底足变化分三型，该区域见有 A、B 两型。

A 型　2 件。圈足，足墙外低内高。

标本 1992T525 ①：4，弧腹，外腹底横削修整。胎色黄白，胎体较坚。内施满釉，釉色黄白，残存的外腹底及圈足无釉，釉面平整。足心有墨书，大部缺失。内底残留 3 处小垫珠痕，分布均匀。底径 7、壁厚 0.5 ～ 0.9、残高 2.2 厘米（图二四六，7；彩版二二八，8）。

标本 1992T603 ② A：7，器形较大。弧腹，圈足足墙削足不甚规整。胎色灰白，胎体粗厚。无化妆土，内施满釉，残存的外腹底及圈足无釉，釉面不光洁。内底残留 2 处小垫珠痕。底径 8.9、壁厚 1.2、残高 3.2 厘米（图二四六，8；彩版二二九，1）。

B 型　1 件。圈足，足墙内外齐平。

标本 1992T603 ② A：6，弧腹，圈足内外墙均二次切削，内墙外斜，削足不甚规整。胎色土黄，胎体较坚，夹细小褐砂。内施满釉，残存的外腹底及圈足无釉，釉色牙白，釉面不甚光洁。内底残留 1 处垫珠痕。底心有墨书，字迹残缺，无法辨识。底径 7、壁厚 0.4 ～ 0.6、残高 1.8 厘米（图二四六，9；彩版二二九，2）。

（2）白釉盘

1 件。山顶遗址辽金白釉盘根据口沿和腹部形制不同分三型，此区域仅见 A 型。

A 型　1 件。敞口，圆唇，折腹。

标本 1992T525 ② A：4，胎色较白，胎质较坚。上化妆土施透明釉，内施满釉，外施半截釉，白釉泛灰，外壁有流釉。口径 11、壁厚 0.3 ～ 0.5、残高 2.4 厘米（图二四七，1；彩版二二九，3）。

（3）白釉褐彩碗

4 件。

标本 1992T525 ② A：15，残存口、腹部。圆唇，敞口，弧腹。胎色土黄，胎质稍坚，夹黑砂。釉色黄白，施釉不均匀。内壁口沿下绘浅褐色弦纹二周，口径 15、壁厚 0.3 ～ 0.5、残高 2.2 厘米（图二四七，2；彩版二二九，4）。

标本 1992T603 ② A：10，弧腹。圈足，足墙外低内高，外墙斜直，内墙旋转切削呈外斜状，足沿平切。胎色白黄，胎质较坚。内施满釉，残存外底无釉，釉色黄白。内底用褐彩描绘弦纹一周，色彩浅淡。内底残留垫珠痕。底径 6.9、壁厚 0.7 ～ 0.9、残高 2.4 厘米（图二四七，3；彩版二二九，5）。

标本 1992T525 ② A：7，弧腹，器身有火烧痕迹。胎色较白，胎质稍坚。内施满釉，残存外腹底及圈足无釉，釉色牙白。大面积剥釉。内底用褐彩描绘纹饰。底径 7、壁厚 0.4 ～ 0.7、残高 2.6 厘米（图二四七，4；彩版二二九，6）。

标本 1992T525 ② A：16，圈足，足墙外低内高，外腹底竖削修整。胎色黄白，胎体较坚。内施满釉，釉色黄白，残存的外腹底及圈足无釉，釉面平整。内底残留 2 处椭圆小垫珠痕，内腹底绘褐色弦纹一周。底径 6、壁厚 0.5 ～ 0.9 厘米（彩版二二九，7）。

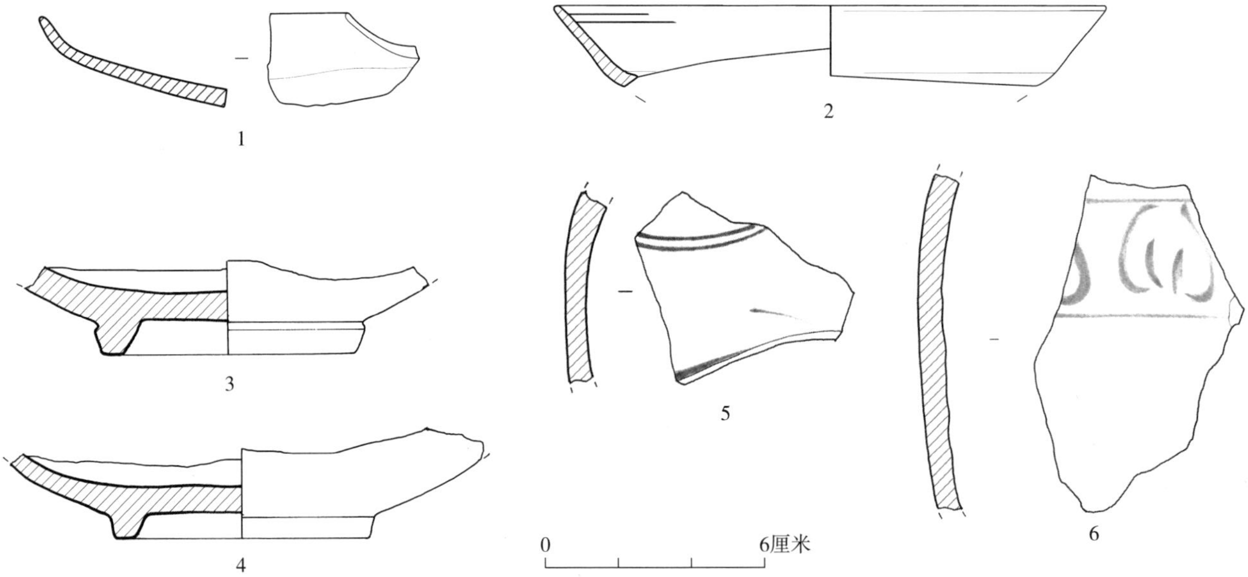

图二四七　第 11 ～ 13-4 窟前地层出土辽金时期瓷器

1.A 型白釉盘 1992T525 ② A：4　2. 白釉褐彩碗 1992T525 ② A：15　3、4. 白釉褐彩碗底 1992T603 ② A：10、1992T525 ② A：7　5、6. 白釉褐彩罐 1992T603 ② A：4、1992T604 ② A：5

（4）白釉褐彩罐

2 件。均为罐身残片。

标本 1992T603 ② A：4，弧腹。土黄胎，胎质稍坚，夹黑砂。外壁施釉，白釉泛黄，内壁无釉。外腹以黑褐彩描绘弦纹两周作边饰，主题纹饰以黑彩描绘。壁厚 0.6 ～ 0.8、残高 4.9 厘米（图二四七，5；彩版二二九，8）。

标本 1992T604 ② A：5，深腹，内壁有明显旋坯痕。土黄胎泛红，胎质稍坚，夹黑砂。外壁施釉，白釉泛黄，釉面有细小开片，外腹以褐彩画弦纹两周，中间花叶纹。壁厚 0.6 ～ 0.7、残高 8.8 厘米（图二四七，6；彩版二三〇，1）。

（5）茶叶末釉碗

1 件。

标本 1992T603 ①：2，残存圈足器底。器形较大。弧腹，器内底有一周凸弦纹，底心有与其他器物的粘接痕。圈足内外齐平。胎色灰黄，胎体坚致夹细砂。内施满釉，外不及底，釉面光洁。底径 8、壁厚 0.7、残高 3 厘米（图二四八，1；彩版二三〇，2）。

（6）茶叶末釉罐

2 件。

标本 1992T603 ② A：3，残存口沿。敞口，圆唇外凸。胎色灰白，胎体夹白砂，有细小气孔。芒口，器内外施釉，釉面光亮，呈色较深。口径 11.5、壁厚 0.6、残高 3 厘米（图二四八，2；彩版二三〇，3）。

标本 1992T529 ①：11，残存腹部。弧腹。有旋坯痕。胎色黄白，胎体稍坚，夹细砂。内外施釉，釉面光亮。腹部似有刻划文字，残缺，无法辨识。壁厚 0.7、残高 8.3 厘米（图二四八，3；彩版二三〇，4）。

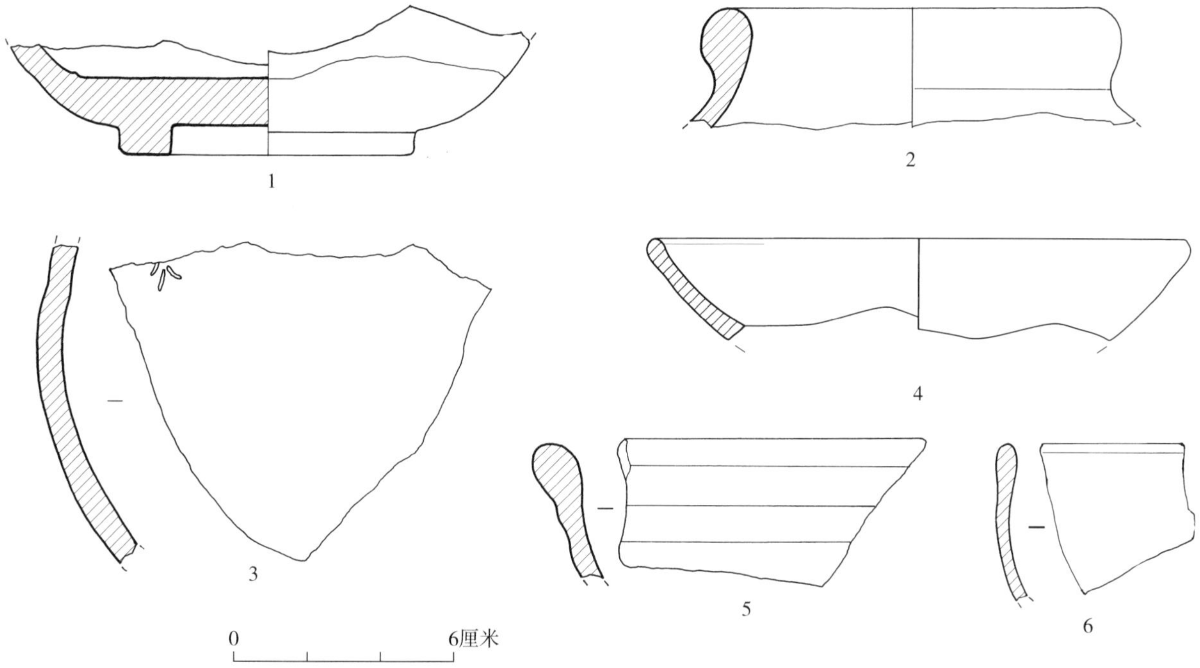

图二四八　第 11 ～ 13-4 窟前地层出土辽金时期瓷器

1. 茶叶末釉碗 1992T603 ①：2　2、3. 茶叶末釉罐 1992T603 ② A：3、1992T529 ①：11　4. 黑釉碗 1992T603 ② B：2　5、6. 黑釉罐 1992T603 ② A：13、1992T610 ①：2

（7）黑釉碗

1 件。

标本 1992T603 ② B：2，为口沿残片，口微敛，圆唇，唇内壁加厚。弧腹。胎色土黄，胎质粗疏，夹白砂。内外壁施满釉，釉色黑亮，釉面光洁，有窑变。口径 14.9、壁厚 0.6、残高 3.4 厘米（图二四八，4；彩版二三〇，5）。

（8）黑釉罐

6 件。

标本 1992T603 ② A：13，侈口，圆唇，斜肩。外壁可见旋坯痕。胎色土黄，胎体粗疏夹砂，有气孔。内外施釉，釉色黑亮，有窑变酱斑。壁厚 0.5 ～ 0.7、残高 4 厘米（图二四八，5；彩版二三〇，6）。

标本 1992T610 ①：2，圆唇外凸，敛口，弧腹。外壁可见旋坯痕。胎色灰白，胎体坚致，较薄，夹白砂。芒口，内外施釉，釉色黑亮，有“棕眼”。壁厚 0.3、残高 4 厘米（图二四八，6；彩版二三〇，7）。

五　2013 年窟前采集遗物

（一）建筑材料

陶质建筑材料

主要出土有板瓦、檐头板瓦、瓦条、筒瓦、檐头筒瓦、陶瓦当范、砖等。

（1）板瓦

1 件。山顶遗址根据板瓦宽端端头直切或斜切分两型。此区域采集遗物见 Bb 型。

Bb 型　1 件。端头斜直，削薄抹平。

标本 2013 窟前采：242，瓦身整体较厚，胎质夹砂颗粒较小，凹面布纹较粗，瓦身一端斜切，其上有两道细划痕，侧面切痕 1/4。距瓦端约 8.5 厘米处有一小凹坑，为切割时的定点。瓦厚 2.9 厘米。

（2）筒瓦

7 件。

1）灰陶筒瓦

2 件。胎质同板瓦，凹面布纹经纬较粗，瓦舌内凹。

标本 2013 窟前采：14，厚 2.4 厘米。

标本 2013 窟前采：13，厚 1.9 厘米。

2）琉璃筒瓦

5 件。均为红胎，施黄釉、绿釉、浅绿釉。

标本 2013 窟前采：250，浅红胎，夹细砂，凹面一侧残留砍斫痕迹。凸面施酱黄釉，杂有淡黄色釉。厚 2.6 厘米（彩版二三一，1 上右）。

标本 2013 窟前采：249，红胎，夹细砂，化妆土上施淡绿釉，多剥落，侧面半切。瓦厚 1.7 厘米（彩版二三一，1 上左）。

标本 2013 窟前采：23，红胎，夹砂和白色小石英颗粒，化妆土上施浅绿釉，有剥落，侧面半切，破面未修整。瓦厚 1.5 厘米（彩版二三一，1 下左）。

（3）瓦条

1 件。

标本 2013 窟前采：34，泥质红陶，浅红胎，夹少量砂。长条状，除一个侧面切痕 1/4，破面未修整外，其他面均磨平。残长 8.2、宽 6.8、厚 2.5 厘米（彩版二三一，2）。

（4）沟纹砖

1 件。

标本 2013 窟前采：243，残，夹砂灰陶。沟纹一面有白灰痕迹。因残不辨方或长条砖。砖厚 3.6 厘米（彩版二三一，3）。

（5）琉璃脊饰

1 件。

标本 2013 窟前采：15，呈片状，残留雕塑的花瓣。红胎，夹细砂和白色小石英颗粒，表面施很薄的白色化妆土，正、背、侧面均施绿釉。厚 1.5、花纹处厚 2.5 厘米（彩版二三一，4）。

（二）生活生产用具

1. 陶器

均为泥质灰陶，器形主要有盆、罐等，均为日常生活用具。

陶盆　3 件。多数仅存口沿、腹部或底部。山顶遗址根据口沿不同分卷沿、平折沿、敛口三类，此区域采集遗物见卷沿和平折沿陶盆。

（1）卷沿陶盆

1 件。泥质灰陶。山顶遗址辽金卷沿陶盆根据口部不同及沿内侧转折有无棱，分三型。本区域采集标本仅见 A 型。

Ac 型　1 件。敞口，口沿外卷，斜方唇，口部与口沿内侧转折有棱。

标本 2013 窟前采∶288，沿面平，斜方唇，与器外壁形成三角状间隙。沿面及内壁有横向暗弦纹，口沿宽 2.1、壁厚 0.6、残高 2.2 厘米（图二四九，1；彩版二三一，5）。

（2）平折沿陶盆

2 件。残片仅可辨为平折沿。

（3）附加堆纹陶罐残片

1 件。

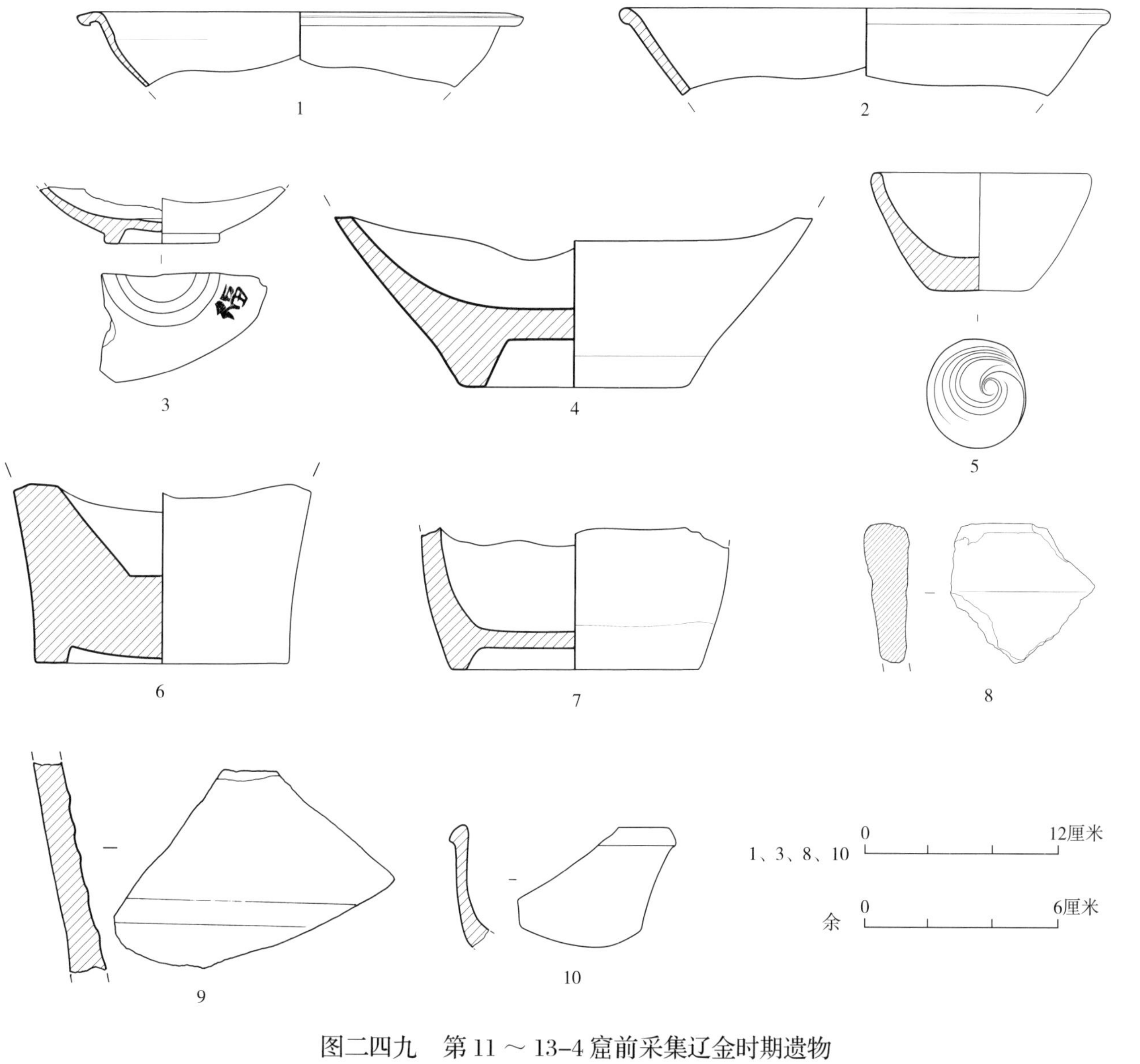

图二四九　第 11 ～ 13-4 窟前采集辽金时期遗物

1.Ac 型卷沿陶盆 2013 窟前采∶288　2.B 型白釉碗 2013 窟前采∶35　3.A 型白釉碗底 2013 窟前采∶38　4. 白釉瓶 2013 窟前采∶47　5. 茶叶末釉盏 2013 窟前采∶194　6、7. 茶叶末釉瓶 2013 窟前采∶68、2013 窟前采∶67　8. 茶叶末釉缸 2013 窟前采∶69　9. 复色釉瓶 2013 窟前采∶170　10. 复色釉盆 2013 窟前采∶169

标本2013窟前采：281，胎质较疏松，表皮呈浅灰色，外壁附加泥条，泥条上用缠细绳的小棒斜向压印成椭圆形，椭圆内有二条小凸棱。壁厚0.6、花纹厚1.5厘米（彩版二三一，6）。

2. 瓷器

该区域采集瓷器釉色有白釉、茶叶末釉、复色釉、黑釉。

（1）白釉碗

13件。因上化妆土施透明釉而呈白色。皆残片，无可复原器。山顶遗址辽金白釉碗根据口部形制差异分两型，A型敞口，B型撇口。此处见B型。

B型　3件。撇口。

标本2013窟前采：35，残存口沿。撇口，方圆唇，唇部外凸，外壁近口沿处多有一处凹槽。弧腹。胎色较白，胎质坚薄，细腻。芒口，内外施釉，釉色较白。口径15、残高2.4厘米（图二四九，2；彩版二三二，1）。

根据底足变化，分三型，该区域见有A、B型。

A型　6件。圈足，足墙外低内高。

标本2013窟前采：38，弧腹，内底凸起，圈足，足墙外撇，外墙二次切削，足沿微圆，足心有不明显乳突。土黄胎，夹细小黑、白砂，胎质稍坚。内施满釉，外不及底，釉色泛黄。内底及足沿各残留4处垫珠痕。外腹近底处有墨书“福”字，足心亦有墨书，无法辨认。足径7、残高1.6厘米（图二四九，3；彩版二三二，2）。

标本2013窟前采：39，弧腹，圈足外墙二次切削，足沿微圆。土黄胎，夹细小黑、白砂，胎质稍坚。内施满釉，外不及底，釉色泛黄。内底及足沿各残留4、5处垫珠痕。外壁近底处有墨书三字，似为“□亭外”。足径6.7厘米（彩版二三二，3）。

标本2013窟前采：40，弧腹，圈足，足墙外撇，外墙二次切削，足沿微圆。土黄胎，夹细小黑、白砂，胎质稍坚。内施满釉，外不及底，釉色泛黄。内底残留3处垫珠痕。足心有墨书，字形不辨。足径7厘米（彩版二三二，4）。

标本2013窟前采：44，内底残留2处垫珠痕。足心有墨书，似为“韩”字上半部。足径7.8厘米（彩版二三二，5）。

标本2013窟前采：43，弧腹，圈足。土黄色胎，胎体坚致。内施满釉，残存外壁未见施釉，内底残存2处垫珠痕。足径6厘米。

标本2013窟前采：144，弧腹，圈足。土黄色胎，胎体坚致。内施满釉，残存外壁未见施釉，内底残存2处垫珠痕，釉面不甚光洁。足径8厘米。

B型　3件。圈足，足墙内外齐平。

标本2013窟前采：41，足墙外撇，足沿微圆。胎色灰褐，胎体坚致，夹细小黑砂。除足沿外，内外施釉，白釉泛黄釉面平整。内底及圈足各残留2处垫珠痕。足径7.5厘米（彩版二三二，6）。

标本2013窟前采：42，胎色黄白，胎体较坚。除足沿外，内外施釉，内底开涩圈，釉色灰白。足沿有粘砂。足径6厘米（彩版二三二，7）。

标本2013窟前采：46，胎色灰白，胎体坚致，夹细小黑砂。除足沿外，内外施釉，釉色较白。内底残留2处垫珠痕，外壁近圈足处有一周弦纹。壁厚0.5厘米。

腹部残片　1件。

标本 2013 窟前采：2，弧腹。胎色灰白，胎体较坚，有黑砂。内外施釉，釉色灰白。外壁残留数周旋坯痕。壁厚 0.5 ～ 0.7 厘米。

（2）白釉瓶

1 件。

标本 2013 窟前采：47，残存腹底。深弧腹，斜收至足，隐圈足，足沿微圆。土黄胎，夹细小白砂。除足部外，器身上化妆土并内外施釉，釉色灰白。足径 6.9、残高 4 厘米（图二四九，4；彩版二三二，8）。

（3）茶叶末釉盏

1 件。

标本 2013 窟前采：194，圆唇，口微敞，弧腹稍深，小平底。胎色土黄，胎体较坚，有黑白细砂。仅内壁施釉，釉色泛绿，釉面光洁。口径 6.8、底径 3.2、高 3.5 厘米（图二四九，5；彩版二三三，1）。

（4）茶叶末釉瓶

2 件。

标本 2013 窟前采：68，底足残片。筒形深腹，内底心下凹，外足心有乳突，隐圈足。灰黄胎粗疏，夹黑、白砂，胎体厚重。内外施釉，釉色棕黑。底径 7.8、残高 5.6 厘米（图二四九，6；彩版二三三，2）。

标本 2013 窟前采：67，底足残片。筒形腹，隐圈足，足沿平切。土黄胎较粗疏，夹黑、白砂。内外施釉，内施满釉，外不及底，釉色黑亮，釉面不光滑。内壁有数周旋坯痕。底径 7.6、壁厚 0.7、残高 4.2 厘米（图二四九，7；彩版二三三，3）。

（5）茶叶末釉盆

1 件。

标本 2013 窟前采：199，残存底部，隐圈足。土黄胎，胎体粗疏，夹白、红褐色砂粒。内施满釉，外至腹底，底部无釉，釉色偏黄。底径 16.7 厘米（彩版二三三，4）。

（6）茶叶末釉缸

3 件。

标本 2013 窟前采：69，金代。口沿残片，口微敛，方唇，直腹。黄白胎，胎体粗疏，夹白、红褐砂，胎体厚重。芒口，内外施釉，呈色较深。内外壁口沿下均有一周凹槽。残高 8.2 厘米（图二四九，8；彩版二三三，5）。

标本 2013 窟前采：74，底部残片。深腹斜直，平底。器形较大。胎色灰黄，胎体较坚，夹白砂，胎体厚重。内外施釉，釉色深沉。外壁有旋坯痕，底有粘砂。底径 12 厘米（彩版二三三，6）。

标本 2013 窟前采：71，底部残片。底径 29 厘米。

（7）复色釉瓶

1 件。

标本 2013 窟前采：170，金代。深腹。土黄胎，胎体稍坚，有黑砂。外施白釉，釉色灰白，内施黑釉，皆施釉不满。内壁存旋坯痕。残高 5.9 厘米（图二四九，9；彩版二三三，7）。

（8）复色釉盆

1 件。

标本 2013 窟前采：169，残存口腹部，口微敛，唇部凸出，沿下斜，直腹微弧。灰白胎，胎体较坚致。

芒口，外施茶叶末釉，釉色深沉，内施白釉，釉色泛黄。壁厚0.8～1.4、残高7厘米（图二四九，10；彩版二三三，8）。

（9）黑釉碗

4件。

标本2013窟前采：58，金代。残存口部。敞口，尖圆唇。弧腹。胎色灰黄，胎质稍坚。内外施釉，釉色酱黑，釉面光洁。残高3.2厘米（图二五〇，1；彩版二三四，1）。

根据底足变化分三型，该区域见A、B型。

A型　2件。圈足，足墙外低内高。

标本2013窟前采：61，金代。底足残片。弧腹，外腹近底处切削，底心较薄，微向下凹，圈足内外墙二次切削，内墙有二层台。胎色灰白，胎体较坚，夹黑砂。内施满釉，釉色黑亮。足径10.1、残高3.6厘米（图二五〇，2；彩版二三四，2）。

标本2013窟前采：60，弧腹，足墙二次切削，足沿平切。胎色土黄，胎体较坚，有黑砂。内施满釉，底心开涩圈，外不及底，釉色亮黑，釉面光洁。足径6、残高2.2厘米（图二五〇，4；彩版二三四，3）。

B型　1件。圈足，足墙内外齐平。

标本2013窟前采：59，残存足部。弧腹。土黄胎，胎质稍坚，夹细小黑砂。内施满釉，底心开涩圈，外不及底，釉色亮黑，釉面光洁。足心及外腹有墨书，无法辨识。足径6厘米（彩版二三四，4）。

（10）黑釉盏

4件。

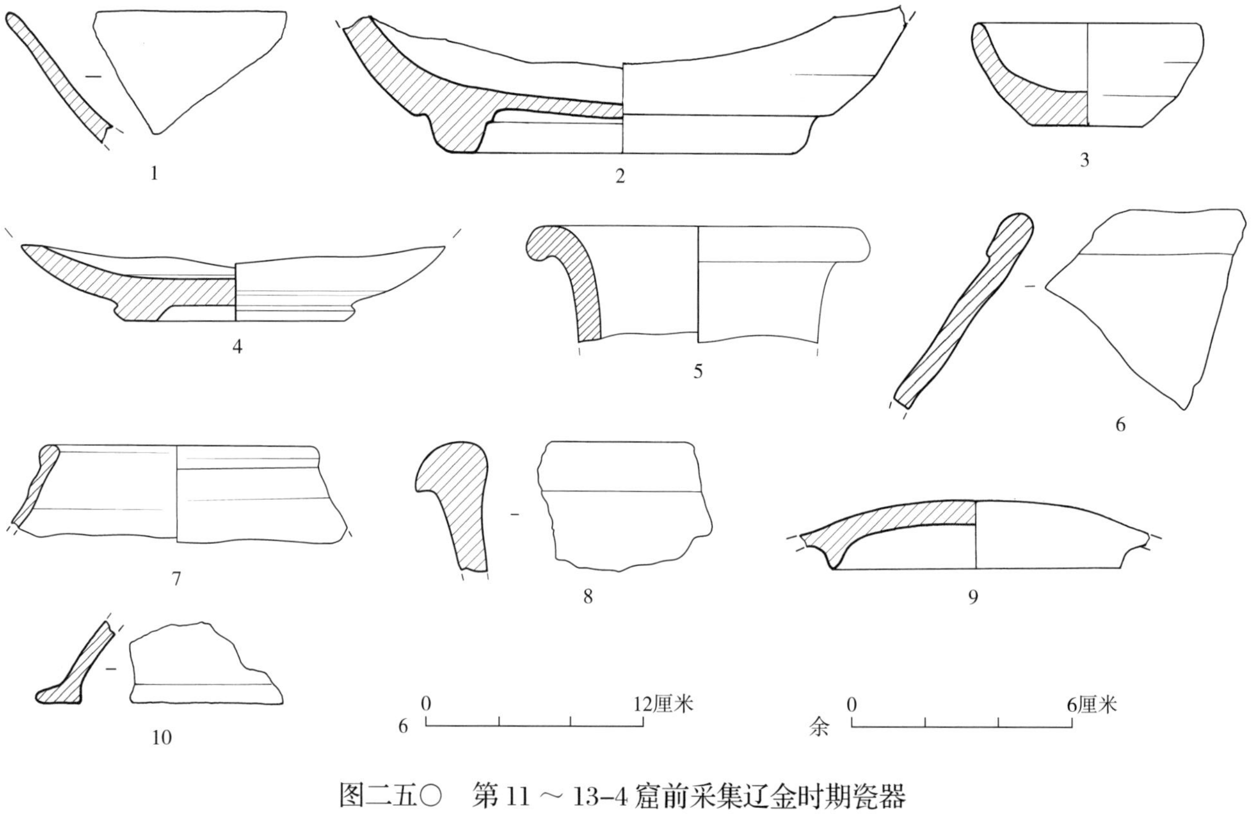

图二五〇　第11～13-4窟前采集辽金时期瓷器

1. 黑釉碗2013窟前采：58　2、4.A型黑釉碗底足2013窟前采：61、2013窟前采：60　3. 黑釉盏2013窟前采：64　5. 黑釉瓶2013窟前采：84　6、7. 黑釉罐口沿2013窟前采：86、2013窟前采：83　8. 黑釉盆口沿2013窟前采：89　9、10. 黑釉器盖2013窟前采：81、2013窟前采：189

标本 2013 窟前采：62，残存口、腹部。圆唇，敞口，弧腹。黄白胎，胎质稍疏，夹细小黑砂。内施满釉，口部及外壁无釉，釉色酱黑。口径 3 厘米（彩版二三四，5）。

标本 2013 窟前采：64，金代。尖圆唇，敞口，弧腹，小平底。灰胎，胎体坚质，有黑砂。内施满釉，口部及外壁无釉，釉色亮黑，呈色不匀。口径 6、底径 3、高 2.8 厘米（图二五〇，3；彩版二三四，6）。

（11）黑釉瓶

1 件。

标本 2013 窟前采：84，残存口沿。敞口，尖圆唇，短粗束颈。胎色灰黄，胎体较坚，有黑砂。内外施满釉，内釉酱紫，外釉黑亮，釉面较平整。口径 11、残高 3.6 厘米（图二五〇，5；彩版二三四，7）。

（12）黑釉罐

口沿残片　4 件。

标本 2013 窟前采：83，残存口、腹。敛口，唇部外凸，束颈，溜肩。胎色灰白，胎体较坚。芒口，上化妆土，外壁施满釉，内壁局部施釉，釉色棕黑。口径 15.2、残高 2.6 厘米（图二五〇，7；彩版二三四，8）。

标本 2013 窟前采：86，残存口颈部。口微敛，方圆唇微凸。胎色灰白，胎体较坚。芒口，施化妆土，内外施釉，釉色黑亮，内壁釉层稀薄，有流釉现象。壁厚 0.6 厘米（图二五〇，6；彩版二三五，1）。

底部残片　2 件。

（13）黑釉盆

口沿残片　1 件。

标本 2013 窟前采：89，尖唇外凸，束颈。胎色土黄，胎体粗疏，夹黑、白砂。内外施釉，釉色亮黑。残高 3.4 厘米（图二五〇，8；彩版二三五，2）。

底部残片　3 件。

标本 2013 窟前采：96，平底。胎色土黄，胎质粗疏，夹黑、白砂。内壁满釉，外不及底，釉色亮黑。内底有垫珠和粘烧痕。底径 19 厘米（彩版二三五，3）。

（14）黑釉器盖

3 件。

标本 2013 窟前采：81，子口，盖面向上隆起，钮缺。灰胎稍坚。仅盖面施釉，釉色亮黑。壁厚 0.6、残高 1.8 厘米（图二五〇，9；彩版二三五，4）。

标本 2013 窟前采：82，残。子口，盖面向上隆起，盖顶稍平，钮缺。灰胎稍坚。仅盖面施釉，釉色亮黑。壁厚 0.3 ～ 1.2、残高 1.8 厘米。

标本 2013 窟前采：189，子口，平折沿，盖面向上隆起，弧度较大。胎色黄白，胎体坚薄。仅盖面施酱黑色釉。沿宽 1.2、残高 2.1 厘米（图二五〇，10；彩版二三五，5）。

六　2013 年第 12 窟前探沟采集遗物

建筑材料

陶质建筑材料。

筒瓦

A 型　1 件。瓦身两侧见切痕。

2013 探沟采：1，灰陶。凹面布纹经纬较粗，瓦舌内凹。两侧内棱切痕约 1/4。瓦头略宽于瓦尾，且瓦头胎体较厚。瓦身不平整，向前下斜，肩部齐直。瓦尾端头平齐。凸面隐约可辨泥条宽 8 厘米。瓦长 39、宽 16.5 ～ 16.8、厚 2.2 ～ 3.1 厘米，瓦舌长 1.5、厚 1.1、肩高 2.4 厘米（彩版二三五，6）。

第六节　元代文化遗存

此发掘区域无明显元代地层，也无元代遗迹，出土和采集到元代瓷器，釉色有白釉褐彩、黑釉、茶叶末釉、钧釉。

生活生产用具

瓷器

（1）白釉褐彩碗

5 件。其中口沿残件 2 件，底足残件 3 件。

口沿残片　2 件。

标本 2013 窟前采：51，尖圆唇，敛口，折沿内弧，弧腹。土黄胎，胎体较坚，有黑砂。上化妆土。内施满釉，外至口沿，釉色洁白，釉面光洁，口沿有剥釉现象，外壁有拉坯时所留旋坯痕。内底用黑褐彩实笔描绘双弦纹。口径 25.8、壁厚 0.4 ～ 0.6、残高 4.4 厘米（图二五一，1；彩版二三六，1）。

标本 2013 窟前采：309，尖圆唇，敛口，折沿内弧，弧腹。土黄胎，胎体较坚，有黑砂。上化妆土，内施满釉，外至口沿，釉色洁白，釉面光洁，口沿有剥釉现象，外壁有拉坯时所留旋坯痕。内底用黑褐彩实笔描绘纹饰，双弦纹内涂绘草叶纹。口径 18、壁厚 0.5 ～ 1 厘米（彩版二三六，2）。

底足残片　3 件。

标本 2013 窟前采：48，内底较平，弧腹，圈足，外墙二次切削，足沿微圆。胎色土黄，胎体较疏。有化妆土。内施满釉，外不及底，釉色黄白。内底处褐彩描绘弦纹两周和不明纹饰。内底残留 2 颗垫珠痕。足径 7 厘米（彩版二三六，3）。

标本 2013 窟前采：49，残存腹、足。弧腹，外壁近底处切削，内底有一周凸弦纹。圈足，足墙外低内高，有切削痕，足沿微圆。胎色土黄，胎体稍坚。上化妆土，内施满釉，外不及底，釉色灰白，釉面不甚光洁。内底心绘两周弦纹，腹底实笔涂绘草叶纹及弦纹。足沿和内底有 4、5 处垫珠痕。足心有“窑裂”现象。足径 7.1 厘米（彩版二三六，4）。

标本 2013 窟前采：50，底足残片。底部较平，圈足，足墙外低内高，有切削痕，足沿微圆。胎色土黄，胎体稍坚、胎壁较厚，上化妆土。内施满釉，外不及底，釉色黄白。内底处褐彩描绘弦纹两周。足沿和内底有若干处垫珠痕。足径 9 厘米。

（2）白釉褐彩罐

4 件，均为腹部残片。

标本 2013 窟前采：53，束颈，圆肩，鼓腹。胎色土黄，胎体较坚。上化妆土，内外施釉，釉色黄白，

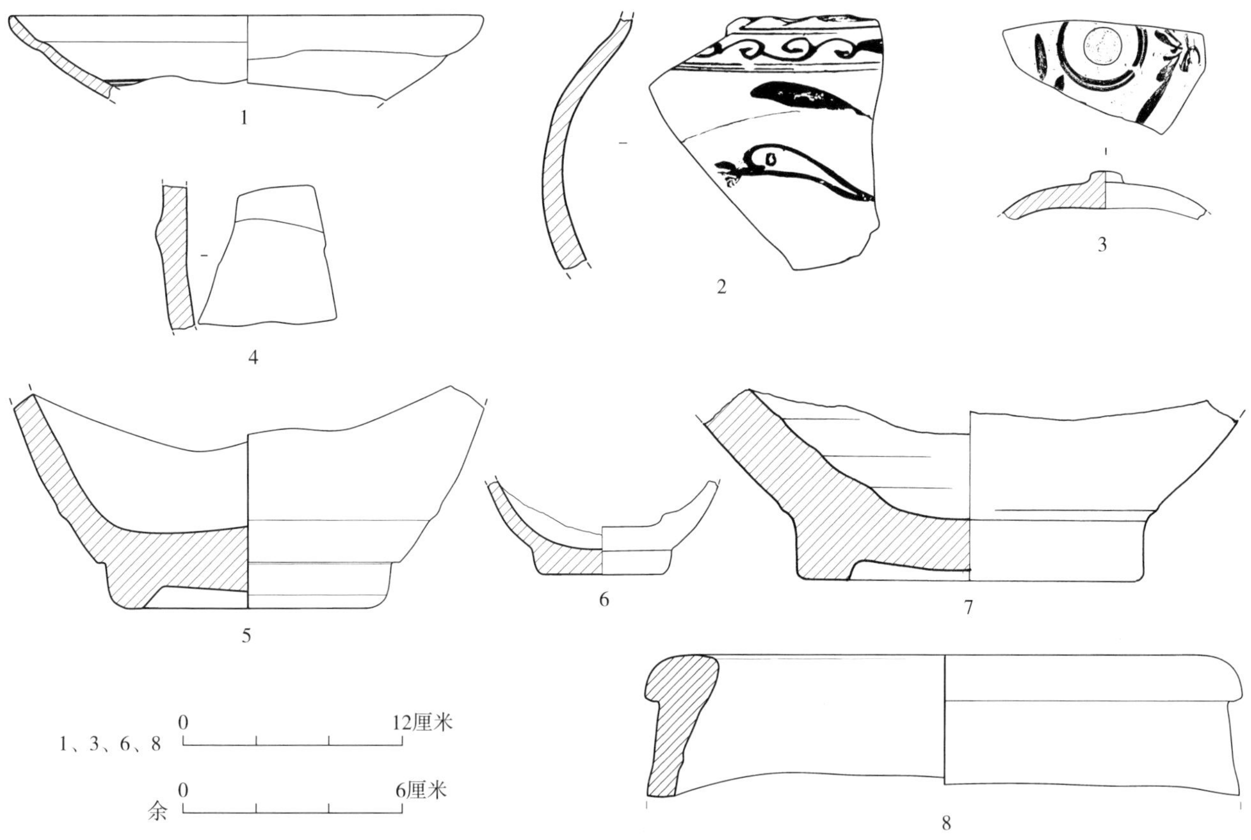

图二五一　第 11 ～ 13-4 窑前地层出土、采集元代瓷器

1. 白釉褐彩碗 2013 窑前采：51　2. 白釉褐彩罐腹部残片 2013 窑前采：53　3. 白釉褐彩器盖 2013 窑前采：52　4. 钧釉碗 2013 窑前采：231　5 ～ 7. 茶叶末釉罐 1992T603 ①：5、2013 窑前采：95、2013 窑前采：196　8. 茶叶末釉缸 2013 窑前采：200

有磨损及剥釉痕迹。外壁黑褐彩实笔描绘飞鸟纹饰，肩部绘缠枝草叶，上下间有弦纹两周。内壁有旋坯痕。壁厚 0.7 ～ 1.2、残高 6.8 厘米（图二五一，2；彩版二三六，5）。

标本 2013 窑前采：56，弧腹。胎色土黄，胎体较坚，夹黑砂。内外施釉，内釉未施满，上化妆土，釉色黄白，釉面有爆釉点和惊釉现象。外腹褐彩描绘纹样。壁厚 0.8 ～ 1 厘米（彩版二三六，6）。

标本 2013 窑前采：55，弧腹。胎色土黄，胎体坚致，内壁有旋坯痕，有黑砂。内外施釉，釉色泛黄，釉面有爆釉点。外腹褐彩描绘涡卷纹样。壁厚 0.9 厘米（彩版二三六，7）。

标本 2013 窑前采：57，弧腹。胎色土黄，胎体坚致，有黑砂，内壁有旋坯痕。内外施釉，釉色泛黄。外壁褐彩描绘纹样。壁厚 0.9 厘米。

（3）白釉褐彩器盖

1 件。

标本 2013 窑前采：52，口沿缺失。盖面向上隆起，圆饼形钮。土黄胎，胎体稍坚，有细小气孔。仅盖面施釉，釉色黄白，钮上剥釉。以钮为圆心，褐彩描绘弦纹两周，盖面褐彩描绘花草纹。钮径 1.9、残宽 11.8、残高 2.6 厘米（图二五一，3；彩版二三六，8）。

（4）钧釉碗

1 件。

标本2013窟前采：231，残存腹部。弧腹。胎色由砖红到灰色过渡，胎体较坚，夹细小黑砂。内施满釉，外不及底，釉色天蓝，釉下满布气泡，外腹有“积釉”现象。壁厚0.7～0.9、残高3.8厘米（图二五一，4；彩版二三七，1）。

（5）茶叶末釉罐

3件。

标本1992T603①：5，底足残片。弧腹，内底心上突，圈足，足墙外高内低，足墙二次切削，足心有乳突。制作粗糙。胎色土黄，胎质粗疏，夹褐、白砂。内壁底部缺釉，外不及底，呈色黄绿，釉面不平。底心有粘烧痕。足径7.6、残高5.4厘米（图二五一，5；彩版二三七，2）。

标本2013窟前采：95，弧腹，内底下凹，饼形实足底。胎色白黄，胎质粗疏，夹黑、白砂。仅外壁施釉，釉不及底，有流釉现象，呈色较深。底径6.6、壁厚0.7～0.9、残高4.8厘米（图二五一，6；彩版二三七，3）。

标本2013窟前采：196，底足残片。弧腹，内底下凹，外壁近底处切削，圈足，足墙外高内低。黄白胎，胎质粗疏，夹黑、白砂粒，胎体较厚重。内外施釉，外不及底，釉色发黄。内壁有旋坯痕。足径9.5、残高4.8厘米（图二五一，7；彩版二三七，4）。

（6）茶叶末釉缸

1件。

标本2013窟前采：200，残存口部。敛口，方圆唇外凸，弧腹。黄白胎，胎质粗疏，胎体厚重，夹白、红褐色砂粒。芒口，内外施釉，釉色较绿。口径33、残高7.6厘米（图二五一，8；彩版二三七，5）。

（7）黑釉碗

1件。

标本1992T603②B：2，残存口部。敞口，圆唇，弧腹。胎色土黄，胎质粗疏，夹白砂，有气孔。内施满釉，釉色黑亮。口径14.9、壁厚0.6、残高3.3厘米（图二五二，1；彩版二三七，6）。

（8）黑釉缸

47件。

标本2013窟前采：71，残存腹、底。深腹，平底。胎色土黄，胎质粗疏，夹白、红褐色砂粒，胎体厚重。内外施釉，釉色棕黑，施釉不均匀，有流釉现象，底部无釉有粘砂，内底有垫珠痕及“工”字形支烧具留下的遗痕。底径17.5、残高7.4厘米（图二五二，2；彩版二三七，7）。

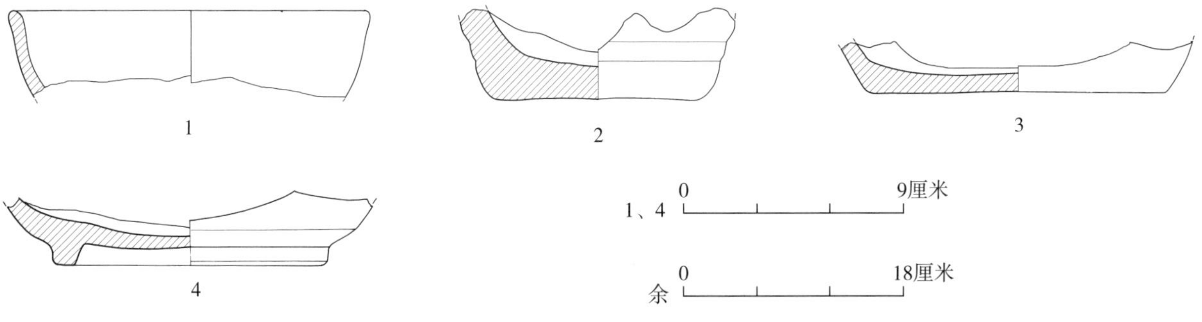

图二五二　第11～13-4窟前地层出土、采集元代瓷器

1. 黑釉碗1992T603②B：2　2、3. 黑釉缸2013窟前采：71、2013窟前采：72　4. 施釉不明碗底2013窟前采：208

标本 2013 窟前采：72，残存腹、底。斜腹，平底。胎色黄白，胎质粗疏，夹白、褐砂粒，胎体厚重。内施满釉，外不及底，釉色酱黑。内底存一处垫珠痕。底径 23.5、残高 4.4 厘米（图二五二，3；彩版二三七，8）。

另有腹部残片　45 件。

（9）施釉不明碗

2 件。均为底足残片。

标本 2013 窟前采：208，弧腹，外腹近底处切削，圈足，足墙外撇，外低内高，外墙二次切削。不见化妆土及釉。足径 11.3、残高 2.4 厘米（图二五二，4）。

标本 2013 窟前采：210，弧腹，外腹近底处切削，圈足，足墙外低内高，外墙二次切削。不见化妆土及釉。足径 8 厘米。

第七节　明清民国时期文化遗存

明清民国时期文化遗存主要集中于第 13-4 窟前，在第 11 ～ 13 窟前仅有零星发现，可能与第 13-4 窟前 20 世纪 20 年代还残存的房屋建筑有关系（图二五三）。

一　房屋遗迹

主要发现铺砖地面、地炕等遗迹，堆积厚 0.15 ～ 0.32 米，主要分布于第 13 ～ 13-4 窟前。其他地方仅于第 12 窟前残存一小段烟道及烟道旁的陶罐，陶罐内有“万历通宝”铜钱 4 枚（彩版二三八，1）。

（一）铺砖地面

开口于第①层扰土层下，叠压在石墙之上，石墙又叠压在辽金砖铺地面之上（参见彩版二一七，3）。断续残存于 1992T525 北部、T527 西北角、T528 北部和西南角、T605 东南部，砖面均破碎裂开，整体情况不明。砖呈方形，素面无沟纹，东西向顺铺，南北向错缝（彩版二三八，2）。方砖边长 32、厚约 5 厘米。砖下为黑黄土。

（二）地炕

开口于第② A 层下，叠压在砖铺地面之下，所以称之为地炕。地炕遗迹残高 32.4 ～ 59.5 米，由石墙、烟道、灶坑组成。残存的遗迹不完整，分布无规律可循，无法辨别石墙、烟道、灶坑属于几个不同的房屋个体。

1. 石墙

残存 6 段，呈南北向和东西向，分布无规律。或南北平行，或与东西向呈“丁”字形垂直状相交。其间有烟道垂直穿过，或是烟道呈弧形通过。其作用可能是支撑炕板石。长 1 ～ 2.45、宽 0.3 ～ 0.6、高约 0.3 米。

2. 烟道

由单片石或残砖竖砌而成，或直向，或呈圆弧状，有的烟道穿过石墙，有的砖利用了辽金的残

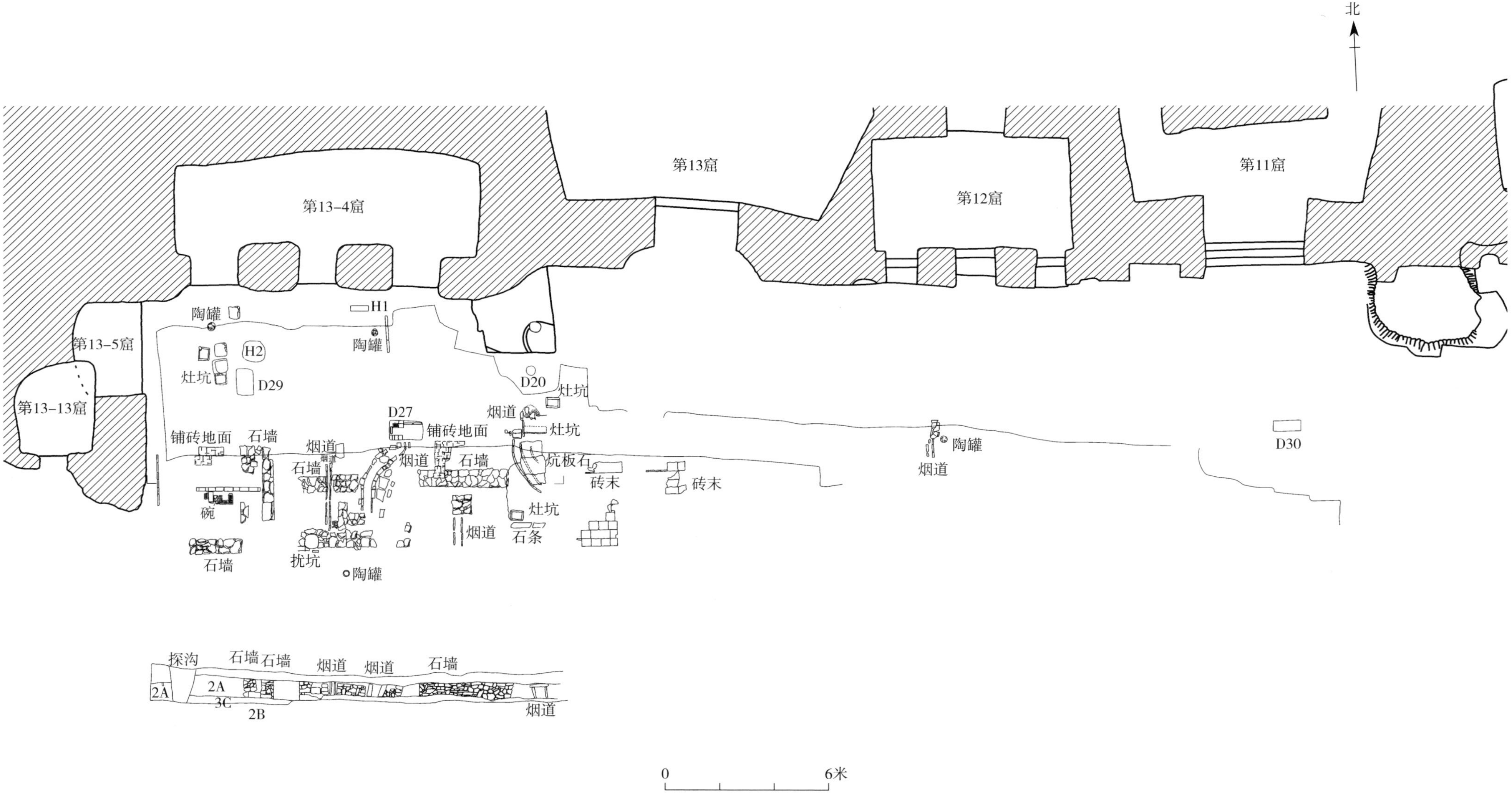

图二五三　第11～13-4窟前明清时期遗迹平、剖面图

沟纹砖（参见彩版二一七，2；彩版二三九，1）。砖大小各异，其中有一辽金时期“官”字长砖。烟道洞内残存灰烬，烟道宽约 0.1、高 0.18 米。1992T527 东北角的烟道由三排石板竖立组成二列弧状烟道，其上压盖炕板石（彩版二三九，2）。烟道与石墙间有木炭渣。

3. 灶坑

若干，分布不均。用砖或石块竖立四面围砌而成。有的灶坑利用其下层的辽金沟纹砖为底面，有的灶坑一边利用了辽金沟纹砖墙体。1992T526 内灶坑利用了已有的方形石洞（彩版二四〇，1）。1992T605 灶坑以基岩的落差面为一壁，其他以立砖为壁搭成，东壁外侧还有石片撑助，向南延续有立砖、石片搭起的烟道。灶坑平面略呈圆形，长 0.7、宽 0.5、高约 0.45 米，上层为煤渣、煤面、烧过的青石块、坑内有烧土（彩版二四〇，2）。第 13-4 窟西端 1992T603 有三个灶坑略呈“品”字形集中分布，坑内有煤灰和煤渣，有的还有火盖残片、辽金陶片、黑釉粗瓷、明清青花瓷片、白釉瓷片等。每个灶坑边长 0.4 ～ 0.5、高约 0.4 米（彩版二四一，1、2）。

（三）遗物

地炕中的陶罐

在灶坑与石墙等遗迹中发现有 3 个陶罐，陶罐造型相同，大小不一。罐内分别装宋、金、明各个时代铜钱，均为 4 枚。有的陶罐旁还立有石片（可能为烟道），有的明确立在烟道旁。陶罐应是有意放入地炕之内的。

（1）1992T526 内陶罐及罐内铜钱

1992T526 方内的陶罐（标本 1992T526 ② A：1）装 1 枚政和通宝、2 枚元丰通宝、1 枚钱文不辨，共 4 枚钱币和 2 块涂着红色的鹅卵石（彩版二四二，1）。

陶罐　1 件。

标本 1992T526 ② A：1，敛口，口沿呈凸棱状，大小依次成三层台阶状。圆唇，圆鼓肩，下腹收，小平底。罐身有旋坯痕。外壁饰横向暗弦纹。口径 15、底径 15、高 23.1 厘米（图二五四，1；彩版二四二，1）。

政和通宝　1 枚。

标本 1992T526 ② A：10，正面铸“政和通宝”四字，篆书，钱文较大，对读。正、背面皆有锈蚀痕迹。直径 2.5、穿宽 0.7、郭宽 0.15、肉厚 0.1 厘米，重 4.5 克（图二五四，2；彩版二四二，2、3）。

元丰通宝　2 枚。

标本 1992T526 ② A：11，正面铸“元丰通宝”四字，篆书，钱文较大，环读。正、背面皆有锈蚀痕迹。“元”与“宝”字中间缺损。直径 2.4、穿宽 0.7、郭宽 0.3、肉厚 0.1 厘米，重 4.5 克（图二五四，3；彩版二四二，4、5）。

标本 1992T526 ② A：12，正面铸“元丰通宝”四字，篆书，环读。正、背面皆有锈蚀痕迹。直径 2.2、穿宽 0.7、郭宽 0.2、肉厚 0.08 厘米，重 2.3 克（图二五四，4；彩版二四二，6、7）。

不可辨铜钱　1 枚。

标本 1992T526 ② A：13，已残破，圆形，方穿，正、背面有圆郭。因锈蚀太甚，钱文不可辨析。直径 2.25、穿宽 0.65、郭宽 0.3、肉厚 0.05 厘米，重 1.8 克（图二五四，5）。

（2）1992T604 内陶罐及罐内铜钱

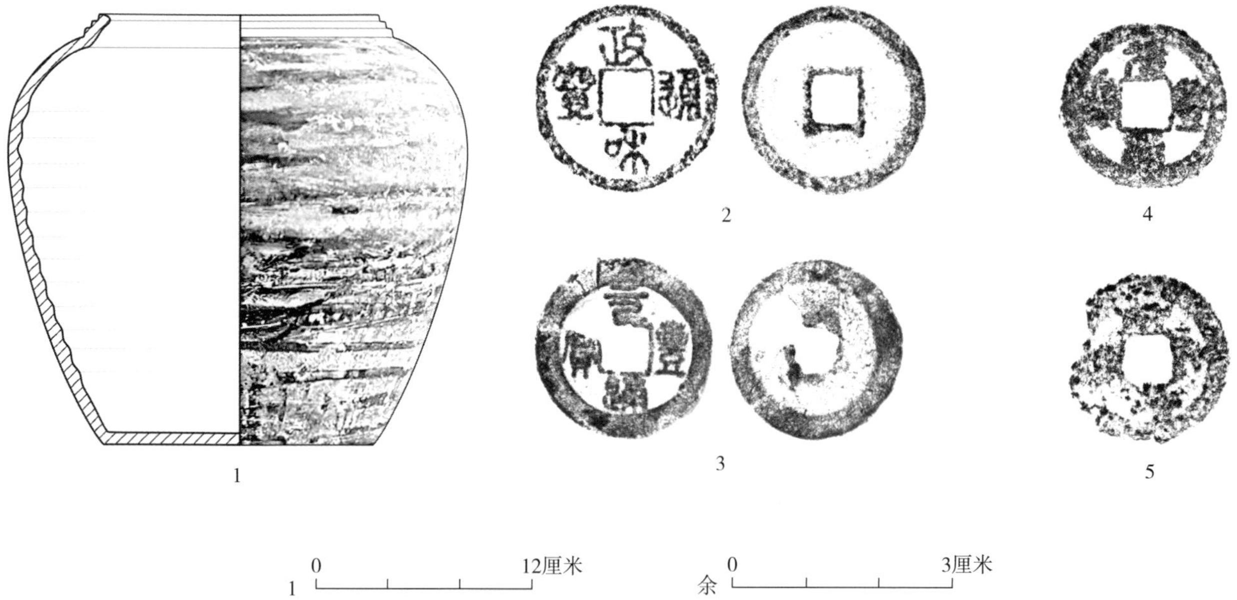

图二五四 第11～13-4窟前明清时期房屋遗迹出土陶罐及罐内铜钱

1. 陶罐 1992T526②A：1 2. 政和通宝 1992T526②A：10 3. 元丰通宝 1992T526②A：11 4.1992T526②A：12 5. 不可辨铜钱 1992T526②A：13

1992T604方内陶罐（标本1992T604②A：1）装1枚景德元宝、1枚元丰通宝、1枚正隆元宝、1枚钱文不辨共4枚。

陶罐 1件。

标本1992T604②A：1，敛口，口沿呈凸棱状，大小依次成三层台阶状。圆唇，圆鼓肩，下腹收，小平底。罐身有旋坯痕。外壁饰横向暗弦纹。口径10.6、底径12.2、高19.8厘米（图二五五，1；彩版二四三，1）。

景德元宝 1枚。

标本1992T604②A：5，正面铸“景德元宝”四字，楷书，环读。正、背面皆有锈蚀痕迹。直径2.4、穿宽0.7、郭宽0.3、肉厚0.08厘米，重3.5克（图二五五，2；彩版二四三，2、3）。

元丰通宝 1枚。

标本1992T604②A：6，正面铸“元丰通宝”四字，篆书，环读。正、背面皆有锈蚀痕迹。直径2.2、穿宽0.7、郭宽0.2、肉厚0.08厘米，重2.1克（图二五五，3；彩版二四三，4、5）。

正隆元宝 1枚。

标本1992T604②A：9，正面铸“正隆元宝”四字，楷书，环读。正、背面皆有锈蚀痕迹。直径2.4、穿宽0.8、郭宽0.15、肉厚0.1厘米，重3.1克（图二五五，4；彩版二四三，6、7）。

不可辨铜钱 1枚。

标本1992T604②A：7，因锈蚀太甚，钱文不可辨析。直径2.2、穿宽0.7、郭宽0.2、肉厚0.05厘米，重1.9克（图二五五，5）。

（3）1992T530内陶罐及罐内铜钱

1992T530陶罐（标本1992T530②A：1）内装万历通宝铜钱4枚和木炭（彩版二四四）。

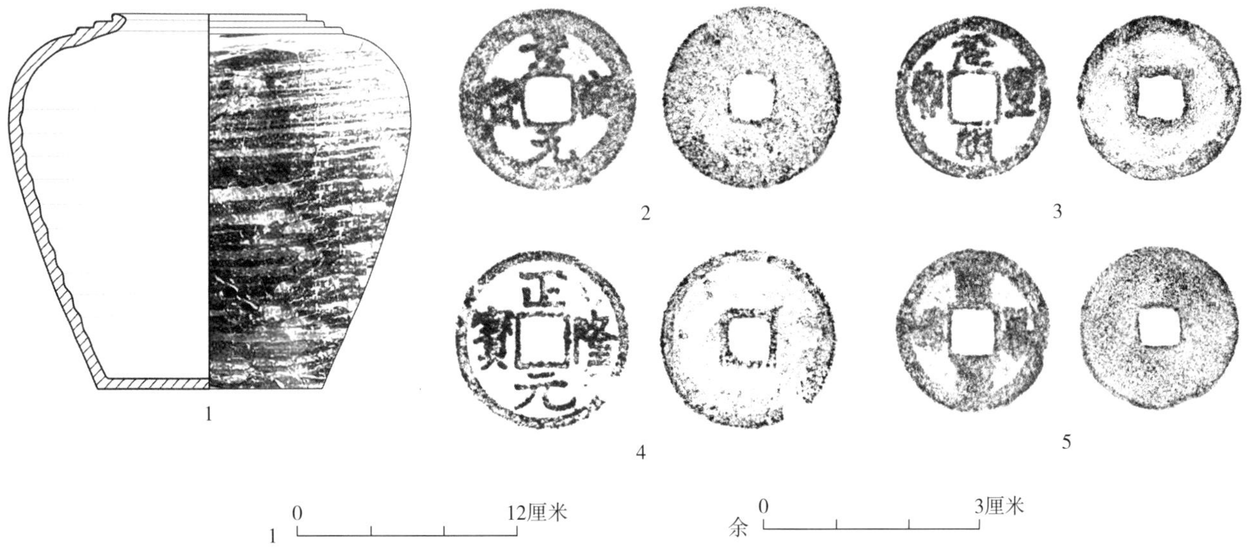

图二五五　第 11 ～ 13-4 窟前明清时期房屋遗迹出土陶罐及罐内铜钱

1. 陶罐 1992T604 ② A：1　2. 景德元宝 1992T604 ② A：5　3. 元丰通宝 1992T604 ② A：6　4. 正隆元宝 1992T604 ② A：9　5. 不可辨铜钱 1992T604 ② A：7

陶罐　1 件。

标本 1992T530 ② A：1，敛口，口沿呈凸棱状，大小依次成三层台阶状。圆唇，圆鼓肩，下腹收，小平底。罐身有旋坯痕。外壁饰横向暗弦纹。口径 13、底径 13.8、高 22 厘米（图二五六，1；彩版二四四，1）。

万历通宝　4 枚，有两种形制。

标本 1992T530 ② A：2，正面铸“万历通宝”四字，楷书，对读。直径 2.4、穿宽 0.7、郭宽 0.3、

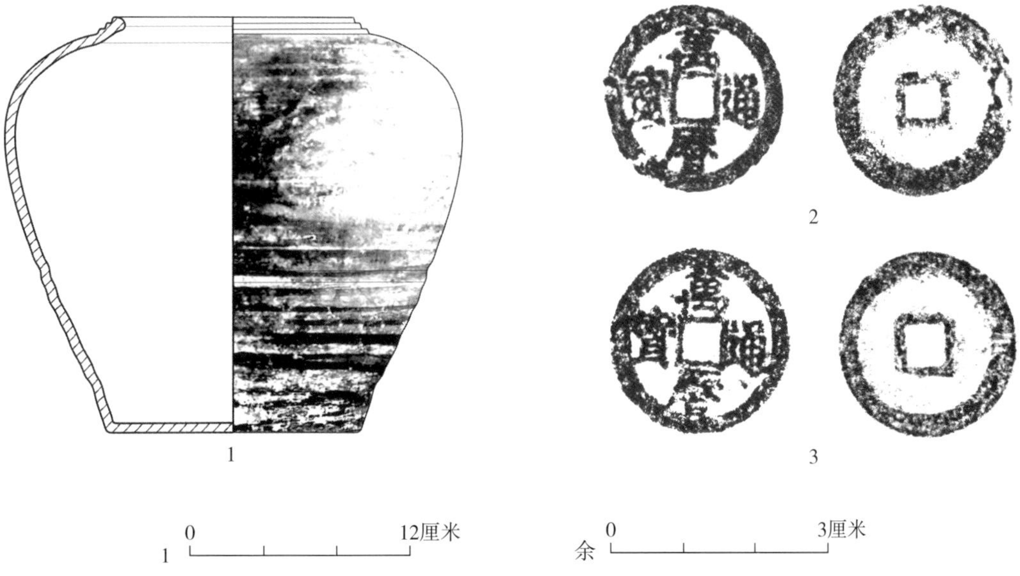

图二五六　第 11 ～ 13-4 窟前明清时期房屋遗迹出土陶罐及罐内铜钱

1. 陶罐 1992T530 ② A：1　2、3. 万历通宝 1992T530 ② A：2、1992T530 ② A：6

肉厚 0.1 厘米，重 4.3 克（图二五六，2；彩版二四四，2、3）。

标本 1992T530 ② A：6，正面铸“万历通宝”四字，楷书，对读，笔画偏平直。直径 2.4、穿宽 0.6、郭宽 0.3、肉厚 0.1 厘米，重 4.1 克（图二五六，3；彩版二四四，4、5）。

2. 装鸡蛋的瓷碗

在第 13-4 窟前 1992T525 探方内发现 2 个砖坑内置一白釉碗或倒扣一个白釉褐彩碗，碗内均有鸡蛋。一处用五块石片从底部、四周相围成坑，内置一白釉碗（标本 1992T525 ② A：9），碗已残，碗内有鸡蛋壳，鸡蛋壳上墨绘人头像。另一处发现于辽金地面砖上，用砖砌坑。砖坑依辽金建筑第 7 片铺砖地面，即北区铺砖地面的南缘，利用辽金时期的沟纹砖围成一个长方形坑，长 1.3、宽 0.5、高 0.18 米。坑中置砖，砖上掏圆洞，洞内倒扣一个白釉褐彩碗（标本 1992T525 ② A：11），碗内残存鸡蛋壳（彩版二四五，1）。

（1）白釉碗

明清时期白釉碗根据口部不同分 A、B 两型，A 型敞口，B 型撇口。

B 型　1 件。撇口。

标本 1992T525 ② A：9，圆唇，弧腹，圈足，足墙内外齐平，足心有乳突。胎色土黄，胎质较坚，胎体较重。釉面仅上化妆土，无透明釉。器表污浊，有火烧痕迹。足沿残留多处垫砂痕。出土时碗内盛有残鸡蛋壳。口径 14.5、底径 7、高 4.6 厘米（图二五七，1；彩版二四五，2）。

（2）白釉褐彩碗

明清时期白釉褐彩碗根据口部不同分 A、B 两型，A 型敞口，B 型撇口，其中 A 型又可根据唇部变化分为两亚型。

Aa 型　1 件。敞口，尖圆唇。

标本 1992T525 ② A：11，斜直壁，外壁近底处切削，圈足，足墙外低内高。浅灰胎，化妆土仅

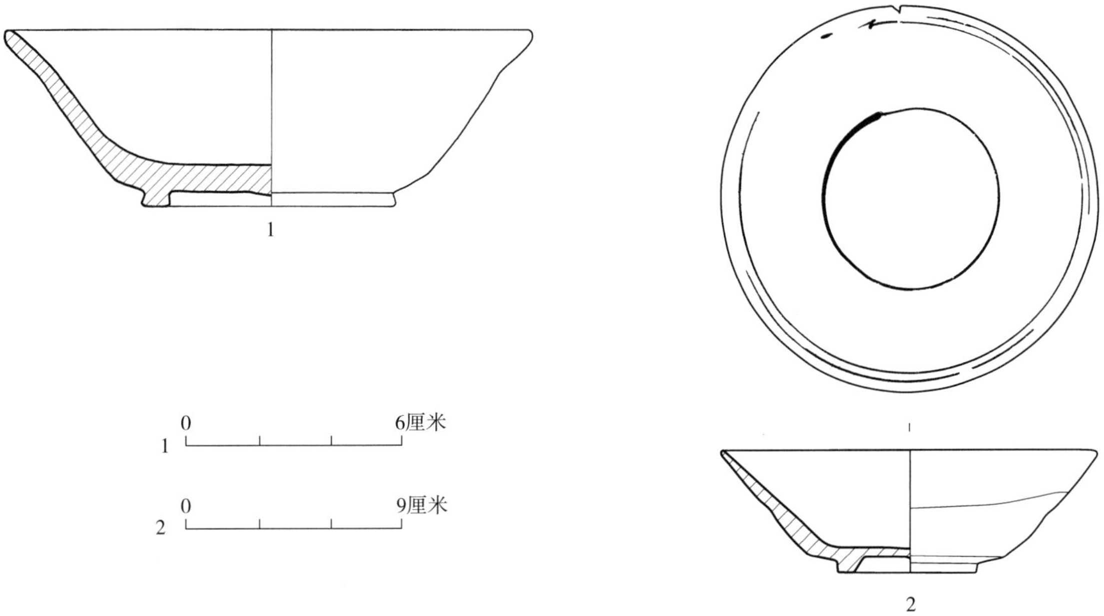

图二五七　第 11 ～ 13-4 窟前明清时期房屋遗迹出土白釉碗

1.B 型白釉碗 1992T525 ② A：9　2.Aa 型白釉褐彩碗 1992T525 ② A：11

及口沿外，透明釉不及腹底。近口沿处褐彩描绘两周弦纹，内底绘一周弦纹。口径 15.2、底径 5.6、高 4.8 厘米（图二五七，2；彩版二四五，3）。

二　灰坑

1.H1

灰坑位于 T604 北隔梁中部，开口于第② A 层下。平面呈长方形，直壁，平底。长 0.65、宽 0.2、深 0.5 ～ 0.52 米。坑内填土呈深黄色，包含物有煤渣、炭灰等，出土遗物有明清时期瓦片、红陶像、瓷片、辽金时期沟纹砖残块等。

（1）红陶像

1 件。

标本 1992T604 ② A：2，前后双模合成，整体呈喇叭状，底为椭圆形，中空。头失。前面人物双腿盘坐，双手环于腹前抱一小孩，袖子衣纹向两侧外展。小孩站立，线刻脸面，双手持花卉展开。背面披发及肩，身体模印折枝花。宽 4、底径 3.6 ～ 4.3、残高 6.5 厘米（图二五八，1；彩版二四六，1、2）。

（2）白釉碗

2 件。山顶遗址明清时期白釉碗根据口部不同分 A、B 两型，A 型敞口，B 型撇口，其中 A 型又可根据唇部变化分为两亚型。

Aa 型　1 件。敞口，尖唇。

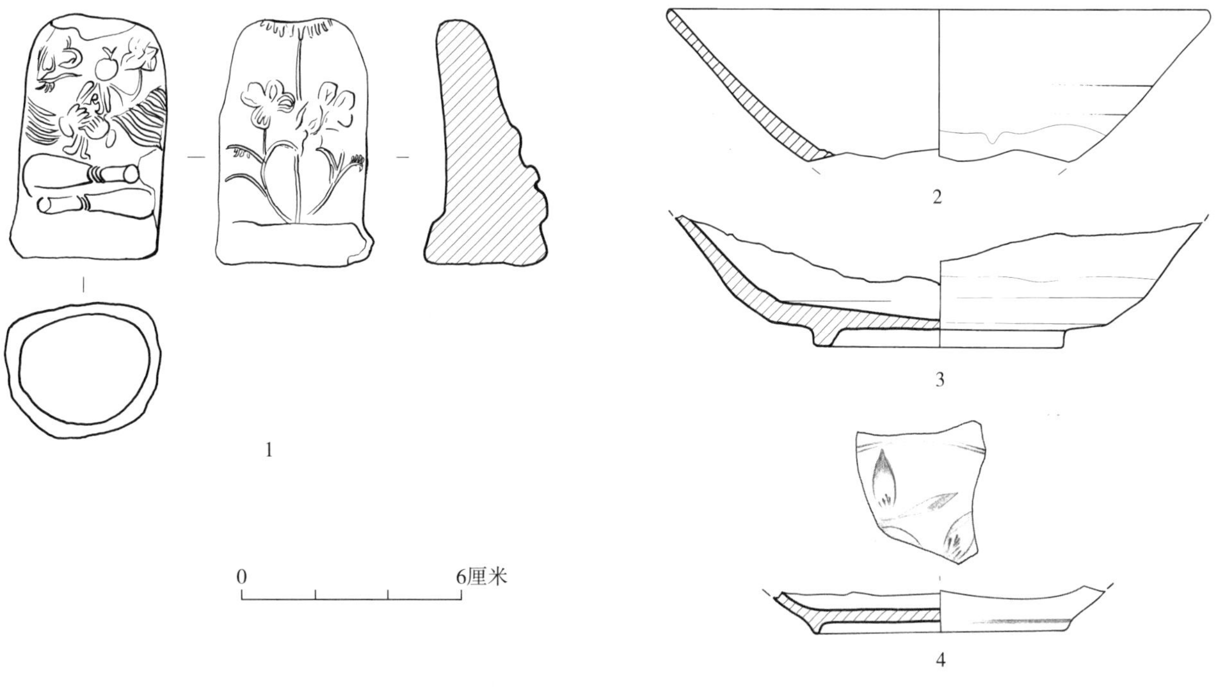

图二五八　第 11 ～ 13-4 窟前灰坑出土遗物

1. 红陶像 1992T604 ② A：2　2.Aa 型白釉碗 1992T604 ② A：4　3.A 型白釉碗底 1992T604 ② A：3　4. 青花盘底 1992T604 ② A：6

标本 1992T604 ② A：4，残存口、腹。尖唇，斜腹微弧，外腹近底处切削，内底有凸弦纹一周。胎色土黄，胎质略疏，夹黑褐色砂。内外施白釉，内施满釉，外施半截釉，釉色牙白。口径 15、壁厚 0.3 ～ 0.5 厘米（图二五八，2；彩版二四六，3）。

山顶遗址白釉碗根据底部圈足不同分三型，灰坑见 A 型。

A 型　1 件。足墙外低内高。

标本 1992T604 ② A：3，弧腹内折，外壁近底处切削，内底有一周凸弦纹。圈足，足墙外低内高，足沿平切。胎色黄白，胎体较坚。上化妆土，内施满釉，外不及底，釉色牙白，釉面有惊釉现象。内底残留 1 处垫砂珠痕。底径 7、残高 3.6 厘米（图二五八，3；彩版二四六，4）

（3）青花盘

1 件。

标本 1992T604 ② A：6，景德镇窑。明晚期。底足残片。浅弧腹，浅圈足，足墙外低内高，尖足沿，有浅淡火石红。胎色洁白，胎质细腻，坚薄。内外施釉，足沿无釉，釉面泛青。内底双蓝圈内勾边填彩，描花卉纹，外壁足墙处有弦纹一周。青花发色浓艳。足底粘砂。足径 7、残高 1.1 厘米（图二五八，4；彩版二四六，5）。

2.H2

位于 1992T603 东部，开口于第② A 层下。平面近圆形，直壁，平底。直径 0.8、深 0.42 米。坑内填土呈黑黄色，未见任何遗物。

三　柱洞

共 4 个。分布无规律，多位于第 13-4 窟前，仅有一个在第 11 窟前（D30）。形状不一，有圆形，有方形，作用不明（表 8-4；图二五三）。

1. 圆形

1 个。

D20　位于 1992T605 北部二级基岩台地上，第 13 ～ 13-4 窟之间的基岩台地上。平面呈圆形，剖面呈倒圆锥状，东西窄，南北长。填土为黄土。直径 0.34 ～ 0.4、深 0.3 米。

2. 方形

3 个。

D27　位于 1992T526 北隔梁下，北距第 13-4 窟门立柱 4.8 米。开口于第② A 层下。平面呈长方形，直壁，平底，其内用砖石砌一火灶，砖利用了沟纹砖，填土为灰黄土。坑长 1.2、宽 0.7 ～ 0.75、深 0.5 米。

D29　位于 1992T603 内，北距第 13-4 窟东侧外立壁 2.3 米。打破辽金铺砖地面砖，开口于第② A 层下。平面呈圆角长方形，剖面呈梯形，底部呈坡状，西高东低。填土为黑黄土。长 1、宽 0.61、深 0.5 米。

D30　位于 1992T533 内及北隔梁下，北距第 11 窟台阶 5.9 米。开口于第①层下。平面呈长方形，直壁，底部西高东低。内填扰土。长 1、宽 0.4、深 0.1 米。

表 8–4 第 11 ～ 13 窟前无规律柱洞统计表 （单位：米）

编号	开口层位	位置	平面形状	尺寸	填土及包含物		中心间距	备注
					填土	包含物		
D1	第③D层褐色碎石层下	第 11 窟门前东侧，1992T611 内	圆形	直径 0.17 深 0.20	碎石屑	无		
D2	第①层扰土层下	第 11 窟东侧外立壁前，1992T611 内	圆形	直径 0.28 深 0.18	扰土	无		
D3	第①层扰土层下	第 11 窟东侧外立壁前，1992T611 内	圆形	直径 0.18 深 0.23	扰土	无		
D4	第③D层褐色碎石层下	第 11 窟门前东侧，1992T611 内	圆形	直径 0.16 深 0.20	黄土和碎石屑	无	距 D1 中心间距 0.8 米	
D5	第①层扰土层下	第 11 窟东侧外立壁前，1992T611 内	圆形	直径 0.18 深 0.13	扰土	无		
D6	第①层扰土层下	第 11 窟东侧外立壁前，1992T611 内	圆形	直径 0.12 深 0.11	扰土	无	0.46	
D7	第③D层褐色碎石层下	第 11 窟门前东侧，1992T611 内	圆形	直径 0.26 深 0.21	碎石屑	无	距 D4 中心间距 0.95	
D8	第③D层褐色碎石层下	第 11 窟门前西侧，1992T610 内	圆形	直径 0.20 深 0.27	深黄土和碎石屑	无	2.52	
D9	第③D层褐色碎石层下	第 11 窟前西南，1992T610 内	圆形	直径 0.34 深 0.29	深黄土和碎石屑	无	2.64	
D10	第③D层褐色碎石层下	第 11 窟前偏东南，1992T611 内	圆形	直径 0.26 深 0.23	黄土和碎石屑	无		
D11	第③D层褐色碎石层下	第 11 窟前偏西南，1992T610 内	圆形	直径 0.31 深 0.25	深黄土和碎石屑	无	4.44	
D12	第③D层褐色碎石层下	第 11 窟门南部，1992T532 内	圆形	直径 0.20 深 0.06 ～ 0.14	深黄土	无	距 D10 中心间距 5.4 米	
D13	第①层扰土层下	北距第 12 窟门台阶 1.92 米，1992T609 内	圆形	口部直径 0.36 深 0.54	细黄土	无		
D14	第①层扰土层下	北距第 12 窟门台阶 1.76 米，1992T608 内	圆形	直径 0.33 深 0.26	黄土	无		

编号	开口层位	位置	平面形状	尺寸	填土及包含物		中心间距	备注
					填土	包含物		
D15	第①层扰土层下	北距第13窟东侧外立壁2米，1992T607内	圆形	直径0.18 深0.12～0.13	黄土及少量碎石	无		
D16	第①层扰土层下	北距第13窟东侧外立壁2.10米，1992T607内	长方形	洞口边长0.20、底部边长0.09 深0.04～0.06	黄土	无		
D17	第①层扰土层下	北距D16约0.3米，1992T607内	长方形	长0.27 宽0.2 深0.04～0.06	黄土	无	0.3	
D18		第13与13-4窟之间的基岩台地上，T605内北部较高的基岩台地上	不规则圆形	直径0.39～0.46 深0.24～0.48	黄土	无		
D19		第13与13-4窟之间的基岩台地上，1992T605内北部较高的基岩台地上	方形	长0.42 宽0.42 深0.1	黑色土	无		
D20		第13～13-4窟之间的基岩台地上，1992T605北部二级基岩台地上	圆形	直径0.34～0.4 深0.3	黄土	无		
D21	第③D层褐色碎石层下	北距第13-4窟东侧立壁0.6米，位于1992T605内西部	圆形	直径0.22 深0.08～0.12	黄土和碎石屑	无		
D22	第③D层碎石层下	北距第13-4窟门东立柱1.7米，位于1992T604内东北部	圆形	口径0.32、底径0.2、深0.19	碎石屑	无		
D23	第③B层黄土层下	北距第13-4窟门西立柱1.5米，位于1992T604北部基岩台地上	圆形	北边深0.16、东西直径0.32、南北直径0.3	洞内用白灰色石屑夯实	无	2.2	
D24	第③D层褐色碎石层下	北距第13-4窟门西立柱1.1米，位于1992T603北部基岩台地上	圆形	直径0.29 深0.04	洞内用砂土、碎石屑夯实	无		
D25	第③D层褐色碎石层下	北距FD17中心间距1.9米，位于1992T527东隔梁		长1.2 宽0.68～0.77 深0.32	黄土和碎石屑	无		
D26	第③B层黄土层下	北距第13-4窟东立柱3.2米，位于1992T604内	圆形	口径0.84、底径0.8、深0.5～0.6	黄土，含少量石屑	无		
D27	第②A层下	北距第13-4窟门立柱4.8米，1992T526北隔梁下	长方形	长1.2 宽0.7～0.75 深0.5	灰黄土	无		
D28	第③B层黄土层下	北距第13-4窟西立柱3.6米，位于1992T604内		直径1 深0.01～0.05	无	无		

编号	开口层位	位置	平面形状	尺寸	填土及包含物		中心间距	备注
					填土	包含物		
D29	第②A层下	北距第 13-4 窟东侧外立壁 2.3 米，1992T603 内	圆角长方形	长 1 宽 0.61 深 0.5	黑黄土	无		
D30	第①层下	北距第 11 窟台阶 5.9 米，1992T533 内及北隔梁下	长方形	长 1 宽 0.4 深 0.1	扰土	无		

四　地层出土遗物

（一）建筑材料

陶质建筑材料

有筒瓦、瓦当、脊饰。

（1）檐头筒瓦

3 件。当面图案有花卉纹、兽面纹。

1）兽面纹瓦当

1 件。

标本 1992T526①：2，泥质灰陶。兽面额头饰涡纹，圆眼大耳粗眉，鼻孔外张，阔嘴露齿，獠牙外撇，颌下脸颊两侧毛须呈涡状。当心兽面突出，边轮略窄呈凹面。直径约 10.5、厚 1 ~ 1.7 厘米（图二五九，1；彩版二四七，1）。

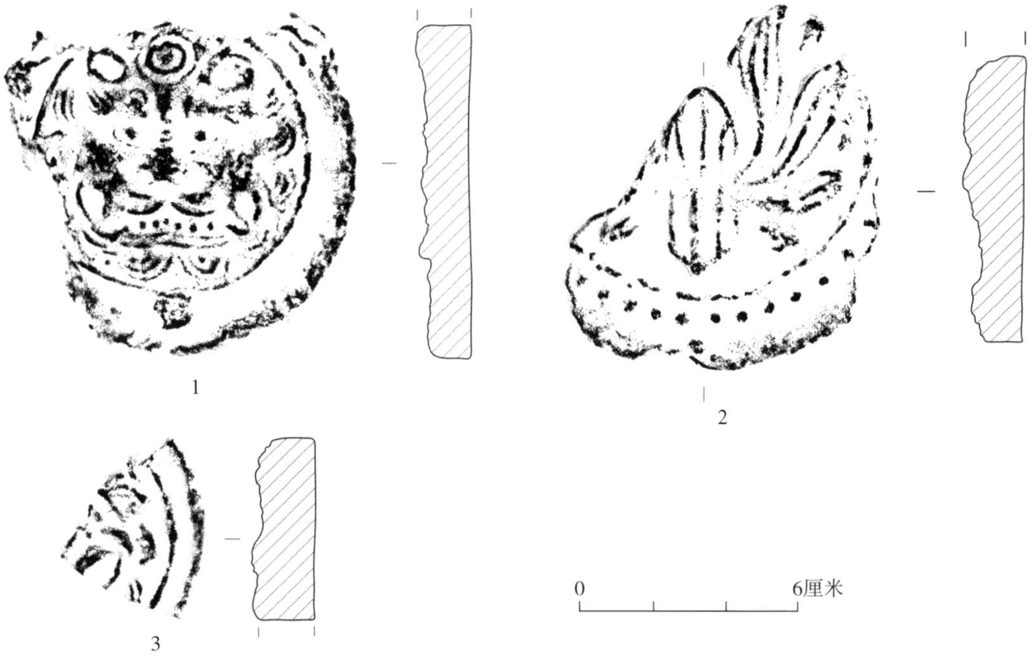

图二五九　第 11 ~ 13-4 窟前地层出土明清时期建筑材料

1. 兽面纹瓦当 1992T526①：2　2. 莲花纹瓦当 1992T526①：1　3. 花卉纹瓦当 1992T529①：1

2）莲花纹瓦当

1件。

标本1992T526①：1，泥质灰陶。当心为盛开莲花一朵，莲叶向两侧大小依次展开，中央上下各翻一片莲叶，外围绕一周凸棱和联珠纹。边轮平薄。直径13、厚1.6～1.8厘米（图二五九，2；彩版二四七，2）。

3）花卉纹瓦当

1件。

标本1992T529①：1，残存一小角。浅灰胎泛红。图案似花卉纹，边轮细窄且薄，厚0.8～1.7厘米（图二五九，3）。

（2）灰陶脊饰

3件。

标本1992T426①：1，仅存局部。夹砂灰陶，整体呈舌状，正面凸起，背面平整，似上颌部分。凸起部分纵向划切，各区内再横切。宽10.8、厚1.1～4.6厘米（彩版二四七，3）。

标本1992T529①：12，仅存局部。夹砂灰陶，正面装饰凸起的弧状纹样，背后横向安装泥条附件，泥条剖面呈梯形，上窄下宽。厚3厘米（彩版二四七，4）。

（二）生活生产用具

1. 陶器

（1）陶罐

3件。

标本1992T603②B：4，敛口，口沿呈凸棱状，大小依次成三层台阶状。圆唇，圆鼓肩，下腹收，小平底。慢轮手制，罐身有旋坯痕。外壁饰横向暗弦纹。口径14.6、底径12、高23厘米（图二六〇，1；彩版二四七，5）。

标本1992T526②A：14，口径13、残高14.3厘米。

（2）顶灯俑

1件。

标本1992T604①：2，残，红陶，外壁剥落。人物胸部突出，右臂曲肘抚腰站立，面部弯眉大眼，阔鼻抿嘴。残高13厘米（图二六〇，2；彩版二四七，6）。

2. 瓷器

釉色分为白釉、白釉褐彩、黑釉、茶叶末釉、青花、素三彩。

（1）白釉碗

7件。山顶遗址据口部不同分A、B两型，A型又据唇部不同分二亚型。此区域见Aa、Ab型。

Aa型 1件。敞口，尖圆唇。

标本1992T529①：8，残存口、腹。尖圆唇，腹壁内弧。胎色灰白。上化妆土，内外施釉，内施满釉，外不及底，呈色灰白。口径15.9、残高4.8厘米（图二六一，1；彩版二四八，1）。

Ab型 1件。敞口，唇部加厚。

标本1992T525②A：8，圆唇外凸，弧腹，圈足，足墙内高外低，足心有乳突。胎色灰白，上化妆土，

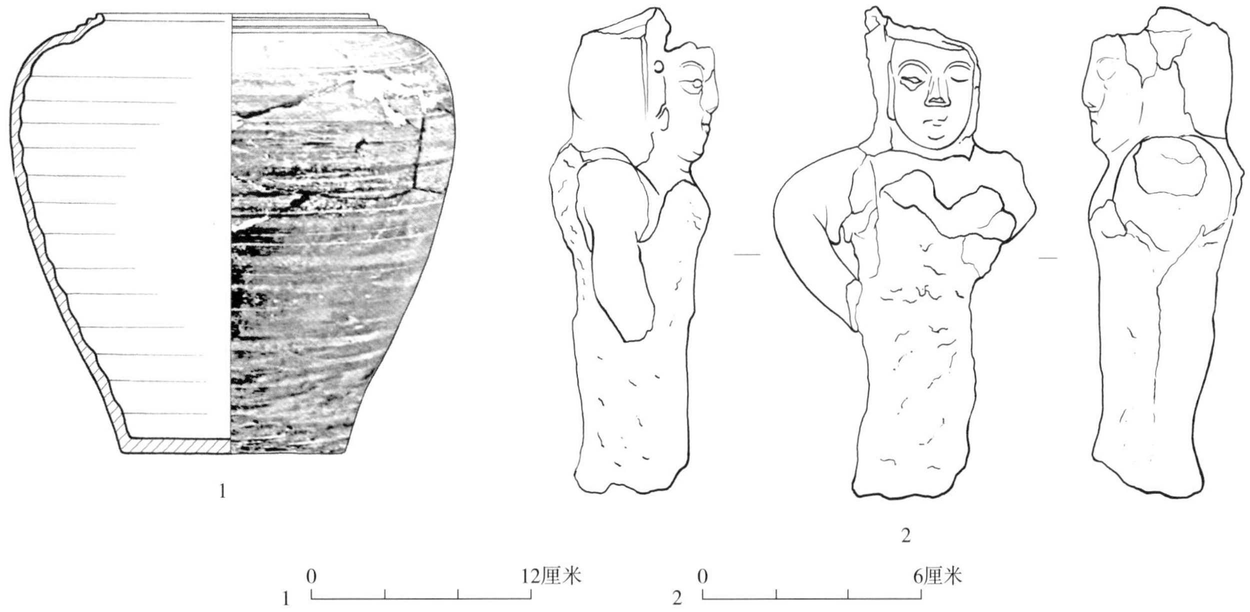

图二六〇　第 11 ～ 13-4 窟前地层出土明清时期陶器

1. 陶罐 1992T603 ② B ∶ 4　2. 顶灯俑 1992T604 ①∶ 2

内施满釉，外不及底，釉色牙白，施釉不匀。口沿剥釉。足沿及内底残留 4 处垫砂痕。口径 16、底径 6.6、高 5 厘米（图二六一，2；彩版二四八，2）。

B 型　2 件。撇口。

标本 1992T525 ② A ∶ 2，方圆唇，微凸。深弧腹，胎色浅灰，胎体夹细黑砂。上化妆土，内壁釉色泛灰，外壁施透明釉。口径 9.8、壁厚 0.3、残高 4.2 厘米（图二六一，3；彩版二四八，3）。

标本 1992T525 ② A ∶ 6，方圆唇，斜弧腹。胎色浅灰，胎体夹细黑砂。上化妆土，内壁白釉泛灰，外壁施透明釉。壁厚 0.4 ～ 0.7、残高 5.4 厘米（图二六一，4；彩版二四八，4）。

山顶遗址根据圈足不同分 A、B、C 三型，此区域见 A、B 型。

A 型　2 件。圈足，足墙外低内高，外墙竖直，内墙外斜，足沿平切。

标本 1992T525 ①∶ 5，仅存部分圈足底。灰胎，内施满釉，釉色黄白，残存外底无釉。足沿残留 1 处垫砂痕。底径 7.1、残高 1.2 厘米（图二六一，5）。

标本 1992T603 ② A ∶ 8，弧腹，外壁近底处切削，胎色灰白。上化妆土，内施满釉，外不及底，釉色牙白，釉面较光洁。底径 6、残高 4.3 厘米（图二六一，6；彩版二四八，5）。

B 型　1 件。圈足，足墙内外齐平，足沿平切。

标本 1992T529 ①∶ 9，弧腹，圈足，足心有尖状乳突。胎色黄白。上化妆土，内施满釉，残存的外腹壁及圈足无釉，釉色黄白，釉面不光洁。内底残留垫砂痕。底径 5、残高 1.1 厘米（图二六一，7）。

（2）白釉褐彩碗

17 件。山顶遗址根据口部不同分 A、B 两型，A 型又根据唇部变化分为两亚型。见有 Aa、B 型。

Aa 型　6 件。敞口，尖圆唇。均上化妆土，施透明釉。

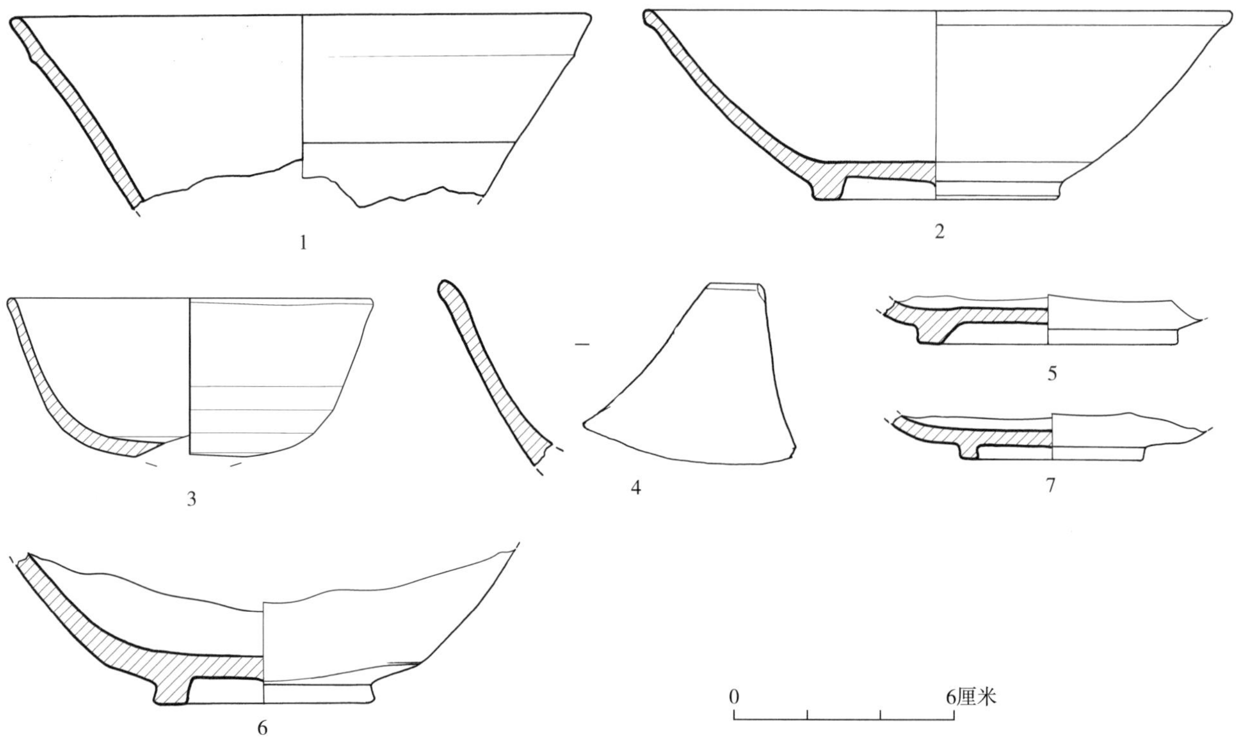

图二六一　第11～13-4窟前地层出土明清时期白釉碗

1.Aa型白釉碗1992T529①:8　2.Ab型白釉碗1992T525②A:8　3、4.B型白釉碗1992T525②A:2、1992T525②A:6　5、6.A型白釉碗底1992T525①:5、1992T603②A:8　7.B型白釉碗底1992T529①:9

标本1992T529①:2，尖圆唇，弧腹。土黄色胎，胎质稍坚，有细小气孔。内施满釉，外不及底，釉色牙白，内壁沿下绘一周波曲纹和二周弦纹。釉面不甚平整，满布棕眼。口径16、壁厚0.4厘米（图二六二，1；彩版二四九，1）。

标本1992T529①:3，尖圆唇，弧腹。土黄色胎，胎质稍坚。内施满釉，外不及底，釉色牙白。内壁近口沿处绘斜方格锦地纹。壁厚0.38～0.52、残高5.7厘米（图二六二，2；彩版二四九，2）。

标本1992T610①:4，弧腹。灰胎，胎质稍坚。内施满釉，外不及底，釉色牙白。内壁近口沿处绘弦纹两周。壁厚0.3～0.5、残高4.6厘米（图二六二，3）。

标本1992T610①:7，弧腹。灰胎。内施满釉，外不及底，釉色牙白。内壁近口沿处用褐彩绘弦纹两周。口径15、壁厚0.3～0.6、残高4.2厘米（图二六二，4）。

标本1992T525②B:3，斜直壁，外壁近底处切削，圈足，足墙外低内高。砖红色胎。化妆土仅及口沿外，透明釉不及腹底，釉面无光。内腹及内底褐彩描绘纹饰，近口沿处绘弦纹两周，内底绘弦纹一周，因温度过高，彩色烧焦呈铁黑色。足沿残留2处垫砂痕。口径14.6、底径6.6、壁厚0.3、高5.2厘米（图二六二，5；彩版二四九，3）。

标本1992T603②A:12，弧腹。黄褐胎，胎质稍坚。内外施釉，釉色较白，口唇处釉薄。内壁近口沿处绘弦纹两周，间以波曲纹。壁厚0.38、残高2.3厘米（彩版二四九，4）。

B型　6件。撇口。

标本1992T532①:6，圆唇，弧腹。灰胎，胎质稍坚，有细小气孔。内施满釉，外不及底，釉色牙白，

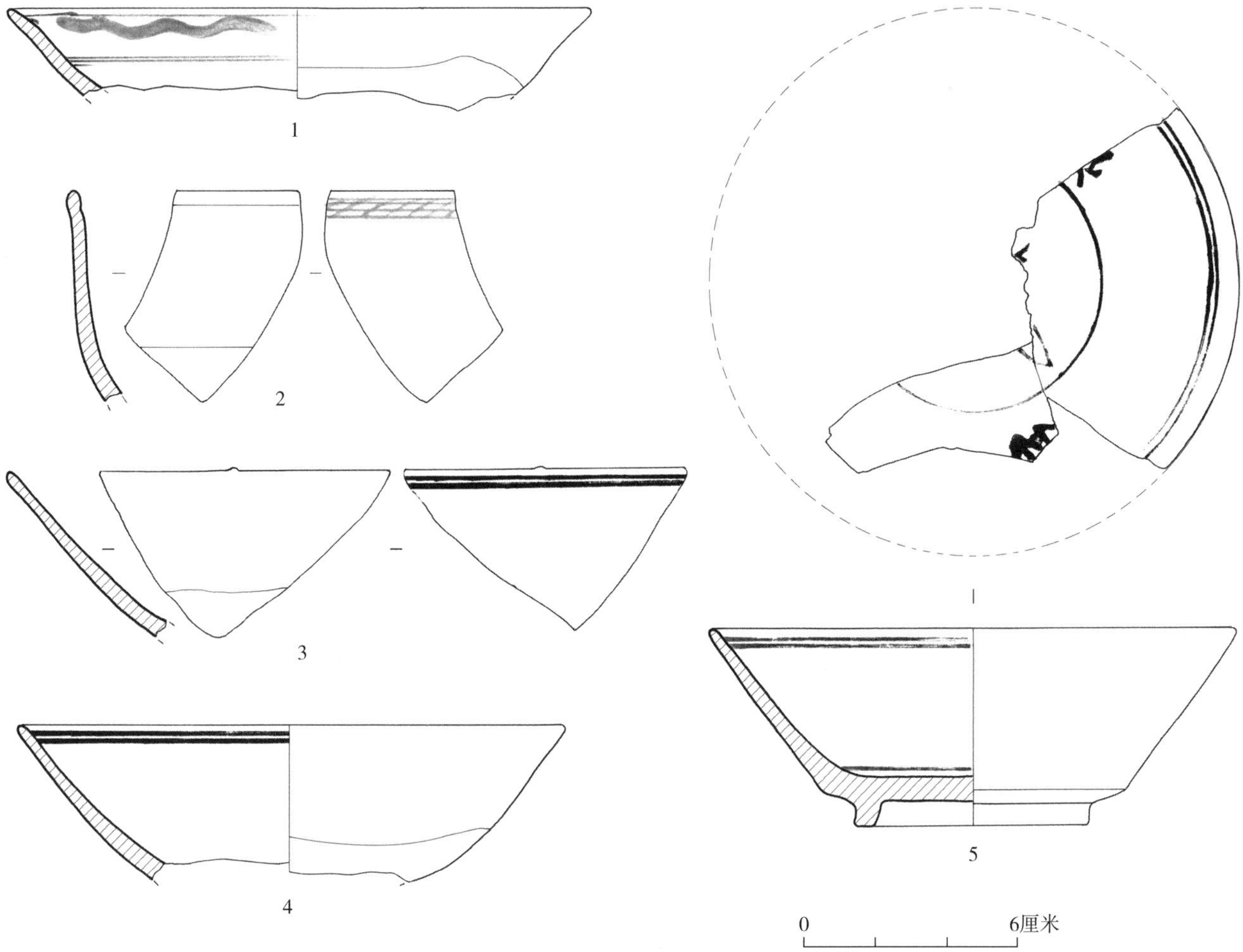

图二六二　第 11 ～ 13-4 窟前地层出土明清时期白釉褐彩碗

1 ～ 5.Aa 型白釉褐彩碗 1992T529 ①：2、1992T529 ①：3、1992T610 ①：4、1992T610 ①：7、1992T525 ② B：3

施釉不匀。内壁近口沿处绘斜方格锦地纹边饰，腹部单线涂绘兰草纹；外腹二周弦纹下纹饰绘草叶纹。壁厚 0.4 ～ 0.5、残高 5.6 厘米（图二六三，1；彩版二四九，5）。

标本 1992T532 ①：7，尖圆唇，弧腹。灰胎，胎质稍坚。内施满釉，外不及底，釉色牙白。内壁近口沿处绘斜方格锦地纹边饰，腹部单线涂绘草叶纹；外腹主题纹饰绘针叶纹，上下以两周弦纹作边线。纹饰随意。褐彩呈现铁锈色。壁厚 0.3 ～ 0.5、残高 5.9 厘米（图二六三，2；彩版二四九，6）。

标本 1992T603 ①：3，尖圆唇，弧腹内折。灰胎，胎质稍坚。内施满釉，外不及底，釉色牙白，内壁有大量釉泡。内壁近口沿处绘弦纹两周，腹部绘光芒状纹饰。褐彩烧焦。壁厚 0.3 ～ 0.6、残高 5.7 厘米（图二六三，3；彩版二五〇，1）。

标本 1992T525 ② B：1，弧腹。浅灰胎，胎质较坚，夹黑点。内施满釉，外不及底，釉色牙白。内壁近口沿处绘弦纹两周，间以波曲纹。壁厚 0.3 ～ 0.5、残高 4.1 厘米（彩版二五〇，2）。

标本 1992T603 ② A：11，腹部内弧。土黄胎，胎质稍坚。内施满釉，外不及底，釉色牙白，有“棕眼”痕迹，口部剥釉。内壁近口沿处绘弦纹两周。口径 17、壁厚 0.19、残高 2.6 厘米（图二六三，4；彩版二五〇，3）。

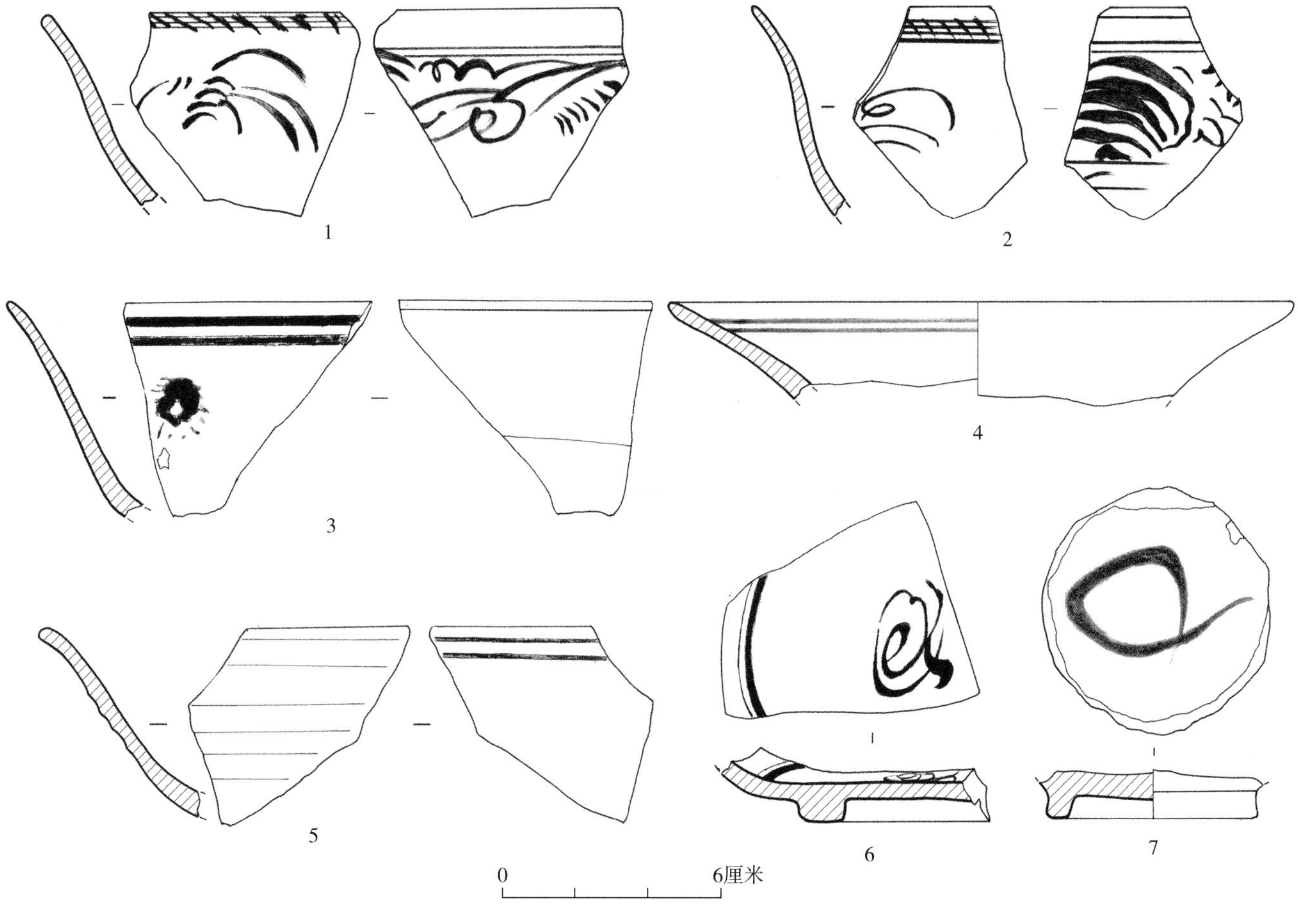

图二六三　第11～13-4窟前地层出土明清时期白釉褐彩碗

1～5.B型白釉褐彩碗 1992T532①：6、1992T532①：7、1992T603①：3、1992T603②A：11、1992T529①：10　6、7.B型白釉褐彩碗底 1992T603②B：1、1992T525②B：2

标本1992T529①：10，尖圆唇，弧腹。外壁可见旋坯痕。土黄色胎，色较深，胎质稍坚，夹黑点。内施满釉，外不及底，釉色牙白。内壁近口沿处绘弦纹两周。壁厚0.3～0.6、残高5.2厘米（图二六三，5）。

底足残片。山顶遗址根据圈足不同分A、B、C三型。

A型　1件。圈足，足墙外低内高。

标本1992T525②A：12，斜直壁，外壁近圈足处切削呈斜坡状。黄白胎，胎质较坚。釉色黄白，内施满釉，外不及底。腹底褐彩绘弦纹，内底存弯曲线纹。底径6.3、残高2.8厘米（彩版二五〇，4）。

B型　2件。圈足，足墙竖直，内外齐平。

标本1992T603②B：1，弧腹至底内折，足墙二次切削，足心有乳突。土黄胎。内施满釉，外不及底，釉色牙白。内底用褐彩描绘弦纹一周，中心书写一草书“福”字，用笔流畅。底径7.2、残高1.6厘米（图二六三，6；彩版二五〇，5）。

标本1992T525②B：2，削足不规整，足沿平切微圆，足心有乳突。土黄胎，胎质夹细黑砂。内施满釉，残存外底无釉，釉色微黄。内底用褐彩描绘圆圈纹饰。足沿及内底残留垫砂痕。底径5.8、残高1.7厘米（图二六三，7）。

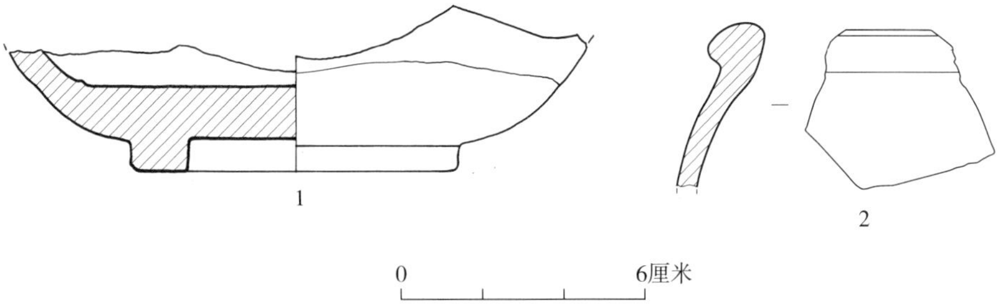

图二六四　第 11 ～ 13-4 窟前地层出土明清时期茶叶末釉碗、罐
1. 茶叶末釉碗底足 1992T603 ①: 2　2. 茶叶末釉罐 1992T525 ①: 7

C 型　2 件。圈足，足墙外高内低。

标本 1992T525 ② A：13，斜直壁，外壁近圈足处切削。灰白胎，胎质较坚。釉色黄白，内施满釉，外不及底。腹底褐彩绘一周弦纹，中心书“福”字。底径 6.3、残高 1.7 厘米（彩版二五〇，6）。

（3）茶叶末釉碗

2 件。

标本 1992T603 ①: 2，底足残片。弧腹，内底较平，凸起弦纹一周，圈足，足墙竖直，内外齐平。胎色灰黄，胎质夹白砂。内外施茶叶末釉，内施满釉，外不及底，呈色深沉。底心有粘烧痕。底径 8、壁厚 0.7、残高 2 厘米（图二六四，1；彩版二五一，1）。

（4）茶叶末釉罐

2 件。

标本 1992T525 ①: 7，残存口部。圆唇外凸。敛口，短颈。溜肩。胎色灰白，胎质稍坚，夹白砂。芒口，唇部有少量化妆土，内外施釉，呈色较深。唇厚 1.4、壁厚 0.6 厘米（图二六四，2；彩版二五一，2）。

（5）黑釉瓶

1 件。

标本 1992T525 ② A：5，残存口部。方圆唇，敞口，束颈。胎色灰白，胎质略疏，夹黑、白砂。内外施釉。口径 5、壁厚 0.5、残高 2.8 厘米（图二六五，1；彩版二五一，3）。

（6）黑釉罐

10 件。

标本 1992T610 ①: 2，敛口，唇部外凸，弧腹。外壁可见旋坯痕。胎色灰白，胎体坚薄，夹白砂。芒口，内外施釉。壁厚 0.3 ～ 0.6、残高 4 厘米（图二六五，2；彩版二五一，4）。

标本 1992T610 ①: 5，残存口、腹，圆唇外凸，敛口，溜肩，弧腹，颈部有穿孔，孔残。胎色灰黄，胎体稍疏，夹黑、白砂。内外施釉。唇厚 1、壁厚 0.7、残高 4.2 厘米（图二六五，3）。

标本 1992T526 ①: 7，梯形口唇，束颈，溜肩。胎色灰白，胎体坚致。口唇部上化妆土，外壁施釉，内壁近口沿处施釉。壁厚 0.6、残高 5 厘米（图二六五，4）。

标本 1992T603 ② A：15，弧腹，圈足，足墙外高内低，内底有乳突，足心有“窑裂”。胎色土黄，胎体粗疏，夹白砂。内施满釉，外不及底。残存口部经过打磨，一侧有缺口，周围有火烧痕迹，似改造为灯使用。底径 6.8、残高 3.4 厘米（图二六五，5；彩版二五一，5）。

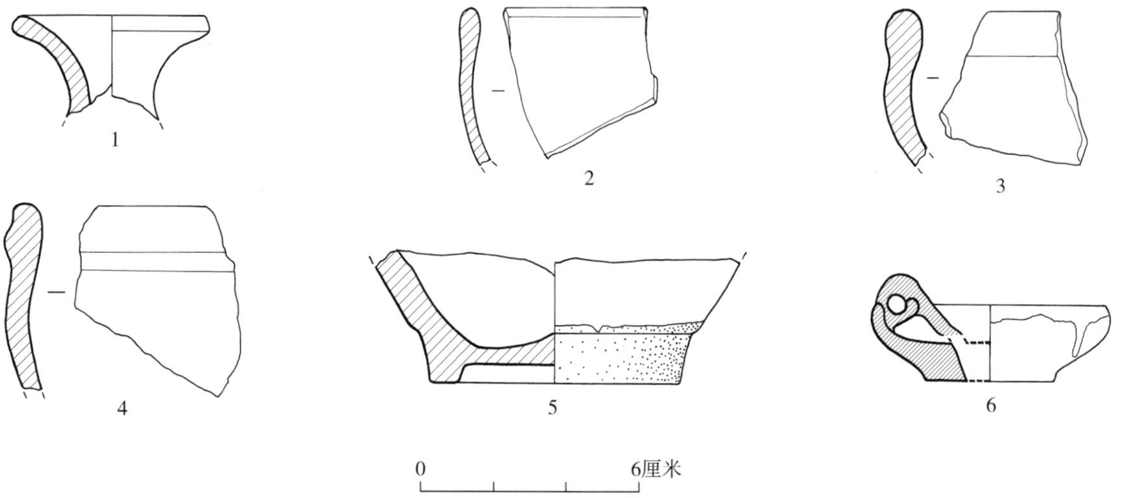

图二六五 第11～13-4窟前地层出土明清时期黑釉瓷器

1. 黑釉瓶 1992T525②A：5 2～5. 黑釉罐 1992T610①：2、1992T610①：5、1992T526①：7、1992T603②A：15 6. 黑釉灯盏 1992T525①：1

另有腹部残片6件。

标本1992T603①：4，残存腹部。腹部微弧。胎色灰白，胎体较坚，夹黑砂。外壁釉色黑亮，内壁釉呈酱紫色。壁厚1.1厘米。

（7）黑釉灯盏

1件。

标本1992T525①：1，圆唇，敞口，浅腹，底残缺，唇部至内底间，安一弧形圆条，用来安置灯捻。胎色灰白，胎体坚致。内施满釉，外不及底，釉色发黄。口径6.4、底径3.6、通高2.1厘米（图二六五，6；彩版二五一，6）。

（8）青花碗

6件。均为底足残片。5件为山西窑口产品，胎色以灰褐色常见，少有黄白胎，胎体稍坚，有细小气孔，上化妆土，釉色多数灰白，青花发色灰蓝，时代下限或至民国。

标本1992T603①：8，弧腹，圈足。胎色灰白，白釉泛灰。内底绘青花图案。底径5、壁厚0.2～0.7、残高2.4厘米（图二六六，1；彩版二五二，1）。

（9）青花盏

5件。景德镇窑，皆细白胎，胎体坚致，胎质细腻，除足沿外，内外施釉，釉色泛青，釉面光洁，时代从明晚期至清雍正时期。

标本1992T603①：6，清康熙。尖圆唇，敞口，浅弧腹，浅圈足，足墙内外齐平，足沿窄平，有火石红。胎色洁白，胎质坚薄，细腻。内外施釉，足沿无釉，釉面泛青。内壁腹部上下两层，用青花书写梵文“寿”字，内底双蓝圈内绘有纹饰，外壁涂绘叶纹。青花发色青翠。口径10.9、底径5.8、高3厘米（图二六六，2；彩版二五二，2）。

标本1992T603①：7，清康熙至雍正。残存口、腹。尖唇，撇口，浅弧腹。胎色洁白，胎质坚薄。内外施釉，釉面泛青。内壁一周弦纹下用青花勾边填彩，描绘荷莲纹。青花发色灰暗，有晕散现象。口径12、壁厚0.2～0.6、残高2.6厘米（图二六六，3；彩版二五二，3）。

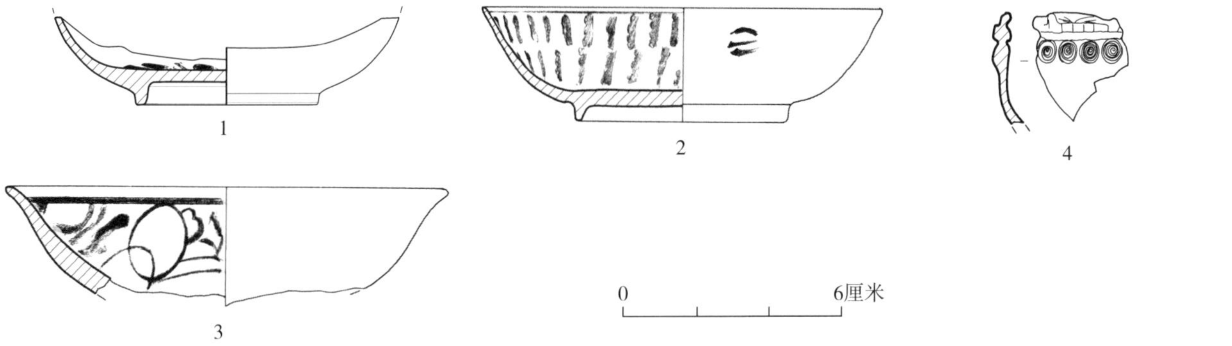

图二六六　第 11 ～ 13-4 窟前地层出土明清时期遗物

1. 青花碗 1992T603 ①：8　2、3. 青花盏 1992T603 ①：6、1992T603 ①：7　4. 瓷塑 1992T525 ①：6

（10）瓷塑

1 件。

标本 1992T525 ①：6，景德镇窑。狮子瓷塑，残存下颌、颈部。狮子方口大张，吐舌，露白牙，黄色须毛卷曲，绿色颈部。胎色洁白，胎质坚薄，细腻。外施素三彩。壁厚 0.2 ～ 0.4、残高 2.8 厘米（图二六六，4；彩版二五二，4）。

3. 铜钱

5 枚。

景德元宝　1 枚。

标本 1992T531 ①：2，正面铸“景德元宝”四字，楷书，环读。表面锈蚀。直径 2.5、穿宽 0.6、郭宽 0.2、肉厚 0.1 厘米，重 3.8 克（图二六七，1；彩版二五二，5）。

康熙通宝　1 枚。

标本 1992T528 ② A：1，锈蚀严重。正面铸“康熙通宝”四字，楷书，对读。背面穿左右铸满文。

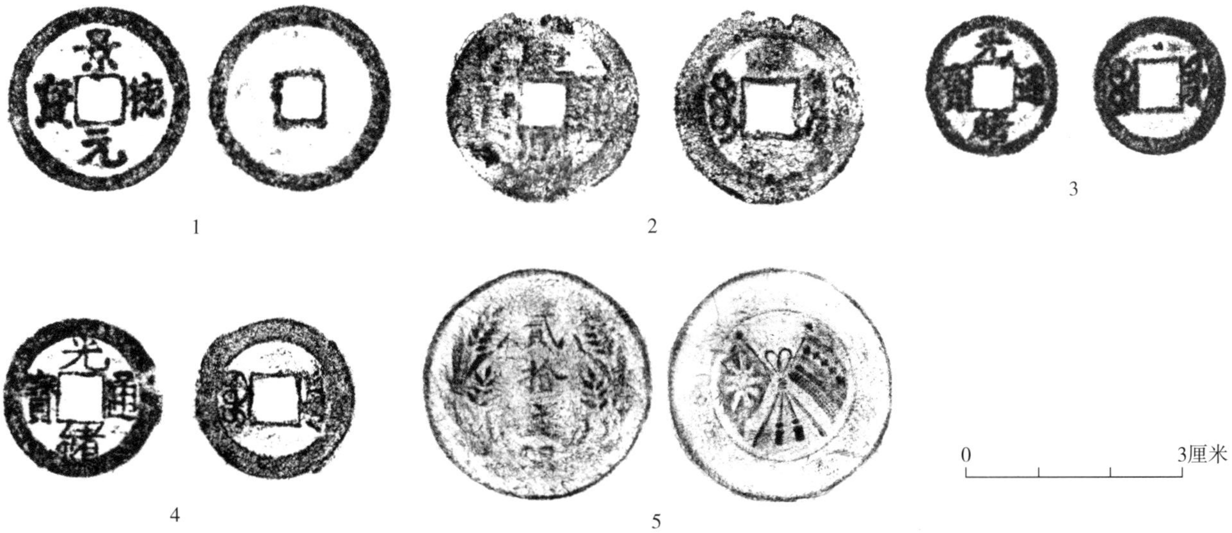

图二六七　第 11 ～ 13-4 窟前地层出土古代钱币

1. 景德元宝 1992T531 ①：2　2. 康熙通宝 1992T528 ② A：1　3、4. 光绪通宝 1992T604 ①：8、1992T531 ①：1　5. 民国二十文 1992T530 ② A：3

直径 2.4、穿宽 0.5、郭宽 0.3、肉厚 0.03 厘米，重 2.4 克（图二六七，2；彩版二五二，6）。

光绪通宝 2 枚。

标本 1992T604 ①: 8，正面铸“光绪通宝”四字，楷书，对读。背面穿左右铸满文。表面锈蚀。直径 1.9、穿宽 0.6、郭宽 0.18、肉厚 0.03 厘米，重 1.4 克（图二六七，3）。

标本 1992T531 ①: 1，正面铸“光绪通宝”四字，楷书，对读。背面穿左右铸满文“宝源”两字。直径 2.1、穿宽 0.7、郭宽 0.3、肉厚 0.1 厘米，重 3.6 克（图二六七，4）。

民国二十文 1 枚。

标本 1992T530 ② A：3，圆形，正面铸竖排“贰拾文”三字，文字两侧环绕麦穗图案。背面周边铸“中华铜币”“民国十年”字样和图案。直径 3.1、肉厚 0.15 厘米，重 11.9 克（图二六七，5；彩版二五二，7、8）。

4. 铁器

铁犁铧

1 件。

标本 1992T528 ② A：8，锈蚀残损严重。

五 2013 年窟前采集遗物

（一）建筑材料

陶质建筑材料

有板瓦、筒瓦、脊饰。

（1）板瓦

4 件。泥质灰陶，形体小且薄。凹面布纹细密，瓦头一端无布纹且削薄，侧面切痕为 1/3，破面未修。

标本 2013 窟前采: 257，瓦厚 1.6、端头厚 0.9 厘米（彩版二五三，1）。

（2）筒瓦

19 件，有灰陶、琉璃两种。

1）灰陶筒瓦

9 件。胎质夹砂，呈灰色。形体小且薄。凹面布纹细密，瓦舌略呈斜坡状，较短。侧面或齐切或切痕为 1/3，破面未修。

标本 2013 窟前采: 19，瓦厚 1.3、直径 12.3、残长 18 厘米，瓦舌长 2、厚 1、肩高 2 厘米（彩版二五三，2）。

2）蓝釉琉璃筒瓦

4 件。

标本 2013 窟前采: 244，坩泥土，凸面施蓝釉，凹面布纹细密。瓦舌短小略呈斜坡状。瓦舌长 2.4、厚 1、肩高 1.4、瓦厚 1.8 厘米（彩版二五三，3 上左）。

标本 2013 窟前采: 248，黄白胎，胎质夹砂略细。凹面布纹细密，侧面齐切并砍斫修整。瓦厚 1.8 厘米（彩版二五三，3 上右）。

3）黄釉琉璃筒瓦

1 件。

标本 2013 窟前采：24，黄红胎，胎心泛红，夹大量砂，凸面施黄釉，凹面布纹细密。瓦厚 2.6 厘米（彩版二五三，3 下右）。

4）蓝绿釉琉璃筒瓦

2 件。

标本 2013 窟前采：33，黄红胎，夹大量砂，凸面施蓝绿釉，剥落严重。凹面布纹细密，侧面齐切并砍斫修整。瓦厚 2.2 厘米（彩版二五三，3 下中）。

5）绿釉琉璃筒瓦

3 件。

标本 2013 窟前采：247，坩泥土，凸面施绿釉。瓦厚 2.4 厘米（彩版二五三，3 下左）。

标本 2013 窟前采：249，黄红胎，胎质夹砂略细。瓦厚 1.9 厘米。

标本 2013 窟前采：23，瓦厚 1.5 厘米。

（3）檐头筒瓦

兽面纹瓦当

1 件。

标本 2013 窟前采：255，夹砂灰陶。残，当心兽面突起，外围浅边轮上施一周联珠纹。兽面浓眉大眼，鼻尖小巧，额头雕“王”字，耳朵直立，阔嘴露齿，獠牙相噬。直径 11、厚 1.3、边轮宽 1 厘米（彩版二五三，4）。

（4）脊饰

7 件。有灰陶、琉璃两种。

1）灰陶脊饰

2 件。

标本 2013 窟前采：26，仅存局部。呈半圆状，正面在陶片上粘贴弧状鳞片雕刻。背面边缘有连接痕迹。直径约 21、厚 3、边缘残厚 3.1 厘米（彩版二五三，5）。

2）黄绿釉脊饰

3 件。

标本 2013 窟前采：252，红胎夹少量细砂，呈片状，正面塑花纹，正背面均有釉。厚 2.4 厘米（彩版二五三，6）。

标本 2013 窟前采：253，残，呈条状，侧面也施釉，釉剥落严重。残长 16、厚 4.3 厘米（彩版二五三，6）。

3）蓝釉脊饰

1 件。

标本 2013 窟前采：25，胎色黄红，夹砂。呈葫芦状，釉色剥落。宽 8、厚 7.5、高 13.5 厘米（彩版二五三，6）。

4）绿釉脊饰

1 件。

标本 2013 窟前采：15，黄红胎，胎质夹砂略细，表面塑有纹饰。残长 9.2、宽 5.8、厚 2.6 厘米。

（二）生活生产用具

瓷器

釉色分为白釉、白釉褐彩、茶叶末釉、素三彩、黑釉、青花。

（1）白釉碗

91件。其中腹部残片23件。山顶遗址依口部不同分A、B两型，其中A型又据唇部变化分为两亚型。均上化妆土，内施满釉，外不及底或近底部。

Aa型　11件。敞口，尖唇或尖圆唇。

标本2013窟前采：135，残存口、腹。弧腹。胎色浅灰，胎质夹黑砂。釉色白中泛黄。口径16、残高4.2厘米（图二六八，1；彩版二五四，1）。

Ab型　6件。敞口，方圆唇外凸。

标本2013窟前采：111，胎色浅灰，胎质较坚。釉色灰白。口径15.9厘米（图二六八，2；彩版二五四，2）。

B型　13件。撇口，圆唇。

标本2013窟前采：113，斜弧腹，腹部近底内折，圈足，足墙外高内低，外墙二次切削。胎色浅灰，有流釉现象，内底及足沿各残留2处垫砂痕。口径15.9、足径7.2、高4厘米（图二六八，3；彩版二五四，3）。

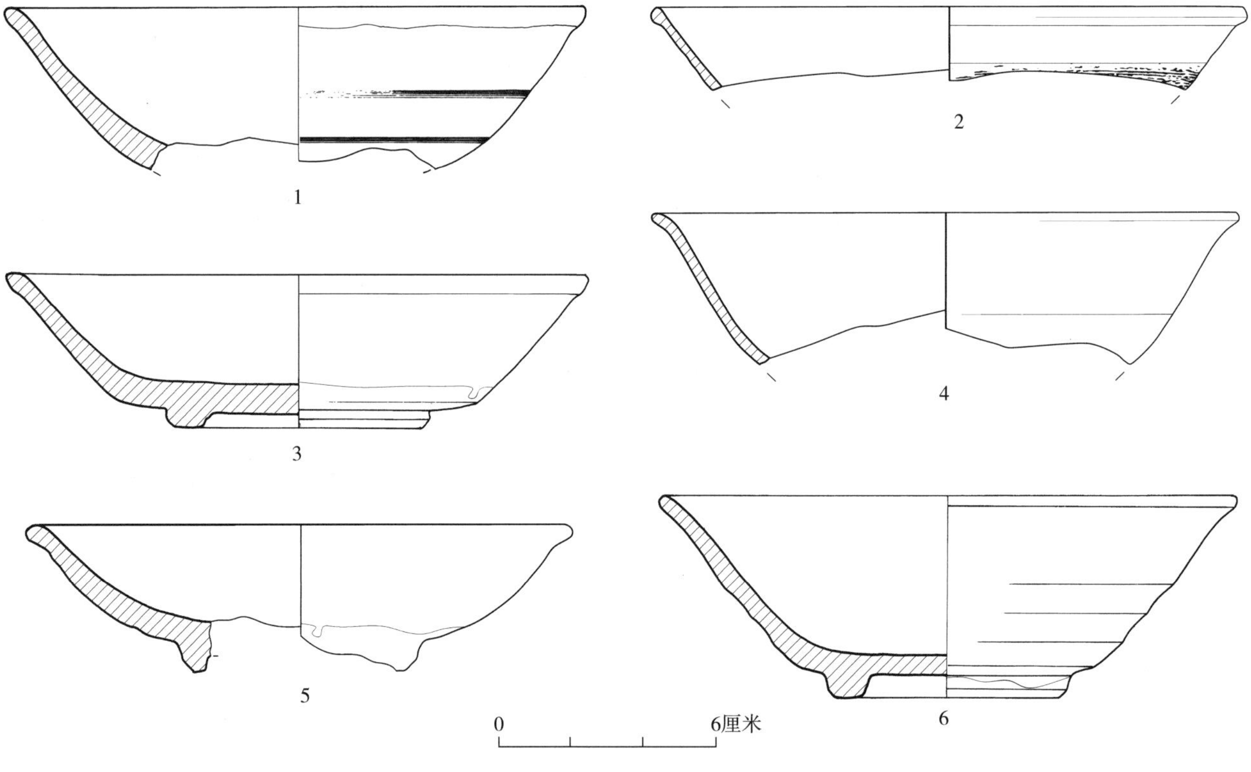

图二六八　第11～13-4窟前采集明清时期白釉碗

1.Aa型白釉碗2013窟前采：135　2.Ab型白釉碗2013窟前采：111　3～6.B型白釉碗2013窟前采：113、2013窟前采：98、2013窟前采：127、2013窟前采：130

标本 2013 窟前采：98，圆唇，胎色浅灰，胎质较坚。釉色白中泛黄。口径 15.9 厘米（图二六八，4；彩版二五四，4）。

标本 2013 窟前采：127，残。圆唇，器壁略弧，至底内收，外壁近底部平切，圈足。胎色浅灰，胎质较坚。釉色灰白，施釉较均匀。口径 15、残高 3.9 厘米（图二六八，5；彩版二五四，5）。

标本 2013 窟前采：130，圆唇，内底较平，圈足。足墙齐平，胎色灰黄，胎质稍坚，外釉至足沿，釉色灰白，釉面较光洁。内底及足沿残留 2 处垫砂痕。口径 15.7、足径 6.6、高 5.3 厘米（图二六八，6；彩版二五四，6）。

山顶遗址根据底部圈足不同分 A、B、C 三型，标本大多保留底足和少量腹部。均上化妆土，内施满釉，外不及底或近底部。

A 型　22 件。足墙外低内高，外墙竖直，内墙外斜，足沿平切。

标本 2013 窟前采：114，弧腹，外墙二次切削。胎色浅灰，胎质稍坚。釉色牙白，足沿及内底残留多处垫砂痕。足径 9.3、残高 5.8 厘米（图二六九，1；彩版二五五，1）。

标本 2013 窟前采：139，弧腹，圈足，足墙微撇，内外墙均二次切削，底心有乳突。胎色浅灰，胎体夹细小黑砂。釉色灰白，足沿及内底残留有 7 处垫砂痕。足径 7.2、残高 1.8 厘米（图二六九，2；彩版二五五，2）。

B 型　10 件。圈足，足墙内外齐平，足沿平切。

标本 2013 窟前采：192，弧腹，圈足。胎色灰褐，胎质夹黑色细砂。釉色较浅发黄，呈色不匀。内底刻划一“福”字。内底残留 4 处垫砂，足沿残留 6 处。足径 6.8、残高 2.8 厘米（图二六九，3；

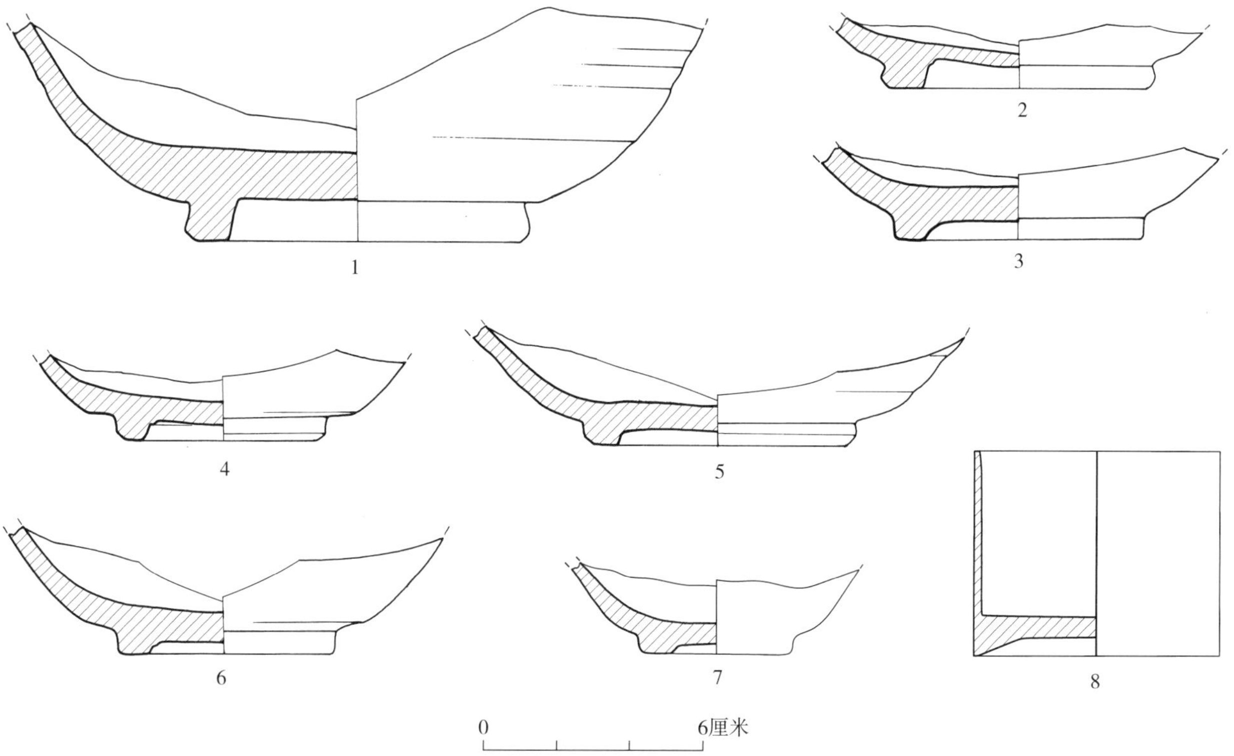

图二六九　第 11 ～ 13-4 窟前采集明清时期白釉瓷器

1、2.A 型白釉碗底 2013 窟前采：114、2013 窟前采：139　3 ～ 5.B 型白釉碗底 2013 窟前采：192、2013 窟前采：154、2013 窟前采：156　6、7.C 型白釉碗底 2013 窟前采：160、2013 窟前采：161　8. 白釉杯 2013 窟前采：164

彩版二五五，3）。

标本2013窟前采：154，弧腹，外壁近底处切削，圈足，外墙二次切削，内底心下凸，外底有两周较浅弦纹。胎色灰白，胎质较坚，釉色灰白，釉面较光洁。足沿及内底残留多处垫砂痕。足径5.7、残高2.4厘米（图二六九，4；彩版二五五，4）。

标本2013窟前采：156，弧腹，圈足，外墙二次切削，内壁近底处有一周凸弦纹，外壁近底处切削。胎色灰褐，釉色灰白，足沿及内底残留多处垫砂痕。足径7.4、残高3厘米（图二六九，5；彩版二五五，5）。

C型　6件。足墙外高内低。

标本2013窟前采：160，残存腹、足。弧腹，圈足，外壁近底处切削。胎色灰白，胎质夹黑砂。釉色牙白，釉面较光洁。足沿及内底残留多处垫砂痕。足径5.9、残高3厘米（图二六九，6；彩版二五五，6）。

标本2013窟前采：161，残存腹、足。弧腹，圈足，外壁近底处切削。外墙二次切削，足心有乳突。胎色灰白，胎质较坚。釉色较白。足沿及内底残留多处垫砂痕。底径4、残高2.7厘米（图二六九，7）。

（2）白釉杯

1件。

标本2013窟前采：164，内外施白釉。筒腹，直口，平底，外底内凹。口径6.8、高5.4厘米（图二六九，8；彩版二五六，1）。

（3）白釉褐彩碗

15件。山顶遗址根据口沿不同分两型，此区域见有A、B型，其中A型又可根据唇部变化分为两亚型。均上化妆土，内施满釉，外不及底。

Aa型　4件。敞口，尖唇或尖圆唇。

标本2013窟前采：173，残存口、腹。弧腹。灰胎，胎质稍坚。釉色偏灰，器物内侧近口沿处绘弦纹三周及一周波曲纹，内底绘弦纹一周。口径16、残高5厘米（图二七〇，1；彩版二五六，2）。

B型　1件。撇口。

标本2013窟前采：171，尖圆唇。灰胎，胎质稍坚。釉色牙白，内腹及内底褐彩描绘纹饰。口

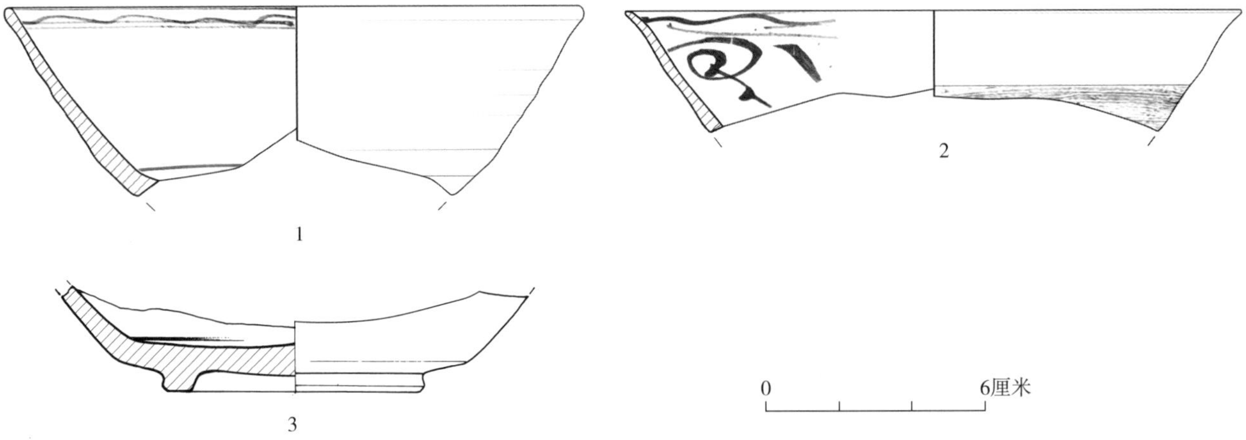

图二七〇　第11～13-4窟前采集明清时期瓷器

1.Aa型白釉褐彩碗2013窟前采：173　2.B型白釉褐彩碗2013窟前采：171　3.A型白釉褐彩碗底足2013窟前采：178

径 16.7、残高 3.2 厘米（图二七〇，2；彩版二五六，3）。

底足残片。山顶遗址根据足墙变化分三型，本区域见 A 型。

A 型　10 件。圈足，足墙外低内高，外墙竖直，内墙外斜，足沿平切。

标本 2013 窟前采：178，斜腹内折，圈足，内墙二次切削。灰黄胎，胎体坚致。釉色牙白，施釉不均，有流釉现象。内底边缘有凸弦纹，其上褐彩描绘弦纹一周，底心下凹。足沿和内底残留 8 处垫砂痕。足径 7.2、残高 2.6 厘米（图二七〇，3；彩版二五六，4）。

（4）青釉杯

2 件。

标本 2013 窟前采：191，景德镇窑，清中期。敞口，尖圆唇，上腹斜直，下腹弧，圈足，外足墙内弧，足沿尖圆。胎色洁白，胎体坚致，胎质细腻。除足沿外，内外施釉，釉色豆青，外深内浅，釉面不甚光洁。足心有青花款识，方框内似一“周”字。口径 8.9、底径 3.9、高 5.7 厘米（图二七一，1；彩版二五六，5）。

标本 2013 窟前采：105，景德镇窑。尖唇，撇口，弧腹。细白胎，胎体坚致。内外施釉，釉色青白，釉面满布“开片”。口径 11、残高 4 厘米（图二七一，2；彩版二五六，6）。

（5）茶叶末釉碗

2 件。

标本 2013 窟前采：193，底足残片。弧腹，外腹近底处内折，圈足，足墙外撇，外低内高，足沿平切。

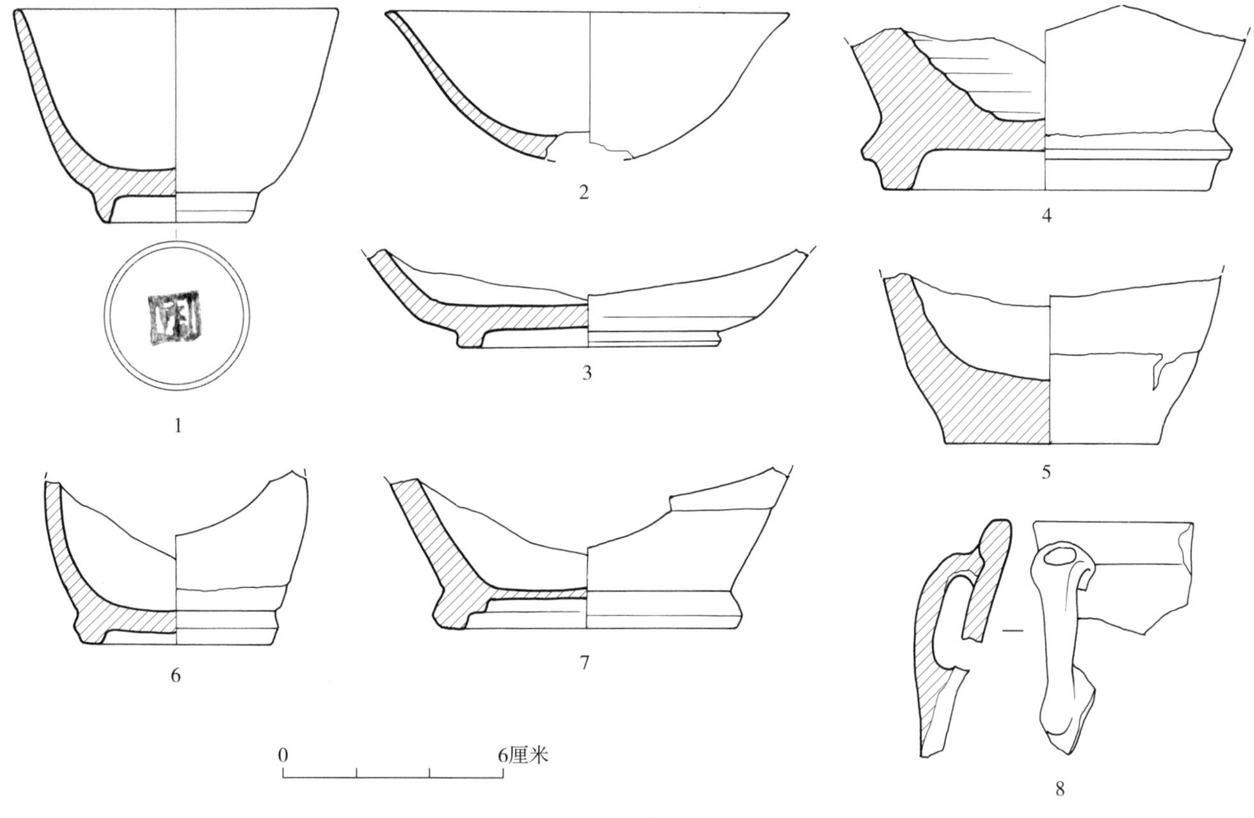

图二七一　第 11 ～ 13-4 窟前采集明清时期瓷器

1、2. 青釉杯 2013 窟前采：191、2013 窟前采：105　3. 茶叶末釉碗底足 2013 窟前采：193　4、5. 茶叶末釉瓶 2013 窟前采：94、2013 窟前采：197　6 ～ 8. 茶叶末釉罐 2013 窟前采：198、2013 窟前采：93、2013 窟前采：195

内腹近底处有凸弦纹一周。灰胎，胎体较坚，有黑砂。内施满釉，外不及底，釉色光亮，施釉较均匀。内底及足沿残留有多处垫砂痕。足径 7、残高 2.4 厘米（图二七一，3；彩版二五七，1）。

（6）茶叶末釉瓶

5 件。

标本 2013 窟前采: 94，底足残片。深腹，束胫，二层台圈足，足墙外低内高。黄白胎，胎质较坚。除足部外，内外施釉，呈色较深。内壁有旋坯痕。足径 8.9 厘米（图二七一，4；彩版二五七，2）。

标本 2013 窟前采: 197，底足残片。深弧腹，小平底。灰褐色胎，胎体较坚。外壁施釉，釉不及底，釉色黄绿，釉面不平整，有流釉现象。内壁有旋坯痕。底径 5.9、残高 4.4 厘米（图二七一，5；彩版二五七，3）。

（7）茶叶末釉罐

3 件。

标本 2013 窟前采: 93，底足残片。深弧腹，圈足，外低内高，外墙二次切削，内墙有二层台。胎色土黄，胎体夹黑砂。仅外壁施釉，釉不及底，发色深沉。内壁有旋坯痕。足径 8、残高 4 厘米（图二七一，7；彩版二五七，4）。

标本 2013 窟前采: 198，底足残片。深弧腹，腹底间有一周凹槽，圈足，足墙外高内低，外墙二次切削。灰褐胎，胎体坚致，胎质较细腻。仅外壁施釉，釉不及底，釉色黄绿，施釉均匀。足径 5.1、残高 4.4 厘米（图二七一，6；彩版二五七，5）。

标本 2013 窟前采: 195，残存口、腹。口微敛，圆唇，颈肩部有单条扁系。灰白胎，胎体较坚。外壁施釉，内壁施至口沿，釉色发黑黄。壁厚 0.5、系长 5.6 厘米（图二七一，8；彩版二五七，6）。

（8）复色釉碗

5 件。其中腹部残片 1 件。

标本 2013 窟前采: 165，残存口、腹。敞口，尖圆唇，弧腹。胎色灰黄，胎质较坚，有细小黑砂。上化妆土。内壁及外壁上部施白釉，泛黄，外壁下部施黑釉，釉面较光洁。内外壁均有旋坯痕。口径 19.8、残高 4.4 厘米（图二七二，1；彩版二五八，1）。

标本 2013 窟前采: 167，底足残片。弧腹，外腹近底内折，圈足外墙二次切削。灰白胎，胎质稍坚。上化妆土。内施满釉，釉色泛黄，外釉酱黑，釉不及底，外釉不均匀。足沿及内底有 7 处垫砂痕。足径 8.4、残高 5 厘米（图二七二，2；彩版二五八，2）。

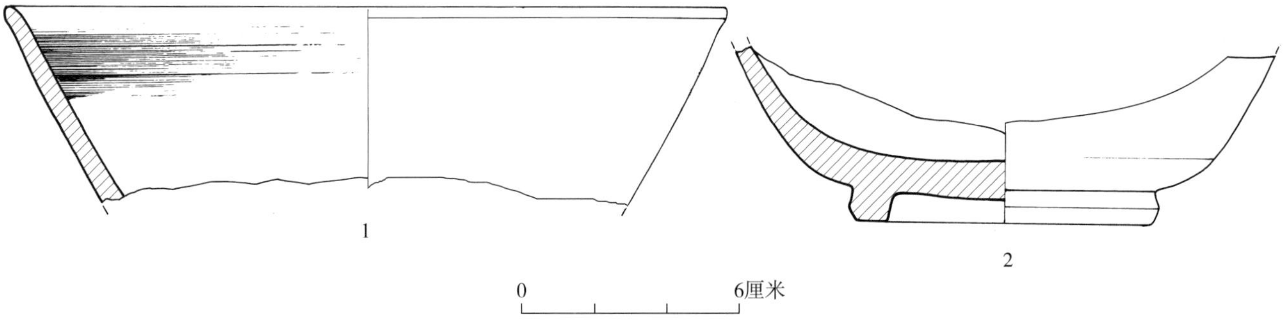

图二七二　第 11 ～ 13-4 窟前采集明清时期瓷器

1. 复色釉碗 2013 窟前采: 165　2. 复色釉碗底 2013 窟前采: 167

（9）黑釉盏

2 件。

标本 2013 窟前采：63，圆唇，敛口，浅弧腹，内收至底，小平底。土黄胎，胎体较坚。内施满釉，外不及底，釉面“过烧”。口径 3.7、底径 2.9、高 2.1 厘米（图二七三，1；彩版二五八，3）。

（10）黑釉瓶

3 件。其中腹部残片 1 件。

标本 2013 窟前采：190，残存口部。小口外撇，圆唇，束颈。胎色灰白，胎体较坚。内外施釉，釉色黑亮。口径 4.8、残高 4 厘米（图二七三，2；彩版二五八，4）。

标本 2013 窟前采：66，底足残片。深腹微弧，圈足，足墙外高内低，外墙二次切削。灰白胎，胎质较坚。内外施釉，内壁满釉，外不及底，釉色黑亮。足径 6.1、残高 5.4 厘米（图二七三，3；彩版二五八，5）。

（11）黑釉罐

3 件。

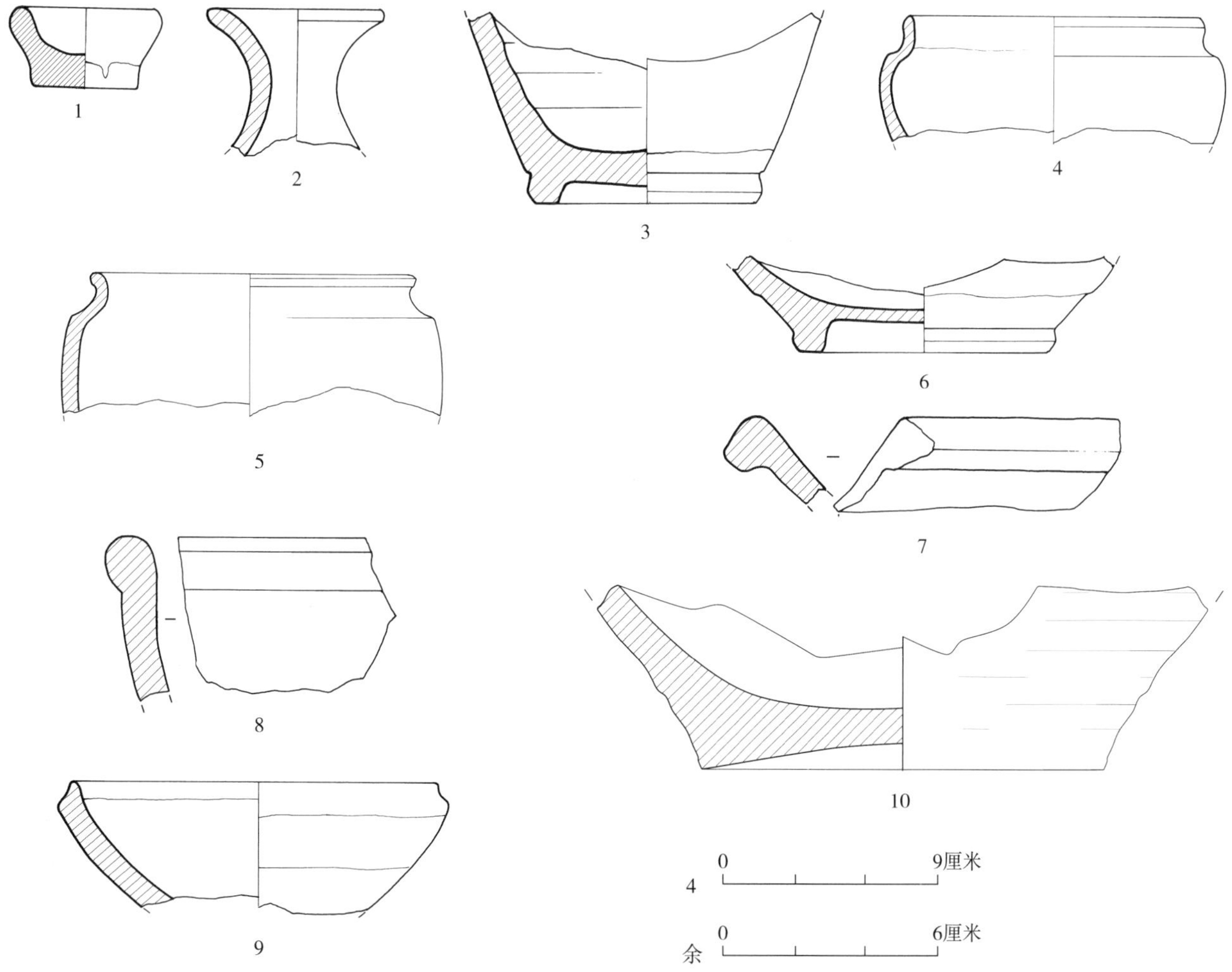

图二七三　第 11 ～ 13-4 窟前采集明清时期黑釉瓷器

1. 黑釉盏 2013 窟前采：63　2、3. 黑釉瓶 2013 窟前采：190、2013 窟前采：66　4 ～ 6. 黑釉罐 2013 窟前采：187、2013 窟前采：188、2013 窟前采：92　7 ～ 8. 黑釉盆 2013 窟前采：65、2013 窟前采：85　9. 黑釉盒 2013 窟前采：91　10. 黑釉缸 2013 窟前采：74

标本2013窟前采：187，残存口、腹。直口，尖圆唇，短颈，折肩，直腹。灰白胎，胎体较坚。芒口，内外施釉，内壁仅口沿内侧施釉，釉色亮黑，釉面光洁。口径12.3、残高3.6厘米（图二七三，4；彩版二五八，6）。

标本2013窟前采：188，残存口、腹。口微撇，圆唇，折肩，深弧腹。灰色胎，胎体坚薄，有极细小气孔。外壁及口沿内侧施釉，釉色棕黑。口径8.8、残高5.2厘米（图二七三，5；彩版二五九，1）。

标本2013窟前采：92，底部残片，弧腹，圈足，足墙外低内高，外墙二次切削。灰褐胎，胎质较坚。外壁施釉不到底。内壁有旋坯痕。足径7.3、残高2.4厘米（图二七三，6；彩版二五九，2）。

（12）黑釉盆

9件。

标本2013窟前采：65，残存口沿。敞口，方圆唇外凸，弧腹。胎色土黄，胎体较坚，有黑砂。内施满釉，外至口沿。外壁有旋坯痕。壁厚0.7、残高2.4厘米（图二七三，7；彩版二五九，3）。

标本2013窟前采：85，残存口沿。微敛口，圆唇外凸，腹微弧。黄白胎，胎质夹黑砂。芒口，内外施釉，釉色酱黑，釉面较光洁。残高4.2厘米（图二七三，8；彩版二五九，4）。

标本2013窟前采：76，底部残片。斜弧腹，平底。灰褐胎，胎体坚致。内施满釉，外不及底，釉色酱黑，釉面光亮，呈酱色“火石红”，外底无釉。残高3厘米（彩版二五九，5）。

（13）黑釉盒

1件。

标本2013窟前采：91，残存口、腹。子口，尖唇，弧腹。胎色灰白，胎体较坚。内施满釉，外不及底，口沿仅施化妆土，施釉不甚均匀。口径10、残高2.8厘米（图二七三，9；彩版二五九，6）。

（14）黑釉缸

35件。

标本2013窟前采：74，底部残片。斜弧腹，平底。灰褐色胎，胎体坚致，有黑砂。内外施满釉，釉色酱黑。外壁及内底有数周旋坯痕，外底粘有砂土。底径11.2、残高7.4厘米（图二七三，10）。

（15）青花碗

13件。其中口沿残片3件，底足残片8件，腹部残片2件。

口沿残片　3件。

标本2013窟前采：217，山西窑口，口沿残片。敞口，方圆唇，微外凸，斜弧腹，内底有凸弦纹一周。内外施釉。内壁描绘短线纹，似景德镇窑变体“寿”字。口径19.9、残高3.2厘米（图二七四，1；彩版二六〇，1）。

标本2013窟前采：218，山西窑口，口沿残片。敞口，圆唇，弧腹。内外施釉。内壁有弦纹，外壁绘短线纹。口径15.9、残高3厘米（图二七四，2）。

标本2013窟前采：216，山西窑口。尖圆唇，敞口，浅弧腹，外腹近底处切削，圈足，足墙外低内高。内施满釉，外至足墙。内腹绘短线纹一周，内外壁近口沿处有弦纹。口沿有粘烧痕。内底及足沿残留粘砂。口径15.4、足径6.9、高4厘米（图二七五，7；彩版二六二，1）。

底足残片　8件。

标本2013窟前采：211，景德镇窑。腹底残片。弧腹，圈足，足墙缺失。内外壁用青花混水技

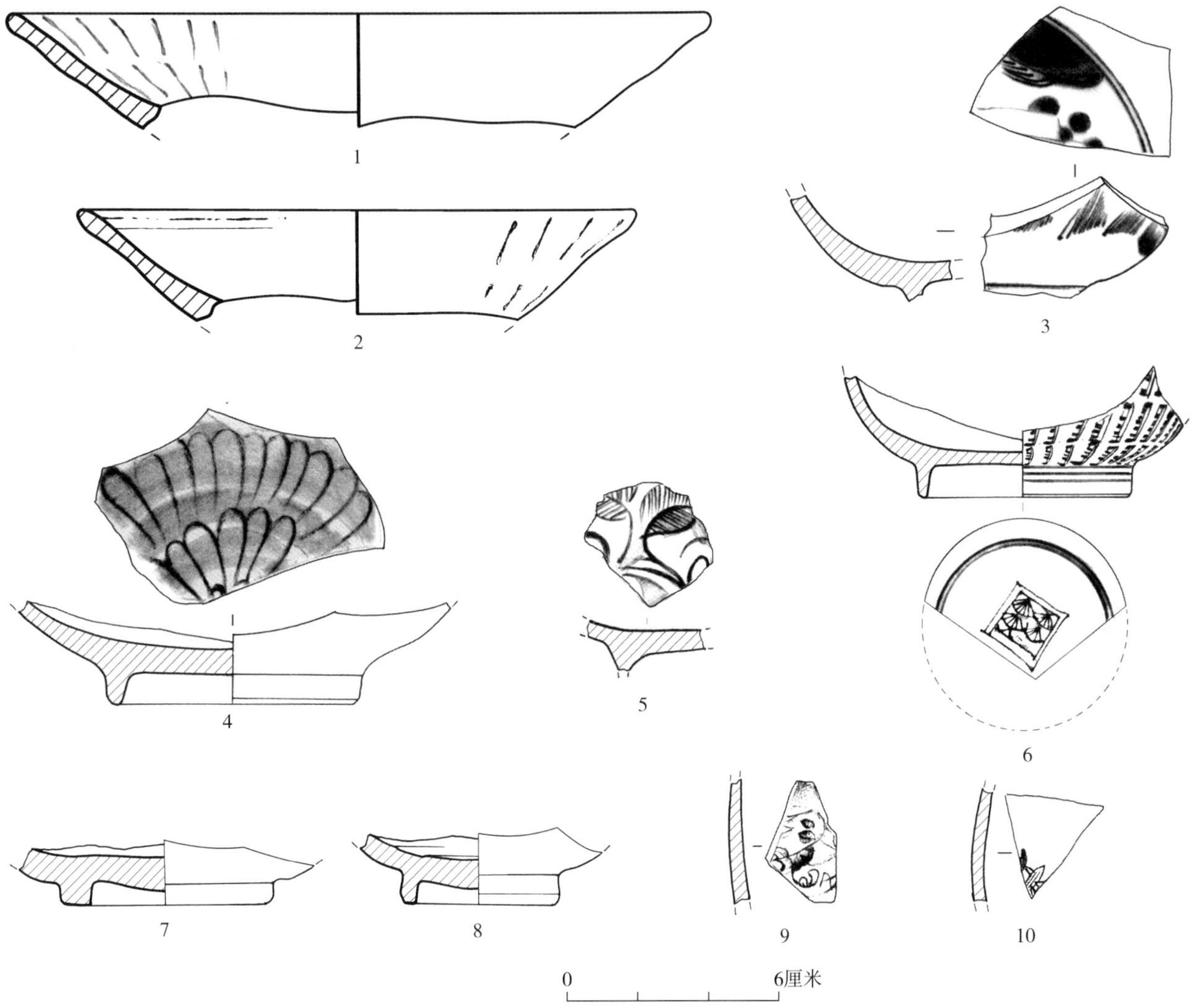

图二七四　第 11 ～ 13-4 窟前采集明清时期青花碗
1、2. 青花碗口沿 2013 窟前采：217、2013 窟前采：218　3 ～ 8. 青花碗底 2013 窟前采：211、2013 窟前采：213、2013 窟前采：215、2013 窟前采：232、2013 窟前采：219、2013 窟前采：223　9、10. 青花碗腹片 2013 窟前采：227、2013 窟前采：228

法描绘山水，青花发色鲜艳，局部发黑。足心有双蓝圈。壁厚 0.8、残高 3.2 厘米（图二七四，3；彩版二六〇，2）。

标本 2013 窟前采：213，景德镇窑。底足残片。圈足，外足墙内弧，外低内高，尖足沿。内壁混水技法描绘数层菊瓣纹，发色灰蓝。足心有双蓝圈。足沿粘砂。足径 6.9、残高 3 厘米（图二七四，4；彩版二六〇，3）。

标本 2013 窟前采：215，景德镇窑。底足残片，内底绘草叶纹，青花发色蓝灰。壁厚 0.4、残高 1.4 厘米（图二七四，5；彩版二六〇，4）。

标本 2013 窟前采：232，景德镇窑。底足残片。弧腹，圈足，足墙内弧，内外齐平，足沿圆滚。外腹上下描绘数层梵文“寿”字，青花发色艳丽。内底足心双蓝圈内有花押款。足径 5.8、残高 3.6 厘米（图二七四，6；彩版二六〇，5）。

标本 2013 窟前采：219，山西窑口，外腹近底切削，圈足，足心有乳状突起。内施满釉，外至足墙。

内底及足沿残留 4 ～ 5 处垫砂痕。足径 5.8、残高 1.8 厘米（图二七四，7）。

标本 2013 窟前采：223，山西窑口。弧腹，圈足，足墙外高内低，足心有乳突。除足沿和内底开涩圈外，余皆施釉。足径 4.2、残高 2.4 厘米（图二七四，8）。

标本 2013 窟前采：212，景德镇窑。腹底残片。圈足，足墙内高外低，外墙内斜，尖足沿。采用勾边填彩的绘画技法，内底双弦纹内描绘山石花卉，外腹为缠枝花卉纹，青花发色蓝黑。足径 8.8、残高 1.2 厘米（图二七五，6；彩版二六一，6）。

标本 2013 窟前采：214，山西窑口。底足残片，圈足，足墙外高内低。内施满釉，外至足墙。内底青花绘线状纹饰。足沿及内底残留 2 ～ 3 处垫砂痕。足径 10.8、残高 1.6 厘米（图二七五，8；彩版二六二，2）。

另有腹部残片　2 件。

标本 2013 窟前采：227，景德镇窑。内壁绘有山水风景。壁厚 0.48、残高 3.6 厘米（图二七四，9；彩版二六〇，6）。

标本 2013 窟前采：228，景德镇窑。内壁绘有草叶纹。壁厚 0.4、残高 3 厘米（图二七四，10）。

（16）青花杯

5 件。

标本 2013 窟前采：225，景德镇窑。口沿残片。直口，尖唇，弧腹。口沿内外各绘弦纹一周。口径 10、壁厚 0.2、残高 2.6 厘米（图二七五，1；彩版二六一，1）。

标本 2013 窟前采：226，景德镇窑。撇口，尖唇，斜直腹。口沿内外各绘弦纹两周。壁厚 0.25、残高 3 厘米（图二七五，2；彩版二六一，2）。

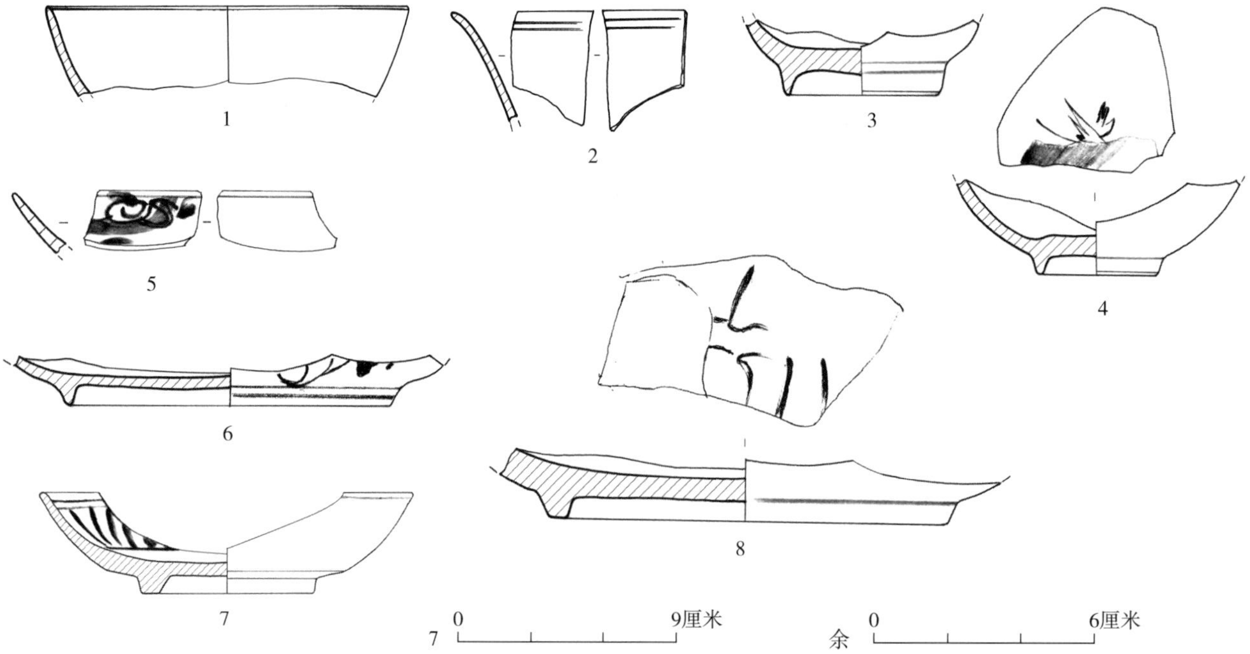

图二七五　第 11 ～ 13-4 窟前采集明清时期青花瓷器

1 ～ 5. 青花杯 2013 窟前采：225、2013 窟前采：226、2013 窟前采：229、2013 窟前采：230、2013 窟前采：224　6 ～ 8. 青花碗 2013 窟前采：212、2013 窟前采：216、2013 窟前采：214

标本 2013 窟前采：229，景德镇窑。底足残片，弧腹，圈足，足墙内弧，外高内低，足沿尖圆，足心有乳突。内壁、外腹绘纹饰。足心有双蓝圈。足径 4.1、残高 2.2 厘米（图二七五，3；彩版二六一，3）。

标本 2013 窟前采：230，景德镇窑。底足残片，弧腹，圈足，足墙内高外低，尖足沿。内底圆圈内描绘纹饰，青花发色灰蓝。足径 3.2、残高 2.8 厘米（图二七五，4；彩版二六一，4）。

标本 2013 窟前采：224，景德镇窑。敞口，弧腹。内壁有纹饰，内外壁口沿处各有弦纹一周。残高 1.6、复原口径 9 厘米（图二七五，5；彩版二六一，5）。

（17）素烧罐

8 件。其中口沿残片 3 件，腹部残片 1 件，底部残片 4 件。

口沿残片　3 件。

标本 2013 窟前采：201，残存口、腹。尖圆唇外凸，深斜直腹，外壁有旋坯痕。胎色浅灰，胎体坚致，有极细小气孔。外壁可见“火刺”现象。口径 12.5、残高 4.8 厘米（图二七六，1；彩版二六二，3）。

标本 2013 窟前采：308，口沿残片。敛口，方圆唇，弧腹。灰褐色胎，胎体坚致。外壁有旋坯痕。壁厚 0.7 厘米。

腹部残片　1 件。

标本 2013 窟前采：204，残存腹部。弧腹，外壁可见旋坯痕。胎体夹黑砂，壁厚 0.8 ～ 1.8、残高 10.8 厘米（图二七六，2；彩版二六二，4）。

底部残片　4 件。

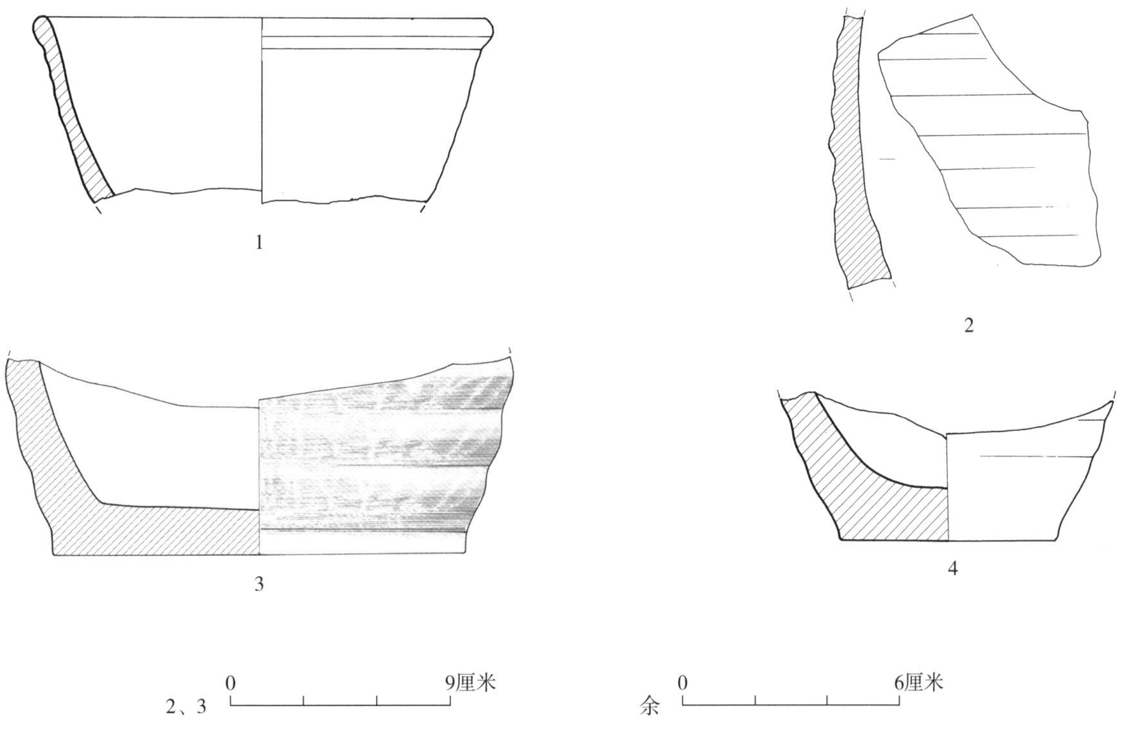

图二七六　第 11 ～ 13-4 窟前采集明清时期素烧罐

1. 素烧罐口沿 2013 窟前采：201　2. 素烧罐腹部残片 2013 窟前采：204　3、4 素烧罐底 2013 窟前采：205、2013 窟前采：209

标本2013窟前采：205，深弧腹，平底，外壁有旋坯痕。灰胎，胎质较坚，外壁可见“火刺”现象。底径17、残高8厘米（图二七六，3；彩版二六二，5）。

标本2013窟前采：209，残存底部。弧腹，平底，内底下凹，外壁有旋坯痕。底径6、残高3.8厘米（图二七六，4；彩版二六二，6）。

标本2013窟前采：206，底厚1.8～2.1、底径18厘米。

标本2013窟前采：207，底厚1.2～1.5厘米。

六 2013年第12窟前探沟采集遗物

（一）建筑材料

陶质建筑材料

有板瓦、筒瓦、檐头筒瓦、脊饰、砖雕斗拱、饰件等。

（1）黄釉琉璃瓦件

1件。

标本2013探沟采：567，黄红胎，胎心发红，夹大量砂，凸面施黄釉，凹面布纹细密。侧面斜切。瓦厚2.8厘米（彩版二六三，1上右）。

（2）琉璃筒瓦

12件。多残破，有蓝釉、蓝绿釉、黄釉。

1）蓝釉琉璃筒瓦

4件。

标本2013探沟采：543，黄红胎，胎心发红，夹大量砂，凸面施蓝釉，凹面布纹细密。瓦舌短小略呈斜坡状。瓦厚1.2厘米。

标本2013K12探沟采：563，黄白胎，胎质夹砂略细，凹面布纹细密。瓦厚2厘米（彩版二六三，1下左）。

标本2013探沟采：562，瓦厚2厘米。

标本2013探沟采：565，瓦厚2.7厘米。

2）黄釉琉璃筒瓦

1件。

标本2013探沟采：566，黄红胎，胎心发红，夹大量砂，凸面施黄釉，凹面布纹细密。瓦厚2.5厘米（彩版二六三，1下右）。

3）蓝绿釉琉璃筒瓦

3件。

标本2013探沟采：564，黄红胎，夹大量砂，凸面施蓝绿釉，凹面布纹细密。瓦厚2.4厘米（彩版二六三，1上左）。

（3）檐头筒瓦

1件。

标本2013探沟采：561，坩泥土，施蓝绿釉。当面残存动物纹样。厚2.2厘米（彩版二六三，2）。

（4）脊饰

61 件。有灰陶、琉璃两种。

1）灰陶脊筒子

21 件。正面留有边框，内饰花草纹。背面竖向垂直贴一泥块，相接处抹合痕迹明显。

标本 2013 探沟采：217，正面装饰一朵莲花。残高 19.4 厘米（彩版二六三，3）。

标本 2013 探沟采：38，正面为花叶装饰。残高 20.4 厘米（彩版二六三，4）。

2）灰陶垂兽

1 件。

标本 2013 探沟采：220，残存鼻孔、双目及眉毛，双目间有龙角。底部呈圆弧状。残高 14.3 厘米（彩版二六三，5）。

3）灰陶脊饰

12 件。

标本 2013 探沟采：529，残存边框及鳞片雕刻。厚 2.6 ~ 4.3 厘米（彩版二六三，6）。

标本 2013 探沟采：537，残存三撮髭须。残长 19.5 厘米（彩版二六四，1）。

标本 2013 探沟采：235，兽面小眼圆凸，毛发浓密，背面呈凹弧形。残高 9 厘米（彩版二六四，2）。

标本 2013 探沟采：528，残存左半部，外部为两圈凸弦纹，可见左耳及左眼。残高 9.8 厘米（彩版二六四，3）。

标本 2013 探沟采：536，中空，表面装饰花朵。残高 19 厘米。

4）琉璃鸱吻

6 件。坩泥土，表面施蓝绿釉，龙身为酱黄釉。

标本 2013 探沟采：557，整体呈筒状，一面贴塑鱼鳞状龙身及卷云纹。厚 18、残高 30 厘米（彩版二六五，2）。

标本 2013 探沟采：559，表面贴塑卷曲龙身。厚 16、残高 35 厘米（彩版二六四，4）。

标本 2013 探沟采：554，呈片状，表面贴塑脱落，存嘴角一侧的卷毛和圆形腮饰。厚 8、残高 31 厘米（彩版二六四，5）。

标本 2013 探沟采：556，龙首残件，鼻孔粗大，眉目细长，圆眼凸嘴，颌下留须。残高 10 厘米（彩版二六四，6）。

标本 2013 探沟采：558，表面残存贴塑的龙身及卷云纹。厚 10 厘米（彩版二六五，1）。

标本 2013 探沟采：555，关节部位。厚 15 厘米。

5）琉璃脊砖

2 件。坩泥土，露明处施蓝绿釉。

标本 2013 探沟采：546，残长 16、宽 14.5、厚 5 厘米。

标本 2013 探沟采：550，高 5 厘米（彩版二六六，1）。

6）绿釉脊饰

5 件。浅红胎，夹细砂，胎质紧致。

标本 2013 探沟采：539，残存三爪，爪的左上部有圆形钉孔。厚 8.2、残高 18.3 厘米（彩版二六五，5）。

标本2013探沟采：540，残存带茎花朵。厚8.5、残高17.5厘米（彩版二六五，3）。

标本2013探沟采：541，花朵残件。厚3.3厘米（彩版二六五，4）。

（5）砖雕斗拱

1件。

标本2013探沟采：547，露明处施蓝绿釉。长17.3、宽12、高8厘米（彩版二六五，6）。

（6）蓝绿釉饰件

13件。坩泥土。

标本2013探沟采：549，表面雕卷云纹。厚5.5厘米（彩版二六六，2）。

标本2013探沟采：552，厚2.6厘米（彩版二六六，3）。

标本2013探沟采：548，残存边框，胎土上留有布纹。残存10、宽7、厚3.4厘米（彩版二六六，4）。

（二）生活生产用具

火盖残片

3件。

标本2013探沟采：571、572、573，残，呈圆形片状，中央有圆柱束腰形捉手。厚1.9～3.7厘米。

第八节　第13-4窟内文化遗存

一　地层堆积

第13-4窟平面呈长方形，平顶，前部有方形廊柱2根，是一座未完成的洞窟。东西宽11、进深7.5米。据清理，窟内的地层堆积可分三层（图二七七）。

第①层：扰土层。近现代堆积。浅黄色土，夹石块、砖块，底部出现房屋遗迹。厚0.65～1.2米。

第②层：黑土层。土色稍黑，夹石块。厚0.2～1.1米。

第③层：碎石铺垫层。

第①、②层皆为晚清时期的堆积层。第③层可能为北魏时期。

二　金元时期文化遗存

生活生产用具

没有发现遗迹，遗物出土于第①层，仅见瓷器。有白釉、白釉褐彩。

瓷器

（1）白釉碗

2件。

口沿残片　1件。根据口部变化分A、B两型，此处仅见B型。

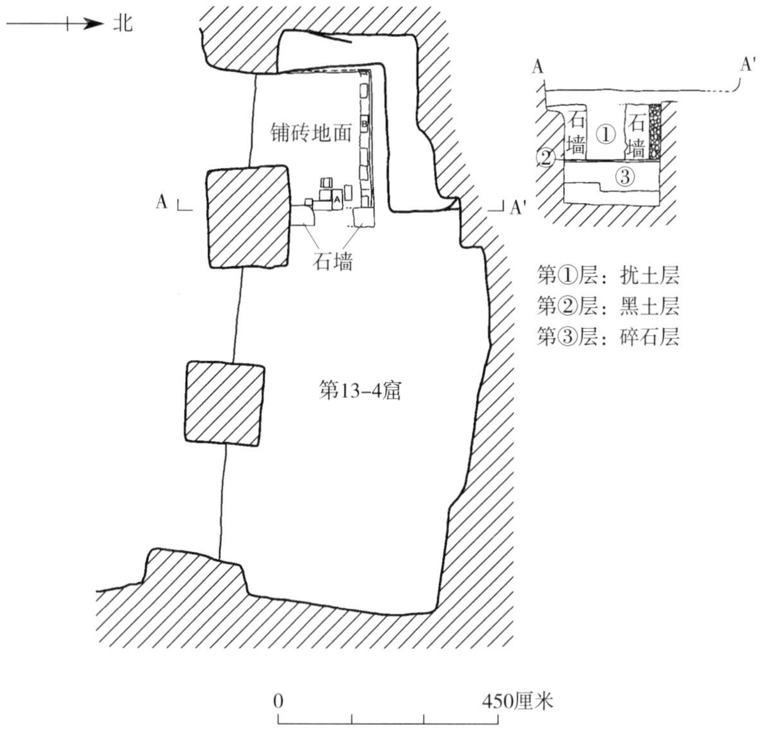

图二七七　第 13-4 窟内遗迹平、剖面图

B 型　1 件。撇口。

标本 1993K13-4：1，尖唇，弧腹。白胎坚致，较细腻。芒口，内外施釉，白釉微灰，釉面平整。口径 18.1、壁厚 0.3 ～ 0.5、残高 4 厘米（图二七八，1；彩版二六七，1）。

底部残片　1 件。根据足墙不同分 A、B、C 三型，此处仅见 A 型。

A 型　1 件。足墙外低内高。

标本 1993K13-4：34，弧腹，内底有一周凸弦纹。圈足，足心有不明显乳突。土黄胎，较坚致。

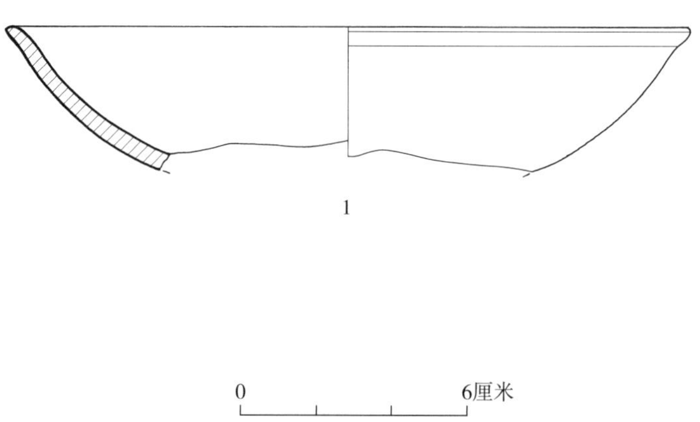

图二七八　第 13-4 窟内出土金元时期白釉碗

1.B 型白釉碗口沿 1993K13-4：1　2.A 型白釉碗底 1993K13-4：34

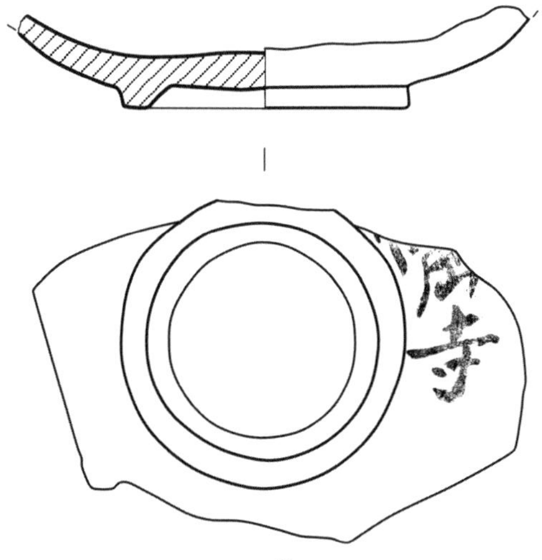

2

内施满釉，外不及底，釉色泛黄。外壁残存墨书“窟寺”，足心墨书“堂北”。内底及足沿残留有7处圆形垫珠痕。足径6.8、壁厚0.4～0.6、残高2.6厘米（图二七八，2；彩版二六七，2、3）。

（2）白釉罐

1件。

标本1993K13-4：32，腹部残片，弧腹。土黄胎稍坚。外壁釉色泛黄。壁厚0.4～0.6厘米（彩版二六七，4）。

（3）白釉褐彩碗

1件。

标本1993K13-4：33，底部残片，弧腹，圈足，足墙外斜，外低内高，足沿微圆。土黄胎，胎体稍疏。内施满釉，外不及底，釉色泛黄。内壁黑褐彩描绘草叶纹，内底绘弦纹，器底有一周凸棱。足径8、壁厚0.8～1厘米（彩版二六七，5）。

三　明清时期文化遗存

（一）遗迹

1. 房址

位于第13-4窟内西部，平面呈长方形，坐西朝东。开口于第①层下。残存北墙、东墙，南墙为封堵的第13-4窟西窟门（已拆毁），西墙可能以崖壁为墙。北墙以石块垒砌而成，西墙、北墙内壁抹泥。北墙长2.7米，墙厚0.28～0.4米。东墙为两段南北相对的石墙，中间开门为通道，宽0.8米。北段墙残，南段墙较完整，宽0.45、厚0.2、残高1米。房内北部、东部的地面残存铺砖地面，砖底部铺有白灰，有的砖之间抹泥。铺砌以东西向平铺为主。砖均素面，大小不一，规格有两种，大砖长37.5、宽21、厚8厘米，小砖长32、宽17、厚6厘米（图二七七；彩版二六八，1～3）。

2. 开凿遗迹

发现于第13-4窟内，第②层之下铺垫的砾石为一平坦的地面，第③层下即为基岩。基岩地面不平整，凿有几处不规则的大坑，坑壁有略为斜向的凿痕，当为开凿取石遗迹，与第3窟内取石遗迹相同。

（二）遗迹出土遗物

瓷器

在第13-4窟东窟门外侧，清理出一个倒扣的白瓷碗及碗内的彩绘鸡蛋壳。鸡蛋上墨绘人头像。人头黑发，额前发髻分成四个弧状，长眉细眼，大鼻小嘴（彩版二六九，1）。

（1）白釉碗

山顶遗址根据口部不同分A、B两型，其中A型又可根据唇部变化分为两亚型。

Aa型　1件。

标本1993K13-4：5，敞口，尖唇，弧腹，外壁近底处切削。圈足，足墙外撇，外低内高，足沿平切，足心有乳突。胎色灰白。上化妆土，内施满釉，外不及底，呈色灰白。内壁及内底有墨书题字，字迹难辨。口径14.9、底径5.6、高4.9厘米（图二七九；彩版二六九，2）。

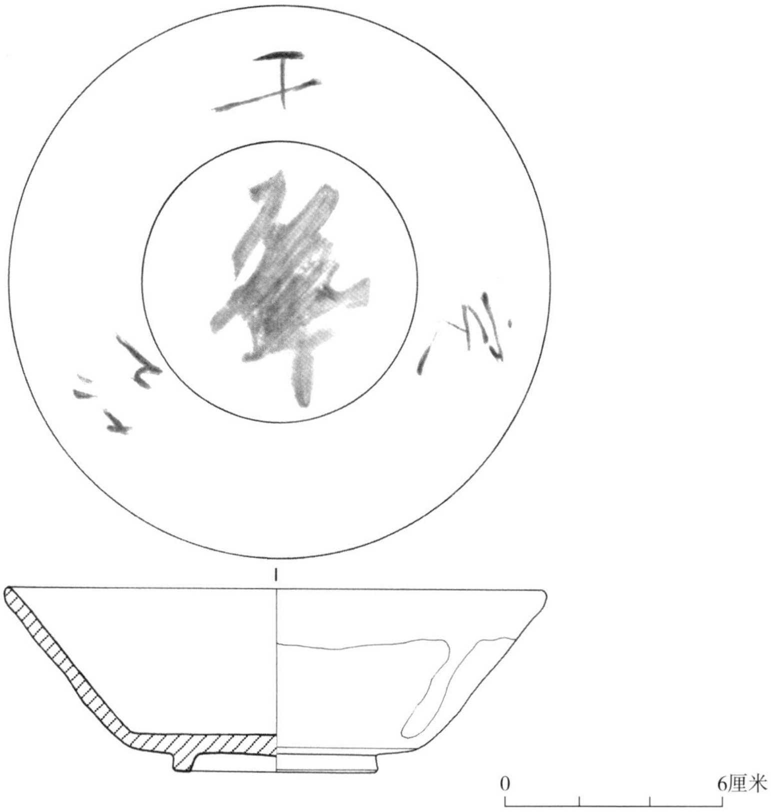

图二七九　第 13-4 窟内出土明清时期 Aa 型白釉碗 1993K13-4：5

（三）地层出土遗物

39 件。遗物均出土于第①层，主要为陶器、瓷器，另有铜钱 2 枚。编号 1993K13-4。

1. 陶器

（1）陶罐

1 件。

标本 1993K13-4：27，残。泥质灰陶，圆唇，敛口，溜肩。口沿外壁倾斜，有凸棱一周。内壁可见旋坯痕，外壁可见横向暗弦纹。口径 24、壁厚 1、残高 13.6 厘米（图二八〇，1；彩版二六九，3）。

（2）香炉

1 件。

标本 1993K13-4：28，残，仅存部分底部及一足。泥质灰陶，平底，底部略内凹，象形实足。内壁可见旋坯痕，外壁可见横向暗弦纹。底径 8、足高 4.3、残高 8.7 厘米（图二八〇，2；彩版二六九，4）。

（3）火盖

1 件。

标本 1993K13-4：29，残。粗砂烧制，平面圆形，近捉手及近边缘处各施两周凹弦纹，中间夹两道水波纹。厚 1.7 厘米（图二八〇，3；彩版二六九，5）。

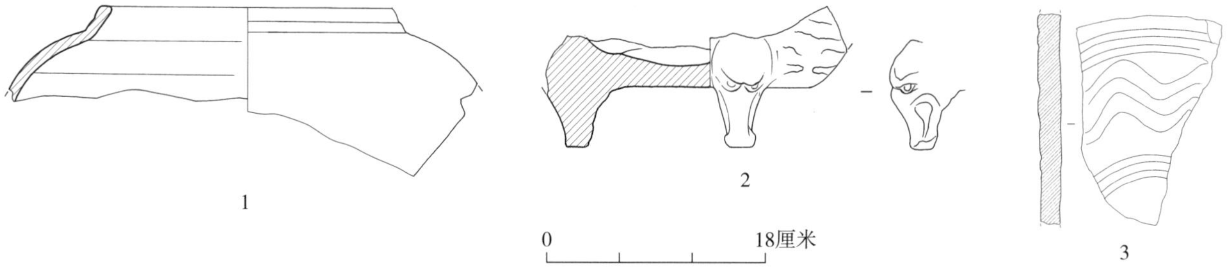

图二八〇 第13-4窟内出土明清时期陶器

1. 陶罐 1993K13-4：27 2. 香炉 1993K13-4：28 3. 火盖 1993K13-4：29

2. 瓷器

34 件。釉色分为白釉、白釉褐彩、茶叶末釉、黑釉、青花。

（1）白釉碗

6 件。根据口部不同分 A、B 两型，其中 A 型又可根据唇部变化分为两亚型。此区域见 Aa 型。

Aa 型 4 件。敞口，尖唇。均上化妆土施透明釉。

标本 1993K13-4：4，敞口，尖唇，弧腹，外壁近底处切削。圈足，足墙外撇，外高内低，足心有乳突。胎色灰白，内施满釉，外不及底，呈色灰白。内底及足沿分别残留 5 处垫砂痕。口径 15.8、底径 7.2、高 5.5 厘米（图二八一，1；彩版二六九，6）。

标本 1993K13-4：3，仅存口部，尖唇，敞口，弧腹。胎色灰白。内外施满釉，呈色灰白，釉面较平整。器外壁可见弦纹。口径 24、壁厚 0.4 ～ 0.5、残高 5 厘米（图二八一，2）。

底足残片 2 件。窟前遗址根据足墙不同分三型。此区域见有 A、B、C 三型。

A 型 1 件。圈足，足墙外低内高。

标本 1993K13-4：35，弧腹，圈足，足墙上粗下细。灰褐胎，较坚致。上化妆土，内施满釉，外不及底，釉面不甚光洁。内底及足沿各残留 1 处粘砂痕。足径 7 厘米（彩版二七〇，1）。

B 型 1 件。足墙内外齐平。

标本 1993K13-4：36，弧腹，圈足，足墙外斜。土黄胎。上化妆土，内施满釉，外不及底，釉色泛黄。内底及足沿各残留 1 处粘砂痕。足径 7 厘米（彩版二七〇，2）。

（2）白釉盘

1 件。

标本 1993K13-4：2，口沿残件。尖圆唇，斜直腹。上化妆土施透明釉。残高 1.7 厘米（彩版二七〇，3）。

（3）白釉褐彩碗

6 件。根据口部不同分两型。此区域见 Aa 型。

Aa 型 2 件。敞口，尖圆唇。

标本 1993K13-4：15，弧腹内收。土黄色胎，夹细黑砂。上化妆土，内施满釉，外不及底，釉色偏黄，釉面不甚光洁。内壁近口沿处绘弦纹夹波曲纹条带，内腹有纹饰，口径 15.2、壁厚 0.3 ～ 0.6、残高 5 厘米（图二八一，3；彩版二七〇，4）。

标本 1993K13-4：41，弧腹内收。灰褐胎。施化妆土，内施满釉，外不及底，釉色偏黄，施釉不匀。

内壁近口沿处绘弦纹两周，间以草叶纹。口径 15、壁厚 0.3 ～ 0.6 厘米。

底部残片 4 件。内底及足沿残留多处垫砂痕。窑前遗址根据足墙变化分 A、B、C 三型，此区域见 A、B 型。

A 型 2 件。足墙外低内高。

标本 1993K13-4∶16，圈足。灰褐胎。内施满釉，外不及底，釉色灰白，釉面不甚光洁，上化妆土。内底有简易草叶纹。内底及足沿残留粘砂痕。足径 5.9、壁厚 0.6、残高 1.8 厘米（图二八一，4；彩版二七〇，5）。

标本 1993K13-4∶19，斜直壁，外壁近底处切削，圈足，足墙外撇。黄白胎，胎体较坚致。上化妆土，内施满釉，外不及底，釉色灰白。内底圆圈内绘简笔草叶纹。内底及足沿残留粘砂痕。足径 5.2、壁厚 0.3 ～ 0.5、残高 3 厘米（图二八一，5；彩版二七〇，6）。

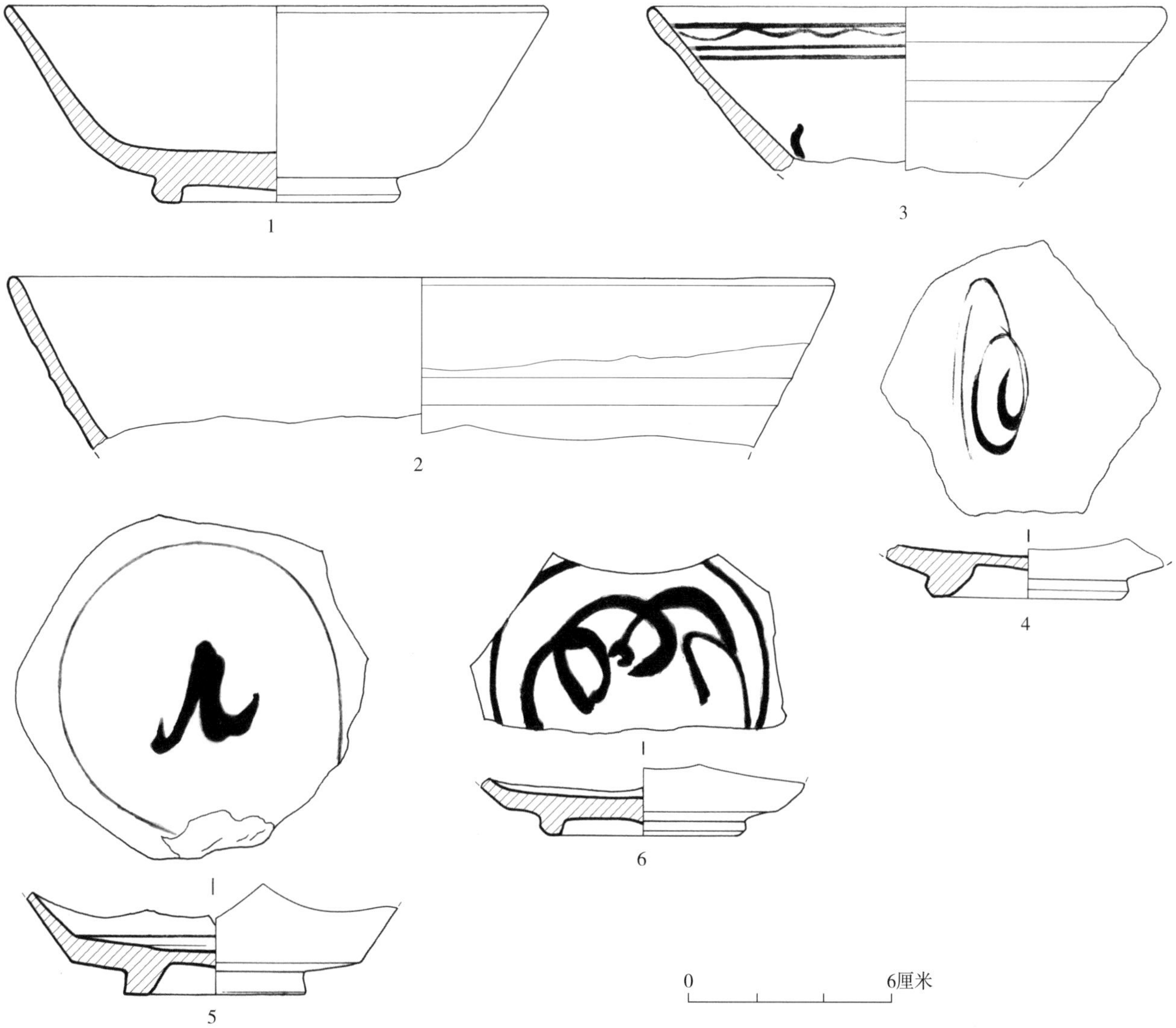

图二八一 第 13-4 窑内出土明清时期瓷器

1、2.Aa 型白釉碗 1993K13-4∶4、1993K13-4∶3 3.Aa 型白釉褐彩碗 1993K13-4∶15 4、5. A 型白釉褐彩碗底 1993K13-4∶16、1993K13-4∶19 6.B 型白釉褐彩碗底 1993K13-4∶17

B型　2件。足墙内外齐平。

标本1993K13-4∶17，弧腹，外腹近底处切削，圈足，足墙竖直，外墙二次切削，足心有乳突。土黄胎，内施满釉，外不及底，釉色牙白。内底用褐彩描绘弦纹一周，中间绘首尾相接的圈线纹。内底及足沿残留3处垫砂痕及粘烧痕。足径6、壁厚0.4～0.6、残高2厘米（图二八一，6；彩版二七一，1）。

标本1993K13-4∶18，弧腹，圈足，足墙竖直。土黄胎，内施满釉，外不及底，釉色牙白。内底用褐彩描绘弦纹一周，内底留一凸棱。内底及足沿各残留1处粘砂痕。足径3.3、壁厚0.6～0.8、底厚0.9厘米（彩版二七一，2）。

（4）茶叶末釉碗

2件。

标本1993K13-4∶20，圆唇，敞口，浅弧腹，圈足残。灰褐胎。内部仅在口沿处施釉，外壁施釉不及底，釉色深沉，满布棕眼。壁厚0.4～0.8、残高3.2厘米（图二八二，1；彩版二七一，3）。

（5）茶叶末釉瓶

1件。

标本1993K13-4∶24，仅存腹部。圆腹。外壁施釉不及底，内壁无釉，釉面光滑。壁厚0.5～0.9、残高5.6厘米（图二八二，2；彩版二七一，4）。

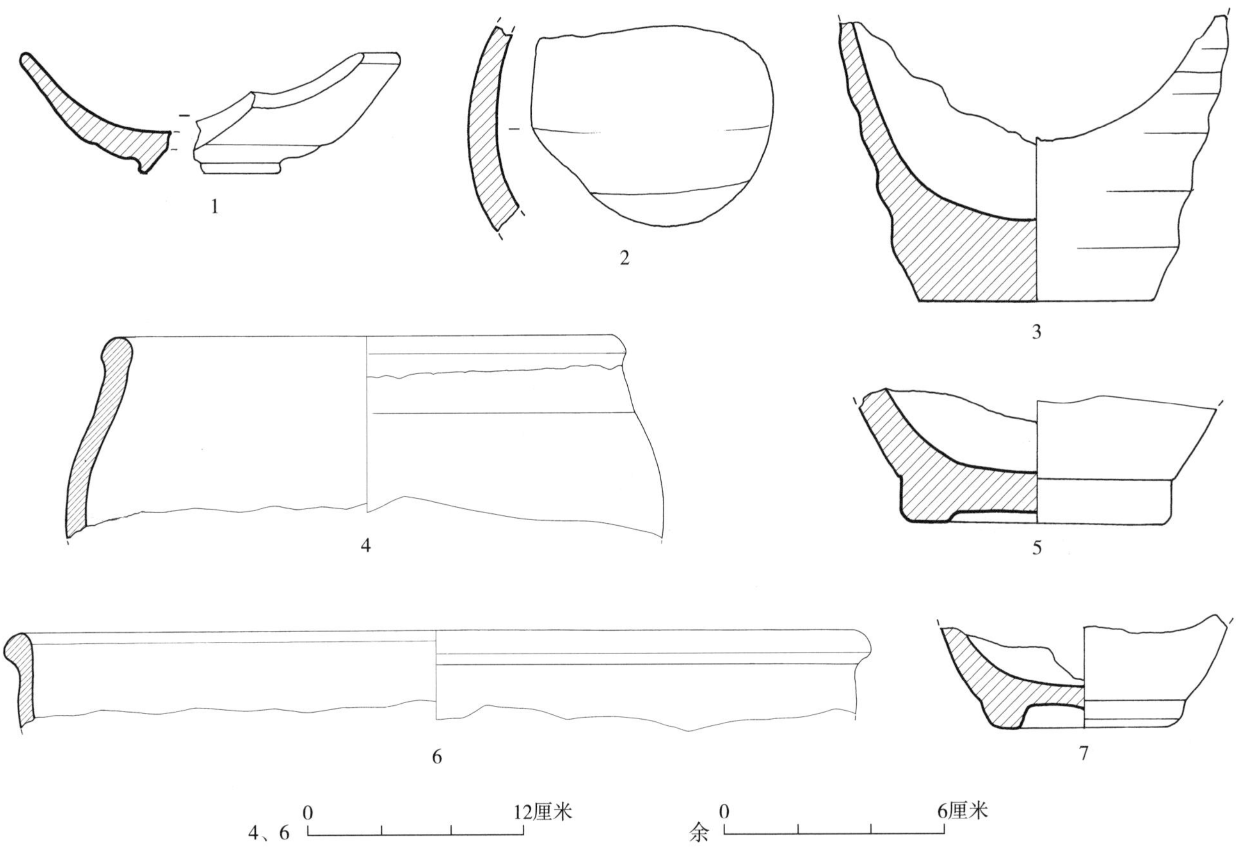

图二八二　第13-4窟内出土明清时期瓷器

1. 茶叶末釉碗1993K13-4∶20　2. 茶叶末釉瓶1993K13-4∶24　3. 黑釉瓶1993K13-4∶26　4、6. 黑釉罐口沿1993K13-4∶22、1993K13-4∶21　5、7. 黑釉罐底1993K13-4∶25、1993K13-4∶23

（6）黑釉瓶

2 件。腹部和底部残片各 1 件。

标本 1993K13-4 : 26，仅存底部。深腹，平底。胎色灰白。外壁明显旋坯痕，施釉不及底，内部落釉，釉色酱黑，光亮。外壁底部可见粘烧痕。底径 6.3、壁厚 0.4 ～ 1、残高 7.5 厘米（图二八二，3；彩版二七一，5）。

（7）黑釉罐

4 件。其中口沿残片 2 件，底部残片 2 件。

口沿残片　2 件

标本 1993K13-4 : 22，圆唇，唇部外凸，束颈，溜肩，弧腹。土黄胎，夹白、红褐砂粒，胎体较厚，胎质粗疏。芒口，内外施黑釉。口径 28.8、壁厚 1.1、残高 11.2 厘米（图二八二，4；彩版二七一，6）。

标本 1993K13-4 : 21，圆唇，口微敛，唇部外凸，束颈。胎色灰白，胎质粗疏。芒口，内外施釉，釉色亮黑，满布棕眼。口径 47.6、壁厚 0.8 ～ 0.9、残高 6 厘米（图二八二，6；彩版二七二，1）。

底部残片　2 件。

标本 1993K13-4 : 23，圈足。足墙外高内低，足沿微圆，足心有乳突。胎色黄白，较坚致。内外施釉，外壁釉面烧焦。足径 5.5、壁厚 0.6 ～ 0.8、残高 3.4 厘米（图二八二，7；彩版二七二，2）。

标本 1993K13-4 : 25，圈足外墙竖直。胎色黄白，胎体厚重，胎质稍疏，夹黑、白砂粒。内壁施釉，残存外壁无釉，釉色亮黑。足径 7.3、壁厚 0.9 ～ 1.1、残高 3.6 厘米（图二八二，5；彩版二七二，3）。

（8）青花碗

11 件。时代为晚明至清早中期（乾隆）。有景德镇窑和山西窑口。

标本 1993K13-4 : 37，山西窑口。尖唇，敞口，斜弧腹，外腹近底处切削，圈足。上化妆土，内施满釉，外不及底，釉色灰白。外腹施青花短线纹，内底有弦纹一周，青花发色灰蓝，浅淡。内底及足沿残留 6 处粘砂。口径 10.5、足径 5.2、高 3.6 厘米（图二八三，1；彩版二七二，4）。

标本 1993K13-4 : 13、14，景德镇窑。尖唇，撇口，弧腹。胎色灰白，坚致细腻。内外施釉，白釉泛灰，不甚光洁。外腹青花描绘菊纹，内壁口沿处绘弦纹及点状纹，内底有纹饰，青花发色蓝黑。口径 15、壁厚 0.2 ～ 0.6、残高 5、4.4 厘米（图二八三，2、3；彩版二七二，5、6）。

标本 1993K13-4 : 38，景德镇窑。尖唇，撇口，弧腹。胎色洁白，坚致细腻。内外施釉，白釉泛青，釉面光洁。外腹青花描绘麒麟栏杆纹饰，青花发色鲜艳。口径 14.7、残高 3.6 厘米（彩版二七三，1）。

标本 1993K13-4 : 39，景德镇窑。方唇，直口，斜腹微弧。胎色灰白，坚致、细腻。内外施釉，白釉泛灰。外腹有草叶纹，青花发色蓝黑。残高 3.5 厘米（彩版二七三，2）。

标本 1993K13-4 : 12，景德镇窑。敞口，圆唇，弧腹。胎色洁白，胎体坚致、细腻。内外施釉，釉色洁白。外壁近口沿处绘弦纹两周，外腹绘纹饰。口径 9.9、壁厚 0.2 ～ 0.3、残高 1.7 厘米（图二八三，4；彩版二七三，3）。

标本 1993K13-4 : 10、11，山西窑口。尖唇，撇口，弧腹。胎色灰白。内外施釉，釉色灰蓝。外腹青花短线纹，内壁近口沿处绘弦纹两周。口径皆为 12.9、壁厚 0.3 ～ 0.5、残高 3.5、2.3 厘米（图二八三，5、6；彩版二七三，4、5）。

底足残片　3 件。

标本 1993K13-4 : 7，景德镇窑。圈足。足墙外撇，足沿尖圆。胎色洁白，胎体坚致、细腻。除

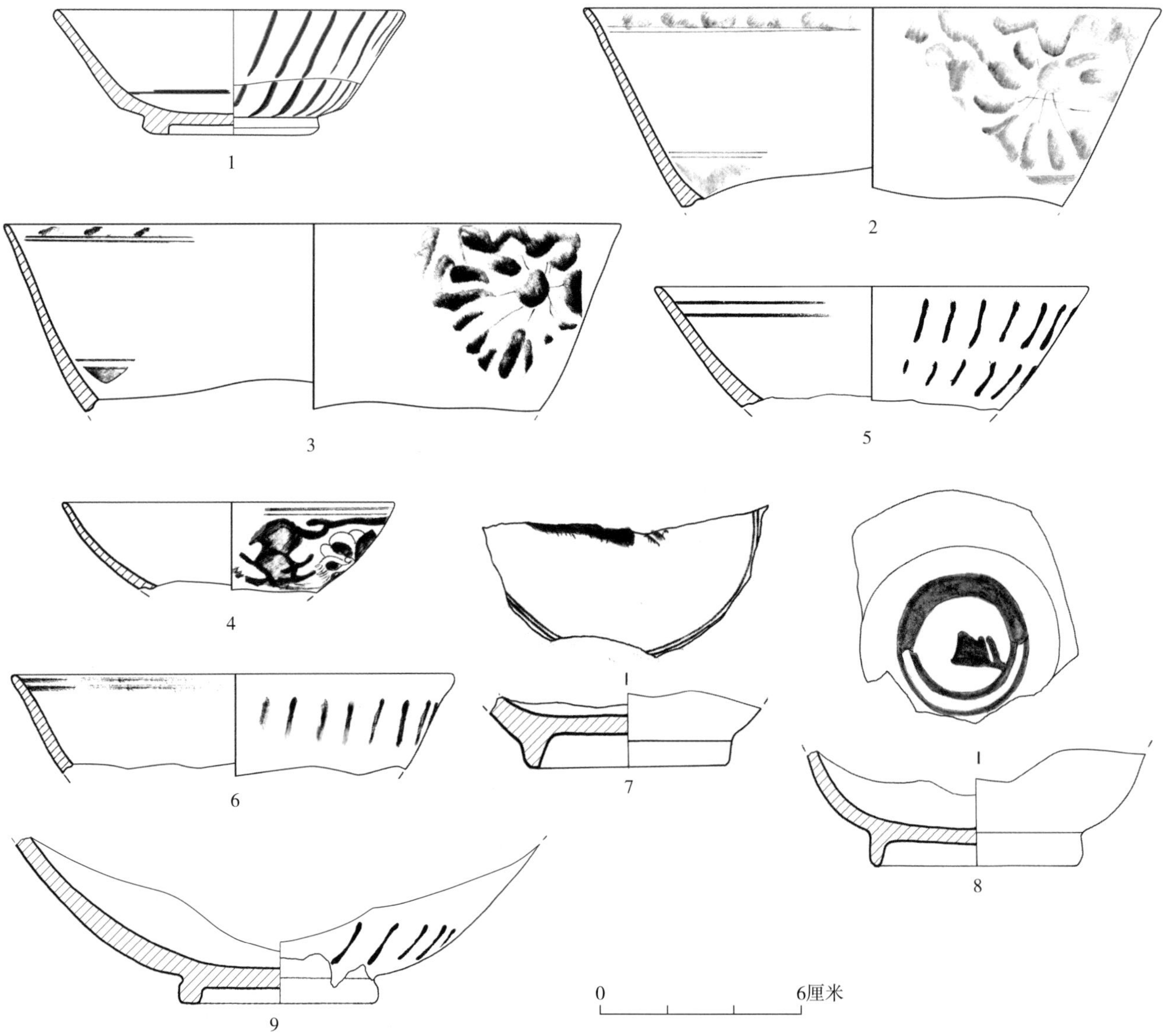

图二八三　第13-4窟内出土明清时期青花碗

1～6. 青花碗 1993K13-4：37、1993K13-4：13、14、1993K13-4：12、1993K13-4：10、1993K13-4：11　7～9. 青花碗底足 1993K13-4：7、1993K13-4：8、1993K13-4：9

足沿外，内外施釉，釉色泛青，釉面光洁。碗底内部施弦纹两周，正中有文字，不辨。足径 6.3、壁厚 0.6～0.8、底厚 0.5 厘米（图二八三，7；彩版二七三，6）。

标本 1993K13-4：8，景德镇窑。弧腹，圈足，足沿尖圆。白胎坚致细腻。除足沿外，内外施釉，釉色灰白。足心双蓝圈内写单字款。足沿有粘砂。足径 6.3、壁厚 0.3～0.5、残高 3.3 厘米（图二八三，8；彩版二七四，1）。

标本 1993K13-4：9，山西窑口。弧腹，近底处切削，圈足，足沿微圆。胎色灰白。内施满釉，外不及底，白釉泛灰。外腹青花描绘短线纹，发色灰蓝。内底及足沿各残留 2 处垫砂痕。足径 6、残高 4 厘米（图二八三，9；彩版二七四，2）。

（9）青花杯

1 件。

标本 1993K13-4∶40，景德镇窑。圈足。足墙竖直，外低内高，足沿尖圆。胎色洁白，胎体坚致、细腻。除足沿外，内施白釉，釉色泛青，外施酱釉，釉面光洁。内底青花描绘纹饰。足径 4、残高 2 厘米（彩版二七四，3）。

3. 铜钱

乾隆通宝　1 件。

标本 1993K13-4∶30，正面铸“乾隆通宝”四字，楷书，对读。背面穿左右铸满文“宝源”两字。直径 2.5、穿宽 0.5、郭宽 0.3、肉厚 0.08 厘米，重 3.9 克（彩版二七四，4）。

道光通宝　1 件。

标本 1993K13-4∶31，正面铸“道光通宝”四字，楷书，对读。背面穿左右铸满文“宝源”两字。直径 2.3、穿宽 0.5、郭宽 0.25、肉厚 0.12 厘米，重 3.8 克（彩版二七四，5、6）。

四　认识

第 13-4 窟（无名窟）是一处未完工的洞窟。从此次发掘的情况看，洞窟内的房址、生活用具均为明清时期人类活动遗存。还可以清楚地看到第 13-4 窟被改造为一处三开间房屋时的面貌，从其保存状况及周边建筑的情况看，至少晚清前，这处房屋已经被废弃，其被改造的时间，应该是明清时期。第 13-4 窟前出土的石墙、烟道等遗迹比三间房的地面低很多，所以，推测第 13-4 窟前和窟内遗迹要早于窟前三间房，三间房在 1923 年照片看已破败不堪，且洞窟内出土的文物也证明时代上早于晚清。

在第 13-4 窟东窟门外侧，清理出一个倒扣的白瓷碗及放于碗内的彩绘鸡蛋壳。在第 13-4 窟前还有两处石坑或砖坑内的瓷碗内置鸡蛋。碗里置鸡蛋，鸡蛋上墨绘人头像。在民间有种说法，碗内盛鸡蛋，放在自家门口，可以破财消灾，保佑平安，身体康复。如果放在别人家门口，是想沾别人家的好运气来改善自家的运气，但也不白沾。这些瓷碗的时代特征属于明清时期，砖坑利用辽金时期的沟纹砖，并依铺砖地面而设。

第九节　第 13-5 窟内文化遗存

第 13-5 窟位于第 13-4 窟西侧前方，与第 13-4 窟几乎呈直角状。第 13-5 窟坐西朝东，平面呈方形，平顶。南北面宽 3.33、东西进深 2.33 米（彩版二七五，1）。

一　地层堆积

第 13-5 窟内的地层堆积可分为两层。

第①层：灰黄色土，夹石块、砖块。厚 0.65 ～ 1.2 米。

第②层：土色稍黑，夹碎石块。厚 0.2 ～ 1.1 米。

皆为明清时期的文化堆积。

二　明清时期文化遗存

（一）遗迹

1. 石台

石台位于第 13-5 窟内中央，开口于第①层底部。平面近椭圆形，周壁用大石片竖砌围成，顶部用石片平铺。石台高 0.2 ～ 0.27、直径东西 1.9、南北 1.7 米。石台壁与洞窟壁面之间形成一周环形通道，地面用白灰抹平，宽 0.7 ～ 0.9 米。洞窟门口北部沿着洞窟东壁北侧壁又始砌一段石墙向东延伸，墙宽约 0.475 米（图二八四；彩版二七五，2、3）。

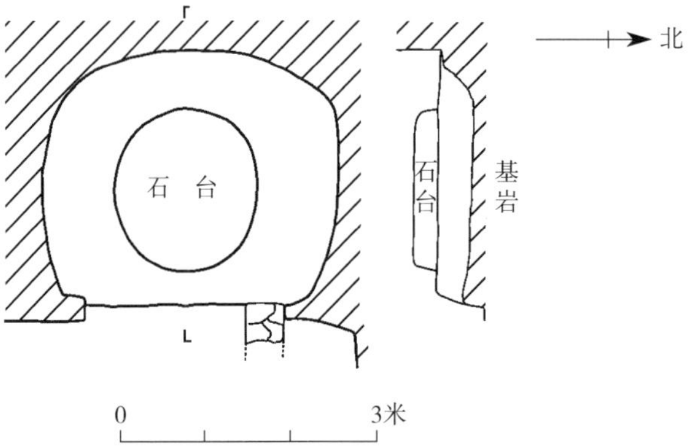

图二八四　第 13-5 窟内石台遗迹平、剖面图

2. 开凿遗迹

发现于第 13-5 窟内，第②层堆积的碎石为一平坦的地面，第②层下即为基岩，基岩地面不甚平整，凿有几处不规则的大坑，当为开凿取石遗迹。

（二）遗物

1. 陶器

（1）陶盆

1 件。

标本 1993K13-5 : 10，仅存口部。泥质红陶，圆唇，敞口，弧腹。内外壁均可见旋坯痕，腹中部内凹。器壁有锔钉孔 1 处。壁厚 0.5 ～ 0.9、残高 3.9 厘米（图二八五，1；彩版二七六，1）。

2. 瓷器

釉色分为白釉、豆青釉、茶叶末釉、复色釉、黑釉、青花。

（1）白釉碗

2 件。根据口部不同分 A、B 两型，A 型敞口，B 型撇口，其中 A 型又可根据唇部变化分为两亚型。此区域见 Ab、B 型。

Ab 型　1 件。敞口，圆唇加厚。

标本 1993K13-5 : 9，浅弧腹，圈足，足墙较直，外高内低，足心有乳突。胎色浅灰，胎质较坚，有极细小气孔。内壁及外壁口沿处施化妆土，内施满釉，外不及底，釉面不甚光洁。内底残留 4 处垫砂痕。口径 13.5、足径 6.1、高 3.3 厘米（图二八五，2；彩版二七六，2）。

B 型　1 件。撇口，尖圆唇。

标本 1993K13-5：1，弧腹内收。胎色灰白，胎质较坚。外壁可见旋坯痕。釉面较光洁。口径 22、壁厚 0.3 ～ 0.4、残高 2.4 厘米（图二八五，3；彩版二七六，3）。

（2）豆青釉碗

腹部残片　1 件。

标本 1993K13-5：3，景德镇窑，清中期。白胎坚致细腻。外施豆青釉，内施白釉，釉面光洁。壁厚 0.3 ～ 0.5、残高 1.8 厘米（图二八五，4；彩版二七六，4）。

（3）茶叶末釉盏

1 件。

标本 1993K13-5：6，圆唇，敞口，浅腹，平底。胎色土黄，较疏松。内壁除口沿外施釉，釉色偏绿，釉面平滑。口径 6.1、底径 3.1、通高 2.5 厘米（图二八五，5；彩版二七六，5）。

（4）复色釉碗

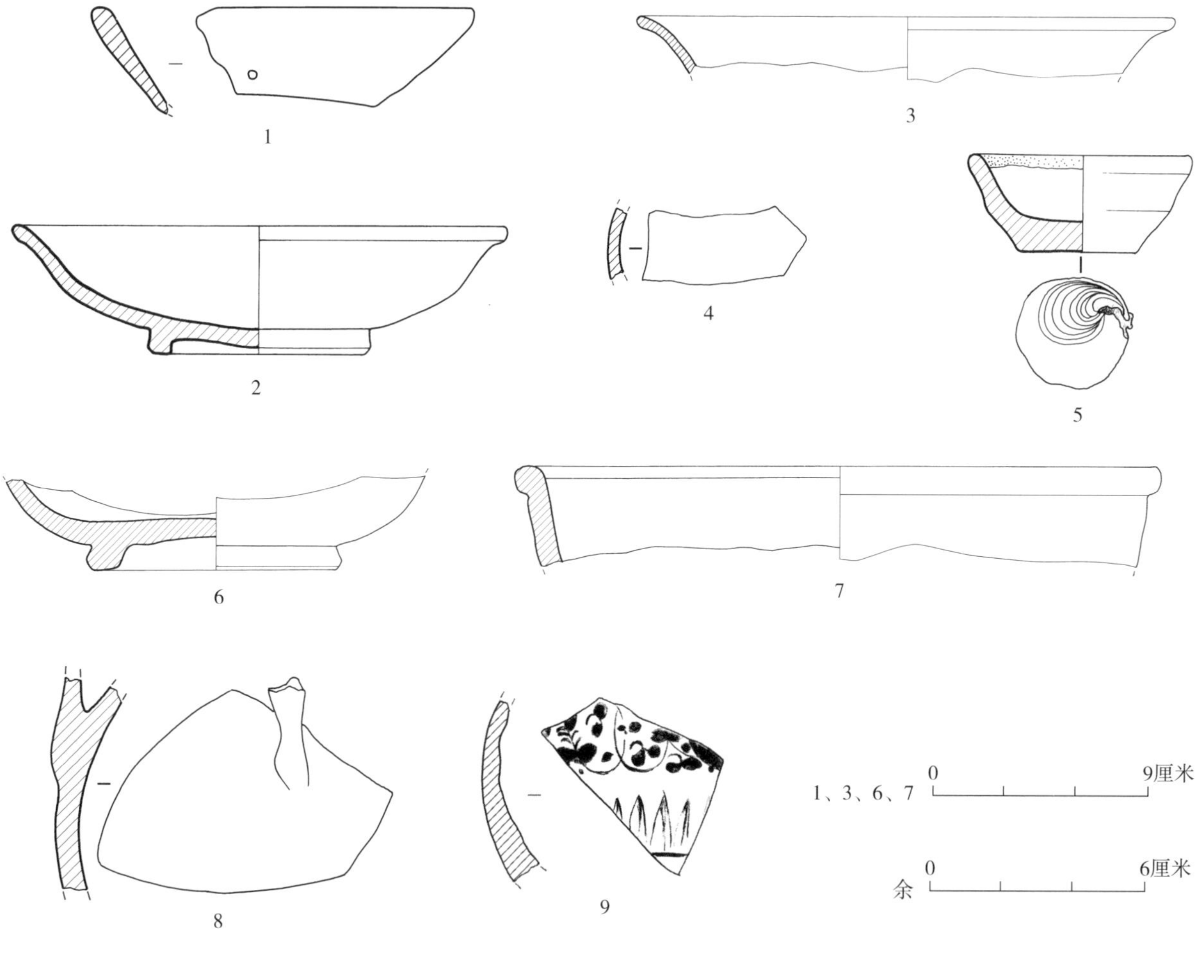

图二八五　第 13-5 窟内出土明清时期遗物

1. 陶盆 1993K13-5：10　2.Ab 型白釉碗 1993K13-5：9　3.B 型白釉碗 1993K13-5：1　4. 豆青釉碗腹片 1993K13-5：3　5. 茶叶末釉盏 1993K13-5：6　6. 复色釉碗底 1993K13-5：5　7. 黑釉罐口沿 1993K13-5：7　8. 黑釉罐腹部残片 1993K13-5：8　9. 青花瓶腹部残 1993K13-5：2

底足残片 1件。

标本1993K13-5∶5，弧腹，圈足。足墙微撇，足沿平切。胎色灰白，坚致。上化妆土，外施黑釉至足墙，内施白釉，釉色泛灰。内底和足沿各残留4处垫砂痕。足径10.3、壁厚0.7～1、底厚0.7～1、残高3.6厘米（图二八五，6；彩版二七六，6）。

（5）黑釉罐

3件。

口沿残片 1件。

标本1993K13-5∶7，仅存口沿残片。圆唇外凸，敞口。胎色灰白，坚致。芒口，外壁呈窑变现象。口径26.5、壁厚0.9、残高3.9厘米（图二八五，7；彩版二七七，1）。

腹部残片 2件。

标本1993K13-5∶8，弧腹，有系。胎色较白，坚致。外施黑釉，内施很薄的酱色釉。釉面光洁。壁厚0.4～0.5、残高5.6厘米（图二八五，8；彩版二七七，2）。

（6）青花碗

1件。

标本1993K13-5∶4，山西窑口。弧腹，圈足。胎色黄褐。内施满釉，外至足墙，釉色泛灰。外腹绘短线纹，内腹有弦纹，青花发色灰暗。内底及足沿各残留1处垫砂。足径5、壁厚0.5～0.8、底厚0.6～0.7厘米（彩版二七七，3）。

（7）青花瓶

1件。

标本1993K13-5∶2，景德镇窑，清中期。残存腹部。内壁可见旋坯痕。白胎坚致细腻。外施白釉，内壁无釉，釉色较白。外腹青花描绘缠枝花卉纹，近底处为蕉叶纹，青花发色蓝艳，局部呈铁锈色。壁厚0.3～0.8、残高4.8厘米（图二八五，9；彩版二七七，4）。

三 认识

日本学者水野清一、长广敏雄著《云冈石窟》1940年的照片显示第13-4窟两侧窟门均被堵，仅上部中央留窗户，东侧还存有木窗棂，可能洞窟被利用作为居室或库房（见彩版一九五，2）。而1923年的老照片上窟前的三间房与窟前壁间距不大（见彩版一九五，1），有可能三间房比窟内作居室的时期要晚，不然，会严重影响窟内的光线，也不利于进出窟内。窟前三间房的高度要高于第13-5窟，也就是说，修造三间房时第13-5窟已被废弃，窟门被土堆覆盖，仅存上半部分，所以三间房建造也比第13-5窟内的遗存时间上要晚。第13-5窟内遗迹时间上也要早一些，早于晚清彩绘工程，时代上早于晚清。

第一〇节 第13-13窟内文化遗存

第13-13窟位于第13-4窟西侧，两窟间相隔，位于斩山的坡状山体。第13-13窟为中心塔柱窟，平面呈方形，平顶。南北长5、东西宽4.5米。

该洞窟内未发现遗迹，仅在扰土内出土，有建筑材料、生活用具。

一　辽金元时期遗物

生活生产用具

1. 陶器

7 件。器形见盆、钵。

（1）陶盆

6 件。仅存口沿或底部。泥质灰陶，山顶遗址辽金卷沿陶盆分三型。此区域见新出现 Bd 型。

Bd 型　4 件。敞口，口沿外壁加厚，沿面加宽并外卷，沿下及沿外壁加厚处各剔压两条间隙，形成一条凸棱，沿下的间隙较宽。器内壁及口沿处多饰横向暗弦纹，器壁较薄。

标本 1993K13-13：24，残存口沿，沿下与器壁留一凸棱。壁厚 0.3、残高 5.8 厘米（彩版二七八，1）。

标本 1993K13-13：16，壁厚 0.38 厘米。

底部残件　2 件。

标本 1993K13-13：23，仅存底部局部，斜腹，平底，器壁可见锔钉孔 1 处。底径 12.6、壁厚 0.3 ～ 0.6、底厚 0.5 ～ 0.6、残高 3.3 厘米（彩版二七八，2）。

标本 1993K13-13：26，器内壁饰横向暗弦纹。底径 20、底厚 0.8 ～ 1 厘米。

（2）陶钵

1 件。

标本 K13-13：20，敞口，圆唇。内壁近口沿处有一周手指按压纹，器外壁饰横向暗弦纹，口沿处磨光。口径 18、壁厚 1、残高 4.4 厘米（图二八六，1）。

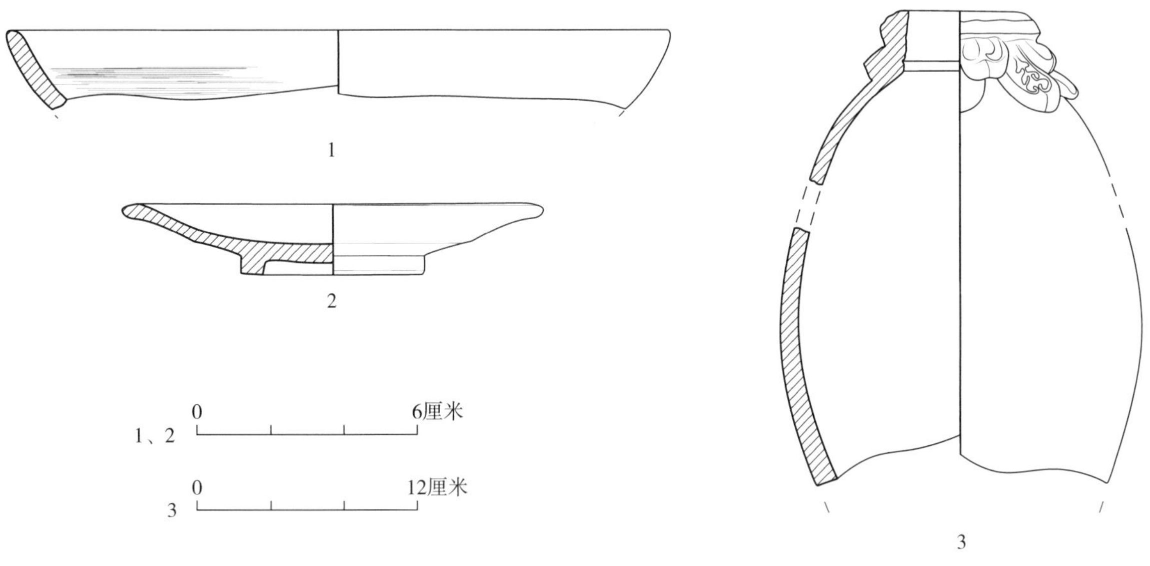

图二八六　第 13-13 窟出土金元时期遗物

1. 陶钵 K13-13：20　2. 钧釉盘 1993K13-13：37　3. 三彩瓶 1993K13-13：38

2. 瓷器

（1）钧釉盘

1 件。

标本 1993K13-13：37，敞口，圆唇，折沿，浅腹，圈足，足墙外高内低。深灰胎，夹土黄色，胎体较坚致。内施满釉，外不及底，釉色月白，施釉不匀。口径 11.4、底径 5、高 1.9 厘米（图二八六，2；彩版二七八，3）。

（2）三彩瓶

1 件。

标本 1993K13-13：38，唇部缺失，小口，束颈，颈肩部出一周凸棱，溜肩，深弧腹。砖红胎，胎质稍疏。外壁施黄、绿等色釉，几乎完全剥落。颈肩部贴塑两层莲瓣，腹部贴塑荷花。口径 8.8、壁厚 0.6 ～ 1.2 厘米（图二八六，3；彩版二七八，4 ～ 6）。

二　明清民国时期遗物

（一）建筑材料

（1）条砖

1 件。

标本 1993K13-13：21，残。泥质灰陶夹砂，砖上部阴刻梵文字母，砖下部阴刻“唵呢嘛叭吽”，字体涂红。残长 15.5、宽 14.6、厚 5 厘米（彩版二七九，1）。

（2）当勾

1 件。

标本 1993K13-13：22，灰陶，倒三角形，两侧呈连弧状，剖面呈拱形，中心图案为圆形，圆内划双线十字，四分格式内为扇形回纹；圆上为卷云纹，圆下为云头纹。高 16、宽 12.3、厚 1.6 厘米（图二八七；彩版二七九，2）。

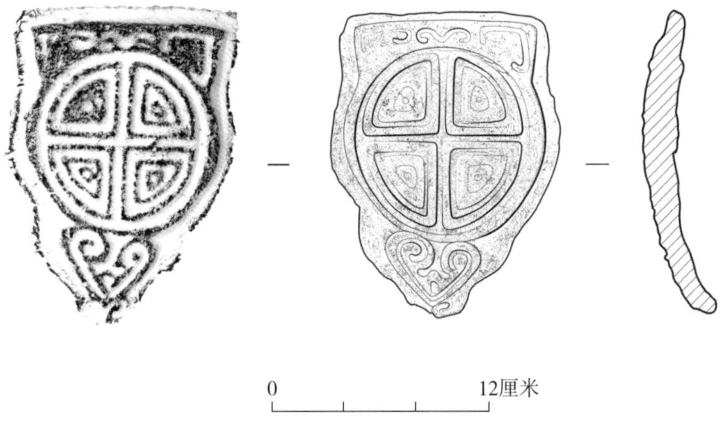

图二八七　第 13-13 窟内出土当勾 1993K13-13：22

（二）生活生产用具

瓷器

釉色分为白釉、白釉褐彩、茶叶末釉、黑釉、青花。

（1）白釉碗

4 件，其中口沿残片 3 件，底部残片 1 件。根据口部不同分 A、B 两型，A 型敞口，B 型撇口，其中 A 型又可根据唇部变化分为两亚型。此区域见 Aa、B 型。

Aa 型　2 件。敞口，尖圆唇。

标本 1993K13-13：10，弧腹。灰白胎稍坚。白釉泛灰，不甚光洁。内施满釉，外不及底。口径 14.3、壁厚 0.4 ～ 0.6、残高 4.3 厘米（图二八八，1；彩版二七九，3）。

标本 1993K13-13：12，弧腹微内收，外壁近底处切削，圈足，足墙外撇，外低内高，足心有小乳突。内施满釉，外不及底，釉色发灰。内底施凸起弦纹一周。内底和足沿分别残留 6 处垫砂及粘烧痕。口径 14.8、底径 6、高 5.2 厘米（图二八八，2；彩版二七九，4）。

B 型　1 件。撇口。

标本 1993K13-13：9，尖唇，弧腹。灰白胎较坚致。内施满釉，外不及底，釉色泛灰。外壁可见旋坯痕。口径 15.9、壁厚 0.3、残高 4 厘米（图二八八，3；彩版二七九，5）。

底部残片　1 件。窟前遗址根据足墙不同分三型，此处见 A 型。

A 型　1 件。圈足，足墙外低内高。

标本 1993K13-13：11，腹部内折，足墙外撇。灰白胎，较坚致。内施满釉，外不及底，釉色泛灰，不光洁。内底及足沿残留 3、4 处垫砂痕。底径 6、壁厚 0.3 ～ 0.6、残高 3.8 厘米（图二八八，4；彩版二七九，6）。

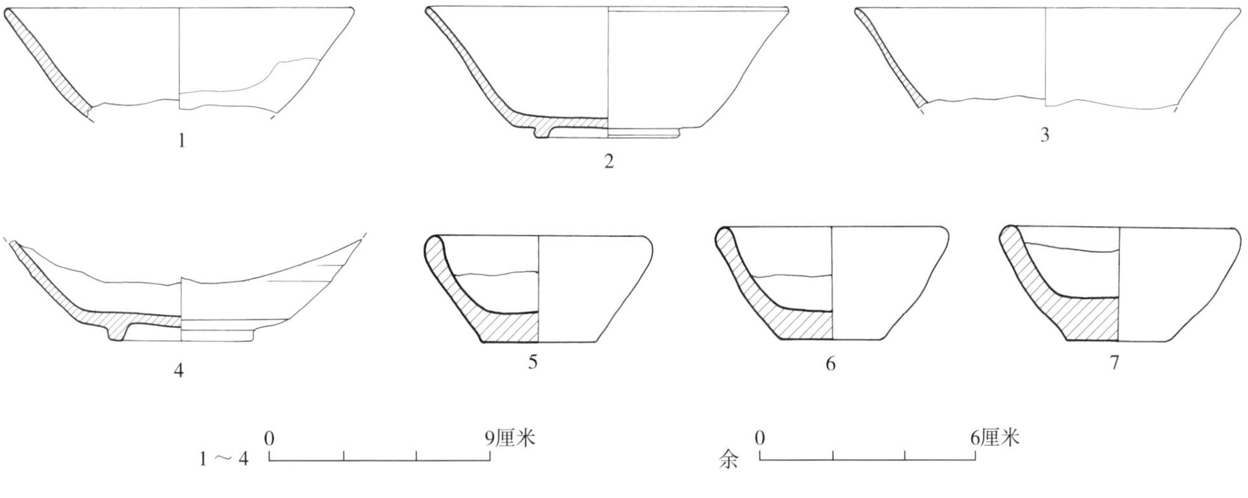

图二八八　第 13-13 窟出土明清民国时期瓷器

1、2.Aa 型白釉碗 1993K13-13：10、1993K13-13：12　3.B 型白釉碗 1993K13-13：9　4.A 型白釉碗底 1993K13-13：11　5、6. 茶叶末釉盏 1993K13-13：14、1993K13-13：15　7. 黑釉盏 1993K13-13：13

（2）茶叶末釉盏

2件。圆唇，敞口，弧腹，小平底。内壁施釉，釉色深绿，有失透感。

标本1993K13-13：14，土黄胎，较坚致。口径6.2、底径3.1、高2.8厘米（图二八八，5；彩版二八〇，1）。

标本1993K13-13：15，黄褐胎，较坚致。口径6.4、底径2.7、通高3厘米（图二八八，6；彩版二八〇，2）。

（3）黑釉盏

1件。

标本1993K13-13：13，圆唇，敞口，弧腹，小平底。灰褐胎，较坚致，夹细小黑砂。内壁施釉，釉色亮黑。口径6.6、底径2.8、通高3厘米（图二八八，7；彩版二八〇，3）。

（4）青花碗

7件。除一件碗为山西窑口，余皆景德镇窑。整体胎色较白，胎体坚致，偶见细小气孔，胎质细腻。除足沿外，内外施釉，釉色泛青灰。时代为晚明至清早期。

标本1993K13-13：17，尖唇，敞口，弧腹，圈足，外高内低，足沿窄平，足心有乳突。外腹勾边填彩描绘缠枝莲托八宝纹，内底弦纹若干内绘折枝花叶，青花发色灰蓝，有铁锈斑。足心有“跳刀痕”。口径14.5、底径5.2、高5.5厘米（图二八九，1；彩版二八〇，4）。

标本1993K13-13：18，尖唇，敞口，深弧腹，圈足，外低内高，足沿窄平，足心微上凹。外腹勾边填彩描绘折枝兰、菊纹，内底双弦纹内绘折枝花卉，口沿、腹部、足墙有弦纹，青花发色较鲜艳，纹饰简练。口径12.9、底径4.9、高6.1厘米（图二八九，2；彩版二八〇，5）。

标本1993K13-13：5，圆唇，口微撇，弧腹。外腹青花涂绘菊纹，内壁近口沿处绘弦纹及点状纹，发色灰黑，有晕散。口径11、壁厚0.3～0.5、残高4.8厘米（图二八九，3；彩版二八〇，6）。

标本1993K13-13：6，方唇，撇口，弧腹。外腹青花混水技法描绘龙纹，内外壁近口沿处分绘弦纹两周，发色鲜艳，有“铁锈斑”。口径9.6、壁厚0.2～0.6、残高5.6厘米（图二八九，4；彩版二八一，1）。

标本1993K13-13：7，尖圆唇，撇口，弧腹。酱黑口。外腹勾边填彩描绘麒麟栏杆，内底有纹饰，内外壁近口沿处绘弦纹两周，青花发色鲜艳。外壁有锔钉孔。口径14.3、壁厚0.3～0.5、残高5.6厘米（图二八九，5；彩版二八一，2）。

底部残片 2件。

标本1993K13-13：2，景德镇窑。弧腹，圈足。足墙外低内高，足沿较圆，有火石红。足心施釉不满，露胎。内底以青花绘双层菊瓣纹，圈足底部施双圈款。足心双蓝圈内书方框“福”字吉语款。内底及足沿各残留1处垫砂。底径6.8、壁厚0.3～0.6、残高2.4厘米（图二八九，6；彩版二八一，3、4）。

标本1993K13-13：4，山西窑口。底部残片。弧腹，近底处切削，圈足，外足墙二次切削。外壁单线描绘弦纹及网格纹，内壁近底处施弦纹一周。内底及足沿各残留2处垫砂痕。底径8.3、壁厚0.5～0.7、残高3厘米（图二八九，7；彩版二八一，5）。

（5）青花杯

3件。

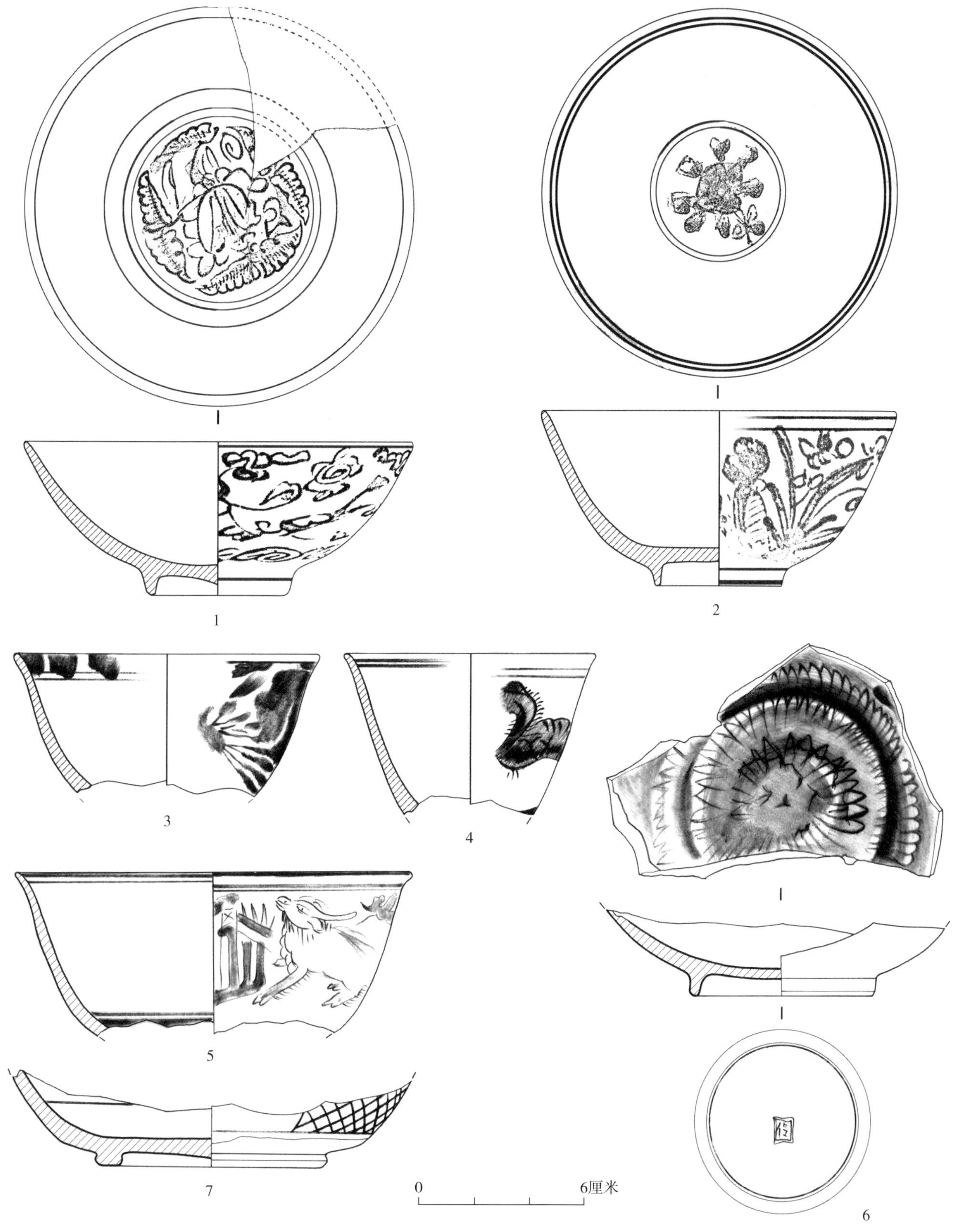

图二八九　第 13-13 窟出土明清民国时期青花瓷器

1 ～ 5. 青花碗 1993K13-13：17、1993K13-13：18、1993K13-13：5、1993K13-13：6、1993K13-13：7　6、7. 青花碗底 1993K13-13：2、1993K13-13：4

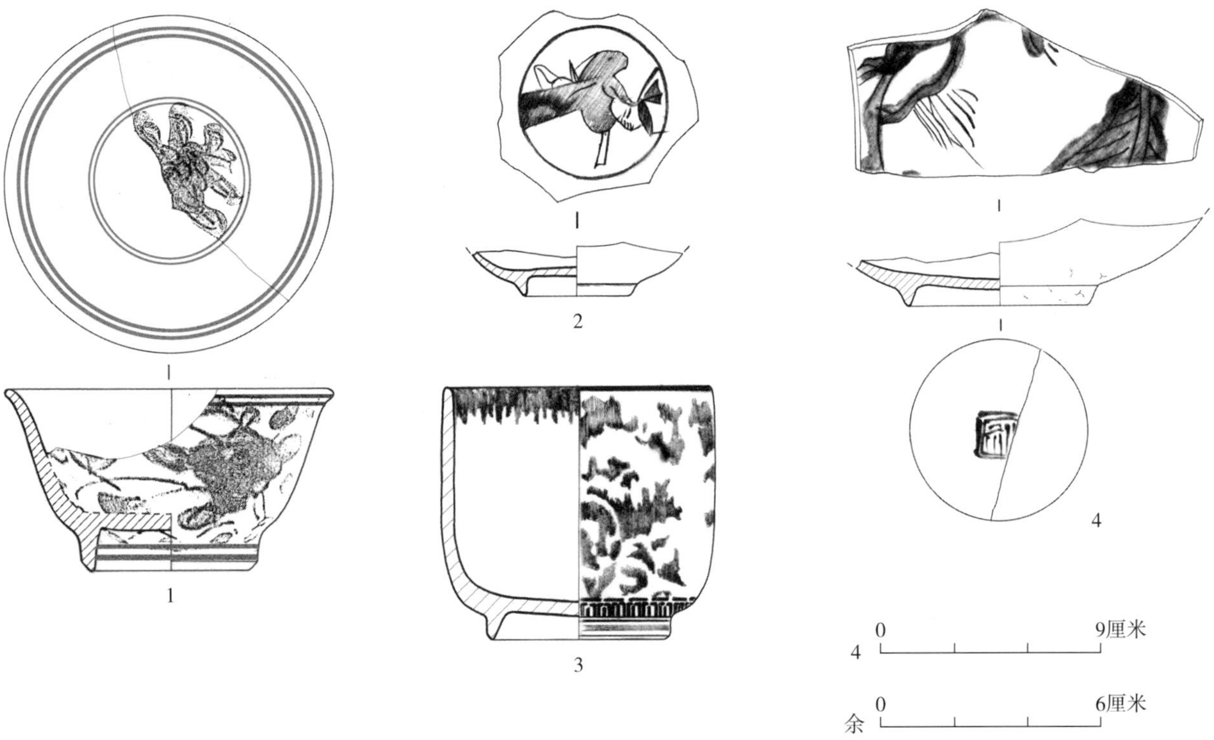

图二九〇　第13-13窟出土明清民国时期青花瓷器

1. 青花杯 1993K13-13：19　2、3. 青花杯底 1993K13-13：3、1993K13-13：8　4. 青花盘 1993K13-13：1

标本 1993K13-13：19，景德镇窑。尖圆唇，撇口，深腹，圈足，足墙内弧，外高内低，足沿较尖。外壁描绘花卉，内底有折枝花卉，青花发色蓝艳。足心双蓝圈内有海螺款。口径 8.9、底 4.8、高 4.8 厘米（图二九〇，1；彩版二八一，6）。

底足残片　2 件。

标本 1993K13-13：3，景德镇窑。小圈足，外高内低，足沿窄平。内底青花勾边填彩描绘戴冠人物纹，近底处内外各有弦纹一周，青花发色深蓝夹黑。足沿稍有粘砂。底径 3.3、壁厚 0.2 ～ 0.4、残高 4.8 厘米（图二九〇，2；彩版二八二，1）。

标本 1993K13-13：8，窑口不明。圆唇，直口，深腹，圈足，足墙外低内高，足沿尖圆。外壁满绘山石花卉，内壁近口沿处绘璎珞纹一周。口径 7.3、足径 5、高 6.6 厘米（图二九〇，3；彩版二八二，2、3）。

（6）青花盘

1 件。

标本 1993K13-13：1，景德镇窑。弧腹，圈足，足墙外低内高，足沿尖圆。足心满布爆釉点。内底用青花混水技法描绘洞石蕉叶纹，青花发色灰蓝，足心双蓝圈内书印章形款。底径 7.4、壁厚 0.4 ～ 0.6、残高 1.6 厘米（图二九〇，4；彩版二八二，4、5）。

第一一节　小结

第 11 ～ 13-4 窟（无名窟）窟前地面的考古发掘，通过柱穴、柱础石、柱洞分布的整理以及对砖瓦类建筑材料、铁器、陶器、瓷器等出土遗物的分析，增进了我们对北魏、辽金、明清民国不同时期云冈石窟营建情况以及人们在此区域的活动状况的了解。北魏时期开凿石窟造像后并未修建窟檐建筑，云冈石窟晚期于窟外立壁追刻了许多小窟小龛，辽金时期曾在此区域窟前修造过大规模的建筑，明清时曾有民家居住。

一　遗址年代

发掘区域南部存北魏地层，为与北部基岩面取平铺垫的碎石层，夹杂着大石块。基岩地面无北魏地层，北魏遗迹仅有开凿于基岩地面的各类柱洞。

该区发现辽金时期开凿于基岩上的方形大柱穴 11 个和 7 片铺砖地面，有的柱穴内尚存柱础石。铺砖地面覆盖柱础石与柱穴间的柱槽，与柱础石上皮取平。第 11 ～ 13-4 窟外立壁距地面高约 12 米处有一排 10 个长方形梁孔，与窟前地面有的柱穴基本对应，应为九开间的建筑。此区域第③ D 层为辽金时期取平基岩面而铺垫的土层，此层中出土的 2 件陶罐残片，罐身滚印栉齿纹组合的方格纹带，具辽代瓷器特征，应为辽代陶罐[1]，还出土可能为辽末金初的黑釉碗，所以铺垫层上限推测为辽末金初。第③层中③ C 层为铺砖地面下的铺垫层，出土辽代黑釉罐、金代孔雀蓝釉瓶、茶叶末釉罐等，由此推测，第 11 ～ 13-4 窟前建筑的年代可能为金代。

出土于第 13-4 窟前的明清时期建筑遗迹通过晚清以来的照片分析，其时代上限为清代晚期。

二　遗址认识

（一）北魏时期的窟前活动

1972 ～ 1974 年云冈石窟文物保管所为配合云冈石窟维修加固工程，在第 9 ～ 13 窟前进行了考古发掘。在清除第 12 窟前室顶板积土后，发现有石雕脊饰、瓦垄等残迹，与窟内雕刻的屋形龛极为相似。所以，结合下方列柱，认为第 12 窟外观是一座石雕庑殿式屋顶的佛阁建筑，推测石窟开凿完成时窟前并未建有木构建筑[2]。窟前地面考古发现也证实了这一点，正因为没有窟外建筑的阻挡，所以，云冈石窟晚期时在第 11 ～ 13-4 窟的外立壁雕满了佛龛小窟。

1992 年考古发现在辽金铺砖之下，第 11 ～ 13-4 窟窟前有三排小长方形柱洞，排列较为有序。此式长方形柱洞往东也见于第 7、8 窟前，东西向约呈一直线，第 9、10 窟前也有两排长方形柱洞，三个区域各有各的规律（图二九一）。洞内原始填土也相同，为黄土、碎石块，并夯实，比较均匀地分排分布窟前，有的柱洞正对窟门，可能与开凿石窟有关，具体功能目前不清。

[1]　李含笑：《辽代篦纹陶器施纹工艺研究——以城岗子城址出土陶器为例》，《北方文物》2019年第1期，第74～81页。

[2]　云冈石窟文物保管所、文物保护科学技术研究所：《云冈石窟建筑遗迹的新发现》，《文物》1976年第4期。

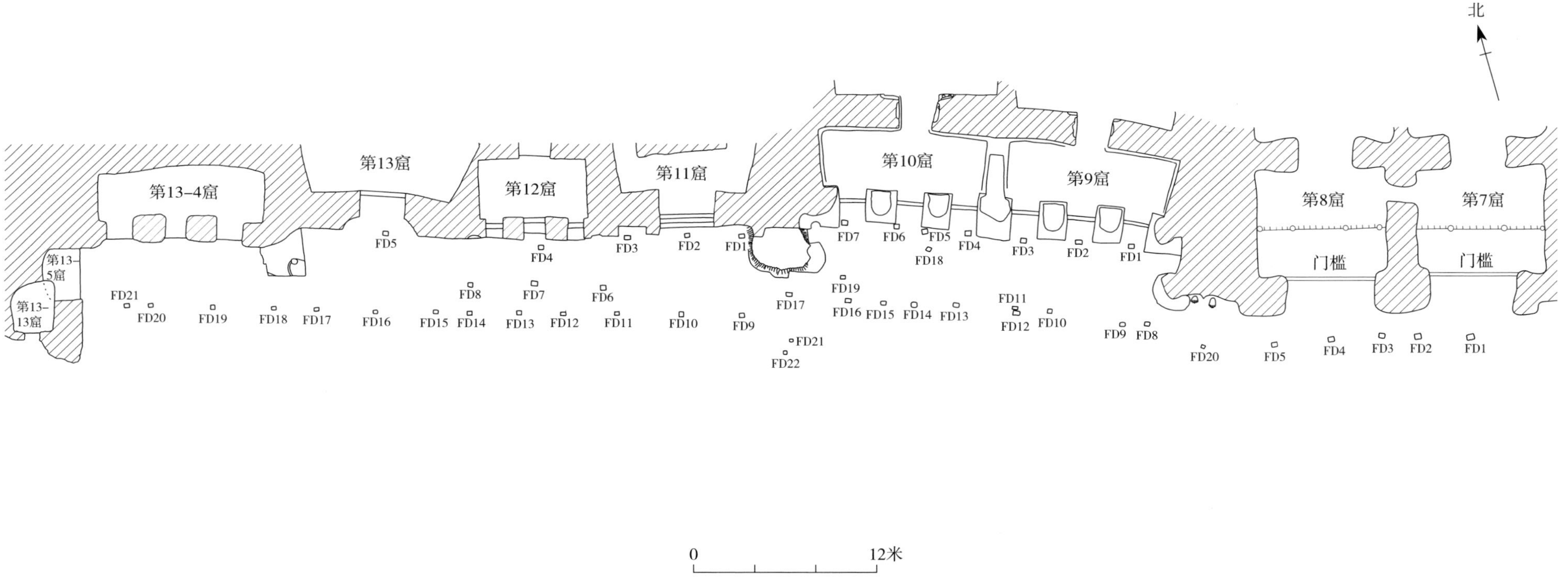

图二九一　第 7 窟至第 13-4 窟窟前长方形柱洞分布图

1992 年考古发掘出土的北魏时期器物仅见 6 件石雕、少量残瓦片及陶器，还有 1 件“传□无□”残瓦当、1 件莲花建筑饰件。生活器具只有 1 件陶罐。其中莲花雕刻（T527 ③ D：1）推测为第 9、10 窟崖面雕刻的屋顶瓦当（见第七章）。几件瓦片和莲花建筑饰件集中出土在第 13-4 窟前，其胎质、纹样及制作方法等与第 14 ～ 20 窟前出土的甲类建筑材料相同，出土地点集中，但缺乏与之相对应的北魏时期建筑遗迹。

总之，北魏时期第 11 ～ 13-4 窟前未修建窟檐建筑，生活活动轨迹极有可能在辽金时期修建窟檐建筑时被清理干净。

（二）辽金时期的窟前活动

1. 辽金时期的建筑遗迹

辽金时期，第 11 ～ 13-4 窟前与第 9、10 窟前都兴建了巨大的木构建筑。从各自所依窟壁的不同梁孔（槽）来看二者的构造不同，高低不齐平，地面柱穴的排列分布也不同，所以二者有不同的窟前建筑。窟前遗迹均出土铺砖地面，但相接之处被破坏，情况不明。

第 11 ～ 13-4 窟前地面东西宽 45、南北长 15 米，面积约 675 平方米。发现开凿于基岩上的方形大柱穴 11 个，有的柱穴内尚存柱础石，有的柱础石已失，残存的柱础石上皮与周围的铺砖地面相连取平，在同一水平面上。柱穴大致可分南北两排，北排存 6 个，从东至西编号 X1 ～ X6。南排存 5 个，从东至西编号 X7 ～ X11。北排最东的 X1 到南排最西的 X11 柱穴通面宽 41 米，立壁梁孔 L1 到 L10 通面宽 50 米，二者宽度基本吻合。北排柱穴柱础石紧靠第 12 窟列柱柱脚及第 11 窟、第 13 窟外立壁，东西向有序排列，其中 X1、X2、X5、X6 与窟外立壁的梁孔一一对应。虽然第 12 窟门两侧的 X3 和 X4 与石窟立壁之上的 L4 和 L5 并不对应，L4 和 L5 与前后的梁孔的间距基本相等，如果以此下立柱，则正好立于窟门，所以也不可能对应。柱础石之上的立柱高度 12 米，可能会通过辽金时期常见的“移柱”法与梁柱相搭。靠近石窟立壁前配置柱础石，以减轻外立壁荷载。所以，推测地面的柱穴与外立壁的梁孔应该是同一建筑的构造（表 8-2、8-3）。

据 1992 年山西省地质工程勘察院测量分队勘察的第 11 ～ 13-4 窟平面图（1954 年北京坐标系、1985 年国家高程基准），南排 X8 与 X9 之间及 X7 以东这一带东西向基岩面向南恰值有一个落差，约 0.6 米，用褐色碎石层铺垫取平。而在褐色碎石层中开凿的柱穴很容易被破坏。南排现存的这几个柱穴与立壁的梁孔基本相对应。但令人疑惑的是，X7 东不见的柱穴痕迹，这样，与外立壁面 10 个梁孔相对应的南排柱穴表现不够全面，建筑构架还有待推敲。

与柱础石上皮齐平有辽金时的铺砖地面，现存 7 大片。铺砖地面西部保存较好，东部也有遗存，中间保存较少。据发掘区域西部保存状况，可知铺砖地面分南北两大区。北区北端与窟体相接，南缘距窟体约 7.4 米，南区北端距窟体 7.9 米，东西残长 9 米。南区与北区中间宽约 0.54 米，用较细且较纯的黄土铺垫，可能是当时建筑的活动面。在南区均发现了铺砖地面的西端。北区铺砖地面与窟门两侧的柱础石上皮同处一个平面，可证柱穴柱础石与铺砖地面为同一个建筑的遗迹。北区东部与西部铺砖地面的砖缝朝向不一，东部铺砖多东西平铺、南北错缝；西部铺砖多南北平铺、东西错缝。就是同一片铺砖地面也朝向不一。可能铺砖地面分属于建筑的不同部分，因此地面铺砖的砖缝朝向并不完全统一。如第 13-4 窟前，即 X10、X11 之间的铺砖，有两种铺设方式，北部南北向平铺残存

10列，南部则残存的8行砖东西向平铺。二者相接之处正是南排立柱所在，北距北排柱础中心间距（因西部不见北排柱穴柱础石，以东部柱穴柱础石为准）4.6米，南距北区铺砖南缘2.7米。且此处铺砖地面的中心区域均为青灰色沟纹大方砖，北区南缘以长条砖东西向顺铺包砌，包缘的长条砖要高出铺砖地面，此砖墙可能为北区砖面的南墙或南面围廊墙体。二者地面的铺砖朝向有所不同以示建筑不同空间。但并不是所有的铺砖地面都有规则，从部分残存的砖面看，上述铺砖地面东邻的第6片铺砖地面中砖与砖铺陈朝向不一，其间还夹有小块砖，因砖面破坏严重，具体铺法不明。

北区东部也有砖面遗迹，位于X1与X2及X3之间，东西向对齐，南北向错缝，南北残存11行。此处砖面恰好东西两侧围绕X2，砖面与X2柱础上皮取平。

南区地面东西残长9、南北宽2米。中心地面同样是用方形砖铺设，是东西向对齐，南北向错缝，但砖间无白灰，对缝严密。南北向铺设3行，北缘以长条砖东西向包缘，共两行。两行长条砖大小、砖色、垫土略有不同。南缘也以长条砖包砌，上下共6层，下5层为东西向砌成。最上一层呈南北向砌成，与方砖地面取平。也是用两种不同规格的砖。砖台南缘砖体磨圆，可能是长期行走的结果。方砖地面西缘位于第13-4窟（无名窟）西端，与第13-5窟相邻，亦以长条砖包边，残存3层。南区铺砖地面由北向南略向下倾斜，其建筑功能有待探讨（图二三六；彩版二一七，3）。

由铺地砖的形制、规格和用途来看，方砖用于铺地，包砌砖面的勒边采用规格大小不同的长条砖。出土的铺砖地面磨损严重，满布裂纹，小面积的砖面朝向不一，从砖面统一的磨损程度来看，应该是当时铺地面时所为，也可能是后期修补所致。

方砖底面有沟纹12～13条，沟纹较为齐整。但方砖的大小规格并不统一，东部方砖尺寸略小，边长37.5、厚6.5～8厘米，西部方砖边长39.5、厚7厘米。长条砖大小规格也不相同，砖长约39、宽19.8、厚6.5～7.5厘米，砖底面有6～7条沟纹。砖间均抹白灰，白灰厚约0.02米。砖下铺垫白灰层，发掘区域东部铺砖、白灰层下为铺垫的褐色碎石层，而中部、西区域则白灰层下铺垫细黄土。

南区南缘部分砖体前沿发现烧土，部分烧土还堆积于砖面的东南角。烧土内含辽金时期的筒瓦、板瓦、檐头筒瓦、檐头板瓦等建筑材料及大量的木炭，杂有少量的北魏的筒瓦、板瓦残片，应该是辽金时期建筑所用的建筑材料。烧土层下有较细且较纯的细黄土，厚约0.16米，应是当时建筑前南部的地面。

据柱网排列情况分析，第11～13-4窟前（无名窟）的辽金时期建筑可能为面阔九间的木构窟檐建筑，地面铺有方砖。

辽金时期虽有窟前建筑，但遗迹已被后期多次扰乱已无存，遗物也少，仅在第13-4窟前出土有辽金筒瓦、板瓦、檐头板瓦、Aa型莲花纹檐头筒瓦和瓦当、瓦条、条砖、方砖等建筑构件，瓦件胎质相同，可能正是当时建筑的构件材料。瓦件材料表皮有涂红痕迹。建筑瓦件中檐头筒瓦瓦当面只有Aa型莲花纹一种，与此类型瓦当相配的檐头板瓦以Cb型6道泥条和A型5道泥条居多。第3窟窟前出土的辽金时期瓦当也为Aa型莲花纹。

地层中出土有烧土块，该建筑可能毁于火灾。

2. 辽金时期窟前的生产、生活情况

此区域辽金地层仅出土几件黑釉瓷器、陶器，其他器物均出土于扰土之中，均为生活用器。

辽金时期出土的生活器具中以陶器、瓷器为主。陶器器形可辨有盆、罐、盘、陶圈。陶盆的数量最多，有灰陶、红陶，以前者居多。卷沿陶盆以 Bc 型居多，且新出现山顶遗址不见的 Bd 型。

辽金瓷器釉色有白釉、白釉褐彩、黑釉、茶叶末釉、孔雀蓝釉，器形有碗、盘、罐、瓶、眼珠。大量的生活实用陶器和瓷器的出土，说明在第 11 ～ 13-4 窟辽金时期不仅建造佛殿进行宗教活动，可能还是僧人生活的场所。生活中，饮食器具有陶器和瓷器，储藏物品的罐、壶、瓶，有陶质的，也有瓷质的，以后者居多。作为炊具并具有储藏功能的盆则以陶质为主，食器的碗盘则以瓷器为主。

（三）明清时期的窟前活动

据前章历史沿革所述，至少从明代建城堡时，就确立了现在以第 5、6 窟为中心的寺院范围。之后，清代的多次修建殿宇佛阁、金装佛像、御题匾额、丹青彩画等，均是在第 5、6 窟以及第 7、8 窟。

现立于云冈石窟第 9 窟的民国九年（1920 年）《重修云冈石佛寺碑》，记清光绪十七年（1891 年），兴和县王永昌氏“购买民院地点，装彩五佛洞，并修饰东西两楼，金装大佛全身”。王永昌为装彩佛像，所购买的民院就是第 9 ～ 13 窟五窟窟前之地。既然是购买民院地点，说明此处之前曾有民家。五佛洞范围西以明代堡墙为界，南距窟壁 30 米砌墙与南部民房相隔，形成一个小院落。东端在第 8 窟前客殿的西房以北开小门相通，使石佛古寺的范围扩大至第 13 窟西端边墙。1908 年日本学者塚本靖、关野贞、平子铎岭访问云冈，发表于东洋学芸杂志 1909 年的《续清国内地旅行谈》的一幅照片中明确看到第 9 ～ 13 窟前宽敞平坦，在第 13-4 窟前有一座房子，本应该贴着窗花的窗户黑乎乎的，可能房屋已破乱，无人居住[1]。1923 年择村专太郎拍摄的照片，可以更清楚地看到此三间房已破败不堪（图版一九五，1）。水野清一、长广敏雄在《云冈石窟》第二卷《云冈石佛寺》中讲三十年代末时，穿过第 8 窟窑洞式西厢的小门是五华洞前的大广场。广场的西面，被高大的云冈镇东堡墙割断，版筑而牢固，南面是民居的矮墙。在广场的西端第十三 A 窟（第 13-4 窟）前有朝南的三间房，1938 年的照片显示此三间房已被拆除，仅剩房屋后墙。1940 年，民国政府对第 8 窟至西部窟区的第 20 窟前的所有建筑拆迁，近百户老百姓搬出了窟区。1908 年上距 1891 年彩绘五华洞不过 17 年，三间房已破乱，因此，此三间房与彩绘工程同时或建在工程之前。第 13-4 窟前出土的明清时期遗迹正在这三间房之下，所以其时代上限为清代晚期。

明清民国时期，此区域的活动遗迹已被破坏，考古发现有建筑材料和生活用具，建筑材料有陶制脊饰、瓦当等，生活用具有瓷器、陶器、钱币、陶制玩具等。生活用具以瓷器为主，瓷器釉色有白釉、白釉褐彩、黑釉、茶叶末釉、素三彩狮子残件、青花。器形有碗、盘、罐、瓶、灯盏。正是生活在云冈石窟明清时期人们的生活写照。

陶罐放钱币习俗由来已久，早在汉魏洛阳故城辟雍遗址殿北门屏式建筑西面夯土墙基北侧的活土坑内出土的小陶罐内装有 3 枚五铢钱，另外此处一个晚期小房址的门槛右侧也发现一个小坑，坑内埋陶罐，罐内放 9 枚五铢钱，均为汉晋时遗物。在太学遗址晚期建筑遗迹太学院墙西侧清理出一

[1]　〔日〕塚本靖：《續清國內地旅行談》，《東洋學藝雜誌》，第參百參拾伍號，圖版雲岡石窟寺（石佛寺西方諸洞），明治四十二年八月。

个奠基坑，坑内发现东西并排3个小口陶罐，均用陶碗覆盖，西罐内盛有6枚五铢钱，其余两罐内盛放3枚五铢钱，也为汉晋时遗物。从遗迹现象观察似在建造房基时专为埋置盛放五铢钱的陶罐而挖筑，很可能是当时建造房子时奠基的一种形式[1]，此区域出土同样形制的陶罐6件，其中三件分别内装宋金明时期铜钱，铜钱有“政和通宝”“正隆元宝”“万历通宝”等。有的陶罐立于烟道旁，应该是有意放入地炕之内的，起镇宅辟邪祈祷之作用。

[1] 参见中国社会科学院考古研究所编著：《汉魏洛阳故城南郊礼制建筑遗址——1962～1992年考古发掘报告》，文物出版社，2010年，第137、138、206页。